Kurt Meyer

Von der Stadt zur urbanen Gesellschaft

Kurt Meyer

# VON DER STADT ZUR

# URBANEN GESELLSCHAFT

## Jacob Burckhardt und Henri Lefebvre

Wilhelm Fink

Gedruckt mit freundlicher Unterstützung der Freiwilligen Akademischen Gesellschaft, Basel

Umschlagabbildung: Kuala Lumpur, Photo: Kurt Meyer

Bibliografische Information der Deutschen Nationalbibliothek

Die Deutsche Nationalbibliothek verzeichnet diese Publikation in der Deutschen
Nationalbibliografie; detaillierte bibliografische Daten sind im Internet über
http://dnb.d-nb.de abrufbar.

© 2007 Wilhelm Fink Verlag, München
(Wilhelm Fink GmbH & Co. Verlags-KG, Jühenplatz 1, D-33098 Paderborn)

Internet: www.fink.de

Einbandgestaltung: Evelyn Ziegler, München
Herstellung: Ferdinand Schöningh GmbH & Co. KG, Paderborn

ISBN 978-3-7705-4533-9

Bei meinem Vorhaben, Jacob Burckhardt als Historiker grosser urbaner Kulturen darzustellen, hat mich Max Burckhardt (verstorben 1993) von Anfang an wohlwollend unterstützt. Verständnisvolle Hilfe gewährten mir auch Ernst Ziegler, Niklaus Röthlin und Nikolaus Meier. Ernst Ziegler war der Erste, der meine Neugier auf Jacob Burckhardt gelenkt hat. Eines Tages hat er sich die altpreussische Kammerstenographie angeeignet mit dem Ziel, stenographierte Nachschriften von Studenten zu transkribieren. Es gelang ihm, wie ich staunend miterleben konnte, Burckhardts gesprochenen Wortlaut im Hörsaal – also die glanzvolle Vorlesung über die *Geschichte des Revolutionszeitalters* – zu rekonstruieren. Ernst Ziegler war auch ein geduldiger und kritischer Leser des ganzen Manuskripts.

Von Rémi Hess, Michel Trebitsch und Armand Ajzenberg erhielt ich wertvolle Auskünfte über Henri Lefebvre. Anlässlich des Colloque 2000 in Paris – Thema: *La pensée d'Henri Lefebvre* – überraschte mich das bemerkenswerte Referat *Marxisme et poésie* von Georges Labica. Dank der Vermittlung durch Walter Prigge, Bauhaus Dessau, lernte ich Christian Schmid kennen, einen exzellenten Interpreten der Lefebvreschen Raumtheorie. Schmid hat mich auf die Bedeutung der amerikanischen Urbanforschung – auf das hohe Ansehen, das Lefebvre bei den amerikanischen Geografen geniesst – aufmerksam gemacht. In Gesprächen mit Schmid eröffneten sich mir neue Dimensionen der Städteforschung.

Zur Umsetzung einer ungewöhnlichen Idee – den Basler Historiker und den französischen Philosophen einander gegenüberzustellen, die beiden ungleichen Protagonisten zwischen zwei Buchdeckeln zu versammeln – hat mich Hans Ulrich Reck aus Köln ermutigt. Adalbert Saurma hat mich von Heidelberg aus mit anregenden Materialien versorgt und dadurch meine Erforschung der Stadtentwicklung wesentlich befördert.

Zur Klärung naturwissenschaftlicher Fragen halfen mir Ambros Hänggi (Biologe), Ingo Sick (Physiker) und François Fricker (Mathematiker).

Besonders freut mich, dass ich im Abbildungsteil Arbeiten von Jürg Kreienbühl aufnehmen darf. Der Maler Jürg Kreienbühl hat in den sechziger und siebziger Jahren in der Banlieue von Paris seine Staffelei aufgestellt und genau das mit unbarmherziger Deutlichkeit abgebildet, was Henri Lefebvre in seinen urbanen Schriften analysiert hat.

Mein Bruder Felix Meyer war mir mehr als ein immerwährender technischer Assistent.

Ein freundlicher Empfang im Wilhelm Fink Verlag wurde mir durch Raimar Zons und Andreas Knop bereitet.

Allen oben Erwähnten danke ich herzlich.

Basel                                                                                   Frühjahr 2007

# INHALT

# PRÄSENTATION

Mein Thema ist die Stadt, das Schicksal der europäischen und der globalen Stadt im neunzehnten und zwanzigsten Jahrhundert. Um das schier Unüberblickbare – *l'énormité et la complexité* – überblickbar zu machen, gehe ich von zwei konkreten Fragen aus: Was veranlasst einen Historiker des 19. Jahrhunderts, die italienischen Stadtkulturen des 14. bis 16. Jahrhunderts und die antike Polis zu erforschen? Warum rückt ein Soziologe und Philosoph des 20. Jahrhunderts von einem bestimmten Zeitpunkt an die chaotische städtische Wirklichkeit ins Zentrum seines Forschungsinteresses? Um das Geheimnis der Stadt zu erforschen, nehme ich gleichsam eine Lupe und entziffere damit die Werke von zwei Autoren. Dabei kommt viel Verborgenes zum Vorschein: Widersprüchliches, Grandioses, Verstörendes. Das Herausfordernde der Gegenüberstellung besteht darin, dass die beiden *homines urbani* unterschiedlicher kaum sein könnten. Sie verkörpern nicht nur zwei verschiedene Jahrhunderte, sondern zwei völlig konträre Weltsichten, zwei verschiedene Lebenserfahrungen und Lebensweisen, zwei unterschiedliche Fachrichtungen. Was sie in ihrer Gegensätzlichkeit verbindet, ist allein das unermüdliche Befragen der gegenwärtigen, vergangenen und künftigen städtischen Wirklichkeit oder städtischen Kultur. Wer sind die beiden Autoren?

Ein Gelehrter des 19. Jahrhunderts, *Jacob Burckhardt* (1818–1897), hat die Hauptstädte seiner Zeit, Paris, Berlin, London, aber auch viele kleinere Städte, immer wieder besucht und dabei überraschend viel beobachtet. In den beinahe 1700 Briefen, besonders in seinen Reisebriefen, findet sich keine einzige Bemerkung zum Leben der Bauern oder zur Dorfkultur. Der Historiker aus Basel ist ein typischer Vertreter einer selbstbewussten Stadtkultur. Um den rasanten Wandel der Städte, den beschleunigten Wandel der Lebensverhältnisse insgesamt, besser zu verstehen, hat er sich der Erforschung der Stadtkultur der Renaissance zugewandt. Er war überzeugt, dass vieles von dem, was sich im 14. bis 16. Jahrhundert in Italien herausgebildet hat, uns heute noch wesentlich etwas angeht. In späteren Jahren hat er sich mit noch grösserer Intensität mit der antiken Polis, dem ursprünglichen Gehäuse der okzidentalen Kultur, auseinandergesetzt. Überblickt man das historische und kulturhistorische Werk von Jacob Burckhardt, ist es wiederum auffallend, dass die europäischen Agrargesellschaften nur kurz gestreift werden. Paradigmatischen Charakter hat für ihn das dynamische politische und kulturelle Geschehen in Venedig und Florenz, in Athen und den anderen Griechenstädten.

Ein Vertreter des westlichen kritischen Marxismus, der Soziologe und Philosoph *Henri Lefebvre* (1901–1991), hat das Abenteuer des 20. Jahrhunderts sowohl in den Zonen der politischen Irrungen und Wirrungen als auch auf der Ebene des analytischen Denkens bestanden. Er hat auf die Umbrüche seiner Zeit mit immer neuen Werken reagiert, hat selber die verschiedensten politischen und kulturellen Entwicklungen mitgeprägt. Seine beiden Erfahrungs-Welten – ein kleines Dorf in den Pyrenäen und die Metropole Paris – widerspiegeln sich kaleidoskopisch in seinen Schriften; nicht zufällig trägt eine den Titel *Du rural à l'urbain*. Von Jahrzehnt zu Jahrzehnt begleitet er seine Epoche mit neuen Ideen und Entwürfen. Er hat ein ganz spezielles soziologisches Instrumentarium entwickelt, um die Erbärmlichkeit und zugleich den verborgenen Reichtum des alltäglichen Lebens – *la vie telle qu'elle est* – zu beschreiben; er hat Bücher zur bald majestätisch, bald kläglich voranschreitenden Moderne, zur Urbanisierung und zum global erschlossenen Raum verfasst. Es gibt wohl kaum einen Denker des 20. Jahrhunderts, der die Widersprüche des weltweiten Urbanisierungsprozesses – der *explodierten* und zugleich *implodierten* Stadt – mit soviel Verstand, Einfühlungskraft und polemischer Verve erforscht hat wie Henri Lefebvre.

Es ist ungewöhnlich, zwei so verschiedenartige Protagonisten wie Burckhardt und Lefebvre aufeinander treffen zu lassen. Üblicherweise bleiben die Burckhardtianer gerne und ungestört unter sich, und die Parteigänger Lefebvres halten Distanz zu Denkern, die sie voreilig als konservativ oder reaktionär einzustufen pflegen. Im Allgemeinen wollen Burckhardts Freunde nichts mit Lefebvre zu tun haben et vice versa. Mir scheint nun die Zeit gekommen, in der wir mit zunehmendem Unverständnis auf ideologisch festgefahrene Denkmuster zurückblicken – gewisse Bataillen lassen wir gerne hinter uns. Man hat ja bereits angefangen, dem jeweils anderen Gehör zu schenken. Es gibt marxistische Historiker (Johannes Wenzel oder Jürgen Kuczynski), welche respektable Bücher über Jacob Burckhardt verfasst haben. In Frankreich sind schon früh einige Exponenten christlicher Milieus mit Lefebvre in einen Dialog getreten *(le père* Calvez und Vertreter der Zeitschrift *Esprit)*[1], später noch viele andere. Ich habe die beiden solitären Gestalten ausgewählt, weil ich in deren Werken eine ausserordentliche Erschliessungskraft sehe: zur „Stadt" und zur „Urbanität" haben sie Gewichtiges, aber Unterschiedliches zu sagen.

Mit den folgenden Porträt-Skizzen machen wir uns mit zwei unterschiedlichen Erfahrungs-, Lebens- und Denkräumen vertraut, treten wir in zwei völlig verschiedene Zeit-Räume ein. Unsere beiden Stadtführer – ein Cicerone, der uns durch historische Stadtlandschaften führen wird, und ein Analytiker noch kaum erkundeter urbaner Räume – waren selber Einwohner bestimmter Stadt-Öffentlichkeiten und wurden durch diese nachhaltig geprägt.

---

1 Auch Louis Soubise wäre hier zu nennen; siehe Bibliographie im Anhang.

*Jacob Burckhardt, ein unzeitgemässer Historiker*

> *Zum Untergang ist die Menschheit noch nicht bestimmt, und die*
> *Natur schafft so gütig wie jemals. Wenn aber beim Elend noch*
> *ein Glück sein soll, so kann es nur ein geistiges sein, rückwärts*
> *gewandt zur Rettung früherer Zeit, vorwärts gewandt zur heitern*
> *und unverdrossenen Vertretung des Geistes in einer Zeit, die sonst*
> *gänzlich dem Stoff anheim fallen könnte.*

Burckhardt, *Das Revolutionszeitalter,* 1867[2]

Herangewachsen ist der Historiker in Basel, in einer altmodischen, behüteten Umgebung.[3] Die Mutter stirbt früh, und so wird er, bei all seiner sonst zur Heiterkeit aufgelegten Gemütsart, den Eindruck von der Hinfälligkeit und Unsicherheit der irdischen Dinge zeitlebens nicht mehr los. Einiges umhüllt ihn und gibt ihm Sicherheit für das Leben: der angesehene Beruf des Vaters – er war Pfarrer am Basler Münster – und eine sorgfältige Schulbildung. Die Ablösung vom Kinderglauben und der Kirche ist nicht so schmerzhaft wie für manch anderen in seiner Generation. Überhaupt gibt es keine tiefen Brüche im Leben von Burckhardt. Schon früh ist für ihn die Geschichte ein wundersamer Prozess von Verpuppungen und ewig neuen Enthüllungen des Geistes. *Der Geist ist ein Wühler,* wird er später sagen. Burckhardt wollte Dozent der Geschichte und der Kunstgeschichte sein, Lehrer, und sich am *Primären und Mächtigen* orientieren. Nicht das *Gewaltsam-Vernichtende* wollte er darstellen, sondern das *Beglückend-Schaffende.* Für ihn war es eine Selbstverständlichkeit, die Schöpfungen der Kunst zentral in den geschichtlichen Vortrag miteinzubeziehen. Seinen kunsthistorischen Vorlesungen liegt etwas so Wundervolles wie die *Traumfähigkeit des Menschen* zugrunde. Burckhardt war kein Geschichtsphilosoph. Der ihm eigentümliche Verstand war ein solcher der Anschauung und Empfindung, nicht der begrifflichen Interpretation. Er hält nichts vom Suchen nach den Anfängen oder Ursprüngen der Völker, des Staates oder irgendwelcher Dinge, noch weniger von den letzten Zielen. Sein skeptischer Blick überschaut eine Welt, deren Anfang und Ende unbekannt und deren Mitte in ständiger Bewegung ist. *In die Zwecke der ewigen Weisheit,* sagt er, *sind wir nicht eingeweiht.* Nur grosse Kinder werden immer danach suchen. Gegen die spekulative Ausdeutung des Geschichtlichen setzt er seinen Glauben an die Unveränderbarkeit des Menschen: *Unser Ausgangspunkt ist der vom einzigen bleibenden und für uns möglichen Zentrum, vom duldenden, strebenden und handelnden Menschen, wie er ist und immer war und sein wird; daher unsere Betrachtung gewissermassen pathologisch sein wird.*[4] Duldend und handelnd ist der Mensch, weil er inmitten der Welt und

---

2 GA VII, 426.

3 Über Jacob Burckhardt geben heute zwei knappe Monographien, welche die Lichter verschieden setzen, Auskunft, diejenigen von Horst Günther und Alfred Berchtold (s. Bibliographie).

4 SG, 226.

ihres Geschehens steht. Wie ist der Zusatz *„gewissermassen pathologisch"* zu deuten? Ist der Mensch von Natur aus mit mangelhaften Wesensmerkmalen ausgestattet? Ist er schon krank, weil er nicht nur Handelnder, sondern auch Duldender und Leidender ist? Ist die unablässige menschliche Antriebskraft eine pathologische Kraft? Gründet das, was geschichtlich als das Böse in Erscheinung tritt, in der Natur des Menschen? Über die innere Unzulänglichkeit der Menschennatur macht sich Burckhardt keine Illusionen. In dem aber, worauf es ankommt, ist der geschichtliche Mensch schon vor zweitausend Jahren auf der Höhe der Zeit gewesen. Der menschliche Geist war schon früh *„komplett"*, das heisst: *wenn schon in alten Zeiten einer für den anderen das Leben hingab, so ist man darüber nicht mehr hinausgekommen.*

In jungen Jahren hatte sich Burckhardt kurz von der liberalen und demokratischen Stimmung, von der politischen Unruhe seiner Zeit, erfassen lassen. Kurze Zeit später glaubte er, seinen *konservativen* Standpunkt gefunden zu haben. Das Etikett konservativ greift allerdings zu kurz. Von einigen durchgängig pessimistischen Grundansichten rückt er bald nicht mehr ab. Ihm graut vor dem Radikalismus, der Eruption der Massenseele. Den Aufständischen hatte er schon in jungen Jahren *ins wüste, versoffene Auge* geblickt. Er verabscheut den Geist der Zeit. Die Idee von Fortschritt und Massenglück sieht er als Irrweg an, unerträglich ist ihm der Gedanke von der Massenbildung.

Er vertritt ein paar Grundanschauungen, die man bis heute als altliberal bezeichnet. Die Grenzen des Staates wollte er immer als eng gefasst wissen. In späten Jahren zeigte er sich als „wirtschaftsliberal". Er war der Ansicht, der Staat dürfe nicht die Aufgaben übernehmen, die der Gesellschaft zuständen. Er wandte sich gegen Schutzzölle, Verstaatlichung der Eisenbahn, gegen das staatliche Notenbankmonopol, er widersetzte sich der Auffassung, der Staat solle Garant der Erwerbenden sein. Der Staat solle lediglich ein *negatives Sturmdach* oder ein *Notinstitut* sein.[5]

Politisch ist er von kaum überbietbarer Klarsicht. Die Welt, sagt er einmal, treibe *der Alternative zwischen völliger Demokratie und absolutem, rechtlosen Despotismus* entgegen. In einer ahnungsvollen Vision, in die sich Schwermut und Vergänglichkeitsbewusstsein mischen, beschreibt er das kommende tragische Schauspiel des europäischen Kontinents: *Mich überkommt bisweilen ein Grauen, die Zustände Europas möchten einst über Nacht in eine Art Schnellfäule überschlagen, mit plötzlicher Todesschwäche der jetzigen scheinbar erhaltenden Kräfte.* Angesichts des optimistischen Grundgefühls der Mehrheit seiner Zeitgenossen vertritt Burckhardt völlig anachronistische Ansichten. Seine ernüchternde Weltsicht bekommt bis in unsere Tage hinein Zustimmung. Der Historiker hat nicht auf die internationale Gelehrtenrepublik gewirkt – denn so etwas gibt es nicht –, aber auf schauende und denkende Individuen, denen Unabhängigkeit des Urteils und skeptische Zurückhaltung etwas bedeuten. In verschiedener Hinsicht ist Basel ein rätselhaftes Emblem für den innerweltlichen *archimedischen Punkt ausserhalb der Vorgänge*[6] – der Beob-

---

5 Vgl. Bauer, Stefan (2001), 93 f.
6 GA VII, 5.

achtungspunkt, von dem aus das historische Geschehen überblickt und beurteilt werden kann.

Innerhalb der Geschichtsschreibung nimmt Burckhardt eine Sonderstellung ein. Er schreibt nicht die Geschichte der Herrschenden oder Mächtigen, er schildert nicht die grossen Ereignisse. Er versäumt es aber nie, auf die Verluste und Unkosten, das namenlose unendliche Leid hinzuweisen, das eine geschichtliche Macht bewirkt. Er zeigt nicht, wie *herrlich weit* wir es gebracht, spricht aber von dem, was sich wandelt, was wir verloren haben und wovon es manchmal kostbare Überreste gibt – *Residuen,* wird Lefebvre später sagen. Burckhardts Lehre von den drei Mächten (Potenzen) und ihrer wechselseitigen Bedingtheit behandelt zuerst den Staat, dann die Religion und zuletzt die Kultur. Die Kultur geht auf die materiellen und geistigen Bedürfnisse ein. Sie ist der Inbegriff alles dessen, was *spontan* zustande gekommen ist und meint die Welt des Beweglichen, Freien und Vielgestaltigen. Kulturgeschichte bezieht sich, im Unterschied zur Ereignisgeschichte, auf das Ganze und Dauernde, wogegen die Ereignisse vorübergehende Einzelheiten sind. Woher weiss der um die Kultur bemühte Historiker, was von Dauer und charakteristisch ist? Burckhardt gibt eine einfache Antwort: *Erst eine lange und vielseitige Lektüre kann es ihm kund tun,* <u>einstweilen</u> *wird er lange Zeit manches übersehen, was von durchgehender Wichtigkeit war.*[7]

Kulturgeschichte hat nichts mit Kriegen und Landgewinn, mit Dynastien und Usurpationen zu tun, sondern mit Erinnerung, Gesittung, mit vernünftigen Gesetzen und Institutionen, mit Dingen, die bleiben oder wiederbelebt werden können. In seinen historischen Vorlesungen geht es Burckhardt in erster Linie um *Ewigungen* und nicht um *Zeitungen,* der wahre Kulturhistoriker nimmt ein *geistiges Fluidum* wahr, seine Quellen sind nicht nur die üblichen schriftlichen Dokumente, sondern wesentlich auch Kunst und Poesie.

Im Dahinströmen des Geschichtlichen liegt eine Art von Beständigkeit. Burckhardt nennt sie Kontinuität, und manchmal ist sie ein dünner Faden. Kontinuität ist mehr als ein blosses Weitergehen oder stetiges Vorangehen, sie begnügt sich nicht damit, das Herkömmliche einfach hinzunehmen: sie meint das bewusste Bemühen, das Erbe zu bewahren und zu erneuern. Kontinuität sei ein wesentliches Interesse unseres Menschseins. Daher müssen wir dringend wünschen, dass die Bewusstheit dieser Kontinuität in uns lebendig bleibt. Burckhardts Grunderfahrung war der rapide Traditionszerfall seit der Französischen Revolution, ihn bedrängt die Sorge eines drohenden Bruchs mit allem, was an der europäischen Überlieferung kostbar ist. Seine Hauptwerke behandeln jeweils Krisenzeiten oder Übergangsepochen. Unermüdlich fragt er danach, wie ein Kulturfundus von einer Epoche in die andere weitergereicht wird, von den Griechen zu den Römern, von der Spätantike ins christliche Mittelalter usw. Als *leitende Idee* bezeichnet er den *Gang der Kultur, die Sukzession der Bildungsstufen bei den verschiedenen Völkern und innerhalb der einzelnen Völker selbst.* Nachträglich fügt er hellsichtig hinzu: *Eigentlich sollte man*

---

7 GK, I, 6.

*vor allem diejenigen Tatsachen hervorheben, von welchen aus die Fäden noch bis in unsere Zeit und Bildung hineinreichen.*[8] Geschichte also nicht als l'art pour l'art. In den *Weltgeschichtlichen Betrachtungen* rückt Burckhardt von der Vorstellung des kontinuierlich Fliessenden ab, da lässt er die variierenden Beziehungen vorüberziehen, all das, was sich zwischen den beiden institutionalisierten Mächten des Staates und der Religion als Kultur frei entfaltet. Seine Beispiele holt er, mit nur vagem Bezug zur chronologischen Ordnung, aus allen Ecken der Weltgeschichte.

Für Jacob Burckhardt (wie auch für Henri Lefebvre) spielt Friedrich Nietzsche eine zentrale Rolle: der eine verschliesst sich mit der Zeit immer mehr Nietzsches Werben um Freundschaft, der andere spricht mit Nietzsche das vorbehaltlose Ja zum Leben, zum individuellen Leben aus. Wie Nietzsche im Alter von 24 Jahren als Professor der Philologie nach Basel berufen wird, hält der 51jährige Burckhardt, der auf der Höhe seines Schaffens angelangt ist, seine Vorlesung *Über das Studium der Geschichte,* die auch Nietzsche besucht. Diese Vorlesung hat unter dem Titel *Weltgeschichtliche Betrachtungen* Berühmtheit erlangt. Der Jüngere glaubt als einziger von sechzig Zuhörern *die tiefen Gedankengänge mit ihren seltsamen Brechungen und Umbiegungen, wo die Sache an das Bedenkliche streift,* begriffen zu haben. Burckhardt begrüsst seinerseits in Nietzsche *den Menschen von hoher Anlage, der alles aus erster Hand hat und weitergibt.*[9] Die Freundschaft zwischen Nietzsche und Burckhardt ist keine einfache, es gibt Ausschläge nach oben und unten. Auf dem Höhepunkt der Freundschaft haben sie zusammen mit reichlich Wein eine dionysische *Dämonenweihe* gefeiert.[10] Wie Nietzsche in Turin von Geisteskrankheit befallen wird, veranlasst Burckhardt die Rückführung nach Basel. Die frühen Schriften (*Die Geburt der Tragödie aus dem Geiste der Musik* und die *Unzeitgemässen Betrachtungen*) hat Burckhardt mit Zustimmung aufgenommen. Die gegenseitige Wertschätzung nimmt ab, wie Burckhardt die Konsequenzen von Nietzsches Denken zu erkennen oder erahnen beginnt. Je aufdringlicher der Jüngere mit der Zusendung seiner Werke um Anerkennung wirbt, desto reservierter verhält sich der Ältere. Auf die Zusendung von *Menschliches, Allzumenschliches* antwortet Burckhardt: *Ich sehe mit einer Mischung von Furcht und Vergnügen zu, wie sicher Sie auf den schwindelnden Felsgraten herumwandeln, und versuche mir ein Bild von dem zu machen, was Sie in der Tiefe und Weite sehen müssen.*[11] Bisweilen hat man den Eindruck, dass der ängstliche Burckhardt in Nietzsche den Vollender seiner eigenen Überzeugungen gesehen hat. Ist er bei der Lektüre der philosophischen Visionen des Jüngeren gleichsam vor sich selber erschrocken? Nietzsche, der beim Älteren während Jahrzehnten vergeblich um Freundschaft geworben hat, äussert sich in späten Jahren kritisch zum einstigen Freund. In einer späten Aufzeichnung zählt er Burckhardt zu den *sich Zurückhaltenden aus Desperation.*[12]

---

8 GA VII, 225.
9 Br V, 158.
10 Kaegi VII, 36 ff.
11 Br VII, 25.
12 Zitat bei K. Löwith (1936), 13.

Um das bisweilen fürchterliche Geschehen des zwanzigsten Jahrhunderts zu verstehen und zu bewältigen, beziehen sich denkende Deuter des Entsetzlichen – worunter auffallend viele Juden zu finden sind – gerne und nicht von ungefähr auf Burckhardts nüchterne Weltsicht.[13] Sie sehen, dass manche von seinen bösen Ahnungen sich erfüllt haben. Ja, es gibt sie, diese weltumspannenden Imperien, geleitet von republikanisch uniformierten Zentralverwaltungen, den *terribles simplificateurs*. Das sich Anhäufen von Arbeiter-Massen in Industriezentren und die Umwandlung des Militärstaates in einen kommerziellen Grossbetrieb gehören zur Signatur der Epoche. Schon als Vierundzwanzigjähriger ist Burckhardt dahinter gekommen, dass historische Konflikte *die unlösbaren Konflikte streitender Weltmächte sind, wo sich's erst zeigen muss, wer gewinnt, damit man wisse, wer Recht hat.*[14] Hier kündigt sich das krude Diktum an, das auf den Staat gemünzt ist: *Die Gewalt ist wohl immer das Prius.*[15] In den *Weltgeschichtlichen Betrachtungen* gibt es Passagen über das Wesen der geschichtlichen Krisen, über das Individuum und das Allgemeine, über Glück und Unglück in der Weltgeschichte, die den Leser auch im einundzwanzigsten Jahrhundert vor lauter Aktualität noch immer in Erregung versetzen.

Burckhardt hat tief in die Nachtseiten der Geschichte geschaut, er ist aber beim Düstersten nicht stehen geblieben. Er hat es abgelehnt, schwarz zu sehen, was reich an Farben ist. Angesichts des Umsturzes aller Dinge hat er nicht die Flucht ergriffen. Er ist völlig unpathetisch auf seinem Posten geblieben. Was vielleicht heute noch Bewunderung verdient, ist das innere Masshalten durch alle Erschütterungen hindurch. Als Mensch, der beharrlich und still und niemals klagend für die bedrohte Bildung Alteuropas einstand, war Burckhardt – um es mit Begriffen zu sagen, die von Nietzsche stammen – ein *apollinischer Geist*. Zutiefst war er dem bildhaft Gestalteten, klar Umgrenzten und harmonisch Geordneten zugeneigt. Schon in seiner ersten kunsthistorischen Vorlesung stellt er Raffael als die höchste denkbare Kraft in der Kunst hin.[16] In der Gesellschaft der Renaissance verspürt er das harmonische Zusammenspiel günstiger Tendenzen, eine Vervollkommnung und Verfeinerung der Sitten im täglichen Leben. Bei den Griechen hat er die finstern Elemente wahrlich nicht übersehen, dann aber die Lichtseiten, die musische Klarheit der griechischen Götterwelt und Menschenwelt herausgearbeitet. Er hatte den Scharfblick für Untergangstendenzen – in seiner Epoche sah er den Sieg des Hässlichen und Gemeinen –, dem hält er die schaffende Kraft des Apollinischen entgegen.

Von Burckhardt können wir heute nicht mehr sprechen, ohne auf seine dunkeln oder gar bedenklichen Seiten hinzuweisen: seine judenfeindliche Haltung und die

---

13 Auffallend ist, dass es neben vielen Historikern auch Schriftsteller sind, die Burckhardt mit Anerkennung begegnen. Hier eine Auswahl höchst unterschiedlicher Autoren: Ernst Jünger, Ludwig Hohl, Elias Canetti, Wolf von Niebelschütz, Hans Magnus Enzensberger, Eckhard Henscheid. Bei Rolf Hochhuth schlängelt sich der Name Jacob Burckhardt wie ein roter Faden durch das Werk.

14 Br I, 224.

15 SG, 257.

16 Vgl. Kaegi II, 488.

Ansätze rassistischen Denkens. Es gibt nicht nur die zwei bis drei Dutzend Briefstellen, die tiefsitzende antijüdische Ressentiments zum Ausdruck bringen und die man vielleicht als Gelegenheitsäusserungen abtun könnte. Der Genfer Historiker Alfred Berchtold findet, dass Burckhardt über Juden Dinge gesagt habe, die eines Denkers seines Ranges unwürdig gewesen seien. Man hat nachgewiesen, dass es in Burckhardts Büchern und Vorlesungen eine systematische Geringschätzung des Fremden und Anderen gibt.[17] Burckhardts universalhistorische Sicht auf die Welt ist streng ethnozentrisch, europazentriert. Aussereuropäische Kulturen werden als inferior bezeichnet. Sie haben, auch wenn es städtische Hochkulturen waren wie im Alten Ägypten oder im Vordern Orient, nie etwas begründen können, auf das spätere Entwicklungen zurückgegriffen haben, was immer wieder erinnert worden ist. In der Geschichte des Planeten stellt die europäische Kultur etwas Einmaliges dar. Nur in Europa gibt es Entwicklungen, Übergänge und nicht einfach Untergänge. Von den Griechen an ist eine Vielfalt von Traditionen wach gehalten worden, ist von einer Kulturepoche in die nächste jeweils ein Kulturfundus weitergereicht worden. Nur in Europa gibt es, immer gemäss Burckhardt, kulturelle Kontinuität.

Es war Burckhardt verwehrt, das Fremde in seiner Andersartigkeit anzuerkennen. Aus dem eingeengten Gesichtskreis okzidentaler Superiorität heraus werden die aussereuropäischen Ethnien als unterlegen oder minderwertig abgetan. Strittig ist, wie Burckhardts rassistische und antijüdischen Äusserungen zu gewichten sind. Der bestens informierte marxistische Historiker Wolfgang Wenzel sieht, wie die grössten Burckhardt-Forscher zu Verharmlosung neigen, andererseits ist er überzeugt, dass Burckhardt angesichts der teuflischen Exzesse gegen die Juden im 20. Jahrhundert das Entsetzen gepackt hätte.[18] Im April 1999 fand in Princeton eine Tagung zum Thema *The Gods of Greece and their Prophets: Liberal and Illiberal Moments in German Classical Scholarship since Burckhardt and Nietzsche* statt. Egon Flaig und Lionel Gossman haben, mit grossem Respekt für die jeweils anderen Ansichten, ihre völlig verschiedenen Burckhardt-Interpretationen vorgetragen. Flaig, der seit Jahren schon eine Dekonstruktion des herkömmlichen Burckhardt-Bildes vornimmt, sieht im Historiker des 19. Jahrhunderts einen Wegbereiter präfaschistischer Ideen; Gossman stellt Burckhardt, im Gegensatz zu Flaig, als einen skeptischen, altliberalen Humanisten dar und nimmt ihn vor dem Vorwurf eines Wegbereiters präfaschistischen Gedankenguts in Schutz.[19]

Ein Leben lang ist Burckhardt ein konservativer Basler, aber kein verbürgerlichter Städter. Seiner tiefen Abneigung gegen monokausale Erklärungsmuster entspricht ein

---

17  Aram Mattioli, *Jacob Burckhardt und die Grenzen der Humanität*, München 2001.
18  Wenzel, Johannes (1967), 165 ff.
19  Die Vorträge von E. Flaig und L. Gossman sind, neben einigen anderen, veröffentlicht in: *Out of Arcadia*, Institute of Classical Studies, School of Advanced Study, University of London, Supplement 79, 2003. Vgl. dazu auch Fritz Stern, *Jacob Burckhardt: der Historiker als Zeitzeuge*, in: F. Stern, Das feine Schweigen. Historische Essays, München 1999, 11 ff.; Ernst Ziegler, *Jacob Burckhardt – ein Antisemit?* In: Neue Mittelland Zeitung, 23. Nov. 1998.

Rudel von historischen Gestalten, zu denen er eine innere Affinität hergestellt hat. Mit jeder Gestalt lernen wir einen bestimmten burckhardtschen Wesenszug kennen, in ihrer Gesamtheit verkörpern die bisweilen fast vergessenen Gestalten Burckhardts differenziertes Wesen, eine Art verhaltene, wohltemperierte Urbanität.

Der Renaissance, so Burckhardt, kommt das Verdienst zu, den Menschen in seinem zunehmenden Komplizierterwerden erkannt zu haben. Pico della Mirandola hat dem Menschen Beweglichkeit und freien Willen zugesprochen. Er sei dazu da, die Gesetze des Weltalls zu erkennen, dessen Schönheit zu lieben, dessen Grösse zu bewundern. Was von Pico gesagt wird, scheint auch auf den Basler Historiker zuzutreffen. Von Leon Battista Alberti zeichnet Burckhardt das Bild eines allseitig begabten Menschen, eines *uomo universale e singolare*. Er lobt an ihm die Fertigkeiten in Reden und Musik, Mathematik und Physik, Malen und Schreiben. Alberti sei von einem *fast nervös zu nennenden, höchst sympathischen Mitleben an und in allen Dingen* durchdrungen.[20] Die Gestalt des heiligen Severin kann als vorbildlich hinsichtlich der Katastrophenbewältigung gelten. Gegenüber geschichtlichen Mächten fühlt sich das Individuum im Allgemeinen in völliger Ohnmacht. Zur Zeit des Zusammenbruchs des römischen Reiches steht Severin den Menschen im alltäglichen Leiden und Sterben bei. Für Burckhardt ist der machtlose Severin ein hoher Mensch im Weltuntergang, er habe *unter dem Umsturz aller Dinge ausgehalten*.[21]

Burckhardt war mit der französischen Sentenzen- und Maximenliteratur – von Montaigne bis La Bruyère – sehr vertraut. Vauvenargues und vor allem La Rochefoucauld verkörpern für ihn eine Menschenkunde im höfischen Zeitalter. Er schätzte die sogenannten „Moralisten", die kein kohärentes System verbindlicher sittlicher Normen, dafür aber eine Vielzahl relativer Maximen vertreten. La Rochefoucaulds Aphorismen nennt er mit einem unvergesslichen Ausdruck einen *Naschwinkel*. Im Vortrag über La Rochefoucauld bekennt er, wie gern er sich bei den *abgerissenen Gedanken* bedeutender Denker und Beobachter über Welt und Leben aufhalte: *Einige Bücher dieser Art sind so köstlich, dass man sie gern sein Lebenlang um sich hat; man lässt sie vielleicht jahrelang ungelesen stehen, nimmt sie aber auf Wochen wieder hervor und liest sie mit stets neuem Interesse durch.*[22] Eine unverdeckte Selbstspiegelung kommt auch in Burckhardts Vortrag über die Briefe der Madame de Sévigné zum Ausdruck (die Sévigné gehört in den Umkreis der französischen Moralisten). Die allgemeine Lebensansicht der Sévigné sei eine eher düstere gewesen, sie besass jedoch die Gabe des guten Umgangs. Auf ihren Reisen konnte sie taufrisch von ihren Wahrnehmungen berichten. *In ungesuchter Schönheit rollen die einfach gegliederten Sätze dahin, und über allem waltet eine edle Persönlichkeit* – eine Persönlichkeit, die im brieflichen Gespräch mit Freunden so leutselig sein konnte.[23]

---

20 GA V, 103.
21 Kaegi III, 387, 537; Br III, 103.
22 Vgl. SG, 383; Giulia Cantarutti, *Burckhardt trägt La Rochefoucauld vor*, in: Spiegelungen, Festschrift für Hans Schumacher, Frankfurt/M, Bern, New York, Paris 1991, 103 ff. Vgl. auch Hugo Friedrich, *Montaigne*, Bern und München, 1967 (2. Aufl.), 167-172.
23 GA XIV, 463 ff.

Der ausgeprägteste burckhardtsche Wesenszug ist die Selbstbescheidung, die Einfachheit, die er selber auch gelebt hat. Mit einem tiefen Verständnis für die klassische Verfallszeit, die Epoche Konstantins des Grossen, schildert Burckhardt jene Frauen und Männer, die sich einer verrohenden Gesellschaft entgegenstellten und die christliche Nächstenliebe, Disziplin und Askese auch tatsächlich gelebt haben. Für Burckhardt waren jene Menschen, welche die Städte – den *nicht ganz gesunden Zustand der Gesellschaft* – verliessen und in die Einsamkeit der thebaischen Wüste oder ins Kloster gingen, *Helden der Wüste*.[24] Das Urbild des unabhängigen Menschen ist der Kyniker Diogenes, der *rechte heitere Pessimist*, der auf das stets Bedrohte im Leben verzichtet und sich mit dem Rest – mit Mässigkeit, Gesundheit und Freiheit – begnügt. Die Existenzform der Bedürfnislosigkeit, welche die Kyniker praktizieren, deutet Burckhardt als Reaktion auf den Despotismus der griechischen Polis. Wolfgang Hardtwig hat gezeigt, dass das wissenschaftliche Erkenntnisideal, das Burckhardt vertritt, ein asketisches ist. Burckhardt – ein Phantast? – richtet seine Hoffnung für die Zukunft Europas einzig auf asketische Menschen, auf strenge Charaktere, die, anstatt weiterkommen zu wollen, den Mut zur Entsagung und zum Verzicht haben.[25]

Es bleibt eine letzte Gestalt, welche Burckhardts wohltemperierte Urbanität abrundet. In der *Kultur der Renaissance* stösst der Leser auf das anmutige und versöhnliche Porträt von Pomponius Laetus, eines bescheidenen Lehrers der Altertumskunde. In der scheinbar leicht hingeworfenen Skizze des *Männchens mit lebhaften Augen*, das Neid und Übelrede in seiner Nähe nicht duldete, wollen nicht wenige wiederum ein Selbstporträt erkennen.[26]

---

24 GA II, 318 ff.
25 Wolfgang Hardtwig, *Jacob Burckhardt – Vom Glück und Unglück in der Weltgeschichte*, in: *Europas Weg in die Moderne*, hg. von W. Hirdt, Bonn/Berlin 1999, 126 ff. Vgl. Karl Löwith (1953), 33.
26 GA V, 198 f.

*Henri Lefebvre, ein Häretiker*

> *Schmerzensschrei: warum kann ich mich nicht unter jene einreihen,*
> *die Kathedralen und Paläste bauten und prächtige Feste organisier-*
> *ten? Warum bin ich gegen die Macht, warum stelle ich mich auf*
> *die Seite der Gedemütigten, all jener, denen es an Pracht mangelt?*
> *(Sollte man nicht eine neue Schönheit erfinden und schaffen, ein*
> *differentes Leben schreiben?*
>
> Lefebvre 1980[27]

Seit einigen Jahren werden in Frankreich viele vergriffene Bücher von Henri Lefebvre wieder aufgelegt, zeigt man ein neu erwachtes Interesse für den grossen Aussenseiter. Erstaunlich ist, dass die postmodernen Amerikaner, allen voran die Geografen, in Henri Lefebvre nicht nur einen Pionier des städtischen Denkens, sondern einen profunden Denker des *spacial turn* sehen. Weltweit wächst das Interesse für Lefebvres urbane Schriften. Die englisch sprechende Welt findet dank den exzellenten Übersetzungen von *The Urban Revolution* und *The Production of Space* [28] leichter Zugang zum Reichtum von Lefebvres Stadt- und Raumdenken. Auch die Bücher zur Alltagskritik sind in den letzten Jahren ins Englische übertragen worden.[29] Der unorthodoxe Lefebvre bleibt von erstaunlicher Aktualität. Seitdem man im Jahre 2006 im Rahmen des *Instituts Stadt der Gegenwart* (Eidgenössische Technische Hochschule Zürich/Basel) eine urbanistische Bestandesaufnahme der Schweiz auf der Grundlage von Lefebvres Raumtheorie durchgeführt hat, schenkt man dem französischen Philosophen auch im deutschen Sprachraum wieder mehr Aufmerksamkeit.[30]

Lefebvre war marxistischer Theoretiker, er war auch Kommunist, jahrzehntelang Mitglied der französischen kommunistischen Partei.[31] Aber nicht von Anfang an, und nicht für immer. Wenn ich im Folgenden ein paar Hinweise zu einem komplexen Werdegang und Denken gebe, dann soll dieses Denken weder unbefragt rehabilitiert noch eine  theoretische Geschlossenheit nachgewiesen werden, die es nur bedingt gibt. Oft wurde Lefebvres rhapsodisches Denken als ungeordnet bezeichnet; in der Tat braucht es eine gewisse Geduld, bis sich dem Leser die metaphilosophischen Meditationen erschliessen. Lefebvre war immer eine marginale

---

27  PA, 235.

28  *The Production of Space* übers. von Donald Nicholson-Smith, Nachw. von David Harvey, Oxford und Malden, Massachusetts, 1991. Nicholson-Smith war Mitglied der *Situationistischen Internationale,* aus der er 1967 ausgeschlossen wurde.

29  *Critique of Everday Life,* Vol. 1, 1991, Vol. 2, 2002, London und New York, beide Bde. mit einem Vorw. von Michel Trebitsch.

30  Siehe Schlussteil dieser Studie, *Keine letzten Worte,* den Abschnitt *Empirische Anwendung der Raumtheorie.*

31  Zu Werk und Person Henri Lefebvre konsultiere man Rémi Hess (1988); mit Gewinn auch die (leider weit verstreuten) Arbeiten von Michel Trebitsch (Bibliographie im Anhang).

Gestalt, wesentliche Impulse empfing er von der politischen und künstlerischen Avantgarde. Die Randständigkeit hat er stets als Stärke empfunden.

Geboren wird er am 16. Juni 1901 in einer kleinbürgerlichen Familie in Hagetmau (Landes, Südwestfrankreich). Der Widerspruch wird ihm gleichsam in die Wiege gelegt: die Mutter verkörpert eine strenge jansenistische, bigotte Frömmigkeit, der Vater einen freigeistigen Antiklerikalismus. Die Jugend ist geprägt von starkem religiösen Empfinden. Bei der späteren Rückbesinnung auf die religiösen Ursprünge spielen Augustinus und Pascal eine zentrale Rolle. Die Revolte gegen eine lebens- und körperfeindliche Religion beginnt in Aix-en-Provence, wo Lefebvre beim katholischen Philosophen Maurice Blondel sein Studium aufnimmt. Ein Jahr später setzt er das Philosophiestudium an der Sorbonne fort, allerdings nur für kurze Zeit. Die Philosophie, die dort gelehrt wurde, sei *ein altes Spiel.* Dort stösst er zu einer Gruppe junger Studenten (Pierre Morhange, Georges Politzer, Paul Nizan, Georges Friedmann, Norbert Guterman), die 1924 mit der Gründung der Zeitschrift *Philosophies* einen eigenen Weg beschreiten. Die jungen Philosophen, die einen *trust de fois*, ein Glaubensbündnis von Christen und Juden, bilden, attackieren die sterile universitäre Philosophie und vertreten einen *neuen Mystizismus.*

Die Epoche um 1925 ist für Lefebvre lebensprägend. Wir befinden uns am Ende der Nachkriegszeit, einer Phase der Restauration. Es gibt noch keinen Stalinismus, keinen Trotzkismus, *Sein und Zeit* ist noch nicht erschienen, die Marxschen Frühschriften sind noch nicht publiziert. Lefebvre legt ein Bekenntnis zur Freiheit und zum *Abenteuer* ab, er gehört zu den Unterzeichnern des *Manifeste surréaliste.* Mit Abenteuer ist ein existentielles Offensein gemeint: der initiale Akt des Denkens.[32] Die Idee des Abenteuers verträgt sich mit dem Surrealismus, meint auch eine Art existentieller Phänomenologie (diesen Begriff gibt es allerdings noch nicht), einen Ansporn ins Weite, noch nicht Erkundete. In Lefebvres Worten: *Du brichst auf ohne feste Stütze. Du gehst voran. Du gehst Abgründen entlang, und es hat kein Geländer. Du gehst ohne einen Führer den Grenzen entlang. Was erwartet derjenige, der so aufbricht? Was sucht er? Eine Begegnung, eine durch Arbeit verdiente oder nicht verdiente Belohnung. Eine Präsenz. Eine Leidenschaft.*[33]

Rasch wird er der führende Kopf der *Philosophen.* Diese pflegen komplizierte Kontakte mit den Surrealisten, zusammen bilden die beiden Gruppierungen um 1925 die künstlerische, philosophische und politische Avantgarde. Lefebvre ist mit dem Dadaisten Tristan Tzara befreundet, verkehrt freundschaftlich mit Paul Eluard und Louis Aragon; André Breton macht ihn als Erster auf die Bedeutung von Hegel aufmerksam. Die Surrealisten und die Philosophen suchen nach einer Einheit von Denken und Handeln, Wahrheit und Wirklichkeit; sie verfassen und unterschreiben Manifeste und erproben einen neuen Lebensstil – heute würde man das eine Kulturrevolution nennen. Lefebvre wird später sagen, er habe um 1925 die Erfahrung mit einer *revolutionären Mikro-Gesellschaft* gemacht. Lefebvres Biograph schreibt: *Die Philosophen der zwanziger Jahre sind junge Leute, die ihre Jugend in der*

---

32  Zur Theorie des Abenteuers vgl. SR, 411 ff.
33  PA, 232 f.

*Exaltiertheit, im Zorn, im jugendlichen Delirium ausleben. Sie sind radikal aufstän-
disch. Sie wollen mit dem herrschenden Konformismus und der herrschenden Philosophie tabula rasa machen.*[34] Nach einer Phase der Politisierung treten beide Gruppen,
die „Philosophen" und die Surrealisten, 1928 der kommunistischen Partei bei.

Für den romantisch gestimmten Lefebvre beginnt die Zeit der fatalen Miss-
verständnisse – zuerst einmal die schwierige dreissigjährige Parteimitgliedschaft.
Um 1928 war die französische kommunistischen Partei eine kleine Gruppierung,
schwach strukturiert, kaum institutionalisiert, unter den Mitgliedern traf man
junge Idealisten und militante Anarchisten. Erst von etwa 1936 an verfestigt sich
die Parteimacht, wird die Partei endgültig eine Institution; die französischen Kommunisten imitieren das sowjetische, stalinistische Modell mehr als nur vorbildlich.
Lefebvre gehört nicht zu jenen, die eines Tages aus moralischen Gründen Marxist
geworden sind und aus eben solchen Gründen dem Marxismus wieder den Rücken
zukehren. Er trat in die Partei ein, um ihr eine theoretische Basis zu verschaffen. In
den dreissiger Jahren  übersetzt und kommentiert er zusammen mit Norbert Guterman Texte von Hegel und Marx (darunter die berühmten Ökonomisch-philosophischen Manuskripte von 1844). Die Herausgabe von Textanthologien zu Marx
und Hegel war in den dreissiger Jahren eine Pioniertat, in politischer Hinsicht eine häretische Angelegenheit. Die Hegel-Renaissance in Frankreich wird durch die
berühmten Hegelvorlesungen (1933-1939) von Alexandre Kojève  eingeleitet. In
den Schriften von Marx, Engels und Lenin stösst Lefebvre auf die Theorie vom
*Absterben des Staates,* und darüber ist er hoch erfreut. Der Marxismus ist für ihn
immer identisch mit der Abschaffung des Staates. Indem er dieses Kernstück der
Marxschen Lehre den Parteioffiziellen stets von neuem in Erinnerung ruft, wird er
zu einem permanenten Häretiker – ein Häretiker kann nicht anders, als sich gegen
falsche Dogmen, diejenigen der Partei, aufzulehnen.

Mit oppositionell gestimmten Freunden gründet er die nicht parteikonforme
(von André Malraux finanzierte) Zeitschrift *La Revue marxiste.* Dieses Unternehmen
wird bald sabotiert, schon gedruckte Bücher werden eingestampft, Manuskripte ge-
sperrt. In der politischen Realität stösst Lefebvre auf eine zunehmende Verhärtung
des Partei- und Staatsapparates im Zeichen Stalins. Es wird lange dauern, bis er sich
eingesteht, dass der Eintritt in die kommunistische Partei ein Missverständnis, ein
Irrtum war.[35] Die schwer zu beantwortende Frage betrifft nicht Lefebvres Entschluss,

---

34 R. Hess (1988), 35.

35 Wie kompromittierend der Umgang mit dem stalinistischen Kurs der KPF sein konnte,
   sollen zwei nicht nebensächliche Reminiszenzen illustrieren. 1) In den Nachkriegsjahren
   gibt es seit 1946 die vielbeachteten *Rencontres Internationales de Genève.* Im Jahre 1949 sind
   Karl Jaspers, Karl Barth, René Grousset, R.P. Maydieu, Paul Masson-Oursel, Maxime Leroy
   J.B.S. Haldane, John Middleton-Murrey zu einem Vortrag eingeladen – und eben auch
   Henri Lefebvre; er spricht über *L'homme des révolutions politiques et sociales.* Peinlich wird die
   Diskussion, wie Lefebvre, um sein Konzept des totalen Menschen zu erläutern, einen Text
   von Stalin vorliest (vgl. *Pour und nouvel humanisme,* Neuchâtel 1949, 320). 2) Die parteiof-
   fizielle Zeitschrift der französischen kommunistischen Intellektuellen ist *La nouvelle critique*
   (seit 1948). Henri Lefebvre gehört dem Redaktions-Komitee an – *als fünftes Rad am Wagen,*

in die Partei einzutreten, sondern das lange Ausharren darin. In *La Somme et le reste,* der zweibändigen intellektuellen Autobiographie, verfasst unmittelbar nach dem
Parteiausschluss 1957, beschreibt er seine jahrzehntelange Auseinandersetzung mit
dem Stalinismus. In den beiden Bänden, dem Zeugnis einer grossen Wahrhaftigkeit,
werden erlittene Demütigungen nicht ausgespart: *Ja, ich liess mich einschüchtern...*
Verschwiegen werden auch nicht die Jahre nach 1945, in denen er die marxistische
Gewissheit in Frankreich zu offiziell repräsentiert hat. Die innerparteiliche Opposition, der Kampf gegen den Stalinismus, tritt erst nach 1950 in die entscheidende
Phase. Im Porträt, das Maurice Blanchot seinem Freund gewidmet hat, lesen wir:
*Als Romantiker ist Lefebvre in die Partei eingetreten, als Romantiker hat er sie auch
wieder verlassen.*[36] Es grenzt an ein Wunder, dass die dreissig Jahre Parteidisziplin und
die demütigende Kontrolle durch den Apparat Lefebvres ursprüngliche Inspiration
nicht haben zerstören können. Ein anderer Freund und Mitstreiter, Edgar Morin,
berichtet, wie Lefebvre während vieler Jahre seine Flügel nicht ausgebreitet hat, wie
er es nicht gewagt hat, ganz sich selber zu sein, wie er seine Verletzungen versteckt
hat. 1959 stellt Morin die Frage: *Warum ist dieser Schmetterling so viele Jahre lang
wie eine Raupe gekrochen?* Und er fügt hinzu: *Heute aber beginnt er seine grossen, steif
gewordenen Flügel zu bewegen.*[37] Der endlich frei fliegende Schmetterling, das ist der
Philosoph, der nach 1960 seine eigentlich grossen Werke verfasst hat.

Wie sich Lefebvre um 1959 in seinem Leben, seiner Arbeit, seinem politischen Tun
neu zu orientieren beginnt, nähert er sich dem sechzigsten Lebensjahr. Im Rahmen
des *Centre d'Etudes sociologiques* gründet er eine Arbeits-Gruppe zur Erforschung des
Alltags; damit setzt er die unmittelbar nach 1945 begonnene Kritik des alltäglichen
Lebens fort. Er gibt das Forschungsgebiet der Agrar-Soziologie auf und widmet sich
der im Entstehen begriffenen Urban-Soziologie. Er tritt aus der Forschungsgemein-
schaft am *Centre National de Recherche Scientifique* (CNRS) aus und eine universitäre
Karriere an, zuerst in Strassburg, ab 1965 an der neu gegründeten Fakultät Nanterre,
in der Banlieue von Paris. Mit *Einführung in die Modernität* (1962) beginnt die Phase der radikalen Kritik, die im Pariser Mai 1968 ihren Höhepunkt erreichen wird.
Ein zweites Mal tritt er in engen Kontakt mit einer künsterlischen Avantgarde, den
*Situationisten.* Ein zweites Mal sucht er die herausfordernde und befruchtende Auseinandersetzung mit einer *revolutionären Mikrogesellschaft.*

Wenn wir nach dem geheimen Zentrum von Lefebvres Wesen fragen, stossen
wir auf die nachhaltige Wirkung, die Nietzsche zeitlebens auf ihn ausgeübt hat.
Seit seinem fünfzehnten Altersjahr liest er den *Zarathustra.* In der Auseinandersetzung mit der Religion, die unter dem Zeichen der gekreuzigten Sonne steht, spielt

meinen die Lefebvre-Biographen beschwichtigend. Die Nummer 45 (1953) ist dem Geden-
ken an Josef Stalin gewidmet, auf dem Umschlag sind Marx, Engels, Lenin und eben auch
Stalin abgebildet. In der Stalin-Jubel-Nummer erscheint S. 247 ff. auch ein kurzer Artikel
von H. Lefebvre, allerdings nicht zu Stalin.

36 Maurice Blanchot, *Lentes funérailles,* in: *L'amitié,* Paris 1972, 98 ff.

37 E. Morin, *Autocritique,* Paris 1994, 111 ff. (erste Ausg. 1959).

Nietzsche eine zentrale Rolle.[38] In den Jahren des Stalinismus sehnt er sich danach, den Denker der *Unzeitgemässen Betrachtungen* aufzusuchen, um mit einer Dosis Stolz geimpft zu werden.[39] 1939 veröffentlicht er ein Nietzschebuch, mit dem er den Faschisten den Anspruch streitig macht, Nietzsches geistiges Erbe zu vertreten. Sein eigenes aufgesplittertes Leben – die Summe seiner inneren, ungebändigten und ungeordneten Widersprüche – vergleicht er mit einem *dionysischen Chaos.*[40] Das Chaos von Trieben, Bildern, Bedürfnissen und Wünschen will er weder verleugnen noch unterdrücken. In der Vorrede des *Zarathustra* lesen wir: *Ich sage euch: man muss noch Chaos in sich haben, um einen tanzenden Stern gebären zu können. Ich sage euch, ihr habt noch Chaos in euch.*[41] Die Geburt des neuen Menschen ist nur möglich, wenn noch Chaos in ihm ist, aus dem tanzende Sterne hervorgehen können. Nur wenn alle Gegensätze noch wild und blindwütig durcheinander gehen und ein grosses Spannungsfeld erzeugen, kann Neues wie aus einem dionysischen Rausch heraus entstehen. Tanzende Sterne haben noch etwas von der irrlichternden Kraft und Spannung des Chaos in sich, und diese Kraft können sie in der freien Bewegung des Tanzes schöpferisch umsetzen.

Indem Lefebvre zwei massgebende Denker der Moderne – Marx und Nietzsche – miteinander verknüpft, kann man ihn als einen *dionysischen Marxisten* bezeichnen. Die moderne Welt, sagt er, ist erstens marxistisch, da das ökonomische Wachstum – Industrie und materielle Produktion – als Basis der Existenzsicherung gilt. In den verschiedensten Bereichen hat sich die rationale Planung entschieden durchgesetzt. Weit mehr als Ideen, politische Projekte, Träume oder Utopien hat die Industrialisierung die Welt von Grund auf verändert. Zweitens hat Nietzsche die Welt von Grund auf verändert. Von allen Seiten wird gegen den „allgemeinen Zustand" lautstark protestiert, weltweit richtet sich „das individuelle Leben" gegen die politische Unterdrückung, gegen die Vorherrschaft des Ökonomischen. Der Protest bedient sich der Poesie, der Musik und des Theaters. Lefebvre hört aus der Revolte, die von der Kunst ausgeht, das Losungswort *das Leben verändern* (Rimbaud) heraus – zugleich Nietzsches klagende und trunkene Stimme. Nietzsches Revolte gründe in der hartnäckigen Verteidigung der Kultur, aber auch im Widerstand gegen staatlichen, sozialen und moralischen Druck.

Zum Establishment des Denkens hat Lefebvre immer Distanz gewahrt, seine marginale Position hat er als Stärke empfunden. Er ist stolz darauf, aus dem Land der Katharer, der grossen Häresie der Pyrenäen, zu stammen. Er schildert den Mythos Montségur, das abgelegene, legendenumwobene Zentrum der Katharer.[42] Die

---

38  S. Meyer, Kurt (1973), das Kapitel *Le Soleil Crucifié.*

39  SR, 467.

40  TM, 11.

41  Ausg. Schlechta, Bd. II, 284.; dazu Annemarie Pieper, *„Ein Seil geknöpft zwischen Tier und Übermensch", Nietzsches erster „Zarathustra",* Stuttgart 1990, 69f., 78.

42  Pyr. 131 f. Die Katharer haben beim deutschen Wort *Ketzer* Pate gestanden.

Häresie ist immer eine periphere Erscheinung. Häretiker opponieren gegen die offizielle – kirchliche oder politische – Autorität: gegen das Dogma.[43]

*

Sind es die poetischen Bilder oder die überraschenden Beispiele, welche die Lektüre von Lefebvres Büchern zu einem Vergnügen machen? Oder die sprachspielerischen Formulierungen, welche die argumentativen Abhandlungen auflockern? Oder die gelegentlich eingestreuten Gedichte? *Die Lust am Text* nennt Roland Barthes sein Plädoyer, mit dem er die Indifferenz des wissenschaftlichen Diskurses und den Puritanismus ideologischer Analysen ins Wanken bringt.[44] Auch Henri Lefebvre (der mit Barthes befreundet war)[45] bezieht die Sensualität und die *jouissance* (Wollust) in seinen Diskurs ein, auch er strebt eine Fusion von Logos und Eros an. Und er versteht es, seine Texte zum Klingen zu bringen. Von Paul Eluard hat er diesen Satz überliefert: *La poésie doit avoir pour but la vérité pratique.*[46]

Musikalische Töne wehen oft durch Lefebvres Buchseiten. In seiner *Hommage à Schumann* zeichnet er ein Porträt von Florestan und Eusebius, den beiden imaginären und zugleich realen Wesen aus den *Davidsbündlertänzen*.[47] Er liebt sie, die Verbündeten Davids, die gegen die Philister ins Feld ziehen, und schreibt: *Heute ist Goliath stärker denn je. Aber wo sind Davids Verbündete? Euch, meine alten Freunde, wende ich mich zu.* Mit den *Davidsbündlertänzen* führte Robert Schumann einst ein in Musik umgesetztes Liebesgespräch mit Clara Wieck. Henri Lefebvre, der anhand der Klavierstücke in seine persönlichen Tiefen vordringt, entwirft ein Seelenporträt des berühmten Paares Eusebius und Florestan. Eusebius wird als ein produktiver und verliebter Träumer von beinah kindlicher Sentimentalität beschrieben, der mit seinem Nach-Innen-Lauschen die magischen Augen der Liebe entdeckt. Florestan, der rasch Zornige, ist auch der rasch Handelnde. Er verkörpert Übermut und eine leidenschaftliche Imagination – Eigenschaften, die rasch zu Grausamkeit und Wahnsinn führen können. *Wenn ich mich recht erinnere,* schreibt Lefebvre, *hat mir Schumann mit der schmerzlichen Verdoppelung ein bescheidenes und tiefes Geheimnis enthüllt...*[48]

Die grosse Studie *Einführung in die Modernität* weist einen deutlich musikalischen Aufbau auf. Im Untertitel *Zwölf Präludien* schwingt, unter anderem, der Bezug zur Lehre der Zwölftonmusik mit. In der Einleitung lesen wir: *Dieses Buch ist wie ein Musikstück komponiert. Es möchte gehört werden, um verstanden zu werden. Es möchte Ruf, Appell, Klage sein, zugleich und in eins damit theoretische und diskursive*

---

43 Vgl. Met. 308 ff.; PA 108 ff.; TM 60 ff. Pyr. 131 f.
44 *Le plaisir du texte*, Paris 1973; dt. *Die Lust am Text*, Frankfurt/M. 1974.
45 Der Text *Stumme und blinde Kritik* aus *Mythologies* von Roland Barthes (Paris 1957, dt.: Mythen des Alltags, Frankfurt/M. 1964, 33 ff.) befasst sich mit H. Lefebvre.
46 Mét. 223.
47 SR, 351 ff.
48 SR, 351.

*Darlegung.*[49] Im zwölften Präludium mit dem Titel *Einer neuen Romantik entgegen* wird das Geheimnis der musikalischen Harmonie und Disharmonie enthüllt.

Die polyphone Komposition von *La production de l'espace* ist mit der musikalischen Form einer Fuge verglichen worden.[50] Eine Fuge, so können wir präzisieren, gehört zu den freiesten musikalischen Formen. Sie beginnt mit einer Exposition, in der alle Stimmen in freier Reihenfolge das Thema der Reihe nach vortragen. Beim Lesen des Einleitungskapitels zum Raumbuch – *Dessein de l'ouvrage* – glauben wir, der Exposition einer grossen Fuge zu lauschen. Eine Fuge ist keine strenge Musikart, sie kennt kaum Formzwänge, bietet einen grossen Spielraum für Gestaltung und emotionalen Ausdruck. Die kompositorischen Möglichkeiten sind enorm: Wechsel der Tonarten, Engführung, Vergrösserung, Verkleinerung, Umkehrung des Themas, Zwischensätze, Gegenfugen, Spiegelfugen. Diese hier aufgezählten Merkmale treffen nicht nur auf die musikalische Form der Bach'schen Fuge zu, sondern auch auf die Polyphonie des Raumbuches.

Lefebvre erzählt, wie er in jüngeren Jahren täglich ein paar Stunden Klavier spielte. Er sei zwar nicht besonders talentiert, notiert er etwas kokettierend, dem Musizieren allerdings messe er eine grosse Bedeutung bei. *Es hat mich immer erstaunt und schockiert, wie Marx und Engels der Musik keine Beachtung schenken... Allein schon diese Feststellung hat mich vor dem Dogmatismus bewahrt.*[51]

Seinen letzten philosophischen Traktat eröffnet Lefebvre mit einem hellen Wort von Saint-John Perse: *Ils m'ont appelé l'obscur, et j'habitais l'éclat.*[52]

## Ein anderer Zugang zum „Globalen"

Für Jacob Burckhardt und Henri Lefebvre spielt das Denken des Weltganzen eine zentrale Rolle, das Wort „Globalisierung" verwenden sie allerdings nicht. „Globalisierung" wird heute für jene Epoche der Menschheitsgeschichte verwendet, in welcher der Nationalstaat sich aufzulösen beginnt und die nationale Ökonomie als überholte Wirtschaftseinheit betrachtet wird. Die Entstehung eines einheitlichen Weltmarktes und eines globalen Wettbewerbs unter neoliberalem Vorzeichen gilt heute weitherum als zivilisatorischer Fortschritt.

Burckhardt hat klar gesehen, dass die Griechen als Erste das Weltganze zum Objekt des Erkennens gemacht haben – diese Weise des Erkennens, sagt er, *schwebt hoch und beglückend über Attika und ganz Griechenland.* Mit der Betrachtung des Himmels und des Weltganzen wird für den Einzelnen *jeder Tag ein Festtag, der ganze*

---

49 EM, 13.
50 Schmid, Christian (2005), 14 ff.
51 SR, 269 f.
52 Sein spätes Werk *Qu'est-ce que penser?* (1985) stellt er unter dieses Motto, *Sie nannten mich den Dunklen, und ich wohnte im hell Leuchtenden.*

*Kosmos ein Heiligtum, in welches wir bei der Geburt eintreten, mit Sonne, Mond, Ge-*
*stirnen, Strömen frischen Wassers und von der Erde genährten Gewächsen und Tieren.*[53]

Henri Lefebvre schreitet langsam voran, wenn er das *pensée planétaire* entfaltet, das mit Heraklit einsetzt und – für ihn – mit Kostas Axelos einen Höhepunkt erreicht. Die okzidentale Vernunft des Weltganzen geht von der Kugelgestalt der Erde aus, der geometrisch vollendeten Rundform, die wir heute mit den Griechen *Sphäre,* mit den Römern *Globus* nennen.


## Die Entdeckung der Welt und des Menschen

Indem Burckhardt die Renaissance als das Zeitalter der *Entdeckung der Welt und des Menschen* präsentierte,[54] schuf er mit dieser Wendung auch gleich eine aussagekräftige Epochenbezeichnung. Die *Entdeckung der Welt* umfasst die Reisen der Italiener in ferne Weltgegenden, den abenteuerlichen Wandertrieb, aber auch die Handelsinteressen, ferner die Gabe und die Methode des objektiven Beobachtens und Vergleichens. Als Seefahrer entwickelten die Italiener die Himmelskunde (Astronomie); sie eigneten sich die Kenntnis des Aufganges und Niederganges der Sternbilder an, entwickelten ein naturgeschichtliches Interesse, betrieben eine vergleichende Betrachtung der Pflanzen und Tiere – damit durchbrachen sie die naive Weltbetrachtung, *die Hülle des Wahns.* Und sie entdeckten die landschaftliche Schönheit.

Die Italiener drangen nicht nur zu einer objektiven Entdeckung der Welt vor, sie förderten auch *den vollen Gehalt des Menschen* zutage, und damit vollbrachten sie eine noch glanzvollere Leistung. Sie beschäftigten sich mit der Erkenntnis des geistigen Wesens des Menschen, der Erkenntnis des Individuellen auf allen Stufen. Sie widmeten sich der Entwicklung der Persönlichkeit – und zwar *ohne das Grübeln nach einer theoretischen Psychologie,* dafür mit der Gabe der Beobachtung und der Schilderung.[55] In einer unvergänglichen Kunst und Poesie stellten sie den vollständigen Menschen in seinem tiefsten Wesen und in seinen charakteristischen Äusserungen dar. Die bildenden Künstler machten den von innen bewegten Menschen zum Thema der Kunst; mit der Darstellung des ganzen Körpers suchten sie nach dem Ausdruck von Empfindungen und Affekten. Entsprechend behandelten sie auch die Physiognomie, den lebendigen Ausdruck des Gesichts. Seit Giovanni Pisano und Giotto wird solches der italienische Beitrag zur Moderne. Jacob Burckhardt nahm sich, als er die Pioniertat Italiens beim Selbstbewusstwerden des modernen Europäers schilderte, eine ungeheure Aufgabe vor.

Mit seinem Renaissancebuch lässt er die Trennung in *Ereignisgeschichte* und *Geschichte der Menschheit* hinter sich, liefert er einen universalhistorischen Überblick über Italien im vierzehnten und fünfzehnten Jahrhundert unter dem Blickwinkel der Geschichte der Menschheit. In einer einzigartigen geschichtlichen Situation – der Re-

---

53 GK II, 361 f.
54 Vierter Abschnitt der *Kultur der Renaissance in Italien.*
55 GA V, 219.

naissance – sucht er das *ins uns Anklingende* und somit für uns Verständliche. Nie zuvor hätten Menschen sich künstlerisch so deutlich zum Ausdruck gebracht wie in den kleinen Stadtstaaten, nirgendwo auf der Welt gab es eine solche Fülle von Persönlichkeiten und Werken wie im Italien zu dieser Zeit; der erhaltene Kunstbestand ist der dichteste auf der ganzen Erde. Von heute blicken wir, wie Horst Günther festhält, auf die Renaissance zurück und sehen: *Die politischen Herrschaften sind versunken, die Vermögen der Grosskaufleute zerronnen, von den Banken haben viele schon damals bankrott gemacht... Was aber seit Dante und Giotto und den Pisanen, seit Brunellesco, Masaccio und Ghiberti Künstler geschaffen haben, das ist geblieben.*[56]

Im Vortrag über *Die historische Grösse* (dem letzten Teil der Weltgeschichtlichen Betrachtungen) kommt Burckhardt auf aktuellere globale Zusammenhänge zu sprechen. In einer Liste stellt er jene Faktoren zusammen, welche zu einer universalen Erkenntnis hinführen. Gerade das neunzehnte Jahrhundert sei dazu prädestiniert, das Grosse vergangener Epochen aus welthistorischer Sicht zu würdigen. Durch den Austausch von Literaturen, den gesteigerten Verkehr, die Ausbreitung der europäischen Menschheit über alle Meere und *die Vertiefung aller unserer Studien* habe die Kultur einen *hohen Grad von Allempfänglichkeit* erreicht. Man versuche, auch dem Fremdartigsten und Schrecklichsten gerecht zu werden, gleichzeitig sei man beseelt *von Enthusiasmus für alles vergangene Grosse.*[57]

Die Öffnung der nationalen Grenzen sowohl im Geistigen als auch im Materiellen war für Burckhardt längst schon gekommen. *Vollends im Reiche des Gedankens gehen alle Schlagbäume billig in die Höhe.*[58] Der erkennende Mensch wird es sich zur *wahren Bürgerpflicht* machen, im geistigen Gebiet nach dem Hohen und Höchsten zu greifen. Wie ein Vermächtnis empfinden wir die Worte, welche dem ausschliesslich partikularen oder nationalen Denken eine Absage erteilen: *Das wahrste Studium der vaterländischen Geschichte wird dasjenige sein, welches die Heimath in Parallele und Zusammenhang mit dem Weltgeschichtlichen und seinen Gesetzen betrachtet, als Theil des grossen Weltganzen, bestrahlt von denselben Gestirnen die auch andern Zeiten und Völkern geleuchtet haben, und bedroht von denselben Abgründen und einst heimfallend derselben ewigen Nacht und demselben Fortleben in der grossen allgemeinen Überlieferung.*[59]

In seltenen Momenten wird der Historiker von düsteren Bildern bedrängt, sieht er das mutmassliche Ende der tellurischen Menschheit, das Erstarren des Planeten Erde vor sich, spricht er von Erdkatastrophen, welche zugleich klimatische Katastrophen sein könnten. Was wir heute als Nachhaltigkeit bezeichnen, hört sich bei ihm so an: *Das Mittelalter ist vielleicht im Grossen eine Zeit der heilsamen Zögerun-*

---

56 Günther, Horst (1997), 100.
57 SG, 379. Dazu: Jähnig, Dieter (2006), 80 ff.
58 SG, 117.
59 SG, 117 f.

*gen. Hätte es die Erdoberfläche ausgenützt wie wir, so wären wir vielleicht gar nicht mehr vorhanden.* In resignativem Pathos fügt er hinzu: *Ob es schade um uns wäre?* [60]

Einige wesentliche universalgeschichtliche Zusammenhänge werden anhand des *geheimnisvollen Gesetzes der Kompensation* erörtert. In Burckhardts historischer Sichtweise gibt es grundsätzlich keine Überschätzung der Vergangenheit, kein bodenloses Verzagen an der Gegenwart, keine törichte Hoffnung auf die Zukunft. Binsenweisheitsnah stellt er fest: *Die Ökonomie der Weltgeschichte im Grossen bleibt uns dunkel.* [61] Wie innerhalb dieser Dunkelheit *das Böse auf Erden als Theil der grossen weltgeschichtlichen Ökonomie* [62] zu verstehen ist, bleibt uns wohl für alle Zeiten verschlossen. Eruierbar ist bloss das Trost verheissende *geheimnisvolle Gesetz der Kompensation* [63] – ein Gesetz, das die Frage nach dem Ausgleich von Schmerz, Leiden, Grausamkeit: in summa dem Bösen, stellt. Nachweisbar ist dieses Gesetz an der Zunahme der Bevölkerung nach grossen Seuchen und Kriegen. Die Zerstörung des oströmischen Reiches im fünfzehnten Jahrhundert ist *äusserlich wie innerlich kompensiert* worden durch die *oceanische Ausbreitung der westeuropäischen Völker; der Weltaccent rückte nur auf eine andere Stelle.* [64] Zur allgemeinen Gültigkeit des Kompensationsgesetzes äussert sich Burckhardt (der mit dem metaphysisch obdachlosen Denken von Arthur Schopenhauer und mit Darwins Lehre vom Kampf ums Dasein vertraut war) eher skeptisch. Er hat die Theodizee-Gewissheit – die Sicherheit, dass das Böse in der Welt in irgend einer Form im grossen göttlichen Vorsehungsplan aufgehoben sei – verloren. Betont zögerlich zieht er in Erwägung, ob Defizite, Mängel und Schädigungen im Gesamtleben der Menschheit irgendwie ausbalanciert werden könnten. *Die Kompensation ist nicht ein Ersatz der Leiden, auf welche der Täter hinweisen könnte, sondern nur ein Weiterleben der verletzten Menschheit.* [65] Es gibt nicht automatisch einen trostspendenden Ausgleich für erlittenen Schmerz oder Leiden; es gibt auch endgültige, nicht wiedergutzumachende Verluste und Schädigungen. Die Frage, ob es eine Trost spendende Verrechnung von Gütern und Übeln gebe, wird mit einer Warnung beantwortet: *Die Lehre von der Kompensation ist meist doch nur eine verkappte Lehre von der Wünschbarkeit, und es ist und bleibt ratsam, mit diesem aus ihr zu gewinnenden Troste sparsam umzugehen, da wir doch kein Urteil über Verluste und Gewinste haben.* [66]

---

60 Weitere endzeitliche Visionen von Burckhardt: GA VII, 285, 433; SG, 151, 345 f.; vgl. Kaegi V, 280-283.

61 SG, 242.

62 a.a.O., 239.

63 Im Abschnitt *Über Glück und Unglück in der Weltgeschichte*, 242 f. Dazu der Art. *Kompensation* von O. Marquard, in: Hist. Wörterbuch der Phil., Basel 1976, 912 ff.

64 SG, 243.

65 a.a.O. 243.

66 GA VII, 205.

*Das Mondiale*

Als Agrarsoziologe hat Lefebvre einst *auf dem Terrain* gearbeitet. Als Städteforscher richtet er sein Augenmerk wiederum auf die Erde und ihre Oberfläche, die Acker-böden und Weidgebiete, die Naturräume und Ozeane, die ganz dünne und leicht verletzliche Erdkruste: auf unsere Erde, stellt diese doch die Gebiete und Böden zur Verfügung, auf denen die Städte entstehen, und von wo sie auch wieder ver-schwinden. Troja, Ninive, Uruk, Karthago, Pompeji sind Städte, die unter dem Sand begraben sind, über denen das Gras wächst. *Quand la ville se perd dans la métamorphose planétaire* lautet der Titel von Lefebvres letzter Stellungnahme zum globalen Urbanisierungsprozess.[67]

Das Mondiale ist für Lefebvre zuerst etwas Wirkliches und Konkretes: die täg-liche Lektüre von *Le Monde* oder ein Spaziergang durch eine belebte Geschäfts-strasse; dort hält er beim Betrachten der Aushängeschilder erstaunt inne. Er liest: *Au monde du cuir* oder *Le monde de la chambre.* Wie vulgär und trivial ist doch die Verwendung des Ausdrucks *monde* geworden! Das Mondiale denken heisst für Lefebvre: den Blick nicht auf das Abgeschlossene, Erreichte, sondern auf das sich Entwickelnde, in Wandlung Begriffene richten. Lange vor der Globalisierungsde-batte lesen wir bei ihm: *Unsere Welt ist die Erde, und was sich über die ganze Erde ausbreitet, das mondialisiert sich.*[68] Mit Welt ist nicht das Kosmische gemeint, son-dern das Planetarische: der Planet Erde. Für den Wagemut der Kosmonauten und die Weltraumfahrt hat Lefebvre nicht die geringste Bewunderung.[69] Man möge sich mit dem auseinandersetzen, was Nietzsche den *Sinn der Erde* genannt hat.[70] Der Ort des Menschseins ist unser Planet. Diese unsere Erde setzt sich aus einem Ensemble von Zyklen und sich selbst regulierenden Systemen zusammen: den Was-sern, den Winden, der Luft, dem Licht, der Erdkruste, den Sedimentierungen. In der Moderne beginnt ein komplementäres, von Menschen geschaffenes Ensemble, bestehend aus technischen Einrichtungen und Apparaten, die Erdoberfläche im-mer dichter und abstrakter zu überziehen. Wir wissen nicht, was das Schicksal der durch die Technik modifizierten Erdoberfläche sein wird. Wir sehen bloss, dass in der heutigen globalisierten Welt vieles auseinander wächst, was zusammen gehört.

Das Mondiale hat viel, sehr viel, mit dem Unvorhersehbaren zu tun. Gewiss gibt es verschiedene Faktoren, die das Weltumspannende beeinflussen: der Weltmarkt, die Technik, die Arbeitsteilung auf globaler Ebene, die Demographie, die globalen politischen Strategien, verschiedene Forschungen. Im Zusammenhang mit dem Mondialen kommt der Informatik eine Schlüsselrolle zu; die weltweite Simultanei-tät von Kommunikation und Datenverarbeitungssystemen stellt ein neues Verhält-nis von Raum und Zeit her. Lefebvre sieht, wie sich die Welt aus sich selber heraus konstituiert. Sie wird Welt, indem sie das wird, was schon immer in ihr angelegt war.

---

67 Art. 31 (Mai 1989).
68 Met. 61.
69 Position, 9 f.
70 Im *Zarathustra* ist wiederholt vom *Sinn der Erde* die Rede.

*Le monde devient mondial* bedeutet: nichts auf dem Planeten Erde kann mehr ein isoliertes Dasein fristen. Um uns herum und mit uns entsteht das Planetarische.[71]

Die folgenreichste Wandlung der Neuzeit ist die nukleare Bedrohung. Die Gefährdung des ganzen Planeten, allen Lebens, wird durch das Bewusstsein, dass die Erde ein Ganzes bildet, beschleunigt. An der Pforte, die sich den Möglichkeiten des Lebens und des Todes, des Seins und des Nichts öffnet, *muss der Mensch sein Verhältnis zur Erde, auf der er haust, verändern.*[72] Die Welt wird auf tragische Weise planetarisch.

Wenn Lefebvre das Mondiale tiefer ergründet, setzt er sich mit dem Werk von Kostas Axelos auseinander. Axelos ist für ihn ein bedeutender, aber auch ein einsamer Philosoph.[73] Nach Axelos ist der Erdball zu einem Irrstern geworden. Taumelnd, umherwandelnd leben wir als Erste im planetarischen Weltzeitalter. Axelos schaut – wie einst Heraklit – von weit oben auf die ziemlich unreine Welt hinunter und pflichtet dem vorsokratischen Philosophen bei: ja, sie ist *ein Haufen aufs Geratewohl hingeschütteter Dinge.*[74]

Axelos befragt in vielen Büchern das Zentrum eines umfassenden Verhältnisses: des Verhältnisses von Mensch und Welt.[75] Das Zentrum dieses Verhältnisses ist etwas Vibrierendes, Erregendes. Die Welt ist nicht die Gesamtheit von dem, was existiert, sondern all das, was sich entfaltet. Entsprechend ist auch der Mensch nicht ein Seiendes; er konstituiert sich durch das Spiel, in das er eingebunden ist. Welt und Mensch sind weder zwei verschiedene Dinge noch bilden sie eine Einheit. Sie stehen, nicht ohne Widerstreit, in wechselseitiger Beziehung. Ein und dasselbe Spiel, voll interner Spannungen, bindet sie zusammen. Die Menschen versuchen als Überlebende eines Unheils, das bereits eingetreten ist, das Unheil mit kybernetischen Massnahmen abzuwenden. Sie erarbeiten Dispositive, ohne in Betracht zu ziehen, dass das Scheitern, dem jeder Erfolg ausgesetzt ist, nicht abgewendet werden kann.

---

71  Zum weit verzweigten Thema *Mondialität* vgl. R. Hess (1988), 312 ff.; TM, 249 ff.

72  Met. 118.

73  Vgl. die Art. 33-36. Axelos wurde 1924 in Athen geboren, erhielt eine gute klassische Ausbildung. Er trat der Kommunistischen Partei Griechenlands bei und nahm an der Widerstandsbewegung gegen die faschistischen Besatzungsmächte teil. Nach dem Krieg liess er sich in Paris nieder. 1955 begegnete er Heidegger. Er wurde Chefredaktor der Zeitschrift *Arguments*. Seine Mitarbeiter waren u.a. Roland Barthes, Edgar Morin und Henri Lefebvre. 1960 gründete er in dem von Jérôme Lindon geleiteten Verlag *Editions de Minuit* die Reihe *Arguments*. 1962 bis 1972 unterrichtete er an der Sorbonne, später widmete er sich ausschliesslich seinem Werk, das er in drei Etappen gliedert: *I Le déploiement de l'errance* (Héraclite et la philosophie, 1962; Vers la pensée planétaire, 1964), *II Le déploiement du jeu* (Le jeu du monde, 1969; Pour une étique problématique, 1972), *III Le déploiement d'une enquête* (mehrere Bände).

74  Fragm. 124 (Diels/Kranz).

75  Im April 1995 fand im Rahmen des *Collège international de philosophie* ein Kolloquium zum Thema *Kostas Axelos et la question du monde* statt. Im Sammelband *Rue Descartes* / Nr. 18, Nov. 1997, wurden die Beiträge publiziert. Der konzise Text von Axelos heisst: *Ce centre du rapport entier,* 99 ff.

Axelos hat, so meint Lefebvre, den Weg zu einem neuen Denken eröffnet: In der Welt ist alles Spiel, Einsatz, Risiko, Chance. Der Spieleinsatz ist die menschliche Gattung, der Planet Erde. Wenige sind sich dessen nicht bewusst, kaum jemand aber denkt die Tendenz zu Ende. Jeder Einzelne hofft, sein Schäfchen ins Trockene zu bringen. Das Spiel wird gespielt, und niemand kann sich draus' halten.[76]

*Die Kapitel im Überblick*

Mit den ersten vier Kapiteln, die Jacob Burckhardt gewidmet sind, zeichnen wir das Profil eines rundherum urbanen Menschen, eines Historikers, der die Geschichte Europas am Beispiel von zwei fundamentalen Stadtkulturen – der antiken Polis und der Renaissance – erzählt.

Wir beginnen (erstes Kapitel) mit einer Rekonstruktion der europäischen Städtelandschaft im neunzehnten Jahrhundert. Aufgrund von Burckhardts Briefen und Reiseberichten, zum Teil auch seiner historischen Werke, ist es möglich, eine Fülle von Städtebildern des 19. Jahrhunderts im Umriss nachzuzeichnen, das farbige Detail sprechen zu lassen. Burckhardts Blick auf seine Gegenwart ist geprägt von der Sorge um die historische Kontinuität. Gemäss seinem Geschichtsverständnis hat das französische Revolutionszeitalter zu einem markanten Verlust an Verlässlichkeit und Stabilität geführt. Über die Epoche nach Napoleons Sturz schreibt er: *Das Glücksgefühl, das uns beherrscht, ist das Gefühl des Provisorischen, Hinfälligen und Bedrohten. Unsere Zeit charakterisiert die Unsicherheit der Zukunft.*[77] Es ist ein vergnügliches Unternehmen, aufgrund von Burckhardts Aufzeichnungen einen vielgestaltigen europäischen Städtekosmos zu rekonstruieren. Rasch einmal stellt sich ein erster Befund heraus: Burckhardt ist alles andere als ein missmutiger Nörgler; seine Kommentare zum beschleunigten städtischen Wandel zeichnen sich durch Frische und Neugier aus. Obschon der Historiker seine Epoche grundsätzlich mit viel Skepsis beurteilt, gewinnt er dennoch jeder einzelnen Stadt, die er auf seinen Kunstreisen durch Europa aufsucht, eigene und reizvolle Aspekte ab. Als Stadtgänger besitzt er in hohem Mass die Gabe des Geniessens und des Bewunderns. Er ist empfänglich für die alte oder neue Schönheit städtischer Anblicke, und er kommentiert auch Missratenes. Dass die Zukunft nicht der Freiheit des republikanischen Stadtstaates, sondern der Macht des Grossstaates gehört, ist eine erste ernüchternde Einsicht.

Kommt Burckhardt in die Grosse Stadt, nach Paris und London (zweites Kapitel), scheinen sich Wahrnehmungsfähigkeit und Achtsamkeit noch zu steigern. Selbstverständlich verbringt der Historiker seine Tage nicht ausschliesslich in den Museen und Galerien, nimmt er sich Zeit, die Errungenschaften des ungestüm daherbrausenden Fortschritts zu prüfen. Er besucht Maschinenhallen, die Weltausstellung, Hafenviertel, Aussenquartiere, kommentiert die neuen Bahnhöfe und Ei-

---

76  QP 116 ff., 167 f.
77  RZ, Einleitung, 14.

senbahnprojekte, neue Schulbauten, fährt mit der Untergrundbahn, schaut in das moderne Geschäftsleben hinein und macht sich Gedanken über die Lebens- und Arbeitsbedingungen der Fabrikarbeiter. Im Prinzip ist Burckhardt ein dezidierter Kritiker der gewaltig anwachsenden Metropole, folgerichtig bringt er seine Antipathie gegen die kulturelle Sterilität der modernen Grossstadt bei jeder Gelegenheit zum Ausdruck – und dennoch gibt es immer wieder Momente, da er als begnadeter Flaneur zahllose grossstädtische Erscheinungen und Reize ganz offensichtlich geniesst. Je älter er wird, desto deutlicher zeichnet sich das Vorbild ab, an dem er die moderne Grossstadt misst: an einer Art rückwärts gewandten Utopie, dem Athen des Perikles. Der Rundgang durch die europäische Städtelandschaft findet mit Rom seinen Abschluss und Höhepunkt. Es gibt einen Satz, der die Beziehung des Historikers zur Ewigen Stadt in reiner Substanz enthält: *Ich fühlte mich zu Rom in einer Harmonie aller Kräfte, wie ich sie nie gekostet, einige gute Tage in Bonn ausgenommen.*[78] Aus der Trägheit der Stadt und den beruhigenden Wasserspielen schöpft er unentwegt Kraft. Für ihn, den *Modernitätsmüden,* ist das der Geschichte abgestorbene Rom die Antithese zum Schreckbild der überhitzten modernen Metropole. In der Ewigen Stadt widmet er sich ausgiebig der Vergangenheit und Kunst, den Bauten der griechischen und römischen Antike, meditiert er, mit Bleistift und Skizzierheft in der Hand, über die vielen Facetten des in sich ruhenden Stadtorganismus. *O Roma Nobilis!*

Mit den Kapiteln drei und vier betreten wir die Weite von Burckhardts kulturgeschichtlichen Betrachtungen. Schon die ersten Kulturhistoriker des 19. Jahrhunderts konzentrierten ihre Forschungen auf die Städte, die Verbindung von Kulturgeschichte und Städten ist also vorgegeben.[79] Burckhardt richtet bei der Darstellung der Renaissance sein Augenmerk auf die kleinräumige italienische Stadtkultur. Mit den Renaissancekommunen (drittes Kapitel) beginnt das eigentlich moderne Zeitalter. Entwicklungen, die in Italien im 14. bis 16. Jahrhundert eingesetzt haben, greifen mit der Zeit auf ganz Europa über. Dass das Florenz der Renaissance den Namen des *ersten modernen Staates der Welt* bekommt, muss mit Vorbehalt interpretiert werden. Burckhardt hat zum Staat ein ambivalentes Verhältnis. In den italienischen Stadtstaaten sieht er Willkür und berechenbare Rationalität gleichermassen am Werk. Als Kunsthistoriker verfasst er eine *Baukunst der Renaissance.* Die monumentale Architektur der Renaissance steht in enger Beziehung zur Kultur. Was die Schönheit der Renaissance-Architektur ausmacht, ist nicht leicht auf eine kurze Formel zu bringen. Wir werden sehen, wie umsichtig Burckhardt die architektonische Formensprache der Renaissance erarbeitet.

Burckhardts Beschäftigung mit der Welt des antiken Griechenland (viertes Kapitel) steht in engem Zusammenhang mit Entwicklungen in seiner eigenen Zeit. In den Jahren eines drohenden Kontinuitätszerfalls wendet sich Burckhardt dem Ursprung der europäischen Kultur zu, der griechischen Polis. Es sind dies die Jahre, in denen der Name Schopenhauer häufig in seinen Briefen auftaucht. Mit seiner

---

78 Br III, 37.
79 vgl. Karl Dietrich Hüllmann, *Städtewesen des Mittelalters,* 6 Bde, Bonn 1826-1827.

Darstellung der Poliskultur entwirft Burckhardt nicht das Bild eines glücklichen Volkes; das Leben des Einzelnen in der Polisgemeinschaft war gefährlich. Wer nicht völlig in der Polis aufging, für den wurde das Leben furchtbar. Mit der Schilderung der uns heute so fremden Polis-Gemeinschaft treten wir in nachtschwarze Gewölbe des Denkens und Empfindens. Licht kommt erst dann, wenn die mächtigen Schöpfungen und grossen freien Bilder des griechischen Geistes vorgeführt werden, all das, was sich vom Lebensdunkel abhebt: Kunst und Poesie, Philosophie und Wissenschaft, Theater und Rhetorik. Burckhardt bringt mit seiner *Griechischen Kulturgeschichte* ein spannungsreiches kollektives Gebilde zur Darstellung und zeigt, wie die streitbare Polis den Einzelnen zu Höchstleistungen stimuliert, ihn handkehrum aber bodenlos frustriert. Wir werden zu zeigen haben, wie ein mächtiges Gefühl des Daseins, von dem die Athener durchdrungen waren, alle Schattenseiten des Lebens mehr als nur aufwiegt.

*

Mit dem zweiten Teil (fünftes Kapitel) beginnt die Analyse des urbanen Denkens von Henri Lefebvre. Unmittelbar nach 1945 nimmt der Philosoph sein Grossprojekt, das er *Critique de la vie quotidienne* nennt, in Angriff. Im Zentrum steht die Degradierung des alltäglichen Lebens. Mit dem Verlust des ästhetischen Wertes eines alltäglichen Gegenstandes beginnt schon die Verarmung des Lebens in der modernen Welt. Der Alltag als monotoner und repetitiver Sektor verändert sich unaufhörlich. Die Veränderungen hängen mit technischen Innovationen zusammen, aber auch mit Politik und der Organisation der Gesellschaft und des Staates. Bisweilen werden die Veränderungen kaum wahrgenommen, dann wieder treten sie plötzlich und unvermittelt ein. Lefebvres Analyse des alltäglichen Lebens erstreckt sich über Jahrzehnte, somit wird das Projekt in seinen verschiedenen Etappen untersucht. Besonders aufmerksam werden wir verfolgen, wie das Thema Stadt allmählich in die Alltagskritik eindringt, spielt sich das alltägliche Leben doch je länger desto ausschliesslicher im städtischen Rahmen ab.

Lefebvre beginnt in jenen Jahren mit der Erforschung des urbanen Phänomens, in denen ein chaotischer Bauboom die Stadt von Grund auf verändert. Zuerst werden wir (im sechsten Kapitel) nach den Gründen fragen, warum Lefebvre um 1960 seine urbanen Studien aufnimmt. Er schaut sich sehr genau an, wie die Mehrzahl der Bevölkerung in den Vorstädten, den *grands ensembles* und den kleinbürgerlichen, seriell erstellten kleinen Häusern, den *pavillons,* tatsächlich wohnt. Dann tritt er, um das Wohnen umfassender zu bedenken, mit Gaston Bachelard und Martin Heidegger in einen Dialog. Der Hauptteil des Kapitels ist der Analyse von *Le droit à la ville* und *La révolution urbaine,* den wichtigsten Schriften zur urbanen Problematik, gewidmet. In beiden Büchern geht es um ein Verständnis des komplexen, globalen Urbanisierungsprozesses. Angesichts der Bedrohung des Städtischen postuliert Lefebvre das *Recht auf die Stadt,* auf *Zentralität: das Recht auf ein urbanes Leben.* Er zeigt, wie durch die Parzellierung des Raumes das alltägliche städtische Leben sich zu etwas Gespenstischem wandelt. Um mögliche Wege in die Zukunft aufzuzeigen, greift er auf vergangene Formen städtischen Lebens zurück, spricht er eindrücklich von der Stadt *als einem*

*Werk* und einem *Produkt*. Im Projekt *New Babylon* des Architekten und Künstlers Constant Nieuwenhuis stösst er auf kühne, zukunftweisende Perspektiven.

Die Analysen des Urbanisierungsprozesses und der urbanen Gesellschaft werden von einem bestimmten Zeitpunkt an durch ein erweitertes Raumdenken abgelöst. Mit *La production de l'espace* legt Lefebvre die Summe seines Raumdenkens vor. Dabei geht es ihm nicht um die Beschreibung von Landschaften, Ländern oder Städten. Solche Beschreibungen zerstückeln bloss ein Ganzes und liefern ein Inventar von dem, was es *im* Raum gibt. Ihm geht es um die Erkenntnis *des* Raumes. Die vorerst enigmatische Theorie von der *Produktion des Raumes* (siebtes Kapitel) beginnt mit einer mathematisch-physikalischen Fundierung des Raumes. Sie wird mit der Frage fortgesetzt, wie ein Lebewesen den Raum besetzt, wie es sich den Raum aneignet, ihn *produziert*. Lefebvre sucht nach einer einheitlichen Raumtheorie, er entwirft zwei triadisch strukturierte Konzepte. Obschon er sich ausgiebig mit dem *mentalen* und dem *physischen* Raum beschäftigt, verliert er sein Hauptanliegen nie aus den Augen: den *sozialen* Raum. In meiner Analyse des Raumbuches habe ich die enge Beziehung zwischen Körper und Raum ins Zentrum gerückt. Die heutige totale (globale) Raumproduktion hat den *homogenen* oder *abstrakten* Raum generiert. Diesem setzt Lefebvre den *differenten* Raum entgegen.

Gegen Ende seines Lebens beschäftigt sich Lefebvre weniger mit Raumfragen als vielmehr mit der Ordnung der Zeit im alltäglichen Leben: den Rhythmen (achtes Kapitel). Anregungen für seine sogenannte *rythmanalyse* hat er von einem wenig bekannten brasilianischen Philosophen und von Gaston Bachelard erhalten. Die einschneidendste Veränderung erfährt das alltägliche Leben durch die Verdrängung der zyklischen Rhythmen zugunsten der linearen Zeit- oder Lebensabläufe. Lefebvre legt nicht nur Materialien zu einer Theorie der Rhythmen vor, ihn beschäftigt auch die Anwendung in der Praxis. Er glaubt, dass ein künftiger Rhythmoanalytiker den Psychoanalytiker ersetzen könnte. Er entwirft ein suggestives Bild von den Rhythmen einer einzelnen Strasse, dann den Rhythmen einer ganzen Stadt. Die Rhythmo-Analyse soll dazu beitragen, sich im chaotischen städtischen Raum neu zu orientieren.

Im Mittelteil *Intermezzo* und in den abschliessenden Betrachtungen *Keine letzten Worte* lassen wir das urbane Denken der beiden behandelten Autoren teilweise hinter uns, verfolgen wir einige Trends gegenwärtiger Stadtentwicklung. Der globale Urbanisierungsprozess – er wurde an der Architektur-Biennale in Venedig 2006 eindrücklich präsentiert – hat die *Global Cities* entstehen lassen. Wir fragen nach der Rolle, welche diese neue urbane Konfiguration inmitten globaler Flüsse und Ströme, im Spinnennetz globaler Datennetzwerke, spielt. Wir fragen, was *das Recht auf die Polis* heute bedeutet.

*Von der Urbanität zur urbanen Gesellschaft*

Wir beschliessen den Einleitungsteil mit der Erörterung eines Wortfeldes, das für die ganze Studie grundlegend ist und auf die lateinische Wurzel *urbs* (Stadt, besonders für Rom) zurückgeht. Das Adjektiv ist allgemeinverständlich: Ein urbaner

Mensch ist ein höflicher, weltgewandter und gebildeter Mensch. Nicht selten versperren die bereits in die Umgangssprache eingedrungenen Begriffe *Urbanisierung, das Urbane* oder *Urbanismus* und das Adjektiv *urbanistisch* den Blick auf den semantischen Urahnen, das wohlklingende Substantiv *Urbanität*. Im Deutschen ist Urbanität noch beinah ein Fremdwort, nicht aber im Französischen. *Urbanité* lässt an das Ende des 17. Jahrhunderts denken, an eine Epoche, in der die städtischen Adligen in Frankreich den Ton angaben und die Bürger noch Adlige werden wollten. Im 19. Jahrhundert verkörpern Balzac oder Sainte-Beuve wahre *urbanité,* was soviel wie *Lebensart* heisst. Der in Boulogne-sur-Mer aufgewachsene Sainte-Beuve hat in Paris schon früh jene *urbanité* schätzen gelernt, die für ihn das Kernstück der Zivilisation ausmacht. Für ihn ist die städtische Lebensart mehr als nur weltgewandte Höflichkeit; sie ist durchdrungen von Lebensfreude und bildet das Gegenstück zum *mal du siècle,* dem epochetypischen melancholischen Grundgefühl.[80]

Das lateinische Wort *urbanitas* meint, im Gegensatz zur ungelenken, gewalttätigen *rusticitas,* die typischen Eigenschaften des gebildeten Stadtbewohners, also Klugheit, Takt, eine feine Bildung, die Gabe der geistreichen Rede usw. Die gebildeten Stadtbürger Athens nahmen für sich die Vorzüge an *Ausdruck* und *Toleranz* gegenüber der bäurisch-plumpen Art der Spartaner in Anspruch. Seit den Römern ist Urbanität eine Form der Gesittung, denn das städtische Leben verlangt Formgebung. Ohne Rituale der Distanzierung und des Ausweichens kommt es auf engem Raum rasch zu Kollision.[81] Die Stadt stellt mehr Ansprüche an Regelhaftigkeit des geselligen Umgangs als das Leben auf dem Land, sie macht es den Bewohnern schwerer, einander unter Formlosigkeit zu ertragen. Eine Unform der Gesittung geht auf die *rusticitas,* das Ländliche oder Bäuerische zurück: das Gewalttätige, Grobe, Gefühllose, Geschmacklose. Bei Cicero gelangen *urbanitas* und *humanitas* bisweilen zur Deckung. Sittliche und geistige Menschenbildung kann bei ihm heissen, einen Bekümmerten nicht an sein Unglück erinnern, ein Mädchen fein anreden, Mitgefühl gegenüber den Besiegten zeigen. Sobald eine gewisse Anmut im Benehmen oder gelöste Heiterkeit ins Spiel kommt, spricht Cicero von urbanitas.[82] Auffallend ist, dass die lateinischen Wörterbücher beim Begriff urbanitas die Nebenbedeutungen Witz und Scherz, Spass und Humor oder feine Ironie hinzusetzen. In den Briefen des Horaz ist dieser heitere urbane Ton vernehmbar, vorzüglich in seinem siebten.[83] Um der Sommerhitze auszuweichen, flieht Horaz auf sein Sabiner Gütchen, das ihm der reiche Mäcenas zur Verfügung gestellt hat. Mäcenas,

---

80 Wolf Lepenies, *Sainte-Beuve. Auf der Schwelle zur Moderne,* München Wien 1997, 34-37. Vgl. auch die Artikel *Humanitas* und *Urbanität* im Historischen Wörterbuch der Philosophie, Bd. III und Bd. XI.

81 *Urbanität,* in: Hans Blumenberg, *Begriffe in Geschichten,* Frankfurt/Main, 1998, 215 ff.

82 Vgl. August Buck, *Humanismus,* Freiburg/München 1987, 13 ff.

83 Horazens Briefe, Übersetzung, Erläuterung und Einleitung von C.M. Wieland, Nördlingen 1986, 159 ff. Wieland beschreibt auch wundervoll, *was man in den schönsten Zeiten von Rom unter dem Wort* Urbanität *begriff, diesen Geschmack der Hauptstadt und diese feine Tinktur von Gelehrsamkeit, Weltkenntnis und Politesse ...* A.a.O. 8.

der in Rom weilt und nur ungern auf Horazens Gesellschaft verzichtet, bittet ihn, vielleicht mit herben Worten, in die Stadt zurückzukehren. Horaz lehnt dies rundweg, doch ohne jegliche Schärfe oder Gereiztheit, ab. Er begnügt sich nicht mit einem knappen abschlägigen Bescheid, er mildert die Strenge seiner Absage durch eingestreute Scherze, individuelle Bekenntnisse und philosophische Überlegungen. Urbanität – so lässt sich ergänzen – hat mit *Geschmeidigkeit* und *Elastizität* zu tun.

Urbanität gewinnt an politischem und sozialem Gewicht, wenn wir auf das alte Athen zurückgehen. In der berühmten Leichenrede des Perikles, die von Thukydides aufgezeichnet worden ist, werden die grossen Tugenden der Athener Stadtbürger gepriesen: *Wir lieben das Schöne und bleiben schlicht, wir lieben den Geist und werden nicht schlaff. Reichtum dient bei uns dem Augenblick der Tat, nicht der Grossprecherei, und seine Armut einzugestehen ist nicht verächtlich, verächtlicher, sie nicht zu überwinden. Wir vereinigen in uns die Sorge um unser Haus zugleich und unsre Stadt, und den verschiedenen Tätigkeiten zugewandt, ist doch auch in staatlichen Dingen keiner ohne Urteil. Denn einzig bei uns heisst einer, der daran keinen Teil nimmt, nicht ein stiller Bürger, sondern ein schlechter.*[84] Die von Perikles gepriesenen Tugenden sind der tätige Bürgersinn, die Liebe zum einfachen Schönen und allem Geistigen, der Wille zur Schlichtheit und das richtige Mass. Die Gefahren des künstlerischen und geistigen Lebens sind Raffinement, Luxus und Weichlichkeit. Dass es schwierig ist, die richtige Mitte zwischen geistiger Tätigkeit und tätigem Leben zu finden, weiss auch Goethe: *Es sind nur wenige, die den Sinn (den Geist) haben und zugleich zur Tat fähig sind. Der Sinn erweitert, aber lähmt. Die Tat belebt, aber beschränkt.*[85] Zum Wesen der *attischen Urbanität* gehört die aktive Mitwirkung der Bürger am Stadtganzen, in Verbindung mit kulturellen, ästhetischen Tätigkeiten – und dies macht den entscheidenden Unterschied zu den Spartanern aus, denen der Sinn für das Schöne und den Geist abhanden gekommen ist.

Zwei Erscheinungen, die Burckhardt in seinen Werken zur Darstellung bringt, entsprechen der Sache nach der römischen und attischen Urbanität: die Bedeutung oder Wirkung der *freien, geistigen Tauschplätze* und die *Geselligkeit*. Basel, eine Stadt von etwas eigenartiger Prägung und mit einer kleinen Universität, war für Burckhardt nie ein bedeutender geistiger Tauschplatz. Vorbildlich, und zwar für alle Zeiten, ist in dieser Hinsicht das antike Athen und in gewisser Weise auch das Florenz der Renaissance. Beobachtet Burckhardt das Treiben in den Hauptstädten seiner Zeit, überzeugt ihn vieles nicht mehr: *Die künstlichen Konzentrationen der Kapazitäten in neuern Hauptstädten erreichen nicht von ferne den geistigen Verkehr von Athen.*[86] Was versteht Burckhardt unter *Geselligkeit*? Sie sei nicht zu verwechseln mit dem *Geschwätz moderner Salons*. Sie ist etwas viel Komplexeres und Reicheres, sie *bringt alle Elemente der Kultur, vom höchsten Geistigen bis zum*

---

84 Thukydides, *Geschichte des Peloponnesischen Krieges,* übers. von Georg Peter Landmann, Rowohlt 1962, 78. Vgl. dazu Edgar Salin, *Urbanität,* in: Erneuerung unserer Städte, Hauptversammlung des Deutschen Städtetages, Stuttgart und Köln, 1960, 9-34.
85 zit. im Anhang zu *Thukydides,* a.a.O., 393.
86 SG, 112.

*geringsten technischen Treiben, mehr oder weniger in Berührung mit einander, sodass sie eine grosse tausendfach durcheinandergeschlungene Kette bilden.*[87] Bei den Griechen sind die Agora und das Symposion die Brennpunkte des geselligen Lebens. Im Grunde lädt in Athen alles zur Geselligkeit ein, die Volksversammlung, die Gerichte, die Tempelkulte, die Feste, alles drängt die Griechen *dahin, wo gesprochen wird.* Das Bedürfnis nach klareren Formen des Umgangs liessen in der Renaissance die Geselligkeit zu einem *Kunstwerk* werden: *Schon die äussere Erscheinung und Umgebung des Menschen und die Sitte des täglichen Lebens ist vollkommener, schöner, mehr verfeinert als bei den Völkern ausserhalb Italiens.*[88] Burckhardt findet, dass die geselligen Umgangformen in seiner Zeit überspannte Züge angenommen hätten, und so blickt er auf die antiken Tauschplätze zurück, wo die geselligen Formen etwas Gleichmässiges und Regelmässiges hatten. In Athen, meint er mit Seitenblick auf die modernen Grossstädte, gab es *kein Mitmachen „anstandshalber", daher auch kein Erlahmen nach Überanstrengung.*[89]

Wie verwendet Lefebvre die Worte Urbanität, das Urbane, die urbane Gesellschaft?[90] Den Begriff Urbanität bringt auch er mit der grossen Tradition von Athen, Rom, Florenz in Verbindung. *Urbanität* meinte einst etwas, was Charme hatte: das Leben „in der Stadt". Dieses Leben hatte in London oder in Paris viele literarische Zeugnisse hinterlassen (Swift, Dickens, Diderot, Balzac und viele andere). Ein neuer Humanismus, sagt Lefebvre einmal, könne nur darin bestehen, die Kultur, die Lebensart, kurz: die Urbanität zu erneuern.[91]

Den neuen und reichlich vagen Ausdruck *das Urbane* verwendet Lefebvre, wenn die Tradition der historischen Stadt am Verblassen ist, wenn das, was einst „die Stadt" hiess und eine klare Kontur hatte, sich in einer planetarischen Metamorphose auflöst und verloren geht. *Das Urbane* meint etwas Fliessendes und lässt nicht mehr unmittelbar an die antike Polis denken. Der neue Ausdruck bezieht auch die chaotische periphere Ausweitung des Städtischen in die Analyse mit ein. Der Begriff *das Urbane* wird dann verwendet, wenn die historische Stadt explodiert und das städtische Leben problematisch geworden ist. Der Begriff ist insofern produktiv, als er für Aufstieg und Niedergang von Urbanität steht; den Akzent legt er, da das heutige städtische Leben Symptome der Desintegration zeigt, auf die Missstände und Nachteile des urbanen Lebens. Das Urbane hat mit der *Sehnsucht* nach der Polis und der historischen Stadt zu tun.

Im Zentrum von Lefebvres Stadtdenken steht *die Urbanisierung,* genauer: der *Prozess* der Urbanisierung. Während zwei Jahrhunderten war *die Industrialisierung* der dominante Prozess. Gegenwärtig findet ein komplexer und konfliktreicher Übergang statt, derjenige von der Industrialisierung zur Urbanisierung; der eine Prozess wird langsam durch den andern abgelöst. Vor einigen Jahrzehnten identifi-

---

87 SG, 281.
88 GA V, 264.
89 SG, 113 f.
90 Vgl. RD, 159 ff.
91 QP, 77.

zierte Lefebvre das alltägliche Leben als den Ort, der im Begriff der *bürokratischen Gesellschaft des gelenkten Konsums* gebündelt ist. Wenn alles gut geht – so können wir vereinfacht sagen – wird die Urbanisierung (ein Prozess, der die gesamte Erde erfasst) *die urbane Gesellschaft* entstehen lassen. Die *urbane Gesellschaft,* die ein qualitativ anderes Leben ermöglichen soll, ist ein utopisch aufgeladener Begriff.

Die sprachlichen Neubildungen *Urbanismus* und das prätentiöse *urbanistisch* können im Französischen seit etwa 1910 nachgewiesen werden. Die Ausdrücke propagieren etwas Neues, enthalten in Wirklichkeit aber eine Ideologie: das Reglementieren oder Programmieren. Im 19. Jahrhundert waren die Bestimmungen hinsichtlich Strassenbeleuchtung oder Abfallbeseitigung noch vage und nicht unbedingt verbindlich, erst im 20. Jahrhundert tritt der Urbanismus als Stadtbehörde oder Stadtplanungsbüro mit seinem bunten Gefolge von Gesetzen, Verordnungen und Verfügungen gebieterisch auf. Erst die moderne Stadt stellt das Funktionelle und Rentable über das Ästhetische, reglementiert gesetzlich den Gebrauch des Grundstücks, den Wohnungsbau, den Verkehr und die Hygiene. Baubehörde und Stadtplanung kümmern sich mehr als nur vorsorglich um das Wasser, die Brücken, die Eisenbahnen, die öffentlichen Parks, die Fassaden usf. Erst der moderne Urbanismus glaubt zu wissen, wie es sich in der Stadt besser und immer besser leben lässt.

Mit den Begriffen *Urbanität* und *urbane Gesellschaft* habe ich die beiden Autoren, von denen diese Studie handelt, gegeneinander abgegrenzt und miteinander in Verbindung gebracht. Der eine hat den Wandel der Stadt in der zweiten Hälfte des 19. Jahrhunderts miterlebt und kommentiert. Er hat als rückwärtsgewandter Prophet an die Hauptetappen der europäischen Stadtkultur erinnert. Da er die Geschichte des 19. Jahrhunderts als eine Geschichte von Verlusten begreift, versucht er mit den Bildern, die er aus der Vergangenheit gewonnen hat, der Zukunft etwas mitzugeben. Der andere, ein kritischer Denker der Moderne, ist ein Jahrhundert später den letzten Spuren einer einst grossen Nomadenkultur nachgegangen und hat, inmitten einer Agrarkultur, den brutalen Einbruch des *modernen Urbanismus* erlebt. Er ist, indem er den Zerfall des Sozialen und die sinnliche Verarmung der modernen Städte beschrieben hat, zu einem unerbittlichen Kritiker der weltweiten Verstädterung geworden. Er hat aber auch, indem er die Stadt als Werk, als Kunstwerk, analysiert hat, eine mögliche Renaissance oder Wiederbelebung künftiger Städte ins Auge gefasst. Mit seiner *rythmanalyse* hat er ein Instrumentarium entwickelt, das wieder Orientierung in die *ville éclatée*, in die aus den Fugen geratene Stadt, bringen kann. Es ist ihm, dem Dialektiker, nicht daran gelegen, eine endgültige Theorie des Urbanen, des Raumes oder der Rhythmen zu entwickeln. Er sucht nach immer neuen Wegen des Denkens und Analysierens und Handelns. Gern zitiert er folgenden Satz aus dem *Kratylos* von Plato: *Und der zu fragen und zu antworten versteht, nennst du den anders als Dialektiker?*[92]

---

92 Platon, Kratylos, 390 C.

\*

Ich stelle die Frage nach dem möglichen Leser dieser Studie. Jacob Burckhardt wollte primär Dozent, Lehrer, sein. Die öffentlichen Vorträge für die Bürger seiner Stadt hat er vor *gemischtem Publikum* gehalten. Seine historischen Betrachtungen, die er *abgerundete Bilder* genannt hat, hat er für *denkende Leser aller Stände* verfasst. Henri Lefebvre hat zu seinen Studenten gesprochen, aber auch zu Architekten, und auf Kongressen in Montreal, New York, Tokio, Los Angelos, Sao Paolo, Algier hat er vor Fachleuten – Soziologen, Stadtplanern, Urbanisten, Historikern und Linguisten – das Wort ergriffen und dabei nicht selten heftigen Widerspruch provoziert. Seine Bücher, die mehr als fulminante und geistreiche Pamphlete sind, hat er auch für die *usagers,* für alle Benutzer und Betroffenen, verfasst.

Der Leser dieser Studie wird diese oder jene Stadt bewohnen, durch sein tägliches Kommen und Gehen ein Netz aus Wegen darin spinnen. Sein Arbeitsrhythmus und seine Art, die Freizeit zu verbringen, wird ihm die Richtung des Weges weisen. Er hat miterlebt, wie sich während der letzten Jahrzehnte eine Landschaft, bestehend aus Vertikalen und Blöcken, eine Baumschule aus Beton, vor die alten Stadtquartiere gedrängt hat. Die tausend Leute, die er täglich auf der Strasse kreuzt, bewegen sich wie er selber zielgerichtet von hier nach dort, einige sieht er im Café sitzen und zerstreut in der Zeitung blättern. Die Worte des Dichters kommen ihm vertraut vor: *Ich wuchs heran, und die Stadt wandelte sich mit mir und gestaltete sich um, höhlte ihre Grenzen aus, vertiefte ihre Perspektiven, und ist in diesem Schwung unentwegt im Wandel begriffen.*[93] Die Stadt macht Angst und lockt mit tausend Verführungen. Wer über die Asphaltbänder dem Autobahnzubringer entgegenrollt, wechselt von der Peripherie zum Zentrum oder vom Zentrum zur Peripherie. Der Autofahrer, auch er ein wahrer Städter, entrollt in Gedanken hinter sich den gewundenen Ariadnefaden. Glücklich zu preisen ist, wer im Labyrinth der Vororte oder Stadtkerne einige Kammern kennt, die ihn magnetisch anziehen. Auf den geneigten Städter, der in die folgenden Kapitel einzudringen gedenkt, warten ein paar komplexe Betrachtungen, auch einige grössere historische Bilder. Das Hauptmerkmal des Städtischen ist nun einmal Komplexität. Erfreulich wäre, wenn beim Leser, im Akt des Lesens, im Innern etwas schon unbewusst Vertrautes anklänge.

---

93 Julien Gracq, *Die Form einer Stadt. Prosa,* Graz-Wien 1989, 129.

# I

## URBANE VERGANGENHEIT: JACOB BURCKHARDT

# 1. DER WANDEL DER HISTORISCHEN STADT

*Unsere unerfüllte Sehnsucht nach dem*
*Untergegangenen ist auch etwas wert.*[1]

Weltgeschichtliche Betrachtungen

Die europäische Stadt vom Ende des Mittelalters bis in das 19. Jahrhundert hinein hat eine bemerkenswerte Einheitlichkeit im Stadtbild bewahrt. Das Leben der Kaufleute, Handwerker und Bankiers spielte sich während Jahrhunderten innerhalb der mittelalterlichen Stadtanlage ab. Die Architektur entfaltete ihre Pracht innerhalb der Mauern, und die verschiedenen Baustile traten miteinander in einen unaufgeregten Dialog. Seit dem 15. Jahrhundert ist die städtische Bevölkerungszahl ziemlich konstant geblieben, gelegentliche Schwankungen sind nicht selten auf Kriege oder Seuchen zurückzuführen. In der ersten Hälfte des 19. Jahrhunderts kommt es zu einem allmählichen Anwachsen der Bevölkerung, in der zweiten zu einer eigentlichen Explosion. Innerhalb der Frist von Burckhardts Leben hat sich beispielsweise Basels Einwohnerzahl um das Siebenfache vergrössert. Eben noch wurde die geschlossene Stadt durch einen Mauerring zusammengehalten. Als Jacob Burckhardt ein Kind war, wurden die alten Stadttore nachts noch geschlossen. Kurz nach 1850 wurden die Mauern und Bastionen in den meisten Städten geschleift. Damit begann die Erosion und Wegräumung der historischen Stadt, die rasante Entwicklung fuori le mura: Stadterweiterungen, Vorstadtquartiere, Vorstädte, Industrialisierung, Fabrikbauten. Henri Lefebvre wird diesen Prozess als Explosion der historischen Stadt bezeichnen.

Im 19. Jahrhundert ist nicht nur die langsam gewachsene historische Stadt gewaltsam aufgebrochen worden. Auch das Netz der Verkehrsverbindungen zwischen den Städten verändert sich von Grund auf. Bevor wir uns dem Wandel der historischen Stadt zuwenden, werfen wir einen kurzen Blick auf die Veränderungen der Verkehrsmittel, haben diese doch zu einer völlig neuen Art des Reisens geführt.

*Reisen im neunzehnten Jahrhundert*

Dem heutigen Reisenden steht ein vielfältiges Netzwerk von Verkehrsverbindungen zur Verfügung: Strassen, Autobahnen, Fahrradwege, Fusswege, Eisenbahnlinien, Fluglinien, Buslinien und in den Städten Trambahnen, Autobusse, Untergrundbahnen, Taxis. Burckhardt hat miterlebt, wie sich etwas, anfangs kaum merklich,

---

1 SG, 244.

zu verändern begann. Die aufkommende industrielle Produktionsweise verlangte nach neuen Transport- und Verkehrsmitteln. Neue Strassen und Eisenbahnen wurden gebaut. Dabei hörte man aber nicht auf, die schon seit langem vorhandenen Transportmittel (Kanäle, Flüsse, Meere) zu benutzen. Kein älteres Fortbewegungsmittel ist völlig verschwunden, weder das Gehen zu Fuss noch das Pferd.

Kulturhistorisch bedeutsam ist, wie Burckhardt den gewaltigen Sprung vom Reisen ohne mechanische Antriebskraft zum raschen und bequemen Eisenbahnreisen miterlebt hat. Das *Kutschenfahren* können wir als eine naturwüchsige Art des Reisens bezeichnen, erfährt der Reisende doch die Fortbewegung, die Begleitumstände, die Antriebskraft, die Geschwindigkeit unmittelbar sinnlich.[2] Die landschaftlichen Eindrücke werden kontinuierlich aufgenommen, der durchfahrene Raum wird intensiv erlebt. Wer in der Kutsche sitzt, ist in direktem Kontakt mit seinem Gefährt, sieht die Pferde dampfen und in ihren Geschirren keuchen. Beim Durchqueren des Apennin spricht  Burckhardt mitleidsvoll von den *zwei mageren, blutenden, blinden Mähren,* welche mühsam die Karosse ziehen.[3] Beim Verlassen von Pisa wird er Zeuge einer argen Pferdemisshandlung.[4]

Burckhardt ist in einer Epoche gross geworden, in der man noch weite Strekken zu Fuss zurücklegte. Vornehmlich im Süden ist er gern mit *Mütze, Waidtasche, Stock* unterwegs.[5] In jungen Jahren überquert er mit vier Freunden die Alpenpässe Furka und Grimsel. Mühsam schleppt sich die Gruppe bei nicht geringer Kälte über tiefe Schneefelder voran. Die zackigen Eisberge und die kahlen, düstern Felsen wirken auf ihn wie tot. *Die Schneekuppen stachen traurig ab gegen die rauhen Felsen und die kleinen, schwarzen Seen, die sich vom Schneewasser gebildet, und wovon einer noch sogar mit dickem Eise bedeckt war. Die Vegetation war erstarrt, finster und wild war sie ringsum; alles schien eine rohe Masse, zu der das „Werde" noch nicht hindurchgedrungen. Kein Ton eines Alphorns, nicht einmal das Schellengeläut einer einzigen Ziege drang in dieser Wüste zum menschlichen Ohr, bloss das schaurige Krächzen eines Raubvogels, der seiner blutdurstigen Brut ein Opfer zuträgt, bloss das Pfeifen des Windes an den Felsenspitzen vorbei war vernehmbar.* [6] Der künftige Universalhistoriker meint, die studierende Jugend, der bald kein Berg mehr steil und unwegsam genug  sei und die sich an den Dimensionen der Alpen und den kahlen Felsen das Augenmass nehme,  verderbe sich den Geschmack für sanftere landschaftliche Schönheiten.  Und so ermuntert er zum Besuch der ausgewogeneren südlichen Landschaften und Städte.[7]

Ab 1840 bricht das Eisenbahnzeitalter mit voller Wucht herein. In eben diesem Jahr *rutscht* Burckhardt auf der soeben fertig erstellten Eisenbahn  in einer hal-

---

2  Wolfgang Schiwelbusch, *Geschichte der Eisenbahnreise. Zur Industrialisierung von Raum und Zeit im 19. Jahrhundert,* Frankfurt/Berlin/Wien 1979.
3  GA I, 15.
4  Reisebilder, 121 f.
5  Br II, 195.
6  Reisebilder, 51; vgl. Br IX, 31, wo vom *Gebirgswahnsinn* die Rede ist.
7  a.a.O., 162.

ben Stunde von Berlin nach Potsdam. Beim Übergang von der Pferdekutsche zur Eisenbahn verändert sich für den Reisenden einiges grundlegend. Einst hatte der mit der Postkutsche Reisende ein unmittelbares Verhältnis zur Antriebskraft, zu den Pferden; dem Passagier, der im Wagenabteil eines Zuges fährt und sich mittels Dampfkraft befördern lässt, fehlt das innere Verhältnis zu den mechanisierten, unermüdbaren Antriebskräften. Im Weitern verändert sich bei steigender Reisegeschwindigkeit das optische Wahrnehmungsvermögen. Burckhardt hat das Gefühl des raschen sich Verflüchtigens der durchreisten Gegend präzis festgehalten: *Das Fahren auf der Eisenbahn ist sehr lustig; man fliegt eigentlich wie ein Vogel dahin. Die nächsten Gegenstände, Bäume, Hütten und dergleichen kann man gar nicht recht unterscheiden; sowie man sich danach umsehen will, sind sie schon lange vorbei.*[8]

Bei der Einschätzung des mechanisierten Verkehrszeitalters ist Burckhardt schwankend. Da er grundsätzlich den Fortschritt mit *démolisseur* gleichsetzt, begegnet er dem Eisenbahnzeitalter mit Skepsis. Wenn er von einem neuen Bahnbauprojekt hört, seufzt er, erkennt aber den unabänderlichen Lauf der Dinge: *Das Ertrotzen von Eisenbahnen versprach von Anfang an nichts Gutes, aber es geht weiter als man gefürchtet.* Es ist bemerkenswert, dass derjenige, der sich gegenüber den technischen Erneuerungen gemeinhin reserviert verhält, in gewissen Momenten die Annehmlichkeiten eben dieser Novitäten durchaus zu schätzen weiss. 1875 fährt er zum ersten Mal nicht mehr mit der Postkutsche südwärts über den Gotthard, sondern mit der Eisenbahn via Genf durch den soeben eröffneten Mont-Cenis. Da ihm das beschwerliche Diligencenfahren gründlich verleidet ist, sind ihm die neuen Annehmlichkeiten sehr willkommen. Ein prächtiger Reisebrief bezeugt die völlige Zufriedenheit mit den neuen Reisebequemlichkeiten.[10] Einem Freund schreibt er: *Denke, vom Lago Maggiore aus kann man binnen drei Tagen in Rom sein. Freilich wer klüger ist, nimmt einen Monat dazu oder noch besser zwei.*[11]

Burckhardt ist weder zum Plaisir noch zur Erholung oder aus einer Laune heraus zu immer neuen Reisen aufgebrochen. Seine Reisen sind Studienreisen, Pflichtreisen. Als Kunsthistoriker muss er die Bauten, Skulpturen und Gemälde an Ort und Stelle sehen, wenn möglich immer wieder. Sein Bemühen ist es, den Kunstwerken ihren geistigen Gehalt abzugewinnen. Sein historisches Amt, das er gewissenhaft ausübt, füllt während des Semesters all seine Zeit aus. So empfindet er die Reisen, die er während der sommerlichen Semesterferien unternimmt, als grosses Atemholen. Entsprechend zeichnen sich die Reisebriefe durch Anschaulichkeit und Frische aus. Über seine sachlichen Zwecke hinaus geniesst er es, sich in der Welt umzusehen. So wechseln Bemerkungen zur Fülle des alltäglichen Lebens mit Kommentaren zum politischen Geschehen ab. Erlebtes wird vermischt mit lebensklugen, nicht selten ironischen, spitzen Bemerkungen. Geraten seine visionären Bilder oder Prophezeiungen zu sehr ins Düstere, lässt er ein tröstliches oder hu-

8  Br I, 150.
9  Br VI, 80.
10  Br VI, 15-18.
11  Br III, 160 (Brief an den Dichter Paul Heyse).

morvolles Wort einfliessen. *Wer sorgt besser für seinen Geist,* fragt er sich, *welcher Tage lang am Schreibtische sitzt und Excerpte macht* oder wer in lebendigem Umgang mit dem Volk und dem Besuch der Kunstwerke *seine Zeit in einer herrlichen Stadt verbringt?*[12]

Im Kapitel, das in der *Kultur der Renaissance* dem Reisen der Italiener gewidmet ist, heisst es, dass ein enormer Wissensdrang das Mittelmeervolk in die Ferne gelockt habe. Den Venezianer Marco Polo hat es bis in die mongolische Welt verschlagen, und der Genuese Kolumbus durfte, nachdem er den neuen Kontinent gefunden hatte, als Erster ausrufen: *il mondo è poco,* die Erde ist nicht so gross als man glaubt.

*Burckhardts Reisen*

Gelegentlich  macht Burckhardt noch Halt in kleinen deutschen Städtchen mittelalterlichen Gepräges. Als Student wird er von einer spätromantischen Deutschlandbegeisterung erfasst, erfreut er sich noch kurz am biedermeierlichen Idyll. Drei Jahrzehnte später schreibt er: *Was die Transformation der kleinern Städte betrifft, so fürchte ich, dass die dreissiger und vierziger Jahre dieses Saeculi nicht nur _uns_ angenehmer vorkommen als die „Jetztzeit", weil wir damals jung waren, sondern dass es wirklich ohne allen Vergleich genussvollere Zeiten gewesen sind.*[13] Den Historiker schmerzt der Verlust der staatlichen Selbständigkeit von Fürstentümern und Städten. Für ihn sind die einzelnen Länder und Städte Träger deutschen Lebens, Träger von Macht und Würde.

Burckhardts Reisen nach Italien beginnen mit einer kurzen Fahrt in das Tessin und finden mit späten Ferienaufenthalten in diesem *Fresken- und Castanienland* einen symmetrischen Abschluss. Es gibt Landschaften der Seele, die jeder für sich selber entdeckt und wo man sich zu Hause fühlt. Für Burckhardt ist Italien das *nötige Supplement* seines Wesens.[14] Bis in die letzten Jahre seines Lebens spricht er von der *Unerschöpflichkeit Italiens.* In diese Wendung mit eingeschlossen ist das Lob der kleinen, weniger berühmten Städte, derjenigen, die er als die *sekundären und tertiären* zu bezeichnen pflegt. Diese seien gewaltig reich an Kunstwerken, sie würden aber von den modernen Welt-, Geschäfts- und Vergnügungsmenschen, die von einer Stadt zur andern eilten, kaum beachtet. Ja, es brauche nicht einmal ein Städtchen, man könne Italien auch *peu à peu* in einem Winkel kennen lernen. Schon irgend ein Kirchlein oder ein Landhaus, das an der levantinischen Riviera von der Höhe herab funkelt, lege Zeugnis ab vom *Wirken von etwas Architektur in der Landschaft.* Das wirkliche Italien, meint er im Alter, werde *man nur noch in den verlassenen alten Städten inne.*[15] Das Lob auf die weit verstreuten italienischen

---

12 GA I, 40 f.
13 Brief von 23. Dez. 1871, Br V, 148 f.
14 Br I, 82.
15 Br X, 69, 93, 107; VIII, 120.

Bauschätze steht in Kontrast zum Satz: *Rom allein gibt den Schlüssel und Maßstab zu allem.*[16] Ein Rom allerdings, das 1870 Hauptstadt des national vereinten Italien geworden ist und gegen Ende des Jahrhunderts ins frühe kritische Wachstumsstadium gerät. *Die grossen Städte von Italien werden an sich jährlich ungesunder, wie das bei der Menschenzunahme unter erbärmlicher sanitarischer Aufsicht nicht anders möglich ist.*[17] Italien verkörpert für Burckhardt das, was Menschen aus dem Norden dort immer gesucht haben: die Befreiung von der Enge und der Last der sozialen Kontrolle, entspanntere Daseinsformen, verfeinerte kulturelle Umgangsformen, eine ursprünglichere Vitalität.

Wenn Burckhardt auf seinen Kunstreisen in die Grosse Stadt kommt, nach London oder Paris, kann er sich vor Ort ein Bild vom unaufhaltsamen Lauf der Dinge machen. In diesen Städten wird ihm eine moderne Zivilisation vor Augen geführt, auf die er herzlich gerne verzichten würde. In diesen Metropolen befindet er sich im Zentrum der Macht, sieht er, wie Industrie und soziale Gärungsprozesse das Leben des Einzelnen als auch der Völker von Grund auf verändern. Kommt er nach Rom, ist kaum mehr etwas vom Unbehagen zu spüren, das er sonst in der modernen Grossstadt empfindet. In dieser Stadt scheinen alle Dinge stehen geblieben zu sein, die Ruinen des Altertums bilden gleichsam einen Schutzwall gegen alles Neue.

Die folgenden Städtebilder, die manchmal blosse Miniaturen oder Medaillons sind, zeichnen sich nicht selten durch Anekdotisches aus. Das bedeutsame Detail, dem sich Burckhardt nicht ungern zuwendet und das oft einen geheimen Hauptgedanken enthält, kann durchaus als *historia altera* gelesen werden. Wenn wir das Feld abstecken, das Burckhardt bereist und kommentiert hat, heissen die peripheren Orte Berlin und Neapel, Wien und Amsterdam, London und Prag. Ich habe den umfangreichen Bestand von Burckhardts Briefen und Reiseberichten als primäres historisches Quellenmaterial benutzt, also alle Äusserungen, die sich auf Stadtentwicklung, Stadtveränderung, Architektur, einzelne Bauten oder ganze Quartiere beziehen, insbesondere auch auf die Bewohner der Städte, auf ihre Lebensweise und Besonderheiten. Burckhardt hat nicht zielgerichtet Aufzeichnungen zum städtischen Wandel seiner Zeit gemacht. Er hat ganz einfach, den heiteren oder nachdenklichen Launen folgend, seinem Freundeskreis mitgeteilt, was sein Blick eingefangen, was er sich bei dieser oder jener Erscheinung gedacht hat. Es ist erstaunlich, dass all das, was er sich abends in Hotelzimmern, an wackligen und unbequemen Tischchen, bei Kerzenlicht notiert hat, zu einer stattlichen und originellen Dokumentation angewachsen ist, zu einem höchst lebendigen Kommentar zu Krise und Umbruch der europäischen Stadt im neunzehnten Jahrhundert. Obschon der Historiker dieses und jenes gern ironisch oder maliziös glossiert, schätzen wir an ihm zutiefst die Gabe des Bewunderns. In den Weltgeschichtlichen Betrachtungen lesen wir: *Die verehrende Kraft in uns ist so wesentliche als das zu verehrende Objekt.*[18]

---

16 Br X, 116.
17 Br VIII, 119 f.
18 SG, 244. *Ein Geist, der nicht bewundert, verdient auch Bewunderung nicht* – ein Mantras von Ernst Jünger.

*Vom Schweben über den Herrlichkeiten: Mailand*

Nach einer nachmittäglichen Fahrt über staubige Landstrassen fährt der Zwanzig-jährige an einem hochsommerlichen Abend in der lombardischen Hauptstadt ein. Jedermann kennt das eigenartige Gefühl, wenn man sich einer unbekannten Stadt nähert: *Die Begier nach den Wunderdingen, die ihn dort erwarten, erreicht den höchsten Grad, und nicht ohne ein bängliches Gefühl zieht er durch das Tor ein.*[19] Zusammen mit drei heiter gestimmten Neuenburgern, die er unterwegs kennen gelernt hat, zieht er tagelang durch die Museen, die Nächte verbringen sie in den Theatern und Kaffeehäusern. *Ich war daselbst immerfort in einem fröhlichen Taumel... Es war das herrlichste, unschuldigste Lotterleben, das man sich nur denken kann.*[20]

Schon am ersten Abend bricht er zu einem Gang durch die *lustigen lärmenden Gassen* auf und stattet dem Dom einen ersten Besuch ab. *Von aussen wird das Gebäude immer durch die Übermacht des phantastischen Eindrucks die Schwäche des künstlerischen vergessen machen.*[21] Er steigt auf die Domzinne und überblickt von dort aus das Ganze der Stadt. Sein Blick unterscheidet *zwei gewaltige Kreise*, die inneren Quartiere und die Vorstädte. Nachdem er aus der Nähe das *undeutliche Getümmel* und die *Häusermassen* wahrgenommen hat und die Türme und Kuppeln einiger herausragender Bauwerke, schweift sein Blick über die Grenzen der Stadt hinaus ins Weite: *Vor der Stadt zieht sich Garten an Garten, Park an Park, endlich Weiler an Weiler und Dorf an Dorf; aus weiten Reisfeldern und Maulbeerpflanzungen, aus Rebengärten und Pappelalleen hervor ragen weisse Kirchtürme ohne Ende; ferne erheben sich die Türme von Pavia und Cremona. Doch gegen Norden fasst die gewaltige Alpenkette das Bild ein.* Die Bauwerke in der Nähe scheinen den Lustwandler auf dem Turm in die merkwürdige Stimmung des Schwebens zu entrücken: *Schon der wundervolle Anblick dieses Meeres von Türmchen, Pfeilern, Treppen, Kapellen und das Schweben über all diesen Herrlichkeiten verleiht eine ganz eigene Empfindung.*[22] Auf der Kuppel schliesslich geht der Zustand des Schwebens unmerklich in die Wahrnehmung des Vergänglichen über. *Es ist auf der Welt nichts Angenehmeres als ein Rendezvous mit guten Freunden auf der Kuppel droben; da schwebt man über der brausenden Stadt und unterhält sich über die Hinfälligkeit der menschlichen Dinge und die Schönheit Italiens, und das Gespräch nimmt in dieser Höhe und in dieser goldenen Abendluft einen höheren Gang als drunten im Kaffeehaus. Nachher aber wundert man sich darüber und begreift nicht, woher es gekommen ist.*[23] Auf seinen Italienfahrten schildert Burckhardt noch hie und da, was sein Blick vom höchsten Turm aus einfängt. Mit einem weiten Rundblick wird das städtische Ganze überflogen, zuerst das Nahe, dann das etwas Fernere und schliesslich der weite Umkreis bis

---

19 GA I, 3.
20 Br I, 77; vgl. Henning Ritter, in: J. Burckhardt, *Die Kunst der Betrachtung*, Aufsätze und Vorträge zur bildenden Kunst, Köln 1984, 28.
21 a.a.O. 29;
22 GA I, 5 f.
23 a.a.O., 8f.

zum Horizont. Von einem Mittelpunkt aus, dem Turm, gelingt es dem Betrachter, überschaubare Ordnung herzustellen, ungeordnete Einzelerscheinungen in ein abgerundetes Bild zu bringen.

Das bunte Leben auf dem Corso zählt zu Burckhardts grossen Eindrücken. Das vielfältige und noch überblickbare Treiben auf einer Strasse oder auf einem Platz hat E.T.A. Hoffmann in eben diesen Jahren wiederholt geschildert, am eindrücklichsten in seiner späten Erzählung *Des Vetters Eckfenster*. In dieser Geschichte beobachtet ein alter gelähmter Mann von seinem Eckfenster aus die städtische Menschenmenge, die unter ihm vorüber zieht. Er hat nicht den Wunsch, selber in der Menschenmasse aufzugehen, den Leuten unten zu begegnen. Er will seinem Besucher nichts anderes beibringen als *die Prinzipien der Kunst, zu schauen*.[24] Burckhardt, der in Mailand das ungeheure Gewimmel südlicher Menschen betrachtet, hat nicht den behaglichen Fensterblick wie der Gelähmte, und dennoch ist seine Beobachtersituation mit derjenigen des alten Vetters vergleichbar. Zu Beginn seiner langen Schilderung lädt er den Betrachter, den Leser, ein, sich in einen *Winkel* zu stellen und dort der Dinge zu harren, die da kommen sollen. *An einem Sonntagabend,* so fängt er an, wenn Leben aufkommt und die Kaffeehäuser sich langsam füllen, wenn elegante Wagen vorbeirollen und Musik ertönt, kann man sich an der *bunten brausenden Masse der stets lustigen und stets neugierigen Mailänder* am besten erfreuen. Genussvoll schaut der Betrachter in das Leben hinein, das sich auf der berühmtesten Strasse Mailands abspielt. *Blicke in den unabsehbaren Corso hinein; immer mehr und mehr Equipagen kommen heran und bilden nach und nach eine Reihe, die sich immer mehr vergrössert. Alle samt und sonders sind zweispännig, denn es soll ja eine Promenade en négligé, nicht eine Zeremonie sein, wie man der oft langsamen Bewegung nach schliessen könnte; ja nicht bloss die Pferde, selbst die Damen vermeiden alle Gala; sie zeigen sich übrigens von oben bis unten, indem kein einziger Wagen bedeckt ist, und daran tun sie recht, denn durch diese vernünftige Einrichtung kann ein Fremder an einem Abend den ganzen weiblichen Flor Mailands kennenlernen.*[25]

---

24 vgl. Karl Riha, *Die Beschreibung der grossen Stadt,* Berlin-Zürich, 1970, 132-141.
25 GA I, 10.

*Zwischen dem Hafen und den Palazzi: Genua*

> *Am Fuss der Alpen erblickst Du eine prächtige Stadt, deren Bauten*
> *so anmutig sind wie die Menschen würdevoll. Schon beim Anblick*
> *allein kann es keinen Zweifel geben: diese Stadt ist die Herrscherin*
> *der Meere.*

Petrarca über Genua, 1358.[26]

Noch heute verwirrt Genuas *centro storico* – eines der grössten Europas – durch
seine Buntheit und Kontraste. Es überrascht durch die Dichte der Kunstwerke
– gleichzeitig ist es der erste Zufluchtsort für Immigranten. Es gibt vornehme Genuesen, die niemals einen Fuss in die engen Gassen setzen würden. Für andere
Wohlhabende stellen die renovierten Paläste begehrten Wohnraum dar. Man findet
elegante Trattorias, welche von Geschäftsleuten frequentiert werden, daneben nor-
dafrikanische Bistrots, in denen Couscous serviert wird. Es gibt Wohnungen, wo
die Toilette auf dem Balkon ist – und am Plafond eine Freskenmalerei aus dem 16.
Jahrhundert. Zum sprachlichen Gemisch, das man auf den Gassen hört, gehören
sowohl nigerianische als auch peruanische Dialekte – und die Marokkaner fluchen
auf genuesisch. Schon Burckhardt hat den *schauderhaften genuesischen Dialekt* nicht
ausstehen können, das Gemisch aus Französisch, Italienisch, Spanisch, *und, wie
man mutmassen könnte, Türkisch und Chaldäisch.*[27]
Offensichtlich ist der Historiker fasziniert vom sinnlichen Leben, das sich in einer
genuesischen Hafengasse, etwa der *Strada della Darsena*, abspielt. Und so entwirft
er ein anschauliches Bild von der stilvollen Unreinlichkeit, vom unsäglichen Unrat,
der sich vor wunderschönen Kirchen- oder Palastfassaden türmt. Der allgegenwärtige Schmutz korrespondiere mit der tropfenden Wäscheaufhängung, dem höllischen Gestank und der *entsetzlichen Bevölkerung*. Da die Gassen eng sind, können
keine Wagen zirkulieren, sondern nur Esel, und das bringt grosses Geschrei mit
sich. Zusätzlich wird der Verkehr erschwert durch unordentliche Warenhaufen und
Fässer, auf denen sich Matrosen ausruhen. *Ich habe den Geruch von faulen Fischen,
Knoblauch und noch schlimmerm nicht gescheut, sondern dieses Schiffervolk genau
betrachtet, und bereue es nicht. Oft sieht man herkulische Gestalten vom schönsten,
kräftigsten Bau, die nervigen Arme bloss, desgleichen fast die ganze Brust; ein roter
Gürtel um die weiten, leinwandenen Hüftkleider, die Füsse nackt bis zum Knie und
auf dem krausen, rabenschwarzen Haar eine rote phrygische Mütze. Manchem hängt
an seidnem Bande ein Amulett oder ein Marienbildchen auf die hochgewölbte braune
Brust; das Volk liebt den Schmuck in jeder Gestalt, wenn auch daneben die nötigsten
Teile der Kleidung längst in Fetzen gegangen sind. Kurz: Wer die Strada della Darsena
nicht gesehen hat, der kennt einen wichtigen Teil von Genua nicht.*[28] Das Bild von der

---

26 zit. in: Leonardo Benevolo, *Die Stadt in der europäischen Geschichte,* München 1993, 102.
27 GA I, 23.
28 a.a.O.

Hafengasse geht über in das Bild vom Hafen selber, wo seit zwei Jahrtausenden die Flaggen von allen Nationen wehen, wo dem Ufer entlang Paläste, Kirchen, Arsenale, Kastelle aufragen. Der junge Burckhardt ist so sehr am Hafenleben interessiert, dass er eine kaiserliche Fregatte, die dort vor Anker liegt, unbedingt besichtigen will. Er lässt sich auf einer Barke hinausrudern und ist tief beeindruckt vom nagelneuen Flottenschiff, auf dem er vom Kapitän und den Offizieren mit vollen Ehren empfangen wird.

Im *Cicerone* gibt es einige Buchseiten, die dem genuesischen Palazzo reserviert sind. Selbstverständlich beschäftigt sich Burckhardt eingehend mit den vierzehn berühmten Palästen an der Strada Nuova (der heutigen Via Garibaldi), prüft er, wie die Architekten mit der Enge des Raumes fertig geworden sind. Zuerst werden die Verdienste des zu wenig bekannten Architekten Galeazzo Alessi hervorgehoben, habe dieser doch, zusammen mit dem viel berühmteren Palladio, den Palastbau zur Hochblüte geführt. Was trägt zur architektonischen Gesamtwirkung bei? Nur selten fehlt ein Hinweis auf *die geheimnisvolle Wirkung der perspektivischen Durchblicke,* die erreicht wird durch die Betonung der Hauptachse, die Anordnung der Säulen der Treppenhalle, des Hofes und des Schlusspunktes, etwa einer Brunnennische. In Genua ist die Wirkung der Durchblicke wegen der Enge des Raumes nicht immer leicht zu erreichen. In der bloss sieben Meter breiten Strada Nuova taten die Palastbesitzer einander den Gefallen, die Hauptachse des gegenüberliegenden Gebäudes zu übernehmen; dadurch verdoppelte sich der Durchblick durch die Portale hindurch.[29]

Auf einer späten Reise besichtigt Burckhardt *den schönsten Roccocoraum, den es auf Erden giebt,* den Saal im Palazzo Serra. Er begreife nicht, warum sich kein *reicher Luxuriant* gegen irgend einen See oder gegen einen gesicherten freien Ausblick eine Kopie dieses Palastes habe herstellen lassen; ganz Versailles würde neben solch einem Prachtbau den Kürzeren ziehen.[30] Dass sich Genua mit seinen herrlichen Bauten in Wandlung befindet, ist am Schicksal des Palazzo Sauli erfahrbar. Noch könne man einen letzten Blick auf den *wunderbaren Hallenhof* werfen, *in welchem mit ganz einfachen Mitteln auf beschränktem Raum durch die blosse Disposition der höchste Phantasieeindruck hervorgebracht war* – man müsse aber auch vom *allgemach sich amerikanisierenden Genua* Kenntnis nehmen.[31] Die aufragenden Partien der Stadt sähen manchmal so aus, *als hätten Kinder Theaterdekorationen vierten Ranges schräg und quer auf Felsen herumgestellt.*[32] Auch wenn sich Burckhardt in späten Jahren kritisch zur ligurischen Metropole äussert, lobt er dennoch sehr spezielle Dinge. Als *geborenem Salamander* sei es ihm in Genua auch bei grösster Hitze wohl. *Die Nächte sind von göttlicher Schönheit und Frische; es wird ganz kühl, sodass man sogar die leichte Decke wieder über das Leintuch zieht. Vielleicht gibt es auf der*

---

29 Vgl. GA III, 307-312.
30 Br VII, 262.
31 GA I, 19, 23 f..
32 Br VI, 21.

*Welt keine so absolut süsse und herrliche climatische Wahrnehmung als diese Morgen-kühle im heissen Süden.*[33]

In den Jahrzehnten nach dem Zweiten Weltkrieg ist Genua, das in seiner Blüte-zeit (die ein paar Jahrhunderte zurückliegt) den Beinamen *die Prächtige* trug, zu ei-ner schmutzigen Hafenstadt verkommen; Zeichen einer endemischen Verelendung waren hier und dort erkennbar, und vielleicht zog das wirtschaftliche Siechtum eine allgemeinere Misere nach sich. Eine offensichtliche Verarmung liess sich an der Verwahrlosung der Bauten, ja ganzer Quartiere ablesen. In den beiden letzten Jahrzehnten des 20. Jahrhunderts war der entschiedene Wille zu einer radikalen Stadterneuerung erkennbar. Ein neuer Container-Terminal sollte die einst grosse Tradition der Hafenstadt neu beleben. Die Neugestaltung des alten Hafens wur-de einem prominenten Mitbürger, dem Architekten Renzo Piano, anvertraut. Die Einwohner der Stadt am Meer, aber auch die Touristen, sollten wieder Zugang zum Wasser haben. Der weitgespannte Erneuerungsprozess erhielt von bestimmten An-lässen entscheidende Impulse. Die Christoph-Kolumbus-Feier von 1992 entfachte in vielen Bürgern den Ehrgeiz, das heruntergekommene historische Zentrum in alter Schönheit wieder auferstehen zu lassen, es zu neuem Leben zu erwecken. Der G-8-Gipfel, die Konferenz der Staats- oder Regierungschefs der acht wichtigsten Industrienationen, hat nicht nur den harten Konflikt mit den Globalisierungs-gegnern mitten ins Herz der Stadt hineingetragen; dieses Gipfeltreffen setzte auch endlose Baukolonnen in Bewegung. Als Genua im Jahre 2004 Kulturhauptstadt Europas war, steigerte sich bei einer immer zahlreicher werdenden Bürgerschaft nochmals der Wille, den einstigen Zauber ihrer Stadt nicht verblassen zu lassen. Die tätigen Bürger dürfen stolz auf die Worte sein, die der junge Burckhardt ihrer Stadt geschenkt hat: *Wie könnte ich dein vergessen, süsse, rauschende Stadt, hoch auf Felsen über dem Meere getürmt, mit deinem weiten prächtigen Hafen!... Das Beste von deiner alten Pracht ist noch nicht dahin; noch duften deine Gärten auf hohen Terrassen, noch ragen deine Paläste wie zur guten alten Zeit;... noch prallen dumpf tosend die dunkeln Meereswogen an deine Felsenfundamente an. Und wenn Hafen und Paläste leer stehen, wenn auch das Geschlecht, das dieselben gebaut, ausgestorben oder verküm-mert ist, doch sucht dich der Nordländer und bringt dir, wie einer Braut, verliebte Huldigungen dar.*[34]

Über lange Zeit war Genua eine der wichtigsten Handelsstädte im Mittelmeer. Auch als nach der Entdeckung Amerikas sich der Handel vom Mittelmeerraum in den Atlantikraum verschob, war Genuas überragende Stellung noch lange nicht zu Ende. Die reichen Reeder und Kaufleute der Seerepublik avancierten im 16. und 17. Jahrhundert zu den Bankiers der Könige von Spanien – sie waren so er-folgreich, dass man das goldene Zeitalter Spaniens *el siglo de los Genoveses* nannte. Der Niedergang der spanischen Macht traf auch die Genuesen. Es gibt also auch jene Jahrhunderte, in denen es ein enges, elendes, deprimierendes Leben gab. Den-noch hat es diesem Elend und der Unterdrückung – so könnte man mit Henri

---

33  Br VII, 260.
34  GA III, 19.

Lefebvre sagen – *niemals an Stil gefehlt. Religiös in seinem Wesen, oder metaphysisch herrschte der Stil, der bis ins kleinste Detail durchdrang. Wenn man die Geschichte erzählen würde, so würde sie davon berichten, wie die Leute schlecht, aber warmherzig und warm (hot) lebten.* Wiederum ist es Lefebvre, der nachdenklich wird, wenn er sich zur Restaurierung historischer Stadtzentren äussert: *Wie kommt es, dass man das mehr oder minder verlassene, verfaulte, beschädigte Zentrum restauriert? Warum verlassen die Film- und Theaterleute wie auch die kultivierten Grossbürger die „schönen Wohnviertel" und die „Villenvororte", um sich in diesen wiederhergestellten Kernen zu installieren? Die Stadt und das Städtische laufen auf diese Weise Gefahr, zum höchsten Reichtum der Privilegierten zu werden, zum höchsten Konsumgut, das diesem Konsum einen gewissen Sinn verleiht.*[35] Die wohlhabenden Bewohner der sanierten Stadtzentren stürzen sich auf die Antiquitäten und Stilmöbel, und der organisierte Tourismus schleust die herumreisenden Scharen durch die erneuerte historische Altstadt. Was sind die Beweggründe der stets weiterziehenden touristischen Karawane? Vergangenheitsfanatismus? Oder ganz einfach der Bruch mit dem Alltag, mit der Moderne?

Den stilvollen Umgang mit den historischen Städten haben wir offensichtlich noch nicht gefunden.

*Ein widerwärtiger Ort: Berlin I*

Als Stadt von Weltgeltung ist Berlin kaum älter als New York. Erst nach Bismarcks Reichsgründung bildet sie ihren grossstädtischen Charakter aus. Kurz nach 1850 zählt sie eine halbe Million Einwohner, die Millionengrenze wird in den achtziger Jahren überschritten. Wie Burckhardt im Oktober 1839 die Stadt betritt, hat sie politisch kein rechtes Gesicht. Vor genau hundert Jahren war Friedrich der Grosse König geworden, und mit ihm wurde die Stadt zum Inbegriff eines genialen und zugleich unheimlichen aufgeklärten Absolutismus. Zu Beginn des 19. Jahrhunderts wird Berlin Zentrum romantischer Dichter; das kulturelle, politische, gesellige Leben gewinnt an Reichtum. Zur neuen Regsamkeit trägt auch die von Wilhelm von Humboldt begründete Universität bei. Im Winter 1841/42 sitzt Burckhardt zusammen mit Sören Kierkegaard im Kolleg bei Schelling. Kierkegaard schreibt nach Kopenhagen: *Berlin ist wohl der einzige Ort in Deutschland, dessen Besuch in wissenschaftlicher Hinsicht sich lohnt.*[36]

Wie wirkt die nördliche Stadt auf Burckhardt? Nach dem ersten halben Jahr hat er, gelinde ausgedrückt, wenig Löbliches zu berichten. Der Basler Dienstmagd Dörli schreibt er, Berlin sei *ein ganz widerwärtiger und langweiliger Ort in einer unabsehbaren sandigen Ebene.* Im weiten Umkreis sei kein guter Acker, und der Kälte wegen wachse kein Obst. Er selber wohne in einer breiten und schönen Strasse, ein grosser Teil der Stadtbevölkerung lebe aber in grosser Armut. Es sei ganz unglaub-

---

35  AMW, 109 f.
36  Brief vom 15. Dez. 1841 an Prof. Sibbern, in: S. Kierkegaard, *Briefe*, Düsseldorf 1955, 79.

lich, wie elend sich hier viele Leute durchhelfen müssen.[37]  Berlin, ein grenzenlos widerwärtiger Ort? Bisweilen scheint es, Burckhardt wolle in der Kunst der Médisance mit Charles Baudelaire wetteifern, der mit seinem *Argument du livre sur la Belgique* den wohl verletzendsten Text über ein europäisches Land verfasst hat.[38] Für Burckhardt ist Berlin *öd und fad*, ein ander Mal *scheusslich, niederträchtig, gemein bis ins Bösartige, und dabei glücklicher Weise lächerlich.*[39] Die Umgebung ganz entsprechend: *Die Windmühlen auf den soi-disant Hügeln um Berlin sind mir ein Gräuel. Höhnt man die Berliner wegen ihrer Gegend aus, so erhält man die Antwort: Ja, Sie müssen die Jejend sehen, wenn's jrüne is.* Die lange Reihe maliziöser Bemerkungen gipfelt in dieser: *Berlin quâ Berlin ist ein absurder Aufenthalt.*[40]

Baudelaire hat seine Invektiven gegen die Belgier in krankem Zustand und aus dem Gefühl der Enttäuschung und Verbitterung heraus verfasst. Gibt es eine Erklärung für Burckhardts Boshaftigkeit und Häme gegen Berlin? Ganz einfach Heimweh, oder wenigstens Fortweh? Die Trennung von den Freunden, ein Gefühl der Verbannung? Die altbaslerische Untugend der Médisance? Die noch nicht überwundene religiöse Krise? Ekel vor dem politischen Vormärzfieber? Auffallend ist, dass sich der Ton ändert, sobald Burckhardt von den Menschen zu sprechen beginnt, mit denen er freundschaftlich verkehrt. In Berlin lernt er den geselligen Umgang, pflegt er das Singen im kleinen Kreis, besucht er anregende Teegesellschaften. Das Haus des Kunsthistorikers Franz Kugler wird ihm ein freundliches Idyll der Stille, und das versöhnt ihn mit der Stadt, die in seinem Innern *grell disharmoniert.*[41]

Ganz andere Worte findet Burckhardt, wenn er von seinem Studium und Arbeiten berichtet. Erst in der *gotteserbärmlichen Umgebung* von Berlin wusste er, dass der Entscheid, die Geschichte zu seinem Hauptfach gewählt zu haben, ein richtiger war. *Als ich die ersten Stunden bei Ranke, Droysen und Boeckh gehört hatte, machte ich grosse Augen. Ich sah, es war mir bisher ergangen wie jenen Rittern im Don Quixotte mit ihren Damen, ich hatte meine Wissenschaft auf Hörensagen hin geliebt, und nun trat sie plötzlich in gigantischer Grösse vor mich, und ich musste die Augen niederschlagen. Jetzt bin ich fest entschlossen, ihr mein Leben zu widmen, vielleicht mit Entbehrung des häuslichen Glückes.*[42]

---

37  Br I, 147 - 150.
38  *Armes Belgien!* in: Ch. Baudelaire, *Werke und Briefe,* Bd. VII, München und Wien, 1992, 309 ff.
39  Br III, 41.
40  Br I, 138, 140.
41  Br I, 203.
42  Br I, 131.

*Kapitulation vor dem städtischen Moloch: Neapel*

> *Dem reisenden Bürger, der bis Rom sich von Kunstwerk zu Kunstwerk wie an einem Staket weitertastet, wird in Neapel nicht wohl.*

Walter Benjamin[43]

In späten Jahren gibt Burckhardt darüber Auskunft, wie er unter Goethes Einwirkung jung gewesen sei. Wie jener habe er die Anschauung Italiens als eine Ergänzung des deutschen Wesens erlebt.[44] Als Zwanzigjähriger glaubte er erkannt zu haben, dass Italien und sein *Genuss* das notwendige Supplement seines Wesens sei. Und so hat er nicht bloss den jungen Leuten Goethes *Italienische Reise* für ihre Italienfahrt als Reisebegleiter anempfohlen – für viele bildungsbeflissene Deutsche war sein *Cicerone* eine andere *Italienische Reise*.

Es gibt eine Stadt, für welche der grosse Weimarer nicht mehr der mustergültige Vorausreisende ist. An Neapel scheiden sich die Geister. Für Goethe ist Neapel ein *Paradies,* dort lebt er in *trunkner Selbstvergessenheit.*[45] Im nicht enden wollenden Durcheinanderströmen der Menschen findet er auf eigenartige Weise zu Ruhe und innerer Sammlung – *je mehr die Strassen toben, desto ruhiger werd' ich.*[46] An der *Hauptlärmecke der Stadt,* am Molo, ergötzt er sich an den ständig wechselnden anmutigen und amüsanten Strassenszenen. Da er sich für Vulkanismus, die Lava, für Gemälde- und Münzsammlungen und vieles andere mehr interessiert, gibt es für ihn stets Neues zu entdecken. In Gesellschaft von geniessenden Menschen fühlt er sich ausgesprochen wohl, und so verbringt er in mondäner Umgebung die Abende gern mit einem *wunderlichen Prinzesschen,* mit dem er Frivoles austauschen kann.

Der allein reisende Burckhardt findet Neapel zwar auch herrlich, von Anfang an ist ihm aber das *dortige Lumpenpack* zuwider.[47] Mit der wild wuchernden Stadt, die er zweimal aufgesucht hat, kann er sich nicht anfreunden, im architektonischen Chaos fühlt er sich völlig verloren.[48] Selten nur findet derjenige, der von Kirche zu Kirche pilgert und im Museum die Antikensammlungen begutachtet, Schutz vor dem lauten städtischen Treiben und innere Ruhe. Für kurze Zeit lässt ihn der stille Klosterhof von San Severino den äusseren Lärm und die innere Irritation vergessen. Beim Betrachten der Freskenmalereien, die das Leben des heiligen Benedikt dar-

---

43 Aus *Denkbilder/Städtebilder,* „Neapel", in: Gesammelte Schriften IV, 1, 307.
44 GA V, 000II.
45 Goethe, Hamburger Ausg. 1978, Bd. 11, 207.
46 a.a.O., 211.
47 Br III, 30.
48 Christine Tauber hat mit ihrer Studie *Die Flucht ins Decorum: Jacob Burckhardts neapolitanische Kapitulation* die beiden Neapelreisen aus kunsthistorischer Sicht, gewürdigt, in: Zeitschrift für Kunstgeschichte, München und Berlin, Bd. I, 2002, 73-90.

stellen, meint er: *Der stille Hof, mit der noch in ihren Trümmern herrlichen Riesenplatane, eine Oase mitten im Gewühl Neapels, erhöht noch den Eindruck.*[49]

Wir kennen den Tagesablauf des längeren Neapelaufenthalts ziemlich genau.[50] Am Vormittag zieht er durch Kirchen und Sammlungen und macht sich Notizen für den Kunstführer. Über Mittag gönnt er sich ein Meerbad, am Nachmittag schreibt er die Notizen ins Reine, und gegen Abend unternimmt er einen Ritt auf einem Maulesel über den Hügel des Vomero. Die abendlichen Sonnenuntergangsbesichtigungen zwischen den Villen auf dem Vomero finden ihren Niederschlag im *Cicerone*. Dort werden die wasserlosen Paläste auf dem Vomero erwähnt, die allerdings in keiner Weise mit den altrömischen Villen verglichen werden können. Sie sind aber so gelegen, *dass die Aussicht auch die prächtigste Einrahmung würde vergessen machen.* Und so empfindet Burckhardt, wie er schreibt, *die traumhafte Herrlichkeit der Aussicht* als etwas Einmaliges.[51]

Der *Cicerone* ist ein Werk, das Ordnung in die vielfältige Formenwelt der Kunstwerke hat bringen wollen. In Rom ist es Burckhardt, wie wir noch sehen werden, gelungen, Ordnung in das Übereinander sedimentierter Zeitschichten zu bringen. Die Fülle und die Verschiedenartigkeit der architektonischen Anblicke – der Bauten von der Antike bis zum Barock – empfand er wie selbstverständlich *nach einem gleichartigen grossen Model* zusammengestellt, die Gesamtheit der Gebäude fügte sich zu einem städtischen Gesamt-Organismus.[52] Im Schmelztiegel des *prunkliebenden* Neapel hat die Ordnungsstrategie nicht mehr gegriffen, das Chaos der Stadt hat den um klassische Schönheit Bemühten im Stich gelassen. Die Begutachtung der Architektur und der Gemälde bereitet ihm Mühe und Verdruss, die Fassade von Gesù nuovo nennt er eine Missform, das barocke Dekor wird ihm zu übermächtig, die Stadt insgesamt zu unübersichtlich. Verzweifelt versucht er Ordnung in die reiche, aber verlotterte Antikensammlung zu bringen: *Im Museo von Neapel ist wohl die gleiche Sauordnung wie Anno 46 und Anno 53. Als einst in der Galerie vier Kerle mit grossen Kehrbesen ganze Staubwolken aufwirbelten, nahm ich Einem den Besen aus der Hand, zeigte ihm, wie man relativ staubfrei kehren könne.*[53]

*Die Modernisierung einer Metropole: Wien*

Neben Berlin und München ist Wien die dritte deutsche Metropole von politischem Gewicht und kultureller Ausstrahlung. Als Haupt des Habsburgerreiches muss die Stadt seit 1848 auf das zunehmende politische Gewicht der tschechischen, ungarischen, kroatischen Nebenländer reagieren, mit den partikularistischen Interessen von elf Nationalitäten fertig werden. Im Zuge städtebaulicher Modernisierun-

---

49  GA IV, 231.
50  Vgl. C. Tauber, a.a.O. 82.
51  GA III, 357.
52  Br IV, 32.
53  Br X, 300.

gen wandelt sich die alte Kaiserstadt zu einer Weltstadt internationalen Gepräges. Für einen europäischen Touristen im 19. Jahrhundert ist Wien fernab gelegen, am Ende der Christenheit oder schon an der Grenze zum Orient. Wollen die Reisenden aus Westeuropa im Jahre 1873 zur Weltausstellung fahren, können sie noch nicht in den Orientexpress steigen, dank der Compagnie de Wagon-Lits immerhin in einen Schlafwagen. Ab 1865 wird mit dem Ausbau des Wiener Strassenbahnnetzes begonnen; vorerst handelt es sich um eine Pferdebahn, mit der man bequem in die Vororte gelangen kann. Elektrifiziert wird die erste Linie im Jahre 1897.

Dass die architektonische Modernisierung Wiens auf Prunk und Selbstdarstellung angelegt ist, hängt mit historischen und sozialen Gegebenheiten zusammen. Mit seiner achtundsechzig Jahre dauernden Regierungszeit verkörpert Kaiser Franz Josef sowohl den Schein von Stabilität als auch Glanz und Glorie. Der alte Feudaladel, der durch aufsteigende Schichten allmählich seiner politischen Funktionen beraubt wird, mag auch nach der teilweisen Entmachtung nicht auf das Spiel der gesellschaftlichen Riten verzichten, welche das Hofzeremoniell nachahmen. Das vermögende Bürgertum und die reichgewordenen Handwerkerfamilien eignen sich das Etikettenhafte des geselligen Umgangs gleich nach ihrer Etablierung an. Und so besteht ein breit abgestütztes Bedürfnis nach einer Architektur, welche den Dekor für ein formelhaftes geselliges Leben bereit stellt. Die Epoche des modernen Wien beginnt mit dem Jahre 1857, mit dem Beschluss, die Stadtbefestigungen niederzureissen und auf dem neu gewonnenen Terrain eine Prachtstrasse, die Ringstrasse, anzulegen. Auf dem ehemaligen Festungsgelände entsteht ein breiter, mit Bäumen gesäumter Boulevard. Zur Ringstrassenverbauung zählen palastartige Privatbauten, aber auch die Gebäude, die öffentliches Leben repräsentieren: Rathaus, Parlamentsgebäude, Oper, Burgtheater, Museen, Universität. Mit der Ringstrasse, die in den achtziger Jahren ihren Abschluss findet, lebt die Tradition des barocken Palastes noch einmal auf, und die Gesellschaftsschichten, für die ein Hofball oder das nachmittägliche Begrüssungszeremoniell auf dem Korso den Lebensinhalt ausmachen, haben ihre prunkvollen städtischen Kulissen.[54]

Wie Burckhardt 1872 zum ersten Mal in Wien einfährt, ist er vollkommen auf der Höhe der Zeit. Den ersten Brief verfasst er in einem Kaffeehaus, *zwischen Juden und Türken*. Dann teilt er seiner Schwester mit, er sei als Grandseigneur mit einem Einspänner in einem erstklassigen Hotel vorgefahren: *Ich bin äusserst zufrieden, au centre du centre zu wohnen*. Auf den ersten Stadtrundgängen überwältigt ihn die architektonische Pracht. *Hier in Wien ziehe ich nun seit 24 Stunden herum und staune über den enormen Luxus des Privatbaues und Spekulationsbaues, welcher allen Boulevard de Sébastopol und andere Pariser Bauten beträchtlich hinter sich lässt; fabelhaft reiche Sculpturen, Reihen von Statuen etc.* Aus dem Rückblick auf den ersten Wienaufenthalt spricht das Gefühl einer glückhaft verbrachten Zeit. *Wien war*

---

54  Vgl. Renate Wagner-Rieger, *Wiens Architektur im 19. Jahrhundert*, Wien 1970; *Die Wiener Ringstrasse*, Wien 1969; Peter Müller, *Die Ringstrassengesellschaft*, Wien 1984; Traum und Wirklichkeit/Wien 1870-1930, Wien 1985; ebd. die informative Zeittafel, S. 724 ff.

*ganz herrlich; zwanzig Tage ungetrübten Genusses und der freundlichsten Begegnungen mit lauter unbekannten Leuten.*[55]

Zwölf Jahre später ist er wiederum höchsten Lobes voll. Wien sei *jetzt wohl die prächtigste moderne Stadt der Welt.* In ganz Europa gebe es keinen so schönen Strassenzug wie den Ring. *Er ist aus einem viel grössern Model als die neuen Boulevards von Paris.*[56] Einen besonders schönen Anblick biete er an der Stelle der öffentlichen Gebäude, *denn da erweitert er sich einmal zu dem ganz unvergleichlichen Ensemble von Rathaus, Parlamentsgebäude, Universität und dem bijou aller bijoux: dem neuen Burgtheater.* In entlegenen Vorstädten trifft er auf die sogenannten *Zinshäuser.* Seit dem achtzehnten Jahrhundert werden in Wien grosse palastartige Wohnhausbauten errichtet, die sich durch repräsentative Fassadengestaltung, aber höchst dürftigen Wohnraum auszeichnen: *Die hiesigen Zinshäuser, fünfeinhalb- oder sechsstöckig, bieten das Reichste, was die Renaissance zur Seltenheit einmal angewandt hat, in Masse dar, aber es ist mit Ausnahme der Erker kein Stein, sondern Cement und anderer Dreck, und ich glaube, dass selbst die Caryatiden bisweilen aus solchem Stoff und bestenfalls aus Zink gemacht sind.* Auffallend und bedenklich sei der Widerspruch zwischen äusserem Schein und mangelhafter Wohnqualität: *Miethskasernen mit den allerreichsten Fassaden, im Innern aber mit den elendesten Lichthöfen, welche nicht mehr als Schachte sind.*[57]

Gegenwärtig wohne er, schreibt er anlässlich seines letzten Wienaufenthalts, in einer *sogenannt ruhigen Strasse,* aber es werde *neben dem Tramway beständig gekarrt und gefahren,* der Lärm nehme zu. Wegen *enormen Gedränges* und *Überfüllung aller Trams* sei es ihm nicht möglich, entferntere Sehenswürdigkeiten aufzusuchen. Auf Bummeleien am Wochenende muss verzichtet werden. *Von Eisenbahnausflügen ist an einem Sonntag für mich nicht die Rede; die Bahnen können eben nur noch den Betrieb bewältigen. Das Bedürfnis, sonntags aus der Stadt zu kommen, grenzt hier an Wahnsinn.* Zur Veränderung des Stadtzentrums schreibt er: *In der engen innern Stadt werden sich ähnlich wie zu London in der City mit der Zeit nur noch die werthvollsten Geschäftslocale behaupten können, und diese bekommen jetzt, auch in engen Gassen, Fassaden von einer zum Theil ganz rasenden Pracht.*[58] Das Bild in den heutigen Stadtzentren ist uns so vertraut: teuerste Modeboutiquen mit exklusiven und absurden *gadgets,* daneben Lumpenläden mit jeder Menge Billigramsch.

*Streng geometrisch: Turin*

Nach *Turin* ist Burckhardt in späteren Jahren gekommen. Wie jedem Turinreisenden fallen ihm die geometrisch angeordneten Strassen auf. Diese hätten nur deswegen etwas *Tröstliches, weil die Gebirge in die geraden Strassen hineinschauen.* Dann

---

55 Br V, 172-174.
56 Br VIII, 218, 227.
57 Br VIII, 228, 239.
58 Br VIII, 216, 237, 241 f.

meint er: *Turin hat etwas Ernsteres als die übrigen grossen Städte von Italien*, man habe das Gefühl, dass hier stets ein strenges Regime geherrscht hat.[59] Ein Jahrhundert später kommt der Stadtsoziologe Lucius Burckhardt ebenfalls auf die Strenge der piemontesischen Metropole, auf das *poème de l'angle droit der Stadtanlage*, zu sprechen: *Turin ist eine kühle Stadt, die es merkwürdig konsequent verstanden hat, alles allzu Südliche und allzu Nördliche, alle überschwängliche Üppigkeit und alles winterlich Nebulose von sich fernzuhalten.*[60]

Jacob Burckhardt beklagt die Ruinierung der schönen Turiner Hauptstrassen durch den *Tramway, welcher der Tod alles gesunden Pflasters ist.*[61] Lucius Burckhardt geht seinerseits auf die Probleme ein, welche der moderne Autoverkehr bringt und findet, dass – im Jahre 1959! – der flutende Verkehr auf Turins breiten Strassen *mühelos Unterkunft findet.*[62] Das ist in der Zwischenzeit anders geworden. Nicht von ungefähr hat man die Stadt, wo die italienische politische und industrielle Revolution einst ihren Anfang nahm, das italienische Detroit genannt.

Einen unvergesslichen Eindruck muss die Stadt anlässlich eines kurzen nächtlichen Aufenthalts hinterlassen haben. *In Turin hatte ich zweieinhalb Stunden frei und lief in der Stadt herum, während die letzten Gasflammen, der Vollmond und das Tagesgrauen ineinander überspielten wie die drei Orchester im Don Juan.*[63]

*Kosmopolitisch: Frankfurt*

Wie Burckhardt in späten Jahren nach Frankfurt kommt, ist das neue Opernhaus soeben eröffnet worden. Er rühmt den Bau: *Gute klassische Renaissance und Kalkstein, enorm reich und grossartig.* Er wohnt einer Carmen-Aufführung bei, im Grunde aber interessiert er sich nur für die wundervolle Architektur des Vestibuls, der Treppe und des Foyer. *Was Schönheit der Anlage, reinen Geschmack, Reichthum ohne Pomp betrifft, kann sich Grand Opéra in Paris in den Boden verkriechen neben diesen herrlichen Räumen* – diesen herrlichen Räumen, die seit dem 22. März 1944 nicht mehr sind.[64]

Dass Frankfurt einen weltoffenen Geist verkörpert, zeigt sich schon im Kleinen und Alltäglichen: Die Stadt habe *alle Annehmlichkeiten einer cosmopolitschen Grosstadt – unter anderem, dass einen die Leute nicht anglotzen, wenn man zu beliebiger Stunde Caffee begehrt.*[65]

---

59  Br VI, 106 f.
60  Lucius Burckhardt, *Reise ins Risorgimento*, Köln/Berlin 1959, 12 f.
61  Br VI, 105.
62  L. Burckhardt, a.a.O., 12.
63  Br VI, 16.
64  Vgl. Br VII. 190, 193, VIII, 52; dazu die Anm. von Max Burckhardt.
65  Br VI, 215.

*Alte Pfaffenstädte: Augsburg, Nürnberg, Würzburg*

Vergnüglich zu lesen sind die Bemerkungen und Reminiszenzen aus süddeutschen Landen.[66] Augsburg sei eine Stadt, die von den Grossen der Welt besucht werde – allerdings nicht, um den alten Dom zu sehen, sondern um in einem exklusiven Lokal die *längste Weinkarte von Europa* durchzukosten. Das Lokal existierte 1882 immer noch, aber *nicht mehr in der alten Idealität*. Ein schöner Rococosaal habe die Zeit überdauert, dort schlürfen jetzt *stille ältere Granden aus Augsburg ihren Schoppen.*[67] Nürnberg sei *voll von schönen und merkwürdigen Sachen*, allerdings *zu eng zwischen den himmelhohen Häusern mit den hohen spitzen Dächern.*[68] Abends zieht es Burckhardt vor, ein Weinlokal aufzusuchen. Ihm graut vor dem *Bierelend*, das er im *Wurstglöckle* und in der *Wolfsschlucht* antreffen könnte. In Würzburg schliesslich geniesst er *Barocco und Rococo in grenzenloser Fülle.*[69] Wo genau hat er wohl jenen Barockbalkon gesehen, der *mit Pauken und Trompeten aus der Wand hervorfährt?* Und die Büste jenes Abtes: den *steinernen Furzjubel?*[70] Nach einem fünfwöchigen Aufenthalt in den süddeutschen Städten zieht er Bilanz: *Solche alten Pfaffenstädte haben immer etwas Verlottertes und Fideles wie ich es gern habe.*[71] In offensichtlich gelockerter Gemütsverfassung fliessen ihm lebenskluge Sentenzen in die Feder, die eines Michel de Montaigne würdig wären: *Wenn man so in der Fremde herumzieht, fasst man bisweilen gute Vorsätze; man wolle künftig daheim das Gute, was man geniesst, besser und dankbarer zu würdigen suchen. Es ist wahrhaftig wahr: so manche gute Stunde, die wir haben, fressen wir wie das Kraut, als verstände sichs von selbst; erst nachher merkt man, dass es eine gute Stunde gewesen – und so geht das Leben dahin.*[72]

*Stadtveränderung und die alte Pinakothek: München*

Seit seiner Studienzeit verfolgt Jacob Burckhardt die architektonische Umgestaltung der Metropole Bayerns. In München haben zwei baufreudige Könige, Ludwig I. (1825-1848) und Maximilian II. (1848-1864) eine urbanistische Umgestaltung eingeleitet. Heutige Kunsthistoriker haben für die rege Bautätigkeit Ludwigs I. und seinen Stararchitekten Friedrich von Gärtner keine lobenden Worte: *Ludwigs Kunstpolitik basierte auf Unterdrückung und zielte nur auf Beweihräucherung*

---

66 Vgl. auch *Jacob Burckhardt und Konstanz* in: Ernst Ziegler, Jacob Burckhardt am Bodensee, Schriften des Vereins für Geschichte des Bodensees und seiner Umgebung, 123. Heft 2005, 113 ff.
67 Br VIII, 84 f.
68 Br VI, 205.
69 Br VI, 211.
70 Br VI, 247, 146.
71 Br VI, 206.
72 Br VI, 186.

*und Verewigung eines Despoten.*[73] Burckhardt spricht vom *grässlich biederen Styl à la Gärtner* und meint: *Das alte München Ludwig's I. ist sehr abgestanden... Dieser Tage war ich Abends in der Ludwigskirche. Das Gebäude ist von einer jammervollen Miserabilität, sodass man nur streiten kann, ob das Äussere oder das Innere schlechter sei.*[74]

Maximilian II. hat mit dem Bau der Maximilianstrasse einen städtebaulichen Akzent gesetzt. Neuere Untersuchungen zeigen, dass es dem König nicht nur um die Suche nach einem neuen Baustil ging. Arkadengalerien und grosszügige Gartenanlagen sollten den Bürger einladen, ungeniert in der Stadt zu verweilen. Es entstand ein städtebauliches Ensemble wie aus einem Guss. Bemerkenswert ist, dass der König dem Baukonzept Kriterien wie Zweckmässigkeit, Lebenskomfort, Einfachheit, Schönheit und – Nationalität! – zugrunde legte. Wie Burckhardt die neue städtebauliche Schöpfung sieht, packt ihn bares Entsetzen: *Mein erster Gang durch die Stadt, wo ich allerlei Gräuliches sah, zumal die Maximilianstrasse, ist glücklicher Weise ohne schädliche Folge für meine Gesundheit abgelaufen.* Vernichtend ist auch das Urteil über das Maximilianeum, das Prunkstück des neuen Stils: *Es ist ein Cartonmachwerk, und wenn man die kümmerliche Rückseite sieht, wird Einem vollends schwach.*[75] Burckhardts ästhetisches Formgefühl hat ein urbanistisches Ensemble abgelehnt, das heute als höchst erhaltenswert gilt.

Auf weiteren Stadtgängen fällt Burckhardt auf, wie die alte handwerkliche Rechtschaffenheit und das ästhetische Augenmass im Abnehmen begriffen sind. *Alles wird allgemach falsch und unecht. Die hiesige Handwerkerarbeit, so viel ich sehe, ist ebenso liederlich als geschmacklos, von Thürschlössern und Fensterriegeln anzufangen.* Das allgemeine Baufieber beeinträchtigt die Qualität des handwerklichen Könnens, gleichzeitig fördert es das Spekulantentum. Man erlebe fast täglich, dass Häuser, die im Bau begriffen sind, einfach einstürzen. Jemand habe das so erklärt: *Man maure nämlich ohne Kalk, sodass die Ziegel beim ersten Anlass wieder auseinanderwichen; das Haus werde gewöhnlich noch bevor es fertig sei, geschwind einem Thoren angehängt, und wenn es dann einstürze, oder kaum bezogen gleich wieder geräumt werden müsse, so gebe das eine schöne Reputation für die „kenigliche Residenzstadt Minchen".* Deshalb der gute Rat: Wer ein Haus kaufen will, der möge um Gottes Willen ein altes kaufen.[76]

Das geheime Zentrum Münchens ist für Burckhardt die alte Pinakothek, wo er fleissig die altdeutschen Meister, die holländischen Maler des siebzehnten Jahrhunderts, vor allem aber Rubens studiert. Über Jahrzehnte schon hat er in Europas Galerien mit dem grossen Flamen Zwiesprache gehalten.[77] Wie er als fast Sechzigjähriger die Münchner Rubenssammlung betritt, glaubt er, in den rund sechzig

---

73 Vgl. Winfried Nerdinger, *Weder Hadrian noch Augustus – Zur Kunstpolitik Ludwigs I.,* in: *Romantik und Restauration. Architektur in Bayern zur Zeit Ludwigs I.,* hg. von W. Nerdinger, München 1987, 9–16.

74 Br VI, 161.

75 Br VI, 147 f., 167.

76 Br VI, 171, 153.

77 Vgl. Emil Maurer, *Jacob Burckhardt und Rubens,* Basel 1951.

Gemälden den „ganzen" Rubens zu überblicken. In den nach seinem Tod erschienenen *Erinnerungen aus Rubens* tritt uns der Maler als Urbild des schöpferischen
Menschen, als Meister der bewegten Gestalt, entgegen. Wer heute die Münchner
Rubenssäle betritt, wird noch immer durch das Ausgeleuchtete und Heitere der
Gemälde in Bann gezogen. Burckhardt erlebte dort das wunderbare Zusammen-
treffen von Licht, Glück und Güte. Ihn beeindruckte die Anordnung einer Vielheit
von menschlichen Gestalten auf einem einzigen Bild. Er fand, dass mit der Vertei-
lung der Gestalten im Raum die stärksten leiblichen und seelischen Bewegungen
dargestellt worden seien. Von der Mitte der Bilder aus  verbreite sich Licht und
Leben in triumphalen Farbharmonien – dies alles kommt in den *Erinnerungen* zum
Ausdruck, mit denen dem Leser so etwas wie eine Anleitung zum Lob und Preis des
Lebendigen gegeben wird.

Der Kunsthistoriker beginnt, von den nackten und den in Gewänder gehüllten
Gestalten zu sprechen, die in der Münchner Galerie im Überfluss zu sehen sind.
Rubens hat gern den weiblichen Akt abgebildet. Im *Raub der Töchter des Leukippos*
bilden die beiden weiblichen Körper *eine fast regelmässige Lichtmasse.* Man sieht,
*dass die beiden herrlich entwickelten Körper einander genau ergänzen, dass der eine
genau den Anblick gewährt, welchen der andere nicht gewährt... dazu das unglaubliche
Feuer und die Augenblicklichkeit.* Nun ist Rubens nicht nur reich an Gestalten des
Anmutigen, sondern auch des Bösen und Wüsten. Die von vielen als abstossend
empfundene realistische Darstellung des *Kindermordes von Bethlehem* verteidigt
Burckhardt; ihn beeindruckt sowohl der tiefste Jammer der vornehmen Frauen als
auch die wilde und heftige Gegenwehr der Frauen aus dem Volk. In einem andern
Lieblingsbild, das in der alten Pinakothek hängt – dem *Höllensturz der Verdamm-
ten* – erzeugen eine entsetzliche Wolkennacht und eine Sturmflut eine schauerliche
Stimmung, *alles angefüllt mit herumgeworfenen Leibern von Unseligen bis in weiteste
Ferne.*[78] Rubens war ein grosser Maler des menschlichen Körpers, weil er über eine
enorm breite Farbskala verfügte. Mühelos gelang es ihm, die Schattierungen der
menschlichen Haut, die Schönheit der weiblichen Nackten oder die Haut alter
Leute abzubilden. In einem Exkurs über die Hände erinnert Burckhardt daran,
dass der junge Maler mehrere Jahre in Italien gelebt und sich dort, im Umgang mit
dem italienischen Volk, die Gebärdensprache der Hände angeeignet habe. Er malte
nie schreiend ausgespreizte Finger, *seine Finger nähern sich immer einander und sind
gelinde gebogen und zur Ausdeutung jedes edeln oder kräftigen Gefühls geeignet. Alles
Anfassen ist anmutig und selbst bei den heftigen und geringen Leuten nie plump.*[79]

Unweit der alten Pinakothek, in der Pinakothek der Moderne, kann man sich
heute einen Überblick über die ästhetischen Strömungen des 20. Jahrhunderts
verschaffen. Nun gibt es, was die Weiterentwicklung der Kunst betrifft, kaum einen zugeknöpfteren Kunstexperten als Burckhardt. Zu *Courbet, Manet etc.* – der
damaligen künstlerischen Avantgarde – vermerkt er abschätzig: *Das Genre widert*

---

78 *Erinnerungen aus Rubens,* Basel 1898, 157.
79 a.a.O., 87-90.

*mich erstaunlich an.*[80] Ein Burckhardtkenner kommentiert trocken: *Über zeitgenössische Malerei urteilte er hanebüchen.*[81] Bei Burckhardt findet sich keine einzige ästhetische Vision, welche irgendwie zur Pinakothek der Moderne hinüberführen könnte.

## Reiche Erlebnisse: Bologna

Bologna ist *eine der vielen Städte, die erst bei einigem Aufenthalt ihr Bestes geben.*[82] Burckhardt scheint den Ort geschätzt zu haben, und nach einem heissen Sommertag tut ein herrlicher Landwein das seine: *Man sitzt etwa auf einer engen Gasse in köstlichem Zugwind und schlürft das Ding langsam aus und schwatzt dazu.*[83] Er schaut sich in den Strassen um. Dem modernen und protzigen Bauen, das die Harmonie der *malerischen Strassenanblicke* der *Hallenstadt* beeinträchtige, sagt er baldigen Bankrott voraus.[84] Eines Tages, so seine Lieblingswendung, werde es auch in Bologna „*krachen*".

Zu den seltsamen Dingen, die er gesehen hat, zählen gewisse Praktiken der Tierquälerei. Er notiert drei Fälle: eine tödlich verletzte Riesenschildkröte, die gegen Bezahlung besichtigt werden kann; ein Esel, der einen Zweiräderkarren ziehen muss und mit Peitschenhieben jämmerlich traktiert wird; ein Rösslein, das von einem *Signor Marchese*, der den Frauen imponieren möchte, über den Corso gehetzt wird. Diese drei Fälle von Tierquälerei enden mit einem kurzen Satz: *Ich dachte an die Notiz von tat twam asi bei Schopenhauer.*[85] Mit der altindischen Formel des „tat twam asi" – *das alles bist du* –, die sich Schopenhauer zu eigen gemacht hat, wird zum Ausdruck gebracht, dass Mitleid mit dem Leid, das allem Leben innewohnt, zusammenhängt. Mitten in Bologna ist für Burckhardt der Schleier der Maja durchsichtig geworden, hat er, sich an Schopenhauer erinnernd, erkannt, dass gemäss dem alten Mythos der Seelenwanderung, der Quäler und der Gequälte eins sind, dass alle Leiden, die man im Leben über andere Wesen verhängt, in einem folgenden Leben wieder abgebüsst werden müssen.[86]

Zu Burckhardts Bologneser Erlebnissen gehört der Besuch einer Werkstatt, in der alte Bilder gefälscht werden. Dass Bologna im 18. und 19. Jahrhundert eine Metropole für Kunstfalsifikate war, hat die neuere Forschung bestätigt. Dabei wird Burckhardts Bemerkung, die er im Vortrag *Über die Echtheit alter Bilder* gemacht

---

80 Br VIII, 183.
81 Hanno Helbling im Nachwort zu J. Burckhardt, *Bilder des Ewigen*, Zürich 1997, 593.
82 Br VI, 285.
83 Br VI, 273.
84 Br VI, 257.
85 Br VI, 276.
86 A. Schopenhauer, *Die Welt als Wille und Vorstellung*, 63, vgl. dazu Rüdiger Safranski, *Schopenhauer oder Die wilden Jahre der Philosophie*, München/Wien 1987, 348 -353. Ferner: Arthur Schopenhauer, *Über das Mitleid*, hg. und mit einem Nachwort von Franco Volpi, München 2005.

hat, als Zeugnis angeführt: *In Bologna existierte eine grosse Fabrik venezianischer Bilder, die der Vortragende selbst noch in ihren Resten gesehen hat. Das Verfahren war in der Regel das, dass man sich irgend ein unbedeutendes, aber echtes altes Bild von der Hand eines untergeordneten Malers verschaffte und dasselbe dann mit allerlei Mitteln soweit aufmunterte und aufputzte, bis es für einen Tizian ausgegeben werden konnte. Dieses Kunststück ist zur Beschämung der Kritik wirklich mehr als einmal gelungen.*[87]

Bologna ist schliesslich der Ort, wo der Historiker zu seinem schönsten Opernerlebnis kommt. Seit langem schon zählt er Bellini und Donizetti zu seinen Lieblings-Komponisten; deren Werke seien melodisch und rhythmisch nicht zerhackt, sie hätten noch *den gesunden Sinn, nicht pikant sein zu wollen bei innerer Ohnmacht.*[88] Burckhardt ist ein Musikgeniesser, der nicht bloss auf die technische Perfektion des Orchesters und der Sänger achtet. Er ist empfänglich für umfassendere musikalische Eindrücke. In Bologna wird unter freiem Himmel und bei milder Luft die Oper Norma aufgeführt. Inmitten des einfachen Volkes scheint sich Burckhardt vollkommen wohl gefühlt zu haben. *Es waren sogenannte Sänger dritten Ranges*, schreibt er an Max Alioth, *aber immer noch ganz respectabel. Und nun hätten Sie dies Publicum von kleinen Handwerkern, Geschäftsleuten etc. sehen sollen, wie viel besser es sich benahm als so oft das Publicum der vornehmen und theuren Theater thut, wo man schwatzt, mit dem Stock den Tact giebt, beliebte Stellen nachsingt etc.; hier war lautlose Stille, mit Ausnahme der Applausstellen; dies geringe Publicum wollte seine alte Lieblingsoper wirklich hören. Es war schade, dass im Augenblick, da Norma die grosse Arie „casta diva" begann, der helle Vollmond gerade hinter eine Wolke ging.*[89]

*Aus der Serenität des Alters heraus: ligurische Küstenorte*

Auf der letzten Italienfahrt bereist Burckhardt die ligurische Küste. In den späten Reisebriefen wird das erzählerische Detail eine Seltenheit. In der freien Heiterkeit des Alters tritt das Elementare in den Vordergrund, die Landschaft, das Meer, die Städte als Ganzes. *Die wahre Zwiesprache wirst Du mit der grossen Vegetation, mit Felsen und Meer, mit Wolken und Sonnenschein und dazwischen mit der Wirkung des Gemäuers in Sonnenglast und Schatten führen müssen.*[90] Von Savona heisst es, es liege in einer *göttlichen Gegend*, wo *bis in ewige Weiten weissblickende Städte mit Kirchen und Leuchttürme*[91] zu sehen seien. Seit er über dem Felsentor der Strasse gewaltige Aloen habe hervorspriessen sehen, *glaube* er wieder an den Süden. Das Seebad liege

---

87  GA XIV, 261 f.; vgl. Massimo Ferretti, *Fälschungen und künstlerische Tradition*, in: *Italienische Kunst. Eine neue Sicht auf ihre Geschichte*, Berlin 1987, Bd. I, 276 ff.

88  In der Studie *Die Musik bei Jacob Burckhardt* von Max F. Schneider, Basel 1946, sind der Beziehung Burckhardts zur Oper zwei Kapitel gewidmet, *Von der Schönheit der Oper* und *Richard Wagner oder der Untergang der Oper.*

89  Br VI, 258.

90  Br X, 94.

91  Br VII, 257.

am freien Strand, sein Albergo stehe *an der Grenze zwischen der eleganten regelmässigen Neustadt und der ganz unglaublich engen und schmierigen Altstadt, deren Strassen alle halbrund um den innern Rand des alten Hafens laufen, zwiebelblätterähnlich. So bauen Piraten ihr Nest.*[92]

Ein noch grösseres Glücksversprechen als Savona muss ihm das *unvergleichliche* Massa bei Carrara, eine Berglandschaft von allergrösstem Stil, gemacht haben. Wie er wieder in Basel ist, erinnert er sich an das *wahrhaft feierliche* Massa.[93] Unmittelbar darauf  sieht er klarsichtig die kommende Totalzerstörung einer der prächtigsten mediterranen Küstenlandschaften voraus: *Was die Riviera betrifft, so müsste dieselbe, wenn die jetzigen Zeiten des Luxus der Reichen fortdauern könnten, in wenigen Jahren nichts als ein vierzigstundenlanges Hotel werden, wo das ganze reiche und kränkliche Europa den Winter zubrächte. Sobald das Meer ruhig wäre, würde man nichts mehr als husten hören.*[94]

*Ins Angenehme gewandelt: Berlin II*

Wie Burckhardt als Vierundsechzigjähriger wiederum Berlin betritt, trifft er auf eine andere Stadt. Seit 1871 ist die ehemals brandenburgisch-preussische Residenz Hauptstadt des deutschen Reiches. Mit Riesenschritten ist sie ins industrielle und imperialistische Zeitalter eingetreten. Sie ist jetzt Schauplatz grosser Konferenzen, regelt 1878 mit dem Berliner Kongress die Orientfrage und 1884/85 mit der Kongokonferenz die Aufteilung Afrikas unter die europäischen Mächte. Es ist erstaunlich, dass es Burckhardt im erneuerten und modernisierten Berlin gut behagt, dass er manche neue Annehmlichkeit ausgesprochen zu geniessen scheint. Berlin, schreibt er, habe sich *seit vierzig Jahren enorm verändert*, und zwar *in's Angenehme*. Und er beginnt die neue Bauphysiognomie zu prüfen. Die neuen Renaissance-Bauten seien teilweise *dubios ausgefallen*, man wage bisweilen *das Unerhörte*. Früher, fährt er fort, baute man billig, und man musste sich nachsagen lassen, dass *vieles Hübsche nur Stucco und Zink* sei; heute aber werde bei grossen Bauten nicht an teuren *echten Stoffen* gespart. Besonders gefallen ihm die *grosstädtischen Palaststrassen* unter den Linden. Wo aber *noch ein Haus von anno dazumal steht, macht es die Figur einer elenden Hütte.*[95]

Burckhardt war 1882 in die Hauptstadt gereist, um die neu ausgestellten antiken Funde und den Pergamonaltar zu sehen. Heute kann man im Pergamonmuseum die Originalteile des grossen Frieses und des Telephosfrieses besichtigen. Die archäologischen Untersuchungen haben eine ziemlich gesicherte Rekonstruktion des ursprünglichen Altars ermöglicht. Auf einem mehr als hundert Meter langen Fries sind die Originalfragmente eingesetzt, die den Kampf der Götter gegen die

---

92  Br VII, 258.
93  Br VII, 266; 288.
94  Br VII, 288.
95  Br VIII, 62.

Giganten schildern. Ausgerüstet mit einem Audio-Guide und illustriertem Kunstführer kann sich der heutige Museumsbesucher kompetent und bequem über die historischen Hintergründe der Originalfragmente informieren. Burckhardt hat bloss eine provisorische Aufstellung der Skulpturfragmente des Frieses gesehen, der Anblick jedoch hat bei ihm ein ästhetisches Erdbeben ausgelöst. Das Werk des hellenistischen Barock hat ihn völlig überwältigt. Nach der Prüfung der *fürchterlich herrlichen Evénements* fasst er seine Eindrücke in starke Worte: *ein Beissen, Hauen, Schlagen, Zerquetschen mit Hülfe von mächtigen Hunden und Löwen, während die Schlangenenden vieler Giganten sich wieder zu Köpfen bilden und die Götter in Rücken und Waden beissen.*[96] Der Altarfries habe *den Charakter einer erstaunlichen Eruption, neben welcher alle bisherigen Götterdarstellungen förmlich still und gemässigt erscheinen.*[97]

Samuel Beckett, der den Pergamonaltar ein halbes Jahrhundert später gesehen hat, urteilt völlig anders: *Scheussliches Machwerk.* Den Kampf der Giganten gegen die griechischen Götter nennt er immerhin *ein interessantes barockhaftes Getümmel.*[98]

*Ein europäisches Modebad: Baden-Baden*

Mit zwei Kuraufenthalten in Baden-Baden in den Jahren 1885 und 1888 lernt der ältere Burckhardt die merkwürdige Atmosphäre eines Modebades kennen. Im Verlauf des 19. Jahrhunderts ist Baden-Baden vom idyllischen Provinzbad zum mondänen Weltbad aufgestiegen. Wegen der Anmut der Gegend, dem milden Klima und einem reichen Angebot an Zerstreuung strömt eine wohlhabende und bisweilen zwielichtige Gesellschaft aus allen Winkeln Europas an diesem Ort zusammen.

Der heitere Ton, in dem die Kurberichte abgefasst sind, zeigt, dass sich der Siebzigjährige in Baden-Baden nicht unwohl fühlt. *Der Ort hat doch einige grosse Tugenden, er ist ungeniert grosstädtisch, und jeder lässt den andern gehen; was man braucht oder wünscht, findet man in Auswahl zum Kauf… Dazu die volle Pracht der Lage und Vegetation.*[99] Der dubiose Charakter des Badepublikums fällt ihm bald einmal auf. *Was ich von Badegästen fahren sehe, also was Geld haben muss, sieht vorherrschend recht einfältig aus. Gott ist mein Zeuge, da ich nicht aus proletarischem Neid so rede. Oder ist es nur die Folge der Badverdummung?*[100] Auf dem Korso der Kurgäste begegnet er vielen Damen. *Man sieht in der Lichtenthaler Allee erstaunlich hässliche Engländerinnen und Deutschinnen; was hübsch ist, das ist wohl meist aus speciellem Grunde da.*[101] Was den Badeort zum Albtraum werden lässt, ist die Allpräsenz der Langeweile. Im

---

96  Br VIII, 67.
97  Aus dem Vorlesungsmanuskript über *Kunst des Altertums,* in: Kaegi VI, 345.
98  Erika Tophoven, *Becketts Berlin,* Berlin 2005, 95 f.
99  Br IX, 143.
100  Br VIII 298.
101  Br VIII, 298 f.

Casino sieht er die reichen Leute, die dem täglich Immergleichen mit Geldspielen zu entfliehen versuchen. *Unzählige tragen den Typus unaussprechlicher Langeweile und wissen mit ihrer werthen Person fast gar nicht was anfangen, so viel Geld sie auch ausgeben. Nach Baden kommen diejenigen reichen Leute, welche überhaupt sonst nicht wissen wohin und doch nicht weit reisen mögen.*[102] Auf Spaziergängen betrachtet er die vielen neuen Privatbauten, Zeugen eines wunderlichen Stilplagiats: *italienische Villen, wie sie in Italien nie und nirgends existiert haben, sonst müsste ich doch auch etwas davon wissen.*[103] Ein Prachtstück phantastischer Illusionsarchitektur ist das Konversationshaus. Das Theater, eine Schöpfung in Neobarock, sei *eine zierliche Bonbonnière aus Louis Napoléons Zeit.*[104]

Reiche Leute neigen offensichtlich zu architektonischer Geschmacklosigkeit. Insbesondere sind die Franzosen anfällig für Architekturkitsch: *Dies abgeschmackte Volk will Surprisen und Attrappen anstatt des ewig Schönen. Wenn man sie machen liesse und sie Geld hätten bis ins Unendliche,* würden sie in ihren Gärten Märchenfantasien nachbauen lassen. *Es würde ihnen freilich wenig helfen, denn die Langeweile und Leerheit, welcher sie entgehen wollen, haben sie tief in sich, und auch nach den pikantesten Aspecten würde es bald wieder heissen, tenez, ça m'ennuye.*[105] „Philister" nennt Burckhardt seine Zeitgenossen, welche ihre Häuser bereits nach einer Art Fertigbausatz erstellen lassen. Sie rennen, sagt er, einem neuen Abgott, *der Mode nach, diese aber hat an ihrem Ladentisch in Paris schon längst auf ihn und seinesgleichen gewartet und liefert nun Alles zwar etwas theuer aber schnell: oft den ganzen Bauplan, Treppengeländer und Gitter, Fensterbeschläge, Kamine, ganze Plafonds... Es ist gerechnet auf die Eisenbahnschnellzug- und Telegraphenungeduld unseres Saeculi, das von einem Jahr aufs andere einen grossen Bau fertig erleben will. Nöthigenfalls schickt man von Paris eine ganze Anzahl von ouvriers mit, damit Alles den alleinseligmachenden Chic bekommt.*[106]

Es ist verständlich, dass sich Burckhardt während des Kuraufenthalts in Baden-Baden in gewissen Momenten aus dem künstlichen Paradies heraussehnt. Gern nimmt er einen längeren Spaziergang in Kauf, um zu einem Schoppen guten Weins zu kommen. Er schätzt es, wieder auf der Landstrasse zu sein, wirkliche Bauernhöfe und nicht bloss Villen zu sehen, wirklichen Leuten und nicht bloss Badegästen zu begegnen.[107]

---

102 Br IX, 143 f.
103 Br VIII, 293.
104 Br VIII, 296; IX, 152.
105 Br IV, 251.
106 JBW, Bd. 10, 26.
107 Br IX, 151.

*Späte Reisen in die Niederlande: Amsterdam, Brüssel, Antwerpen*

> *Vielleicht gelang es der aufsteigenden, streitbaren und leidenden*
> *Bourgeoisie, ihre Alltäglichkeit zu verklären. So der holländischen*
> *Bourgeoisie im 17. Jahrhundert. Das Volk wollte die Früchte*
> *seiner Mühe geniessen; die Notabeln, die sich in ihrer Epoche und*
> *in ihren Wohnungen bequem eingerichtet hatten, wollten ihren*
> *Reichtum im Spiegel betrachten, den ihnen die Maler vorhielten.*
> *Sie lasen darin ihre Siege über das Meer, das sie herausforderte,*
> *über die fernen Völker, über die Unterdrücker. Die Kunst konnte*
> *nun Treue und Freiheit vereinen, Liebe zum Vergänglichen und*
> *Sinn für das Dauerhafte.*

Henri Lefebvre[108]

Trotz der Einsicht ins Unabänderliche fährt Burckhardt fort, den Charme der ständig sich verändernden historischen Stadt zu geniessen. Im Sommer 1873 fährt er
für ein paar Tage nach Amsterdam. Die Stadt sei ein *enges Menschenfutteral* – doch
das tut dem behaglichen Herumschlendern keinen Abbruch. Im Zoologischen
Garten besucht er die *Hippopotamüsser*, bei Scheveningen nimmt er ein Seebad
und wird sich dabei bewusst, dass das Binnenmeer seit eh schon schmutzig gewesen
sein muss: *Ich wusste früher gar nicht, weshalb auf einzelnen holländischen Wasserbil-*
*dern der grössten Meister die eine Seite der Wellen so braun ist; jetzt weiss ich es, seit ich*
*dort gebadet.* Nachts bereitet ihm das viertelstündige Glockengeläut Schlaflosigkeit.
Zur geheimen Kunst des Geniessens gehört es, das Widrige zu ignorieren und ganz
einfach den Moment zu leben. Der gealterte Mann sitzt an den Abenden an einer
Gracht und verfällt ins Träumen. Während es allgemach dunkel wird und man die
Lichter anzündet, verliert sich sein Blick in den Spiegelungen des Wassers. Dies
ist der Moment, über das Leben der Holländer nachzusinnen, über ihre Vergangenheit und Gegenwart, ihr Unglück und Glück. Dabei gelangt der nachdenklich
Gewordene, bei aller Erwägung der Vergänglichkeit, zum erbaulichen Schluss, *dass*
*diejenigen Leute, welche hier reich sind, für die Ausstattung eines ruhigen und beschau-*
*lichen Lebens den richtigen Weg erwählt haben, als dies auf Erden und bei dem Elend,*
*das Allem Irdischen anhaftet, überhaupt möglich und denkbar ist.*[109]
  Burckhardt ist in Gedanken schon tief mit seiner Rubensstudie beschäftigt,
wie er im Sommer 1886 nochmals nach Brüssel und Antwerpen fährt; nochmals
möchte er die Gemälde des grossen flandrischen Meisters sehen. Einen Nachklang
zur späten flandrischen Städtetour dürften die Ratschläge sein, die er seinem Gross-
sneffen Felix Staehelin wenige Jahre vor seinem Sterben mitgibt: Bevor man sich in
einer Stadt das Einzelne anschaue, solle man mit Hilfe eines Stadtplans zu einem
tüchtigen Bummel aufbrechen. In Belgien gibt es enorm viel zu sehen, *von grossen*
*Städten wie Lüttich, Löwen, Brüssel, Amsterdam, Gent, Brügge muss man einigermas-*

---

108 AMW, 61.
109 Br V, 205-208.

*sen die Physiognomie kennen, schon als Geschichtsmensch.* Einmal mehr betont er, wie wichtig es sei, allein zu reisen, *denn auf Reisen soll man Egoist sein, weil es sich um ungestörtes Lernen handelt.* Seinem Grossneffen gibt er diesen Rat: *Mache beständig Notizen über Eindrücke, die du selber gehabt hast, denn das Gedächtnis ist ein Verräter, während eine einzelne an Ort und Stelle aufnotierte Zeile eine ganze Reihe von Eindrücken kann befestigen helfen*[110].

Beim wiederholten Gang durch die niederländischen Städte wird sich Burckhardt der Bedeutung einer streitbaren peripheren Macht bewusst. *Es zeigte sich hier ein neues Volk, eine neue Kultur, eine neue Weltmacht; im Kampf schien sie stets neue Kräfte zu gewinnen. An ihrem Erfolg hing das ganze Schicksal von Westeuropa... Im kleinen, beständig mit dem Meer kämpfenden Holland wirkte vielleicht der stärkste ‚Wille zum Leben‘, der je vorgekommen.*[111]


*Und Basel?*

Einer verlässt seine Geburtsstadt und sieht sich in der Welt um, dies und jenes fällt ihm auf.

Im Geiste haben wir den Kulturhistoriker durch den bunten europäischen Städtekosmos begleitet, sind wir seinem Blick auf das Andere oder Fremde gefolgt. Das Verhältnis zu seiner eigenen Stadt ist komplexer, da schwingen leicht Überheblichkeit und Lokalstolz, *proud and prejudice,* je nachdem auch Selbsthass mit. Für Burckhardt ist Basel mit seiner winzigen Universität kein historischer Sonderfall, kein *freier geistiger Tauschplatz* wie das antike Athen oder das Florenz der Renaissance. In der ersten Lebenshälfte sehnt er sich wie jeder junge und tatenfrohe Mensch aus seiner Geburtsstadt heraus. Als *eng und öd* empfindet er seine Umgebung, und über die Mitbewohner schreibt er: *Unter diesen Geldbrozen hält es kein rechter Mensch aus.*[112] Nicht selten leidet er unter einer *kontrollierenden Krähwinkelei.* In der zweiten Lebenshälfte, nach dem Antritt der Professur für Geschichte, findet eine innere Versöhnung mit der Vaterstadt statt, fühlt er sich nach und nach als *ein nicht ganz unnützer Basler.*

*Basel in der Zeit Jacob Burckhardts* ist ein Thema, das ein amerikanischer Forscher auf vielen hundert Seiten glanzvoll behandelt hat.[113] In wissenschaftlicher Hinsicht hat Burckhardt seiner Geburtsstadt (ausser in ganz jungen Jahren) nicht die geringste Aufmerksamkeit geschenkt, auch findet man bei ihm kein einziges pathetisches Wort zur Schweiz. Als Historiker, der in seinen Vorlesungen den Blick auf die europäischen Horizonte richtet, lässt er sich weder durch lokale noch nationale Grenzen einengen. Der Dichter Carl Spitteler erinnert sich: *Wenn wir in der Basler Universität vor diesem Lehrer sassen, oben über dem vorbeirauschenden*

---

110 Br X, 180-182.
111 Vgl. Kaegi, Werner (1962), 155-160.
112 Br III, 36.
113 Lionel Gossman (2005).

*Rheinstrom, so war uns bei seinem Worte zu Mute, als ob die Geister der verwichenen Menschengeschlechter mit den Wellen vorüberzögen.*[114] Burckhardt, der seiner Stadt im Umbruch die Treue hält, fühlt sich letztlich nicht seiner Heimatstadt, sondern einem weiteren politischen Ganzen verbunden: *Im Grunde sind wir ja überall in der Fremde, und die wahre Heimath ist aus wirklich Irdischem und aus Geistigem und Fernem wundersam gemischt.*[115]

Neugierig, aber nicht gerade mit Begeisterung, verfolgt Burckhardt die Stadt im Wandel. Was von der Baustruktur und der sozialen Ordnung her soeben noch eine klar definierte Stadt war, findet mit der Schleifung des Mauerrings ein jähes Ende. *Bekanntlich gibt es heute keine alten Bauten, welche schwerer bedroht wären als die, welche sich irgend dem Fahr- und Transportverkehr unbequem machen, und namentlich die schönsten Stadttore aller Stile müssen eines nach dem andern weichen.*[116] In Basel werde man von Eisenbahnbauten umgarnt, *Dämme, Durchstiche und ein ewiges Pfeifen und Heulen, das ist unsere nahe Zukunft.*[117] Auch die Trambahnen schreien wütend nach Verbreiterung von Gassen und Brücken. Das Fabrikgesetz von 1869 ist ein Hinweis darauf, dass Basel das Gepräge einer Industriestadt annimmt. Wegen wachsender Schülerzahlen wird nach 1870 ein Schulhaus nach dem andern gebaut. Das Resultat der *furchtbar anwachsenden Schulerei* führt zu *Unzufriedenheit aller mit allem und Drängen nach höheren Lebensstellungen, welche ja doch nur in beschränkter Zahl vorhanden sind.*[118] In den letzten Lebensjahren erlebt Burckhardt die Anfänge der elektrischen Verkabelung, *das grosse allgemeine Canalisieren.*

In seiner Vorlesung über *Historische Grösse* meint Burckhardt mit tiefster Überzeugung: *Grösse ist was wir nicht sind.* In seiner Gegenwart findet er keine Beispiele für wirklich grosse Gestalten. Einer wissenschaftlichen Entdeckung, die auch ein anderer hätte machen können, kommt keine eigentliche Grösse zu. Erst wenn etwas Unersetzliches hinzutritt, kann man von Grösse sprechen. Künstler, Dichter und Philosophen, welche den innern Gehalt der Zeit und der Welt ideal zur Anschauung bringen und damit der Nachwelt etwas Unvergängliches überliefern, verleihen unserer armen Erdenwelt Glanz und Grösse. Um die eminente Wirkung von Kunst und Poesie bewusst zu machen, lässt Burckhardt den *Geist* als personifiziertes Wesen auftreten. Der Geist, dieses rätselhafte, vielgestaltige Wesen, begnüge sich nicht mit Spezialwissen. Dunkel ahne er, dass ausser Kenntnis und Erkenntnis noch ganz andere Mächte oder *grosse Welten* vorhanden sind, welche nur in Bildern reden: die Künste. Diese sind imstande, fast das ganze Dasein, *insofern es über das Alltägliche hinausgeht,* in ihre Kreise zu ziehen. Sie geben dem Empfinden einen höheren Ausdruck, gewähren ein Bild von der Welt, das frei vom Schutt des Zufälli-

---

114 Spitteler, Gesammelte Werke, 6. Bd., 374.
115 Br VI, 110.
116 GA XIII, 161.
117 Br V, 154.
118 Br VIII, 263; vgl. auch Br VI, 231.

gen ist. Sie verdichten das Grosse, Bedeutungsvolle und Schöne zu einer *verklärten Erscheinung* dergestalt, dass *selbst das Tragische dann tröstlich ist.*[119]

Der Historiker Horst Günther, der den obigen Gedankengang ins Licht gerückt hat, sagt etwas Kluges: *Eine Stadt, in der solche Gedanken gleichsam im Vorübergehen in einer Vorlesung vorgetragen werden, hat es nicht nötig, sich Eigenschaften zuschreiben zu lassen, die sie nicht besitzt. Sie steht nicht schlecht da.*[120]

## Die vielgestaltige europäische Städtelandschaft

> *Die Flöte (Aulos) weckt Leidenschaften, Pathos und Hybris. Mit Flötentönen werden Leben, Pathos und der Körper, am Ende panische Raserei, entfesselt. Die apollinische Lyra hingegen steht für Besänftigung, Konsens, die Aufstellung der freien Bürger um den Sänger herum, ferner für soziale Verbundenheit oder die Klarheit des Logos. Die Spannung der Saiten, die über den Rahmen gespannt sind, und die Finger des Dichter-Musikers, der die Saiten anschlägt und singt und sich dabei selber begleitet – diese Spannung hat etwas Wohltuendes und zugleich Mächtiges: concordia discors.*[121]

Henri Lefebvre

Im neunzehnten Jahrhundert, zumindest in der ersten Hälfte, bilden die Städte Europas einen bunt genähten Flickenteppich. Die historische Stadt, die nicht selten noch eine mittelalterliche ist, prägt das Landschaftsbild. Burckhardt hat in jenen Jahrzehnten Europa bereist, da grosse urbanistische Umwandlungen stattfanden. In der zweiten Hälfte des achtzehnten Jahrhunderts wurden die Dampfmaschinen und die Maschinen zur Verarbeitung von Baumwolle erfunden, welche den Anstoss zur industriellen Revolution gaben. Diese Maschinen veränderten und zerstörten nicht nur alte Lebensgewohnheiten und Sozialstrukturen, sie modifizierten nachhaltig und für immer die städtische Landschaft. Der Prozess wurde von Friedrich Engels analysiert.[122] Um eine Fabrik herum bildet sich ein Dorf; dieses bringt so viele Einwohner hervor, dass sich weitere Fabrikanten niederlassen. Bald sind in einer kleinen Stadt alle Grundlagen der Industrie beisammen: Arbeiter und Verbindungswege (Kanäle, Eisenbahn, Landstrasse), Rohstofftransporte, Maschinen und Techniken, Markt und Börse. Jede auf dem Land angelegte Fabrik trägt im Keim eine Fabrikstadt in sich – so etwa könnte man das Aufkommen einer Industriestadt mit ein paar Stichworten resümieren.

---

119 Vgl. SG, 377, 381, 383.
120 H. Günther (1997), im kurzen Abschnitt *Basel als geistiger Raum,* 168 ff.
121 PA, 219.
122 Vgl. *Die Lage der arbeitenden Klasse in England,* 1845.

Mit dem ersten Tour d'horizon wollte ich zeigen, dass Burckhardt im 19. Jahrhundert so etwas wie eine Bestandesaufnahme der städtischen Mannigfaltigkeit oder Buntheit geliefert hat. Nicht selten ist der Tonfall in seinen Briefen ein biedermeierlicher, geht es um das Auskosten des stillen Glücks; daneben fehlen nicht die Ahnungen kommender drohender Entwicklungen. *Mannigfaltigkeit* oder *Buntheit* sind keine strengen historischen Kategorien, und doch gehören sie zu Burckhardts Ordnungsbegriffen. Bei genauerem Hinsehen entspricht die Gesamtheit der europäischen Städte, die wir kaleidoskopisch sich haben spiegeln lassen, genau dem, was, nach Burckhardt, das Wesen Europas ausmacht. Europa sei der *alte und neue Herd vielartigen Lebens,* die *Stätte der Entstehung der reichsten Gestaltungen,* die *Heimat aller Gegensätze.* Auf dem Gang durch Burckhardts europäischen Städtekosmos sind wir auf unerwartete Weise auf etwas gestossen, was in der Formel der *discordia concors,* Eintracht in der Zwietracht, gipfelt. Ich zitiere das Kernstück von Burckhardts Europa-Konfession: *Europäisch ist: das Sichaussprechen aller Kräfte, in Denkmal, Bild und Wort, Institutionen und Partei, bis zum Individuum, – das Durchleben des Geistigen nach* allen *Seiten und Richtungen, – das Streben des Geistes, nach Allem, was in ihm ist, Kunde zu hinterlassen... Von einem hohen und fernen Standpunkt aus, wie der des Historikers sein soll, klingen Glocken zusammen schön, ob sie in der Nähe disharmonieren oder nicht. Discordia concors... Tödlich für Europa ist immer nur Eins erschienen: Erdrückende mechanische Macht, möge sie von einem erobernden Barbarenvolk oder von angesammelten heimischen Machtmitteln im Dienst Eines Staates oder im Dienst Einer Tendenz, etwa der heutigen Massen, ausgehen.*[123] Die Bejahung und Unaufhebbarkeit eines mannigfaltigen Spannungsreichtums gehört zur europäischen Grundsubstanz. Die Wirklichkeit unseres Kontinents ist grundsätzlich dialektisch, gründet auf Antithesen und fruchtbaren Gegensätzen, nicht auf voreiliger Harmonisierung.

In den achtziger Jahren des letzten Jahrhunderts ist Hans Magnus Enzensberger als Reporter durch sieben periphere europäische Länder gereist. *Ach Europa!* heissen die unglaublichen Länderporträts. Wie Enzensberger mit der Eléctrico der Linie 28 durch das labyrinthische Lissabon fährt und dabei gleichsam exotische Quartiere durchquert, gerät er ins Schwärmen – handkehrum verflucht er die Städtebauer, die im Begriffe sind, die Silhouette von Houston/Texas an den Tejo zu versetzen. Im schmutzigen, unaufgeräumten, chaotischen Oslo spürt er die Relikte einer Lebenswelt auf, die sich jeder Rationalisierung widersetzen. Im dämonischen Lodz begegnet er steingewordenen Zeugen vergangener Gier, vergangener Ausbeutung, besucht er die zügellosen, abgelegenen Friedhöfe. Die sieben europäischen Streifzüge werden mit einer imaginären Reportage aus den ersten Jahren des 21. Jahrhunderts abgerundet. Unweit von Helsinki trifft sich Enzensberger mit dem soeben zurückgetretenen Präsidenten der Europäischen Gemeinschaft. Dieser meint, er habe in Brüssel nie etwas zu melden gehabt. Die europäische Einheit nennt er verächtlich eine Chimäre. Man habe es in Europa zwar zu einheitlichen Lebensmittel-

---

123 GA VII, 368-370.

farben und einigen standardisierten Formularen gebracht – und dennoch habe der Brüsseler Schwachsinn in einer Pleite geendet. Was ihm, dem erfahrenen Finnen, vorschwebe, sei eine Einheit ohne Einheit, etwas, was einst ein Basler Historiker gesagt habe. Er zitiert aus dem Gedächtnis: *Jede nivellierende Tendenz, sei sie politisch, religiös oder sozial, ist für unsern Kontinent lebensgefährlich. Was uns bedroht, ist die Zwangseinheit, die Homogenisierung; was uns rettet, ist die Vielfalt.*[124]

*Der nivellierende Grossstaat und seine Menschentypen*

Was uns bedroht? Was uns rettet? Was Burckhardt mit Blick auf sein Jahrhundert klar erkennt, ist die zunehmende Technisierung, Entindividualisierung, Uniformierung aller Lebensbereiche im Rahmen eines immer mächtiger werdenden Grossstaates. Dem *Kleinstaat* werden in den *Weltgeschichtlichen Betrachtungen* zwar ein paar unvergängliche Sätze eingeräumt (er sei vorhanden, *damit ein Fleck auf der Welt sei, wo die grösstmögliche Quote der Staatsangehörigen Bürger in vollem Sinne sind*; er habe überhaupt nichts *als die wirkliche, tatsächliche Freiheit, wodurch er die gewaltigen Vorteile des Grossstaates, selbst dessen Macht, ideal völlig aufwiegt*[125]) – allein, er gehört der Vergangenheit an, im günstigsten Fall fristet er am Rand der Welt noch sein Dasein. Schon Jahre vor der deutschen und italienischen nationalen Einigung sieht Burckhardt, dass verschiedene Bevölkerungsteile aus Gründen der Sicherheit und Bequemlichkeit den grossen Staat fordern. Es ist *das völlige Verzweifeln an allem Kleinen, welches um sich greift; wer nicht zu einem Dreissig-Millionenreich gehört, der schreit: Hilf Herr, wir versinken! – Der Philister will mit Teufels Gewalt an einem grossen Kessel essen, sonst schmeckt es ihm nicht mehr.*[126] Die deutsche Entwicklung lässt erkennen, dass der zukünftige Staat ein Wohlfahrtsstaat oder eine Karrieregesellschaft sein wird. In Deutschland gehe man einer *zunehmenden Einförmigkeit* der Zivilisation entgegen. Der Befund kultureller Uniformität führe zu gähnender Langeweile: *Es wird einem zu Muth, als ob man an einem Regensonntag in den Nachmittagsgottesdienst müsste.*[127] Ein allgemein orientierungsloses Tun – alles werde *beliebig, dilettantisch, launenhaft* – rufe im Grunde nach nichts anderem als dem Gegenteil. *Bismarck hat nur in die Hand genommen, was mit der Zeit doch geschehen wäre, aber ohne ihn und gegen ihn.* Folgerichtig hat er die Kriege 1864, 66, 70 geführt.[128] Burckhardts Fazit zwei Jahre nach erfolgter Reichseinigung lautet: Die *Zweckmässigkeit des Militärwesens* werde *zum Muster alles Daseins*; das effiziente Verwalten immer grösserer Menschenmassen verlange noch einen Schritt: *Der Militärstaat muss Grossfabrikant werden.*[129]

---

124 H. M. Enzensberger, *Ach Europa!*, Frankfurt/M. 1987, 482.
125 SG, 259, inkl. Anm. 24.
126 Br IV, 226 f.
127 Br V, 176.
128 Br V, 160.
129 Br V, 161.

Wie er wieder einmal anfängt, über das moderne Treiben der Völker zu grübeln, sieht er diese auf dem Weg zum Grossstaat. Zur Vollendung der grossen Einheit gehören schrankloser Verkehr, Freizügigkeit, Konzentration des Verzettelten, Vereinfachung des Komplizierten. Es gebe genügend pfiffige Leute, die dem völlig geeinten Grossstaat das Kulturprogramm schreiben möchten. Da die *treibenden Individuen* zu etwas ganz Grossem gehören möchten, sei ihr erstes Ziel die Macht, erst in zweiter Linie gehe es ihnen um die Kultur. Das Stichwort *Macht* ist gefallen! Gemäss Burckhardts geheimster Überzeugung ist es immer die Macht, welche die Verhaltensweisen der Menschen bestimmt: *Nun ist die Macht an sich böse, gleichviel wer sie ausübe.* Es folgt ein Zusatz: *Sie ist eine Gier und eo ipso unerfüllbar.*[130]

Die Strukturen des seit 1870 immer deutlicher sich abzeichnenden Grossstaates können mit den Stichworten Uniformität, Bürokratisierung, Militarisierung umschrieben werden. Zwischen 1872 und 1889 entwickelt Burckhardt die Vision von den *terribles simplificateurs*. Mit dieser Vision ist, ohne dass es den Begriff schon gegeben hätte, der kommende totalitäre Staat gemeint. Wenn Burckhardt im Geiste blutige Jakobiner oder vom Volk umjubelte Tyrannen vor sich sieht, schreibt er: *Es versteht sich, daß was man thut, ganz gethan werden muß, und dann ohne Erbarmen nach oben und nach unten.*[131] Vorerst hören die Volksvertreter, um wiedergewählt zu werden, auf *die geschreilustigen Schichten der Volksmassen*, allerdings nur so lange, bis irgend *eine Gewalt drein ruft: Haltet's Maul.*[132] Die zukünftige brachiale Vereinfachung in den grossen Staaten fasst Burckhardt im Alter in einprägsame, sarkastische Formulierungen. Im *angenehmen 20. Jahrhundert* werde das Provisorischerklären von Allem und Jeglichem ein Ende finden, da werde *„der Rechte"* einmal über Nacht kommen, da werde die Autorität wieder ihr Haupt erheben, *und ein schreckliches Haupt... Mein Gedankenbild von den terribles simplificateurs welche über unser altes Europa kommen werden, ist kein angenehmes; und hie und da in Phantasien sehe ich solche Kerle schon leibhaftig vor mir...*[133]

Burckhardt geht auf die menschlichen Verhaltensformen ein, die sich in einer nivellierten, entindividualisierten, verwalteten Lebensumwelt herausbilden.[134] In seinen Aufzeichnungen finden sich Stichworte zu einer Analyse *beschädigten Lebens.*[135] Schon früh fällt ihm auf, dass *in den jetzigen deutschen Zuständen keine Natur mehr sich harmonisch entwickeln kann. Das Kleinliche, Ängstigende, Zersplitternde ruinirt jetzt auch die Besten, während die Schlechtesten davon profitiren.*[136] Die einst hohe Bildung verkörpern jetzt auch physisch Deformierte: *Vielleicht hie und da hübsch geboren, aber auf Mädchen-Gymnasien verhockt, odiös mit den Schultern vor-*

---

130 SG, 302. Vgl. 260, 239.

131 Br V, 161. Die Wendung *terribles simplificateurs* scheint von Burckhardt geprägt worden zu sein.

132 Br VII, 289.

133 Br IX, 263, 203. Vgl. auch GA VII, 186–191 (Weltgeschichtliche Betrachtungen).

134 Vgl. dazu Grosse, Jürgen (1997), 389 ff.

135 so der Untertitel zu *Minima Moralia* von Theodor W. Adorno, 1951.

136 Br III, 46.

*wärts, auf der Nase ein Lorgnon oder auch schon die Brille! von irgend einem Schimmer unbewusster Anmuth keine Spur!*[137] Dem *Amerikaner*, einem *ungeschichtlichen Bildungsmenschen*, hänge das Geschichtliche nur noch *als Trödel* an, und deshalb verkörpert er den *neuamerikanischen Typus von zweifelhafter Art.*[138]

Dem Schicksal der Arbeiter wird ein kurzer Abschnitt gewidmet, der zum Ausdruck bringt, dass die künftige Arbeitsorganisation militärischen Charakter annehmen werde: *Jene Menschenanhäufungen in den grossen Werkstätten dürfen nicht in Ewigkeit ihrer Not und ihrer Gier überlassen bleiben; ein bestimmtes und überwachtes Mass von Misere und Avancement und in Uniform, täglich unter Trommelwirbel begonnen und beschlossen, das ist's was kommen müsste.*[139] Dank seinem engern Freundeskreis hat Burckhardt Einblick in die Arbeitsweise der Kaufleute. Er weiss, wie die Geschäfte den Menschen aufzehren und verhärten können. Er kennt den Typus des Geschäftsmanns, der wichtigtuerisch verloren ist in die äusseren Zwecke und geplagt von der *Unmöglichkeit, auch nur abends die Bude zu schliessen.*[140] Er hat die dialektische Misère von Freizeit und Arbeit durchschaut, und so warnt er eindringlich vor dem sich Überarbeiten: *Den Nachtarbeitern lasse ich ihren Ruhm und ihre ruinirten Nerven und schlechte Verdauung; bei mir ist Alles noch in Ordnung.*[141] Seiner Fachgenossenschaft, den Historikern, rät er zu gleichmässigem, achtsamen Lesen und Schreiben. Je nach Zeit und Stimmung, nach Ausgeschlafenheit oder Ermüdung, kann der Ertrag verschieden sein. *Gerade mit heftiger Anstrengung ist hier das Resultat am wenigsten zu erzwingen: ein leises Aufhorchen bei gleichmässigem Fleiß führt weiter.*[142]

In der Gestalt eines einfachen Handwerkers – eines Mechanikers – entdeckt Burckhardt die technokratische Mentalität in statu nascendi: *So einer, der stricte nur die Bildung eines Mechanikers hat, glaubt dann, man dürfe alles machen, was man mechanisch machen kann.*[143] Von den zentralen Funktionsträgern des Grossstaates, den Beamten, entwirft er eine groteske Skizze: *Nun giebt es kaum etwas komischeres als diese zersessenen Bureaukraten, worunter manche mit Bierbäuchen, in gestickten Civiluniformen, denen man es ansieht, wie viel dicker oder magerer der Betroffene geworden seit ihm der Schneider das Ding angemessen.*[144] Zum modernen Staat gehört die Masse, zur Freizeit der Massentourismus – letzteren registriert Burckhardt schon in seinen Anfängen: *Dieses abgeschmackte Reisen ganzer Dubelarmeen ist eine besondere Calamität heutiger Zeiten.*[145] Nicht zufällig beginnt Burckhardt Städte zu meiden, in denen Ausstellungen stattfinden, denn aus Erfahrung weiss er: *Alle Se-*

---

137 Br VIII, 119.
138 SG 229 f.
139 Br V, 161.
140 Br V, 98.
141 Br VI, 53.
142 GK I, 6.
143 Br V, 199 f.
144 Br VI, 196.
145 Br IX, 89.

*henswürdigkeiten sind mit gelangweilten Sterblichen überfüllt*[146] – wir erinnern uns daran, dass er im europäischen Modebad Baden-Baden dem *Typus unaussprechlicher Langeweile* begegnet ist, und diesem Typus scheint eine glänzende Karriere beschert zu sein.

Burckhardt hat den Prozess der ökonomischen Globalisierung vorausgesehen. Die Macht der Wirtschaft sei das *vorwärtsdrängende Element,* somit müsse sie den Universalstaat *schon um des Verkehrs willen* postulieren. Unter der Einwirkung der grossen Städte, in denen sich *die Wut des schnellen Reichwerdens, l'amour du millon,* ausbreite, werde das Geld der grosse Massstab aller Dinge.[147] Dem kommenden Universalstaat werde *die Eigenart der einzelnen Völker* noch etwas Widerstand entgegensetzen – dann allerdings werde sich das Weltbestimmende (Lefebvre wird sagen: *das Mondiale)* unweigerlich durchsetzen.[148]

## Schluss

Nochmals die Frage: Was bedroht uns, was rettet uns? Abends um neun pflegt der Historiker seine Feder auszuputzen und auf seinem *Klimperkasten* zu musizieren, mit Vorliebe nimmt er sich eine Mozart-Partitur vor. Oder er greift zu seiner Feder. Alles sei anders geworden in Europa, so fängt eine launische Epistel an Friedrich von Preen an, das Kulturleben verschaffe dem Einzelnen nicht mehr innere Beglückung. Was mit grosser Anstrengung, eher noch Überanstrengung, geschaffen werde, sei letztlich geistig medioker. Heute strenge man sich bloss dazu an, um in einer grossen Stadt Figur zu machen. Dem Zeitgeist widersetze sich, wer aus seinen innersten und eigensten Kräften heraus mit einer neuen Kunst, Poesie und Religion reagiere, ja, auch Religion, *denn ohne ein überweltliches Wollen, das den ganzen Macht- und Geldtaumel aufwiegt, geht es nicht.*[149] Zwei Jahre später frägt er sich abermals, was bei zunehmendem materiellen Treiben und herannahenden Katastrophen noch über dem Wasser schwimmt? Er, Burckhardt, sei überzeugt, dass das Neue, Grosse, Befreiende aus dem Geist kommen müsse, *und zwar im Gegensatz zu Macht, Reichthum und Geschäften.*[150]

---

146  Br VIII, 71.
147  GA VII, 425.
148  Vgl. SG, 182, 193, 323 f.
149  Br V, 96 f.
150  Br V, 158 f.

# 2. DIE GROSSE STADT

In Basel hat Burckhardt die nötige Distanz (und auch die nötige Nähe), um sich vom Lauf der Dinge in den Metropolen ein Bild zu machen. Paris und London sind für ihn Zentren der Macht, der Industrie, der sozialen Bewegungen, der Erfindungen, der neuen ökonomischen Wirklichkeit. Der Historiker ist, gelinde gesagt, kein Liebhaber der Grossen Städte, und dennoch möchte er, der aus einer Stadt kommt, in der alles seine alte Würde hat – der Rhein, das Münster, die Universität –, das moderne Leben und die moderne Zivilisation kennen lernen. In den *Weltgeschichtlichen Betrachtungen* kommt er auf die kulturelle Dürftigkeit der modernen Metropolen zu sprechen.

Dem Kulturhistoriker fällt auf, dass in den neuen Metropolen Kunst und Wissenschaft sehr wohl eine Förderung erfahren, die Unterstützung komme allerdings bloss den einzelnen Fachrichtungen zugute, *aber nicht mehr dem Gesamtgeist, welchem nur durch Freiheit zu helfen ist.* Es befremdet ihn, dass viele begabte Köpfe nicht mehr das Bedürfnis empfinden, ihr Wissen und Können *draussen in der Welt* zu mehren und zu verbreiten – *statt dessen klammert man sich in der Hauptstadt an und schämt sich, in der Provinz zu leben. Leidige sociale und Ranginteressen ruinieren unaufhörlich das Beste.* Es folgt ein maliziöser Nachsatz: *Auch im Alterthum blieb mancher in Athen hängen, aber nicht als Angestellter mit Pensionsberechtigung.* Die mannigfachen Bildungsgelegenheiten in der modernen Grossstadt *bringen bloss heraufgeschaarubte Mediokritäten hervor, welche die vorhanden Positionen durch Abwarten und gesellige Vortheile an sich reissen.* Es werden nicht mehr *die höchsten Kräfte durch das Ausserordentliche geweckt,* man begnüge sich *mit allgemeinem Kritisieren.*[1]

In der späten Rubens-Studie nimmt Burckhardt noch einmal grossstädtische Phänomene ins Visier, hält er der Gegenwart, im Gewand der Vergangenheit, einen Spiegel vor.[2] Die moderne Grosse Stadt sei ein Monstrum, das alle Kräfte, die das Wesen Alteuropas ausmachen, unterminiere. Die Stichworte seiner Grossstadtkritik heissen: allgemeine geistige Verarmung, Zwangsnivellierung, die Hydra der Tagespresse, die moderne Bildung (die dem neuen Europa endlose Generationen von Unzufriedenen beschert), das Lesepublikum, das unaufhörlich amüsiert und in Spannung gehalten werden möchte. Burckhardts Antipathie gegen die Hauptstädte seines Jahrhunderts steht in Kontrast zum Bild, das er sich vom antiken Athen, dem *Tauschplatz von Gütern und Ideen,* macht. Solch ein Tauschplatz bewirke *die Deutlichkeit alles Ausdruckes und die Sicherheit dessen, was man will, das Abstreifen der Willkür und des Wunderlichen, der Gewinn eines Maßstabes und eines Styles.*[3] Da es in der Antike keine Trennung in Gebildete und Ungebildete, keinen auf Äusser-

---

1 SG, 112 f., 281.
2 GA XIII, 393 f. Weitere kulturkritische Bemerkungen zur Grossstadt in Br IX, 299.
3 SG, 11.

lichkeiten angelegten Kampf um soziales Prestige gab, hatte das Leben in der Polis *eine gleichmässige Elasticität. Die Feste hatten etwas Regelmässiges,* nichts Gequältes.[4] Entsprechendes kann vom Florenz der Renaissance gesagt werden.[5]

Kommt Burckhardt auf seinen Reisen nach Rom, ist nichts mehr von der Antipathie gegen die moderne Metropole zu spüren. Das alte mediterrane Zentrum mit seiner weltgeschichtlichen Vergangenheit hat er – wie kurz vor ihm Goethe, Stendhal oder Chateaubriand – in einer völlig heruntergekommenen und zugleich ergreifenden Epoche erlebt. Zwischen Napoleons Feldzügen und dem Risorgimento war Rom und ihre umgebende Campagna so etwas wie ein brachliegendes Latifundium, ein Ort, den die Moderne noch nicht erreicht hatte. In dieser Stadt, in der die Zeit seit Jahrhunderten stehgeblieben zu sein schien, hat Burckhardt zu innerer Sammlung, dem ruhigen Glück der Seele, gefunden.


Paris


> *London begehrt nicht schön zu sein, aber Paris, die grosse Coquette*
> *unter den Städten, will schön sein und ist es.*

> Brief vom 3. September 1879


Wie Burckhardt im Sommer 1843 zum ersten Mal in Paris einfährt, befindet sich die Stadt in einem ambivalenten Zustand. Zur Zeit des Bürgerkönigs Louis-Philippe seufzen Stendhal und Balzac über ein freudloses und fades Paris.[6] Dass nach 1830 ein teils verhülltes, teils unverhülltes revolutionäres Gären weiterwirkt, haben sowohl Karl Marx als auch Alexis de Tocqueville beobachtet. Wenn Marx aus einer gewissen Distanz die Revolution von 1830 überdenkt, kommt sie ihm als kümmerliche Episode vor, welche bloss kleine Brüche und Risse in der harten Kruste der europäischen Gesellschaft hervorgerufen hätten. Dennoch habe der alte Maulwurf, der so hurtig wühlen kann – die Revolution – die Bourgeoisie, den Adel und die armseligen Rückschrittspropheten in Verlegenheit gebracht.[7] Die Juli-Revolution sei als eine gescheiterte zu betrachten, gelangte doch 1830 nicht die Bourgeoisie, sondern bloss eine Fraktion des Bürgertums an die Macht, die Finanzaristokratie, bestehend aus Bankiers, Börsenkönigen, Eisenbahnkönigen, Besitzern von Koh-

---

4 SG 113 f.
5 Alle Zitate a.a.O. 92-97.
6 Vgl. Marie-Jeanne Heger-Etienvre, *Jacob Burckhardt et la vie intellectuelle parisienne sous la monarchie de juillet,* Université du Maine, o.J.
7 MEW 12, 3f.

len- und Eisenwerken.[8] Für Tocqueville bedeutet die Revolution von 1830 den Sieg der Mittelklasse. In den obern gesellschaftlichen Schichten verbreiteten sich Gleichgültigkeit, Unvermögen, Unbeweglichkeit und Langeweile, in den untern politische Bewegung. Tocquevilles Beurteilung der nacharistokratischen Zustände hätte Burckhardt kaum widersprochen: Sind alle Vorrechte der Geburt und des Besitzes aufgehoben, sämtliche Berufe jedermann zugänglich, und kann man durch eigene Kraft überall an die Spitze gelangen, so ist es, als öffne sich dem Ehrgeiz der Menschen eine unabsehbare und bequeme Laufbahn, und sie bilden sich gerne ein, dass sie zu Grossem berufen seien. Aber dies ist eine irrige Ansicht, die durch die Erfahrung täglich berichtigt wird. Dieselbe Gleichheit, die jedem Bürger weitgespannte Hoffnungen erlaubt, macht sämtliche Bürger als einzelne schwach. Sie schränkt ihre Kräfte von allen Seiten ein, derweil sie gleichzeitig die Erweiterung ihres Begehrens zulässt.[9]

*Burckhardt der Flaneur*

Burckhardt, der 1843 das Ambivalente der Epoche erfasst und eine kommende Sturmzeit geahnt hat, wundert sich, wie rasch die bewusste Erinnerung an die Grande Révolution verblasst ist: *Von der ersten Revolution hat man im allgemeinen nur ganz mythische Begriffe. Über der Stadt schwebt eine bange Sorge für die Zukunft. Ich glaube, es kann nicht mehr sehr lange dauern bis zu einer neuen Explosion. Einstweilen lebt man in den Tag hinein.* Trotz gelegentlicher nachdenklicher Stimmungen geniesst Burckhardt die abwechslungsreichen Herrlichkeiten der Metropole. *Schön ist dieses Paris doch!*[10]

Seit etwa 1830 kennt man den Typus des Flaneurs. Sozialgeschichtlich gesprochen rekrutieren sich die ersten Flaneurs aus der politisch entmachteten Aristokratie.[11] Die Adeligen, die ihrer rechtlichen Privilegien und oft auch ihres Reichtums beraubt sind, kultivieren eine Art exklusiver Opposition. Auf allgemein einsetzende Nivellierungstendenzen antworten sie mit einer Stilisierung ihrer Lebensweise, mit einer auf Äusserlichkeiten angelegten Selbstdarstellung, mit der Eleganz ihrer Manieren, mit Kleidung, Gestus, Habitus, kurz: mit demonstrativem Müssiggang. Mit der Zeit wird das Flanieren, das Umherschlendern auf Trottoirs und vor Schaufenstern, das Frequentieren von Cafés, Clubs und Spielsälen, eine Angelegenheit verschiedenster Gruppen: von Künstlern, Bohémiens, kleinen Rechtsanwälten, und natürlich von Feuilletonisten und Literaten. Der Flaneur, der seine Musse ostentativ zur Schau stellt, bildet das Gegenstück zur Stadt, die ihren schönen zwielichtigen Schein zu inszenieren beginnt. Der privilegierte Ort des urbanen Stadtgängers

8 Karl Marx, *Die Klassenkämpfe in Frankreich 1848-1850*, in: MEW 7, 12 ff.
9 Alexis de Tocqueville, *Über die Demokratie in Amerika*, München, 1976, 627.
10 Br II, 17.
11 Eckhardt Köhn, *Strassenrausch. Flanerie und kleine Form*. Versuch zur Literaturgeschichte des Flaneurs von 1830-1933, Berlin 1989.

werden die Passagen, die glasüberdachten Labyrinthe, jene des Tageslichts beraubten Gänge, die zur Hauptsache in der ersten Hälfte des neunzehnten Jahrhunderts entstanden sind. Walter Benjamin, selber ein passionierter Stadtgänger, beschreibt die Beziehung des Flaneurs zur verführerischen Grossstadtlandschaft: *Die Strasse wird zur Wohnung für den Flaneur, der zwischen Häuserfronten so wie der Bürger in seinen vier Wänden zu Hause ist. Ihm sind die glänzenden emaillierten Firmenschilder so gut und besser ein Wandschmuck wie im Salon dem Bürger ein Ölgemälde; Mauern sind das Schreibpult, gegen das er seinen Notizblock stemmt; Zeitungskioske sind seine Bibliotheken und die Caféterrassen Erker, von denen aus er nach getaner Arbeit auf sein Hauswesen heruntersieht.*[12] Charles Baudelaire, der mit seinen *Petits poèmes en prose* der neuen Sensibilität die literarisch gültige Form gegeben hat, zeigt, dass sich der Flaneur nicht mit der Augenblickslust begnügt, dass sein *rhapsodisches Gemüt bei allem, was ihm begegnet, verweilt und aus jedem Gegenstand eine unangenehme Moral entwickelt.*[13]

Seinem Wesen entsprechend, bewegt sich der junge Burckhardt nicht mit der traumwandlerischen Unbekümmertheit des Flaneurs; zu zielgerichtet ist sein historischer Erkenntniswille, als dass er sich durch launisches Promenieren im Meer der Grossstadteindrücke verlieren könnte. Dem über reichlich Zeit verfügenden Spaziergänger ist er in der Bibliothèque Royale, dem *Heiligtum der stillen Arbeit*, begegnet.[14] Bisweilen treibe sich in den Sälen der Bibliothek allerlei Volk herum, unter anderem auch *jene unbeschreibliche Menschenklasse, welche Paris vor allen Städten eigen ist und unter dem Gesamtnamen „Flaneurs" begriffen wird.*[15] Auffallend ist, dass das äussere Erscheinungsbild des Fünfundzwanzigjährigen, das eine Daguerrotypie festhält, der auf den Boulevards promenierenden selbstgefälligen Menschengruppen tadellos entspricht: *In hellen Beinkleidern und dunklem, enganliegendem Rock sitzt er da vor dem Photographen, heiter und etwas verträumt, die Hände leicht übereinandergelegt, den Kopf mit den langen dunklen Haaren etwas zur Seite geneigt, mit grossen ausdrucksvollen Augen unter starken Brauen. Um den Mund spielt ein versonnenes Lächeln; ein leichter Schnurrbart bedeckt die Oberlippe. Die mächtig geknotete schwarze Halsbinde macht den Eindruck sorgloser Eleganz. Den linken Zeigefinger schmückt ein grosser Ring. Die lockere Selbstverständlichkeit der Haltung lässt einen Künstler vermuten.*[16] In gewissen Momenten scheint sich der junge Historiker im Rhythmus des Flaneurs zu bewegen. Burckhardt der Flaneur, das ist derjenige, zu dessen regelmässigem Tagesprogramm *Briefschreiben, Herumlaufen, Kirchen besehen, Kaffeehäuser sitzen, Theatergehen, Lesen und dergleichen* gehören. Der notiert, er habe *auf dem Boulevard sich interessant gemacht.* Der festhält, wie in Paris *alles mit Mode und Eleganz durchdrungen ist,* der in den Auslagen den *schönsten Cach-*

---

12 Walter Benjamin, zitiert in: Eckhardt Köhn, a.a.O., 32.
13 Charles Baudelaire, Brief vom 15. Januar 1866, in: *Werke/Briefe,* Bd. 8, München/Wien 1985, 95.
14 Aufsätze, 69.
15 Aufsätze, 61.
16 Kaegi II, 261.

*mirshawl, das kokettste Häubchen, den zierlichsten Schuh* betrachtet. Der von der Pariser Oper berichtet, *alles will neu sein, aber auch weiter nichts.* Der selber das Versiegen der poetischen Inspiration erlebt: *Die ewige Aufregung, die man in Paris fühlt, consumirt täglich das bisschen Sammlung, das man sich erübrigen könnte;* der eine *heillose Zerstreuung* den Inbegriff von Paris nennt; der, angesichts des Aufkommens der Reklame, mit Schrecken den Verlust historischer Substanz wahrnimmt: *an den klassischen Hauptstellen der Stadt überschreien 100 mannshohe Affichen jede Erinnerung.*[17]

*Industrialisierung der Literatur*

> *Nur ist leider die Literatur meist ebenfalls eine Industrie geworden. Die Literatur des 18. Jahrhunderts nimmt sich daneben wie lauter primäre Herzenssache aus... Die berühmtesten Schriftsteller werden am leichtesten Fabrikanten.*
>
> Historische Fragmente, 1867[18]

Der schöne Schein des modernen Paris hat Burckhardt nicht lange geblendet. Indem er sich mit der Rolle, welche die Grosstadt auf die geistige Produktion ausübt, beschäftigt, hat er als einer der ersten den Leerlauf der literarischen Tages- oder Massenproduktion beschrieben. In seinem für die *Kölnische Zeitung* verfassten Aufsatz *Die französische Literatur und das Geld* hat der zukünftige Kulturhistoriker die Korrumpierung der Literatur durch ausserkünstlerische, materielle und soziale Faktoren ins Zentrum gerückt. Der in leidenschaftlichem Ton abgefasste Essay geht der Frage nach, was aus dem Dichter wird, der sich nicht mehr an *den einzigen Gesetzen des Schönen und Dauernden* orientiert, sondern am Tageserfolg, am Augenblicksruhm, am materiellen Gewinn. Der Aufsatz beginnt mit einer Beschreibung der deutschen Zustände: *Unsere grössten Dichter haben in kleinen Städtchen am Rhein, in Schwaben, in Thüringen von mässig bezahlten Ämtern und Geschäften gelebt und von ihren Werken nicht viel mehr gehabt, als die Verehrung ihrer Nation und die Unsterblichkeit.* Ganz anders gehe es in der französischen Metropole zu: *Der Schriftsteller bequemt sich, für Paris zu produzieren, weil nur Pariser Verleger gut bezahlen, und weil nur Pariser Journale seinen Namen augenblicklich in alle Provinzen tragen können... Schon nach den ersten Erfolgen stellt sich dann reine Spekulation und Geldgier ein, und die Renommee will fortan nur Aufsehen erregen und reich werden. Ihre Atmosphäre ist und bleibt von da an der Gifthauch von Paris und seiner Journalistik.* Auch die Theaterautoren lassen sich durch Schnellproduktion, Erfolgsstreberei und faule Kompromisse verführen.

---

17 Br II, 17, 34, 36, 38f, 41f.
18 GA VII, 425.

Der junge Burckhardt hat in Paris hellsichtig den Anfang von Entwicklungen erkannt, die nicht bloss auf diese Kapitale zutreffen. Wenn er von der neuen sozialen Stellung des Dichters, von der raschen Auszehrung der schöpferischen Kräfte infolge künstlich gesteigerter Produktion und Gelddenken, von der vernichtenden Wirkung der Reklame und Presse spricht, sind das Dinge, welche auf die grossen Städte insgesamt zutreffen. Burckhardt ist weder der erste noch der einzige gewesen, der diese neuen Grosstadtphänomene wahrgenommen hat. Balzac publiziert in eben diesem Jahr seine *Illusions perdues*, jenen Roman, der die Kapitalisierung des Geistes, das Zur-Ware-Werden von Literatur schildert, und in den Journalen der Hauptstadt wird von Théophile Gautier, Charles-Augustin Sainte-Beuve und anderen ein intensives Gespräch über das geführt, was bald schon die Industrialisierung oder Amerikanisierung der Literatur genannt werden wird.[19]

### Untergangs-Vision

Auf einem abendlichen Spaziergang steigt Burckhardt auf den kürzlich fertig erstellten Arc de Triomphe hinauf. Der majestätische Rundblick vom Siegesbogen auf die tausend goldenen Zinnen ist ihm im folgenden Winter in Basel als Erinnerungsbild nochmals gegenwärtig geworden. Wie er im Geiste den Strassenkranz mit seinem lauten Gewirr von Verkehr und Leben sieht, wird er von einem nicht selten wiederkehrenden Gefühl der Vergänglichkeit befallen. In ein paar wenigen Strophen hält er die Vision vom kommenden Untergang von Paris fest. Da er schon in der ersten Zeile die Stadt eine *Buhlerin* nennt, denkt er offensichtlich an die Hure Babylon, welche die Sünde verkörpert. Die Stadt ist dem apokalyptischen Untergang geweiht.[20]

Im Triumphbogen-Gedicht werden *in der verwegenen Abendsonne* die Türme, Dome, Paläste ringsum evoziert: *Dies alles bricht dereinst in Schutt und Graus zusammen / Und aus den Trümmern stöhnt's: Dahin!* Von der stolzen Stadt, die *im letzten Schein des goldnen Abends flammte*, bleibt eine Trümmerwüste zurück, in der noch ein Turm von Notre-Dame und ein paar Säulen der Deputiertenkammer überleben.

Bringt Burckhardt mit seinem Triumphbogen-Gedicht seinen Widerwillen gegen die gewaltig anwachsende Grosstadt zum Ausdruck? Johann Peter Hebel, den Burckhardt sehr schätzte, hat in seinem Gedicht *Die Vergänglichkeit* den Untergang der Stadt Basel mit einprägsameren Bildern und im beschwörenden Tonfall seines Dialekts geschildert.

---

19 Vgl. Walter Muschg, *Tragische Literaturgeschichte,* Bern 1957, 388 ff, 583.
20 Siehe Kaegi II, 281 ff.; dort ist auch das Triumphbogengedicht abgedruckt.

*Weltausstellung 1867: Gelächter in der Maschinenhalle*

Im Oktober 1867 besucht Burckhardt die Pariser Weltausstellung. Seit der Mitte des neunzehnten Jahrhunderts beginnen London und Paris, im Taumel optimistischer Aufbruchstimmung, mit gigantischen Industrieausstellungen zu wetteifern. 1851 werden in London der Funktelegraph von Siemens, die grössten Lokomotiven, die Krupp-Kanonen, die ersten Gegenstände aus leichtem Metall, die Chaiselongue mit Waschecke aus Pappe gezeigt. Das Zweite Kaiserreich in Frankreich wird von zwei Weltausstellungen eingerahmt. Mit der ersten Weltausstellung von 1855 verwandelt sich Paris zum Schaufenster der industriellen Welt, verleiht es der kaiserlichen Herrschaft Glanz und wirtschaftliche Stärke. Mit der zweiten Ausstellung von 1867 leuchtet der imperiale Glanz ein zweites Mal auf. Der Ausstellungspalast, das Babel der Industrie, repräsentiert aber nicht mehr die ungebrochene politische Macht, die Diktatur Napoleons III. steht kurz vor dem Zusammenbruch. Dies haben die Repräsentanten der preussischen Macht, König Wilhelm, Kronprinz Friedrich und Bismarck anlässlich ihres Pariser Besuchs deutlich gespürt. Trotz der politischen Unsicherheiten geht das Industriespektakel glanzvoll über die Bühne. Der Kaiser mit seinem Gefolge marschiert im Festzug durch die Ausstellung. Er wird begleitet von Malern und Bildhauern, Ingenieuren und Erfindern, unter ihnen der Erbauer des Suezkanals, Ferdinand Lesseps. Mehr als zwölfhundert Musiker spielen einen Hymnus, den der alte Rossini hat komponieren müssen. Das Volk jubelt dem Treiben zu, und abends beklatscht es Offenbachs Musik – die helle, frivole Operette, die über alles spotten darf.[21]

Die *Exposition Universelle* auf dem Marsfeld, die von rund elf Millionen Menschen besucht wurde, feierte den Triumph der Eisenkonstruktion und der Dampfmaschine. Auf der Seine waren erstmals kleinere Dampferchen in Betrieb, und wer sich den Maschinenhallen näherte, kam unweigerlich an der endlosen Reihe der Cafés und Restaurants vorbei, wo Musikkapellen der verschiedensten Nationen mit dem Lärm der laufenden Räder konkurrierten.[22] Nun steht Burckhardt also im Herbst 1867 im Brennpunkt der lärmigen laufenden Räder, dort, wo der Mensch seine Produkte nicht nur aus aller Welt, sondern als eine Welt präsentiert, wo er in nachkopernikanischer Hybris seine rotierenden Gebilde den kosmischen Kreisbewegungen entgegenstellt. Und er findet dieses Universum der Exponate *ergötzlich* und schreibt an Friedrich von Preen: *Ich habe bisweilen mitten im Gewühl der Industriewelt, zumal in der riesigen Maschinenhalle, laut für mich lachen müssen, aus philosophischen Gründen, die ich Ihnen einmal mündlich entwickeln will.*[23] Warum bekennt sich der Historiker für einmal zu den Philosophen?

Der Philosoph Hans Blumenberg ist wegen Burckhardts Gelächter in der Maschinenhalle auf diese bedeutsame Mini-Episode aufmerksam geworden, denn *Ge-*

---

21 *„Schaufenster der industriellen Welt“: Weltausstellungen,* in: Literatur im Industriezeitalter, Marbach-Katalog 42/1, 1987, 271 ff.
22 Vgl. Siegfried Kracauer, *Jacques Offenbach und das Paris seiner Zeit*, Zürich 1962, 264 ff.
23 Br IV, 264.

*lächter in der Philosophie und gar aus philosophischen Gründen hat es in der europä-
ischen Tradition nicht gerade oft gegeben.*[24] Am Anfang des philosophischen Lachens
steht die hübsche und witzige Thrakerin, welche Thales zuschaut, der nachts in den
Sternenhimmel blickt und dabei in einen Brunnen fällt; sie lacht und weiss eigentlich nicht recht warum, sie überblickt die Zusammenhänge nicht so richtig. Auch
Burckhardts Lachen wird eine Antwort auf einen unheilbaren Widerspruch gewesen sein: *Was Burckhardt wahrgenommen haben kann, mag die Differenz zwischen
den in jener Ausstellung investierten menschlichen Erwartungen und seiner eigenen
Imagination der realen Zukunft im technisierten Staat gewesen sein. Aber wir wissen
nicht, was wir wissen müssten, um dieses Lachen zu begreifen.*[25]


### Der Eiffelturm, ein Dubel-Magnet

Auf der Rückfahrt von London im Herbst 1879 verbringt Burckhardt nochmals
zehn genussreiche Tage in Paris. Er strahlt ein körperliches und geistiges Wohlbefinden aus, geniesst die schönen Dinge, den guten Schlaf, den Chablis, das Licht
des Himmels, und noch mehr als früher behagt ihm das flanierende Dasein. *Es ist
schönes Wetter, und als ich eben am Quai und auf den Nebengassen schlenderte, geschah
es, dass ich laut vor mich hin sang, was mir doch in London nie passiert ist... Ich weiss
gar nicht was das ist – der Himmel ist hier so blau? Oder sollte die Londoner Atmosphäre wirklich mit Steinkohlendreck gänzlich durchdrungen sein? Nur das kann ich
sagen, dass hier alles, Erde und Menschen, anders angemalt und beleuchtet ist. Auch die
Cigarren sind um das Doppelte besser.*[26]

Er hat weder Ausserordentliches noch Aufreizendes erlebt, und so konnte er sich
unter den günstigsten Voraussetzungen den Bildern im Museum widmen: *Sie glauben gar nicht, was heute im Louvre Rubens und Tizian für ein Colorit hatten.*[27] Bei er-
neutem Herumschlendern  macht er sich Gedanken über die nervliche Robustheit
desjenigen, der auf das Grosstädtische nicht verzichten mag: *In den Pausen hockt
man bald vor diesem bald vor jenem Café und sieht Leute und Wagen vorüberpassieren,
wo möglich au coeur de Paris, beim Palais Royal wo man jetzt die ganze Avenue de
l'Opéra hinaufsieht. Ich kriege dabei einen rechten Heisshunger nach der Stille von Basel und nach meinem Schreibtisch, begreife aber ganz wohl, dass ein Bummler welcher
Geld und Zeit hat, dies Gewühl am Ende unentbehrlich findet. Es kommt Alles darauf
an, dass sich die Nerven gewöhnen.*[28]

24 Hans Blumenberg, *Der Sturz des Protophilosophen – Zur Komik der reinen Theorie, anhand
    einer Rezeptionsgeschichte der Thales-Anekdote,* in: Das Komische, hg. von W. Preisendanz
    und R. Warning, München 1976.
25 a.a.O.; vgl. auch Hans Blumenberg, *Das Lachen der Thrakerin,* Frankfurt/M. 1987.
26 Br VII, 116.
27 Br VII, 121.
28 Br VII, 124.

Die weiteren Enwicklungsetappen der französischen Metropole werden aus der Ferne mitverfolgt. Paris verliere seinen *alten Charme*, findet Burckhardt, die kulturelle Ausstrahlung sei im Abnehmen begriffen. Während früher Europa beständig darauf gefasst sein musste, dass ein Aufruhr in Paris die Gestalt der Welt von heute auf morgen verändern könnte, geschieht heute nichts mehr, was die andern Länder anstecken könnte – den Parisern bleibe einzig noch die Herrschaft der Kleidermode.[29] Auch den Bau des Eiffelturmes beobachtet Burckhardt aus der Ferne. Zwei Jahre vor der Vollendung ist der Turm, das spätere städtische Wahrzeichen und Orientierungssymbol, Gegenstand heftigsten Protestes geworden. Schriftsteller, Maler, Architekten aus Paris mokieren sich über die Lächerlichkeit des *Metallgerippes* und verfassen im Namen der bedrohten französischen Kunst und Geschichte einen offenen Protestbrief. Der *riesige Fabrikschornstein* erdrücke und demütige mit seiner barbarischen Masse Notre-Dame und die Sainte-Chapelle. Guy de Maupassant hat wegen der *hohen dürren Pyramide* nicht nur Paris, sondern gleich Frankreich verlassen. Für Joris-Karl Huysmans ist die spektakuläre Eisenkonstruktion *ein Campanile ohne Glocken, das Emblem einer Epoche, die von Gewinnsucht dominiert wird.*[30]

Burckhardt, der den Bau des Turms in den Zeitungen mitverfolgt, drückt seinen Widerwillen gegen das moderne Ausstellungswesen aus: *Mein spezieller Abscheu bei dieser Entreprise ist der Riesenturm, welcher offenbar als Reclame für die gedankenlosesten Tagediebe von ganz Europa und America zu wirken bestimmt ist.*[31] Wie drei Jahre später die Exposition universelle eröffnet wird, meint er: *An der Pariser Ausstellung ergötzt mich sehr, dass Reclame und Verblüffung so völlig gelungen sind ... Die Tour Eiffel als riesiger Dubel-Magnet erweist sich jetzt als richtige Speculation.*[32]

Nicht mehr erlebt hat er, wie der anfangs von den Gralshütern des ästhetischen Empfindens so geschmähte Turm seit den ersten Jahren des zwanzigsten Jahrhunderts zum Inbegriff des esprit nouveau, zu einem Objekt für schier unerschöpfliche künstlerische Inspiration, geworden ist. Man denke an die verspielten Calligrammes von Guillaume Apollinaire, an den roten Eiffelturm von Robert Delaunay, an ein Rudel von Gedichten von Blaise Cendrars, an die phantastische Realität des Ballets *Les Mariés de la Tour Eiffel* von Jean Cocteau. Für die Avantgarde vor 1914 wird der Eiffelturm zum Symbol des Aufbruchs, für Roland Barthes zur unendlichen Chiffre, die sich keiner Bedeutung verschliesst.

Bei Henri Lefebvre lesen wir: *Die Pariser Ikone, der Eiffelturm, hat ein merkwürdiges Schicksal. Vom technischen Standpunkt aus ist die kühne Ingenieur-Konstruktion heute ohne Interesse. Das technische Gebilde, einst Inbegriff des esprit technique,*

---

29 Br X, 252.

30 Vgl. Michael Köhler, *Der Eiffel Turm. Geschichten, Kuriositäten und Fakten um den berühmtesten Turm der Welt,* München 1990; *La tour Eiffel,* Textes proposés et annotés par Annette Clavière Carvounis, Paris 1988; *Paris der neuen Zeit,* Skira Kunst-Band, Genf 1957.

31 Br IX, 54.

32 Br IX, 187.

*hat als Kunstwerk überlebt. Als solches repräsentiert es ästhetische Qualitäten:Eleganz, Schlankheit, verführerische Weiblichkeit. Das heutige Paris schreibt sich die Eigenschaften der Ikone selber zu. Auf der ganzen Welt hat man sich daran gewöhnt, den Turm über der Stadt thronen zu sehen. Die Stadt liegt dem Turm gleichsam zu Füssen – Paris ist zum Environnement des Eiffelturms geworden.* [33]

### Der übersehene Baudelaire

Wer allein und incognito in der Welt herumreist und an den jeweiligen Orten keinen informierten Gesprächspartner trifft, dem kann es geschehen, dass er dieses oder jenes ganz einfach nicht mitkriegt. Obschon Burckhardt gern in Paris Halt macht und auch nach literarischen Neuigkeiten Umschau hält, hat er den 1857 erschienenen Gedichtband *Les fleurs du mal* – eine literarische Sensation, welche nicht nur die Öffentlichkeit, sondern auch die Staatsanwälte beschäftigt hat – ganz einfach übersehen. Der Historiker, der auf seinen Reisen so oft ausgerufen hat, diese oder jene Stadt habe sich in kürzester Zeit *enorm verändert,* wäre bei Baudelaire auf jenes grausame Wort von der Stadt, die schneller als ein Menschenherz sich wandelt, gestossen. Im Satz *la forme d'une ville change plus vite, hélas! que le coeur d'un mortel* [34] wird der einfache Tatbestand bewusst gemacht, dass der Mensch durch die Schnelligkeit des städtischen Wandels hoffnungslos überfordert ist.

Dass auf Anordnung von Napoleon III. das Quartier zwischen dem Louvre und den Tuilerien niedergerissen worden ist, hat denjenigen im geheimen aufgewühlt, der die vergangenen Formen der alten Häuser und engen Gassen, der Plätze und Paläste in seinem Innern aufbewahrt hat. Im Gedicht *Le Cygne* verkörpert der Schwan den Schmerz der Epoche. Beim Gang über Parkanlagen, die an der Stelle des verschwundenen Stadtteils entstanden sind, sieht der Dichter im Geiste unversehens wieder die Orte des alten Paris: ein paar Häuser, Teile von Säulen, Unkraut und Steinblöcke zwischen Wasserpfützen, ein Durcheinander von Gerät hinter Fensterscheiben. Er erinnert sich, eines Morgens an eben diesem Ort einen Schwan gesehen zu haben, der dem Käfig entwichen ist. Das Scharren mit dem Schwimmfuss auf dem trockenen Pflaster und das Aufreissen des durstgequälten Schnabels an einem wasserlosen Rinnstein rufen im Dichter schwermütige Erinnerungen wach. Je weiter der Leser in Baudelaires Verse eindringt, desto vieldeutiger wird die Metapher des Schwans im trockenen Strassenstaub. Die melancholischen Erinnerungen gelten nicht nur der verschwundenen Architektur, der verschwundenen Stadt, sondern ebenso sehr den von Napoleon verbannten Gegnern des Zwei-

---

33  Art. 24, 187 f.

34  Charles Baudelaire, *Sämtliche Werke/Briefe,* Bd. 3, München 1975, 226 f. Der Satz „La forme d'une ville change plus vite..." steht am Anfang von zwei modernen Romanen, welche persönliche Stadterinnerungen verarbeiten. Vgl. Julien Green, *Paris,* Paris 1983. Julien Gracq, *La forme d'une ville, (portrait souvenir de Nantes),* Paris 1985; dt.: Die Form einer Stadt, Graz-Wien 1989.

ten Kaiserreichs – im Grunde genommen all jenen, die verloren haben, was sie nie mehr finden werden.[35]

Das alles sind Dinge, die auch Burckhardt insgeheim beschäftigen. Hätte er einmal in den *Fleurs du mal* geblättert, hätte er gesehen, dass man jene soziale Schicht, die er kurzerhand *Gesindel* oder *Pöbel* zu nennen pflegte – die Bettler und Prostituierten, die Trinker und die an der leidenschaftlichen Liebe Gescheiterten –, mit andern Augen sehen kann.

## Die Grosse Revolution: eine Pariser Angelegenheit

Bei stetig erweiterten Einsichten in die geschichtlich bedingten Grundlagen seiner Zeit hat Burckhardt, wie später Walter Benjamin, aus Paris die Hauptstadt des neunzehnten Jahrhunderts gemacht. Er hat erkannt, dass die entscheidenden Umwälzungen seit 1789 von diesem Zentrum ausgegangen sind, genauer: dass die Vorgänge, die in dieser Stadt zu beobachten sind, modellhaft den Gang der neueren europäischen Geschichte vorwegnehmen. Vielleicht hat er auf seinen Stadtgängen durch Paris seine Vorlesung über das Revolutionszeitalter im Geist komponiert, finden sich doch Bleistiftskizzen, welche aus Reisenotizbüchern stammen, ins Vorlesungsmanuskript eingeklebt.[36] Er hat also nicht bloss die Historiker des neunzehnten Jahrhunderts – Tocqueville, Quinet, Taine und viele andere – exzerpiert; er wollte sich auch über Lokalitäten und Szenen der Revolution an Ort und Stelle Klarheit verschaffen, die Topographie der Quartiere bis ins einzelne kennen.

Zwischen 1859 und 1882 hat er zwölfmal seine Vorlesung über das Revolutionszeitalter gehalten. Aus Neigung heraus hätte er es vorgezogen, sich Mythus, Poesie und Kunst zu widmen; nun hat er es als eine Verpflichtung angesehen, vor seinen Studenten über die Ursprünge der neuzeitlichen Mechanik von Macht und Gewalt zu sprechen. Was er selber nur widerwillig getan hat, ist den Zuhörern als eine der glanzvollsten Vorlesungen in Erinnerung geblieben. Auf das Revolutionszeitalter könne der Historiker nicht als auf etwas Vergangenes zurückblicken, sein Jahrhundert stehe noch *mitten in den Folgen dieser Weltbewegung*. Nach dem Krieg von 1870/71 gewinnt seine Gesamteinschätzung des Zeitraums noch an Klarsicht: *Alles bis auf unsere Tage ist im Grunde lauter Revolutionszeitalter, und wir stehen vielleicht erst relativ an den Anfängen oder im zweiten Akt.*[37] Da die Epoche als eine vergangene, wenn auch nicht abgeschlossene zu betrachten ist, entstehen besondere erkenntnistheoretische Schwierigkeiten: Wie soll ein Historiker, solange er mitten in einer Bewegung treibt, zu objektiver historischer Erkenntnis gelangen? Mehrmals greift er, um die bloss relative Urteilsfähigkeit zu veranschaulichen, auf die Metaphorik des Schiffbruchs zurück. *Sobald wir uns die Augen ausreiben, be-*

---

35  Eine ausführliche Analyse von *Le Cygne* in: Karlheinz Stierle, *Der Mythos von Paris*, Zeichen und Bewusstsein der Stadt, München und Wien 1993, 852 - 883.

36  Vgl. Kaegi V, 347.

37  GA VII, 426.

*merken wir freilich, dass wir auf einem mehr oder weniger gebrechlichen Schiff, auf einer der Millionen Wogen dahintreiben, welche durch die Revolution in Bewegung gesetzt worden sind. Wir sind diese Woge selbst. Die objektive Erkenntnis wird uns nicht leicht gemacht.* Es gibt keinen festen Standpunkt, von dem aus man als distanzierter Zuschauer auf das wogende Meer des geschichtlichen Geschehens blicken könnte. Die paradoxe Situation desjenigen, der sich um Erkenntnis des Ganzen der Epoche bemüht, wird in eine noch kürzere Formulierung gepackt: *Wir möchten gerne die Welle kennen, auf welcher wir im Ozean treiben, allein wir sind diese Welle selbst.*[38]

Es gibt Momente, da schreibt Burckhardt eine Folge von Jahreszahlen in sein Revolutionsmanuskript hinein, da fragt er sich, bei welchen historischen Wendezeiten sich in der Hauptstadt *Blutdurst, das Bedürfnis, Raub, Irregularitäten zu decken durch eine grosse Schreckenstat* geregt habe.[39] Er denkt an Pariser Szenen aus dem Hundertjährigen Krieg, an die Morde an den Hugenotten in der Bartholomäusnacht, vor allem aber an Marats Bluttaten. Es handelt sich um jene Momente, da Burckhardt tief in die Nachtseiten der Geschichte blickt, da er die Ursprünge des modernen Phänomens des Massenterrors zu ergründen versucht und dabei immer wieder auf Vorgänge stösst, die mit Paris zusammenhängen.[40]

Für Burckhardt enthüllen die Septembermorde in den Pariser Gefängnissen von 1792 das wahre Gesicht der Revolution, deshalb versucht er, Zusammenhänge zwischen Revolution und Terror aufzudecken.[41] Im Unterschied zu andern Historikern begegnet er Schlagworten wie „Massenerregung", „Aufwallung des Volkszorns" oder *„irrésistible spontanéité"* mit Vorsicht, solche Erklärungsmuster könnten den wahren Sachverhalt vernebeln.[42] Er fragt nach der individuellen Verantwortung für die Morde, nach der konkreten Rolle, welche die Clubs und ihre Führer gespielt haben. Er will sehen, wer gelenkt und wer gehandelt hat. Hartnäckig sucht er in den Quellen nach Belegen für seine Auffassung, und er wird fündig. Er kann zeigen, dass für die Schreckenstaten Vorbereitungen getroffen, Befehle gegeben worden sind, dass es ein eigentliches *Mordkomitee* gegeben haben muss, dem auch Marat angehört hat. *Nicht vom Volk in plötzlicher Aufwallung, nicht von der ganzen Bevölkerung ging die Sache aus, sondern sie war von wenigen praemeditiert ... wem man auch die Schuld der blutigen Septembertage beimessen will, so ist es immerhin sicher, da, bevor sie kamen, schon Gruben gegraben, ungelöschter Kalk und Essig gerüstet und 200 galeerenreife Mörder gedungen worden waren. Das Volk selber hatte sich verkrochen; von einem Andrang grosser Massen war keine Rede.*[43] Burckhardt insistiert auf der besonderen Rolle, welche die Hauptstadt gespielt hat: *Die gefährlichsten Ele-*

---

38  GA VII, 477, 426; vgl. Hans Blumenberg, *Schiffbruch mit Zuschauer,* Frankfurt 1979, 64-69.

39  GA VII, 449.

40  Vgl. Max Madörin, *Die Septembermassaker von 1792 im Urteil der französischen Revolutionshistoriographie 1792-1840,* Frankfurt/M. 1972.

41  GA VII, 449.

42  RZ, 240 f.

43  in: Kaegi V, 361; RZ, 240-242.

*mente von Paris ergreifen die Leitung der Revolution. Verhängnisvoll wird die Bedeutung von Paris, viel mehr als die Roms zur Zeit der Bürgenkriege. Die Wut handelt aus Schrecken, der Parisergeist ergreift die Leitung der bisherigen französischen Anarchie, Paris schreibt nicht nur das Handeln, sondern auch das Denken vor.*[44]

*

Die Stadt Paris, die Burckhardt kurz und bündig mit *modernen Gräuelerinnerungen* [45] gleichsetzt, ist nicht nur die Metropole, an der die düstern Signaturen der Moderne früh und klar ablesbar sind. In Paris sind auch die Grundlagen entwickelt worden, die den Rahmen für das moderne öffentliche und private Leben bilden. Wenn bisher hinlänglich dargelegt worden ist, dass Burckhardt kein Freund der Revolution war, dürfen wir nicht unterschlagen, dass er auch die positiven Resultate der Revolution durchaus gewürdigt hat. In den Nachschriften von Studenten zum Kolleg über das Revolutionszeitalter und in den *Historischen Fragmenten* lesen wir Sätze, in denen kein Wenn und Aber vorkommt: *Vor allem hat die Revolution Resultate gehabt, welche uns selber schon völlig bedingen und integrierende Teile unseres Rechtsgefühls und Gewissens ausmachen, die wir also nicht mehr von uns ausscheiden können. ... Die jetzige Zeit: alle Vorrechte hörten auf; vor dem Gesetz Gleichheit; fast gleiche Ämterfähigkeit; Erbberechtigung: wir empfinden dies als Sätze, die sich ganz von selbst verstehen ... Wir sind Kinder der Revolution, weil das Gefühl der Demokratie ein integrierender Bestandteil unseres Rechtsgefühls geworden ist. ... Speziell wir Schweizer und die Nordamerikaner sind Kinder der Revolution und können und dürfen unsere Mutter nicht verleugnen; wir haben die völlige Demokratie von ihr erhalten.*[46]

# London

*Londons Glanz und Elend: erste London-Reise*

Seit 1842 schildert der junge Friedrich Engels in mehreren Zeitungsartikeln die dramatische Umwandlung Englands in eine Industrie- und Handelsmacht. Drei Jahre später veröffentlicht er *Die Lage der arbeitenden Klasse in England*. Englands eigentliche Originalität bestehe, im Unterschied zu Deutschland und Frankreich, in der technologischen Revolution. Am Ende des 18. Jahrhunderts sei mit der *Jenny,* dann mit der *Mule* die Mechanisierung des Spinnens eingeleitet und mit dem Einsatz der Dampfmaschine vervollkommnet worden. In rascher Folge entstanden die ersten modernen Fabrik- und Handelsstädte des britischen Reiches. Im

---

44 GA VII, 428.
45 Br III, 16.
46 GA VII, 420; Kaegi V, 260; RZ, 14.

Abschnitt *Die grossen Städte* schildert Engels die neue städtische Realität in ihrer grandiosen Verkommenheit. Das namenlose Elend jener Bevölkerungsschichten, denen kaum das nackte Leben bleibt, sei nicht das Resultat des Zufalls oder einer undurchschaubaren Unordnung. Engels führt die *misère* auf Ursachen und Gründe zurück, die man kennen kann, die man beheben müsse. Er geht von den ins Auge springenden Kontrasten aus, von Reichtum und Armut, Glanz und Hässlichkeit. An den Anfang stellt er Londons offensichtliche Pracht und Grösse. Er zeigt, wie die kommerzielle Hauptstadt der Welt mit Tausenden von Schiffen an den riesigen Docks sich selber zur Schau stellt. Jeder Reisende ist von der Pracht der Hafenanlage überwältigt. Engels schreibt: *Ich kenne nichts Imposanteres als den Anblick, den die Themse darbietet, wenn man von der See nach London Bridge hinauffährt. Die Häusermassen, die Werfte auf beiden Seiten, ..., die zahllosen Schiffe an beiden Ufern entlang... – das alles ist so grossartig, so massenhaft, dass man gar nicht zur Besinnung kommt und dass man vor der Grösse Englands staunt, noch ehe man englischen Boden betritt.* [47]

Engels hält sich nicht lange beim Grossartigen auf, er wechselt rasch zur Kehrseite und beginnt und von den *Opfern* zu sprechen, *die das alles gekostet hat.* Von jenen Einwohnern der Stadt, *die das beste Teil ihrer Menschheit opfern mussten, um alle die Wunder der Zivilisation zu vollbringen, von denen ihre Stadt wimmelt.* Die Kehrseite von Prunk und Glanz offenbart sich in jenen Vierteln, in denen die Armut gleich neben den Palästen der Reichen zu Hause sei. Durch die enge Nachbarschaft beider Wirklichkeiten nimmt das Hässliche eine gleichsam pathetische Färbung an. In den engen, krummen Gassen der Elendsviertel (von London, Manchester, Dublin etc.) sind die auf den Märkten angebotenen Waren kaum geniessbar. Von den Fleischerläden geht ein abscheulicher Geruch aus, vor den Wohnungstüren sammeln sich Flüssigkeiten in stinkenden Pfützen. So schildert Engels detailliert die soziale Misère, das hautnahe Nebeneinander der verschiedenen Klassen und Stände im Strassengewühl. Mit der Schilderung der *brutalen Gleichgültigkeit* der aneinander vorbeidrängenden Menschenströme, der *gefühllosen Isolierung* des Einzelnen und der *Auflösung der Menschheit in Monaden*[48] behandelt er ein Thema, das man später *die einsame Masse* (David Riesman) nennen wird.

Jacob Burckhardt fährt am 3. Oktober 1860 das erste Mal in London ein. Gleich nach seiner Ankunft schildert er seiner Schwester die ersten Eindrücke. Auch ihn überwältigt das, was Friedrich Engels an den Anfang gesetzt hat: *Die Einfahrt in London auf der Themse war unbeschreiblich grossartig, als wenn aller Welt Schiffe Reichthümer im schönsten Herbstwetter rein mir zu Ehren hier zusammengebracht wären.* [49] Burckhardt ist kein Sozialhistoriker. Er ist der Kunstsammlungen wegen nach London gefahren, und so besucht er die ägyptischen und griechischen Sammlungen im British Museum. Den Reichtum dieser Sammlungen findet er

---

47 Friedrich Engels, *Die Lage der arbeitenden Klasse in England*, in: MEW, Bd. 2, 256. Vgl. H. Lebevre, *La pensée marxiste et la ville*, 1972 (dt. Ausg. 9 ff.).

48 MEW, Bd. 2, 260.

49 Br IV, 63.

*fürchterlich, écrasant.* Trotz Galeriebesuchen nimmt er sich aber Zeit, auf Rundgängen *Londons Colossalität* zu erkunden. Einen ersten Spaziergang unternimmt er in die reichen, stillen Quartiere im Westen. Er rühmt die weiten Gärten und Plätze zwischen den Palästen, die Squares, und wundert sich, weit und breit keinen Kramladen zu sehen, *bis man irgend einen Winkel entdeckt, wo Kutscher und Bediente ihre Schnäpse und dergleichen kaufen.* Auf einem andern Ausflug lernt er das Hafenquartier mit den Docks kennen. Dort atmet er zwischen den Lagerhäusern die weite Luft des Ozeans und den fremden Duft der Gewürze. Er stösst auf die riesenhaften Gebäude, wo Elfenbein und Indigo gelagert und gehandelt werden. Zwischen dem Mast- und Takelwerk hört er Rufe in *wildfremden Sprachen.* Schwarze und Gelbe sieht er *in allen Nuancen. Von den Farbigen, die ich hier sehe, sind die Bengalesen die interessantesten, mit geistreichem, edlem Ausdruck.*

Nach zwei Wochen Londonaufenthalt rühmt er die Freundlichkeit der Engländer, dann fährt er fort: *London hat mir sehr bedeutende und bleibende Eindrücke hinterlassen, und ich bilde mir ein, dass mein Urtheil über die Dinge dieser Welt in diesen 14 Tagen um ein Beträchtliches gereift und erweitert worden sei. Ich weiss wenigstens, dass ich unendlich mehr als ich meinte, nicht weiss und nie begreifen werde, und das ist schon ein Gewinn.*[50]

## Die Entstehung der Weltwirtschaft

Es dauert neunzehn Jahre, bis Burckhardt ein zweites Mal − und jetzt volle fünf Wochen lang − in Englands Hauptstadt weilt. Das Land ist seit 1860 ein anderes geworden. Man lebte nun unter dem konservativen Ministerium Disraelis, das eben seinen Krieg in Afghanistan führte, die Burenrepublik in Transvaal zur britischen Kolonie gemacht und in Zypern die Verwaltung übernommen hatte. Es war zehn Jahre her, seit der Suezkanal eröffnet worden war. Seit zwei Jahren war die Königin Victoria Kaiserin von Indien.[51]

Burckhardt hat sich, im Zusammenhang mit den Vorlesungen über das 17. und 18. Jahrhundert und das Revolutionszeitalter, mit den Grundlagen des technisch-industriellen Zeitalters auseinandergesetzt. Er hat die Entstehung der Weltwirtschaft analysiert und dabei Englands führende Rolle herausgearbeitet. *Seit 1815 findet eine zunehmende Industrialisierung der Welt statt, woneben der grosse Grundbesitz völlig zurücktritt. Maschinenarbeit hat alle ältere Technik weit überholt; Kapitalien werden zur Gründung, Menschenmassen zum Betrieb der Fabriken konzentriert, zugleich tritt eine enorme Ausbeutung des Kredits auf. Die Maschine wird auch im Grossbetrieb des Ackerbaus verwendet. Endlich stellen sich die Eisenbahnen, Dampfschiffe und Telegraphen in den Dienst des Verkehrs. Alle Waren können weit reisen, es findet eine europäische Ausgleichung statt; aller lokale Charakter der Produktion hört auf, soweit es nicht die unmittelbare Benützung der Produkte des betreffenden Bodens*

---

50  Br IV, 67 f.
51  Kaegi (1962), 11 f.

*betrifft. Dazu tritt endlich der Handel, die Speculation und endlich der Gewinn auf Papieren.*[52]

Burckhardt geht auf die innere Dynamik der Industrialisierung und auf die neuen Möglichkeiten des Welthandels ein, zeigt, wie die Kleinteiligkeit des lokalen Verkehrs gesprengt, wie der regionale und nationale Handel in grösseren Wirtschaftsräumen aufgeht: *Handel und Gewerbe verlieren allmählich ihre mehr lokale Natur, und es beginnt ein stärkerer Ausgleich in die Ferne. Bei den ozeanischen Völkern kommt hinzu die Ausbeutung ihrer Kolonien ... Allein es dauert noch lange, bis der sogenannte normale Kreislauf eintritt. Einfuhr der kolonialen Rohprodukte und Zwangsconsumo der heimischen Industrieprodukte durch die Kolonien.*[53] Er schildert den Wandel von der kleinteilig organisierten alteuropäischen Wirtschaftsstruktur bis hin zur Expansion des Industriekapitalismus; in diesem Punkt trifft er sich mit der Analyse von Karl Marx, der *die eigentliche Aufgabe der bürgerlichen Gesellschaft* in der *Herstellung des Weltmarktes* sieht.[54]

Burckhardt fährt fort: *Zugleich aber, durch Einwirkung der grossen Städte, kommt die Wut des schnellen Reichwerdens auf, l'amour du million, weil dies eben der Ma stab des Daseins ist.*[55] England und mit ihm ganz Europa sei zum *Raspelhaus für alle fünf Weltteile geworden; industrielle und politische Superiorität wird als zusammenhängend betrachtet.*[56] Es gibt Momente, da wird für Burckhardt London zum Inbegriff für alle politischen und wirtschaftlichen Erscheinungen der Moderne. Wenn ihn die Allgegenwart der Steinkohle – die Grundlage für industrielle Produktion – *empört,* meint er damit: die Steinkohle sei *ein wahres Symbol alles widerlich modernen Lebenstriebes;* sie verfolge einen auf Schritt und Tritt. *Die Steinkohle ist das Moderne in seiner Zudringlichkeit.*[57]

## Die Weltmacht der englischen Sprache

Im Vortrag *Über das Englische als künftige Weltsprache,* gehalten 1872 vor jungen Basler Kaufleuten, sagt Burckhardt klipp und klar, dass die englische Sprache die künftige Weltsprache sein werde. *Auf dem Meer hört man nur noch englisch sprechen, und auf den Ozeanen herrscht das Englische unverhältnismässig vor, obwohl es noch ein paar andere europäische Handels- und Kriegsmarinen gibt.* Die ungeheure Ausdehnung der englischen Sprache ist eine logische Folge der Ausbreitung der angelsächsischen Bevölkerung. Zuerst auf dem nordamerikanischen Kontinent, dann in Australien sieht Burckhardt ein grosses Volk englischer Zunge entstehen, dann werde sich das Englische in Neuseeland und Polynesien weiter verbreiten. Wie im-

---

52 GA VII, 424 f. (Historische Fragmente).
53 GA VII, 379.
54 Marx an Engels, 8. 10. 1858, zit. in: Hardtwig, Wolfgang (1974).
55 GA VII, 424 f.
56 GA VII, 380.
57 Br V, 64 f.

mer auch die Zukunft des britischen Reiches aussehen möge, in Sprache und Sitte und im Geschäft bleibe die Vorherrschaft des Englischen bestehen. Die englische Sprache erfülle eben die Hauptbedingung, um sich aussereuropäische Geltung zu verschaffen, sie sei *grammatikalisch einfach, kurz und klar.* Die nicht englischen westeuropäischen Sprachen werden in arge Bedrängnis geraten. *Einzige Rettung eines nicht englisch verfassten Buches wird seine Übersetzung ins Englische sein.*[58]

Bei Schopenhauer sah die Sache noch anders aus. Er übersetzte keines seiner zahllosen Zitate aus dem Griechischen und Lateinischen ins Deutsche. Er war sich völlig sicher, dass alle seine Leser diese beiden Sprachen beherrschten. Er fühlte sich aber genötigt, alles Englische übersetzen zu müssen, weil dies, so meinte er, kein Kontinentaler verstehe.

*Zweite London-Reise*

Kurz vor der zweiten Abreise nach London meint Burckhardt missvergnügt: London war mir schon vor 19 Jahren unlieb. Wie er am 30. Juli 1879 von Dover her der grossen Menschenwüste[59] entgegenfährt, wird er sich der Konturlosigkeit der Grossen Stadt bewusst: Wo London eigentlich beginnt, kann kein Mensch mehr sagen; die letzten Stationen hindurch fährt man schon lange in der Stadt, und zwar in der Höhe, so dass man vielen Leuten in die Höflein hinein sieht, wo irgendwo ein Paar gewaschene alte Hosen trockneten.[60] Aus dem Steinkohlendunst sieht er eine Menge feierlicher Gebäude aufsteigen, und beim Bahnhof Charing Cross setzen ihn die Colossalität der Gebäude und das Meer von Omnibussen und Droschken vollends in Erstaunen.

Schon während der ersten Tage erschreckt ihn die *Verscheusslichung* des Stadtanblicks. Um die Eisenbahn ins Zentrum der Stadt zu führen, habe man mit dem Bau einer hohen, gradlinigen Gitterbrücke den schönsten Anblick der Themse *geschändet.* Der Kopfbahnhof von Charing-Cross sei ein *grässlicher Damenkoffer... Als ich gestern abend im Vollmond auf der Waterloobridge wandelte und den frühern wunderbar malerischen Anblick der Parlamentshäuser, der Westminster Abtei und des Lambeth Palace entzwei geschnitten fand, hätte ich wahrlich heulen mögen. Die Dämmerung und der aufsteigende Vollmond machten die Sache erst recht schmerzlich. Auch weiter unten, gegen London Bridge hin, liegt ein ähnliches Scheusal von Gitterbrücke.*[61]

Der Einundsechzigjährige berichtet einmal indigniert, *dass abends gewisse Damen einen alten Mann wie ich buchstäblich anrempeln.*[62] Während des sechswöchigen Aufenthalts fühlt er sich als Mitbürger von viereinhalb Millionen *sogenannten*

---

58 Kaegi (1962), 62 ff., Kaegi V, 608 ff.
59 Br VII, 34.
60 Br VII, 36.
61 Br VII, 43, 55.
62 Br VII, 53.

*Seelen* und rätselt: Wenn London einmal zehn Millionen Einwohner hat, *so wird's noch ganz anders aussehen.*[63]

### Grossstadtleben

Wenn die Londoner *City* Vielfalt, Abwechslung, Bewegung, Dynamik verkörpert, so steht – aus heutiger Sicht – *suburb* für Gleichförmigkeit, Ruhe, Langweile, Einsamkeit. Obwohl die Villa im Grünen gewisse Annehmlichkeiten bietet, sind die abgelegenen Vororte zum Wohnen nicht besonders attraktiv. Die Degradierung des Vororts zum komfortablen Gefängnis für die Ehefrau oder zur Schlafstadt hat Burckhardt noch nicht gesehen: *Ich begreife jetzt, dass wer es nur irgend vermag, auf dem Lande wohnt und täglich zu den Geschäften hinein und abends wieder herausfährt... Hier will man besonders im Winter ausserhalb der Stadt sein und möglicher Weise klare Morgen und Abende geniessen, während London in selbstmörderischem Nebel liegt.*[64]

Dem Leben in der Grossen Stadt konnte Burckhardt durchaus einen Reiz abgewinnen. Das Fahren in der neu erbauten unterirdischen Eisenbahn hat er genossen. Für wenig Geld, schreibt er, *kommt man in der Stadt herum und hat dabei das hiesige Menschenleben im Extract vor sich. Die Stationen haben Tageslicht, und jede ihren Buchhändler und ihr Buffet.*[65] Bei Gelegenheit macht er sich Gedanken über die neuen Reklamewände. Auf einem Plakat sieht er einen tüchtig ausschreitenden Gentleman, der für neue Stiefel wirbt, darunter den Slogan: *Five miles an hour.* Wird mit solch einer Reklame, fragt er sich, nicht das Unterbewusste angesprochen? *Der Dubel von Publicum ist so stumpf, dass er sich nicht einmal mehr von der Kinderstube her des Märchens von den Siebenmeilenstiefeln erinnert.*[66]

Zur Abwechslung verbringt der Historiker einen vergnüglichen Tingeltangelabend im *Royal Aquarium*, einem riesigen Unterhaltungsmarkt. In der grossen Halle singt man Romanzen und spielt zu Tänzen auf. Es gibt Trödelbuden, billigen Warenramsch und jede Menge Mädchen. In einem hinteren Raum stösst er auf eine Art Kunstausstellung, *wo dasjenige hinkömmt, was kein vernünftiger Mensch gratis begehrt.* Zuletzt könne man noch in ein *Öperlein* gehen – *ich ging* – *die Ouvertüre war hübsch, ja schön, enthüllte sich aber allgemach als die der lustigen Weiber von Windsor* – *dann fing eine Oper an, aus lauter Fetzen von Bekanntem und Volksliedern, sodass ich Lust bekam auszuharren.*[67] Gut gelaunt stimmt er das Lob auf alles Mögliche an, auf das Londoner Essen und Trinken, sogar auf das Klima.[68]

---

63  Br VII, 37, 64.
64  Br VII, 85 f.
65  Br VII, 55.
66  Br VII, 83 f.
67  Br VII, 66 f., 79.
68  Br VII, 54.

*Monumentales Bauen*

> *Die Engländer sind darin gross, dass sie sich nicht im Styl geniren;*
> *wenn es einem Spekulanten… beliebt, sein Haus anglonorman-*
> *nisch oder venezianisch oder gothisch oder Renaissance oder Elisa-*
> *bethan-Style zu bauen, so thut er es.*

London, 4. August 1879[69]

Der Kunsthistoriker, der sein Auge an den Proportionen der italienischen Renaissance geschult hat, fängt an, Londons neue und alte Architektur zu begutachten. Beim Durchstreifen der innerstädtischen Quartiere stösst er auf ausgesprochen schöne Strassenzüge. Dazwischen begegnet er allerhand *grässlichem Zeug:* die Bauten des englischen Historismus. Die Engländer seien fragwürdige Meister in der Anwendung historischer Baustile. *Dem Backstein gewinnt man das Unglaubliche auf bisweilen ganz geniale Weise ab.*[70] In der Nähe der Fleet Street steht das neue Justizgebäude, unweit davon das Record Office, ein Archivgebäude, beides *gotische Burgen der opulentesten Art.* Einige neuere Kirchen sind ebenfalls in neugotischem oder neuromanischem Stil erbaut worden; dadurch hätten *ganze Stassenanblikke von London einen viel grossartigern mittelalterlichen Charakter bekommen als sie im Mittelalter selbst können gehabt haben.*[71] Am Ende seines London-Aufenthaltes schaut sich Burckhardt die City nochmals genauer an: *Es ist lehrreich zu sehen, auf was für Ideen die Architektur gerät, wenn man wenig Platz, aber viel Geld gibt und von ihr das Stattlich-Monumentale fordert, wie es zumal die vielen Banken, Assekuranzgesellschaften und andere Institute verlangen, um ihren Aktionären den gehörigen Respekt einzuflössen.*[72]

Vor vierzig Jahren baute man die Parlamentsgebäude noch in neogotischem Stil, nun ist, wie im übrigen Europa, Neorenaissance Mode geworden. Beim Betrachten des neuen, riesenhaften Ministerialgebäudes in der Nähe von Westminster findet Burckhardt, dass im Vergleich dazu der *Palazzo Farnese an Masse noch eine Hütte ist. Der Hof ist so gross als der Louvre, und alles hat die pomphaftesten Renaissanceformen.* Man könne wahrhaft die Londoner Architekten beneiden, die sich alles erlauben dürften.[73] Er macht sich Gedanken über den allmählichen Verlust eines sicheren Formgefühls: *Alle möglichen Kunsttechniken macht man sich zu eigen, ob aber den Engländern im Grossen der Geschmack und das Maßhalten beizubringen ist, weiss ich im Grossen und Ganzen doch nicht.* Dem Experten für Baufragen, Max Alioth, schreibt er, dass die klassische Formensprache der Architektur dem Ende entgegen

---

69 Br VII, 45.
70 Br VII, 45.
71 Br VII, 63 f.
72 Br VII, 108.
73 Br VII, 57.

gehe. Die Zukunft gehöre der neuen Sachlichkeit: *Du solltest aber London, das moderne meine ich, als Architekt sehen! Das Motto ist: riesig, prächtig und zweckmässig.*[74]

In Londons prachtvollstem Caffeehaus, im *Spiers and Pond*, hat sich Burckhardt ausgesprochen wohl gefühlt. Von aussen beeindruckt das Haus durch reiche Architektur und Skulptur, das Innere ist mit kostbaren Steinplatten ausgekleidet. Das Caffeehaus kommt Burckhardts gelegentlichem Flair für Behaglichkeit entgegen. Besonders ergötzt hat ihn *die Hexerei mit den verborgenen Gasflammen*. Dann beginnt er darüber zu sinnieren, warum Lokale, *wo man die Füsse unter den Tisch strecken und nach Belieben verweilen kann*, so selten werden. Er ahnt, dass die Zukunft der Stehbar und dem Quick Lunch gehört, denn: *der Platz ist das theuerste in London, und ständlingen gehen viel mehr Leute zusammen als sitzlingen.*[75]

*Museen, Sammlungen, Galerien*

Im British Museum, in der National Gallery und im South Kensington Museum hat Burckhardt die *grossenglische Liberalität*[76] schätzen gelernt. Im British Museum interessiert ihn die griechische Abteilung, die Elgin-Marbles. Von der Unmasse der ausgestellten Objekte fühlt er sich bedroht. Ein gewisser Stolz erwacht in ihm, wie er in der ägyptischen Abteilung auf ein Ausstellungsstück stösst, das an einen berühmten Basler Sippengenossen erinnert, an Johann Ludwig Burckhardt. Der unter dem Namen Scheik Ibrahim berühmt gewordene Namensvetter hat in napoleonischer Zeit im Dienste der englischen Afrikagesellschaft Ägypten und den Sudan bereist; er ist zum Islam übergetreten und hat als einer der ersten Europäer Mekka besucht. Zu seinen Funden, die im British Museum ausgestellt sind, gehört der über sieben Tonnen schwere Teil einer Kolossalstatue von Ramses II. Wie Jacob Burckhardt vor dem Riesenkopf steht, meint er augenzwinkernd: *Dies ist mein titre de noblesse im British Museum... Damit man die authentischen Gesichtszüge des grossen Ramses-Sesostris kennen lerne, hat ein Basler kommen müssen.*[77]

Burckhardts zeitweise intensive Beschäftigung mit ägyptischen Dingen hat in London eine humoristische Färbung angenommen. Er, der nie ausserhalb Europas gereist ist, begegnet am Victoria Embankment dem kürzlich aufgestellten ägyptischen Obelisken. Mit dem altägyptische Zeugen, der Nadel der Cleopatra, führt er einen längeren imaginären Dialog.[78] Über das Enträtseln der Cleopatra-Hieroglyphen schreibt er an Max Alioth: Wer diese Schrift ergründen will, muss ein rechter Dubel sein. Im nächsten Brief: Sobald wieder eine Partie mehr dechiffriert sein wird, soll es gemeldet werden, so desobligeant auch der Inhalt für das Menschen-

74 Br VII, 74.
75 Br VII, 50 f., 54 f., 58 f., 62 f.
76 Br VII, 81.
77 Br VII, 88.
78 Br VI, 35; vgl. Elisabeth Staehelin, *Jacob Burckhardt und Ägypten*, in: Zeitschrift für ägyptische Sprache und Altertumskunde, Bd. 101, 1974, 49 ff.

geschlecht lauten sollte, undsoweiter, undsofort.[79] Wie kommt Burckhardt zu den humoristischen Cleopatra-Phantasien? Hat Londons Colossalität nach einem Ausgleich verlangt? Ist die Arbeit in den Museen, die ernsten Dingen gegolten hat, durch abendlichen Ulk kompensiert worden? Wie auch immer, Burckhardt hat auch die so menschliche Gabe des holden Unsinns besessen.[80]

Kurz vor seinem Tod berichtet Burckhardt einem jüngeren Kollegen von seinen Kunstfahrten nach London und meint: wenn man heute die *Dinge, welche unser Sein so mächtig beherrschen,* nur noch *in rasend grossen Städten* und *in grenzenlosem Trubel* aufsuchen könne, so solle man dies allegorisch nehmen. Das *Ewige* stecke heute eben in einem *Lärm von Zeitlichkeit und Augenblick.*[81]

*Mit der Magalopolis leben*

Die abschätzige Bemerkung über die kulturelle Dürftigkeit der modernen Metropolen ist in den *Weltgeschichtlichen Betrachtungen* zu finden. Egon Flaig ist aufgefallen, dass Burckhardt im Alter das unbehagliche Phänomen der Weltstadt gelassener behandelt wie in jüngeren Jahren. Im frühen Buch *Die Zeit Constantins des Grossen* werden die Umrisse der Weltstadt Alexandrien nachgezeichnet. Zuerst rühmt Burckhardt die einst strahlende Megalopolis an der Nilmündung, deren Pracht und geistige Regsamkeit. *Aber nirgends,* fährt er fort, *mochte ein gleiches Mass von Verdorbenheit beisammen sein wie hier, wo drei Völker (die Juden mitgerechnet), alle an ihrem altnationalen Wesen irre geworden, rein polizeilich gehütet werden mussten.*[82]

In seiner letzten Vorlesung über Byzanz nimmt Burckhardt eine radikale Umdeutung der byzantinischen Geschichte vor, räumt er mit alten Vorurteilen auf. Die byzantinische Geschichte lasse sich nicht mit Stichwörtern wie militärische Unfähigkeit, Feigheit, bürokratische Erstickung, kulturelle Sterilität, verkommener Weltstadtpöbel, asiatische Liebedienerei u. ä. resümieren. Aufgrund neuer Einsichten gelangt er zum Schluss, dass das byzantinische Reich von einer Weltstadt zusammengehalten wurde, die öfter auf dem Spiel stand, aber standhielt. Byzanz sei keine verlotterte und verkommene Hauptstadt gewesen! Während beinah tausend Jahren lag die Stadt am Bosporus in permanentem Kriegszustand und entwickelte dabei eine abnorme Widerstandskraft. Die Stadt hatte sich den geschichtlichen Spannungen gewachsen gezeigt.

Flaig fragt sich, warum Burckhardt in der späten Vorlesung die Weltstadt als kulturhistorisches Phänomen nachsichtiger behandelt als in jüngeren Jahren. Vielleicht wurde sich der Kulturhistoriker bewusst, dass das Überleben der europäischen Kultur nur in grossstädtischem Milieu gewährleistet war, dass die kom-

79 Br VII, 46: E. Staehelin, a.a.O., 58 ff. hat aufgrund reichen Briefmaterials eine Art Obelisken-"Roman" zusammengestellt.
80 Br VI, 126.
81 Br X, 229.
82 GA II, 98.

mende Epoche eine weltstädtische sein werde. *Auf diesem Pflaster, so mag der ältere Burckhardt gegrübelt haben, wird Alteuropa „irgendwie" weiterleben müssen oder es wird umkommen.*[83]

# Rom

Rom bildet den Gegenpol zur modernen Grossen Stadt, zu Paris und London. Rom ist zwar auch gross, doch bis gegen das Ende des 19. Jahrhunderts ist die mediterrane Metropole erstaunlich unmodern geblieben. In Rom ist Burckhardt weit weg von der unbehaglichen Moderne, dort kann er sich als *Modernitätsmüder* in Gelassenheit entspannen. Was er in Rom sucht, ist ein spezifisch freies Verhältnis zur Welt: *die Freiheit mitten im Bewusstsein der enormen allgemeinen Gebundenheit.* In der Freiheit der Betrachtung findet er jenen *archimedischen Punkt,* der es ihm ermöglicht, sich von den Zwängen des aktuellen Handelns zu befreien. Schon früh wird er sich bewusst, dass es angesichts eines unermesslichen Elends nur noch ein geistiges Glück geben kann: *rückwärts gewandt* zur Rettung der abendländischen Kulturtradition, *vorwärts gewandt* zur heiteren und unverdrossenen Vertretung des Geistes in einer Zeit, die sonst gänzlich dem Materiellen anheimfallen könnte. In Rom gedenkt er sich der alten Geschichte und der antiken Kunst zu widmen. *Je tobsüchtiger die äussere Welt sich geberdet, desto brennender wird meine Sehnsucht nach dem Schönen, das nicht von dieser Welt ist.*[84] Im Brief vom 28. Februar 1846 teilt Burckhardt einem Studienfreund den Entschluss mit, für längere Zeit nach Italien zu fahren. Der Brief will aufmerksam gelesen werden, enthält er doch ein künftiges Lebensprogramm als auch eine Klärung des politischen Standpunkts.

---

83 Flaig, Egon (1987), 182 ff. Vgl. Kaegi VI/I, 252-268.
84 Br III, 109.

*Eine existentielle Entscheidung*

Hier die zentralen Passagen des Briefes:
*Ihr Wetterkerle wettet euch immer tiefer in diese heillose Zeit hinein – ich dagegen bin ganz im Stillen, aber komplett mit ihr überworfen und entweiche ihr deshalb in den schönen faulen Süden, der der Geschichte abgestorben ist und als stilles Grabmonument mich Modernitätsmüden mit seinem altertümlichen Schauer erfrischen soll... Freiheit und Staat haben an mir nicht viel verloren. Mit Menschen wie ich einer bin, baut man überhaupt keinen Staat; dafür will ich, so lange ich lebe, gegen meine Umgebung gut und teilnehmend sein; ich will ein guter Privatmensch, ein lieblreicher Kumpan, eine vortreffliche Seele sein, dafür habe ich Talent, und das will ich ausbilden... Lieber Sohn, ich glaube in euren Augen einen stillen Vorwurf zu lesen, weil ich so leichtfertig der südländischen Schwelgerei, als da sind Kunst und Altertum, nachgehe, während die Welt in Geburtswehen liegt, während es in Polen an allen Enden kracht und die Vorboten des sozialen jüngsten Tages vor der Tür sind. In Gotts Namen! Ändern kann ich es doch nicht und, ehe die allgemeine Barbarei (denn anderes sehe ich zunächst nicht vor) hereinbricht, will ich noch ein rechtes Auge voll aristokratischer Bildungsschwelgerei zu mir nehmen... Ihr alle wisst noch nicht, welche Tyrannei über den Geist geübt wird, unter dem Vorwand, dass die Bildung eine geheime Verbündete des Kapitals sei, das man zernichten müsse... Es folgt ein unerwarteter Briefschluss: ...denn ich will retten helfen, so viel meines schwachen Ortes ist... Neugestalten helfen, wenn die Krisis vorüber ist.*[85]
Es ist noch keine zwei Jahre her, da hat Burckhardt seine handfeste Erfahrung mit der aufständischen Bewegung in der Schweiz gemacht, mit den Luzerner Radikalen, die 1844/45 wegen der Jesuitenfrage zu Freischarenzügen gegen die katholischen Kantone aufgebrochen sind. Als Berichterstatter und Redaktor der *Basler Zeitung* reiste er nach Luzern und traf dort mit den inhaftierten Volksführern zusammen; dabei habe er, schreibt er einem Freund, der Revolution in *das wüste versoffene Auge* geblickt. Die Erfahrung mit der Mini-Revolution in der Innerschweiz hat ihm ein Maximum an Einsichten eröffnet, hat ihn von den revolutionär gestimmten deutschen Freunden entfremdet: *...Ja, ich will ihnen allen entweichen, den Radikalen, Kommunisten, Industriellen, Hochgebildeten, Anspruchsvollen, Reflektierenden, Abstrakten, Absoluten, Philosophen, Sophisten, Staatsfanatikern, Idealisten, -aner und -iten aller Art.*[86] Die Wege von Burckhardt und seinen deutschen Freunden haben sich getrennt. Gottfried Kinkel ist zu einem Wortführer der 48er Bewegung geworden, nahm an einem Putschversuch teil, geriet in Gefangenschaft und konnte dann nach England entfliehen. Burckhardt traf seine Entscheidung, die eine existentielle war. Er entwich in den schönen faulen Süden, allerdings nicht ohne Verantwortung zu übernehmen. Aus seiner Privatheit heraus wolle er, *wenn die Krisis vorüber ist,* beim Neugestalten helfen.

---

85 Br II, 208-211.Vgl. Hardtwig, Wolfgang (1991), 111 - 131.
86 Br II, 208.

Sein *Interesse*, für das unterzugehen er bereit ist, sei *die Bildung Alteuropas*. Was ist mit dieser nicht sogleich einsichtigen Kurzformel gemeint? Der Historiker sah den geistigen Besitz von mehr als zwei Jahrtausenden europäischer Vergangenheit gefährdet, und so gedachte er, sich Geschichte, Kunst und Poesie in aller Ruhe anzueignen und später im Herzen einer Anzahl von Menschen wach zu erhalten. Gibt es dafür einen besseren Ort als eine Stadt, wo die Zeit stillzustehen scheint?

### Ein langes Sehnen

Das Thema Burckhardt und Rom beginnt mit Gedankenspielen und Träumereien. In den Jahren des deutschen Vormärz liest er die Mignon-Lieder von Goethe, Gedichte von Platen, Heines Reisebilder. Am nachhaltigsten hat ihn das romantisch verklärte Italienbild jenes Dichters geprägt, der den südlichen Boden nie betreten hat: Eichendorff.[87] Burckhardt hat den *Taugenichts*, das *Marmorbild* und mehr als einmal jenen Roman, der der Wirklichkeit des Lebens so fern zu stehen scheint, *Dichter und ihre Gesellen,* gelesen. Allmählich dringt eine heimlich-unheimliche Gefühls- und Stimmungswelt in seine Phantasie ein. Immerwiederkehrende Symbole und Motive, die sogenannten eichendorffschen Formeln, besetzen seine Vorstellungswelt: die Morgen-, Abend- und Nachtstimmungen, die Aussichten auf Gebirge und Ströme, die Traum- und Seelenlandschaften, die Mondlichtstimmungen. Bisweilen weht der eigene, ganz spezielle eichendorffsche Duft in seinen Schilderungen: *Man kann im Norden den Namen Florenz nicht aussprechen, ohne an hohe Paläste im Mondschein, Gärten, Terrassen, kühle Kirchen, Pinien und tiefviolette Bergschluchten zu denken; hier beginnt das Land der Träume.*[88]

Lange vor der ersten wirklichen Romreise bildet sich eine tiefe und über Jahre hin unerfüllte Romsehnsucht aus. Burckhardt ist noch keine zwanzig Jahre alt, wie er im novemberlichen Basel sein Sehnen in elegische Verse packt. In einer Art Vorgesicht sieht er sich auf *heiligem Weg* von Stadt zu Stadt ziehen. *Aus dem nebligen Duft der Campagna* steigen riesige Bauten auf. Es fehlen weder die *stillen Gärten* noch das *Flüstern* und das *Liebkosen* der Platanen und Pinien. Beim Aufsteigen des Mondes hinter dem Capitol erwarte ihn die *Nähe von Gott und Glück*.[89] Sogar seinem baslerischen Zuhause am Münsterplatz gibt er ein Eichendorffdekor: *Jetzt steigt der Vollmond über die Dächer und scheint in den Garten, und ich höre durch's Fenster das kleine Brünnlein in unserm Hofe fliessen* – hätte er statt fliessen rauschen in seinen Brief hineingeschrieben, hätte er den speziellen Eichendorffton noch exakter getroffen. Wiederum an einem Novembertag überkommt ihn mitten in den Vorbereitungen für die Vorlesungen eine romantisch gestimmte Lust zum Aufbruch ‹gen Süden: *Jetzt ist's wieder mildes Wetter und Mondschein, da habe ich allerlei Posthorn- und Reisephantasien.* Mit dem lebensquirligen Taugenichts ruft er

---

87 Vgl. dazu die Studie von Rehm, Walther (1964), 276 - 343.
88 GA I, 40.
89 Gedichte, 33.

aus: *Nach Italien, nach Italien!* nur weg aus der heimatlichen Enge, weg von der leeren Betriebsamkeit, hinein ins *ewige, unparteiische, unmoderne, tendenzlose, grossartig abgethane Rom.*[90]

## Erste Eindrücke

Wie gehen nach der Einfahrt in Rom das Gelesene und Geträumte ins Erlebte über? Ein Zeugnis dafür, wie das geniessende tatsächliche Wahrnehmen mit dem früher Imaginierten zur Deckung gelangt, stellt der Brief dar, den Burckhardt an einem Maienabend bei schönstem Mondenschein verfasst. Er wisse noch nicht, schreibt er einem ehemaligen Lehrer, wie er sein jetziges römisches Lotterleben zu Ende bringe. *Es ist hier buchstäblich ein Jugendtraum wahr geworden, es sind die Paläste im Mondschein, dann links ein ungeheures Panorama vom Pantheon bis Monte Pincio, jetzt in das schönste Silberlicht getaucht, endlich rechts über einige friedliche Klöster und zerfallene Mauern weg der schwarze Pinienhain von Villa Ludovisi; unten aber auf dem barberinischen Platz, tief zu meinen Füssen, spritzt ‹mein Freund der Triton› seinen schimmernden Strahl in die Mondnacht.* Um den Wirklichkeitscharakter der Schilderung zu beteuern, fügt er bei: *dies alles ist ungelogen und buchstäblich so.*[91]

Mit der Zeit hört Burckhardt auf, Rom durch die Brille der Romantiker zu betrachten. Sein römisches Lotterleben geht allmählich in eifriges Notizenmachen über, die Stadt will nach allen Richtungen erkundet werden. Was sich anfangs dem Auge als ein *wundersam zusammengesetztes* Ganzes, bestehend aus *Erinnerung und Genuss*, dargeboten hat, will jetzt genauer gekannt und erkannt sein. Während zwei Wochen zieht er, den Stadtplan in der Hand, kreuz und quer umher. *Der Genuss Roms ist ein beständiges Errathen und Combiniren; die Trümmer der Zeiten liegen in gar rätselhaften Schichten übereinander.* Unter dem Volk der Römer fühlt sich Burckhardt von Anfang an wohl, und für die römischen Bettler, für ihre Gelassenheit und Würde, hat er lobende Worte; sie seien nicht aufdringlich und hätten eine eigentliche *Kunst der Artigkeit* hervorgebracht.[92]

Mitten in Rom gibt es einen Ort, wo es keine Bettelei gibt: das römische jüdische Ghetto. Dort ist ein Stück Mittelalter einbalsamiert. In den engen Gassen wird dem Fremden ein bedeutsames Stück Vergangenheit handgreiflich zur Anschauung gebracht. Die *industrielle Oase inmitten des trägen Roms* hat Burckhardt im letzten Jahre des Bestehens noch gesehen. *Während ganz Rom faulenzt, ist das Ghetto fleissig, während Rom in Lumpen einhergeht, trägt das Ghetto ganze Kleider, während dort alles bettelt, wird man hier nie um einen Almosen angesprochen.* Die Juden im Ghetto müssen sich zweimal monatlich (mit verstopften Ohren) eine Bekehrungspredigt anhören.[93]

---

90  Br II, 212.
91  Br III, 18.
92  Br III, 15-18.
93  Aufsätze, 143-145.

Im Anblick des Schönen, beim Studium der Kunstwerke, beim Gang durch die Galerien und Kirchen, erlebt Burckhardt Momente unsäglichen Glücks. Davon zeugen nicht wenige Stellen im *„Cicerone": Die Hauptsache ist immer die Wirkung des Kunstwerkes auf den Menschen, das Entzünden einer entgegenkommenden Phantasie.* Den Zustand des ruhigen Glücks der Seele erlebt Burckhardt nicht bloss beim betrachtenden Geniessen des Kunstschönen, er kann sich auch ohne äusseren Anlass, einfach so, einstellen. Von der Flüchtigkeit eines geschenkten Augenblicks spricht er in einem Brief an Gottfried Kinkel: *Ich könnte Dir in Rom verschiedene Stellen zeigen, auf der Strasse, in Gärten, wo mich ohne besondern Anlass das Gefühl überraschte, dass ich jetzt vollkommen glückselig sei; es war eine plötzliche, vom Genuß nicht abhängige, innere Freude. Eine dieser Stellen ist auf der Treppe des Palazzo Farnese, beim ersten Absatz, also nicht einmal eine sonderliche Localität. Eine andere Stelle, wo ich in den ersten Tagen des Mai einmal dasselbe Gefühl hatte, ist rechts von der Fontana Trevi.*[94]

### Die römischen Skizzenbücher

Da sich Burckhardt für den zweiten Rom-Aufenthalt 1847/48 keine grössere planmässige Studie vorgenommen hat, bleibt Raum für beschauliche Momente. Wie wohl nie mehr in seinem Leben hat er während jener römischen Herbst- und Wintermonaten das zwangslose Zeitverbringen ganz einfach genossen. In der umfassenden Bedeutung des Wortes ist Genuss kein oberflächliches Vergnügen; Geniessen heisst, etwas bis ins Tiefste mit Geist und Sinnen erfassen. Zum genussvollen römischen Leben gehört das Skizzieren von Architektur. Sein zeichnerisches Können hat Burckhardt nicht überschätzt, spricht er doch leichthin von seiner *stümperhaften Zeichnerei*, nennt er sich einmal *einen gar höllischen Pfuscher.*[95] Zu einer Skizze eines Palazzo meint er lachend, er zeichne die Säulen *wie gestreckte Bratwürste.* Lassen wir uns von den kokettierenden Bemerkungen nicht irritieren. Unter den Skizzenblättern finden sich Juwelen zeichnerischer Schönheit. Nach seiner Rückkehr nach Basel hat er aus den sechs römischen Skizzenbüchern vierundzwanzig Blätter ausgewählt, zurechtgeschnitten und sorgfältig aufgeklebt. Auf das Deckblatt setzt er feierlich einen Romhymnus aus dem Mittelalter, der mit den Worten *O Roma nobilis* beginnt.

---

94 Br III, 37.
95 Vgl. Yvonne Boerlin-Brodbeck, *Einführung* in: Die Skizzenbücher Jacob Burckhardts, Beiträge zu Jacob Burckhardt, Bd. 2, Basel 1994, 9-25.

# JACOB BURCKHARDT:
# AUS DEN RÖMISCHEN SKIZZENBÜCHERN

Burckhardt hat den römischen Stadtorganismus schauend, horchend und zeichnend erwandert. Über das wechselvolle Geschick der Stadt mag er sich beim Skizzieren der Kirchen und Paläste, der Strassen und Treppen, der gekrümmten Gassen und plätschernden Brunnen, der Torbogen und Durchgänge – der Passagen – seine Gedanken gemacht haben. In den hier ausgewählten Zeichnungen, entstanden im Herbst 1847 und Frühling 1848, ist ein Hymnus auf die Roma nobilis enthalten.

1   Im Hof des Palazzo Albani. Brunnenanlage, darüber ein gesprengter Segmentgiebel. Rechts daneben ein weiterer Brunnen in einer kleineren, mit einer Muschel geschlossenen Nische.

2   Der Portikus von S. Cosimato, im Süden von Trastevere.

3   Vor der Porta del Popolo. Von hohen Gartenmauern und schattenden Bäumen gesäumte Strasse, die von einer Verbindungsbrücke überwölbt wird.

4   Gegen Porta S. Pancrazio. Das Tor selber ist hinter der Wegbiegung verborgen.

5   Colonnette de' Barberini. Ein Stichgässlein, das zur Piazza Barbarini hinunterführt – heute ein verschüttetes Idyll. Auf dem Talboden eine Gruppe von Bocciaspielern, ein kleiner Ausschnitt volkstümlichen Lebens.

6   Arco de' Saponari. Eine auf das Kapitol zuführende Gasse. Links auf der Terrasse scheinen drei Theaterfiguren zu agieren.

7   Via di S. Francesco di Paola. Treppenaufstieg, unter einer gewölbten Passage hindurch.

8   Forum Augusti. Durchblick zur Via Bonella (heute zugemauert). Vor dem Torbogen ein Verkaufsstand, der durch eine Menschengruppe belebt wird.

9   Narni. Umbrisches Städtchen zwischen Hügeln, eine Zeichnung, welche die enge Beziehung zwischen Landschaft und Architektur zum Ausdruck bringt. Über dem tief eingeschnittenen Flusstal der Nera die dicht gedrängten Häuser.

10  Der Ponte Nomentano gegen Monte Sacro. Brückenlandschaft mit einem mittelalterlichen Kastell, ein unberührtes Bergidyll, das wenige kennen und stille Schönheit ausstrahlt.

Im Hof von Palazzo Albani,
bei den vier Brunnen.

1

Eingang von S. Cosimato.

2

Vor Porta del Popolo.

3

*Gegen Porta S. Pancrazio hinauf.*

4

5

6

7

8

9

10

Das Romalbum stellt etwas Einzigartiges und in sich Geschlossenes dar. Jedes einzelne Blatt bringt zum Ausdruck, dass das Zeichnen eine lustbetonte Beschäftigung war, *ich kritzle in Eile, was mir gefällt*. Die Skizzen sind entlang der Hügel entstanden, am Esquilin, am Quirinal, am Palatin, an den Stadträndern. Der Stadtorganismus in seinem wechselvollen Geschick ist gleichsam schauend, horchend und zeichnend erkundet worden. Auffallend ist, wie der dilettierende Zeichner sich nicht einfach vor die berühmten Bauwerke hinsetzt, wie er die erdrückende Frontalansicht vermeidet. Er bevorzugt einen ungewohnten Standort, die intime Perspektive. Berühmte Gebäude werden als Teilansicht, von der Seite her, skizziert. In die Zeichnungen fliesst einiges von dem ein, was den Orten und Gebäuden eine spezielle Stimmung verleiht: das Wasserspiel eines Brunnens, die Krümmungen einer Gasse, die Wege den Mauern entlang, ausgefahrene Karrengeleise auf den Wegen. Man hat den Eindruck, der Zeichner vergegenwärtige noch einmal vergessene urbane Knotenpunkte eines uralten Stadtwesens. Indem er Motive wie Gassen, Hohlwege, Brücken, Torbögen, Durchgänge ins Bild rückt, bekundet er eine Affinität zum städtischen Topos der *Passage*.[96] Auf Zeichnungen, die von einem erhöhten Standort aus angefertigt worden sind, wird das Ganze des Stadtorganismus eingefangen.

Burckhardt entwirft seine Skizzen nicht mit souveränem, genialischen Schwung. Wer aber die fein gearbeiteten Zeichnungen auf sich wirken lässt, wird in Gedanken nochmals den monumentalen Fassaden und den leicht geschwungenen Mauern entlang gehen – und dabei leichter durchatmen.

### Die beiden letzten Romreisen

*Ich will noch einen Trunk tun aus diesem goldenen Zauberbecher.*

Brief vom 22. März 1847[97]

Welches Rom betritt Burckhardt 1875 und 1883? In den Jahren 1859 und 1860 wurde Italien durch eine Reihe überstürzter Feldzüge und Revolutionen geeint. Während des italienischen Einigungsprozesses ist die wichtige Frage der Hauptstadt nicht gelöst worden. Nach einem zehnjährigen politischen Ringen wurde die Stadt dem Papst mit militärischen Mitteln entrissen. Das geeinte Italien bezog also erst 1871 seine Hauptstadt. Nun setzte ein langwieriger und chaotischer Bauprozess ein. Die im Entstehen begriffene Hauptstadt verabschiedete sich von der Langsamkeit und dem Müssiggang des päpstlichen Rom, von den engen, verwinkelten, schattigen Gassen; von einem beinah noch ländlichen Volksleben mit Hühnern, Eseln, Wäscheleinen, Knoblauchbündeln. Neue städtische Strukturen

---

96 Yvonne Boerlin-Brodbeck, *Jacob Burckhardts römische Skizzenbücher*, in: Jacob Burckhardt und Rom, Referate eines Kolloquiums, Rom 1988.
97 Br III, 58.

wurden aufgebaut: Verwaltung, Schulwesen, Wohlfahrt, Bauplanung. In den Neu-
baugebieten entstanden fortschrittliche Musterquartiere: gerade Strassenführung,
rechter Winkel, Hygiene, Gleichförmigkeit. Trotz der gewaltigen Transformationen wurde Rom aber nicht – im Unterschied zu Paris, London oder Berlin – zu
einem ökonomischen Zentrum, denn es fehlte die Industrie. Rom blieb eine Stadt
der Verwaltung und des Tourismus, es blieb die bis heute beklagte verbrauchende,
parasitäre Stadt.[98] Dass bei der städtischen Umwandlung kaum eine Kirche der Renovierung entging und auch das antike Rom tüchtig ausgebessert wurde, können
wir bei Gregorovius nachlesen: *Rom ist ein übertünchtes Grab geworden. Man streicht
die Häuser, selbst die alten ehrwürdigen Paläste, weiss an. Man kratzt den Rost der
Jahrhunderte ab – und da zeigt sich erst, wie architektonisch hässlich Rom ist. Man hat
sogar das Kolosseum rasiert, das heisst von allen Pflanzen reinigen lassen, die es so schön
schmückten... Die Klöster werden zu Bureaus umgestaltet; man öffnet die versperrten
Klosterfenster oder bricht neue in die Mauern oder schafft neue Portale... Das alte Rom
geht unter.*[99]

In gewohnt fortschrittsablehnender Manier kommentiert Burckhardt den Wandel der Stadt. Dass sich die Stadt mit dem Bau des Corso Vittorio Emanuele und
der Via Nazionale dem Verkehr öffnet, erzeugt bei ihm inneres Grollen. Unwirsch
schreibt er: *Es soll eine grosse Arterie durch die Stadt gebrochen werden.*[100] Das Herumschlendern im Trastevere werde *einem verleidet durch diese Menge von Karren
und abgerissenen Menschen. Man lässt in der ganzen trottoirlosen alten Stadt Omni-
busse nach Belieben zirkulieren, und wenn die Römer das Fahren nicht vorzüglich ver-
ständen, so gäbe es ein Unglück nach dem andern.* Die Umwandlung von *guten alten
Caffes* in *Caférestaurants* verheisse nichts Gutes – *ein guter Restaurant wie Falcone
oder Rosetta wird doch nicht daraus.* Burckhardt fängt an, die Veränderungen im
Innendekor der Cafés unter die Lupe zu nehmen. Den politischen Wandel glossiert
er anhand herumstehender Nippes. Über dem Büffet der grösseren Lokale sieht er
bisweilen noch die Madonna mit Lämpchen, manchmal die Madonna mit einer
Anzahl von Schnäpsen davor, in den aufgeklärten Cafés nur noch die Büste von
Vittorio Emanuele, *meist tief verstaubt.*[101]

Der bald Sechzigjährige wird sich vor den Kunstwerken bewusst, dass sein Wahrnehmungsvermögen im Vergleich zu früheren Jahren beträchtlich gewachsen ist,
dass er vieles sieht, was ihm bis jetzt verborgen geblieben ist. Als unangenehm empfindet er eine im Entstehen begriffene Menschengruppe: die englischen und die
deutschen Bildungstouristen. Er findet es lächerlich, wie junge *Deutschinnen* mit
dem Baedeker unter dem Arm militärisch vorbeimarschieren. Die Mehrheit der
bildungsbeflissenen Reisenden, meint er, *gehören zu jenen modernen Busspilgern, die
nicht mehr mit Steinen in den Schuhen und Geisselstriemen auf dem Rücken den römi-*

98 Vgl. dazu Gustav Seibt, *Rom oder Tod. Der Kampf um die italienische Hauptstadt,* Berlin
  2001, 224 ff.
99 F. Gregorovius, zitiert in: Dieter Siegert, *Rom vor hundert Jahren,* München 1985, 8.
100 Br VIII, 141.
101 Br VI, 22.

*schen Ablasskirchen nachziehen, sondern ihre Busse durch mörderische Langeweile vor Kunstwerken, an denen sie nichts haben, abmachen müssen.*[102]

Nach wie vor liebt Burckhardt das römischen Volk, die Männer, die auf ungesattelten Pferden reiten und mit denen man leicht in ein gutes Gespräch kommt. *Welche Schönheit, Klarheit und Charakterfülle in diesen Gesichtern! Mager zum Teil, auch alt und verwittert hin und da, aber alles entschieden, ehern...*[103]

### Abschied nehmen

Die Romreise von 1883 steht unter dem Zeichen des bewussten Abschiednehmens. An einem Nachmittag, bei reichlicher Gluthitze, legt der Fünfundsechzigjährige seinen Rock über den Arm und schlendert zur Villa Ludovisi. Er besucht einige Kirchen und ruht sich in einer ländlichen Osteria aus. Zufrieden stellt er fest: *Wie altgewohnt sieht da alles aus.*[104] Wie in jungen Jahren unternimmt er Spaziergänge weit in die römische Campagna hinein. Einmal wandert er vor die Porta San Pancrazio hinaus, erst bei Sonnenuntergang nähert er sich wieder der Stadt. *Es ist etwas eigenes mit dieser römischen Landschaft; man sollte einmal mit dieser uralten Person ein ernsthaftes Wort darüber reden, was sie eigentlich für ein Privilegium hat, den Menschen zeitweise auf das Höchste aufzuregen und dann in Wehmut und Einsamkeit stehen zu lassen.*[105] Ein anderes Mal wandert nach San Lorenzo fuori le mura hinaus. Es beginnt zu regnen, dann hört es auf. Zur Stunde des Sonnenuntergangs gelangt er in die Nähe der Albaner Berge. *Es ist mit diesen Partien ausserhalb der Mauern eine verwunschene Geschichte, die Sehnsucht nach diesen in der Jugend besuchten Gebirgen wird zu einer unendlichen Wehmut.*[106]

Wir wissen, dass die Gemälde von Claude Lorrain und Nicolas Poussin, die in den brachliegenden Latifundien der Campagna, den merkwürdigen Traumlandschaften, entstanden sind, ein heftiges Heimweh nach dem unvergänglichen Rom hervorgerufen haben. Eine vergleichbar starke Sehnsucht nach dem heruntergekommenen Rom hat auch Julien Gracq empfunden. Es brauche wenig, meint er, um ein sehnend-sehrendes Gefühl hervorzurufen: *die Arie des Ziegenhirten, der im letzten Akt der* Tosca *mit seinen Ziegen an den Mauern der Engelsburg vorbeizieht... Schon höre ich das leise, träge häusliche Treiben, die Stille nach dem Löschen der Lichter, als hätte ich immer dort gelebt.*[107]

---

102 Br VI, 26.
103 Br VI, 21-33; III, 63.
104 Br VIII, 144.
105 Br VI, 31.
106 Br VIII, 153.
107 J. Gracq, *Witterungen II* (Originaltitel: *Lettrines),* Graz-Wien 2005, 59 ff.; vgl. die letzten Seiten des *Cicerone,* zweiter Teil.

*Das Pantheon*

Über Burckhardts Arbeitstisch in Basel hat eine Piranesi-Kopie des Pantheon ge-
hangen. Das einzigartige Bauwerk hat der Historiker oft, am liebsten in Vollmond-
nächten, besucht. Ursprünglich war der Bau für die Thermen konzipiert, erst später ist er als Tempel ausgebaut worden. Indem Burckhardt nicht nur den Rundbau
beschreibt, sondern all das in Erinnerung ruft, was im Verlauf der Jahrhunderte
umgestaltet worden ist, indem er das Monument mit der *ergänzenden Kraft der
Phantasie* liest, erteilt er, gleichsam en passant, eine magistrale Lektion im restau-
rativen kunsthistorischen Analysieren. Hören wir Burckhardt zu, wie er über das
Pantheon spricht:

*Zunächst denke man sich den jetzt stark ansteigenden Platz viel tiefer und eben
fortlaufend;denn fünf Stufen führten einst zur Vorhalle hinauf. So erhält der jetzt etwas steil und hoch scheinende Giebel erst sein wahres Verhältnis für das Auge. Man
fülle ihn mit einer Giebelgruppe oder wenigstens mit einem grossen Relief an und kröne
ihn mit den Statuen, die einst der Athener Diogenes für diese Stelle fertigte... Ferner
entschliesse man sich, aus den durchgängig mehr oder minder entblätterten Kapitellen
in Gedanken ein ganzes, unverletztes zusammenzusetzen; gehören sie doch in ihrer Art
zum Schönsten, was die Kunst geschaffen hat... Man vervollständige die innere und
äussere Wandbekleidung am hintern Teil der Vorhalle, mit ihren anmutigen Querbän-
dern von Fruchtschnüren, Kandelabern usw. Man denke sich die drei Schiffe der Vorhalle mit drei parallelen, reichkassettierten Tonnengewölben bedeckt, über welchen sich
noch jener Dachstuhl von vergoldetem Erz erhob, den Urban VIII. einschmelzen liess.
Vor allem vergesse man Berninis Glockentürmchen. Dieses Glockentürmchen ist in
der Zwischenzeit demontiert worden. Burckhardt fährt fort: Im Innern überwältigt
vor allem die Einheit und Schönheit des Oberlichts, welches den riesigen Rundbau mit
seinen Strahlen so wunderbar anfüllt. Da von Hadrians Venustempel nur noch Teile
vorhanden sind, stellen sich neue Fragen: Wo ist der Rest hingekommen? Was wurde
aus der 500 Fuss langen und 300 Fuss breiten Halle von Granitsäulen, welche den
Tempelhof umgab?... Wenn irgendwo, so äussert sich hier die dämonische Zerstörungskraft des mittelalterlichen Roms, von welcher sich das jetzige Rom so wenig mehr einen
Begriff machen kann, dass es beharrlich die nordischen ‹Barbaren› ob all der greulichen
Verwüstungen anklagt.*[108]

Wenigen Zeitgenossen wurde das Glück zuteil, den Kunsthistoriker im Angesicht der Monumente sprechen zu hören. Einer der wenigen ist Gottfried Kinkel.
In seiner *Selbstbiographie* findet sich ein wertvolles Zeugnis: *Mit Burckhardt Galerien oder Bauten zu besehen, war der höchste Genuss, weil er sowohl die feinste Geistig-
keit als den sinnlichen Reiz der Kunst vollkommen verstand und jedes Werk in seinem
Zusammenhang mit den Ideen und Tendenzen seiner Entstehungszeit begriff.*[109]

---

108 GA III, 20-23.
109 in: Günther, Horst (1997), 36.

*Späte Rom-Meditationen*

Burckhardt war achtundzwanzig Jahre alt, als er sich entschloss, nach dem schönen faulen Süden, dem der Geschichte abgestorbenen Rom auszuweichen. Dort
hat er seinen archimedischen Standpunkt ausserhalb der politischen Wirrungen
gefunden. Dort ist es ihm gelungen, seinem Leben Fülle und Rundung, Mass und
Mitte zu geben. *Wie vereinfachen sich allmälig die Dinge dieser Welt, wenn man nach-
gerade merkt wo Bartels den Most holt! Mir hat Rom einen Maßstab des Irdischen
gegeben. Ich entbehre jetzt Manches mit vollen Freuden, was mir früher zum Glück
zu gehören schien. Das Höchste ist meistens sehr einfach und mit geringen Mitteln zu
geniessen, man muss ihm nur entgegenzukommen wissen.*[110] Es ist ja durchaus möglich, dass sich Burckhardt beim stillen Skizzieren des plätschernden Brunnens im
Hofe des Palazzo Albani Gedanken darüber gemacht hat, was sich nördlich der
Alpen abspielt, denn: wer konzentriert zeichnet, legt seinen Stift auch einmal bei-
seite und lässt seine Gedanken frei schweifen. Er mag sich gefragt haben, wie es
seinen Freunden, die sich immer tiefer und heilloser in die Zeit verstrickt haben,
gehe. Vielleicht ist ihm beim beglückenden Zeichnen der Mauern und Gärten und
Brunnen der Gedanke vom *brillanten Narrenspiel der Hoffnung* zugefallen – der
Protest der breiten Volksmassen gegen das Vergangene drücke sich in einer hoff-
nungsvollen Aufregung aus, die alle kaltblütige Überlegung unmöglich mache.
Über den sozialen Kampf denkt der unzeitgemässe Historiker anders als die meisten seiner Zeitgenossen.[111]
    Wie Burckhardt wieder in der nördlichen Stadt arbeitet, schaut er gelegentlich
nach Rom zurück. Er stellt sich die allereinfachste und zugleich allerschwierigste
Frage, nämlich: Wofür soll man sich im Leben letztlich abmühen? Eine unsägliche
Plackerei kann sich im Rückblick als Irrtum erweisen. *Weit besser ist es, den Geliebten lieb gewesen zu sein und nach eigener Phantasie gelebt zu haben. Meine „Phantasie" aber ist die Schönheit, die mich in allen Gestalten mächtiger und mächtiger ergreift. Ich kann nichts dafür, Italien hat mir die Augen geöffnet, und seitdem ist mein
ganzes Wesen lauter Sehnsucht nach dem goldenen Zeitalter, nach der Harmonie der
Dinge, worüber mir die vorgeblichen „Kämpfe" der Gegenwart ziemlich Schnurtz geworden sind.* Einmal mehr weist er seinen Freund und Architekten Max Alioth auf
die unglaubliche Schönheit der römischen Architektur hin. *Es gibt an andern Orten
ebenso grosse Bauten, aber nirgends mehr diese sich bis ins Geringste hinein verratende,
sich von selbst verstehende Grösse des Maßstabs, und nirgends mehr vollends so viele
originelle Einzelerfindungen und Ideen. In Rom sind ganze Gebäude-Gruppen und
Stadtteile aus verschiedenen Zeiten nach einem gleichartigen Model zusammengestellt
worden.*[112] Wer die Fähigkeit zum wirklichen Schauen geschenkt bekommen hat,
begegnet der vornehmen Pracht oder der einfachen Anmut auf Schritt und Tritt.
Der Wirkung der römischen Antike kann sich niemand entziehen. *Römerbauten*

---

110 Br III, 75.
111 SG, 352 f. Burckhardt ist der Antipode des Prinzips Hoffnung.
112 Br VI, 32.

*haben ein Königsrecht selbst unter dem Massivsten, was Italien aus dem Mittelalter und der neuen Bauperiode besitzt.* Selbst ein kleiner Rest römischer Antike kann in der Wirkung eine ganze Gasse dominieren. Das hängt mit der Qualität des Baumaterials zusammen. Aufgrund ihrer *plastisch sprechenden, bedeutsam abwechselnden Einzelteile* ist die römische Architektur jeder andern Stilepoche überlegen.[113]

Immer wieder beeindrucken den Kunsthistoriker, wie er sich anlässlich eines nachmittäglichen Spaziergangs bewusst wird, die mächtigen römischen Paläste: *Ich habe die Wirkung der von der Sonne beschienenen Hofdurckblicke in zwanzig Gebäuden recht in mich hineingeschnuffelt.*[114] Übersehen hat er auch nicht jenes siebzehnjährige Campagnolenmädchen, das unter der Tür einer Osteria gestanden hat, *voll Elend und Schmutz, aber von der allergrössten und seelenvollsten Schönheit.*[115]

Wie er als Fünfundsechzigjähriger zu seiner letzten Rom-Reise aufbricht, tut er dies mit dem Ausruf: *Das altgebliebene Rom ist noch immer unsäglich schön.* In sublimer Einsamkeit geniesst er noch einmal die schon zerfallende Schönheit des so oft Gesehenen. Verirrt er sich in ein fragwürdiges Vorstadtquartier, heisst sein strategisches Konzept: *Man macht ganz einfach die Augen zu.*[116] Kurz vor seinem Tod erinnert er sich an das Forum Romanum, wo er vor fünfzig Jahren noch die unter den Bäumen friedlich hingelagerten Kühe gesehen hat. In der Zwischenzeit haben die Archäologen eifrig gewühlt und gegraben. *Um des poetischen Anblicks willen* würde er gern, murmelt er vor sich hin, auf das Tun der Archäologen verzichten, welche nicht aufhören, antike Ruinen freizulegen.

*Der Stadtorganismus*

> *Oft, wenn du die Hügel des jetzigen Roms durchquerst, zwischen*
> *den einsamen Weinbergen und Klostergärten hindurch, überfällt*
> *dich mit Macht der Gedanke an die ungeheuren Weltschicksale,*
> *welche sich hieran geknüpft haben, – ein Eindruck, dem du dich*
> *nicht zu entziehen vermagst, gegen welchen alles andere klein und*
> *nichtig erscheint.*[117]

In Rom gibt es weder einen Kirchturm noch eine hochgelegene Terrasse, von wo aus man sich einen panoramatischen Rundblick auf das Ganze der Stadt verschaffen könnte.[118] Um mit der Vielschichtigkeit und Unübersichtlichkeit des Stadtganzen fertig zu werden, um sich das Ganze des komplexen Stadtorganismus anzu-

---

113 GA III, 14-17 (Cicerone).
114 Br VI, 35.
115 Br VI, 25.
116 Br VIII, 144 f.
117 Vortrag über den *Zustand Roms unter Gregor dem Grossen,* in: GA XIV, 68.
118 Vgl. Christine Tauber, *Rechnender Geist oder Formgefühl? Jacob Burckhardt zu Florenz und Rom,* in: Florenz – Rom. Zwischen Kontinuität und Konkurrenz, 189-208.

eignen, entwickelt Burckhardt zwei Strategien. Indem er unermüdlich zu Fuss zur Eroberung der Stadt aufbricht, setzt er sich körperlich-sinnlich dem städtischen Ganzen aus. Ferner eignet er sich im Akt des meditativen Zeichnens Gegenwart und Vergangenheit allmählich an. Die Sedimentierungen der Stadt, die rätselhaften Schichten und Trümmer der Zeit, geben sukzessive ihre Geheimnisse preis, *O Roma Nobilis*. Nicht selten sind die architektonischen Werke bloss noch als Ruinen vorhanden. Die unvollendeten, umgebauten oder zum Teil zerstörten Bauwerke werden mit *der ergänzenden Kraft der Phantasie* gelesen. Die ältesten Trümmer lagern wie in einer unaufgeräumten Bauhütte unter freiem  Himmel. In einem unaufhörlichen Kreislauf ist Vergangenes in Neues transformiert worden. Im mittelalterlichen Rom, so Burckhardts Erkenntnis, wurden antike Baustücke und Skulpturen wiederverwendet oder umgelagert. Das mittelalterliche Rom muss mit dämonischer Zerstörungskraft antike Bausubstanz geplündert haben.

Seit der Frührenaissance gibt es in Rom einzelne wohlproportionierte Gebäude; die einzelnen Formen und Motive wirken aber noch wie herausgelöst aus einem organischen Zusammenhang. Das Gefühl für ganzheitliches Bauen und organische Räume entwickelt sich erst in der Hochrenaissance. Erst im Cinquecento widmen sich die Architekten mit Sachverstand den Trümmern des Altertums. Brunellesco hat in Rom die antiken Formen nachgezeichnet, ihre Verhältnisse nachgemessen und sie als Ganzes studiert. Erst durch die vertiefte Auseinandersetzung mit der Antike gelang es den Renaissancearchitekten, eine monumentale Architektur hervorzubringen, die der antiken ebenbürtig ist. Einen Bau nach ästhetischen Gesetzen errichten heisst, vollkommene Harmonie des Einzelnen mit dem Ganzen herstellen. Der Architekt muss sich in den römischen Stadtorganismus hineinbegeben und von dort her das Gefühl entwickeln, um einen neuen Palast zu entwerfen.

In der Malerei ist Burckhardt auf Stadtansichtigen und nie gebaute Räume gestossen. Am stärksten haben ihn die Hallen von Raffaels *Schule von Athen* beeindruckt, jene Räume, die sich an den Plänen der Peterskirche, dem *schönsten je gebauten Zentralbau,* orientieren. Im Anblick der figurenreichen Fresken der Camera della Segnatura verfällt er in ein bildkompositorisches Erzählen: Der architektonische Hintergrund der *Schule von Athen* sei eine wunderschöne Halle, *nicht bloss ein malerischer Gedanke, sondern ein bewusstes Symbol gesunder Harmonie der Geistes- und Seelenkräfte! – Raffael hat das ganze Denken und Wissen des Altertums in lauter lebendige Demonstrationen und in eifriges Zuhören übersetzt.* Das Wesentliche steht in einem schlichten Satz: *Man würde sich in einem solchen Gebäude wohl fühlen.*[119]

*

Im nächsten Kapitel wenden wir uns den italienischen Stadtstaaten zu. Wir werden sehen, wie in Florenz, dem *ersten moderne Staat der Welt,* eine hochbegabte, erfinderische Elite von Künstlern und Baumeistern unermüdlich rechnet, zeichnet, denkt und theoretisiert, wie dadurch die Florentiner zu Vorbildern für die moder-

---

119 GA IV, 291.

nen Europäer werden. Und wir werden sehen, dass sich im Inselstaat Venedig eine völlig andere innere Organisation herausgebildet hat.

# 3. DIE STADTSTAATEN DER RENAISSANCE

## Kultur der Renaissance

Wer erwartungsvoll *Die Kultur der Renaissance in Italien* aufschlägt und, vielleicht etwas naiv und aus einer gewissen Ungeduld heraus, die Seiten sucht, auf denen das reiche und bunte Leben stimmungsvoll beschrieben wird, das sich in Venedig und Florenz zwischen den prächtigen Palästen und dem Dom abspielt, erlebt eine Enttäuschung, denn diese Seiten gibt es nicht. Zum einen will Burckhardt keine „Stimmung" vermitteln, sondern eine Epoche mit Geist und Leidenschaft, und zwar kulturgeschichtlich, darstellen; zum andern beschreibt er zwar eine kulturelle Blütezeit, der Leser muss sich allerdings an ganz verschiedenen Orten herumsehen und herumhören, um sich ein Bild von der kurzen Herrlichkeit der Renaissance machen zu können. Dass das Renaissancebuch zu viele Facetten hat, dass es Erfahrung und Überlegung in verschiedenen Lebensbereichen voraussetzt und es deswegen nur schwer verständlich ist, hat Elias Canetti festgestellt, der es schon als Vierzehnjähriger gelesen hat. Allerdings ist ihm, dem künftigen Verfasser von *Masse und Macht*, das Buch zu *einem Ansporn zu Weite und Vielfalt, und eine Bestärkung meines Misstrauens vor der Macht* geworden.[1]

   *Die Kultur der Renaissance* ist streng komponiert, aber nicht leicht erschliessbar. Das Buch besteht aus sechs wohlabgewogenen Abschnitten: Der Staat als Kunstwerk, Entwicklung des Individuums, Die Wiedererweckung des Altertums, Die Entdeckung der Welt und des Menschen, Die Geselligkeit und die Feste, Sitte und Religion. Den sechs Abschnitten liegt die dreigliedrige Potenzenlehre zugrunde, wie sie in den *Weltgeschichtlichen Betrachtungen* ausgearbeitet worden ist. Deren Kernkapitel handeln von den drei Kräften oder Mächten, den „Potenzen", Staat, Religion und Kultur und ihren wechselseitigen Einwirkungen aufeinander. Staat und Religion sind die eher statischen Lebenseinrichtungen. Eine übergeordnete Bedeutung kommt der Potenz Kultur zu. Sie ist der Ausdruck des geistigen und sittlichen Lebens, *was spontan zustande gekommen ist, alle Geselligkeit, alle Techniken, Künste, Dichtungen und Wissenschaften.* Kultur ist *die Welt des Beweglichen, Freien.* Sie wirkt *unaufhörlich modifizierend und zersetzend* auf die beiden statischen Potenzen Staat und Religion ein. *Sie ist deren Kritik, sie ist die Uhr, welche die Stunde verrät, da in jenen Form und Sache sich nicht mehr decken.* Die Potenz Kultur droht, wie es Kaegi ausdrückte, die *Potenz der Revolution* zu werden.[2]

   Das Schema der drei Potenzen springt jedem Leser der *Kultur der Renaissance* gleich in die Augen. Der erste und der letzte Abschnitt, welche das Werk wie ei-

---

1 E. Canetti, *Die gerettete Zunge.* Geschichte einer Jugend, München 1977, 262.
2 SG, 254, 276; Kaegi VI, 76.

ne grosse Klammer zusammenhalten, verkörpern die Potenzen Staat und Religion. Die Analyse des *Staates* steht am Anfang, weil dieser in Italien ganz besondere Menschen und Lebensformen hervorgebracht hat. Die statische Potenz der Religion, welche im Schlussabschnitt behandelt wird, wird von der  Kultur in mannigfacher Weise beeinflusst, modifiziert und zersetzt. Die Hauptsache, die Kultur, gelangt in den vier mittleren Abschnitten zu einer breiten Darstellung.

### Besonderheiten des Renaissancebuches

Wenn sich Burckhardt nach jahrelanger und höchst konzentrierter Arbeit den Schweiss von der Stirn wischt und einem Freund in einem längeren Brief mitteilt, sein Buch über die Renaissance sei eine durchaus wild gewachsene Pflanze, die sich an gar nichts schon Vorhandenes anlehnt, so darf diese Aussage durchaus wörtlich genommen werden.[3] Mit der Kultur der Renaissance hat Burckhardt etwas zur Anschauung gebracht, was es vorher eigentlich noch gar nicht gegeben hat. Gewiss haben schon andere Historiker, welche die gleichen Quellen wie er gelesen haben, einen Neuanfang nach tausend „dunklen" oder „finsteren" Jahren ausfindig machen wollen, doch wo die Zäsur setzen? Dante und Petrarca als Vorkämpfer für eine neue Zeit? Der Fall Konstantinopels 1453? Die Entdeckung Amerikas 1492? Ein neuer Stil, der im Bauen oder in der Malerei auszumachen ist? In Burckhardts meistzitierten Quellen, den Städtechroniken und Lebensbeschreibungen, kommt das Wort Renaissance nicht vor. Für die Epoche des 14. und 15. Jahrhunderts in Italien musste eine Bezeichnung erfunden werden;[4] insofern hat sich Burckhardt an nichts Vorhandenes angelehnt. Noch heute, nach bald 150 Jahren, steht das Buch immer noch wie eine Portalsfigur über dem Eingang ins Reich der Renaissance.

Die kulturgeschichtliche Darstellung schildert nicht den Gang der Ereignisse, sie setzt allerdings voraus, dass der Leser über ein Vorwissen und ein Faktenwissen verfügt. Nun wird der Stoff nicht nur *nach Sachen* auf sechs Abschnitte verteilt, es gibt noch etwa 150 Zwischentitel, Einzelthemen, Unterteilungen. Das Werk, das sich radikal von der traditionellen Historiographie des 19. Jahrhunderts abhebt, kann man als ein Stück impressionistischer Geschichtsschreibung bezeichnen, mit deutlich ästhetischer Absicht. Wie seine Zeitgenossen in der Kunst, so hat auch Burckhardt kräftige Einschnitte in sein reichliches Faktenmaterial vorgenommen und den Stoff in stets neuer Perspektive dargeboten. Er hat nie die Absicht gehabt, seine jeweiligen Themen bis ins letzte auszuführen, er hat nicht die *ganze* Wahrheit über die Kultur der Renaissance ausbreiten wollen, er hat sich damit begnügt, der Welt eine momentane Form zu geben – in dieser Hinsicht ist er mit Cézanne ver-

---

3 Br IV, 53, 62.
4 Vgl. Günther, Horst (1997), 107 ff., 118.

gleichbar, der nicht den Ehrgeiz hatte, die ganze Landschaft zu malen –, er begnügte sich mit farblichen Akzentsetzungen.[5]

## *Eine Epoche, die in die Gegenwart hineinreicht*

Die Epoche der Wandlungen des Geistes, des esprit nouveau, die Burckhardt schildert, kann man zeitlich abgrenzen, man kann ihr eine bestimmte Physiognomie mit deutlich erkennbaren Charakterzügen geben. Im Kern handelt es sich um die Epoche des 14. und 15. Jahrhunderts. Für Dantes geistige Reise durch Inferno, Purgatorio, Paradiso gilt das Jahr 1300, für das Bauen erstreckt sich die Epoche bis weit ins 16. Jahrhundert hinein. Renaissance meint im Kern etwas, was mit einem neuen Stil zu tun hat, der sich auf jeweils Verschiedenes bezieht: die Menschen lösen sich vom alten Glauben, geben sich andere Lebensziele, schauen die Welt anders an. Das Besondere an Burckhardts Leistung besteht nicht bloss darin, dass es ihm gelungen ist, das Bild einer Kultur zu entwerfen; als vielmehr darin, dass er die Epoche als eine *in uns anklingende* und damit für uns verständliche schildert. *In jener Zeit sind wesentlich die Fäden desjenigen Gewebes gesponnen worden, in welchem wir jetzt mitverflochten sind. Jeder Blick auf die Vergangenheit muss spätestens dort anknüpfen. Aber alles, was damals begonnen wurde, hat grosse Metastasen erfahren.*[6] Was damals begonnen hat, geht die Menschheit im neunzehnten Jahrhundert (und in den späteren?) wesentlich an. Entstanden sind neue Handelsformen und Kolonialexpansion, neue Verwaltungs- und Fürsorgeeinrichtungen, neue menschliche Lebensführungen, ein anderes Zusammenwohnen von Adligen und Bürgern in den Städten. *Man kann nicht bestreiten* – meint der Historiker Horst Günther –, *dass Burckhardts Bild einer Epoche das Leben schenkt und Menschen anzieht, die darin etwas von sich selbst erblicken: die gemeinsame Jugend des modernen Europäers.*[7]

Geschichte kann ein Mittel für Zeitkritik sein, und so werden im Renaissancebuch verschiedene Erscheinungen besprochen, die Burckhardt missfallen, die er ablehnt. Er spricht emphatisch von der *echt modernen Fiktion der Staatsallmacht,*[8] für welche die italienischen Gewaltherrschaften des vierzehnten Jahrhunderts als vorbildlich gelten können. Zuweilen wird die Renaissance auch im ganz Alltäglichen als vorbildlich hingestellt oder die Gegenwart am Vergangenen gespiegelt. Die Bekleidung etwa war im fünfzehnten Jahrhundert phantasiereich und individuell, *jeder trug seine eigene Mode.*[9] Niemand geriet wegen Abweichens von der herrschenden Mode in Bedrängnis, niemand kümmerte sich um das Auffallende. Ganz anders das 19. Jahrhundert: *Unsere Zeit, welche wenigstens in der Männerklei-*

---

5 Vgl. Hayden White, *Auch Klio dichtet oder Die Fiktion des Faktischen.* Studien zur Topologie des historischen Diskurses, Stuttgart 1986, 54-56.
6 GA VII, 285.
7 Günther, Horst (1997), 106.
8 GA V, 53.
9 GA V, 264.

*dung das Nichtauffallen als höchstes Gesetz respektiert, verzichtet damit auf Grösseres als sie selber weiss. Sie erspart sich aber damit viele Zeit, wodurch allein schon (nach unserm Maßstab der Geschäftigkeit) jeder Nachteil aufgewogen würde.*[10]

### Die Tyrannenstädte: die abgründige Moderne

> *Ein Mensch, der in allem nur das Gute tun wollte, müsste zu Grunde gehen unter so vielen, die nicht gut sind. Daher muss ein Fürst, der sich behaupten will, auch imstande sein, nicht gut zu handeln.*
>
> Machiavelli, *Il principe,* Kap. XV

Im Einleitungsabschnitt *Der Staat als Kunstwerk* blickt der Leser in eine wild zerklüftete politische Landschaft. Die Frührenaissance ist gekennzeichnet durch politisch unsichere, anarchische Zustände, überleben konnte nur ein entschlossen handelndes staatliches Gebilde. Das Immerwährende der Epoche ist eine prinzipielle Recht- und Garantielosigkeit eines einmal erreichten Zustandes. Zu einer Zeit, da in verschiedenen Teilen Europas die Nationen im Entstehen begriffen sind, zerfällt Italien hoffnungslos in kleinräumige, untereinander in Konkurrenz stehende, einander gewaltsam bekämpfende Stadtstaaten. Bevor Burckhardt die verschiedenen Formen illegitimer Herrschaftspraxis und das Schicksal neuer Dynastien darstellt, schildert er das Normannenreich Friedrichs II. den ersten „modernen" Staat Europas. Der Staufenkaiser, der selber unter Verrat und Gefahr bei den Sarazenen aufgewachsen ist, führt die sarazenische Verwaltungspraxis gleich in seinem Staat ein, das heisst die Steuern lässt er mit letzter Grausamkeit eintreiben. Die Ketzerinquisition, die er durchführt, erscheint *nur um so schuldvoller, wenn man annimmt, er habe in den Ketzern die Vertreter freisinnigen städtischen Lebens verfolgt.*[11] Kommt Burckhardt auf den norditalienischen Verbündeten von Friedrich II. zu sprechen, auf Ezzolino da Romano, wird das Bild einer schrecklichen Gewaltherrschaft noch düsterer. Dieser Tyrann schreckte, um seine Erbansprüche zu sichern, nicht *vor Massenmord und endlosen Scheusslichkeiten* zurück. *Er baute Paläste über Paläste, um nie darin zu wohnen, und Bergschlösser und Stadtburgen, als erwarte er täglich eine Belagerung; alles um Schrecken und Bewunderung einzuflössen und den Ruhm seines Namens jedem Gemüt so einzuprägen, dass für ihn keine Vergesslichkeit mehr möglich wäre*[12]. Wir denken hier an das desillusionierende Wort aus den Weltgeschichtlichen Betrachtungen: *Es ist thatsächlich noch gar nie Macht gegründet worden ohne Verbrechen.*[13]

---

10 a.a.O.
11 GA V, 2 f., Vgl. auch SG, 299.
12 GA VI, 8 f.
13 SG, 401, Anm. 78.

Die dämonischen, schrecklichen Züge der Renaissancetyrannen werden ausgiebig verzeichnet, sie werden allerdings in den Zusammenhang mit der Entstehung „moderner" Regierungsformen und mit dem Aufkommen neuer Menschen, neuer Lebensformen gebracht. *Ihre Missetaten schrieen laut* – so wird die Darstellung der Tyrannis des 14. Jahrhunderts eingeleitet. Burckhardt zeigt, dass die Organisation der Gewaltherrschaften eine zwiespältige ist, tendiert sie doch zum einen nach Willkür, zum andern nach Rationalität – im Bösen wie im Guten. Die Geschichte habe diese Gewaltherrschaften umständlich verzeichnet, *aber als ganz auf sich selbst gestellte und danach organisierte Staaten haben sie immerhin ein höheres Interesse.*[14]

Die Condottieren lebten, auch wenn sie für ihre Stadt viel erkämpft hatten, in permanenter Unsicherheit. Dies schildert eine der Anekdoten, die nirgends und doch überall wahr sind: *Einst hatten die Bürger einer Stadt – es soll Siena gemeint sein – einen Feldherrn, der sie von feindlichem Druck befreit hatte; täglich berieten sie, wie er zu belohnen sei und urteilten, keine Belohnung, die in ihren Kräften stände, wäre gross genug, selbst nicht wenn sie ihn zum Herrn der Stadt machten. Endlich erhob sich einer und meinte: Lasst uns ihn umbringen und dann als Stadtheiligen anbeten. Und so sei man mit ihm verfahren.*[15] Werden die Schicksale der norditalienischen Dynastien – der Visconti, Gonzaga, Este usw. – geschildert, dann werden die Farben nur in Ausnahmefällen etwas heller. Die Aufstiegsgeschichte der Sforza, die durch Pius II. überliefert ist, liest sich wie ein Kurzroman. *Als Reiter einem Jüngling gleich, hoch und äusserst imposant an Gestalt, von ernsten Zügen,… fürstlich im ganzen Benehmen… Das war der Mann, der von niedrigem Stande zur Herrschaft über ein Reich emporstieg. Seine Gemahlin war schön und tugendhaft, seine Kinder anmutig wie Engel vom Himmel; er war selten krank; alle seine wesentlichen Wünsche erfüllten sich. Doch hatte auch er einiges Missgeschick; seine Gemahlin tötete ihm aus Eifersucht die Geliebte; seine alten Waffengenossen und Freunde… verliessen ihn und gingen zu König Alfons über; einen andern… musste er wegen Verrats hängen lassen; von seinem Bruder Alessandro musste er erleben, dass derselbe einmal die Franzosen gegen ihn aufstiftete; einer seiner Söhne zettelte Ränke gegen ihn an und kam in Haft; die Mark Ancona, die er im Krieg erobert, verlor er auch wieder im Krieg.*[16]

Warum setzt Burckhardt über den Abschnitt, in dem die illegitimen Herrschaftsformen der italienischen Tyrannen und der Stadtrepubliken untergebracht sind, den Titel *Der Staat als Kunstwerk?* Mit *Kunst* ist offensichtlich nicht das Kunstschöne gemeint. In Ausdrücken wie Heilkunst oder Kochkunst steckt noch die alte Wortbedeutung: dass mit Kunst das technische Beherrschen einer Sache gemeint ist. In diesem Sinn schrieb Machiavelli *L'arte della guerra*. Burckhardt verwendet den Ausdruck Kunst, um einen neuen Typus politischer Herrschaft zu beschreiben. Seit der frühen Renaissance seien *die meisten italienischen Staaten in ihrem Innern Kunstwerke, d.h. bewusste, von der Reflexion abhängige, auf genau berechneten sicht-*

14 GA V, 4.
15 GA V, 16.
16 GA V, 15 ff., 28.

*baren Grundlagen ruhende Schöpfungen* geworden.[17] In Europas früher Moderne ist das entstanden, was man heute zweckrationale Herrschaft nennt, eine Herrschaftsform, die sich nicht sonderlich um traditional und ethisch begründete Legitimität kümmert.

## Komplementäre Gestalten: der Tyrann und der Künstler

Es mutet paradox an, dass in den kleinen, tyrannisch regierten und von Parteihader zerstrittenen Städten Geschäfte und Handel zu blühen begannen, dass sie Handelsbeziehungen und Bankverbindungen mit weit entfernten Städten, nota bene europaweit, entwickelten. In einem noch weitgehend rechtsfreien Raum bildeten sich in ihnen dynamische wirtschaftliche Tätigkeiten aus. Da sich die Kommunen immer auch nach aussen, gegen andere Städte, zu verteidigen hatten, und das bis an die Grenze der Selbstzerstörung, wuchs in ihnen der Drang nach Unabhängigkeit. Der Stadttyrann musste seine einmal erkämpfte Macht permanent verteidigen, und dies hat ihn zur Anspannung der letzten Kräfte getrieben. Die permanente Notlage hat in den meist illegitimen Stadtfürsten ungeheure dynamische Potenzen freigesetzt; die stets bedrohte Herrschaftsausübung hat sie im Kampf ums Überleben zu politischen *Virtuosen* gemacht. *Die dauernd bedrohte Lage entwickelte in diesen Fürsten unleugbar eine grosse persönliche Tüchtigkeit; in einer so künstlichen Existenz konnte sich nur ein Virtuose mit Erfolg bewegen, und jeder musste sich rechtfertigen und erweisen als den, der die Herrschaft verdiene.*[18]

Burckhardt stösst auf Zusammenhänge zwischen der moralischen Verworfenheit des Stadttyrannen und der in Harmonie ausgebildeten individuellen Persönlichkeit. *Das erste gewaltige Daherwogen des neuen Zeitalters*[19] bringt sowohl die Persönlichkeit des Fürsten als auch des Künstlers hervor. Der Tyrann in seiner Illegitimität ist auf das Bündnis mit den *homines novi* des Geistes angewiesen, und dieses Bündnis ist gar ein ehrenvolles. Gewaltherrscher und Künstler verkörpern das, was Machiavelli *virtù* nennnt, also Kraft und Talent (Leistungsbereitschaft, würde man heute sagen), was sich aber auch, ergänzt Burckhardt, mit *scelleratezza* (Ruchlosigkeit) verträgt.[20] Der schöpferische Künstler und der virtuose Staatsmann zeichnen sich beide durch Energie und Fähigkeit aus. Der Unterschied zwischen beiden besteht darin, dass der Staatsmann ein Werk schafft, das morgen schon wieder untergehen kann, der Künstler etwas hervorbringt, was auf Ewigkeit angelegt ist. Staatsmann und Künstler sind eng aufeinander bezogen, der eine ist der Auftraggeber und Förderer, der andere wird bei der Realisierung des erteilten Auftrags bis zum letzten herausgefordert.

---

17 GA V. 65.
18 GA V, 35.
19 GA V, 328.
20 GA V, 11, Anm. 3.

*Venedig und Florenz: die zivilisierte Moderne*

Nicht in allen kleinen Staaten sind Rechtlosigkeit und Unsicherheit allgegenwärtig, zeichnet sich der Herrscher durch Willkür und Rücksichtslosigkeit aus. Es gibt Städte, da halten sich Gewaltsmissbrauch und lobenswerte Stadtentwicklung die Waage, so in Ferrara. In dieser Stadt geht es im Innern des Palastes entsetzlich zu, dank einer klugen Steuerpolitik ist sie jedoch zu Wohlstand gekommen. Aufgrund grosser, regelmässig angelegter Quartiere, einer effizienten Verwaltung und grosszügiger Industrieförderung nennt Burckhardt Ferrara *die erste moderne Stadt Europas.* Die Seiten, auf denen das kleine Fürstentum von Urbino unter Federigo da Montefeltro geschildert wird, bringen Burckhardts tiefe Sympathie mit diesem Fürstenhof zum Ausdruck. Eine mustergültige Verwaltung schafft die Grundlage für die Rationalisierung des Lebens, und so heisst es von Urbino: *Es wurde nichts vergeudet, alles hatte seinen Zweck und seine genaue Kontrolle.* Der bürgernahe Regierungsstil des grossen Montefeltro bildet die Grundlage für seine Beliebtheit: *Er besuchte die, welche für ihn arbeiteten, in der Werkstatt, gab beständig Audienzen, und erledigte die Anliegen der einzelnen womöglich am gleichen Tage.*[21]

Da sich in Venedig und Florenz seit dem Jahre 1300 effiziente und zukunftsweisende politische und wirtschaftliche Organisationsformen ausgebildet haben, muss bei der Geburt der Moderne diesen beiden Stadtrepubliken die geschichtliche Führungsrolle zugesprochen werden. Der Inselstaat sei ein *Schmuckkästchen der damaligen Welt.* Mit der Kleinodmetapher ist das bauliche Erscheinungsbild gemeint, das sich aus alten Kuppelkirchen, schiefen Türmen und verzierten Marmorfassaden zusammensetzt. In einer auf engem Raum vorhandenen architektonischen Pracht vertragen sich *die Vergoldung der Decken und die Vermietung jedes Winkels* bestens miteinander. Burckhardt führt den Leser nicht auf den Platz der gesellschaftlichen und staatlichen Repräsentation, auf die Piazza San Marco, sondern auf den Platz vor San Giacometto und den Fondaco der Deutschen, an zwei Orte, wo die Geschäfte der Welt getätigt werden, wo Geldwechsler und Goldschmiede tätig sind, wo es um Händler und ihre Waren geht, wo in Hallen und unter Gewölben Waren lagern, wo Schiffsladungen umgesetzt werden. In lebendig-realistischen Bildern wird die Fülle des wirtschaftlichen Gewimmels eingefangen, werden die *Institutionen hoher Zweckmässigkeit* geschildert, Spitäler und Lazarette, Einrichtungen für Altersvorsorge und Gemeinwohl. *Reichtum, politische Sicherheit und Weltkenntnis hatten hier das Nachdenken über solche Dinge gereift* – mit diesen Worten wird der ökonomische Überblick abgerundet.

Mehrmals lässt der konservativ gesinnte Burckhardt seine Sympathie für Venedigs Adelsherrschaft, für die grossartige innere Struktur der Stadt, durchblicken. Im Unterschied zum ungleich beweglicheren Florenz ist Venedig *die Stadt des scheinbaren Stillstandes und des politischen Schweigens.*[22] In ihr ist eine *aufgesammelte Energie* vorhanden, welche das allgemeine Gedeihen auch in schwierigen Zeiten

---

21 GA V, 32 f.
22 GA V, 44.

garantiert; überhaupt ist in der Stadt *eine gesunde Richtung im ganzen* erkennbar. Ein überlegener ökonomischen Geistes kommt den sozialen Einrichtungen zugute, und eine moderne Statistik ermöglicht *eine grossartige Übersicht des Ganzen.* Mit dem Ausdruck *Unerschütterlichkeit* ist die starke Solidarität in Innern gemeint, das gemeinsame Interesse aller Bewohner für die fernen Kolonien und die umliegenden Besitzungen; die Städte der Terraferma dürfen nur in Venedig kaufen und verkaufen. Gegenüber der venezianischen Kultur werden Vorbehalte gemacht. *Es fehlt hier der literarische Trieb im allgemeinen und insbesondere jener Taumel zugunsten des klassischen Altertums.*[23] Auch die venezianische Architektur wird kritisch gewürdigt. Die Vorherrschaft des ornamentalen oder dekorativen Elements – die Inkrustation (Marmorverzierung) – habe die Baukunst im Ganzen zurückgebunden, ihr fehle der grosse Schwung.

In deutlichem Kontrast zu Venedig, der Stadt des *scheinbaren Stillstands,* steht Florenz, *die Stadt der ständigen Bewegung.*[24] An diesem Energiezentrum ist die spezifische moderne Rationalität des Politischen noch deutlicher ablesbar. Florenz sei *bei weiten die wichtigste Werkstätte des italienischen, ja des europäischen Geistes überhaupt,* der bevorzugte Ort der *geistigen Freiheit und Objektivität.*[25] In den Einleitungssätzen über Florenz wird das Wesentliche festgehalten: *Die höchste politische Bewusstheit, den grössten Reichtum an Entwicklungsformen findet man vereint in der Geschichte von Florenz, welches in diesem Sinne wohl den Namen des ersten modernen Staates der Welt verdient. Hier treibt ein ganzes Volk das, was in den Fürstenstaaten die Sache einer Familie ist. Der wunderbare florentinische Geist, scharf raisonnierend und künstlerisch schaffend zugleich, gestaltet den politischen und sozialen Zustand unaufhörlich um und beschreibt und richtet ihn eben so unaufhörlich. So wurde Florenz die Heimat der politischen Doktrinen und Theorien, der Experimente und Sprünge, aber auch mit Venedig die Heimat der Statistik und allein und vor allen Staaten der Welt die Heimat der geschichtlichen Darstellung im neuern Sinne.*[26] Was alles wird am Geburtsort der Statistik zahlenmässig erfasst? Nicht nur die Geldverhältnisse und die demographischen Veränderungen. Es werden auch zahlenmässige Angaben über Schule und Bildung, Spitäler und Industrie, Kirchen und Klöster, Nahrungsreserven und die Beamtenschaft gemacht. Den Statistiken des Reichtums folgen solche, welche Einblick in die Tätigkeit der Handwerker geben. Die ökonomischen Folgen der Pest im Jahre 1348 werden präzise und zahlenmässig festgehalten und kommentiert. Viele Einwohner erwarteten, dass nach der Epidemie bei der neuen Wenigkeit der Menschen alles billig werde. Sie glaubten, da die Pest so viele Opfer gefordert hatte, dass man jetzt nicht mehr arbeiten müsse und stellten sich aufs blosse Gutlebenwollen ein.

Wenn das Italien der Renaissance eine *Lästerschule* genannt wird, in der Spott und Hohn allgegenwärtig sind, dann geht Florenz auch in dieser Hinsicht allen an-

---

23 GA V, 44 - 52.
24 GA V, 44.
25  GA V, 54.
26 GA V, 53.

dern Städten voran. *Scharfe Augen* und *böse Zungen* seien das Signalement der Florentiner. *Ein gelinder Hohn über alles und jedes mochte der vorherrschende Alltagston sein.*[27] Die Allgegenwart von Spott und Witz, die unverschnarchte Lebensatmosphäre, waren der schöpferischen Leistung sehr förderlich. Florenz hat in den verschiedensten kulturellen und künstlerischen Gebieten brilliert. In der Architektur hat Brunellesco mit dem Bau der Domkuppel dem Neuen zum Durchbruch verholfen: *Mit dieser wesentlich konstruktiven Leistung und mit seiner sonstigen Meisterschaft in aller Mechanik liegt zugleich die grosse formale, stilistische Neuerung.*[28]

### Bewusst geordnete Lebenswelt

Der Kunstwerkcharakter von Venedig und Florenz betrifft das bewusste, berechnende Organisieren der politischen und wirtschaftlichen Verhältnisse. Nochmals möchte ich darauf hinweisen, dass im ersten Abschnitt ausschliesslich die materielle Fundierung der Renaissancekultur geschildert wird. Erst in den nächsten vier Abschnitten kommen die kulturellen Rationalisierungsprozesse zur Sprache, werden die verschiedenen Sphären der menschlichen Lebensführung besprochen, welche das moderne städtische Leben zu einem Gesamtkunstwerk machen. Der Burckhardtsche Kulturbegriff ist sehr weit gefasst. Das hat damit zu tun, dass in den verschiedensten Bereichen einander ergänzende Stilformen aufgespürt und in einen ordnenden Zusammenhang gebracht werden. Der Epochenstil ist nicht nur in der Malerei oder in der Baukunst auszumachen, sondern auch in der Art des Erlebens von Landschaft, der Darstellung der menschlichen Gestalt in der Malerei, des gesellschaftlichen Zusammenlebens usw. An ein paar Erscheinungen soll gezeigt werden, wie sich in der Renaissance bewusste, rational gestaltete Lebensformen herausgebildet haben.

Die politische Wirklichkeit der italienischen Stadtrepubliken *war der Ausbildung des individuellen Charakters günstig.*[29] In den Städten beginnt es seit dem 13. Jahrhundert *von Persönlichkeiten zu wimmeln.*[30] In Dantes Werk gibt es eine Fülle von Charakteren, die in die Regionen der Jenseitslandschaft verteilt sind und auch in den Qualen des Infernos nicht bereuen. Es gibt Maler, welche Bildnisse und Selbstbildnisse schaffen, auf denen die Gestalten nicht mehr starr blicken, sondern wie erstaunt in einem Spiegel sich selber betrachten. In der Renaissance findet die eigentliche Menschwerdung des Menschen statt, entsteht die freie Persönlichkeit, welche das Leben nach innerweltlichen Gesichtspunkten organisiert. Am Beispiel des *Gewaltmenschen* Leon Battista Alberti wird eine Skizze des allseitigen Menschen entworfen, der sich durch sportliche, intellektuelle und künstlerische Höchstleistungen auszeichnet. Wie die Grössten der Renaissance, so sagt auch Alberti: *Die*

---

27 GA V, 111-117.
28 GA VI, 34-36.
29 GA V, 97.
30 Günther, Horst (1997), 124.

*Menschen können von sich aus alles, sobald sie wollen.* Unmittelbar nach Albertis Porträt taucht Leonardo auf. Der Leser glaubt, die Umrisse des allergrössten uomo universale für eine ganz kurze Zeit zu erblicken: *Und zu Alberti verhielt sich Lionardo da Vinci wie zum Anfänger der Vollender, wie zum Dilettanten der Meister.*[31]

Die Angehörigen der gesellschaftlichen Elite der Renaissance kultivieren das Ideal der Allseitigkeit, indem sie neben der eigentlichen Tätigkeit Nebenbeschäftigungen mit einer Intensität und Passion ausübt, die über blossen Dilettantismus hinausgehen. Im Typus des vollkommenen Hofmanns findet dieses Lebensideal eine kunstvolle und idealisierte Ausformung. Der *Cortigiano* ist das absolute Individuum, in dem keine Eigenschaft als einzelne aufdringlich vorherrscht, weil die verschiedenen Fertigkeiten einander gleichmässig ergänzen.[32]

Neben dem vielseitig begabten Künstler gibt es noch andere Varianten der freien Persönlichkeit. Aenea Silvio Piccolomini wird aufgrund seines schönen und klaren Lebensberichts zu einem Liebling Burckhardts, Benvenuto Cellini steht exemplarisch da für Abenteuerlust und Ruhmsucht. Neben den vorbildlichen und bewundernswerten Individuen gibt es Gestalten, welche aufgrund verwerflicher Leidenschaften negative Grösse darstellen. So gehört Aretino zum Geschlecht der *geistreichen Ohnmächtigen,* er ist der grösste Lästerer aller Zeiten.

Der neue urbane Lebensstil zeichnet sich durch Verfeinerung der Lebensformen, durch neue Formen der Höflichkeit und durch Erweiterung der Bildung aus. Durch das Zusammenwohnen von Adligen und Bürgern werden alte Standesschranken abgebaut. Die Verfeinerung des Lebens zeigt sich in einem bequemeren und vernünftigeren Wohnstil; nur in Italien gibt es weiche, elastische Betten, Bodenteppiche und Toilettengeräte. Der moderne Italiener lebt seine Individualität und Eitelkeit mit modischer Kleidung aus. *In Florenz gab es um 1390 deshalb keine herrschende Mode der männlichen Kleidung mehr, weil jeder sich auf besondere Weise zu tragen suchte.*[33] Die Frauen bemühen sich um ihr Aussehen, kümmern sich um Toilette, Hygiene, Haartracht und Parfum. Der kulturelle Wandel zeigt sich in der neuen Stellung der Frau in den höheren Gesellschaftsschichten; die Frau soll, wie der Mann, an der neuen Herzens- und Geistesbildung teilhaben – ob es der Frau der Oberschicht, wie Burckhardt meinte, wirklich gelang, sich zu einer allseitig *vollendeten Persönlichkeit* zu entwickeln, ist aufgrund neuer Forschungen eher zweifelhaft.[34]

---

31 GA V, 102.

32 GA V, 277 f.

33 GA V, 96.

34 GA V, 284. Aus kaum einer andern Epoche sind uns so viele Frauengestalten gegenwärtig wie aus der Renaissance. Vgl. die amerikanische Historikerin Margaret L. King, *Frauen in der Renaissance,* München 1993. Die Studie von Friederike Hausmann, *Die Macht aus dem Schatten / Alessandra Strozzi und Lukrezia Medici: Zwei Frauen im Florenz der Renaissance,* Berlin 1993, zeigt, dass die von Burckhardt vertretene These von der emanzipierten Italienerin zur Zeit der Renaissance ein Mythos ist.

Das bewusste Gestalten verschiedener alltäglicher Bereiche mag letztlich die be-rechenbaren Erfolgschancen für den Einzelnen erhöhen: *Je weniger nun die Unter-schiede der Geburt einen bestimmten Vorzug verliehen, desto mehr war das Individuum als solches aufgefordert, all seine Vorteile geltend zu machen; desto mehr musste auch die Geselligkeit sich aus eigener Kraft beschränken und veredeln. Das Auftreten des Einzel-nen und die höhere Form der Geselligkeit werden ein freies, bewusstes Kunstwerk.*[35]

Burckhardt las die Schrift *Vom Hauswesen* von Leon Battista Alberti. Dabei fällt ihm auf, dass das Familienleben der damaligen Italiener nicht so sittenlos war, wie oft angenommen; die eheliche Untreue wirkte weniger zerstörend auf die Familie als im Norden, solange gewisse Schranken nicht überschritten wurden. In einem geordneten Hausstand tragen eine vernünftige Sparsamkeit und ein mässiges Leben zu Glück und Wohlergehen bei. Entscheidend ist der Wandel von der rudimentär strukturierten mittelalterlichen Lebensweise zum bewusst geordneten bürgerlichen Familienleben. *Das Hauswesen unseres Mittelalters war ein Produkt der herrschenden Volkssitte... Die Renaissance zuerst versucht auch das Hauswesen mit Bewusstsein als ein geordnetes, ja als ein Kunstwerk aufzubauen. Eine sehr entwickelte Ökonomie... und ein rationeller Hausbau kömmt ihr dabei zu Hilfe, die Hauptsache aber ist eine verständige Reflexion über alle Fragen des Zusammenlebens, der Erziehung, der Ein-richtung und Bedienung.*[36]

### Florenz und seine grossen Gestalten

Burckhardts Darstellung der Renaissance umfasst eine schier unüberschaubare Fül-le kulturhistorischer Phänomene, die sich in Florenz am klarsten beobachten las-sen. *Hier treibt ein Volk das, was in den Fürstenstaaten die Sache einer Familie ist.* Die Stadt, die nie zur Ruhe kommt und immer vorwärts strebt, hat uns am reichlichsten Kunde hinterlassen von *allen Gedanken und Absichten der Einzelnen und der Ge-samtheit.*[37] Im Unterschied zu den Tyrannenstädten, in denen der Gewaltherrscher alles auf sich selber zentrierte, war Florenz *mit der reichsten Entwicklung der Indi-vidualitäten beschäftigt.*[38] Es war die Stadt, in der der Kaufmann oder Staatsmann zugleich Gelehrter war und die beiden alten Sprachen beherrschte; die berühmte-sten Humanisten mussten dem Kaufmann und seinen Söhnen die Hauptwerke des Aristoteles vortragen. Wenden wir uns einigen Gestalten zu, welche insgesamt den florentinischen Geist verkörpern.[39] Die Dichte ausserordentlicher oder merkwür-diger Persönlichkeiten ist im Energiezentrum Florenz besonders gross. Obschon Burckhardt die dramatis personae, welche wie auf einer belebten Bühne auftreten,

---

35  GA V, 264.
36  GA V, 287.
37  GA V, 44.
38  GA V, 8
39  Vgl. dazu den Abschnitt *Die Individuen und das Allgemeine (Die historische Grösse)* in: SG, 377 ff.

nie als Ganzes schildert, hat der Leser dennoch den Eindruck, dass ihm die bunte Schar von Dichtern, Architekten, politischen Reformern, Künstlern, Philosophen und Humanisten, die wie auf einem phantastischen Trionfo vor seinen Augen vorbeiziehen, mit der Zeit recht vertraut ist.

Ein Zeuge ersten Ranges ist Dante, der bei allen wesentlichen Fragen zuerst gehört werden muss. Er bildet einen Markstein zwischen dem Mittelalter und der neueren Zeit; er schildert vortrefflich das Unadelige, Gemeinverständige sowie die Habgier und Machtgier der neuen Fürsten. Die Divina Commedia bildet den Anfang aller modernen Poesie wegen *des Reichtums und der hohen plastischen Macht in der Schilderung des Geistigen auf jeder Stufe und in jeder Wandlung.*[40] Mit seiner *Vita Nuova* hat Dante die erste moderne Selbstbiographie geschrieben. Bei ihm kann man lernen, dass nicht nur Handelsbeziehungen und die Erfahrung mit verschiedenen Weltanschauungen den kosmopolitischen Geist befördern – eine aus politischen Gründen erfolgte Verbannung kann dies ebenfalls. Dante wurde 1302 unter ehrverletzenden Anschuldigungen aus Florenz vertrieben. Von da an hat er sein Leben im Exil verbracht. Als ihm unter unwürdigen Bedingungen die Rückkehr nach Florenz angeboten wurde, schrieb er zurück: *Kann ich nicht das Licht der Sonne und der Gestirne überall schauen?* Mit einem trotzig stolzen Wort ist der berühmteste Sohn von Florenz zum geistvollsten Verbannten geworden: *Meine Heimat ist die Welt überhaupt.*[41]

Bei Machiavelli, einem Denker der reinen Diesseitigkeit, muss der Mensch in einer Welt kalkulierbarer Kräfte und natürlicher Gesetzmässigkeiten selber zurechtkommen. Gemäss Burckhardts atomistischer Behandlung der grossen Gestalten tritt Machiavelli an verschiedenen Stellen des Renaissancebuches auf, einmal als Diplomat, dann als Geschichtsschreiber, Kriegsschiftsteller, Staatslehrer etc. Als berühmtester Vertreter eines neuen politischen Denkens entwirft er eine Art Ethik des rationalen Machtmissbrauchs. Die nach dem Tode des jüngern Lorenzo Medici verfasste Denkschrift enthält ein Programm für die Einrichtungen eines neuen florentinischen Staates. Die Mittel und Wege, die Machiavelli zur Wahrung der florentinischen Interessen vorschlägt, sind nicht sonderlich moralisch. Der Entwurf stellt ein kunstreiches Gemisch von Konzessionen an den Papst und florentinischen Sonderinteressen dar: *Man glaubt in ein Uhrwerk hineinzusehen.* Macchiavellis Objektivität ist bisweilen entsetzlich in ihrer Aufrichtigkeit, *aber sie ist entstanden ein einer Zeit der äussersten Not und Gefahr, da die Menschen ohnehin nicht mehr leicht an das Recht glauben noch die Billigkeit voraussetzen konnten. Tugendhafte Empörung gegen dieselbe macht auf uns, die wir die Mächte von rechts und links in unserem Jahrhundert an der Arbeit gesehen haben, keinen besondern Eindruck.* Burckhardt enthält sich einer pathetischen Verurteilung des Machiavellischen Realismus, wie *entsetzlich* seine politische Objektivität *in ihrer Aufrichtigkeit* ihm auch gewesen sein mag.[42]

---

40 GA V, 223.
41 GA V, 98.
42 GA V, 62.

Überraschend umfangreich ist die Würdigung des Dominikanermönchs Savonarola ausgefallen. Im Allgemeinen existiert in Italien ein tiefer Unwille gegen die Bettelmönche, insbesondere gegen die Dominikaner, welche das *geistliche Polizeiamt* ausüben. Nun gibt es aber in der profanen Renaissance auch ein Fortleben echter Religiosität, und dazu gehört Savonarola, *diese völlig zu Feuer und Flamme gewordene Persönlichkeit.* Wenn man aber sein Staatsideal, die *Theokratie,* kennt und vernimmt, dass zu seiner Sittenreform eine tyrannische Polizei und die Verbrennung von Büchern und modischen Gegenständen gehört – all dies tatsächlich durchgeführt auf dem Florentiner Signorenplatz –, ist man erstaunt, dass Burckhardt den Busspbrediger und Propheten pathetisch *ein grosses Gemüt* nennt, indes: *Je trauriger die Schicksale Italiens sich entwickelten, desto heller verklärte sich im Gedächtnis die Gestalt des grossen Mönchs und Propheten.*[43]

Im Kreis der berühmten Florentiner Gestalten gibt es solche, die mit besonderer Wärme geschildert werden. Gianazzo Manetti, ein nobler Bürger, widmet sich intensiv dem Studium des Altertums. Er verkörpert einen Menschentyp, der in grellem Kontrast zu den politischen Gewaltmenschen steht und jenes *Gran Güte* exemplarisch vorlebt, nach dem die Menschen sich immer sehnen. Er hat die Tätigkeit als Buchführer eines Bankiers aufgegeben, um sich völlig der Wissenschaft zu widmen. Beim Ausüben der Amtsgeschäfte nimmt er nie eine Bezahlung an, überhaupt hat er *alles für die Bändigung der Leidenschaften durch Güte* getan.[44] Eine zweite Gestalt aus der Umgebung des Lorenzo Magnifico ist der universell tätige Pico de la Mirandola, der ebenso einfühlsam besprochen wird wie Manetti. Nach Pico ist der Mensch nicht determiniert, ihm ist es gegeben, *das zu haben, was er wünscht und das zu sein, was er will* – solches klingt auch heute noch ungemein modern. Mit seiner berühmten Rede *De homine dignitate* bringt Pico zum Ausdruck, dass der Mensch zu den Tieren absteigen oder zu Gott aufsteigen kann. Richtschnur seines Aufstiegs ist die Philosophie, das heisst eine dogmenfreie menschliche Wahrheitssuche und Urteilsbildung. Die Rede über die Würde des Menschen gibt uns, so Burckhardt, *die höchsten Ahnungen* vom Begriff der Menschheit. Sie klingt mit den berühmten Sätzen aus, in denen der Schöpfer zum Menschen spricht: *Du allein hast eine Entwicklung, ein Wachsen nach freiem Willen, du hast Keime eines allartigen Lebens in dir.*[45]

Das kleine Rudel von Gestalten, welche die kulturellen Schattierungen belegen, zeugen von der innigen Verehrung Burckhardts für den florentinischen Geist. *Über den Untergang des höchsten eigentümlichen Lebens der damaligen Welt mag der eine nichts erkennen als eine Sammlung von Kuriositäten ersten Ranges, der andere mit teuflischer Freude den Bankerott der Edeln und Erhabenen konstatieren, ein Dritter die*

---

43 GA V, 344-348. Savonarolas Predigten, Schriften und Briefe sind unter dem Titel *O Florenz! O Rom! O Italien!* von Jacques Laager, Zürich, 2002 herausgegeben worden; lesenswert ist das Nachwort.

44 GA V, 153.

45 GA V, 256.

*Sache als einen grossen gerichtlichen Prozess auseinanderlegen – jedenfalls wird sie ein Gegenstand nachdenklicher Betrachtung bleiben bis ans Ende der Tage.*[46]

## Architektur der Renaissance

*Eine Stadt mit seiner Architektur und seinen Monumenten sagt ebensoviel über eine Kultur aus wie ein Roman oder ein episches Gedicht.*

Henri Lefebvre[47]

Was 1867 unter dem missverständlichen Titel *Die Geschichte der Renaissance in Italien* erschienen ist, hat unter dem angemessenen Titel *Die Baukunst der Renaissance in Italien* Berühmtheit erlangt.[48] Den bloss in Stichworten vorhandene Text hat Burckhardt im Stadium der Werkstattarbeit zur Veröffentlichung freigegeben; er ist reich gegliedert in Kapitel und Paragraphen, Leitsätze und Ausführungen. Im Werk, das die Kunstgeschichte nach Sachen und Aufgaben gliedert (und damit die Künstlergeschichte, den *„alten Käs"*, endgültig verabschiedet), wird im Rahmen einer systematischen Besprechung die Vielfalt der einzelnen architektonischen Lösungen für ein formales Problem erörtert. Die *Aufgabe* ergibt sich jeweils aufgrund einer kulturellen Gegebenheit: die Volksreligiosität verlangt nach Kirchenbau, Klöstern, Bruderschaftsgebäuden; vermögende und einflussreiche Auftraggeber wünschen einen bequemen und repräsentativen Wohnstil, Villen und Palastbau gehen auf diese Bedürfnisse ein; der aufkommende Verkehr und die kriegerischen Aktivitäten führen zu Brückenbau oder Festungsbau.

Die im 19. Jahrhundert publizierten „Notizen" haben sich in der Zwischenzeit als ein vorbildliches Werk für die systematische Kunstgeschichte erwiesen. Bei genauerem Hinsehen erweist sich allerdings die Grammatik der architekturalen Formen als eine eher flexible Systematik, wusste Burckhardt doch sehr wohl, *dass sich alles mit allem berührt, dass jede Einteilung streitig bleibt.*[49] Je nachdem werden diese Einteilungen vorgenommen: nach Bauzwecken (Kirchen, Paläste, Villen, Klöster, Spitäler, Festungsbauten), nach Bauformen (Zentralbau, Langbau, Fassade, Campanile), nach Bauepoche (Protorenaissance, Frührenaissance, Hochrenaissance, Nachblüte, Barock), nach Werkstoffen (Stein, Erz, Holz), nach Dekorationsteilen (Decke, Boden, Fassade, Wand, Möbel, Gefäss). Im Kapitel *Dekorationen des Au-*

---

46 GA V, 60.
47 Pyr., 101.
48 So der Titel in JBW, Bd. 5, hg. von Maurizio Ghelardi.
49 in: Kaegi IV, 236.

*genblicks* werden so heterogene Dinge behandelt wie Festdekorationen, Triumph-bogen, Theaterbauten, Feuerwerk, Tischaufsätze, Dinge also, die nur in eine va-riable Systematik eingebaut werden können.

Heinrich Wölfflin hat von einer *neuen Sinnlichkeit, die Burckhardt der Renaissan-cekunst entgegenbrachte,* gesprochen. Er findet es jedoch merkwürdig, dass sich der Kunsthistoriker kaum um eine generelle Definition des Renaissancestils bemüht habe. Der Leser der *Baukunst* müsse sich *an verschiedenen, z. T. ganz abgelegenen Stellen herumhören, um zu erfahren, wo für Burckhardt das Wesentliche der neuen Schönheit lag.*[50]

### Der italienische „Ruhmsinn"

Im Einleitungskapitel *Der monumentale Sinn der italienischen Architektur* werden kulturgeschichtliche Bezüge hergestellt, wird nach den politischen, strategischen, psychologischen Motiven einer neu erwachten *Bauleidenschaft* oder *Baulust* ge-fragt. Freie Städte wie Florenz oder Siena bringen eine *monumentale Baugesinnung* zum Ausdruck, Gewaltherrscher oder Päpste verkörpern eine *Bauleidenschaft*. In ei-ner einzigen Stadt können Geistliche, der päpstliche Vertreter, das fürstliche Haus, die Stadtbehörde, die Zünfte und Privatleute tüchtig um die Wette bauen. Die Triebkräfte der weltlichen und geistlichen Auftraggeber sind der munizipale Stolz, der Ruhmsinn, der Sinn für Grösse, der Wille zur Wirkung. So hat der Dom der Florentiner wenig mit Frömmigkeit zu tun; der Stadt ging es vielmehr darum, die Nachbarn zu übertreffen, der Bau solle Florenz *zur Ehre und Zierde gereichen*.[51]

Dass die Bauleidenschaft bisweilen historische Bausubstanz rücksichtslos zer-stören kann, zeigt die Denkweise der Fürsten von Rimini. Sigismondo Malatesta habe, um sich und seiner Gattin ein Denkmal zu setzen, das Material, aus dem andere gebaut hätten – die alte Hafenanlage, Grabmäler, Kirchen und Gebäude – ganz einfach neu genutzt oder umgenutzt.[52] Im zerrütteten Rom des fünfzehnten Jahrhunderts entwickelte Papst Nikolaus V. eine übermächtige Bauleidenschaft. Drei Motive können unterschieden werden: das Ansehen des apostolischen Stuhls, politisch-strategische Überlegungen und schliesslich die Sorge um den eigenen Ruhm. Auch hat dieser Papst schon bewusst die massenpsychologische Wirkung baulicher Monumentalität in Betracht gezogen: die Volksmassen sollten durch die Grösse dessen, was sie sähen, in ihrem schwachen und bedrohten Glauben bestärkt werden. Nichts dazu ist geeigneter als Denkmäler, die von Gott selbst erbaut schie-nen.[53]

---

50 Vorwort zu GA VI, S. 000I.
51 GA VI, 4.
52 GA VI, 10.
53 GA VI, 12.

*Der Architekt als uomo universale*

Wenn Burckhardt von den Architekten zu sprechen beginnt, hebt er zuerst einmal den Unterschied zur Moderne hervor. *Die Vielseitigkeit der meisten damaligen Künstler, welche unserm Jahrhundert der Arbeitsteilung wie ein Rätsel vorkommt, war für die Baukunst von besonderm Werte.*[54] Wir erinnern uns an Burckhardts Lob auf das allseitig ausgebildete Individuum. In der Baukunst wird auch der Architekt am Ideal des uomo universale gemessen; nur der vielseitig Schaffende sei imstande, im monumentalen Bauen das Höchste hervorzubringen. *Die frische Erscheinung der Renaissance hängt wesentlich davon ab, dass die Meister nicht bloss die Reissfeder führten, sondern als Bildhauer, Maler und Holzarbeiter jeden Stoff und jede Art von Formen in ihrer Wirkung kannten. Sie vermochten einen ganzen Bau und dessen ganzen Schmuck zusammen zu empfinden und zu berechnen ... Mit dem 15. Jahrhundert tritt ein Brunellesco auf, zuerst als Goldschmied, dann als Mechaniker, Bildhauer, Architekt, Perspektiviker, Meister kolossaler Kriegsbauten und Dante-Ausleger.*[55]

*Die geheimen Gesetze der Renaissance-Bauten*

> *Äusserst beherzigenswert sei es, schreibt Burckhardt, dass kein Stoff sich für etwas ausgibt, was er nicht ist, und hundert andere Sätze dieser Art, die, obschon über die Renaissance gesagt, auch zu unserem Einmaleins gehören. Kongruenz von Funktion und Form. Nur mit wesentlich anderen Aufgaben, die andern Bedürfnissen zu entsprechen haben, vor allem auch mit anderen Stoffen, die ihre anderen Gesetze haben; doch das Grundsätzliche bleibt, Syntax mit anderen Wörtern*
>
> Max Frisch, Schriftsteller und Architekt.[56]

Wenn Burckhardt unermüdlich nach den Ursachen für die starke Wirkung der Renaissancebaukunst fragt, kommt er auf die Gesetzte der Verhältnisse, auf die Kompositionsgesetze, zu sprechen. Diese Gesetze bilden letztlich kein lehrbares, erforschbares, wiederholbares System von Relationen. Die Gliederung einer Fassade, das Verhältnis der Bauteile zum Bauganzen, die Aufteilung der Stockwerke, Pforte, Fenster, Zwischensimsen, Kranzgesims erfolgt aufgrund eines kaum lehrbaren *Proportionensinns*. In den feierlichsten Wendungen wird von den *musikalischen Proportionen* der Renaissance-Architektur gesprochen. Bei Alberti ist die harmonische Wirkung des Gesamtbaus am deutlichsten erkennbar. Wer an der Fassade oder an der Ordnung von S. Francesco etwas ändere, würde *tutta quella musica*

---

54 GA VI, 19.
55 GA VI, 20.
56 *Tagebuch 1946-1949*, Frankfurt/M. 1950, 191.

verstimmen.[57] Hier ist offenbar sehr konkret an mathematische Zahlenverhältnisse der musikalischen Harmonie zu denken, vielleicht auch an die pythagoräischen Planetensphären, die man sich als klingende Kugelschalen vorstellte, die in Zahlenverhältnissen zueinander stehen.

Vielleicht sollte der Betrachter eines harmonisch gegliederten Renaissancebaus gleichsam über ein inneres Auge verfügen, um dessen kubisch-plastische Wirkung angemessen, in der vollkommenen Schönheit, wahrzunehmen. Nicht selten kommt Burckhardts knappe, wundervolle Formulierungsgabe dem noch ungeübten Auge zu Hilfe, so beim Betrachten des Ponte della Trinità in Florenz, einer der schönsten Brücken der Epoche: *die Formen der drei Bogen mit freister Genialität dem Ansteigen gegen die Mitte zu anbequemt; statt der Strichbogen Halbellipsen für das Auge; die Brücke bildet ein belebtes Ganzes.*[58] An einer andern Stelle wird die Komposition des Palastbaus erörtert, die besondere Festlichkeit, welche durch Symmetrien und Wiederholungen erzeugt wird. Dann wird dem Betrachter die geheimnisvolle Wirkung der Durchblicke bewusst gemacht: *Der Bau voller Licht und Bequemlichkeit; überall Gleichheit des Niveaus und nirgends eine Stufe zu steigen. Der Blick der Hauptachse geht durch Vestibül, Hallenhof, Hinterbau und Aussenhalle bis ans Ende des Gartens.*[59]

### Die Pflästerung der Strassen

In den Städten der Renaissance wird auf die Nivellierung der Strasse besondere Sorgfalt gelegt, und zwar nicht nur aus hygienischen, sondern aus ästhetischen Gründen. In seinen Reisebriefen kommentiert Burckhardt immer wieder den schlechten oder guten Zustand der Pflästerung. Parma glänze durch das *schlechteste Strassenpflaster von Italien.*[60] Cremona sei die *einzige grosse Stadt, wo man das Gras wachsen lässt. Überall spriesst das Grün fröhlich zwischen den Pflastersteinen hervor, und abends sitzen die Leute vor den Häusern hie und da wie auf einer Wiese.* Im Verlauf der vielen Italienreisen macht Burckhardt die Beobachtung, dass *südlich vom Po das Pflaster einen bösartigen Charakter annimmt.* Wie er einmal nach Kempten kommt, meint er, die Stadt sei sauber und habe *gute Zementtrottoirs.* In Berlin fallen ihm die neuen Granit- und Asphalttrottoirs des Lindenquartiers auf.[61]

Mit der Pflästerung der Strassen der Renaissancestädte ging das mittelalterliche Leben zu Ende. Das war für Burckhardt Grund genug, einer scheinbaren Nebensächlichkeit ein besonderes Augenmerk zu schenken. Das Geheimnis der Pflasterung hat er in der Vielfalt der Gestaltung gesehen, in der Verschiedenartigkeit des einzelnen Steins.[62] Die zahlreichen Belegstellen zur Strassengestaltung, die er

---

57 GA VI, 75 und 91.
58 GA VI, 139-143.
59 GA VI, 121 f.; zu Pienza auch GA VI, 12, 148.
60 GA IV, 322.
61 Br VII, 67, Br VI 99, 145, 268.
62 Vgl. dazu: Heinz Wolf, *Das Pflaster in Geschichte und Gegenwart,* München 1987.

in den Stadt- und Fürstengeschichten gefunden hat, leitet er mit einem Hinweis auf die Sprache ein. Im Italienischen gibt es drei Verben fürs Pflastern: *selciare* oder *salegare* werde für das Besetzen mit Flusskieseln verwendet, *ammattonare* mit stehenden Ziegeln, und *lastricare* gebrauche man für das Belegen mit Steinplatten. Bei der Besprechung der Pflasterung von zehn Städten werden diese Materialien unterschieden: Ziegel, stehende Ziegel, halbrunde Ziegel, Platten, Travertinplatten, Marmorpflaster, Kieselpflaster.[63] Letztlich hat die Strassengestaltung, wie wir in der *Kultur der Renaissance* nachlesen können, einen nicht zu unterschätzenden Beitrag zur kulturellen und baulichen Erneuerung geleistet: *Das ganze äussere Dasein war überhaupt im 15. und beginnenden 16. Jahrhundert verfeinert und verschönert wie sonst bei keinem Volke der Welt. ... Auf den wohlgepflasterten Strassen italienischer Städte wurde das Fahren allgemeiner, während man überall sonst ging oder tritt oder doch nicht zum Vergnügen fuhr.*[64]

### Die Stadt als Ganzes

Mit der Renaissance beginnt ein neues städtebauliches Denken. Die beiden herausragenden Architekturtheoretiker sind Antonio di Pietro Averlin, genannt Filarete, und Leon Battista Alberti. Dessen Schrift über die Baukunst heisst *De re aedificatoria* (1452 abgeschlossen, 1485 publiziert). Im Titel des Traktats klingt die Vorstellung des *aedificator* – Weltenschöpfer – an. Die Sache des Bauens ist eine umfassende Angelegenheit, sie betrifft die gesamte Gesellschaft und ihre Ordnung. In Albertis Baukunst wird deutlich, dass die Stadt mehr als ein Zufalls- oder Entwicklungsergebnis, dass sie ein Gesamtkunstwerk ist. Wenn Alberti städtebauliche Idealentwürfe entwickelt, geht er von der örtlichen Gegebenheit aus, der Umwelt, dem Klima, dem Boden, den Wasserquellen, den Flüssen und Seen, den Bergen und Ebenen; spricht er von der Luft, dem Wind, dem Nebel. In einer *città ideale* sollen *die Einwohner ein friedliches, möglichst sorgenloses und von Beunruhigung freies Leben führen.*[65] Die Gegend, in der die Stadt liegt, wird durch die Verteilung und Anordnung der Baumassen gewinnen. Die Quartiere und die einzelnen Häuser sollen funktional gegliedert werden, die Bürger in geeigneter und zweckmässiger Weise ihren Geschäften nachgehen und angemessen wohnen können, *am Forum werden die Geldwechsler, Maler und Goldschmiede ihr Geschäft haben, an diese anschliessend die Gewürzhändler, die Schneider und was sonst für angenehmer gilt. Am äussersten Ende aber werden die minderen, unreinen Gewerbe ihren Sitz haben, und insbesondere werden die Plätze der Gerber mit ihrem Gestank... verlegt werden müssen.*[66] Die einzelnen Gebäude, vor allem die Wohnhäuser, sollen durch Schönheit,

---

63 GA VI, 144 f.

64 GA V, 269.

65 L.B. Alberti, *Zehn Bücher über die Baukunst,* hg. und übersetzt von Max Theuer, Wien und Leipzig 1912, Neudruck Darmstadt 1975, 180.

66 a.a.O. 345 f.

Anmut und Bequemlichkeit Bewunderung erregen. Die Villen, die sich Alberti in der Umgebung der Stadt vorstellt, sollen sowohl zum Vergnügen als auch zum nützlichen Gebrauch einladen. Alberti entwickelt eine Anleitung zum heiteren Geniessen. Die Villa in der Nähe der Stadt, in einer anmutigen Gegend, wird dem Auge einen vollständig heiteren Anblick bieten und Genuss (voluptas) bereiten. *Alles lache der Ankunft des Gastes entgegen und juble ihm zu. Tritt man ins Haus ein, so sei man im Zweifel, ob man zum Vergnügen nicht besser hier verweile, wo man ist, oder das Weitere ansehen solle, dessen Heiterkeit und Glanz uns lockt.*[67]

Als unmittelbarer Reflex auf Albertis Architekturtraktat entstand das romanhafte Werk *Trattato de architectura* von Filarete (1461–1464). In Filaretes illustriertem Architekturroman überschneiden sich zum ersten Mal in der Neuzeit die städtebauliche Utopie und die ideale Stadt. Filarete widmete den Traktat seinem Gönner Francesco Sforza, die erdachte Stadt nannte er *Sforzinda*. Dieser Stadtentwurf ist die erste *ex novo* geplante Idealstadt, ein Umsetzungsversuch in die Wirklichkeit liegt aber nicht vor. Das geometrisch und rational konzipierte Sforzinda ist eine Stadtutopie, die sich in der Planung und Organisation an den Vorstellungen eines Tyrannen vom Typus Francesco Sforzas in Mailand orientiert. Sie bildet den Gegenpol zu Albertis Vision von einer republikanischen Stadt.

Jacob Burckhardt schätzte die beiden hier kurz vorgestellten Architektur-Traktate. Alberti zählt zu den meistzitierten Autoren, auch auf Filarete wird oft verwiesen. Burckhardt hat eine Abneigung gegen die unregelmässige, unübersichtliche mittelalterliche Stadt, und so stimmt er Arbertis Diktum gegen die Gotik zu: *Verflucht, wer diese Pfuscherei erfand.* Für literarische Utopien und Idealstadtvorstellungen hat Burckhardt nicht viel übrig, mit den Gesamtanlagen von Städten beschäftigt er sich höchstens am Rande. Ihn interessiert zentral die architektonische Durchbildung einzelner Teile der Stadt, die ästhetische und funktionale Gestaltung eines einzelnen Bauwerkes. Einige Male kommt er auf das berühmte Pienza zu sprechen. Der ehemals südtoscanische Ort Corsignano gehört zu jenen Planstädten oder konkreten Utopien, die gemäss ihrem Modell- oder Idealcharakter einen Zugriff auf die Zukunft enthalten.[68] Pienza ist einem Humanistentraum entsprungen. Äneas Sylvio Piccolonimi, der spätere Papst Pius II., entwarf die Pläne, liess Corsignano erweitern und auf seinen Namen umtaufen. Burckhardt erwähnt die Stadt und einzelne Bauten, besucht hat er den Ort wohl nie.

Wie Burckhardt einmal die mittelalterliche Stadt mit der Renaissancestadt vergleicht, stellt er fest, dass im Norden sogar bedeutende Kirchen auf enge, irrationale Plätze gestellt würden; um die Umgebung kümmerte man sich herzlich wenig. Ganz anders im Süden. Da wird Regelmässigkeit angestrebt, da verlangt die monumentale Architektur ein bestimmtes Mass freien Raumes und Harmonie mit den umgebenden Bauten. Für Strassenkorrekturen und Platzgestaltungen sind in den italienischen Städten spezielle Verschönerungsbehörden zuständig. Korrektionen

---

67 a.a.O. 479.
68 Vgl. Hanno-Walter Kruft, *Städte in Utopia. Die Idealstadt vom 15. bis 18. Jahrhundert*, München 1989, 20-34.

werden im Sinn von Gradlinigkeit, Überschaubarkeit, Symmetrie, Regelmässigkeit vorgenommen; Plätze und Strassen sollen Würde erhalten. In Siena muss die Ufficiali dell'Ornato eine Enteignung zur Bildung eines Platzes begutachten und erwägt: *Platz und Stadt müssten davon solche Würde gewinnen, dass jeder Bürger täglich mehr davon erbaut sein werde.*[69]

Seit der frühen Renaissance wird in den Strassen Zweckmässigkeit, Schönheit und Gradlinigkeit angestrebt. So wetteifern die wichtigsten Städte seit dem 15. Jahrhundert im Beseitigen von engen und krummen Strassen. *Hemmende Vorbauten, Erker, Holzgerüste für das beliebte Arbeiten im Freien werden beinahe durchgängig abgeschafft.*[70] Den Gewaltherrschern waren aus politischen und strategischen Gründen die Vorbauten aller Art zuwider; deswegen wurden sie systematisch demoliert. Eine abweichende Meinung vertritt allein Alberti. Er verlangt zwar für die Hauptstrassen auch die Gradlinigkeit mit Häusern von gleicher Höhe und gleichen Portiken, gibt dann aber aus ästhetischen und praktischen Gründen der *Schlangenwindung* den Vorzug. *Die Stadt werde grösser scheinen, die Häuser sich allmählich und abwechselnd dem Auge darbieten, der Schatten nie ganz fehlen, der Wind gehorchen, die Verteidigung gegen Feinde leichter sein.*[71]

*Renaissance des Zentralbaus?*

In der *Baukunst* wird der Zentralbau als die Verwirklichung aller Ideale der Renaissance bezeichnet, er verkörpere absolute Einheit und Symmetrie, erreiche eine Steigerung des Raumempfindens durch schöne Gliederung, durch harmonische Durchbildung im Innern und Äussern, durch die herrliche Anordnung des Lichts.[72] In späten Jahren fragt sich Burckhardt, wie die *gewölbte Architektur* entstanden sei. Er vermutet, dass *das Wölben* im Häuserbau im Alexandrien der Ptolemäer entstanden sei (Serapistempel); vielleicht wurden die Römer durch die Ägypter angeregt, runde Gewölbe zu bauen.[73]

Die Renaissance hat den der Gotik überlegenen Zentralbau bis nahe an die absolute Vollendung ausgebildet und einer künftigen Religiosität zum Vermächtnis hinterlassen. Der Zentralbau ist das letzte im Reich der absoluten Bauformen wie der griechische Tempel das erste. Seine Möglichkeiten sind noch lange nicht erschöpft; es mag Zwischenperioden geben wie unser 19. Jahrhundert, welches das Pensum des 13. noch einmal aufsagen muss – immer von neuem wird jene grosse Aufgabe auftauchen, wobei die Versuche der Renaissance als unentbehrliche Vor-

---

69 GA VI, 7; vgl. Jähnig, Dieter (1984), 442 f.
70 GA VI, 145.
71 GA VI, 145.
72 Auf die zentrale Stellung des Zentralbaus bei Burckhardt hat Günther, Horst (1997) 135 - 137, hingewiesen.
73 GA XIII, 128-132.

stufen glänzend in ihr Recht eintreten werden.[74] Das Pensum noch einmal aufsagen? Hier denkt Burckhardt an die Architektur der Neogotik, die er nicht mag, da sie eine politische und ästhetische Regression darstellt. Zudem hat sich das religiöse Empfinden seit der Hochgotik völlig gewandelt.

In der *Aesthetik der bildenden Kunst* bringt Burckhardts noch einmal seine Hochachtung vor dem Zentralbau zum Ausdruck: *In der Renaissance kann der Zentralbau das Herrlichste in Beleuchtung verwirklichen, besonders durch die grossen Fenster des Kuppelzylinders... Der Zentralbau Abbild des Himmels; höhere äussere und innere Schönheit der konzentrischen Anlagen... Die Kuppel will die Hauptsache, ja das völlig Herrschende sein, wenn sie wirken soll.*[75] Michelangelo und Bramante hatten das Glück, mit dem Bau der Kuppel des Peterdoms die höchste Bauform ihrer Zeit zu verwirklichen. *Ins Innere fallen durch die grossen Fenster des Zylinders jene Ströme von Oberlicht, welche die Kirche wesentlich beherrschen.*[76] Nach ein paar kritischen Bemerkungen zum Nischenwerk der Hauptpfeiler beschwört Burckhardt die unerhörte Raumwirkung, hervorgerufen durch die einmalige Kuppel: *Das Ganze übt einen architektonischen Zauber aus, der sich bei jedem Besuch erhöht... Hauptsächlich das harmonische Zusammenwirken der zum Teil so ungeheuern Kurven verschiedenen Ranges, welche diese Räume um- und überspannen, bringt jenes angenehm traumartige Gefühl hervor, welches man sonst in keinem Gebäude der Welt empfindet und das sich mit einem ruhigen Schweben vergleichen liesse.*[77]

Ein leidenschaftliches Gespräch über die Einschätzung des Zentralbaus hat Burckhardt mit Gottfried Kinkel, seinem alten Freund und späteren Dozenten für Kunstgeschichte in Zürich, geführt. Kinkel setzt die Bauform der Kuppel mit der Herrschaftsform der Despotie in Beziehung, er deutet die Kuppel als eine die Leiber und Gewissen zugleich beherrschende Form, sie gehöre zu Byzanz, Russland, dem Islam und vertrage sich nicht mit Freiheit. Für seine eigene Zeit, meint Kinkel, seien die Bauten der Gleichheit – die Bahnhöfe aus Eisen oder die Kristallpaläste – die wirklichen Neuschöpfungen. Vehement widerspricht Burckhardt dieser Auffassung: *Ferner, dass die Kuppel der Despotie entspreche, ist lästerlich sowie der folgende Preis von Kristallpalästen und Bahnhöfen, aber mit Euch Extra-Demokraten ist nicht zu reden, wenn Euch der Teufel einmal aufs Glatteis führt.*[78] Wenn Burckhardt gelegentlich davon spricht, dass die Möglichkeiten des Zentralbaus noch lange nicht erschöpft seien, dann ist zu fragen, welche künftigen religiösen, politischen oder kulturellen Bedürfnisse zu einer Wiederbelebung des Kuppelbaus führen könnten.

---

74 GA VI, 81.
75 Aesth. 50, 78, 86; heute JBW, Bd. 10.
76 GA III, 297.
77 a.a.O.
78 Br VI, 61.

*Architektur und Wasser: ein nicht geschriebenes Buch*

> *Der Weg der Liebenden führt zum Brunnen. Das Dorf hat drei*
> *privilegierte Orte: die Promenade, den Platz, den Brunnen. Das*
> *Wasser ist heilig. Die Gesten des Wasserschöpfens in einen Krug*
> *werden mit Sorgfalt und Genauigkeit ausgeführt, sie haben den*
> *Rhythmus ritueller Gesten. Beim Brunnen werden die ernsthaften*
> *Angelegenheiten besprochen.*
>
> Henri Lefebvre[79]

In der zweiten Auflage der *Baukunst* hat Burckhardt den Paragraphen 146 a hinzugefügt, der den sachlichen und unspektakulären Titel *Die Brunnenverzierungen* trägt. Aus den Briefen erfahren wir, dass der Historiker auf seinen Italienreisen die Anmut der Mädchen am Brunnen durchaus nicht übersehen hat. In den römischen Skizzenbüchern stossen wir auf mehrere Brunnendarstellungen, beispielsweise auf den dreischaligen Springbrunnen der Villa Borghese – jenes wundervolle Wasserspiel, das Conrad Ferdinand Meyer zum Gedicht *Der römische Brunnen* angeregt hat. In der *Baukunst* stellt sich Burckhardt die Frage, ob die Renaissance die Brunnen der byzantinischen Welt und der islamischen Paläste und Moscheen gekannt haben mag.

Dem Zusammenhang zwischen dem flüssigen Element und der Architektur hat Burckhardt verschiedene Aufzeichnungen gewidmet. Am Ende des Vortrags *Die Allegorie in den Künsten* werden die Personifikationen der Wasserwelt besprochen. Burckhardt erwähnt den Tempel von Korinth, wo Thalassa, umgeben von Nereiden, die Aphrodite als meergeborenes Kind emporhebt. Den Naturallegorien folgen die Stadtallegorien.[80] Die Griechen stellten auf ihren Bildern die Stadt entweder als Glücksgöttin mit Füllhorn und Ruder oder als sitzende Gestalt mit Mauerkrone und örtlichen Attributen dar. Das schönste Beispiel für eine Stadtallegorie sei eine Statue von Eutychides, die in Bronze gegossene Glücksgöttin Tyche. *Wir sehen die verklärte Darstellung der grossen Antiochia am Orontes; sie sitzt auf einem Fels als Andeutung der steilen Lage der Stadt, den Kopf auf den Arm und diesen auf den übergeschlagenen Schenkel gelehnt, den andern Arm rückwärts gestützt, in der denkbar anmutigsten Wendung; unter ihren Füssen taucht in halber Figur der jugendliche Flussgott Orontes empor.*[81]

Dank einer Schrift des Rhetors Libanios (314 – um 393, aus Antiochia) ist Burckhardt über das antike Antiochien am Orontos (das heutige Antakya, Türkei) ausgezeichnet unterrichtet. *Ein Hauptvorzug der Stadt aber war der herrliche Wasserreichtum, wie ihn keine andere Griechenstadt und sonst wohl nur Alexandrien in solchem Umfang besass.* Im nahen Daphne drang das Wasser in vielen Quellen

---

79 Pyr. 140.
80 a.a.O., 46 f.
81 a.a.O., 438, vgl. GA XIII, 47.

stromweise aus der Erde. In unterirdischen Leitungen und über kunstvolle Brücken wurde das Wasser nach Antiochien geleitet und dort von Haus zu Haus verteilt. Nicht nur hatte jedes Haus eigene Brunnen; es gab auch viele öffentliche und private Bäder, wo das Wasser reichlich floss.[82] Im Grunde hätte Burckhardt alle seine Notizen zu Wasser und Architektur am liebsten in *einem Buch über allen Quellenschmuck seit der Pharaonenzeit* untergebracht.[83] Ihm hat ein architektur- und kulturhistorisches Werk vor Augen geschwebt, das in einem grandiosen historischen Längsschnitt hätte zeigen können, wie die Städte *Wasser meist mit grossen Opfern erkauft* und es in Architektur und Skulptur symbolisch dargestellt haben. Das Buch ist nicht einmal im Ansatz konzipiert worden, wir finden jedoch in verschiedenen Werken verstreut einzelne Hinweise.

Die Aquädukte gehören zu den monumentalen Nutzbauten und sind Beispiele dafür, dass die Römer ihren Bauwerken den *Stempel des Ewigen* aufzudrücken versuchten. Mit den neunzehn Leitungen wurde ein Riesenquantum an Wasser herbeigebracht. Es wurde *zur herrlichsten Zier der ganzen Stadt in unzählige Fontänen verteilt*; es floss auch in die Thermen, wo man sich den ausgiebigsten Badeluxus leistete. In der modernen Zeit stellt man merkwürdigerweise fest, dass die englische Hauptstadt, *die über die Schätze der Welt verfügt, meist aus demselben Fluss ihr Getränk beziehen muss, unter welchen sie Strassen und Eisenbahnen hindurchzuführen die Mittel hat.*[84] Wie ganz anders die römische Antike: *Die Ruhe des römischen Reiches gewährte einst der Hauptstadt einen sonst wohl nirgends mehr erhörten Wasserluxus, und auch die Provinzialstädte konnten ihre Mittel dafür reichlich aufwenden.*[85] Im antiken Rom gibt es eine Fülle von Dekorationsbauten, marmorne Triumphbogen und zahllose öffentlich aufgestellt Statuen. *Und dies alles malerisch verteilt auf Tal und Hügel, belebt und unterbrochen durch Gärten und Baumgruppen, hell durchrauscht von springenden Wassern, welche auf neunzehn hochgewölbten Leitungen aus den Gebirgen herniederkamen, um Menschen und Tiere, Luft und Grün in der gewaltigen Stadt frisch zu halten.*[86]

Die dem belebten Wasser gewidmete Architektur hat Burckhardt so nahe gestanden, weil sie das Gesetz der Vergänglichkeit verkörpert, *weil selbst bei sorgfältigster Ausführung die Feuchtigkeit die Verbindung der Steine im Laufe der Zeit auflöst und weil der Wasseraufwand wandelbar ist.*[87]

---

82 GA XIII, 158 - 166.
83 Br X, 202.
84 GA III, 38 f.
85 GA VI, 193.
86 GA II, 352.
87 GA VI, 193.

## Auf der Schwelle zur Moderne

Für Burckhardt ist der Renaissancemensch der Archetypus des modernen Menschen. Der Vorgang der Individuation des modernen Europäers gleicht dem Erwachen aus einem langen und tiefen Schlaf. *Im Mittelalter lagen die beiden Seiten des Bewusstseins – nach der Welt hin und nach dem Innern des Menschen selbst – wie unter einem gemeinsamen Schleier träumend oder halbwach. Der Schleier war gewoben aus Glauben, Kindesbefangenheit und Wahn.* Durch den Schleier hindurch erscheinen die mittelalterliche Welt und die Geschichte wundersam gefärbt. Der Einzelne erkennt sich als Teil einer Gemeinschaft, fühlt sich einem Volk, einer Partei oder einer Familie zugehörig. *In Italien zuerst verweht dieser Schleier in die Lüfte; es erwacht eine objektive Betrachtung und Behandlung des Staates und der sämtlichen Dinge dieser Welt überhaupt; daneben aber erhebt sich mit voller Macht das Subjektive.* Der Prozess der Individuation kulminiert in der Formel: *der Mensch wird geistiges Individuum und erkennt sich als solches.*[88] Im Verlauf des Erwachens verliert das sich selbst bewusst werdende Individuum seine kindliche Naivität.

Was der Renaissancemensch ist, ist er durch das Vermögen seiner vollen Präsenz. Die einzelnen vitalen Momente heissen reuelos, phantasievoll, auf rasch aktualisierbare Zeithorizonte bezogen u.v.a.m. Die privilegierte Form der Selbstvergegenwärtigung des modernen Menschen ist das Fest. Im Abschnitt *Geselligkeit und Feste* sind die Städter ganz auf das Präsentische ausgerichtet. Das neue Lebensgefühl lässt sich an nichts Gegenständlichem festmachen, es kann nur im Vollzug erlebt werden. Aus den Quellen ist herauszulesen, dass auch im Festwesen Geist und Spott zu den spezifisch florentinischen Eigenschaften zu zählen sind. In den flüchtigen und zugleich repräsentativen Formen des florentinischen Karnevals – den Prozessionswagen und Triumphzügen – drückt sich selbstbewusste individuelle Identität aus. In einem Festgedicht des Lorenzo de' Medici finden sich Verse, die *wie eine wehmütige Ahnung der kurzen Herrlichkeit der Renaissance selbst* zu uns herüberströmen und uns das carpe diem – nutze den Tag, geniesse den Augenblick – wärmstens anempfehlen: *Quanto è bella giovinezza, / Che si fugge tuttavia! / Chi vuol esser lieto, sia: / Di doman non c'è certezza.*[89]

Bei den ersten neueren Europäern, die sich dem Nachdenken über Freiheit und Notwendigkeit hingaben, zeigte sich ein deutlicher Verlust an religiöser Transzendenz; ihr Gottesbewusstsein wurde schwankend, das Gefühl für Sünde und Reue verblasste, ein allgemeiner Fatalismus trat an die Stelle des traditionellen christlichen Weltverständnisses. Doch unter der Hülle des neuen Zustands bleibt *ein star-*

---

88 .GA V, 95.

89 GA V, 307. Refrain aus *Trionfo di Bacco a Ariann.* Übersetzung: *Wie schön die Jugend ist, / Die rasch und schnell verfliegt; / Wer fröhlich sein will, der soll es, / Auf das Morgen ist kein Verlass.* Auch Guy Debord, *Die Gesellschaft des Spektakels* (dt.: Berlin 1996), zitiert in der 139. These diese Burckhardt-Stelle.

*ker Trieb echter Religiosität* lebendig.[90] Die Menschen erleben den Widerstreit zwischen Rationalität und Fortuna. Da sie immer wieder die Unbeständigkeit der irdischen, zumal der politischen Dinge erfahren mussten, schauten sie auf das Drehen des Glücksrads, *offenbar nur, weil man sich des nackten Fatalismus, des Verzichtens auf Erkennen von Ursachen und Wirkungen, oder des baren Jammers noch schämt.*[91] Führt die Vorstellung von der Fortuna zurück zum mittelalterlichen Konzept einer nach göttlichem Plan gelenkten Welt? Oder glaubten die Italiener trotz ihres rationalen Weltverständnisses von Kräften getrieben zu sein, die sie nicht zu ergründen vermochten? Mir scheint, dass es dem (eigentlich nie so richtig bekannt gewordenen) Renaissanceforscher Robert Klein gelungen ist, den Widerspruch aufzulösen. In Arezzo hat er eine Deckenmalerei von Vasari entdeckt und folgendermassen gedeutet: *Vasari malte an eine der Zimmerdecken seines Hauses „Virtù" und „Fortuna" im Kampfe: wenn man im Zimmer umhergeht, so scheint bald die eine, bald die andere Oberhand zu behaupten, als Symbol dafür, dass es im Leben so ist.*[92]

Seit Ucello und Masaccio gewinnt in der Malerei die Darstellung der Körperlichkeit an Klarheit und Ausdruckskraft. Auf den Porträts und Selbstporträts blicken die Gesichter nicht mehr starr aus den Bildern heraus. *Die Dargestellten blicken uns an, wie sie sich selbst überrascht im Spiegel wahrgenommen haben.*[93] Jede einzelne Gestalt drückt individuelle Beseelung aus. Dieser Jüngling verkörpert die Hingebung an etwas Mächtiges, jener Greis die Lebenserfahrung und Freundlichkeit selber; dieses Ensemble von drei Frauen ergreift uns in seiner rhythmischen Anordnung, jener Engelskopf durch das nuancierte Spiel von Licht und Schatten. Auf den Gemälden der letzten Jahrzehnte des 15. Jahrhunderts begegnen wir höchst sensiblen und selbstbewussten Gestalten. Die gleichmässig durchmodellierten Körper auf den leuchtenden Fresken von Masaccio oder Piero della Francesca sind gleichsam Inkarnationen von Geist und Energie, und sie sprechen noch unmittelbar zu uns.[94]

---

90 Vgl. den Abschnitt VI, *Sitte und Religion.*
91 GA V, 367.
92 *Gestalt und Gedanke,* in: Robert Klein, *Gestalt und Gedanke. Zur Kunst und Theorie der Renaissance,* mit einem Vorwort und aus dem Französischen von Horst Günther, Berlin 1996, 90.
93 Günther, Horst (1997), 124 f.
94 Vgl. Burckhardts Vortrag *Die Anfänge der neuern Porträtmalerei,* GA XIV, 316 ff.

*Nochmals Venedig und Florenz*

> *Italien war in viele kleine Staaten zerfallen. Die Tyrannen be-*
> *herrschten meist nur eine Stadt mit der Landschaft darum herum,*
> *die selbstsüchtigen Kaufmannsrepubliken... konnten ihr Gebiet*
> *nur verteidigen, wenn Geld in der Kasse war... Was wir heute*
> *an der italienischen Renaissance schätzen, die Werke der Kunst*
> *und Literatur, den entwickelten Geist der Kritik, die eigenartige*
> *Mischung von Vernunft und Leidenschaft, das konnte sich nur in*
> *Stadtkulturen ohne staatlichen Zwangsapparat entwickeln, das*
> *brauchte die Freiheit und die Gefährdung der Existenz.*

Horst Günther [95]

Die beiden autonom handelnden Stadtrepubliken Venedig und Florenz stellen für Burckhardt die Prototypen modernen Staatsgeistes dar. In Venedig, das sich als *eine wunderbare geheimnisvolle Schöpfung* erkennt, ist von Anfang an *etwas anderes als Menschenwitz wirksam* gewesen. In Florenz, das unaufhörlich theoretisiert und gestaltet, zeichnet und denkt, wird im Alltag, im politischen Umgestalten und in der Architektur permanent Neues erprobt.

Venedig gibt dem freien Spiel des Geistes nicht viel Raum, es fördert weder das wissenschaftliche noch das künstlerische Experimentieren. Das aristokratische Regiment bremst oder hemmt den alle Grenzen überschreitenden Wissensdrang, dafür bildet es den Geist des Sammelns aus und fördert das eher schwerfällige, aber stabilisierende Gelehrtentum. Die isolierte Lage der Stadt hat im Innern zu einer Zwangssolidarisierung geführt. Ein gut ausgebautes Spitzelwesen war dem Entstehen einer ausgeprägten Untertanenmentalität förderlich. Zum venezianischen Gemüt gehört ein wirtschaftliches Geschick, gepaart mit politischer Indifferenz oder Abstinenz; der *kluge Feigling,* so Burckhardt, scheint eine nicht seltene Figur gewesen zu sein. Das aristokratische Venedig kann als der erste Wohlfahrtsstaat in der Geschichte bezeichnet werden: *Fürsorge für die Leute war überhaupt ein Kennzeichen der Venezianer, im Frieden wie im Kriege.*[96] Der hohe Verwaltungsstandard hat die Zeitgenossen immer wieder beeindruckt. *Die letzten Zwecke,* so heisst es von der Stadt, *sind Genuss der Macht und des Lebens, Weiterbildung des von den Vorfahren Ererbten, Ansammlung der gewinnreichsten Industrien und Eröffnung stets neuer Absatzwege.*[97] Obschon Venedigs Architektur einen Mangel an baulicher Disposition aufweist, gibt es doch einzelne Gebäude, *die in hohem Grade den Eindruck eines glänzenden, fröhlichen Daseins* erwecken. Der venezianische Palast verkörpert *ruhigen Reichtum,* sein *heiteres Antlitz* wendet er am liebsten gegen den grossen Kanal.

---

95 in: Francesco Petrarca, *Über den geheimen Widerstreit meiner Sorgen,* Nachwort von Horst Günther.
96 GA V, 45.
97 GA V, 50

Für Burckhardt ist Venedig die Heimat der *Existenzmalerei,* der *Existenzbilder.* Was ist mit diesen Begriffen, die sich im Wortschatz der Kunstgeschichte nicht durchgesetzt haben, gemeint?[98] Schon der junge Burckhardt unterteilt die Malerei in zwei grundsätzlich verschiedene Richtungen: in die *Existenzmalerei* und die *erzählende Malerei.* Der erzählenden Malerei liegt ein historischer Vorwand – etwa die Verherrlichung der Religion oder der Macht – zugrunde; mit der Existenzmalerei, dem Abschütteln der historischen Fessel, erwacht die Kunst zu neuem Leben, wird die Darstellung der *blossen Existenz* eine *absichtslose.* Burckhardt versäumt es nicht, die Ruhe zu würdigen, die von den Existenzbildern ausgeht. Diese wird dadurch erzeugt, dass die Menschen nicht „in Szene gesetzt", sondern so dargestellt werden, wie sie immer sein können. In diesem Sinne stellen die Zeremonienbilder im Dogenpalast *das historische Selbstverständnis des venezianischen Gemeinwesens dar.* Auf den venezianischen Existenzbildern – denjenigen von Bellini, Giorgione und Tizian – bedarf es nur, wie Burckhardt im *Cicerone* schreibt, eines belanglosen Vorwands, *um in umgehemmtem Jubel alle Pracht und Herrlichkeit der Erde, vor allem ein schönes und freies Menschengeschlecht im Vollgenuss seines Daseins zu feiern.* Der göttliche Zug in Tizian bestehe darin, den Dingen und Menschen diejenige Harmonie zukommen zu lassen, die undeutlich schon immer in ihnen lebt. *Was in der Wirklichkeit zerfallen, zerstreut, bedingt ist, das stellt er als ganz, glücklich und frei dar.* Mit seinen Bildern des weiblichen Akts[99] malt Tizian *die Schönheit in stets neuer Wendung.* Bei den verschiedenen Versionen der Magdalena geht es weniger um die Bussfertigkeit der Sünderin als *um das wundervolle Weib, deren Haare wie goldene Wellen den schönen Leib umströmen.*

Es mag rätselhaft erscheinen, den Genius der Stadt mit der *Existenzmalerei* in Verbindung zu bringen. Ich möchte das so erklären: In einer Zeit, in der das gierige Erwerbsstreben, das schnelle Reichwerden, das technisch Machbare oder die Militarisierung einst profaner Bereiche das Leben der Menschen immer ausschliesslicher beherrschen, stellt Burckhardt nüchtern fest: *Unser Leben ist ein Geschäft, das damalige war ein Dasein.*[100] Mit *Dasein* ist das Gegenteil von Zerfahrenheit oder zerstreutem Tun gemeint: das einfache schöne Dasein, die Fülle des in sich ruhenden schlichten Seins, das blosse Leben. In einer Zeit, in der die *Orientation* auf das Grosstädtische alle Lebensbereiche in den Strudel hineinzieht, richtet Burckhardt den Blick auf eine Malerei, die zu den unruhigen Tendenzen seiner Epoche in konträrem Verhältnis steht: auf die beinah bewegungslosen Existenzbilder von Tizian, Giorgione und Bellini; auf den untätigen, geniessenden – *bloss seienden* – Menschen; auf eine Malerei, in der jegliche historische Intention zurücktritt, die alle menschlichen Regungen, die aus der Tiefe kommen, zulässt und auf eine ruhige Mitte zentriert.

---

98  Vgl. Hans-Peter Wittwer, *Vom Leben der Kunst. Jacob Burckhardts Kategorien Existenzbild und Existenzmalerei und ihre historischen Voraussetzungen,* Basel 2004.

99  Beispielsweise der *Danae,* die als Repräsentation des idealen Frauentypus gilt.

100  SG, 133.

Auf ganz andere Weise verkörpert das Energiezentrum Florenz den Typus des modernen europäischen Staates. Die Stadt am Arno hatte etwas Unverschnarchtes, *eine gesunde, nicht einschläfernde Luft.*[101] Man war gewohnt, das Individuum – Genius und Willenskraft – siegen zu sehen. Auf die eigene *virtù* kam es an, die Kraft, in der unmittelbaren Umgebung etwas zu vollbringen, zu bewirken, zu verändern. Das Ziel der Florentiner bestand nicht darin, auf Dauer angelegte Institutionen zu begründen, sondern den politischen und sozialen Zustand unaufhörlich umzugestalten. Am Zuviel des politischen Veränderungswillens ist die Stadt ja auch zugrunde gegangen. Zu wenig Beachtung hat die Tatsache gefunden, dass die vielgerühmte architektonische Erneuerung nicht ausschliesslich dem zeichnenden, entwerfenden und rechnenden florentinischen Geist zuzuschreiben ist, dass sie auch wesentliche Impulse von Rom erhalten hat. Die monumentalen Vorbilder für Raumgestaltung waren die Gewölbe und Hallen der römischen Basiliken und die weiten Räume der Thermen. Die Architekten der florentinischen Frührenaissance haben ihr Auge am römischen Trümmerkonglomerat geschult, ihr Formgefühl haben sie in Rom ausgebildet. *Der erste, welcher nach emsigem Studium der Ruinen Roms mit vollem Bewusstsein dessen, was er wollte, die Bauformen des Altertums wieder ins Leben rief, war bekanntlich Filippo Brunellesco von Florenz.*[102]

*Das „wundersame Weiterklingen eines uralten Saitenspiels"*

In der Renaissance wird, wie der Abschnitt *Die Wiedererweckung des Altertums* zeigt, die römisch-griechische Epoche (zumindest für die Gelehrten und Künstler) zur unverzichtbaren Lebensatmosphäre. Wiederum ist es Florenz, das bei der Hinwendung zur Antike die Hauptrolle spielt. Dort leben die Künstler, Philosophen, Dichter und Gelehrten, die mit ihren Werken zu einem *wundersamen Weiterklingen des uralten Saitenspiels* beitragen.[103] Lorenzo Magnifico versammelt in der platonischen Akademie seine Freunde, dort können Pico de la Mirandola, Marsilio Ficino und viele andere sich glücklich fühlen und ihre eigentümliche Energie entfalten.

Die Hinwendung zur Antike ist vorerst ein Teilthema. Bald wird die griechische Kultur ins Zentrum von Burckhardts Forschung rücken. In der Einleitung zur *Griechischen Kulturgeschichte* lesen wir Sätze, die in das nächste Kapitel hinüberleiten: *Und so werden wir ewig im Schaffen und Können die Bewunderer und in der Weltkenntnis die Schuldner der Griechen bleiben. Hier sind sie uns nahe, dort gross, fremd und ferne.*[104]

---

101 GA VI, 36.
102 GA III, 157.
103 GA V, 181.
104 GA VIII, 11.

# 4. DIE GRIECHISCHE POLIS

> *Die Zeit des Perikles in Athen war vollends ein Zustand, dessen Mit-*
> *leben sich jeder ruhige und besonnene Bürger unserer Tage verbitten*
> *würde, in welchem er sich todesunglücklich fühlen müsste, selbst*
> *wenn er nicht zu... den Sklaven, sondern zu den Freien gehörte...*
> *Und dennoch muss ein Gefühl des Daseins in den damaligen Athe-*
> *nern gelebt haben, das keine Securität der Welt aufwiegen könnte.*
>
> Jacob Burckhardt[1]

*Welches Polisbild?*

*Per me si va ne la città dolente* – durch mich betritt man die Stadt der Schmerzen. Wer jemals Dantes *Inferno* betreten hat, ist durch das Höllentor geschritten, über dem diese Inschrift angebracht ist. Auf seinen weiteren Stationen wird der Dantele-ser dieses Unheil verkündende Wort nie mehr vergessen.

Mit obigem Dantewort eröffnet Jacob Burckhardt sein Polis-Kapitel in der *Grie-chischen Kulturgeschichte,* einem Werk, das einen völlig neuen Blick auf die alten Griechen wirft.[2] Burckhardt räumt mit dem Griechenbild der Klassik (Wink-kelmann, Schiller u.a.) auf, dem Bild erhabener Grösse und Stille. In seiner Dar-stellung wird der Akzent auf die düsteren, unglücklichen Seiten der antiken Polis gesetzt. Der griechische Staat ist ein von Krisen geschüttelter, das Individuum in *Staatsknechtschaft* gehalten. Burckhardts nüchterne Beschreibung der politischen Wirklichkeit – der Polis als spezifischer sozialer Organisationsform – empfinden wir heute als eminent modern. Und gleichsam en passant bereichert Burckhardt das Vokabular der Altertumswissenschaft mit dem Begriff der Polis – *griechischer Stadtstaat, cité antique* oder *ancient city* waren die herkömmlichen Bezeichnungen.

Die *Griechische Kulturgeschichte* ist vor mehr als einem Jahrhundert postum ver-öffentlicht worden. Im Verlauf der letzten hundert Jahre war die Beurteilung dieses Werks höchst unterschiedlich. Die Fachgenossenschaft begegnete ihm nicht selten mit offener Ablehnung, Skepsis, Vorbehalt, Polemik.[3] In jüngster Zeit allerdings räumen verschiedene Althistoriker ein, dass Burckhardts kulturhistorisches Ge-samtbild des antiken Hellas von hohem Rang sei. *Bis heute,* schreibt beispielsweise Kurt von Fritz, *ist wohl niemandem ein eindringlicheres Bild des Lebens der Griechen im Altertum gelungen als Burckhardt.*[4] Auch Werner Kaegis Urteil ist eindeutig: *Im*

---

1 SG, 236 f.
2 GA VIII, 55. Vgl. Dante, *Inferno,* 3. Gesang, der Divina Commedia.
3 Die wechselvolle Beurteilung der GK schildert umsichtig Bauer, Stefan (2001).
4 Zit. in: Bauer, Stefan (2001), 211.

*einzelnen mag das Werk seine Fehler haben. – Im ganzen ist es einer der denkwürdig-*
*sten Versuche, in einer Zeit, da alles in Spezialwissen zu zerfliessen drohte, eine Über-*
*sicht herzustellen.*[5]

Burckhardt hat eine griechische Kulturgeschichte geschrieben, welche die Poli-
tik in den Mittelpunkt stellt. Wer nun in seinem Werk nach einer begrifflich klaren
Polis-Definition sucht, stösst bald einmal auf eine *ärgerliche Verrätselung* (Stefan
Bauer) und muss sich mit wenigem zufrieden geben. Alles was er findet, ist das
Wort, die Griechen hätten eben nie *bürgerliche Gleichheit mit politischer Ungleich-*
*heit zu verbinden gewusst* – ein Satz, der ein Zitat ist und den Burckhardt von seinem französischen Kollegen Numa-Denis Fustel de Coulanges übernommen hat.
Wie schwierig es ist, die Tragweite dieses Satzes zu deuten, kommt in einer Monographie zum Ausdruck, welche Burckhardts politische Einstellung und die politische Deutung der Polis in den Grundzügen nachzeichnet.[6]

Im vorliegenden (vierten) Kapitel wird zuerst auch die politische Dimension der
Polis ausgeleuchtet, dann aber die kulturelle Mannigfaltigkeit geschildert, welche
das Wesen der antiken Polis ausmacht: die Polisbewohner haben an der Fülle des
kulturellen Lebens tatsächlich partizipiert. Wenn Christian Meier mit seinem Buch
*Athen / Ein Neubeginn der Weltgeschichte* das Schicksal der kleinen Stadt an der
Küste der Ägäis schildert, erzählt er die Geschichte einer Bürgerschaft, welche der
persischen Macht Paroli geboten hat. Erzählt er von Themistokles, Perikles und Sokrates. Erzählt er die Geschichte einer Stadt, welche ein grosses Seereich begründet
und die erste Demokratie der Weltgeschichte hervorbracht hat. Schildert er Bürger,
die ein riskiertes Leben lebten, aber auch am reichen kulturellen Geschehen Anteil
nahmen. Auch die kleinen Leute – die Bauern, Fischer Handwerker und Händler
– waren auf ihre Feste und Tragödien angewiesen. Christian Meier schildert in epi-
scher Breite, wie die mythischen Geschichten, die Musik und die Tempel auf der
Akropolis zum Fundament der Stadt gehörten.

In Anlehnung an Christian Meiers Stadtmonographie (in der Burckhardts geschichtliches Urteil einen hohen Stellenwert hat) wird auch hier der Versuch unternommen, möglichst viel  von der Fülle der kulturellen Praktiken mitzuteilen.
Burckhardt hat ein Polisbild entworfen, in dem nicht die Ereignisse im Zentrum
stehen, sondern ein umfassendes kulturelles Gesamtgeschehen. Die vier Bände der
*Griechischen Kulturgeschichte* lesen wir als ein einziges kühnes städtisches Profil.
Zum Reichtum des Lebens, das sich in der Enge der Stadt abspielt, gehören neben
der täglichen Arbeit wesentlich auch Religion und Wettkampf, Philosophie und
Wissenschaft, Tragödie und Komödie, Architektur und Redekunst, und auch die
Künste. Nirgends verliert sich Burckhardts kulturhistorisches Fresko in Abstraktio-
nen oder gelehrte Kontroversen. Bei ihm ist alles Anschauung, und aus den ersten
Quellen geschöpft.

---

5 *Einführung* in GK I, S. 46 (XLVI).
6 Bauer, Stefan (2001), 166 f., 202 ff., auch Anm. 523.

*Überblick*

Die „Inkubationszeit" von Burckhardts vierbändiger *Griechischen Kulturgeschichte* dauert Jahrzehnte und beginnt sicher damit, dass der künftige Historiker am Basler Gymnasium einen vorzüglichen Griechischunterricht erhielt. Mit dem Jahre 1864 setzt eine intensive Lektüre der griechischen Klassiker ein. Burckhardt vertieft sich so sehr in Primärquellen, dass für andere Beschäftigungen absolut keine Zeit mehr vorhanden ist. *Selbst zum Kaffe nach Tisch und zum nachherigen kurzen Schlummer... lese ich auf dem Sopha liegend Tragiker.*[7] 1872 trägt er zum ersten Mal *Griechische Kulturgeschichte* vor. Jetzt kann er seinem Freund Friedrich von Preen melden, dass das Abenteuer, das ihn *auf eine heillose Weise präoccupirte*, bestanden sei. *Auch kann ich jetzt ruhig sterben, was ich nicht gekonnt hätte, wenn ich nicht wenigstens einmal „Griechische Culturgeschichte" gelesen haben würde.*[8] Die Vorlesung hat er 1885/86 zum siebten und letzten Mal gehalten.  Im Frühjahr 1880 beginnt er mit der Vorbereitung eines Buchmanuskripts, die letzte Eintragung erfolgt 1892; fünf Jahre nach seinem Tod hat Jakob Oeri die Edition des vierbändigen Werkes abgeschlossen.

Zur Gliederung: Den Band I eröffnet der relativ kurze Abschnitt *Die Griechen und ihr Mythos*. Im bedeutend umfangreicheren Poliskapitel, das den Titel *Staat und Nation* trägt, geht es im Kern um die Dialektik von der Vielfalt der Poleis und der Einheit der griechischen Nation. Im Band II stehen religionsgeschichtliche Themen im Vordergrund, werden *Religion und Kultus* und die *Erkundung der Zukunft* behandelt. Das Schlusskapitel von Band II, *Zur Gesamtbilanz des griechischen Lebens*, stellt gleichsam eine Fermate dar: es wird Halt gemacht und eine Überschau des bisher Besprochenen geliefert; in ernstem Pathos wird die Nachtseite der griechischen Kultur ausgebreitet. Band III ist den Künsten, mit Einschluss von Philosophie und Wissenschaft, gewidmet und umfasst all das, was in engerem Sinn *Kultur* heisst – und dass diese Kultur auf das Engste mit der Polis verknüpft ist, wird uns besonders interessieren. Die Bände I bis III haben systematischen Charakter, im Unterschied zu Band IV, der chronologisch konzipiert ist, der in einem grandiosen Längsschnitt den hellenischen Menschen und Polisbürger in seiner zeitlichen Entwicklung schildert. Lassen wir Burckhardt selber den letzten Band im Plauderton resümieren: *Ich teilte den griechischen Homo sapiens nach einzelnen Zeitaltern in den heroischen Menschen, den agonalen und den kolonialen, den politischen Menschen, den Kosmopoliten und tugendhaften Panhellenen u.s.f. Der heroische Mensch ist das hellenische Kind; der agonale Sportsmann der turnende Jüngling, der politische Hellene der Perserkriege und des peloponnesischen Krieges der reife Mann, während der Hellene des 4. Jahrhunderts bereits bedenklich-greisenhafte Züge zeigt.*[9] Die meistgelesene Passage des vierbändigen Werkes ist die *Einleitung*, in der sich Burckhardt sowohl von den traditionellen *Altertümern* als auch von der *Ereignisgeschichte* distanziert. Als

---

7 Br V, 150.
8 Br V, 174.
9 Burckhardt im Gespräch mit Heinrich Gelzer, zitiert in Kaegi VII, 73 f.

Kulturhistoriker gehe es ihm um die Lebensauffassung der Griechen, ihre Denkweisen und Anschauungen: um die lebendigen Kräfte, die im griechischen Leben tätig waren.

## Athen im „Alten Schema"

Wer nach frühen Aufzeichnungen zum Thema Grösse und Elend der antiken Polis sucht, stösst im sogenannten *Alten Schema* – einer frühen Skizze der *Weltgeschichtlichen Betrachtungen* – auf ein erstes Stadtbild. Das Alte Schema beginnt mit dem Gedanken von der Wandelbarkeit und Hinfälligkeit alles Menschlichen, Geistigen und Materiellen, mit dem Bemühen um Erkenntnis eben dieses Menschlichen. In vorsichtig abtastenden, knospenden Formulierungen wird die Frage nach dem gestellt, was Geschichte sei. Aus den bruchstückartigen Vorüberlegungen wächst das archetypische Stadtmodell Athen als erstes zusammenhängendes Hauptbild heraus. Burckhardt nennt es ein *einzigartiges Paradigma*, einen welthistorischen Tauschplatz von Gütern und Ideen, ein glückhaftes Beispiel für das Werden, Blühen und Vergehen einer historischen Haupttatsache.[10] In dieser Stadt schimmert der Geist frei und offen hervor, *überall wie durch eine leichte Hülle hindurch.*[11]

Im *Paradigma* Athen ist von der Lage der Stadt, dem Volk, der unbeschreiblichen Regsamkeit der Bürgerschaft die Rede. Ferner vom Gegensatz zwischen dem Individuum und dem Allgemeinen, vom enormen Ehrgeiz der Stadtbürger, von Sprache und Kunst, von der Einfachheit des ökonomischen Daseins, von der Behandlung der Sklaven, vom genügsamen Landbau, von Handel und Industrie, vom Nichtvorhandensein von Ständen nach Rang. In der eruptiv und gedrängt formulierten Stadtskizze wird der Geist der Stadt eingefangen. Was fast ganz fehlt, ist die Beschreibung des äusseren Gehäuses. Das Fehlen der Architektur entspricht Burckhardts kulturhistorischer Betrachtungsweise, der es um *das Innere der vergangenen Menschheit* geht; sie will darstellen, *wie diese war, wollte, dachte, schaute und vermochte.*[12] Da von Athen eine unermessliche historische Erkenntnis ausgeht, *muss jeder bei seinen Studien irgendwie dort einkehren und das Einzelne auf dieses Zentrum zu beziehen wissen.*[13] Für die geschichtliche Betrachtung kann das Zentrum Athen nicht hoch genug eingeschätzt werden, treten in dieser Stadt doch Ursache und Wirkung klarer, Kräfte und Individuen grösser und die Denkmäler zahlreicher als sonst wo hervor. Athen ist eine Stätte, wo die Erkenntnis reichlicher strömt als anderswo und sich das Menschliche vielseitiger äussert.[14]

---

10 SG 111 - 117.
11 SG 113.
12 GA VIII, 3.
13 SG 111.
14 GA VII, 97, 96.

*Am Ursprung der europäischen Kulturentwicklung*

Über lange Zeit stand die Erforschung der Kultur und Kunst der italienischen Renaissance im Zentrum von Burckhardts Erkenntnisinteresse. Zwei Jahrzehnte später richtet der Historiker seinen Forscherblick auf den Ursprung der okzidentalen Kultur. Der Perspektivenwechsel – die Abwendung vom Italien der Renaissance und die Hinwendung zu Hellas – hängt mit einer tiefen historischen Problemverschiebung zusammen.[15] Die Renaissance: das war die Entstehung der modernen Welt, die Entfaltung eines neuartigen Individualismus, die selbstbewusste, rationale Lebensgestaltung, der Übergang von den rechtlosen und unsichern Tyrannenstädten zu den zivilisierteren, dynamischen Stadtrepubliken, in denen Zweckmässigkeit und ein rationales Kalkül das politische Leben bestimmen. Die Welt der Griechen: das ist jetzt die Frage nach den ersten Manifestationen des europäischen Menschen, dem Ursprung des Staates, dem Anfang der europäischen Kultur. Mit der von den Griechen fundierten Kultur, basierend auf dem geschichtlichen Ursprung der Freiheit, hat die Universalgeschichte ihren Anfang genommen. Was die Griechen *taten und litten, das taten und litten sie frei und anders als alle frühern Völker. Sie erscheinen original und spontan und bewusst da, wo bei andern ein mehr oder weniger dumpfes Müssen herrscht... In allem Geistigen haben sie Grenzen erreicht, hinter welchen die Menschheit, wenigstens in der Anerkennung und Aneignung, nicht mehr zurückbleiben darf, auch wo sie die Griechen im Können nicht mehr erreicht.*[16]

Bei der Erörterung der Ursprünge Europas wird die Phase der prähistorischen Dämmerung übergangen, die Frage, ob das Menschengeschlecht aus einer oder mehreren Wurzeln hervorgegangen ist. Der erste historisch fassbare Tatbestand ist der mediterrane Ursprung Europas. *Die Menschheit ums Mittelmeer und bis zum persischen Busen* ist für Burckhardt *ein belebtes Wesen, die aktive Menschheit* schlechthin. Die Menschheit ums Mittelmeer herum bringt es mit dem römischen Weltreich zu einer Art Einheit. *Hier allein verwirklichen sich die Postulate des Geistes; hier allein waltet Entwicklung und kein absoluter Untergang, sondern nur Übergang.*[17] Neben den Griechen und Römern werden die Ägypter, Babylonier und Phönizier als Anrainer des Mittelmeers in die Erörterung der Ursprünge Europas miteinbezogen.

Burckhardts Weltsicht ist europazentriert; Weltgeschichte ist für ihn Geschichte des Abendlandes; zu den aussereuropäischen Kulturen äussert er sich spärlich. Der afrikanische Kontinent wird nirgends erwähnt. Die Geschichte Chinas und Japans wird nicht behandelt, denn diese münde nicht in die europäische ein. Da in Amerika Traditionen und Rangordnungen völlig eingeebnet seien, erscheint es in den *Weltgeschichtlichen Betrachtungen* als ein Schreckbild der Zukunft. Das Land gehe einem extremen Materialismus entgegen, alles werde zum blossen *Business*. Nordamerika wird kurzerhand *das Vorexperiment der europäischen Zukunft im Grossen*

---

15 Vgl. Flaig, Egon (1998), 27 ff.
16 GA VIII, 10.
17 GA VII, 225.

genannt. Hellsichtig erkennt Burckhardt, dass ganz Asien durch Europa gründlich geöffnet werde. Schicksalschwer lautet seine Frage: *Wie lang wird es noch dauern, bis alle passiven Existenzen von der aktiven europäischen Menschheit unterworfen und durchdrungen sind?*[18] Die Frage, ob Burckhardt den Abendlandwahn mitbegründet hat, brauchen wir hier nicht zu erörtern. Uns interessiert, wie die griechische Polis, die Urzelle der europäischen Stadtentwicklung, entstanden ist, wie es ihr gelungen ist, sich durch periodische Erneuerung im geschichtlichen Fluss zu halten.

Gemäss dem Konstrukt des europäischen Kulturkontinuums hat sich auch nach dem Untergang der antiken Polis *der geheimnisvolle, narkotische Duft der griechischen Bildung* immer wieder ausgebreitet, sind die Griechen Vorbilder für alle Zeiten geworden.[19]


### Die mythische Fundierung der Polis

Burckhardt hat die Darstellung der griechischen Kultur weder mit geografischen oder klimatischen Erörterungen, noch mit Politik oder Gesellschaft begonnen. Der erste kurze Abschnitt des vierbändigen Werkes heisst *Die Griechen und ihr Mythos*. Der Mythos war der *wahre geistige Okeanos*, der das griechische Denken, Schauen und Fühlen *umflutete*. Im Mythos war das Zusammendenken von Mensch, Welt und Gott vorgeprägt. Der Mythos war in der Gegenwart ständig anwesend, er gab Kunde von der Welt und umfasste in gleicher Weise das Dasein der Götter, der Heroen und der Menschen. *Das zuhörende Volk glaubte gewiss jedesmal, was es hörte.* In der mythischen Erzählung *genoss es gewissermassen lauter Ewigungen, während wir heute von lauter Zeitungen umgeben sind.*[20] Da die griechischen Stämme einander immer wieder verdrängten, kam es häufig zu Wanderungen. Diese wurden nicht historisch exakt überliefert, sondern in ein mythisches Gewand gekleidet. Obschon sich eine exakte Länderkunde schon früh ausgebildet hatte, wurde die Geografie als eine mythische tradiert. In ganz Griechenland wurden die Gebirge, Täler und Küsten mit Sagengestalten und Göttergeschichten belebt. *Der Mythos als eine gewaltige Macht beherrschte das griechische Leben und schwebte über demselben wie eine nahe, herrliche Erscheinung. Er leuchtete in die ganze griechische Gegenwart hinein, überall und bis in späte Zeiten, als wäre er eine noch gar nicht ferne Vergangenheit.*[21] Im Unterschied zu den Ägyptern, die schon früh ein gelehrtes Wissen ausgebildet hatten, waren die Griechen *a priori mythisch gesinnt.* Von Anfang an lebten sie wie allmählich älter werdende Kinder in einem Zustand zwischen Traum und Wachsein. *Sie scheinen eben erst aus dem Traum ihrer Fabelwelt zu erwachen.*[22] Die Ausbildung eines Geschichtsbewusstseins hatte

---

18 GA VII, 226.
19 GA XI, 425.
20 GA IX, 20f.
21 GA VIII, 28.
22 GA VIII, 30.

einen schweren Stand. Das Historisch-Tatsächliche wurde im Geiste des Mythos geschaut und tradiert, weil die Sage *jede Ritze verstopfte, durch welche das Exakte hätte eindringen können.* Die Griechen hingen so sehr am Mythos, weil sie ahnten, dass sie in ihm ihre Jugend verteidigten. Im *Timaios* lässt Platon einen hochbetagten Priester sprechen: *Ihr Hellenen seid immer Knaben, es gibt keinen Hellenen, der ein Greis wäre, ihr seid alle jung an der Seele, weil ihr keine urtümliche Kunde, kein altersgraues Wissen besitzt.*[23]

Die Bildung einer Polis war das traumatische Erlebnis im Dasein einer Bevölkerung. Auch wenn man weiterhin die Fluren bebaute, wurde aus der ländlichen Bevölkerung mit der Zeit eine städtische. Eben noch sprach man von Landwirten, seit man zusammenwohnte, wurden diese zu „Politikern". Dieser Wandel spiegelte sich in Sagen von der Gründung der Stadt, von der Rettung aus grosser Gefahr. In den Sagen war vom göttlichen Ursprung der Stadt und von Opferungen die Rede. Wie eine Stadt zu Trinkwasser kam – die einzige gute Quelle weit und breit musste erschlossen werden –, wurde mit einem Kampf mit unheimlichen und bösen Mächten in Verbindung gebracht. *Was kräftig gedeihen soll auf Erden, muss dunklen Mächten seinen Zoll bezahlen.*[24]

Das griechische Epos ist grundsätzlich eine städtische Angelegenheit, in ländlichen Bevölkerungen werden umfangreiche epische Stoffe nicht elastisch weiter gegeben. Gewiss haben auch die germanischen Völker Heldensagen und eine Fabelwelt gehabt. Im Unterschied zu den in Dörfern lebenden Germanen, denen eine einfache Geschichte genügte, entwickelten die Griechen, welche Städter waren, die Fähigkeit, komplexe Stoffe (die Argonautensage oder die Tragödie des Ödipus) aufzunehmen und weiterzugeben. Nur in der Polis waren die Voraussetzungen gegeben, die *Ilias* zu einer griechischen Gesamterinnerung werden zu lassen. *Bei den Griechen sind die Zuhörer bereits sehr vorherrschend städtische Bevölkerungen.*[25] Der Mythos als alles beherrschende Macht stellte im Leben der Griechen ein immenses kulturelles Reservoir dar, gleichzeitig war er auch ein Hindernis auf dem Weg zu kritischer, rationaler Erkenntnis.[26]

---

23  Zit. in GK I, 28.
24  GK I, 66 f.
25  GK I, 30.
26  Vgl. Bauer, Stefan (2001), 111-117.

*Der Agon, ein anthropologisch fundierter Trieb?*

> *Das Motto für das ganze Griechentum (Ilias): Immer der Erste zu*
> *sein und vorzustreben den Andern.*
>
> Griechische Kulturgeschichte[27]

Das für uns spätgeborene Europäer schwer Fassbare, Rätselhafte des *Gefühls des Da-seins der damaligen Athener* hat, in der Burckhardtschen Auffassung des Griechen-tums, mit dem Agonalen zu tun. Das gesteigerte, intensive Lebensgefühl gründet in einer gleichsam anthropologischen Antriebsstruktur, im agonalen Trieb. Das Ago-nale ist Burckhardts eigentliche Entdeckung. Mit dem deutschen Wort Kampf (für *agon*) wird nur unvollkommen das bezeichnet, was von den Griechen als perma-nenter Wettbewerb täglich gelebt wird. Wo immer möglich messen sie sich kämp-fend, zuerst einmal sportlich, in Lauf, Ringen, Sprung, Diskus, Faustkampf. Es gibt aber auch die Schönheitswettbewerbe, und bei den Symposien wetteiferte man im Gesang, Rätselraten, Wachbleiben, Trinken. Der Wettbewerb unter Fachleuten för-derte die technischen Fähigkeiten, und dies führte, beispielsweise im Schiffsbau, zu Neuerungen. Der Agon *ist der Wille der Auszeichnung unter seinesgleichen, lebendig in den Einzelnen wie in den Poleis, mochten diese Aristokratien, Tyrannien oder später Demokratien sein.*[28] Sobald viele Griechen beisammen sind, messen sich Einzelne im Wettkampf, die Übrigen sind als Zuschauer – als Kenner oder Richter – dabei. Eine einzelne Polis befindet sich, auch wenn keine Feindschaft besteht, in einem natürlichen Agon mit der Nachbarpolis von ähnlicher Macht und Ambition. Die-ser Wettbewerb hat auch eine ästhetische Seite. So suchen die Poleis einander im Tempelbau oder in Bildnissen von Göttern zu überbieten. Als Peisistratos mit dem Riesenbau des olympischen Zeus begann, ging es um das monumentale Primat der Polis: Athen sollte mit dem Prachtbau die schönste Stadt weit und breit werden.

Unter Agon versteht Burckhardt die Summe aller kulturellen Formen und Trieb-kräfte, in denen der menschliche Geist geschichtlich wirksam wird. Insbesondere befördert der agonale Trieb das Bewusstsein freier Individualität. Die Entstehung des freien Individuums, die Burckhardt in der Renaissance entdeckt hat, wird in der Griechischen Kulturgeschichte an den Lebensverhältnissen der antiken Polis festgemacht. Die Individualität, welche sich von jeder andern unterscheiden will, wird der Träger nicht nur der griechischen, sondern der okzidentalen Kultur insge-samt. *Es gehört zur Jämmerlichkeit alles Irdischen, dass schon der Einzelne zum vollen Gefühl seines Wertes nur zu gelangen glaubt, wenn er sich mit den Anderen vergleicht und es diesen je nach Umständen auch zu fühlen gibt,* heisst es in den *Weltgeschichtli-chen Betrachtungen.*[29] Fassen wir den Individuierungsprozess bei den Griechen nä-her ins Auge.

---

27  GA XI, 32.
28  GA XIII, 154.
29  GA VII, 124.

Beginnen wir mit der *Jämmerlichkeit alles Irdischen.*[30] Von Natur aus verfügt der Mensch über einen Überschuss an Lebensdrang oder Vitalität, und so kennt sein Wille zur Individuierung vorerst keine Grenzen. Um zum *vollen Gefühl seines Wertes* zu gelangen, um als Sieger aus einem Wettbewerb hervorzugehen, müssen die Kräfte gegen den Andern bis zum äussersten angespannt werden. Nach Beendigung des Kampfes oder Wettbewerbs gibt es jeweils den Unterlegenen. Einer muss zahlen, damit ein anderer zum Vollgefühl seines Daseins gelangt. Im weitern ist entscheidend, dass es beim griechischen Agon nicht nur zwei Kämpfer, sondern noch einen Dritten gibt, den Zuschauer. *Hing nicht das Hochgefühl dieser Agonalsieger, ganz ähnlich wie das der von irgend einem Erfolg gekrönten Griechen aller Zeiten, zu sehr vom Urteil anderer ab?*[31] Ein Kämpfer muss einen doppelten Kampf austragen: er muss seinen Gegner besiegen und gleichzeitig um Anerkennung und Achtung der Zuschauerschaft ringen.

Die Abhängigkeit des Agonalsieges vom Urteil der Zuschauer, von der Öffentlichkeit (später: von der Masse), macht diesen Sieg zu einem unbeständigen, denn bei den Griechen gibt es auch die Allgegenwart des Neids und der Schmähung. Diesen beiden Triebkräften des menschlichen Handelns fehlte es nie an Vehemenz und Direktheit. Neid, der im Zwang vergleichen zu müssen wurzelt, kann unversehens in offenen Angriff und Hohn ausbrechen. Die Schmähung, die sich in der Form der Schadenfreude äussert, wird als Vergnügen an den Nachteilen, welche der andere erleidet, ausgelebt. Die antike Polis konnte den einzelnen Bürger im agonalen Wettstreit bis zum äussersten stimulieren, gleich darauf aber bodenlos frustrieren, und ein Entrinnen gab es nicht.

Folgende Fragen stellen sich: Hat Burckhardt, der Entdecker des Agonalen, dessen Unerbittlichkeit vielleicht überbetont? Führt der Überschuss an Lebensdrang unweigerlich dazu, dass der Einzelne nur im siegreichen Kampf zum Vollgefühl seines Daseins gelangt? Muss der Rivale stets gedemütigt oder vernichtet werden? Wie auch immer man diese Fragen beantwortet: im agonalen Wettstreit scheint das präfiguriert zu sein, was Burckhardt als das Wesen Europas bezeichnet. In den *Historischen Fragmenten* lesen wir den gewichtigen Satz: *Denn das Leben des Okzidents ist der Kampf.*[32]

Der holländische Kulturhistoriker Johan Huizinga setzt die Gewichte anders. In seinem *Homo ludens* würdigt er durchaus Burckhardts Entdeckung der griechischen Agonistik als eines alles beherrschenden sozialen Prinzips. Und dennoch findet er Burckhardts Sichtweise als zu eng. Der griechische Agon weise, meint Huizinga, alle formalen Kennzeichen des Spiels auf. Der Wettstreit und seine Kulturfunktion seien eng verbunden mit Fest und heiliger Handlung. Burckhardt habe, indem er den Wettkampf zu etwas ausschliesslich Ernstem gemacht habe, die ludischen Wurzeln des Agon ausgeblendet.[33]

---

30 Vgl. Flaig, Egon (1987), 42 ff.
31 GA IX, 356.
32
33 Vgl. *Homo ludens,* Basel, Brüssel, Köln, Wien, o.J (1938), 49 f., 79, 116 ff.

Im Grunde wusste Burckhardt natürlich über das ursprünglich Spielerische des Agon sehr wohl Bescheid. Er wusste, dass die Griechen, im Unterschied zu den Orientalen, lachen konnten, dass sie den täglichen Spott, Scherz oder Witz kannten.[34] In den freien Aristokratien, so lesen wir bei ihm, war der Wille zur Auszeichnung unter seinesgleichen anfänglich etwas Zweckloses, Spielerisches. Dort gab es *den edlen Sieg ohne Feindschaft*, und nach alter Sitte kein Abgleiten in einen Vernichtungskampf, sondern bloss das Streben nach dem Sieg, dem Ölzweig. Erst in der späten Demokratie gab es den *unechten Agon*. Da wurde der Sieg nicht mehr um des Sieges, sondern um der Macht willen angestrebt.[35]

### Die für uns so fremde Polis

Die griechische Kultur hat nach Burckhardt zwei Motoren, den Agon und die Polis. Der zweite Motor, die Polis, treibt das Individuum mit Gewalt empor und stets weiter voran. Sie war für den Einzelnen *unentrinnbar*. Es gab keine Fluchtwege aus der Politik. Auch die Begabten mussten dableiben und aushalten.

Was mag im Vergleich zu heutigen siedlungsgeografischen Vorstellungen einst eine Polis gewesen sein? Burckhardt zitiert eine Textstelle des griechischen Reiseschriftstellers Pausanias, der in der Mitte des 2. Jahrhunderts n. Chr. zu der in der Landschaft Phokis gelegenen Stadt Panopeis gelangte und sich fragte, *ob man auch einen solchen Ort eine Polis nennen darf, der weder Amtsgebäude noch ein Gymnasium noch ein Theater noch eine Agora besitzt, nicht einmal Wasser, das in einen Brunnen fliesst, sondern wo man in Behausungen, welche Berghütten vergleichbar sind, an einer Schlucht wohnt. Und doch haben auch sie ihre Landesgrenzen gegen die Nachbarn und schicken ebenfalls Vertreter in die phokische Versammlung.*[36] Nach Burckhardt werden in dieser Pausanias-Stelle die *äusseren Requisiten* aufgezählt, die eine Stadt zu einer Stadt machen. Es wird gleichsam ein Minimalprogramm von baulichen Elementen entworfen, ohne die von einer Polis nicht die Rede sein kann. Für Frank Kolb, der sich in seiner Monographie über die Stadt im Altertum auf dieselben Pausaniassätze bezieht, ist Panopeis bloss *eine erbärmliche Ansammlung von Hütten* und nach unseren heutigen Vorstellungen mit Sicherheit keine Stadt.[37] Die durchschnittliche griechische Polis ist siedlungsgeografisch als ein Dorf mit einer Dorfmark zu bezeichnen; im Hinblick auf eine sich selbstverwaltende, autonome Bürgergemeinde, welche ein fest umgrenztes Territorium besitzt und aussenpolitische Beziehungen anknüpfen kann, ist sie eine Polis. Da in der Regel die Mehrzahl der Bevölkerung einer Polis auf dem Land lebte, gab es politische, rechtliche, administrative Trennungen zwischen Stadt und Land.

---

34 GA XI, 87 f., 92. f.; VIII, 303.
35 GA XI, 209.
36 vgl. GK I, 69.
37 F. Kolb, *Die Stadt im Altertum,* München 1984, 58-61.

Wenn Burckhardt von der Polis spricht, denkt er nicht an das architektonische Erscheinungsbild, nicht an Amtsgebäude, Gymnasion, Theater, Agora oder Wasserversorgung. *Die lebendige Polis, das Bürgertum, ist ein sehr viel mächtigeres Produkt gewesen, als alle Mauern, Häfen und Prachtbauten.*[38] Dass die Polis vorab aus Menschen und nicht aus Gebäuden besteht, kommt in einer unerhörten Lebenszähigkeit der Stadtbevölkerung zum Ausdruck. Griechische Bürgerschaften starben nicht leicht. Was den Griechen von andern Völkern unterscheidet, *ist, dass er eine Polis bleibt, auch wenn er aus den Mauern vertrieben oder ausgewandert ist, dass auch einzelne Bruchteile und Parteien sich noch als lebendiges Ganzes fühlen, so wie es im Grunde jede Kolonie vermochte.*[39]

Burckhardts Interesse an der Polis betrifft viele Dinge: das Zusammenwohnen der ehemals ländlichen Bevölkerung mit der städtischen, den Rhythmus von Alltag und Fest, die soziale Bedeutung des Theaters usw. Im Zeitalter des Perikles ging es der Bürgerschaft um Selbstbehauptung und Sicherung der Macht, um architektonische Erneuerung, die Erweiterung des Wissens und Könnens, die künstlerische Ausgestaltung von Athen – und für all dies mussten unerhörte Kräfte aufgeboten werden. Das Leben im griechischen Kleinstaat wird nicht nur im berühmten Poliskapitel des ersten Bandes der *Griechischen Kulturgeschichte* behandelt; das beinah zweitausendseitige Oeuvre kann insgesamt als das einmalige Profil einer städtischen Kultur gelesen werden.

Burckhardt war von der Dynamik und *Lebensvehemenz* der antiken Polis beeindruckt. Das gesteigerte Lebensgefühl der Polisbewohner entspricht aber kaum dem Gefühl des heutigen Staatsbürgers, dem es vorrangig um die Wahrung seiner Privatheit geht, der seine Beziehung zur Öffentlichkeit mit gelegentlicher Abgabe des Stimmzettels und der Begleichung der Steuerschuld erledigt: *Die Zeit des Perikles in Athen war vollends ein Zustand, dessen Mitleben sich jeder ruhige und besonnene Bürger unserer Tage verbitten würde, in welchem er sich todesunglücklich fühlen müsste, selbst wenn er nicht zu... den Sklaven, sondern zu den Freien gehörte... Und dennoch muss ein Gefühl des Daseins in den damaligen Athenern gelebt haben, das keine Securität der Welt aufwiegen könnte.*[40] Versuchen wir, das für uns kaum mehr nachvollziehbare *Gefühl des Daseins* der Athener von einer andern Seite her zu beleuchten.

---

38 GA VIII, 74.
39 ebd. 261.
40 SG, 236 f.

*Das Kollektiv überfordert das Individuum*

> *Jedenfalls hat auch der Verdienstvollste der Heimat mehr zu dan-*
> *ken, als diese ihm.*

> Griechische Kulturgeschichte[41]

Obschon Burckhardt das Poliskapitel mit dem Satz beginnt: *Die Frage, wo und wie ein Volk beginnt, bleibt dunkel, wie alle Anfänge*, umkreist er die Ursprungsfrage, das Dunkle, allerdings eher mit andeutenden als argumentativen Ausführungen. *Soziale Grundlagen* (Familie, Ehe, Eigentumsrecht) und eine *Urreligion* (mit Ahnenkult und dem Herd als zentraler Stätte) habe es schon in vorhellenischer Zeit gegeben. Wie sich Geschlechter zu Phratrien und Phratrien zu Phylen, zu Stämmen, vereinigen, wird nur knapp gestreift – letztlich sei die Bildung von Phylen ein *Mysterium*.

Dass Burckhardt die eigentliche Entstehungsursache der Polis nicht kannte, hat schon der erste Herausgeber Jakob Oeri festgestellt.[42] Um die Urformen der Staatenbildung zu beschreiben, greift Burckhardt zu vitalistischen Begriffen.[43] Schon die alten griechischen Stämmen hätten eine *Lebensvehemenz* ausgebildet, um in der Unrast der Wanderungen die Gefahren zu bestehen. Später habe eine *Verdichtung* der Stämme zur Polisbildung geführt. Ein Wesenszug der Polis sei die *furchtbare Lebenszähigkeit* gewesen. Die Polis habe sich *im Lebensgrad* beträchtlich über das phönizische Vorbild hinaus entwickelt. *Einmal in der Weltgeschichte hat in voller Kraft und Einseitigkeit sich hier ein Wille verwirklicht, welcher längst wie mit Ungeduld scheint auf seinen Welttag gewartet zu haben.*[44]

Das Zusammensiedeln bisheriger Dorfgemeinden in eine feste Stadt, der sogenannte Synoikismos, sei unter *fieberhaftem Lebensdrang* geschehen.[45] Das gewaltsame Zusammenwohnen hat enorme Opfer gekostet. *Was sich vollends nur ahnen lässt, ist der Jammer der Vielen, welche sich zwar fügten, aber ihre bisherigen Dörfer verlassen mussten... Schon allein die Entfernung von den Gräbern der Ahnen muss für die Griechen ein Unglück gewesen sein... Es ist eine in der ganzen übrigen Geschichte kaum wieder vorgekommene Häufung von bittern Schmerzen in dieser griechischen Polis.*[46] Das zwangsweise Zusammengeschweisstwerden bei den Stadtgründungen muss von den Menschen traumatisch erlebt worden sein und kommt in einer Vielzahl von Mythen zum Ausdruck, welche von Menschenopfern bei der Gründung der Stadt berichten. So ist der Kadmos-Mythos ein Symbol für die bitteren Schmerzen, welche die Polis ihren Bewohnern zufügt, er zeigt, wie Böses in die Polis eindringt.[47]

---

41  GA VIII, 78.
42  Vgl. GA VIII, Nachtrag 6, 323 f.
43  Dazu ausführlich Flaig, Egon (1987), 74 ff.
44  GA VIII, 76.
45  GA VIII, 63.
46  a.a.O. 65.
47  GA IX, 346; vgl. VIII, 65 und 69.

In der *Kultur der Renaissance* ist der Träger des Geschehens nicht der Stadtstaat, sondern das Individuum – sei es als Bewohner von Florenz oder Venedig, als emanzipiertes Individuum in der Gestalt des Stadtfürsten, des Gelehrten, des Künstlers, der freien Persönlichkeit. In der *Griechischen Kulturgeschichte* sind die Verhältnisse umgekehrt. Das handelnde Wesen im Guten wie im Bösen ist nicht das Individuum, sondern das Kollektiv, nicht der Bürger, sondern die Polis. Dieser Gedanke ist auch für Fustel de Coulanges zentral, dessen Werk *La cité antique* (1864) Burckhardt sorgfältig exzerpiert hat: *Die Alten kannten... weder die Freiheit des Privatlebens noch die Freiheit in der Erziehung, noch die religiöse Freiheit. Das Individuum galt gegenüber dieser heiligen, beinah göttlichen Autorität, die man Vaterland oder Staat nannte, nur wenig.*[48] Burckhardt verdeutlicht den Gedanken vom Primat der Polis, indem er auf das völlig andere Verhältnis in der Moderne hinweist: *In neuern Zeiten ist es... wesentlich der Einzelne, das Individuum, welches den Staat postuliert, wie es ihn braucht. Es verlangt von ihm eigentlich nur die Sicherheit, um dann seine Kräfte frei entwickeln zu können; hiefür bringt es gerne wohlabgemessene Opfer... Die griechische Polis dagegen geht von vorneherein vom Ganzen aus, welches früher vorhanden sei als der Teil, nämlich als das einzelne Haus, der einzelne Mensch.*[49]

Die Polis sei entstanden nicht nur, damit Leben möglich sei, sondern damit richtig, glücklich, edel, möglichst nah der Trefflichkeit gelebt werde. Bürger sei, wer am Regieren partizipiere, als Teilnehmer am Gericht oder an Ämtern. Was mit Pathos geschildert wird, kann handkehrum in Beklemmung umschlagen. Befindet sich eine Polis mit der Nachbarstadt im Krieg, kann sie mit letzter Gewaltsamkeit vorgehen. *Im Innern wird sie dem einzelnen höchst furchtbar, sobald er nicht völlig in ihr aufgeht.*[50] Die Zwangsmittel der Polis, von denen sie ausgiebig Gebrauch macht, sind Tod oder Exil. Da eine Polis auch eine „Kirche" ist, kann sie jederzeit Anklage wegen Gottlosigkeit erheben. Gegenüber solchen Machtmitteln fehlt dem Einzelnen *jede Garantie von Leben und Besitz* – Burckhardt spricht von der *Staatsknechtschaft des Individuums unter allen Verfassungen.*[51] Wie geht ein hoch entwickeltes Individuum mit der Allmacht der Polis, aus der es kein Entweichen gibt, um? *Die Hochbegabten aber, weil sie dableiben und aushalten mussten, bemächtigten sich nach Kräften der Herrschaft im Staate. Im Namen der Polis regieren hierauf Individuen und Parteien. Die jedes Mal herrschende Partei benimmt sich dann völlig so, als ob sie die ganze Polis wäre und deren ganzes Pathos auszuüben das Recht hätte.*[52]

---

48  Fustel de Coulanges, *Der antike Staat. Kult, Recht und Institutionen Griechenlands und Roms.* Mit einer Einleitung von Karl Christ, Stuttgart 1981, 13.
49  GK I, 73 f.
50  GA VIII, 79 f.
51  a.a.O. 80.
52  a.a.O. 84.

*Die Agora und das Symposion*

Im perikleischen Athen waren für alle freien Bewohner die Agora und das Symposion die beiden grossen Stätten der Geselligkeit. Die Geselligkeit, meint Burckhardt,
sei dem Griechen *inhärent* gewesen. Die Agora war mehr als ein Marktplatz, sie
war *das eigentliche Lebensorgan* der Stadt, der Ort, an dem sich der freie Bürger,
ohne einer Arbeit nachgehen zu müssen, am *Tagediebeleben* erfreute. Umgeben von
Tempeln, Amtsgebäuden, Denkmälern, Kaufläden, Welchselbuden erging er sich
im „agorazein", *jenem für Nordländer nie mit einem Wort übersetzbaren Treiben. Die
Wörterbücher geben an: „auf dem Markt verkehren, kaufen, reden, ratschlagen usw."*
Das demonstrative Nichtstun einer ganzen Bevölkerungsschicht, das man auf der
Agora beobachten konnte, bestand aus *Geschäft, Gespräch und holdem Müssiggang,*
aus *Zusammenstehen und Herumschlendern.*[53] Bei schlechtem Wetter trieb man sich
in den Buden der Schuster oder Barbiere herum, *die schon damals für geschwätzig
galten.*[54]

Das Symposion war, neben der Agora, für jeden Griechen seit alter Zeit die
*Quelle der Konversation* oder *das Gefäss des Geistes.* Hier wurden nicht bloss die
Lebensverhältnisse in aller Offenheit und Unbefangenheit durchbesprochen; *hier
waltete auch ein starkes allgemeines Bedürfnis, sich über den Weltlauf im Zusammenhang auszusprechen.* Hier war *jeder zur Kritik aller Menschen und Dinge und zu Heiterkeit und Spott aufgelegt.*[55]


*Der Sonderfall Sparta*

Mit dem Aussenseiter der griechischen Kultur, dem Staat der Spartaner, lernen wir
ein Volk von *hochmütiger Brutalität* kennen – ein Volk, das nichts anderes als *ein
stets kriegsbereites Heer* ist; das einen Staat hervorgebracht hat, der *ein Lager* war.
Zum Stil der Spartaner, die in einem permanenten Kriegszustand lebten*, gehörte
bekanntlich das Glücklichpreisen Gefallener und die heroischen Reden der Mütter.*[56]
Im spartanischen Agon ging es ausschliesslich um körperliche – und nicht mehr
um künstlerische! – Ertüchtigung, da man ja künftige Krieger und Aufseher über
die Geknechteten brauchte. *Sparta hatte seine eigentliche Lebensaufgabe in Gestalt
des Untenhaltens seiner Geknechteten.*[57] Die Erziehung bestand im Wesentlichen aus
Felddiebstahl, Leibesübungen, Wettkämpfen, aus einer *absichtlichen Verrohung,*
und die Geisselungen konnten bis zum Tode führen; nicht von ungefähr nennt
Burckhardt das spartanische Erziehungssystem eine *Schule der Ferocität.*[58] Die Ge-

---

53 GA VIII, 72.
54 GK IV, 243.
55 GA XI, 245; vgl. auch 148 f.
56 a.a.O. 110.
57 a.a.O.. 107 und 141.
58 a.a.O. 106 f.

selligkeit, die in andern Städten eine hochgerühmte war und auf der Agora und bei den Symposien festlich gepflegt wurde, hatte in Sparta den Charakter *einer mehr oder weniger geistreichen Wachtstube* angenommen. Somit stellt Sparta *gewissermassen die vollendetste Darstellung der griechischen Polis dar*, ein Gegenmodell zum übrigen Griechenland. Auch wer diesem Staat keine Sympathie entgegenbringt, hat als Gebildeter dennoch den *Zauber eines mächtigen Willens* zur Kenntnis zu nehmen. In Burckhardts zwiespältige Beurteilung mischt sich ein eigenartig hoher Respekt vor dem kruden Machtstaat: *Spartas Macht aber scheint fast nur um ihrer selbst und ihrer Behauptung willen auf der Welt gewesen zu sein, und ihr dauernder Pathos ist die Knechtung der Unterworfenen und die Ausdehnung der Herrschaft an sich.*[59] Burckhardt empfindet für Sparta hohen Respekt, aber wenig Sympathie.[60]

*Die Entartung der Polis*

In der Zeit kurz nach Perikles fand in Athen eine unglückliche und stets sich verschlimmernde Entwicklung statt. Ein Prozess des politischen Zerfalls und der sozialen Desintegration setzte ein. Das fünfte und in vermehrtem Masse das vierte Jahrhundert sollten den Hellenen *nach dem glänzendsten Morgen den trübsten Abend* bringen. Die Hauptschuld an der unglücklichen Entwicklung schreibt Burckhardt der Demokratie zu. Im Alter, sagt Burckhardt, gelange er zur *immer einseitigeren* Überzeugung, *dass mit der Demokratie in Griechenland der Tag des Untergangs heraufgestiegen sei.*[61] Gesund war die Polis eigentlich nie, schon bei der Geburtsstunde hiess die Diagnose *fieberhafter Lebensdrang*. Die Krankheit, an welcher die Polis leidet, lässt sich anhand von drei Krankheitssymptomen beschreiben: dem unechten Agon, der politischen Reflexion und der Antibanausie.[62]

*Der unechte Agon:* In der alten Zeit war der Agon ein edler Wettkampf, gebunden an feste Regeln und Sitten. Der aristokratische Agon, der kein Vernichtungskampf war, fand unter Gleichen statt, und dies wertete den Sieg auf. Mit der Ausdehnung des Wettbewerbs auf den politischen Bereich wird die Idee des Agon beschädigt, zugleich auch der Zusammenhalt des Gemeinwesens. *Die ganze Praxis der Demokratie wird mit der Zeit ein unechter Agon*[63]. Wenn der Einzelne den Sieg um der Macht und nicht um des Sieges willen anstrebt, so tut er dies, um sich die Möglichkeit zur Bereicherung zu verschaffen. Der Wettbewerb im Politischen findet nicht mehr vor einer kleinen Zuschauerschaft und vor Richtern, sondern vor *schausüchtigen* Massen statt – dies kommt einer Pervertierung des Agon gleich.

Wenn Burckhardt auf die *politische Reflexion* der Griechen zu sprechen kommt, schlägt seine konservative Gesinnung unüberhörbar durch. Seine Sympathie gehört

59 a.a.O.. 95.
60 Vgl. das Spartakapitel von Bauer, Stefan (2001), 140 ff.
61 GA VIII, 170.
62 a.a.O., 260.
63 GA XI, 209.

der aristokratischen Polis, in welcher der Respekt vor der Autorität etwas Selbstverständliches war. Echte Autorität bestehe aus *sich in ein Untertanenverhältnis mit Ruhe und Pietät fügen.*[64] Die Zeit Solons zeichnet sich noch durch ein *wahres plastisches politisches Vermögen* aus. In Solons Gesetzgebung fallen die *politische Reflexion* und das Befolgen der *milden und billigen Sitte* noch zusammen.[65] Das ändert sich mit der Demokratie, als *das Staatswesen seines höheren Schimmers durchwegs allmählich beraubt und stündlich diskutabel* wurde.[66] Dem Wirken der politischen Reflexion wohnt eine revolutionäre Potenz inne. Angeblich sei sie die *Schöpferin neuer politischer Formen,* in der Praxis aber eine *Allzersetzerin, zuerst in Worten, worauf es dann unvermeidlich auch zu Taten kommt.* Unter der Herrschaft der politischen Reflexion dränge im Staatswesen über kurz oder lang das Prinzip der Gleichheit aller Bürger durch.[67]

Der Ausdruck *Antibanausie* bringt die Abneigung gegen das Arbeiten zum Ausdruck. Die griechischen *Banausos* hatten bei den Griechen kein hohes soziales Prestige. Burckhardt zählt nicht nur Handwerker und Händler, sondern auch Landarbeit, Kram, Kaufmannschaft und dergleichen zu den banausischen Beschäftigungen.[68] Dies geht auf das Adelsideal des arbeitsfreien Lebens zurück.[69] Wer einer Arbeit nachgehen muss, kann sich nicht in Musse den Dingen ausserhalb des Zweckmässigen und Nützlichen widmen: der Politik, dem Fest, dem Spiel. *Edle Arbeit ist nur die in den Waffen und für die Spiele und den Staat, nicht für die Nöte des Lebens*[70] – edle Arbeit meint jene Beschäftigungen, die dem Dasein einen sakralen oder einen ästhetischen Ausdruck verleihen. Wenn der Adel das arbeitslose Leben praktizierte, hatte das keine nennenswerten sozialen oder politischen Folgen.

Zu fatalen Auswirkungen kam es, als die Volksmassen *nach Rechten statt nach Pflichten und nach Genuss statt nach Arbeit* verlangten.[71] Es ist zu bedauern, meint Burckhardt, dass der arme Grieche *das Beglückende der wirklich angestrengten Arbeit nicht empfand,* dass er es mit der Zeit anderswo suchte. Um zu seinem Glück zu kommen, erlaubte er sich nun einfach alles. Er suchte nicht den *Ausgleich durch Arbeit,* sondern den Klassenkampf, den *Krieg zwischen Reich und Arm.* In manchen Städten sei der Klassenkampf schon gleich nach dem Eintritt der Demokratie ausgebrochen.[72]

Vielleicht muss Burckhardts Darstellung der Antibaunasie als weit übertrieben angesehen werden: *In der Praxis war wohl ein Grossteil der Bürger wirtschaftlich genötigt, selbst zu arbeiten. Athenische Bürger waren durchaus neben Sklaven und Metöken*

---

64 GA XI, 491.
65 a.a.O., 177.; vgl. auch GA VII, 98.
66 GA VII, 98.
67 GA VIII, 206, VII, 98.
68 GA XI, 85.
69 Vgl. GA VIII, 225.
70 GA XI, 85.
71 GA XI, 329 f.
72 a.a.O.. 248.

*in handwerklichen Betrieben beschäftigt, d.h. in der Praxis bestanden keine grossen Unterschiede in der Art der ausgeübten Arbeit.*[73]

Auf zwei weitere Erscheinungen ist noch hinzuweisen, auf die sogenannten *Sykophanten* und den *Ostrakismos*. Unter *Sykophanten* versteht man Erpresser, falsche Zeugen oder Denunzianten. Die öffentlich anerkannten Sykophanten verstehen es, Unschuldige in Kriminalprozesse zu verwickeln. Indem sie Schuldlose, die etwas besitzen, mit einer möglichen Verleumdung in einen *beständigen Belagerungszustand* versetzen, stellen sie den Gipfel des *öffentlichen Terrorismus* dar.

Der *Ostrakismos,* das „Scherbengericht", gilt als ein legales Mittel, um den Aufstieg eines Usurpators rechtzeitig zu stoppen oder einen Bürger in die Verbannung zu schicken.[74] Für Burckhardt ist der Ostrakismos eine *Erfindung der Strebermasse,* welche die Unterdrückung des Seltenen durch die Mediokrität anstrebt. Im Ostrakismos äussere sich *der ewige Hass... der impotenten Eitelkeit gegen das Seltene und Einzige.*[75]

Wie richtet der fähige und begabte Bürger sich in einer Stadt ein, in der *ein übler Duft* das öffentliche Leben durchzieht? Burckhardt sagt, dass die Zwangsgewalt der Polis *zur heimlichen und sichtbaren Abwendung vieler der besten Bürger* geführt hat.[76] Der anhaltende Druck erzeugte eine Atmosphäre, in der *der Geist ganz im Stillen eine Tür nach der andern und zuletzt auch die innerste zuschliesst.*[77] Zur Absicherung des Daseins gibt es, ausser der inneren Emigration, die freiwillige Armut, doch diese war nicht jedermanns Sache. Die Mehrzahl der Einwohner hatte keine andere Wahl, *als unglücklich oder ruchlos zu sein.*[78]

In die Einleitung zur vierbändigen Kulturgeschichte schrieb er den Satz hinein, den er von seinem Berliner Lehrer August Boeckh übernommen hatte: *Die Hellenen waren unglücklicher als die meisten glauben.*[79] Indem Burckhardt das Leben jener Stadt schildert, die ihren Bürgern das bitterste Leid angetan hat, grenzt er sich entschieden von einer Idealisierung der antiken Polis ab. Er geizt nicht mit Raum, um die Nachtseiten des Lebens der unentrinnbaren Polis auszuleuchten, das Schmerzvolle und Grausame, das Schreckliche und Entsetzliche.

*Düstere Ansichten vom Leben*

Mit der Erörterung der pessimistischen Lebensauffassung der antiken Polisbewohner bleiben wir in nachtschwarzen Gewölben des Denkens und Empfindens. Im Abschnitt *Zur Gesamtbilanz des griechischen Lebens* geht es um die wirklich herr-

---

73 Bauer, Stefan (2001), 183 f.
74 Vgl. Meier, Christian (1993), 264-269.
75 GA VIII, 211.
76 a.a.O. 333.
77 GA XI, 201.
78 GK IV, 368.
79 GK I, 11.

schende, durchschnittliche Ansicht des Lebens, darum, wie sich die Griechen die letzten Fragen der Existenz gestellt, wie sie über die alltägliche Einschätzung der Lebensgüter gedacht haben. Mehr noch: ob sie das Leben als solches überhaupt als wünschbar oder nicht angesehen haben. Nehmen wir gleich dies vorweg: Eine *der allergrössten Fälschungen des geschichtlichen Urteils, welche jemals vorgekommen,* sei die Meinung der Gelehrten der Goethezeit gewesen, wonach die Athener zu Perikles' Zeiten jahraus jahrein *im Entzücken hätten leben müssen.*[80] Aufgrund ausgedehnter Quellenlektüre kommt Burckhardt zur gegenteiligen Auffassung.

Eine erste Frage lautet: Wer erzieht die Griechen zur Sittlichkeit? Die Götter können es nicht gewesen sein, denn diesen fehlte die Heiligkeit. Ihr moralisches Defizit zeigt sich darin, dass sie sich das Recht auf Unwahrheit, Meineid, Rache etc. herausnehmen. Trotz ihrer Sittenlosigkeit – oder gerade deswegen! – lässt sich mit ihnen leben, in gewisser Beziehung recht wüst leben. Hat die Philosophie die Ethik geprägt? Das antike Ideal der Mässigung oder Sophrosyne – man solle sich an das Mittlere halten und nicht an die Extreme – bestimmt die philosophische Ethik der Griechen. Dazu Burckhardts hintersinniger oder ernüchternder Kommentar: Es mache dem Volk eine gewisse Ehre, ein solches Ideal zu proklamieren. Man dürfe allerdings *den Athenern nicht alles als bare Münze abnehmen, womit sie sich gerühmt haben.*[81] Im weitern wird die Tugend des *Aidos* – all das, was die Begriffe Ehrgefühl, Scham, Güte, Diskretion abdecken – bei jedem Anlass gepriesen und insbesondere der Jugend anempfohlen, indes: *sie ist von so vielen Beispielen des Gegenteils umgeben.* Die Diskrepanz zwischen philosophischer Theorie und tatsächlicher Lebenspraxis ist enorm. *Es gibt eben bei entwickelten Völkern zweierlei Ethik: die wirkliche, welche die bessern tatsächlichen Züge des Volkslebens enthält, und die der Postulate, meist von den Philosophen vertretene.*[82] Neben den Göttern und den Philosophen bleibt die *allgewaltige Polis* als Erzieherin der Griechen zur Sittlichkeit übrig; diese solle in jedem einzelnen Bewohner die Bürgertugend *Arete* entwickeln. Seit den homerischen Zeiten drückt Arete das aus, was die aristokratische Gesellschaft stets gefordert hat, die Vortrefflichkeit, woraus später bei den Philosophen die *Tugend*, in schöngeistiger Umschreibung der *Adel der Seele* geworden ist. Wer in sich die Bürgertugend Arete entwickelt hat, dem ist es erlaubt, eine Rolle in der Polis zu spielen.[83]

Bei Gelegenheit mag es der Polis gelungen sein, im allgemeinen Verkehr der Bürger, im *Strom des Lebens,* das Beste in den Menschen auszubilden. *Man hatte in dem öffentlichen Treiben einer Polis Gelegenheit und Musse, die Einzelnen kennen zu lernen und selber gekannt zu werden; sodann herrschte im Betonen der eigenen Person sowohl als im Besprechen der Lebensverhältnisse derer, mit welchen man redete, eine*

---

80 GA IX, 343.
81 GA IX, 315 f.
82 GA IX, 334 f.
83 Vgl. Pierre Hadot, *Wege zur Weisheit oder Was lehrt uns die antike Philosophie*, Frankfurt a. M. 199, S. 27 ff.

*Offenheit, welche damals mit der besten Lebensart vereinbar scheinen mochte.*[84] Im ganzen vermochte es aber auch die Polis nicht, eine allgemeine Sittlichkeit zu ver-wirklichen, denn alle Ideale (die philosophischen, die Bürgertugenden etc.) wurden zwar oft und gern proklamiert, bei näherem Hinsehen erkennt man aber, dass sie bloss zum Ausdruck gebracht haben, dass man so oder so hätte handeln <u>sollen</u>; *man besass eben eher den Geschmack für das Gute als die Kraft dazu.*[85] Angesichts solch er-nüchternder Einsichten konnte man froh sein, dass man *wenigstens die Stimme des Gewissens, das ‹ungeschriebene Gesetz›, als Regel des Handelns* besass.

Sittlichkeit sei *der Kampf des Einzelnen gegen Selbstsucht und Leidenschaften.*[86] Burckhardt hält sich nicht lange bei einer Theorie des ethischen Handelns auf. Ihm ist mehr daran gelegen, die tatsächlichen und vorherrschenden Charakterzüge des griechischen Menschen zutage zu fördern. So deckt er auf, wie fintenreich der menschliche Egoismus sich hat ausleben dürfen. Er führt vor, wie die Polisbewoh-ner ihre Leidenschaften frei und phantasiereich gelebt haben, wie unerbittlich und grausam sie sein konnten. Dass die griechischen Stadtbewohner wahre Meister im einander seelisch Verletzen waren, kommt auf den zahllosen Seiten zum Ausdruck, die der Rache, dem Hass, dem Ruhm, dem Wunsch nach Nachruhm, dem Recht zur Unwahrheit, der Ehrliebe gewidmet sind. Im *Zufügen von Herzeleid* waren die alten Griechen entsetzlich genial. Genüsslich verhöhnten sie misslungenes Wol-len und Tun. Sie traten als giftige Händelstifter und Übelredner in Erscheinung oder verfassten Spottepigramme. Die Sieger spotteten über die Besiegten, was sehr schmerzte. Rache und Hass wurde in Spottverse gepackt, die Lästerung stieg zu einer eigenen Kunstgattung auf, an öffentlichen Gebäuden wurden Schmähungen angeschrieben und auf Mauern Karikaturen gezeichnet. Selten versuchte jemand dem *Zufügen von Herzeleid* Einhalt zu gebieten. Wie reagierte ein Geschmähter, dem Gespött Ausgesetzter? Sokrates konnte lachen, als er in der Komödie verspot-tet wurde. Innerlich musste man sich gegen Spott abzuhärten versuchen: *hohnfest* werden. Bei den Kynikern galt die Unempfindlichkeit als eine anerkannte Philoso-phentugend. Der Geschmähte solle lernen, eine überlegene Antwort zu finden, mit Spott und Witz zu replizieren. Doch wem dies nicht gelang, wer an innerem Gram und Hass zerbrach? Nicht selten vermerkt Burckhardt, dass ein Lächerlichgemach-ter sich erhängte, ein anderer einen Strick suchte. Die Offenlegung der leiden-schaftlichen Selbstsucht beschliesst er mit der Bemerkung, dass in keiner *andern Gegend der Weltgeschichte das Teuflische, das Vergnügen am Verderben von Andern sich so hat öffentlich laut machen dürfen, wie bei den Griechen.*[87]

Wir betreten den innern Bezirk des griechischen Pessimismus, wenn wir die Fra-ge stellen, ob das menschliche Dasein eher ein Gut oder vielmehr ein Übel sei. Zu dieser Frage hat Burckhardt nicht direkt Stellung bezogen, und dennoch: die Seiten, auf denen in bewegtem Ton die nie abbrechende Klage über das Elend der

---

84 GA IX, 324.
85 GA IX, 315.
86 GA IX, 313.
87 GA IX, 336.

Menschen vorgetragen wird, bekunden eine weitgehende innere Zustimmung zum geheimen Grundgefühl der Griechen. *Was wir da hören, ist eine durchgehende Verschätzung des Lebens; der Mensch ist zum Unglück geboren, Nichtsein oder Frühsterben das Beste.*[88] Vielleicht schwingt bei Burckhardt eine unüberhörbare Sympathie mit der düstern Lebensauffassung der Griechen mit, weil er selber in jungen Jahren eine Lebensverzweiflung durchgestanden hat. Als Zwanzigjähriger schrieb er einem Freund: *Mein Leben ist nicht so wolkenlos gewesen, als es euch geschienen, und jeden Augenblick würde ich mein Leben gegen ein Niegewesensein vertauschen.*[89] Im Alter findet er bei den Griechen Zeugnisse im Überfluss für *die wahre Sachlage unseres Erdentreibens: dass Nichtsein besser als Sein und das Sterbenkönnen überhaupt eine Gnade der Götter sei.* Bei Sophokles stehen die deutlichsten Worte dafür, dass das Leben ein Übel sei: *Nicht geboren zu sein, o Mensch / Ist das höchste, das grösste Wort!...*[90]

Als Kulturhistoriker sucht Burckhardt bei den antiken Philosophen nach Durchschnittsurteilen über das Empfinden der Griechen. Zur Lehre vom Genuss des Augenblicks von Aristipp meint er, diese sei aus einer völligen Verzweiflung an der Polis zu erklären. Glückliche Stimmungen und beglückende Leidenschaften werden die Männer bei Symposien erlebt haben. Bei solchen Zusammenkünften werde man zuweilen *frivole Ausrufe der Freude* vernommen haben. Mit der Zeit habe sich ein Stil der Heiterkeit, eine eigentliche Lachkunst, ausgebildet, habe man das *vielbejammernswerte Menschenleben* mit Gelächter begleitet. Daneben gab es die relativ Glücklichen, welche einfach *auf das Geratewohl hin* gelebt hätten. Am häufigsten aber sei der Pessimismus *stimmungswegen* und *recht kurz und barsch* in die Welt hinausgerufen worden, habe man *in den allgemeinen Klagechor* eingestimmt. Viel vom Grundgefühl des Unglücks sei vom *Gemüte des Menschen*, von seiner unnötigen *sorgenvollen, quälenden Beschäftigung mit der ihn umgebenden Gefahr* und von der ungewissen Zukunft ausgegangen. Beim spätantiken Fabeldichter Hyginus findet Burckhardt ein poetisches Bild für eine allgegenwärtige, unbestimmte Sorge. *Auch mitten in Erwartung des Genusses fürchtet man etwas, das „zwischen Lippe und Schale" hineingeraten möchte.*[91] Die Cura-Fabel des Hyginus, auf die sich Burckhardt beruft, nimmt auch in *Sein und Zeit* von Martin Heidegger einen zentralen Platz ein. Heidegger greift auf die Fabel zurück, welche die Sorge zur allegorischen Figur macht. Er verwendet sie zur Illustration seines Daseinsverständnisses.[92]

Den Griechen (und auch Burckhardt) war es nie eingefallen, das Leben optimistisch zu preisen, und den Göttern brauchte man dafür nicht zu danken, ganz einfach weil man das Leben von ihnen nicht „als ein Geschenk" erhalten hatte. Der Selbstmord war keine Sünde gegen die Götter, sondern ein Recht der Menschen

---

88 GA IX, 360.
89 Br I, 97.
90 GA IX, 367 f.
91 GA IX, 360.
92 *Sein und Zeit*, Ausg. 1960, 196-200. Dazu Hans Blumenberg, *Die Sorge geht über den Fluss*, Frankfurt/M., 1987, 197-200.

und eine anerkannte Sache, und man durfte freimütig darüber reden. Unheilbare Krankheit galt als ernster Grund für einen freiwilligen Tod. Das Hinausschieben eines schwerkranken Lebens durch ärztliche Kunst wurde offen getadelt. Auch Plato war der Ansicht, ein Arzt solle demjenigen helfen, der von einer einmaligen Krankheit heimgesucht werde, nicht aber jenem, der einen innerlich völlig verkrankten Leib habe; *einen solchen solle man nicht ärztlich pflegen, da er weder sich selbst noch dem Staate etwas nütze sei.*[93] Für vollkommen berechtigt galt auch das freiwillige Verlassen der Welt wegen hohen Alters, zumal wenn Krankheit oder Verstandesschwäche im Anzug waren.

Es gibt einen ehrenvollen Untergang durch eigene Hand, aber auch Grenzziehungen und Werturteile. Die Selbsttötung aus Gründen des *Schmachs* oder des *Unglücks* findet nicht Burckhardts Billigung; der freiwillige Tod bei den Philosophen könne gelegentlich aus Schwäche oder Leichtfertigkeit erfolgt sein.[94] Es gibt bei Burckhardt eine Tiefenschicht von Überzeugungen, zu denen der Gedanke des Ausharrens inmitten von Bedrängnissen gehört: *Wahre Grösse kann darin liegen, selbst die schrecklichsten Lagen auszuhalten.* Dieser Gedanke war den Griechen sehr vertraut, kannten sie doch alle das mächtige Wort von Odysseus: *Duld auch dieses, o Herz, schon Schlimmeres hast du erduldet.*[95]

*

Wir haben noch nicht den fond de la corbeille erreicht. Zu den Merkwürdigkeiten der burckhardtschen Geschichtsschreibung gehört, dass er gelegentlich weit auseinanderliegende Sachverhalte in eine paradox klingende Kurzformel packt: *Griechen, also erstens Mörder von Mitgriechen, und zweitens kunstsinnig.*[96] Es erstaunt nicht, dass mitten im Fluss des griechischen Pessimismus der entschiedene Optimismus aufscheint: das griechische Temperament sei von tiefstem Grunde aus ein schaffendes, plastisches und der Welt zugewandtes gewesen. Der Grieche wusste die Gunst des Augenblicks nicht nur zu schätzen, sondern auch zu verwerten.[97] Wenn Burckhardt das helle Bild des griechischen Daseins ausmalt, ist von den Kunstschöpfungen und Gestaltwerdungen des griechischen Geistes die Rede, von Poesie und Musik, Tragödie und Komödie, Philosophie, Wissenschaft und Redekunst. Die strahlenden Werke der Kunst, Wissenschaft und Philosophie können aber nicht als Abbild der Wirklichkeit gelten, vielmehr haben sie sich schmerzvoll von Leiden und Dunkel losgelöst. In den Kunstwerken offenbart sich das Wunschbild vom Leben. Was in einer Art wunderbaren Traumwelt aufbewahrt ist, hat dem wirklichen Leben durch Opfer und Unglück, durch Wut und Jammer abgerungen werden müssen. *Was Beglückung durch den Geist gewähren kann, das haben viele auserwählte Menschen in hoher Kunst und Dichtung, in Denken und Forschen genossen und durch*

---

93 GA IX, 383.
94 Vgl. GA IX, 378-392.
95 GA IX, 382.
96 GK III, 139.
97 GA IX, 358.

*den Abglanz ihres Wesens auch den übrigen vermittelt, soweit diese des Verständnisses fähig waren. Diese Kräfte sind bei den Griechen gewissermassen immer optimistisch gewesen, d.h. es hat sich für Künstler, Dichter und Denker immer der Mühe gelohnt, dieser Welt, wie sie auch sein möchte, mit mächtigen Schöpfungen gegenüberzutreten. Wie düster sie persönlich vom Erdenleben gedacht haben mögen, ihre Energie verzichtet niemals darauf, freie und grosse Bilder von dem, was in ihnen lebt, ans Licht hervorzuschaffen.* Der Hymnus auf die produktive, befreiende Kreativität bezieht sich auf das Weltganze und wendet sich gegen den allgemeinen Pessimismus. Dem Wort des Sophokles, dass das Leben ein Übel sei, antwortet ein ganz anderes: *Anaxagoras sprach es aus: das Geborenwerden sei dem Nichtgeborenwerden vorzuziehen, um der Betrachtung des Himmels und des Weltganzen willen.*[98]

Wir wenden uns jetzt dem dritten Band der *Griechischen Kulturgeschichte* zu, der die bildende Kunst, Poesie und Musik, Tragödie und Komödie, Philosophie und Wissenschaft behandelt; wir werden die *mächtigen Schöpfungen* oder *grossen, freien Bilder* des griechischen Geistes betrachten, die sich als Resultat einer strahlenden Kulturentwicklung vom düstern Lebensdunkel abheben. Die Kehrseite der *città dolente* sind die kleinen unabhängigen Stadtstaaten, die eine Vielfalt von Lebensentwicklungen und Kulturformen sich haben entwickeln lassen. Wenn wir uns, wie Burckhardt sagt, bei Poesie, Kunst und Philosophie der Hellenen *zum Mahle setzen,* werden wir *die schöne Illusion, dass Jene glücklich gewesen als sie dies schufen, nicht abwehren können... Jene retteten aber nur mit grossen Opfern das Ideale ihrer Zeiten und kämpften im täglichen Leben den Kampf, den wir alle kämpfen. Ihre Schöpfungen sehen nur für uns aus wie gerettete und aufgesparte Jugend.*[99]

## Was sich vom Lebensdunkel abhebt

### 1. Die Architektur

Der griechische Tempel ist, so Burckhardt, der nie wieder erreichte Gipfelpunkt der Architektur. Er verkörpert, indem er das rechte Mass zum Ziel hat, das Prinzip der Sophrosyne. Schon in der griechischen Urzeit wird es heilige Räume und Stätten gegeben haben, Kultorte auf Berggipfeln, in Wäldern, an Gewässern und in Höhlen. Eine einmalige Schöpfung war der Peripteros, die frühe Form für die Wohnung eines Gottes. Der Weg vom idealen Fühlen und Wollen bis zur abschliessenden Bauform des Tempels mag ein langer gewesen sein.

Sein grosses Erlebnis mit der griechischen Architektur hatte Burckhardt in jungen Jahren in Paestum; die ersten Seiten des *Cicerone* bezeugen ein tiefes Über-

---

98 GK II, 361.
99 SG, 168.

wältigtsein. *Was das Auge hier und an andern griechischen Bauten erblickt, sind eben keine blossen Steine, sondern lebende Wesen. Wir müssen ihrem inneren Leben und ihrer Entwicklung aufmerksam nachgehen.* Die drei Tempel von Paestum bilden den Anfang der Architektur in Italien, sie stellen *eine der höchsten Hervorbringungen des menschlichen Formgefühls* dar. Durch die offenen Trümmerhallen des Poseidon-Tempels sieht der Besucher *von fern das blaue Meer schimmern. Ein Unterbau von drei Stufen hebt das Haus des Gottes über die Fläche empor. Es sind Stufen für mehr als menschliche Schritte.* Indem die Tempelstufen *für mehr als menschliche Schritte* – für göttliche also – bestimmt sind, wird das Bauwerk in mythische Ferne gerückt.[100]

In der *Griechischen Kulturgeschichte* wird das im *Cicerone* Gesagte bekräftigt und in noch knappere, noch einprägsamere Formulierungen gebracht. Das Einmalige der antiken Bauform werde durch die willentliche Beschränkung auf einen einzigen Bautypus erreicht. Alle andern Gebäude – Säle, Höfe, Hallen und auch das Privathaus – machen beim Tempel Anleihen oder Teilanleihen. Im griechischen Tempel erkennt man *die höchste Abrechnung zwischen einfachem Tragen und Getragenwerden.* Das Spiel der Verhältnisse zwischen den Säulen geht über in einen *Kampf zwischen Säulen und Gebälk.* Höchste Wirkung wird durch einfachste Konstruktion erreicht: eine horizontal liegende und rein vertikal wirkende (nicht durch Wölbung seitwärts drückende) Last. *Dieses absichtlich Wenige atmet ein vollständiges Leben.* Der griechische Tempel *ist im höchsten Grade wahr, und hierin liegt zum Teil seine Schönheit.*[101]

Die Griechen fühlen sich so sehr der Form des Tempels verpflichtet, dass sie bei der Neugründung einer Stadt kaum an das Variieren denken. Jeder einzelne Tempel verkörpert den Einklang des Gleichartigen. Er besteht aus den immer gleichen Säulen, dem Steingebälk und den Götterstufen – und dennoch findet man eine endlose Variation der Verhältnisse innerhalb des Feststehenden: *Jeder griechische Tempel hat seinen besondern Klang und seine besondere Stimmung; homöopathische Minimalunterschiede wirken enorm und für den gebildeten Blick entscheidend.*[102]

## 2. Poesie, Musik und Tanz

Bei den Griechen war der Dichter ein Mann der Polis, ein *polites.* Er dichtete für ein Volk, das eine *abnorme poetische Anlage* besass und sich für sein Schaffen begeistern konnte. Er hielt sich an die überlieferten Stoffe und Formen – die allbekannten Mythen – und verzichtete auf gänzliche Neuschöpfungen; sein Schaffen bestand darin, Vorgegebenes umzuarbeiten oder zu variieren. Dies bewahrte ihn, wie Burckhardt anmerkt, vor dem Willkürlichen und Wüst-Genialen, dem Monströsen und übertrieben Originellen.

---

100 GA III, 7 f.
101 GA X, 42 f.
102 Aesth. 40 f.

Es gibt Dutzende von Buchseiten, auf denen die Vielfalt der poetischen Formen ausgebreitet wird, und diese Seiten überblättern wir heute etwas eilig. Hellwach werden wir, wenn wir davon hören, dass es seit frühen Zeiten eine unauflösliche Einheit von Poesie, Musik und Tanz gab, wofür Orpheus der Hauptzeuge ist. Überhaupt erklang auf dem ganzen Olymp Musik. *Auch in den Göttermythen ist das Musische vertreten.*[103] Die Schönheit des Musenglaubens beginnt mit Hesiod. *Die Poesie bedeutet für ihn das Vergessen aller Übel und die Ruhe von allen Sorgen.*[104] Mythischen Ursprungs sind auch die Instrumente. Es gibt eine Erzählung, in der *Athene nach der Tötung der Gorgo durch Perseus die Flöte schafft, um darauf die feinen Töne der Schlange nachzuahmen.*[105] Um das Wesen der hellenischen Musik zu verstehen, müssen wir uns erst einmal von verschiedenen modernen Vorstellungen lösen. Die Griechen sangen ohne Notenheft, so konnten sie sich beim Singen frei bewegen. Die Musik hatte andere Tonintervalle, andere Tonsysteme, sie kannte keine Harmonie im heutigen Sinne. Ferner hatten die Griechen einen äusserst feinen Gehörsinn. Um uns von jener kaum vorstellbaren Empfindlichkeit ein Bild zu machen, müssen wir uns, meint Burckhardt, die heutigen lauten Blechinstrumente hinwegdenken *und uns andere Ohren vorstellen als unsere vergeigten, verblasenen, zertrommelten, von den Lokomotivpfiffen nicht zu reden.*[106]

Die altgriechische Musik war eng auf den Alltag bezogen. Zu verschiedenen Tätigkeiten wurden die immer gleichen Lieder gesungen. Es gab den Gesang beim Mahlen, beim Weben, beim Wollespinnen; die Säugenden kannten ihre Melodien, ebenso die Schnitter, die Arbeiter auf dem Feld, die Kornstampferinnen. Es gab den Rinderhirtengesang, das Heiratslied, den Trauergesang – und die ohne Erwiderung liebenden Mädchen trösteten sich mit einem eigenen Lied. Beim Aufzählen der alten Melodien denkt Burckhardt an die Tradition der *Irish melodies.*[107] Die intensivste musikalische Betätigung fand im kultischen Chorgesang statt. Wenn eine Polis einem Gott etwas zu sagen hatte oder ihn etwas fragen wollte, schickte man nicht nur Opfergaben, sondern auch einen Chor mit eigens gedichteten und komponierten Liedern zum Opferaltar. Solch ein grosser populärer Musikbetrieb konnte nur aufrechterhalten werden, weil es gesetzliche Bestimmungen gab, die jedermann bis in das dreissigste Jahr hinein zum Musizieren verpflichteten. Und dies alles, weil *die Musik zur Milderung des ganzen Lebens unentbehrlich schien.*[108]

Poesie und Musik waren von Anfang an eng miteinander verbunden. Bei ernsten Anlässen gab es die Einheit von Lyrik, Musik und Tanz. Da uns die Musik nicht überliefert ist, wissen wir heute nicht, ob das Melodische oder das Rhythmische eine grössere Rolle spielte. Wenn Burckhardt auf den Tanz zu sprechen kommt, der sich bei den Hellenen grosser Beliebtheit erfreute, erinnert er daran, dass die Rö-

---

103 GA X, 60.
104 GA X, 62.
105 GA X, 130, Anm. 8.
106 GA X, 128 f.
107 GA X, 129.
108 GA X, 137.

mer im nüchternen Zustand nicht getanzt hatten. Ganz anders die Vorfahren von Alexis Zorba: sowohl Pythagoras als auch Sokrates liebten die Kunst der Terpsichore. Die alten Philosophen tanzten gerne, um die Gesundheit und Beweglichkeit ihrer Glieder zu erhalten.

### 3. Tragödie und Komödie

Wir werden nie genau ausmachen können, wie die Generationen des Äschylos und des Sophokles den Zusammenhang zwischen Tragödie und Politik gesehen haben, welche ethischen Fragen sie sich im fünften Jahrhundert – einer Zeit ungeheuer raschen Wandels – gestellt haben.[109] Wir wissen bloss, dass die Kunst des Äschylos und des Sophokles – dann auch des Euripides – die tieferen Probleme und Fragen der attischen Bürgerschaft zum Ausdruck bringt, und dass diese Kunst auch heute noch frisch und stark auf uns wirkt. Wir haben es mit einer Kunst zu tun, die das Politische als noch tief im Religiösen eingebettet empfand; die Zusammenhänge zwischen Verantwortung und Weltdeutung ahnte. Wir haben es auf der andern Seite mit einer Bürgerschaft zu tun, die sich erstmals als autonom Handelnde zu erfahren begann, die im Rat und in der Volksversammlung zunehmend zweckrational argumentierte. Gleichzeitig aber tut sich eine stets grösser werdende Kluft zwischen Moral und Politik, zwischen Herkommen und Gegenwart auf. Wir haben es mit einer Bürgerschaft zu tun, die diese Spannungen nicht mehr diskutieren konnte – ausser eben in der Tragödie. Mit Burckhardts Worten: Die Tragödie sei von Anfang an *Teil eines hochentwickelten Kultus der Polis gewesen* und nie eine Unterhaltung für eine Elite von „Höhergebildeten" und Gelangweilten. Die Tragödie war *eine grosse Angelegenheit für die ganze festliche Bürgerschaft.*[110]

Das attische Drama werfe *Ströme von Licht* auf das gesamte griechische Dasein – wie aber ist die Frage nach der Entstehung der griechischen Tragödie zu beantworten? Burckhardts Antwort: sie sei *aus dem Geiste der Musik* entstanden. Hier ist daran zu erinnern, dass Nietzsche 1869 als junger Professor nach Basel gekommen ist und kurz darauf *Die Geburt der Tragödie aus dem Geiste der Musik* publiziert hat. Mit diesem Werk hat er stark auf Burckhardt gewirkt. Nietzsche hat im griechischen Leben eine Macht entdeckt, die er *das Dionysische* nannte: das leidenschaftlich Bewegte, der Rausch, die Extase, das Jasagen zum Leben. Burckhardt teilt so sehr Nietzsches Auffassung von der griechischen Kunst, dass man, wie Werner Kaegi bemerkt, den dritten Band seiner *Griechischen Kulturgeschichte* auf weite Strecken als Kommentar zu Nietzsches Buch lesen kann und umgekehrt.[111] Wenn Burckhardt über die Entstehung der Tragödie referiert, fliessen ihm Formulierungen in die Feder, die von Nietzsche stammen könnten: *Unerwartet, aus der Musik, aus dem Chorgesang geheimnisvoll mächtiger dionysischer Gottesdienste erhebt sich wie*

---

109 Vgl. Meier, Christian (1988)
110 GA X, 190.
111 Vgl. Kaegi VII, 80 f.

*aus einem reichen Blumenbeet eine scheinbar fremdgeartete Prachtblume: das zunächst dionysische, dann dem ganzen Mythos geweihte Drama.*[112] Ein grosser Bewunderer von Burckhardt, der Dramatiker Rolf Hochhuth, widerspricht in einem zentralen Punkt: die attische Tragödie sei nicht aus dem Geiste der Musik, sondern *aus dem Krieg* entstanden.[113] Ich möchte Hochhuths Mutmassungen kurz erläutern:

*Der Fall von Milet* von Phrynichos, das erste Drama, von dem überhaupt die Geschichte weiss, geht auf Krieg und eine politische Katastrophe zurück. Das Drama, von dem wir nur indirekt Kunde haben, hat die Zerstörung der mächtigen ionischen Stadt Milet durch die Perser, kurz nachdem dies geschehen, auf die Bühne gebracht. Phrynichos hat mit *Milets Fall* – so Burckhardt – ein *Zeitthema* behandelt, *wofür ihn die Athener, weil er sie an ihr eigenes Unglück erinnert hatte, um 1000 Drachmen büsste.*[114] Hochhuth ergänzt: Die Politik habe dieses erste Drama geschaffen, und sie habe es, selbstverständlich, auch sogleich verboten, schon am Tag der Uraufführung. Und mit Grund, denn der Oberschicht weht mit diesem Stück eine höchst unangenehme Wahrheit ins Gesicht: dass die Athener Mitschuld an der Abschlachtung der Männer Milets und an der Deportation der Mileter Frauen und Kinder nach Persien hatten. *Das ganze Theater weinte*, überliefert Herodot. Neben Milets Fall gibt es noch andere frühe Dramen, welche aus dem Krieg entstanden sind: die *Phönissen*, ebenfalls von Phrynichos, *Die Perser* von Aischylos und *Antigone* von Sophokles. Diese Stücke sind alle aus der Not, aus dem Krieg geboren.

Gemäss Rolf Hochhuth, der ein erregtes Monsterplädoyer für das politische Drama von den Griechen bis in die Gegenwart hält, ist die antike Tragödie nicht *aus der grossen dionysischen Erregung*, sondern aus dem Krieg 492 entstanden. Hat sich Burckhardt durch Nietzsches Schrift *Die Geburt der Tragödie aus dem Geiste der Musik* (ein *Werbetext für Bayreuth*, meint Hochhuth) zu sehr beeinflussen lassen? Der nicht professionelle, indessen hartnäckig bohrende Antikenforscher Hochhuth gelangt zum Schluss, dass die alten Historiker von Musik gar nichts wissen, dass die frühesten Dramen *politisch, also auf die Polis, den Städter, aufs Leben, auf die Vernunft bezogen* sind.[115]

*

Das endlose Gerede über das *„unausweichliche Schicksal"* in der antiken Tragödie reizt Burckhardt zu Widerspruch. Das Entscheidende am antiken Drama sei gar nicht die äussere Handlung – das sichtbare Schicksal –, denn die kannten die Zuschauer schon lange aus den mythischen Erzählungen. Was das Drama auszeichnet und auch den heutigen Zuschauer noch ergreift, *ist die Schilderung der Seelenbewegung, welche immer neu sein konnte.*[116] Das Drama kommt mit einem Minimum an

---

112 GA X, 192.
113 Rolf Hochhuth, *Die Geburt der Tragödie aus dem Krieg.* Frankfurter Poetikvorlesungen, Frankfurt/M. 2001, 12 ff.
114 GA X, 194.
115 Hochhuth, a.a.O. 22.
116 GA X, 212.

Handlung aus, bietet aber eine Fülle an seelischen Motiven. Offen gelegt werden die inneren Empfindungen, Überlegungen und Entschlüsse, nicht aber die äussere Tat.

Aufgrund einer grundsätzlichen Beschränkung der Tragödie auf den Mythos wird die Alltagssphäre weitgehend ausgeblendet. Die mythische Welt, in der die Protagonisten auftreten, ist *von der Wurzel auf ideal*.[117] Für Burckhardt ist König Ödipus von Sophokles ein Meisterwerk ersten Ranges, weil in diesem Drama die Einheit der Handlung völlig mit dem Mythos übereinstimmt. Das Stück wirkt wie aus einem Guss, *hier sieht der Zuschauer Szene um Szene das Schicksal kommen*.[118] Vorbildlich ist Sophokles auch, weil er die Charaktere und die Situationen bis ins Letzte mit psychologischem Reichtum ausgestaltet, *so dass seine Stücke eine völlige zusammenhängende Wahrheit darstellen*.[119] Seine schrecklichsten Gestalten sind keine absoluten Bösewichter, *auch sie nehmen noch an der allgemeinen Idealität teil, welche Alles umhüllt, was mit dem Mythos und der heroischen Welt zusammenhängt*.[120]

Wenn Burckhardt auf Euripides zu sprechen kommt, schlägt oft Antipathie durch, hat dieser Dramatiker doch wesentlich zur Zerstörung der klassischen Tragödie beigetragen. Euripides sei den *momentanen Zeittendenzen* gefolgt, habe zeitgeschichtliche Stoffe auf die Bühne gebracht und den Szenen ein viel zu realistisches Gepräge gegeben. *Euripides respektierte die allgemeine Idealität nicht.* Bei ihm ist der Mythos *oft nur Grundlage, um Menschen seiner Zeit in aufgeregten Situationen sprechen zu lassen; seine Stücke sind der Sprechsaal, aus dem uns das damalige allgemeine athenische Räsonnieren über göttliche und menschliche Dinge entgegentönt*.[121] Ja, der Mythos ist erschöpfbar, ebenso die Gattung der Tragödie. Die Spättragödie vollends habe sich, um Neues zu bieten, *auf die Ausbeutung der erotischen Motive verlegt*.[122]

In den Dialogen der Tragödien des Sophokles und Euripides erkennt Burckhardt einen strengen Aufbau. In der Mitte des Dramas gibt es die Hauptszene, *gegen welche die übrigen Szenen gleichmässig von der einen Seite aufsteigen und nach der andern fallen, so dass sie gegen die Mitte symmetrisch zusammenkommen, wie die Figuren einer Giebelgruppe. Das hat keines Menschen Auge sehen noch eines Menschen Ohr hören können, und dennoch ist es nachgewiesen; es sind Dinge, die uns einstweilen noch nicht erklärt sind, die uns aber das supreme künstlerische Vermögen der Dichter zeigen*.[123] Ein Kenner der pythagoreisch-harmonischen Tradition hat die künstlerischen Kompositionsgeheimnisse enträtselt. Er kann zeigen, dass das pythagoräische Grunddiagramm Lambdoma, das die Form eines griechischen L = $\Lambda$ hat, den Dramendichtern bekannt gewesen sein dürfte. Die Symmetriegeheimnisse der Tra-

---

117 Ebd. 197.
118 Ebd. 215.
119 Ebd. 225.
120 Ebd. 222.
121 Ebd. 228 f.
122 Ebd. 236.
123 Ebd. 221.

gödie und die Figuren einer Giebelgruppe entsprechen überraschend genau dem Ausdruck der pythagoräischen *audition visuelle*.[124]

*

Im Unterschied zur Tragödie zeichnet sich die Komödie nicht durch Würde und Ernst aus, ihr liegt das konkrete athenische Leben zugrunde. *Das satirische Bild der Zeit haben wohl auch andere Perioden der Geschichte hinterlassen, aber keine ein so grandios konkretes, wie die aristophanische Komödie ist; dass ein Ereignis wie der pelopponesische Krieg und die ganze damit verbundene innere und äussere Krisis des griechischen Lebens ein solches Accompagnement der sublimsten Narrenschelle mit sich hat, ist ein Unikum in der Geschichte.*[125]

Die Komödie geht auf die kleinen ländlichen Dionysien zurück. Bei Umzügen gerieten Wein, Gesang und Tanz wild durcheinander, und ein grosser Phallus wurde mitgetragen. Wie die Tragödie, so wurde auch die Komödie für die ganze Polis gespielt. Das Schlechte und Lächerliche wurde grossartig und grotesk, aber nicht ohne Erhabenheit dargestellt. Die Komödie erschöpfte sich nicht in Witz und Hohn, auch im Komödiendichter musste *ein ernster Wille für das Wohl Athens* vorhanden sein.[126]

Aristophanes schrieb seine Stücke in den Jahren der Krise. Mit seinen Komödien fing er das aufgeregte städtische Leben ein, sammelte er es in *gewaltigen Hohlspiegeln* – und die Bürger schauten gerne in die Hohlspiegel hinein. Die Stadt lebte ihr tolles Leben, und die Bürger wollten wissen, wie die Welt sich in den Augen ihres grossen Dichters ausnehme. Man gestattete dem Komödiendichter eine völlig freie Meinung. Zur Zeit der Französischen Revolution, meint Burckhardt, hätte man solche Freiheiten nicht toleriert, da hätte man jeder kritischen Stimme sogleich *den Kopf vor die Füsse gelegt*.[127] Es ist bemerkenswert, wie Aristophanes zur Zeit des Peloponnesischen Krieges eine Friedenspolitik vertritt, wie er mit *Lysistrate* seiner Friedenssehnsucht mutig Ausdruck verleiht. Burckhardt fragt sich allerdings, ob es klug gewesen sei, eine pazifistische Satire zu schreiben in einer Zeit, da Athen sich im Zustand militärischer Schwäche befand.

In den späten Komödien wird der Koch zu einer dominanten Theaterfigur. Im Vortrag *Über die Kochkunst der späten Griechen* deutet Burckhardt den hohen Stellenwert der Kochkunst als ein Symptom des politischen Zerfalls. Leckerhaftigkeit und Gaumenfreuden waren in den hohen und glänzenden Zeiten kein Thema. Da hatten andere Dinge das Leben des Bürgers ausgefüllt: das Staatsleben und der Ehrgeiz nach Auszeichnung. Spöttisch glossiert Burckhardt das zunehmende Interesse am Essen und Trinken. *Von der literarischen Seite wird man zugeben müssen, dass*

---

124 Vgl. Hans Kayser, *Akróasis. Die Lehre von der Harmonik der Welt,* Basel 1989, 78 f.
125 GA X, 253 f.
126 GA X, 255.
127 Ebd. 252.

*recht viel Komisches und gut Gemachtes* in den Komödien vorkommt. Und dennoch stimmt es traurig, *wie sehr Athen auf diese Sorte von Genuss erpicht war.*[128]

## 4. Die Philosophie

> *Wenn dem Philosophen bewusst wird, dass er gegen Korruption in der Polis nicht die geringste Abhilfe zu verschaffen vermag, was bleibt ihm, ausser die Philosophie zu praktizieren, allein oder mit andern? In dieser Lage befanden sich leider fast alle Philosophen der Antike im Verhältnis zur Welt der Politik, sogar Marc Aurel.*
>
> Pierre Hadot[129]

Burckhardt stellt ein paar Bemerkungen zur Sprache an den Anfang: Es scheint, als ob *das Griechische die künftige Philosophie schon virtuell in sich enthielte.* Die griechische Sprache zeichne sich durch eine unendliche *Schmiegsamkeit* aus, sie erlaube es, die Teile und das Ganze, das Besondere und das Allgemeine mit allen Nuancen zu erkennen und zu benennen, *ohne dass unterwegs das Wort gleich geheiligt und in einer Art Versteinerung angebetet wird. Hier ist keine Knechtschaft unter eine bestimmte Terminologie.*[130] Zwei weitere Dinge begünstigten die Entwicklung der griechischen Philosophie: es gab keine Priesterkaste, die als Aufsichtsinstanz hätte wirken können, im weitern wurde der Zugang zur Philosophie durch keine gesellschaftliche Schranke erschwert: *jeder Freie und bald jeder Sklave, ja selbst der hellenistisch gebildete Barbar* hatte Zutritt zur Welt des Geistigen.[131]

Das erste Stichwort, *Bruch mit dem Mythus,* behandelt die Entzauberung der in den Mythos eingebetteten Weltanschauung. Von Anfang an war der Mythos enorm hemmend, enthält er doch die gesamte Lebensanschauung. Er ist der Konkurrent und Todfeind des Wissens und der Philosophie. Beim Entzauberungsprozess machten Heraklit und Parmenides – die Ionier und die Eleaten – den Anfang. In der einen wie in der andern Schule entwickelte sich *ein völlig freies Streben und Forschen; der freie Gedanke wird aus eigenem Bedürfnis zur Lehre, und Lehrer und Zuhörer sind entweder reich genug oder durch Einfachheit des Lebens unabhängig, so dass sie sich ihrer Forschung völlig hinzugeben vermögen.*[132] Entscheidend war nicht, ob diese oder jene physikalische Entdeckung gemacht wurde, sondern dass der Geist sich in das frei bewegliche Denkens einüben konnte.

Pythagoras ist eine Übergangsgestalt. Er ist noch stark im Mythischen befangen, wehrt *sich noch verzweifelt gegen alles Exakte;* er hat aber eine Gedankenwelt aus-

---

128 Ebd. 267.
129 Pierre Hadot, *Wege zur Weisheit oder Was lehrt uns die antike Philosophie*, Frankfurt/M. 1999, 116.
130 GK III, 277 f.
131 a.a.O. 280.
132 a.a.O. 296.

gebildet, die vom Mythos unabhängig ist. Der Stil seiner Persönlichkeit hat eine Lehre entstehen lassen, welche dem Götterglauben nicht widersprach und dennoch etwas Neues begründete: *Seiner Schule wird es ewig zum Ruhme gereichen, dass sie der frühste völlig freie Verein ist, welcher zugleich religiös, ethisch und wissenschaftlich war.*[133] Burckhardt lobt an den Pythagoräern die Aufopferungsfähigkeit, das Einander-Helfen, die Gütergemeinschaft und: dass sie nicht um zu lehren, sondern um zu heilen in die Städte kamen.

Das zweite Stichwort, *die freie Persönlichkeit,* handelt von jenen Philosophen, denen es gelungen ist, gegenüber dem Staat ihre Unabhängigkeit zu wahren. Eine grosse Frage war schon, ob ein Philosoph gegen Bezahlung lehren dürfe. Die meisten Philosophen entschieden sich, im Unterschied zu den Sophisten, für *Honorarlosigkeit.* Was Burckhardt als Kulturhistoriker an der griechischen Philosophie interessiert, ist nicht, wie weit es die Griechen in der Philosophie, *sondern wie weit es die Philosophie mit ihnen gebracht hat.* Das Entscheidende am Dasein der Philosophie als Element des griechischen Lebens sei die *Erhebung einer freien, unabhängigen Menschenklasse mitten in der despotischen Polis. Die Philosophen werden nicht deren Angestellte und Beamte; sie entziehen sich ihr... gerne durch Armut und Entbehrung.*[134] Die Armut konnte leichter gelebt werden, insofern für die meisten das Zölibat eine Selbstverständlichkeit war – eine Ausnahme bildeten Sokrates und Aristoteles.

Burckhardt ist nicht sonderlich interessiert an philosophischen Abhandlungen oder an Systematik, er zieht es vor, seine Ansicht über die griechische Philosophie anhand von Originalfiguren vorzutragen. Auffallend ausführlich spricht er von Sokrates. Dieser habe sich *in die Mitte von Athen gepflanzt,* um von dort aus den grössten Einfluss auf die ganze Welt auszuüben. Er verkehrte *mit jedermann und brachte die Weisheit, die bei ihm kein System, sondern eine Denkweise war, auf die Gasse.* Er philosophierte, wo immer Gelegenheit sich bot, scherzend, so wie es kam. Ein solches Auftreten musste natürlich Ärger erregen. Sokrates bewies nicht ungestraft vielen tüchtigen und tätigen Leuten, dass sie nicht weise seien. Mit seinen ewigen Gleichnissen begann er die Bürger zu ennuyieren. Besonders unbeliebt machte er sich mit seiner *„Überführung"* durch Ironie. Ironie, die Anspruch auf Überlegenheit macht, hat nie gut geschmeckt. *Und nun kam noch dazu, dass er seine Opfer in Gegenwart der jungen Leute ironisierte, welche dazu lächeln durften und es ihm nachmachten: damit macht man sich unter der Sonne keine Freunde.* Es kam so weit, dass die Leute ausrissen, wenn sie ihn um die Ecke kommen sahen. Am Ende hatte er jedermann gegen sich aufgebracht. *Als ihm nun ein Biss der Polis ins Genick fuhr,* erzählt Burckhardt, mochte sich mit Ausnahme eines kleinen Anhangs niemand mehr für ihn wehren.

Burckhardt malt sich aus, welches Schicksal Sokrates heute erwarten würde. *Zunächst würden ihn alle Erwerbenden hassen, dann aber auch die aus Pflichttreue Arbeitenden schwerlich gerne mögen; der Pöbel würde ihn genau soweit lieben, als er anständige Leute inkommodieren würde; die Mächtigen und Einflussreichen würden*

133 a.a.O. 294.
134 a.a.O. 348.

*ihn belächeln; die Religiösen würden ihm eine tiefere Anschauung von Schuld und Läuterung entgegenhalten, während die Verbrecher ihm völlig unzugänglich wären.*[135] Enthält das Porträt, das Burckhardt von Sokrates entwirft, Züge eines Selbstbildnisses? Die Gefährdung des Philosophen in der Polis ist nicht nur ein Thema der Antike. Das Schicksal des Sokrates, der wegen Gottlosigkeit verurteilt worden war, muss Burckhardt das Gefühl gegeben haben, dass ihm selbst, wenn er nur hundert Jahre früher geboren worden wäre, in seinem Basel ein ähnliches Geschick hätte widerfahren können. Der Burckhardtbiograph berichtet, was sich in Basel zugetragen hat: *Tatsächlich sind noch rund dreissig Jahre vor Burckhardts Geburt die Werke Voltaires auf Ratsbeschluss hin verboten und diejenigen Friedrichs des Grossen in Basel verbrannt worden... Die Basler Polis der Grosseltern Burckhardts war nicht viel humaner als das Athen des Sokrates.*[136]

Lassen wir uns von Burckhardt durch das Kabinett der Kyniker führen. Anthistenes, der als Begründer der kynischen Schule gilt, trug den Beinamen *Hund schlechthin.* Die Kyniker lebten am Rande der athenischen Gesellschaft und besassen kaum mehr, als sie auf dem Leibe trugen. Burckhardt, dem als Basler der ätzende Humor oder der verletzende Spott nicht fremd waren, hat sich bei den Kynikern, den Verächtern von Besitz und Wohlstand, ausgesprochen wohl gefühlt. Er hat es geschätzt, dass von ihnen keine Lehre, dafür aber zahllose Anekdoten und Einzelzüge überliefert worden sind. Das *abenteuerliche* oder *konkret böse Maul* des Diogenes hat es ihm besonders angetan. *Wer einmal die Scheu vor der bösen Zunge überwunden hatte, fand in ihm eine Macht und einen Zauber der Rede, die jeden fesseln konnte, und es fehlte ihm daher nicht an Freunden und Schülern.*[137] Im Allgemeinen begehrten die Kyniker nicht, die Menschen zu bessern, und so machten sie sich bei den Bürgern auch nicht unbeliebt oder verhasst. Diogenes sei der *rechte heitere Pessimist,* der auf all das im Leben verzichtete, was von Elend und Verlust bedroht ist, um mit dem Rest auszukommen: mit Mässigkeit, Gesundheit und Freiheit.[138]

Die Kyniker stehen ausserhalb der Polis. Sie sind überall daheim, und überall sind sie fremd. Mit ihrer souveränen Verachtung der Polis sind sie die lebendige Kritik der despotischen Polis. Neben dem Weltbürger Diogenes interessiert sich Burckhardt noch für *Demonax,* der nicht nur Philosoph, sondern auch Zusprecher, Versöhner, Vermittler und Witzemacher war. Demonax verkörpert die freundliche Variante der kynischen Lebensweise. *Im Alter pflegte er ungeladen in beliebige Häuser einzutreten, um daselbst zu speisen oder zu schlafen, und die Bewohner empfingen ihn wie einen guten Dämon.*[139]

---

135  a.a.O. 348-354.

136  Kaegi VII, 82 f.

137  a.a.O. 357.

138  a.a.O. 357 f. Vgl. Georg Luck, *Die Weisheit der Hunde,* Stuttgart/Darmstadt 1997, ferner: Michel Onfray, *Der Philosoph als Hund.* Vom Ursprung subversiven Denkens bei den Kynikern, Frankfurt/M. 1991.

139  a.a.O. 360.

Nach dem wirklich freien Leben strebte *Epikur,* dessen Philosophie rein praktische Zwecke verfolgt: das höchste Ziel im Philosophieren und im Leben sei die
Lust. Sogleich muss ein vulgäres Missverständnis korrigiert werden, das aus den
Epikureern Prasser und Schlemmer macht. *Es ist zu fürchten,* meint Burckhardt, *dass
sich wenige Menschen mit der echt verstandenen epikureischen Lust begnügen möchten.*[140] Die wahre Lust erlebt derjenige, der die frohe Stimmung der Seele anstrebt,
dem es um die Freiheit von Schmerzen der Seele und des Leibes geht. Das Leben
des wirklich Weisen ist auf Vermeidung des Unangenehmen ausgerichtet, und die
ist ohne Entsagung nicht zu erreichen. In Epikurs *eigentümlicher Weltanschauung*
sieht Burckhardt die Einheit von Verzichtenkönnen und Geniessenkönnen, eine
Lebenshaltung, die in Zeiten des Verfalls die Besseren vielleicht zu praktizieren vermögen. Schon in jungen Jahren hat Burckhardt sich Epikurs Lebensmaxime *im
Verborgenen leben* zu eigen gemacht.[141] Am Sylvestertag 1872 wünscht er seinem
Freund von Preen – und sich selber – zum Neuen Jahr *Ruhe, Stille, Ergebenheit ins
Schicksal und einen hellen Kopf zur Weltbetrachtung.*[142]

Burckhardt ist nicht entgangen, dass es bei den Griechen auch Feindschaft unter
den Philosophen gab. Er hat gesehen, wie viel Hass und Neid unter ihnen existierte, wie sie Verleumdungen in die Welt setzten oder fingierte obszöne Briefe in
Umlauf brachten. *Die Nachreden von Philosophen gegen Philosophen bezeichnen eine
der widerlichsten Stellen im Charakter der Griechen und sind besonders mit der enorm
vielen Ethik und den vielen Reden über die Tugend nicht zu vereinigen.*[143] Offensichtlich gab es auch einen Agon in abgründiger Gemeinheit.

### 5. Die Rhetorik

Burckhardt urteilt aus universalhistorischer Sicht über Stellung und Bedeutung der
Rhetorik. Er fragt sich, ob das Altertum die Unterweisung in der Kunst der Rede
nicht überschätzt habe. *Hätte es nicht besser getan, die Köpfe der Knaben und Jüng-
linge mit nützlichen Realien anzufüllen? Die Antwort ist, dass wir darüber gar nicht
zu entscheiden berechtigt sind, solange uns selber im Reden und Schreiben die Formlosigkeit überall nachgeht... Unser jetziges Leben hat teilweise höhere Prinzipien und
Ziele, aber es ist ungleich und disharmonisch; das Schönste und Zarteste wohnt darin
neben derben Barbareien; unsere Vielgeschäftigkeit lässt uns nur nicht die Musse, daran
Anstoss zu nehmen.*[144]

Dass das griechische Volk, das des Lesens noch kaum gewöhnt war, ein feines
Ohr für die gesprochene Rede ausgebildet hat, hängt mit der Volksversammlung
und dem Volksgericht zusammen, wo über das Schicksal der Polis entschieden

---

140  a.a.O. 364.
141  Br II, 197; dazu Kaegi II, 580.
142  Br V, 184.
143  GK III, 370.
144  GA II, 232.

wurde. Schon früh gibt es eine *rhetorische Techne,* eine Lehre von der Form und Einteilung der Rede. Man lernt, eine Sache vor Gericht plausibel zu vertreten, eine Begründung kunstvoll aufzubauen oder den Schluss einer Rede zu gestalten. Ein guter Redner eignet sich die *Eigenschaft des Bezauberns* an, er verwendet in seiner Rede poetische Bilder oder Metaphern. Er lernt mit seiner Stimme umzugehen, schult die Diktion, kennt die Reizbarkeit des Gehörsinnes und die psychologische Wirkung auf die Zuhörer. Er versteht es, die Zuhörer in Zorn zu versetzen oder die Gemüter zu besänftigen. Der berühmteste von zehn attischen Rednern, die Burckhardt vorstellt, war Demosthenes, der die leidenschaftliche Form der Rede beherrschte. Gerade Demosthenes aber war von Natur aus nicht redebegabt. Mit grösster Anstrengung musste er, so berichten Anekdoten, persönliche Nachteile überwinden. Erst nach langer Übung verfügt er über eine differenzierte Intonation, beherrscht er die Fähigkeit der *Aufrüttelung* oder die *vorwurfsvolle Ironie.* Unvergleichlich waren der Klang seiner Stimme, der schöne Rhythmus seiner Sätze und die Ausführung der Gedanken. Nun gibt es nicht nur die Kunst der Rede, sondern auch die Kunst des Zuhörenkönnens. Man möge Plutarchs Schrift *Über die richtige Weise des Zuhörens* lesen.

Wenn Burckhardt die welthistorische Bedeutung der griechischen Rhetorik erörtert, denkt er an deren Weiterwirken im Christentum. Zusammen mit der Dialektik wurde die Rhetorik als letzte noch lebendige Form bis weit ins Mittelalter hinein tradiert. Nachdem der Staat, die Gymnastik, die Kunst und die Reste der Philosophie der Griechen schon untergegangen waren, wurde die Rhetorik als letzte der antiken Formen noch gepflegt – *die griechische Zunge bewegt sich noch.*[145]

## 6. Die Wissenschaft

*Alle seitherige objektive Kenntnisnahme der Welt spinnt an dem Gewebe weiter, welches die Griechen begonnen haben. Wir sehen mit den Augen der Griechen und sprechen mit ihren Ausdrücken.*

Einleitung zur *Griechischen Kulturgeschichte*[146]

So wie die Philosophie gegen die Hegemonie des Mythos ankämpfen musste, so hat auch die Wissenschaft im mythischen Denken einen starken Konkurrenten. Der Mythos, der selber eine *Urgestalt* der Wissenschaft darstellt, deckte Religion, Naturkunde, Weltkunde und Geschichte ab, und zwar *alles in höchst volkstümlicher Symbolik.*[147] Auch an der Polis hatte die Wissenschaft keine Stütze, sie war ihr vielmehr *eine Feindin.* Die Polis hatte kein Interesse an Gelehrsamkeit, noch viel weniger an der Einrichtung wissenschaftlicher Anstalten, *sie nimmt vor allem den Bürger*

---

145 GK III, 302-338.
146 GK I, 12.
147 GA XIV, 245.

*für ihre Zwecke in Anspruch, und da hing dessen Wert eher an allem als an seinem Wissen.*[148] Vollends gefährlich war dem Naturforscher die Demokratie; wer eine Lehre vertrat, die als Entgötterung der physischen Welt gedeutet werden konnte, musste mit einem Prozess wegen Gottlosigkeit rechnen.

In den orientalischen Kultursystemen – bei den Ägyptern, Babyloniern und selbst bei den Indern – gab es einen priesterlich organisierten Wissensbetrieb; dort wurde das Wissen systematisiert und gesammelt. Die bleibenden Deposita des Wissens waren dem einzelnen Forscher sehr dienlich. Auch wenn Burckhardt die Resultate der orientalischen Wissenschaft keineswegs unterschätzt, verweist er dennoch auf die inneren Begrenzungen des in hohem Grade religiös und weltanschaulich gefesselten Wissensbetriebs im Orient. Erst bei den Griechen waren die Forscher auf sich selbst gestellte Persönlichkeiten. Sie mussten  selber sammeln, auf Reisen gehen, ungeheuer viel arbeiten – und bei alledem blieben sie arm. Sie *wurden im besten Falle vom Staate nicht bemerkt, ohne Verlagsrechte, Honorare usw.*[149] Gerade dieses wissenschaftliche Tun hat Burckhardt hoch geschätzt, weil die griechischen Forscher sich gegen Hemmnisse und Hindernisse durchsetzen mussten. *Nie mehr in der ganzen Geschichte hat sich die freie Beschäftigung mit geistigen Dingen, amtlos, ohne obligatorische Berührung mit Staat und Religion, ohne offizielle Schule, ein solches Ansehen von Macht geben können; sie wäre, abgesehen von ihrem Inhalt, schon eo ipso facto welthistorisch durch dies blosse Auftreten, mit lauter persönlichem Wirken, bei Lebzeiten fast gar nicht durch Bücher.*[150] Dem griechischen Volk war die weltgeschichtliche Aufgabe zugefallen, *alle Völker zuerst zu verstehen und dies Verständnis der Welt mitzuteilen, gewaltige Länder und Völker des Orients zu unterwerfen, seine Kultur zu einer Weltkultur zu machen, in welcher Asien und Rom zusammentrafen, durch den Hellenismus der grosse Sauerteig der alten Welt zu werden; zugleich aber durch das Weiterleben dieser Kultur die Kontinuität der Weltentwicklung für uns zu sichern; denn nur durch die Griechen hängen die Zeiten aneinander; ohne sie hätten sie kein Wissen von der Vorzeit, und was wir ohne sie wissen <u>könnten</u>, würden wir zu wissen nicht <u>begehren</u>.*[151]

Die alten Griechen haben eine spezifische Kraft des Wissens und des Wissenkönnens entwickelt, und wie kein anderes Volk hatten sie *panoramatische* oder *vergleichende* Augen und *einen objektiven Geist über sich und das Fremde* ausgebildet. Mühelos schlägt Burckhardt einen grossen Bogen über die Renaissance – *die Entdeckung der Welt und des Menschen* – bis ins 19. Jahrhundert. Im *Allinteresse* des historischen Bewusstseins des 19. Jahrhunderts sieht er  das Fortleben der spezifischen griechischen Wissenskraft. Trotz aller geistigen Ohnmacht in einer Zeit des Abgeleiteten wird wieder an ein ursprüngliches Wissen und an ein mächtiges Dasein erinnert. Es ist, trotz aller Schattenseiten, der Vorzug des neunzehnten Jahrhunderts, dass es wieder zu *Allempfänglichkeit* und damit zur geistigen Bereicherung fähig

---

148 GA XIV, 247.
149 GK III, 382.
150 GA XIV, 248.
151 GA VIII, 51.

wird. *Ein Wissen zum Erdrücken hätten schon frühere Zeiten vor sich gehabt; schon im Altertum konnte man sich totlernen. Allein unser Jahrhundert ist einer allseitigen geistigen Aneignung fähig und hat einen innern und äussern Sinn für alles... Wir haben Gesichtspunkte für jegliches und suchen auch dem Fremdartigsten und Schrecklichsten gerecht zu werden... Jetzt dagegen ist unser geschichtliches Urteil in einer grossen Generalrevision aller berühmten Individuen und Sachen der Vergangenheit begriffen... Einer künftigen Zeit mag es vorbehalten bleiben, auch unsere Urteile zu revidieren.*[152]

## Die Umwälzung

Was im fünften und frühen vierten Jahrhundert in Athen und in andern kleinen Poleis geschehen ist, ist mehr als eine politische Revolution. Im Verlauf einiger weniger Jahrzehnte fand ein soziokultureller Umwälzungsprozess kaum geahnten Ausmasses statt. Ein paar kleine Poleis haben die Weltgeschichte von Grund auf verändert. Es ist, sagt Burckhardt, *als hätte die Natur Jahrhunderte hindurch alle Kräfte aufgesammelt, um sie dann auszugeben.* Was Athen hervorgebracht hat, ist in das Bewusstsein des Abendlandes eingegangen: dass die Bürgerschaft, indem sie sich von der Adelsherrschaft verabschiedet, zum ersten Mal die radikale Demokratie gewagt und eine Kultur hervorgebracht hat, auf die sie existentiell angewiesen ist. Die wichtigsten Entscheide wurden in der Volksversammlung gefällt. Zum ersten Mal in der Geschichte stand die Ordnung der Stadt zur Disposition ihrer Bürger; erstmals wurde mit der politischen Gleichheit unter Bürgern Ernst gemacht. Die unglaublichen Veränderungen, die auf das Schnellste stattfanden, waren vermutlich nur möglich, weil die Bürger gewohnt waren, *auch über das Mass ihrer Kräfte zu wagen.* Im täglichen agonalen Wettstreit, bei der *völligen Entfesselung aller Kräfte, auch der falschen,*[153] haben sie Unerhörtes zustande gebracht – und dabei ihre Kräfte auch relativ rasch verbraucht.

Der Althistoriker Christian Meier spricht vom *grossen Können-Bewusstsein* der Athener.[154] Vielleicht verglich sich ja jeder einzelne Grieche insgeheim mit den Helden der homerischen Epen, die so viel zustande gebracht und erduldet hatten. Den Künstlern und Fachleuten der Polis, einem kleinen Kreis gut geschulter Männer, standen grosse Möglichkeiten offen, die sie auch nutzten. Die Bevölkerung nahm Anteil an allem, was in ihrer Stadt geschah, so auch an den Skulpturen des Phidias und Polyklet. Burckhardt spricht vom *Erwachen der Kunst,* das heisst, die sinnliche Erscheinung wird als eine lebendige erfasst und studiert: *Die genaueste Ergründung der Körperformen verbindet sich mit einem immer sichereren Bewusstsein von dem, was die Schönheit des Anblickes ruhender und bewegter Gestalten ausmachen kann; man wurde aller Elemente des äussern Lebens mächtig, um das geistige*

---

152 GA XIII, 23; GA VII, 162.
153 GA VII, 233.
154 Meier, Christian (1993) 470 ff., 434.

*Leben ganz frei geben zu können.*[155] Die Philosophen in den kleinen Städten werden *riskierte Existenzen* genannt, weil ihnen jedermann jederzeit einen Prozess wegen Gottlosigkeit anhängen konnte – zudem lebten sie ohne finanzielle oder soziale Absicherung. Die Tragödien hatten im Leben der Polis eine zentrale Funktion, insofern sie der Bürgerschaft halfen, das grausame politische Geschehen zu verstehen und zu verarbeiten. Kunst, Mythos, Geschichtsschreibung, Philosophie, Musik, Wissenschaft waren im Leben der Polis nicht etwas Äusserliches, sie gehörten zu ihrem Fundament, sie wurden wesentlich gebraucht.

Burckhardt wusste, dass die antike Welt immer ein unvollständiges Phantasiebild sein werde. Und dennoch macht er uns gerne auf einiges aufmerksam: dass wir heute Wohlstand und soziale Sicherheit als Selbstverständlichkeiten einfach so hinnehmen. Dass wir, geblendet von unseren technologischen Spitzenleistungen, verlernt haben, das materiell Grosse vom Sittlichen zu unterscheiden. Dass wir uns im Egoismus des Privatmenschen so perfekt eingerichtet haben, dass wir vom übergeordneten Allgemeinen nicht viel mehr als Schutz und Sicherheit für Person und Eigentum erwarten. Dass wir uns kaum mehr vorstellen können, in welch hohem Grade im Altertum das einzelne Individuum ein *politisches* Wesen war, eingebunden in einen politischen Verband. Obschon wir heute noch mit wachem Interesse auf die griechische Poliskultur blicken, ist uns die Antike doch auch fern und fremd. Jacob Burckhardt, dem wir hiermit das letzte Wort erteilen, formuliert es so: *Das Altertum stellte seine Sachen nicht aufs Biegen, sondern aufs Brechen. Glorreich gilt der Untergang von Staaten, Städten und Königen. Das ist uns wildfremd.*[156]

---

155 GK III, 21.
156 GA VII, 229 f.

# INTERMEZZO

Ein auflockerndes Zwischenspiel soll dem Leser Zeit und Raum für eine Neuorientierung geben.

Mit dem Hinüberwechseln von Burckhardts historischen Meditationen zu Lefebvres theoretischen Analysen verlassen wir die zweite Hälfte des neunzehnten Jahrhunderts, treten wir in die letzten Jahrzehnte des zwanzigsten Jahrhunderts ein. Beide Epochen zeichnen sich durch enorme Urbanisierungsschübe aus. Der Bauboom von 1950 bis in die achtziger und die neunziger Jahre hinein kann mit dem Baufieber verglichen werden, das in Europa nach 1850 einsetzt und bis 1880 dauert. In beiden Epochen führt ein rasanter wirtschaftlicher Aufschwung nicht nur zu grösserem Wohlstand, sondern zu noch nie dagewesenen städtebaulichen Transformationen. Zwischen beiden Epochen liegen beinahe unvorstellbar grosse historische Brüche und Katastrophen, aber ebenso grosse Entwicklungen. Zu den grossen Entwicklungen sind die Experimente, Neuansätze und Realisierungen in der Architektur und im Städtebau seit etwa 1890 zu zählen. Die grösste Katastrophe stellen die Städtebombardierungen während des Zweiten Weltkrieges dar.[1] 1945 lagen Hunderte von Städten – und dies nicht nur in Deutschland – in Schutt und Asche. Europa war ein schauerliches Ruinenfeld.

Anhand der Transformation einer unversehrten Stadt – ich wähle den Modellfall Zürich – möchte ich den Sprung von der kleinräumigen historischen Stadt zur *Global City* und zur *Exopolis,* einem im Entstehen begriffenen Stadttypus, nachzeichnen.

In der Mitte des neunzehnten Jahrhunderts hatten die grösseren Schweizer Städte, die weder Residenzstädte noch Fürstenstädte waren, eine eigene stolze Physiognomie. Es gab weder prominente Mäzene noch reiche kirchliche Auftraggeber. Seit dem fünfzehnten Jahrhundert haben sich in den Städten verschiedene Formen bäuerlicher, bürgerlicher oder auch aristokratischer Sozialstruktur herausgebildet. In der Architektur unterschied sich das alemannische Formempfinden vom welschen Formempfinden, ferner gab es den Gegensatz von katholischem und protestantischem Stadtcharakter. Die Vielgestaltigkeit des Lebens manifestierte sich in verschiedenen urbanen Umgangsformen. Gemeinsam war allen Städten die Ablehnung der grossen Geste in der Bauphysiognomie, der Verzicht auf überdimensionierte Monumentalität, auf weite leere Plätze, den hohen Sockel, die grosse Hauptachse und die repräsentative Baufigur. Die lokale Eigenentwicklung liess Städte mit unverwechselbarem Profil entstehen – man denke an Solothurn, Basel, Genf, Bremgarten, Bern, Neuenburg, Luzern. Und eben Zürich.

---

1 Jörg Friedrich, *Der Brand. Deutschland im Bombenkrieg 1940-1945,* München 2002.

Im Jahre 1855 tritt Jacob Burckhardt eine Professur für Kunstgeschichte am soeben gegründeten Polytechnikum (der heutigen Eidgenössischen Technischen Hochschule) in Zürich an, drei Jahre lang lehrt er an dieser Hochschule. Was war Zürich damals für eine Stadt? Gottfried Keller entwirft im *Grünen Heinrich* (erste Fassung 1854/55) auf wenigen Seiten ein übersichtliches Stadtbild. Wie ein Traum aus den blauen Wassern steigt die Stadt *aus der Vorhalle des Urgebirges* herauf. In einem ersten Tableau wird das Treiben der geistig bedeutsamen, jedoch kleinen Stadt eingefangen. Von einem leicht dahinschwebenden Kahn aus kann der Betrachter die verschiedenen Stadtbewohner beobachten. Friedlich scheinen sie alle vorbeizudefilieren: der gesetzgebende Rat in einfachen, schwarzen Kleidern, *selten von neuestem Schnitte,* dann das einfache, emsige Volk, die diplomatischen Fremdlinge in wunderlichem Aufputze, der deutsche Gelehrte mit gedankenschwerer Stirn, der Flüchtling mit unsicheren Augen und kummervoller Miene. In der Phase der frühen Industrialisierung war der Fabriklärm ein offenbar nicht sehr störendes Geräusch: *Gewerk und Gewerb summt längs des Flusses und trübt ihn teilweise, bis die rauchende Häusermasse einer der grössten industriellen Werkstätten voll Hammergetönes und Essensprühen das Bild schliesst.* In einem zweiten, etwas rätselhaften Tableau geht es um die beklemmende Dimension der Stadt, um das vergebliche Fliehen und Verschwinden der Menschen. *Man kann in die Stadt hinein und hinüberschauen, wie in einen offenen Raritätenschrein, so dass die kleinen fernen Menschen, die in den steilen Gassen herumklimmen, sich kaum vor unserm Auge verbergen können, indem sie sich in ein Quergässchen flüchten oder in einem Hause verschwinden. Es ist eine seltsame Stadt, mit einem altersgrauen Haupte und neuen glänzenden Füssen.* Mit dem *altersgrauen Haupte* ist der aufsteigende Berg mit seiner byzantinischen Kirche und der halbzerfallenen Burg gemeint: all das, was langsam in der Vergangenheit verdämmert; mit den *glänzenden Füssen* der Hafen, wo die befrachteten Schiffe ab- und zugehen: der Ort, wo sich die künftige Dynamik der Stadt ankündigt.[2]

Was ist im Verlauf von anderthalb Jahrhunderten aus der kleinen beschaulichen Stadt geworden? Zu Beginn des einundzwanzigsten Jahrhunderts gehört der Grossraum Zürich (mit seinen rund 1,5 Millionen Einwohnern), der sich von Winterthur bis nach Zug und von Baden bis nach Rapperswil erstreckt, zum Kreis der illustren *Global Cities*. Zürich ist, wie Genua, Barcelona, Marseille oder Dublin, eine aufstrebende europäische Metropolitanregion. Es hat sich zu einem Kontrollzentrum der Weltwirtschaft entwickelt und bildet einen hochvernetzten ökonomischen Komplex, der *global control capability* produziert.[3] Im internationalen Global Cityranking erscheint das relativ kleine Zürich regelmässig in der zweiten oder dritten Position, auf der gleichen Stufe wie San Francisco, Sydney oder Toronto. In der Zeit nach dem Zweiten Weltkrieg, in vermehrtem Masse seit den siebziger Jahren, wuchs die Stadt zum Zentrum der Schweizer Wirtschaft heran, zu einem

---

2 Gottfried Keller, Sämtliche Werke, 1926 ff., Bd. 16., 7 ff. Vgl. das Kapitel *Der grüne Heinrich,* in: Karl Riha, *Die Beschreibung der ,Grossen Stadt',* Bad Homburg, Berlin, Zürich 1970, 151 ff.

3 Schmid, Christian (2004), 237 ff.

Ort für Konzentration und Kontrolle internationaler Finanzströme. Zur Dynamik einer Global City gehören strukturell bedingte Polarisierungen. Prosperierende Zonen befinden sich in unmittelbarer Nähe von Zonen der Armut, unternehmerische Macht und benachteiligte Bevölkerungsgruppen machen sich das Terrain streitig. In der globalen Ordnung sind die Widersprüche omnipräsent und können jederzeit zu Konflikten führen. Zürich hat sich in einem konfliktreichen Prozess zum *Headquarter* der schweizerischen Ökonomie entwickelt – ferner hat die Stadt eine bemerkenswerte Agglomeration hervorgebracht.

Auf den ersten Blick ist die Global City-Region eine amorphe Stadtlandschaft, ein wild wucherndes urbanes Terrain. Wer aber, wie Christian Schmid, die Stadtentwicklung aufmerksam verfolgt, unterscheidet verschiedene urbane Regionen. Die Innenstadt ist ein kulturell und sozial pulsierendes urbanes Zentrum, aber auch ein Zentrum für Dienstleistungen und Finanzunternehmen. Aufgrund eingeschränkter Expansionsmöglichkeiten entstanden in den achtziger Jahren an der städtischen Peripherie neue Bürogebäude. Zur inneren Struktur der Stadt gehören *flottierende Zentralitäten*, aus denen *neue überraschende urbane Konfigurationen entstanden*. Die Karte der Pendlerströme zeigt eine deutliche polyzentrische Struktur, das heisst neben dem Zentrum von Zürichs Innenstadt gibt es die alten Industriezentren Winterthur, Baden oder Zug, die in den Sog von Zürichs *headquarter economy* geraten sind. *Daneben haben sich zwei Hauptachsen mit kleineren Zentren herausgebildet, die entlang von zwei Tälern verlaufen. Das Limmattal im Westen der Stadt Zürich ist immer noch stark industriell geprägt. Demgegenüber ist das Glattal im Norden Zürichs...* Also:

Das Gebiet im Norden von Zürich, das sich zwischen dem Flughafen und Hügeln erstreckt, nennt man seit einiger Zeit inoffiziell *Glattalstadt* – benannt nach dem Wasserlauf der Glatt, der sich durch das Gebiet schlängelt. In den letzten dreissig Jahren ist um den Flughafen herum ein wirtschaftlich sehr potenter Siedlungsraum entstanden, bestehend aus acht verschiedenen Gemeinden.[4] Vor kurzem noch war das Territorium ein Synonym für Ausschluss, Verwahrlosung, Marginalisierung, Segregation. Ein forschungsfähiges Auge aber nimmt im neuen Siedlungskonglomerat neue urbane Phänomene wahr.[5] Das Gebiet besteht aus heterogenen Fragmenten, ist durchsetzt mit Dörfern, städtischen Quartieren und Industriezonen. Obschon man sich seit zwei Jahrzehnten bemüht, die verschiedenen kommunalen Verwaltungen strategisch zu koordinieren, bildet das Gebiet administrativ und politisch noch keine Einheit. Die siedlungsgeografischen Mosaikteilchen sind leicht erkenn- und benennbar: Industrieanlagen, Bürokomplexe für die *Headquarters,* Geschäftszentren, Orte des Vergnügens, Schulen und Spielplätze, Werkhallen, Eigenheimsiedlungen, Parkplätze, Sport- und Freizeitanlagen, Abfal-

---

4  Glattalstadt besteht aus Bassersdorf, Dietlikon, Dübendorf, Kloten, Opfikon, Rümlang, Wallisellen und Wangen-Brüttisellen.

5  Die Autoren Mario Campi, Franz Bucher und Mirko Zardini haben die Glattalstadt mit ihrer Studie *Annähernd perfekte Peripherie*, Basel, Boston, Berlin 2001, umsichtig und originell analysiert.

lentsorgungsanlagen, Gartenstädte, weite auflockernde Grünflächen und Wald-
gebiete, Wohntürme, landwirtschaftliche Inseln, Shopping-Malls. Offenbar sind
die unterschiedlichsten urbanen Elemente nicht das Produkt eines Gesamtplans,
sie sind aus einer Vielzahl von Einzelplanungen hervorgegangen. Zürich Nord ist
keine *Ville Nouvelle,* keine am Reissbrett entworfene Gesamtkonzeption, nicht das
Ergebnis der technokratischen Vernunft. Als Geburtsstunde von Glattalstadt kann
der Bundesbeschluss von 1945 gelten, gemäss dem Zürich zum Interkontinental-
Flughafen der Schweiz werden sollte. Ein Jahr später wurde der Flughafen Kloten
eröffnet; damals glich sein Umland noch einer weiten, fast leeren Talebene. Heute
ist die *Airport-City* der Wirtschaftsmotor des Grossraums Zürich. Sie hat eine spezielle urbane Struktur hervorgebracht, die unter den Auswirkungen der wichtigsten
Infrastruktureinrichtung – eben des Flughafens – in gleichem Masse lebt und leidet. Aufgrund seiner erfolgreichen Entwicklung droht der Airport zum Konflik-
therd für diese durch ihn selber generierte suburbane Region zu werden. Seit dem
Grounding der Swissair kurz nach dem 11. September 2001 kündigen sich zudem
unsichere Zukunftsperspektiven an.

Ist Glattalstadt eine *Exopolis?* Am Beispiel von *Orange County* (2,6 Millionen
Einwohner), einer endlosen Aneinanderreihung von Vororten im Süden von Los
Angeles, hat der amerikanische Geograf Edward Soja die Exopolis beschrieben.[6]
Exopolis wird als Sammelbegriff für eine Vielzahl von gigantischen pseudostäd-
tischen Wucherungen verwendet, für suburbane Städte, Edge Cities, Randstädte,
Technostädte, posturbane Städte oder Strip Cities – Siedlungs- und Industriege-
biete, die sich einem Highway entlang so lange ausdehnen, bis ein Konglomerat
mit dem andern zusammengewachsen ist. Exopolis ist das, was die Kernstadt *weit
draussen* umkreist – das griechische Wörtchen *exo* bedeutet *heraus* oder *draussen,*
aber auch *ohne.* Exopolis wird von Soja definiert als *the City without.* Mit dieser
paradoxen Formulierung ist das amorphe und zerstückelte Siedlungskonglomerat
gemeint, das randvoll mit Städtischem und dennoch Nicht-Stadt ist. Nirgendwo
ist ein Zentrum identifizierbar. Keine Skyline signalisiert Downtown. Exopolis ist,
wie Christian Schmid schreibt, *jene unwahrscheinliche Stadt, die jenseits der alten
Agglomerationskerne thront und die Metropole gleichzeitig nach innen und nach aussen
stülpt, in der das Gravitationszentrum leer ist wie bei einem* doughnut, *wo die Zentralität virtuell allgegenwärtig ist und die Vertrautheit des Städtischen verdampft.*[7] Sie ist
nicht mehr das, was die Stadt einst war, sie stellt indes jene metropole Form dar, an
die wir uns allgemach gewöhnen. Sie ist insofern zukunftweisend, als sie ein end-
loses Angebot von Glücksversprechen bereithält. *You can have anything you want,*
heisst es in einem Tourismusprospekt von Orange County. In der Exopolis ist nicht
nur alles möglich – es ist auch nichts wirklich. Das Alltagsleben ist von einer Hyper-
Realität durchzogen, die man, mit Jean Baudrillard, so umschreiben könnte: Alles

6 Soja, Edward W. (1996), 237 ff.
7 Schmid, Christian (2005), 57. Ein *doughnut* oder *dunot* ist ein in Amerika beliebtes kringel-
förmiges Gebäck, das in der Mitte ein Loch hat.

ist wirklich und zugleich versetzt uns alles ins Traumwandlerische.[8] Die einfache Lebenswelt wird durch artifizielle Verlockungen ersetzt. Die Hyperrealität gewinnt in dem Masse an Einfluss, als die altvertraute Realität am Verschwinden begriffen ist. Wenn Mikrowellenherd, Müllabfuhr und die Weichheit des Teppichbodens zur Essenz der Zivilisationsform gehören, können wir von Hyperrealismus sprechen.

Hugo Loetscher – ein Zürcher, der während eines langen Herbstes in Los Angeles gelebt hat – kehrt mit einer Monsterreportage über die *Grosse Orange* nach Europa zurück.[9] Das urbane Patchwork, das sich zwischen Wüste und Pazifik ausbreitet, setze sich aus *Schnitzen um ein Nichts* zusammen: *Hinter jedem Zentrum lag ein anderes, und neben jedem Niemandsland ein Jedermannsland. Die Agglomeration wucherte und verlor sich, schoss an anderer Stelle aus dem Boden und wuchs mit Satelliten und Enklaven in die Ebene hinaus und hinein in die Täler und Canyons. Jeder Vorort war ein Vorort eines andern Vororts.*[10] Loetscher hat die Strassen und Friedhöfe seines Wohnquartiers abspaziert, später den gigantischen städtischen Grossraum in wochenlangen Autofahrten durchquert. Als Meister der satirischen oder ironischen Untertöne zeichnet er anhand zahlloser Einzelerscheinungen die hyperreale Atmosphäre nach, die den Alltag der Grossen Orange durchzieht. Im Schaufenster eines Warenhauses wohnt er der Demonstration eines Seniorensessels bei. *Drückte man auf einen Knopf unter der Armlehne, hob sich die Sitzfläche, und gleichzeitig schob die Rückenlehne den Sitzenden sanft nach vorn; jedermann, der sich sonst nicht mehr aus eigener Kraft erhob, kam so auf die Beine, ohne auf die Hilfe eines Verwandten oder einer Drittperson angewiesen zu sein.*

*

Die urbane Konfiguration Glattalstadt – den aktivsten Teil der übergeordneten Global City Zürich – können wir aus der Nähe oder aus der Ferne betrachten. Beginnen wir mit dem entrückten panoramatischen Blick auf die friedliche suburbane Wirklichkeit Zürich-Nord. Beobachtungsstandort: Swimming-Pool, Swissôtel in Oerlikon, zweiunddreissigste Etage, Sonntagmorgen. Die in den letzten Jahrzehnten entstandene, in dieser Form von niemandem gewollte und von niemandem geplante suburbane Landschaft liegt zu Füssen des Betrachters. Durch die eleganten Kurven der S-Bahn rollen die beinah menschenleeren Zugskompositionen. Der Betrachter plätschert entspannt im Wasser und sieht in der Ferne die Flugzeuge landen und starten, völlig lautlos, da hinter schalldämpfenden Fenstern. In einer andern Himmelsrichtung atemberaubende Sicht auf die Bündner Alpen und Gletscher. Im Vorraum des *pool* ein Hauch von baudrillardscher Hyperrealität. Hinter einer Glaswand ein Bodybuildingraum. Verchromte Hanteln und Geräte mit ausgeklügeltem Gestänge, mit denen man sich vorsätzlich in den Zustand der Erschöpfung bringt. Die technische Wiederaufbereitungsanlage für den *body* wird von einem futuristischen Asketen, der in die Klangwolke seines *walkman* gehüllt

---

8 Jean Baudrillard, *Amerika,* München 1995; Soja, Edward W. (1996), 239-244.

9 Hugo Loetscher, *Herbst in der Grossen Orange,* Zürich 1982.

10 Loetscher a.a.O., 7, 147.

und süchtig auf Selbstgeisselung ist, benutzt. Die leicht hyperreale Ambiance erhöht beim Betrachter die Aufmerksamkeit, weiss er doch, dass das, was er im sonntäglichen Licht vor sich sieht, an tausend und tausend andern Orten unseres Planeten beinah gleich aussieht. Ist Glattalstadt – *die heimliche Hauptstadt der Schweiz*[11] – mit ihren rund 160'000 Einwohnern eine *Exopolis en miniature*? Der Betrachter sieht auf den Hardwald, das geometrische Zentrum von Zürich-Nord. Die acht beinahe zusammengewachsenen Satellitensiedlungen gruppieren sich ringartig um das grüne Waldstück. Das Zentrum der Ringstadt Zürich Nord entspricht also genau – und dies ist das Charakteristikum der Exopolis – der Hohlraumleere eines *doughnut.*

Um die alltäglichen Lebensrhythmen der Bewohner der neuen urbanen Konfiguration kennen zu lernen, müssen wir uns in ihre Nähe begeben, allerdings nicht zu nah.[12] Wir fragen: wie nutzen sie die Zeit? Sie leben nicht mehr gemäss der dreigliedrigen Acht-Stunden-Segmentierung Arbeit, Freizeit, Schlaf. Sie nutzen die Zeit flexibel und unterschiedlich, leben in Zeitfragmenten, manchmal äusserst bewusst, manchmal entgleitet ihnen die Zeit, manchmal verdichtet sie sich. Arbeit, Lebensstil und Verkehrswege bestimmen nicht unwesentlich den Tagesrhythmus. Unterschiedlich wird der Tagesbeginn erlebt: die erste S-Bahn kurz nach fünf? Morgenkaffee? Frühandacht? Nachrichtensendung? Fitness? Wen ergreift noch der tägliche Neuanfang, der Charme des Wunderbaren bei der regelmässig wiederkehrenden Morgenröte? Wer ist den linearen Zeitabläufen bereits völlig erlegen und konzentriert sich nur noch auf die ersten Staus auf der Autobahn? Die Flugbewegungen auf dem Airport nehmen zu, die Abwassermengen in den Kläranlagen erreichen einen ersten Höhepunkt. Die *Exopolis* Glattalstadt ist keine energieentleerte Peripherie, alles andere als eine exklusive Schlafstadt, Leben wuselt ganztags hier und dort: Kaffeepause, Frühschoppen, eine Katastrophenübung der Feuerwehr. Auch in einer profanen Gesellschaft rhythmisieren die Kirchenglokken noch immer die Stunden des Tages. Mittag. Businesslunch der Geschäftsleute, Kantinenaktivitäten, Schnellimbiss. Am Nachmittag treten die Jugendlichen deutlicher in Erscheinung. Was beschäftigt sie jenseits von Sex und Sport, Computer und Job? Wo, wann treffen sich delinquente Jugendliche? Rauchen und Trinken? Die Mädchen? Die Kunsteisbahn Oerlikon besucht man, um zu sehen und gesehen zu werden, heiteres Lachen. Schachspielende Männer auf einem Platz, häufig Pensionierte, unweit davon Multikultur und Sex. In den vielfältigen Arbeitswelten der aufstrebenden Agglomeration und im Bus machen sich auch spanisch- und italienischsprechende Frauen bemerkbar, besonders gegen Abend. Man trifft und verliert sich im gigantischen Einkaufszentrum Glatt, nimmt Platz bei Kuchen und Kaffe, trifft Diese und Jene. Jugendliche auf der Flaniermeile. Andere treffen sich auf ein Bier mit den immer seltener werdenden Einheimischen. Wiederum andere vertreiben sich die abendliche Langeweile isolationsbrav mit Pizzabringdiensten,

---

11 Benedikt Loderer, *Glattalstadt - Die heimlich Hauptstadt,* in: Hochparterre 10, 14-21.

12 Bei den folgenden Stichworten zu den Alltagsrhythmen habe ich mich von der Studie *Annähernd perfekte Peripherie* (2001) inspirieren lassen. a.a.O., 110-125.

Chat-Rooms und Pay-TV. Nahe dem Autobahnzubringer, wo Lärm, Verkehr und Schadstoffimmissionen sich verdichten, konzentrieren sich gegen Abend die sozial Benachteiligten. Dennoch Grillparty am Autobahndreieck. Intensitätshöhepunkte und Ruhestunden am Abend. Bewegtere Tagesstunden wechseln mit ruhigeren. Zu fortgeschrittener Stunde glitzern die Orte suburbaner Erotik. Wenn der örtliche Eishockeyclub gesiegt hat, wird bei *Ami Rock* Bier im Litermass ausgeschenkt, dann *ist die Hölle los*. Nach Mitternacht werden die unterirdischen Tram- und S-Bahnstationen, trotz Musikberieselung und Videoüberwachung, zu Orten der Angst und Unsicherheit. Nach zwei Uhr kommt der letzte Nachtbus im Glattal an.

Soweit ein paar Stichworte, die zu unzähligen alltagsrhythmischen Diagrammen erweitert werden könnten. Die Frage stellt sich, ob in Zürich Nord bereits so etwas wie eine polyphone Musik, eine durchgehende rhythmisierte Melodie, *ein urbaner Sound*[13], zu vernehmen ist? Die Antwort kann erst gegeben werden, wenn wir mehr über die *Rhyhtmo-Analyse* wissen, die im achten Kapitel behandelt wird.

\*

Mit dem arglos unbefangenen, fragenden Blick auf Zürich Nord – zuerst aus dem perspektivischen Fluchtpunkt heraus, dann aus der Nahsicht – haben wir den neuen Stadttypus Exopolis zu erkunden versucht. Die *Stadt draussen* setzt sich aus zahllosen Differenzen, Gegensätzen und Widersprüchen zusammen. Ist aus dem urbanen Patchwork bereits ein Ganzes geworden? Seit wenigen Jahren gibt es den *Verein glow. Das Glattal.* Auf einer speziellen Homepage wird versucht, der Region eine Identität zu geben, die Agglomerations-Gemeinden miteinander zu vernetzen. Die Anonymität der Bewohner soll in Dialog und Zusammenleben verwandelt werden. Möglichkeiten und Entwicklungen werden aufgezeigt. Trotz aller Bemühungen, ein städtisches Ganzes zu bilden, ist Zürich Nord keine kompakte, kontinuierliche Stadt. Die Zentralitäten sind über ein weites Gebiet zerstreut, es gibt weder eine bauliche noch eine soziale Kohärenz. Unterschiedliche Grade von Dichte wechseln mit grossen Freiflächen ab. Trotz einer hervorragenden Erschliessung durch öffentliche Verkehrsmittel (S-Bahn, Busnetz, die neue Glattalbahn), sind die weit auseinander liegenden Zentralitäten nur mit dem Auto erreichbar, und dies führt zu den allbekannten Kalamitäten (Ressourcenverschleiss, Immissionen, Staus, Parkplatzprobleme). Die Absenz eines pulsierenden städtischen Lebens wird von Vielen, vor allem Jüngeren, als Mangel empfunden. Es mangelt an städtischer Infrastruktur, Treffpunkten, Cafés, Restaurants, nicht zuletzt an Kultureinrichtungen.

Eine sich selbst suchende Metropolitanregion findet nicht leicht zu zeitgemässer kultureller Identität. Eben noch stand für die einzelne Gemeinde die Sorge um den historischen Dorfkern im Zentrum der Planung – wie soll aber jetzt eine kulturelle Identität geschaffen werden? Woraus besteht eigentlich das kulturelle Zentrum des historischen Zürich? Sicher nicht nur aus Oper, Kunsthaus, Museen usw., sondern auch aus einer bunten Palette von alternativen Einrichtungen und differenten

---

13 a.a.O. 179.

Aktivitäten. Die Stadt mit einer langen Geschichte kann auf historische Konstel-
lationen zurückblicken. So haben sich zu derselben Zeit und in derselben Stadt
die drei Asylanten Lenin, Tzara und Joyce aufgehalten, ohne voneinander Notiz
zu nehmen. Letzterer hat in *Finnegans Wake* das Sechseläuten verewigt: *Pingpong!
There's the Belle for Sexaloitez!* [14]

*

Henri Lefebvre war stets höchst aufmerksam, wenn es um das Aufkeimen neuen
urbanen Lebens ging. Das städtische Leben oder die urbane Gesellschaft wachse
heute, meint er, aus den Überbleibseln des ländlichen, dörflichen Lebens hervor
und vermische sich mit den Überresten der traditionellen oder historischen Stadt.
Die Ära des urbanen Lebens setze dann ein, wenn, wie er sagt, der Gebrauchswert den Sieg über den Tauschwert davonträgt, wenn das Stadtdenken nicht mehr
von rückwärtsgewandten Sehnsüchten oder anti-urbanen Vorstellungen geprägt
ist, wenn veraltete utopische Vorstellungen überwunden sind. Neugierig verfolgt
er, wie urbanes Leben in den alten Stadtkernen, den einstmals gelungenen Orten,
fortbesteht, wie neue Menschen, die nicht mehr diejenigen sind, welche die dörflichen oder städtischen Kerne geschaffen haben, diese bewohnen. Und er sieht, dass
die Vertreter der bürokratischen oder technokratischen Vernunft mittels Raumord-
nung und Planung die Keime möglichen urbanen Lebens nicht selten mit dem
Tode bedrohen.

Von *Exopolis* hat Lefebvre nicht gesprochen, dieser Terminus gehört nicht zu
seinem Vokabular. Er hat indes genau hingeschaut, was sich in der kritischen Zone
zwischen Stadt und Land abspielt. Der „Entdecker" von Exopolis ist Edward Soja.
Ausführlich beschrieben hat er diesen Stadttypus in *Thirdspace / Journeys to Los Angeles and Other Real-and-Imagined Places* (1996). Die erste intellektuelle und empirische Reise, die Soja in *Thirdspace* unternimmt, ist diejenige zu Henri Lefebvre. In
einem biographischen Überblick, der die komplexe Entstehung des Raumdenkens
ins Zentrum rückt, wird Lefebvres Leben erzählt. *Thirdspace* ist auf weite Strecken
eine Hommage an den französischen Philosophen.

Im Jahre 1984, anlässlich eines längeren Kalifornien-Aufenthaltes, wird Lefebvre von Edward Soja und Fredric Jameson durch die Downtown von Los Angeles
geführt. Die Drei fahren zusammen auf den aussen angebrachten gläsernen Fahr-
stühlen des Hotels *Bonaventure* zum Drehrestaurant hoch und überblicken die
Skyline von Los Angeles. Das soeben eröffnete *Bonaventure* mit seinen fünf runden Türmen gilt als Vorzeigebau der Postmoderne. In seiner berühmt gewordenen
Analyse nennt Jameson das Hotel *a populist insertion into the city fabric,* eine neue
Variante von Kulturkolonialismus und Bordell. [15] Durch zwei bedeutende amerikanische Geografen wird Lefebvre in jene Hyperrealität eingeführt, die Soja später als
besonderes Merkmal von Exopolis bezeichnen wird. Zwei Jahre nach seinem länge-

---

14   Vgl. den Prachtband *Joyce in Zürich* von Thomas Faerber und Markus Luchsinger, Zürich
1988.
15   Soja, Edward W. (1996), 196.

ren Aufenthalt in Los Angeles äussert sich Henri Lefebvre über seine persönlichen Vorlieben. *Es ist ausserordentlich schwierig, auf die Frage, welche Stadt man liebe oder hasse, zu antworten, denn eine Stadt, die man hasst, kann zugleich faszinierend sein. Ich denke an Los Angeles... Meine bevorzugte Stadt ist Florenz, das kürzlich aufgehört hat, eine ausgestopfte Stadt, eine Museumsstadt, zu sein. Dank einer industrialisierten Peripherie, der Gründung kleiner moderner Industrien, hat die Stadt ihre Dynamik wieder gefunden. Selbstverständlich liebe ich Paris mit seinen gewaltigen Problemen, seinem Zentrum. Vor dreissig Jahren bin ich in diese Stadt gekommen, um hier zu leben. Ich liebe Los Angeles wegen seiner Faszination, Florenz wegen seiner Annehmlichkeit – und Paris, um dort zu leben.*[16]

---

16 Art. Nr. 27 (1986).

# II

URBANE GEGENWART:
HENRI LEFEBVRE

# 5. DAS ALLTÄGLICHE LEBEN IN DER METAMORPHOSE

Wenn Henri Lefebvre mit andern Vertretern des westlichen kritischen Marxismus in einem Atemzug genannt wird – mit Lukàcs, Adorno, Bloch, Benjamin, Marcuse –, denkt man vornehmlich an seine Alltagskritik. Es wird unsere Aufgabe sein, die *Critique de la vie quotidienne,* ein Jahrhundertprojekt, dem nichts Vergleichbares zur Seite gestellt werden kann, stufenweise vorzustellen.[1] Ferner werden wir zu zeigen haben, dass Lefebvres Schriften zur Stadt, zum Urbanen und zum Raum aus der Alltagskritik hervorgegangen sind, dass es Entwicklungslinien von einem Grossthema zum andern gibt. Das Interesse am urbanen Phänomen umfasst den Zeitraum von 1960 bis 1975, das Interesse am alltäglichen Leben erwacht um 1930, und es lässt den Philosophen bis in seine letzten Tage nicht los. Es erstreckt sich also auf einen um das Vierfache grösseren Zeitraum.

*Critique de la vie quotidienne?* Anfänglich sind das nichts als leere Worte, sie haben weder Inhalt noch Kontur. Umschreiben wir das Forschungsprojekt vorerst ex negativo: Die Kritik des alltäglichen Lebens hat nichts mit einem Handbüchlein zu tun, mit dem man sich im Labyrinth des Augenblicklichen, in den Myriaden von Dingen, der ephemeren Bedürfnisse und Befriedigungen, orientieren könnte. Auch nichts mit einer Abhandlung über den guten Umgang mit der Moderne und dem Alltag (obschon es reizvoll sein könnte, ein Brevier zum erfolgreichen Sich-Durchwursteln im Lebensdschungel zu verfassen). Solches ist nicht Lefebvres Anliegen. Ihm geht es auch nicht darum nach Wegen zu suchen, wie der Alltag besser und vernünftiger eingerichtet werden könnte – als vielmehr darum, wie das unerträglich Gewordene zu verändern wäre. Seine Lieblingswendung heisst *métamorphoser le quotidien.*

Die Alltagskritik ist ein work in progress, ein offenes Forschungsprogramm, es ist nie auf eine geschlossene Abrundung hin angelegt worden. Wird die formale Geschlossenheit zu rigide angestrebt, wird das begriffliche Instrumentarium zu starr eingesetzt, besteht die Gefahr, dass das Wertvollste am Alltag: *le vécu* (das Gelebte oder Erlebte, das Lebendige schlechthin) getötet wird. Gewiss bemüht sich Lefebvre darum, das alltägliche Leben in einer jeweiligen Epoche so umsichtig wie nur möglich darzustellen, doch gelangt er nie zu einer Beschreibung, die als endgültig gelten könnte. Sein Augenmerk richtet sich stets auf das Neue, auf das im Entstehen Begriffene. Sein hochempfindliches Wahrnehmungsvermögen gleicht einem Seismographen, der nicht nur die Erdbeben, sondern auch die feinsten Erschütterungen registriert. Eine der magischen Vokabeln, auf die der Leser immer

---

1 Es gibt ein Konkurrenzprojekt zu Lefebvres Alltagskritik, *Das Alltagsleben. Versuch einer Erklärung der individuellen Reproduktion* von Agnes Heller, hg. von Hans Joas, Frankfurt/Main 1978, verfasst 1964/65.

wieder stösst, heisst *émerger* – offen sein für das, was unvermutet oder unvermittelt auftaucht.

## Annäherung und Überblick

Mit *Kritik* ist die genaue oder strenge Beurteilung einer Sache gemeint. Die Sache selber, *das alltägliche Leben,* wird von Lefebvre bewusst unscharf oder ungenau definiert. So ist ihm wiederholt vorgeworfen worden, dass der Begriff *alltägliches Leben* unbestimmt und dunkel sei. Auf diesen Einwand antwortet er so: Es gehe ihm gar nicht darum, den Begriff streng zu definieren; streng definierte Begriffe seien oft am Rande der Erschöpfung. Nichts ist also reizvoller und zugleich hoffnungsloser, als das Ungefähre des alltäglichen Lebens, *la vie telle qu'elle est,* genauer zu bestimmen. Was ist es denn, was immer um uns herum ist, uns belagert? Zu einem bestimmten Zeitpunkt und an einem bestimmten Ort ist es in uns drinnen – wir sind aber auch stets daneben, versuchen es auf Distanz zu halten und uns ins Imaginäre oder in den Traum zu flüchten. Wir sind uns nie ganz gewiss, wann wir aus ihm heraustreten, nicht einmal im Delirium oder im Traum. Jeder glaubt es zu kennen (und er kennt doch nur gerade sein eigenes), und jeder von uns hat doch keine Ahnung von ihm. Wer, wie Henri Lefebvre, als junger Mann im Verlauf einer verrückten romantischen Liebe mit einem Mädchen ein Kind zeugt, auf den fällt der Alltag mit voller Wucht herab: Heirat, Familie, Familienleben, Beruf und all der Rest. La Prose du monde.

1986 kommt Lefebvre ein letztes Mal auf den Schlüsselbegriff des *quotidien* zurück[2], spricht er souverän und summarisch von *ehemals* und *jetzt*. Selbstverständlich gab es seit je das Leben von Tag zu Tag: man musste essen, trinken, schlafen, sich um die Kinder kümmern, arbeiten. Die meisten waren gezwungen, sich das Leben, das kaum mehr als ein Überleben war, hart zu verdienen: *Unser tägliches Brot gib uns heute.*[3] Der Alltag spielte sich in engem und klar definierten Rahmen ab: es gab das Dorf, das Quartier, die stets gleichen Arbeiten, die Feste, die Landwirtschaft und das Handwerk. Die Unveränderbarkeit war keine absolute, die Geschichte hat die sich verändernden Trivialitäten umständlich aufgezeichnet, oft auch völlig übersehen. Seit Menschengedenken gibt es das Gleichbleibende, etwas was sich den historischen Veränderungen entzieht: den Wechsel von Tag und Nacht, den Zyklus der Monate und Jahreszeiten, die Arbeitsrhythmen, die sexuellen – erotischen oder nicht erotischen – Gepflogenheiten, die Spannung von Leben und Tod. Der Rahmen des Alltäglichen und der gewohnte Alltag stellten etwas Stabiles dar. Nach dem Zweiten Weltkrieg – in den Jahrzehnten, in denen Henri Lefebvre das alltägliche Leben kritisch zur Darstellung bringt – geraten der Rahmen und die Begrenzungen in allen Teilen aus den Fugen; *im Raum* (das Dorf, das Quartier, die Territorien und die Grenzen) und *in der Zeit* (die Feste, die täglichen

---

2 RD, 103 ff.
3 CVQ III, 8.

und die nächtlichen Aktivitäten, der Tagesverlauf). Man hätte annehmen können, dass auch das alltägliche Leben aus den Fugen gerät. Das Gegenteil aber war der Fall. Nach 1945 verfestigte sich die Alltäglichkeit, erstarrte sie in rigide Formen, nahmen äussere Zwänge ungemütlich und massiv zu. Man kann auch sagen: es gab den strahlenden Bereich der Technik und der Technologie, einen fabelhaft funktionierenden Markt und Konsum – daneben oder im Gegensatz dazu eine sich konsolidierende Alltäglichkeit im Zeichen der Rückständigkeit.

Wer Lefebvres jahrzehntelanger Alltagskritik nachgeht, wird verschlungenen und nicht selten launischen Gedankengängen und Analysen nachspüren müssen. Das liegt an seinem Stil, der bisweilen – und dies kann recht ärgerlich sein – zwischen Geschmeidigkeit und Unbestimmtheit schwankt, aber immer Überraschendes bereithält. Lefebvres Denken hat etwas Rhapsodisches, bald schreitet es mit traumwandlerischer Sicherheit voran, bald besticht es durch die Nüchternheit der Beobachtung, die Knappheit der Formulierung, die strenge Definition und Abgrenzung des Begriffs. Die Erkundung des Alltags à la Lefebvre gleicht einem Flanieren durch immer neue Strassen; hier geht es unvermittelt um eine Ecke, dort wird ein weiter Platz überquert. Es gibt keine Route Royale, *eher Fusswege, keine Holzwege und auch nicht Wege durch Gärten, sondern Pfade durch abschüssiges Gelände, auf denen man, nach einigen Umwegen, auf einem vielleicht unerreichbaren Gipfel ankommt.*[4] Lefebvres Analysen bilden kein geschlossenes System, Ansätze zu Systematik lässt er gern und absichtlich fahren. Zu seinem Stil gehört nicht das geduldige Argumentieren, das langsame Entwickeln von Gedanken, Strukturen oder Modellen. Manchmal erstaunt auch die Unbekümmertheit gegenüber glänzenden Einfällen: Der Leser glaubt einem Sämann zuzuschauen, der eine reiche Saat in den Wind streut, sich aber nicht darum kümmert, ob diese auch aufgeht. Bisweilen gelingt es Lefebvre, fundamentale Widersprüche in einem einzigen Satz zu komprimieren. Der abgründige Kontrast zwischen hoch entwickelter Spitzentechnik und einer weit zurückgebliebenen Alltäglichkeit wirkt in einer global vernetzten Welt nicht anders als skandalös. Schon einige Jahre vor der ersten Mondlandung lesen wir: *Man kann sich sehr wohl vorstellen, dass eines Tages „die Menschen" über die Grenzen des Sonnensystems hinaus vorgedrungen sein werden, während auf der Erde andere Menschen – die Bauern – weiterhin mit der Hacke das Feld bestellen, ihre Lasten auf Maultieren oder Eseln transportieren und vielleicht Hunger leiden.*[5]

Die drei Teile der *Critique de la vie quotidienne* erschienen in grossen zeitlichen Abständen. Für den langsamen Reifungsprozess der drei Bände hat Michel Trebitsch eine bildhafte Erklärung:[6] Es gibt jene Kalksteinformationen (im Jura oder in der Region der Gorges du Tarn), durch die das Wasser langsam absickert und unterirdische Seen und Flussläufe bildet. Die geheimnisvollen Wasserläufe werden erst wieder sichtbar, wenn sie, weit hinten in einem Felszirkus, ans Tageslicht bersten. Eine erste *résurgence*, ein erstes Herausprudeln aus dem Fels, stellt der erste Band der

---

4 RD, 13.

5 KdA II, 9.

6 Dieses Bild habe ich von Michel Trebitsch (1991), IX, übernommen.

*Critique de la vie quotidienne* (1947) dar, der ganz einfach *Introduction* heisst. Was sich während der folgenden vierzehn Jahren unterirdisch angestaut hat, tritt 1961 ein zweites Mal an den Tag: der zweite Band der *Critique*, mit dem Untertitel *Fondements d'une sociologie de la quotidienneté.* Nun dauert es wiederum zwei Jahrzehnte, bis 1981 der dritte Band, mit dem Zusatztitel *Da la modernité au modernisme (Pour une métaphilosophie du quotidien),* erscheint. Zu diesem Tryptichon gesellt sich 1968 ein weiteres Werk, das als Zwischenbilanz gelesen werden kann: *La vie quotidienne dans le monde moderne.* Zum Thesaurus der Kritik des alltäglichen Lebens sind noch eine Anzahl von Nebenwerken zu zählen, Vorworte, Einzelartikel, längere Passagen in andern Werken – und in all diese Schriften sind eine Fülle von *germes* eingestreut, Gedankenkeime, die manchmal zu kräftigen Pflanzen heranwachsen.

Das Projekt der *Critique* lässt sich mindestens bis ins Jahr 1933 zurückverfolgen.[7] Damals war die Erforschung des Alltags ein Gemeinschaftsprojekt. Henri Lefebvre und Norbert Guterman übertrugen gemeinsam Texte von Hegel und Texte des jungen Marx ins Französische. Damit rückten sie den Begriff der *Entfremdung* ins Zentrum. Im Artikel *La mystification, Notes pour une critique de la vie quotidienne* (1933 in der kleinen Zeitschrift *Avant-Poste* erschienen) definierten sie den Faschismus weniger als eine Abart des Kapitalismus, als vielmehr eine Mystifizierung der Revolution. Die gemeinsam verfasste gewichtige Studie *La conscience mystifiée* (erschienen 1936, geschrieben 1933-1934) geht von einer politischen Frage aus: Warum liess sich die Mehrzahl der deutschen Arbeiter durch den Nationalsozialismus verführen? Die Antwort darauf gibt die Theorie der Mystifizierung.

Was Guterman und Lefebvre in den dreissiger Jahren in freundschaftlicher Zusammenarbeit begonnen  hatten, führte Lefebvre nach 1945 allein weiter. Die drei Bände seiner *Critique* bilden kein monolithisches Ganzes, sie sind in ihrer Unterschiedlichkeit aus dem historischen Kontext heraus zu verstehen. Bisweilen hat man den Eindruck, dass das Objekt der Forschung, das Alltagsleben, sich so rasch wandelt, dass der Rhythmus der Analyse mit den tatsächlichen Veränderungen kaum Schritt halten kann. Das Schlusswort der *Critique III* ist nur ein provisorisches, eine neue Untersuchung wird angekündigt. Sie wird zehn Jahre später unter dem Titel *Eléments de rythmanalyse* erscheinen.

*Der* Critique *erster Teil: 1947*

> *In letzter Instanz richtet über Weisheit, Wissen und Macht das Alltagsleben. Critique I*[8]

Der erste Band der *Critique*, geschrieben von August bis Dezember 1945, veröffentlicht im Februar 1947, trägt die Spuren der Zeit. Entstanden ist er im Klima

---

7 Vgl. das Kap. *Sur la critique de la vie quotidienne,* in: SR, 603-616; Hess, Rémi (1988), 51 ff.
8 KdA I, 16.

der *Libération*, in der kurzen Zeit des Aufatmens nach dem Krieg – denn schon wenige Wochen nach der Veröffentlichung wird die lange Eiszeit, der Kalte Krieg, anbrechen. In Frankreich machte man sich nach der Befreiung an den Wiederaufbau des verwüsteten Landes, es herrschte eine grandiose Aufbruchstimmung. Lefebvre erinnert sich: *Im Enthusiasmus der Befreiung hoffte man, das ganze Leben, die Welt zu verändern.*[9] Recht merkwürdig mutet es an, dass die *Critique I* mit einer literatursoziologischen Schleife beginnt. Es sei erstaunlich festzustellen, meint Lefebvre, dass in der ersten Hälfte des zwanzigsten Jahrhunderts immer noch die literarische Ästhetik des 19. Jahrhunderts andauert. Und so vertritt er die These, dass die grossen Themen, die von Nerval, Flaubert und Baudelaire entwickelt worden sind, auf einer banalen und niedrigeren Stufe immer noch weiterleben. Er weitet seine Betrachtungen aus und präzisiert: Es gab einst eine Zeit, da wurden das Mysteriöse und das Heilige, das Böse und das Magische mit Intensität gelebt; später gab es nur noch einen *vergifteten Ersatz* für das Mysteriöse, den blossen Reiz des Sonderbaren und Ausserordentlichen. Ein erstes Fazit lautet: Jeder einzelne Tag möge eine Seele und einen Geist besitzen und sich nicht in eine mystische oder magische – heute würde man sagen: esoterische – Gegenwelt flüchten. Der pointiert formulierte Aphorismus, der als Refrain oft wiederkehrt, heisst: *Der Mensch wird alltäglich sein oder er wird nicht sein.*[10]

Lefebvres Hinwendung zum sozialen Mikrobereich hängt eng mit seiner Enttäuschung mit dem Grossenganzen, dem Globalen oder Mondialen, zusammen. Und so schärft er sein Auge (das Auge des Lesers) für scheinbar unbedeutende Dinge. Beim grossen Agarhistoriker Marc Bloch stösst er auf eine Buchseite, welche magistral darlegt, wie die unterschiedliche Form des Ackers im Norden und im Süden Frankreichs von der Art des Pflugs abhängt (Pflug mit Rädern im Norden, räderloser Pflug im Süden), wie die Art des Pflügens zu verschiedenen sozialen Organisationsformen führt und unterschiedliche Agrarkulturen hervorbringt. Solches erkennt allerdings der *entwurzelte Intellektuelle* nicht, der – so Lefebvres spitze Bemerkung – der Stadt entflieht und als zerstreuter Spaziergänger übers Land zieht und das Menschliche in der Landschaft nicht wahrnimmt. *Wir sind ausserstande, es dort zu sehen, wo es ist, nämlich in den einfachsten Dingen: in der Form der Felder, der Pflüge. Wir suchen das Menschliche zu weit entfernt oder zu „tief", in den Wolken oder in den Mysterien, während es überall auf uns wartet und uns auf allen Seiten umgibt.*[11]

In einem sehr persönlichen und zugleich bezaubernden Kapitel, in den *Notes écrites un dimanche dans la campagne française*, geht Lefebvre der Frage nach den Ursprüngen der europäischen Agrarzivilisationen nach. Wir erinnern daran, dass Jacob Burckhardt den Ursprung oder Anfang einer Gemeinschaft, eines Volkes, im Dunkel gelassen hat, dass er die Entstehungsgeschichte der griechischen Polis zurückhaltend und nur mit andeutenden Bemerkungen gestreift hat. Bei Lefebvre

---

9 KdA I, 15.
10 KdA I, 135.
11 KdA I, 139.

schlägt unüberhorbar eine Sehnsucht nach dem Ursprung durch, glaubt er doch in den frühen ländlichen Gemeinschaften eine *menschliche Fülle* des Lebens, ein intensives, nicht entfremdetes Leben entdeckt zu haben. Er schreibt: *Die Entfremdung hat das Leben alles dessen beraubt, was früher, in seiner primitiven Schwäche, ihm Freude und Weisheit zutrug.*[12] Die Triebfeder für Lefebvres unermüdliches Fragen nach der ursprünglichen Ganzheit des Lebens ist dessen stets wachsende Aufspaltung, Ungleichheit, Zerstückelung und Entfremdung: das heutige beschädigte, erniedrigte Leben. *Wenn die Schönheit aus dem Alltagsleben verschwunden ist, wo findet man die Grösse der mystischen Helden wieder?*[13] Klingt in solch einer Frage nicht ein nostalgischer Seufzer mit?

Im klaren Bewusstsein, dass er nach 1945 nur noch den letzten Spuren einer einstigen *plénitude humaine* nachgehen kann – in der unmittelbaren Nachkriegszeit melden sich die technologischen Umwälzungen massiv an: die ersten Citroën 2CV, die erste Nummer der Zeitschrift *Elle*, das erste Filmfestival von Cannes – in dieser Zeit analysiert Lefebvre den Prozess der Degradation, den Verlust der einstigen Lebensfülle. Er richtet den Blick auf die Anfänge unserer Zivilisation, auf die griechische, römische und mittelalterliche Dorfkultur und beginnt von den *bäuerlichen Festen* zu sprechen, die einst in religiöse Zeremonien eingebettet und durch den Kalender fixiert waren. Die Feste unterschieden sich vom Alltagsleben durch die plötzliche Freisetzung der Kräfte, die durch eben dieses Alltagsleben angestaut waren. Sie kannten das Opfer im mystischen Sinn des Wortes als Versicherung auf die Zukunft, als Beschwichtigung obskurer Mächte. Die feierlich beschriebenen *fêtes rurales* verstärkten die sozialen Bindungen und entfesselten die Begierden, die durch die kollektive Disziplin der täglichen Arbeit das Jahr über gezügelt wurden. *Wir müssen uns ziemlich rohe Bauern vorstellen, gutmütig und vital und natürlich recht arm. Für diese Feste bringen sie im praktischen Sinn des Wortes grosse Opfer; sie verzehren an einem Tag die Vorräte und Reserven, die sie im Lauf von Monaten angesammelt haben. Grosszügig nehmen sie Gäste und Freunde auf. Es ist ein Tag der Unmässigkeit. Alles ist erlaubt. Dieser Überschwang, diese enorme Schlemmerei, das rauschende Trinkgelage – bei dem alle Grenzen überschritten, alle Regeln aufgehoben werden – gehen nicht ohne tiefe Unsicherheit ab. Kommt eine Notlage, ein zu strenger Winter oder ein zu trockener Herbst, ein Sturm oder eine Seuche, so wird die Gemeinschaft diesen Tag der grossen Lebensauffrischung, an dem sie ihre eigene Substanz verzehrt, ihre eigenen Lebensbedingungen geleugnet hat, bereuen.*[14]

Lefebvre wird nie müde, das karge rurale Leben hymnisch zu preisen, und mit der Zeit entwickelt er eine eigentliche Soziologie des Festes. Mit Nietzsche teilt er die Vorliebe für das berauschende dionysische Lebensgefühl. Aufgrund der Prägung durch sein Herkunftsland weiss er, dass es in den traditionellen Agrargesellschaften die Vorstellung von der Gemeinschaft mit den Toten gibt, die Feste mit den oder für die Toten. Oft wiederholt er den Gedanken, dass das Fest nicht vom

---

12 KdA I, 251.
13 KdA I, 215.
14 KdA I, 204.

alltäglichen Leben abgetrennt ist, dass es eine enge, geheime Beziehung zwischen Fest und Alltag gibt. Der Sinn des Festes besteht darin, dem Öden und Trüben des Alltags Glanz zu verleihen.

Blättern wir weiter in den Notizen, die an einem Sonntag in einer abgelegenen, rückständigen, bäuerlich geprägten Landschaft verfasst worden sind, hören und schauen wir genau hin, auf welche Weise sich Lefebvre dem gemeinhin nicht Erwähnenswerten annähert, wie er das Triviale mit dem *vécu*, dem Erlebten und wirklich Gelebten, in Verbindung bringt: *Ich zögere vor der niedrigen Pforte ohne Verzierung; ein Gefühl der Scheu hält mich zurück. Ich weiss, was ich antreffen werde: einen weiten und dunklen Raum, aber in den Ecken angefüllt mit hundert Gegenständen, von denen jeder diesen stummen Appell schreit, der aus ihm ein Zeichen macht. Welch fremde Macht! Ich weiss, dass ich es nicht verhindern kann, die „Bedeutungen" zu verstehen, denn sie sind mir früher einmal beigebracht worden.*[15] Handelt es sich bei diesen Sätzen nicht um eine indirekte Anleitung zum behutsamen Eindringen ins Verborgene des Alltäglichen? Trägt das kurze Zögern vor dem Eintreten in einen geheimnisvollen Raum nicht zur Steigerung der gleich darauf einsetzenden unheimlichen Klarsicht bei? Mit dem Überschreiten der Schwelle tritt der Besucher ins Clair-obscur eines bescheidenen Raumes ein, wird er sich der beunruhigenden Gegensätzlichkeit des Unbekannten und Vertrauten bewusst: der Leere und der Fülle, des Beengenden und des Weiten, des seit langem Verstummten und noch immer Sprechenden.

Mit den Sätzen *Ich zögere vor der niedrigen Pforte…* beginnt Lefebvre die kleine, unweit von Navarrenx gelegene Kirche – die Kirche seiner Jugendtage – in all ihren Einzelheiten zu schildern, den Ort, wo die Riten und Zeremonien, die fundamentalen Gesten des *christlichen Mysteriums,* praktiziert werden. Mit spürbar bewegter Stimme erläutert er die transzendenten und spirituellen Dimensionen jener Religion, die ihn fürs Leben geprägt hat. Und er nimmt den Kampf mit dem Engel – mit den heiligen und dämonischen Figuren seiner Kindheit – auf. Und er besiegt den Engel. Mit der beschwörenden Anrufung *Kirche, Heilige Kirche, nachdem ich deinem Einfluss entkommen bin, habe ich mich lange Zeit gefragt, woher deine Macht kam…*[16] leitet er zur Darstellung einer ungeheuren religiösen Entfremdung über. Bis ins kleinste alltägliche Detail habe die Kirche gewirkt. Die Religion ist immer zur Stelle, wenn eine Sache entsteht oder auch endet, sie sagt, was vor dem Tod oder bei der Geburt zu tun sei.

Die Macht, welche eine ländliche oder eine urbane Landschaft ausüben kann, die Macht, die dem Raum und der Architektur innewohnt, ist ein Thema, das ihn ein Vierteljahrhundert später, im Zusammenhang mit der „Raumproduktion", intensiv beschäftigen wird. Es finden sich jedoch schon in der *Critique I* Beispiele für die Macht der kirchlichen Symbole. Von seiner Dorfkirche sagt er, dieser Raum werde ihn niemals ungerührt lassen. Offensichtlich hat er sich bereits Nietzsches Verständnis von der Macht des Raumes, von dessen Grösse, Glanz und Schönheit,

---

15 KdA I, 215.
16 KdA I, 218.

angeeignet. Bei Nietzsche lesen wir: *Schlösser, Paläste, Kathedralen, Festungen zeugen in ihrer Weise von der Grösse und der Kraft des Volkes, die sie erbaut hat und gegen das sie errichtet wurden. Diese wirkliche Grösse setzt sich gegen die illusorische Grösse der Herren durch und gibt diesen Werken eine dauernde „Schönheit".*[17]

Die lange und dramatisch gestaltete Meditation über die ländliche Frömmigkeit endet mit einer dogmatischen Kehrtwendung, denn auf den letzten drei Seiten erklärt Lefebvre, dass die marxistische Methode – *und nur sie allein!* – in der Lage sei, die verborgenen Aspekte des *sozialen Mysteriums* und seiner Geschichte zu verstehen.[18] In der Tat vertritt Lefebvre in gewissen Passagen der *Critique I* Thesen, die mit dem orthodoxen Marxismus durchaus kompatibel sind.[19] Erinnern wir daran, dass es in Russland seit den dreissiger Jahren die stalinistische Orthodoxie, den Sowjetmarxismus, gab, und dass nach einer kriegsbedingten, sechsjährigen Unterbrechung eben diese sterile, monolithische Lehre oder Ideologie auch für die französische kommunistische Partei und ihre Intellektuellen wieder als verbindlich erklärt wurde. Im dritten und vierten Kapitel geht es Lefebvre darum zu zeigen, dass *der Marxismus in seiner Ganzheit vor allem eine kritische Erkenntnis des Alltagslebens ist.*[20] Ausdrücklich knüpft Lefebvre an *La conscience mystifiée* von 1936 an.[21] Die Kritik des Lebens bestehe im Studium der Distanz zwischen dem, was die Menschen sind und dem, was sie zu sein glauben. Solches könne nur die *wissenschaftliche Erkenntnis des Proletariats*, ergo der Marxismus, leisten. Aufgrund solcher Passagen bekommt Lefebvre Zuspruch und Anerkennung von der Partei. Man war froh, in der kommunistischen Partei einen Intellektuellen, einen Philosophen und Theoretiker zu haben, der mit Glanz und Brio Thesen vertreten konnte, die im Grunde seit langem schon obsolet waren. Während zwei bis drei Jahren nach 1945 willigte Lefebvre in die Rolle eines kommunistischen Vorzeigeintellektuellen ein.

1958 schreibt Lefebvre für die zweite Auflage der *Critique I* ein gewichtiges Vorwort. Die Alltagswelt ist jetzt, wo immer man hinschaut, der technischen Rationalität unterworfen. Die Arbeitswelt (aber auch die Familie, die Schule, die Strasse, die Gemeinde, die Räume der Freizeit und Unterhaltung) sind, einer endemischen Ansteckung vergleichbar, mit der Technik kontaminiert: *Das massive Eindringen der Technik in das Alltagsleben hat in diesem zuvor vernachlässigten Bereich zu einer Ungleichheit der Entwicklung geführt, die für unsere Epoche charakteristisch ist... Solche Fortschritte erzeugen in ihren Konsequenzen neuartige Strukturkonflikte im konkreten sozialen Leben. Denn zur selben Zeit, da sich die im Alltagsleben eingesetzten Techniken enorm entwickelt haben, hat sich das Alltagsleben für die grosse Masse der Menschen gewaltig verschlechtert... Das Alltagsleben mit dem modernen Komfort hat die Distanz und die vertraute Merkwürdigkeit des Traums. Die Zurschaustellung von*

---

17 KdA I, 215, 234. Vgl. Nietzsche, *Also sprach Zarathustra,* 2. Teil, Von den Priestern; *Menschliches, Allzumenschliches* § 130; *Götzen-Dämmerung,* Streifzüge eines Unzeitgemässen, § 11.
18 KdA I, 226-229.
19 Vgl. Michael Kelly, *The Historical Emergence of Everyday Life,* Webpage im Internet, 1999.
20 KdA I, 153.
21 s. Anm. 11, 263 f.

*Luxus, die man aus so vielen, meist mittelmässigen Filmen kennt, nimmt einen beinah magischen Charakter an, und dabei wird der Zuschauer aus seiner gewohnten Alltags-welt durch eine* andere *Alltagswelt herausgerissen. Die Flucht in diese illusorische, je-doch gegenwärtige Alltagswelt... erklärt den Augenblickserfolg dieser Filme.*[22]

Für parteikonforme Marxisten sind solche Analysen nicht leicht zu akzeptie-ren. Gemäss Lefebvre stellt das Alltagsleben den Ort dar, wo Entfremdungen und Mystifikationen gelebt werden, wo der Kampf für die Aufhebung der Entfrem-dung geführt werden muss. Lefebvre ersetzt die Arbeitswelt durch das Alltagsleben: das Alltagsleben sei der Ort der Ausbeutung und der Herrschaft. Anzustreben sind folglich soziale und kulturelle Veränderungen – und nicht ökonomische.

Beschliessen wir den Rundgang durch die *Critique I* mit einem Hinweis auf Lefebvres Arbeitsweise. Als Morgenmensch pflegt er schon in frühen Stunden die Texte des ersten Bandes der Alltagskritik in seiner Wohnung hoch über der Stadt zu schreiben. Seiner rhythmisch gestalteten Arbeitsweise entspricht der Bleistift, der ohne Widerstand über das Papier hingleitet. *Während ich diese Seiten schreibe, sehe ich auf eine der schönsten Landschaften in der Umgebung von Paris. In der Fer-ne eine gemächliche, weite Windung der Seine, auf deren ruhigem und blauem Band Konvois von Schleppkähnen dahinziehen. Glitzernde Autoschlangen bewegen sich über den Pont St. Cloud. Auf beiden Seiten bewaldete Hügel; Parks und Wiesen – Zeugen königlicher oder fürstlicher Besitztümer. Zwischen den erhabenen Höhen gewahre ich die konzentrierte Macht der Renaultfabriken auf ihrer Insel.*[23] Ein erster Blick wird aus einer gewissen Distanz auf einen Zipfel der modernen Welt gerichtet, auf die Schönheit einer peripheren Pariser Stadtlandschaft; ein zweiter Blick fasst Nähe-res ins Auge: kleine Häuschen, voneinander getrennt durch Gemüsegärtchen. Der erste Blick hält den sublimen Charakter der Pariser Banlieue fest; der zweite Blick das mittelmässige Leben der kleinen Leute – und diese Mittelmässigkeit kann er-schreckend sein.

*Der* Critique *zweiter Teil: 1961*

> *Die Entfremdung hat das Leben alles dessen beraubt, was früher,*
> *in seiner primitiven Schwäche, ihm Freude und Weisheit zutrug.*

> Critique, I24

In den Jahren 1959/60 findet bei Lefebvre eine vielfältige Neuorientierung statt. Der Ausschluss aus der kommunistischen Partei hat zu einer philosophischen und politischen Selbstbesinnung geführt, zu den beiden eindrücklichen Bänden *La Somme et le reste*. Zur gleichen Zeit werden die agrarsoziologischen Studien aufge-

---

22 KdA I, 18 f. (die Übersetzung ins Deutsche leicht modifiziert)
23 Die Textpassage stammt aus der *Einleitung* von 1957, KdA I, 51.
24 KdA I, 251.

geben, und zwar aus der Einsicht heraus, dass erstens die Landschaft, die Bauern, das Leben im Dorf in einen irreversiblen Degradationsprozess eingetreten sind, dass zweitens eine masslose Ausbreitung von dem stattfindet, was einst „die Stadt" war. Im Rahmen des *Centre d'études sociologiques* gründet Lefebvre eine Forschergruppe zum Studium alltagssoziologischer Fragestellungen.[25] Gleichzeitig findet eine entschiedene Hinwendung zur Stadtsoziologie statt. Der neue Weg, den Lefebvre zu beschreiten beginnt, fällt mit einer Veränderung der wissenschaftlichen Tätigkeit zusammen; er tritt als Forscher aus dem Centre National de recherche scientifique (CNRS) aus und – im Alter von über sechzig Jahren – in den universitären Lehrbetrieb ein. Im Oktober 1961 beruft ihn der liberale Philosoph Georges Gusdorf auf den Lehrstuhl für Soziologie an der Universität von Strassburg; damit wird er Nachfolger des Soziologen Georges Gurvitch.

Was wir als grosse Wende im vorgerückten Leben bezeichnen können, fällt zusammen mit der Publikation des zweiten Bandes der *Critique*. Im Zeitpunkt seiner intellektuellen Hochform publiziert Lefebvre die *Grundrisse einer Soziologie der Alltäglichkeit* – so der Untertitel. Zu Beginn seiner akademischen Tätigkeit legt er seine Prinzipien soziologischen Forschens vor. Das Werk, dessen herausragende Bedeutung erst Michel Trebitsch erkannt und erschlossen hat, beeindruckt durch die Klarheit und Strenge des Aufbaus, die Weite der theoretischen Ansätze, und – das macht die persönliche Note aus – die kontrapunktischen poetischen Einschübe. Eine Einschränkung muss allerdings gemacht werden: Nur wem es gelingt, die Schlacken einer bisweilen aufdringlichen marxistischen Terminologie herauszusieben, wird sich an den Schätzen der Erkenntnis erfreuen.

Die *Critique II* stellt hohe theoretische Ansprüche. Wer sich beispielsweise mit der Lektüre des *sozialen Textes* befasst, möge lernen, zwischen *Zeichen, Signalen* und *Symbolen* zu unterscheiden. Beherrscht er diese Differenzierungen, kann er sich auf die „Lektüre" von Landschaften, Dörfern, Städten oder Strassen machen. Zu welchen Einsichten gelangt man mit der Unterscheidung zwischen der Mikro- und der Makroebene? Auf der *Mikroebene* findet Leben statt, kommen Spontaneität, praktisches Tun und Kultur zur Entfaltung; auf ihr ist das Gesellschaftliche in seiner ganzen Lebendigkeit verwurzelt. Die Mikroebene impliziert Nachbarschaftsbeziehungen, Berührungen, ein dichtes gesellschaftliches Nebeneinander von vielem. Auf der *Makroebene,* also weit oben, werden die Entscheidungen getroffen, die den alltäglichen Unbestimmtheiten ein Ende setzen; auf ihr wird die gesellschaftliche Arbeitsteilung organisiert, werden Normen und Bilder ausgearbeitet.

Wenn Lefebvre *das Indiz* als Instrument der Analyse einführt, überrascht einmal mehr, wie vielfältig ein scheinbar untergeordnetes begriffliches Werkzeug angewandt werden kann. Ein Indiz verweist auf etwas Verborgenes oder, im Gegenteil, auf etwas so Offensichtliches, dass der Beobachter, von der Offensichtlichkeit geblendet, es nicht wahrnimmt. Das Paradoxe, das im flüchtigen Indiz steckt, ver-

---

25 In der *Revue française de sociologie,* Bd. 1, 1960, p. 95, werden die aktuellen Forschungsprojekte aufgeführt. Henri Lefebvre kündigt drei Projekte an: Bedürfnisforschung im Rahmen der Familie; Geburt einer neuen Stadt (Lacq und Mourenx); Dorfmonographien.

birgt sich in einer berühmten Formel, die Picasso geprägt haben soll: *Erst finde ich, dann suche ich.* Manchmal enthüllt ein Indiz etwas anderes, als man erwartet hat. Ein Indiz kann in die Nähe eines klinischen Symptoms gerückt werden, dann nämlich, wenn es ein Hinweis für Krise, Spannung oder Vitalität ist.

*

*Die Entfremdung!* Um dieses Wort herum scheint sich eine ganze Epoche zu drehen. In der Tat kristallisiert sich eine diffuse und spontane Sensibilität um diesen Begriff herum.[26] In verschiedenen kleinen, relativ unabhängigen intellektuellen La- boratorien – denjenigen der „unorthodoxen" oder „dissidenten" Marxisten – wur- de mit dem Entfremdungsbegriff eine Waffe geschmiedet, um den orthodoxen „Marxismus-Leninismus" zu bekämpfen. Zuerst ging es darum, die Mechanismen der „Konsumgesellschaft" offen zu legen. Die gesamte mehrbändige *Critiqe de la vie quotidienne* kann unter dem Vorzeichen von Entfremdung gelesen werden. Für Lefebvre geht es darum, die Beziehungen zwischen Mann und Frau, zwischen den Menschen untereinander zu analysieren, dann vor allem die Arbeit zu „entkoloni- sieren". Entkolonisieren heisst: die *Entfremdung aufheben.*

Im zweiten Band der *Critique* finden sich einige dichte Seiten zum Entfrem- dungsbegriff.[27] Der Mensch ist entfremdet heisst: er ist sich selbst entrissen oder „entäussert". Es gibt eine stetige Bewegung im Dreischritt von a) Entfremdung zu b) Aufhebung oder Befreiung der Entfremdung und zu c) neuer Entfremdung. Indem Lefebvre den Entfremdungsbegriff als dialektische Figur in die kritische Un- tersuchung des Alltagslebens einführt, rückt er von der Vorstellung ab, man könne die Entfremdung „en bloc", mit einem Schlag und für immer, aufheben (durch die berühmte revolutionäre Aktion des Proletariats). In diesem entscheidenden Punkt habe sich Marx geirrt. Deshalb schlägt Lefebvre vor, den Entfremdungsbegriff zu *partikularisieren* oder *relativieren*, ihn innerhalb eines bestimmten Bezugsrahmens anzuwenden. Es ist also durchaus nicht ausgeschlossen, dass die Befreiung von ei- ner Entfremdung zu einer vielleicht noch grösseren Entfremdung führen kann. Ein Beispiel: *Die Einfügung in ein Kollektiv „befreit" von der vorherigen Entfremdung des Alleinseins, aber sie schliesst nicht aus, dass neue Entfremdungen aus dem Kollektiv als solchem kommen.* Die Seiten über Entfremdung im Alltag kulminieren in der le- bensklugen Sentenz: *Die schlimmste Entfremdung ist der Stillstand, die Blockierung.*[28] Mit immer neuen Umschreibungen, welche die Zerrissenheit des Menschen im Alltag blosslegen, macht Lefebvre die Entfremdung zu einem Schlüsselbegriff der Philosophie.[29]

Zu den originellsten Passagen der *Critique II* zählt sicher die Erzählung über die *Struktur.* Um 1960 hält der Strukturbegriff Einzug in die verschiedensten Wissen-

---

26 Vgl. Pierre Nora, *Aliénation,* in: *Les idées en France 1945-1988.* Une chronologie, Paris 1989, 493 ff.

27 KdA III, 34 ff.

28 KdA III, 45.

29 KdA I, 168 ff.

schaften – von der Mathematik über die Biologie bis zu den Sozialwissenschaften. Obschon uns Lefebvre eine der besten Definitionen von *Strukturalismus* gibt[30], spürt man doch, dass er im Grunde den Begriff Struktur nicht mag. Ihm hafte etwas Totes, Vergängliches an. Er beginnt zu erzählen: *Ich gehe über den Strand und hebe eine ausgetrocknete Muschel auf; ich betrachte sie und finde sie schön, delikat, auf ihre Weise vollendet und für meinen Geist befriedigend, wie eine materialisierte Idee. Ich sehe, dass sie eine wunderbar feine Struktur hat: Symmetrien, Linien, Kurven, Rillen, Krümmungen oder Spiralen, Verzahnungen usw.*[31] Nach der Entdeckung neuer Details und neuer Feinheiten hält er ergriffen inne: *Ich bewundere*. Dann beginnt er über das Wesen – das weiche, schleimige und (anscheinend) formlose Wesen – zu meditieren, das einst in der Schale lebte, mit ihr verbunden war und im Verlauf einer langen Zeit die Muschelschale – die Struktur – abgelagert hat. Die Meditation ufert aus, erstreckt sich auf die Dauer eines immensen Lebens der Spezies, auf die langwierige Anstrengung, um das zu erreichen was sie geworden ist... Wer bloss die Muschelschale betrachtet, hat ein Ding vor sich, das Überbleibsel eines beendeten Lebens. Die Muschelschale in ihrer Perfektion und Schönheit ist das Werk eines ganzen Lebens, und sie wirft ein grausames Licht auf die Welt, wenn man sich die Frage stellt: *Wieviel Vergängliches steckt in der Perfektion und Schönheit?*

Das Bild von der Muschelschale wird auf die Struktur der Stadt, ihre Häuser und Stadtviertel, übertragen. Die Stadt ist das, was eine tausendjährige Geschichte und Zivilisation, eine Gesellschaft und Kultur, sekretiert hat. *Diese Gemeinschaft hat gearbeitet, hat ihre Muschel immer wieder nach den jeweils auftretenden Bedürfnissen eingerichtet und gemodelt. Mehr noch: jedes Haus enthält ein wenig von diesem klebrigen, sich langsam bewegenden Tier, das den umliegenden Kalk in eine zarte, empfindliche Form bringt – eine Familie.*[32] Und das Alltagsleben? Das sind jene verborgenen, (anscheinend) formlosen, vielleicht schleimigen und weichen Lebewesen, welche die Schale abgesondert haben: die menschlichen Gruppen, die ein Leben im Verborgenen führen. *Solange die Muschel lebt, verschliesst sie sich vor uns; tot oder sterbend, tut sie sich auf.* Es ist wohl unnötig darauf hinzuweisen, dass das poetische Bild für die Stadt, die im Verlauf der Jahrhunderte ihre „Muschelschale" sekretiert hat, nur für die historisch gewachsene Stadt zutrifft.

---

30 KdA II, 193.
31 KdA II, 178 ff.; Vgl. auch EM, 140, 142, 149.
32 EM, 140 f.

*Wie leben mit dem materiellen Wohlstand? – eine Zwischenüberlegung*

Um 1960 herum befinden wir uns im Taumel der *Trente Glorieuses*[33], in einer Epoche wirtschaftlicher Hochform, einer Zeit, in der ein immer grösserer Teil der Bevölkerung sich im wachsenden Wohlstand ausgesprochen wohl fühlt. Seit etwa 1955 schleicht sich der Fernsehapparat auf leisen Sohlen in die gute Wohnstube hinein, beginnt die angewandte Informatik ihren unaufhaltsamen Siegeszug. Die Mehrheit der Bevölkerung lebt ausgesprochen zufrieden in ihren neuen modernen Wohnungen, huldigt dem Automobilkult, wiegt sich sanft im Rhythmus von *métro-boulot-dodo,* bucht Ferien im erfolgreichen *Club Méditerranée.* Georges Perec fängt mit seinem Roman *Die Dinge* die besondere Stimmung der sechziger Jahre ein.[34] Er schildert, wie ein halbetabliertes junges Pärchen ein Leben führt, das sich ausschliesslich an Dingen orientiert. Jérôme und Sylvie, die beiden Protagonisten, haben ihr Soziologiestudium aufgegeben und betreiben mit ihrem rudimentären Wissen Marktanalyse. Beide werden von Dingen beherrscht, sammeln Dinge, die sie glauben besitzen zu müssen, von denen sie träumen, die sie herbeisehnen. Die alles beherrschende Frage lautet: wie kommt man zu Geld? (das scheinbar alle anderen so leicht verdienen), um sich die kurzlebigen Konsumdinge leisten zu können. Gleichzeitig wehren sie sich gegen die Allmacht der Welt der konsumierbaren Dinge, träumen davon, auf dem Lande zu leben, sauber und genügsam, abgeschirmt vor jeder Versuchung. In Wirklichkeit aber beginnen sie zu ersticken und fühlen, wie sie im Universum der merkantilen Zivilisation allmählich zugrunde gehen. – Ist es nicht so, dass Perecs Roman auch nach Jahrzehnten nichts an Aktualität eingebüsst hat? In den Jahren der New Economy glaubt man, hier und dort Sylvies und Jérômes zu begegnen.

Was malen die Künstler in den sechziger Jahren? Der schnelle Konsum von massenhaft und industriell gefertigten Objekten und der rasche Verschleiss der technischen *gadgets* sind Gegenstand der Pop-Art. Andy Warhols Arbeiten finden in dem Moment eine breite Resonanz, wie er sich den harmlosen Fetischen der Alltagskultur zuwendet, wie er mit seinen seriellen Wiederholungen auf die in Serie hergestellten Verbrauchsgüter antwortet: *Two Dollar Bills, Two Dollar Bills, Two Dollar Bills... Campbell's, Campbell's, Campbell's.* Roy Lichtenstein überträgt das Punkteraster des Offsetdrucks in die Maltechnik. Indem er ganz gewöhnliche Konsumdinge des amerikanischen Alltags – die Spraydose, Socke, Swiss Cheese – ins Monumentale erhebt und in der luftlosen Leere schweben lässt, schärft er die Wahrnehmung für eben diese Dinge. Mit den Vervielfältigungstechniken und dem erhabenen *all is pretty* sind die amerikanischen Popkünstler provokativ neue Wege gegangen.

---

33 Jean Fourastié, *Les trente glorieuses*, Paris 1979. Mit den dreissig gloriosen Jahren sind die drei Jahrzehnte nach 1945 gemeint, während denen die Bevölkerung, dank technischem und ökonomischem Fortschritt, in eine andauernde Wohlstandsepoche eingetreten ist.

34 G. Perec, *Die Dinge*, Stuttgart 1984, EA 1965. Während einer gewissen Zeit hat Perec an Lefebvres Forschungsgruppe des alltäglichen Lebens teilgenommen.

John Kenneth Galbraith hat schon Ende der fünfziger Jahre davon gesprochen, dass das grosse Problem der Gesellschaft im Überfluss darin bestehe, mit ihrer eigenen Neuheit – der Befreiung vom Mangel – nicht zurecht zu kommen. *Einst war die Armut*, so lesen wir bei Galbraith, *der alles bestimmende Faktor, heute ist er es offensichtlich nicht mehr... Die Probleme einer im Überfluss lebenden Gesellschaft, die sich selber nicht begreift, mögen ernster Natur sein; sie können sogar ihren Reichtum gefährden. Aber sie werden wohl nie so ernst sein wie die einer armen Welt.*[35] Peter Sloterdijk stellt fest, dass die Mehrzahl der denkenden Deuter des letzten Jahrhunderts es sich mit der Tatsache schwer tun, dass fast alle Bürger im prosperierenden Westen *von einem Treibhaus des Komforts* profitieren. Im Zeitraum zwischen 1945 und 1990 haben die materiellen Symbole einer fast allgemeinen Nicht-Armut ungemein zugenommen. Bis in die unteren Mittelschichten lässt sich ein ostentativer Konsum an Mode-, Tafel- und Mobilitätsluxus beobachten. Für Sloterdijk ist das Elementarereignis des 20. Jahrhunderts *die Aufhebung der materiellen Massenarmut in der Ersten Welt* – die Leugnung dieser Fundamentaltatsache sieht er wie eine Konstante durch die neuere Ideengeschichte ziehen.[36]

Auch Lefebvre tut es sich schwer mit der Tatsache, dass die Mehrzahl der Bürger in den blühenden Industrieländern den Wohlstandskomfort einfach hinnimmt und geniesst. In seiner Deutung entwickelt sich das alltägliche Leben nicht im Sinn einer Entfaltung möglicher Reichtümer, sondern in Richtung Verarmung, Manipulation, Passivität. Dem Phänomen der *affluent society* – des Überflusses – kann der französische Philosoph nichts Bewundernswertes abgewinnen. Mit seinen kritischen Analysen zählt er zu den grossen Warnern – wenn nicht gar den grossen Verdüsterern. Nie konnte er Anerkennung aufbringen dafür, dass Unzählige ihre Überschüsse an Freizeit zur Ausgestaltung ihrer Wohnung und Zweitwohnung verwenden, dass sie enorme Quanten von Wachzeit in die Umsetzung von Bewegungsdrang investieren, in Sport, Musik, Tourismus und zahllose Spassaktivitäten, in das was Sloterdijk *the big easy* genannt hat.

---

35 J.K.Galbraith, *Gesellschaft im Überfluss,* München/Zürich 1959, zitiert in: Peter Sloterdijk, *Sphären III, Schäume,* Frankfurt/M. 2004, 671.
36 P. Sloderdijk (2004), passim.

*Die Situationisten und die Alltagskritik*

> *Wir glichen in vielem jenen erklärten Anhängern des gefährlichen Lebens, die genau fünfhundert Jahre vor uns am selben Ufer derselben Stadt ihre Tage zugebracht hatten. Selbstverständlich kann ich nicht mit jemandem verglichen werden, der eine solche Meisterschaft in seiner Kunst erlangt hat wie François Villon.*

> Guy Debord, 1989[37]

Zu Beginn der fünfziger Jahre tauchte am Rand der Kunstszene eine radikale Bewegung auf, die sich *Situationistische Internationale* nannte. Eine kleine Gruppe lebensmüder und erzürnter, bisweilen hochbegabter Rebellen ging auf Distanz zur orthodoxen Linken, der sie Selbstzufriedenheit und Komplizenschaft vorwarf. Die Radikalität der Gruppe zielte auf die Umwandlung eines „kolonisierten" und fragmentierten Alltags. Man entwarf abweichende, scheinbar absurde Strategien, um den bekannten und unbekannten Kosmos der Stadt Paris zu erkunden. Wie soll man die Tatsache deuten, dass das kulturhistorische Gedächtnis sich seit einiger Zeit intensiv mit dem Vermächtnis der Situationisten beschäftigt?[38] Übt die Idee von der Wiedereinführung des Abenteuers in die urbanen Zentren, die Kreation von neuen Leidenschaften und Lebensformen, eine neue Faszination aus? John Berger schreibt: *Man wird erkennen, dass das situationistische Programm (oder Anti-Programm) wahrscheinlich zu den visionärsten und reinsten politischen Forderungen* der 1960er Jahre gehört.

Lefebvre war so etwas wie ein Mentor der Situationisten. Seine *Kritik des Alltagslebens* hat die Situationisten in ihrer Entwicklung stimuliert – zum andern hat die Kritik der Situationisten am neuen Urbanismus Lefebvres Hinwendung zu urbanen Fragen massgeblich beeinflusst.

Während Jahren pflegt Lefebvre enge Kontakte mit dem führenden Theoretiker Guy Debord und dessen Frau Michèle Bernstein. *Ich erinnere mich an wundervolle Momente herzlicher Freundschaft, wir begegneten einander ohne Misstrauen, Ehrgeiz und Hintergedanken.* Lefebvre lädt Debord und Bernstein zu einer Reise ein, sie fahren für einige Tage in sein Haus in den Pyrenäen. Sie unternehmen ausgedehnte Wanderungen, praktizieren das, was Debord *dérive*, Umherschweifen, nennt und entwickeln in langen Gesprächen ihre Theorien über die Moderne, das Alltags-

---

37  G. Debord, *Panegyrikus,* dt. von Wolfram Bayer, Berlin 1997, 34 f.

38  Stellvertretend für eine uferlose Bibliographie seien zwei hervorragende Studien von Roberto Ohrt genannt: *Phantom Avantgarde, Eine Geschichte der Situationistischen Internationale und der modernen Kunst,* Hamburg 1990; *Das Grosse Spiel. Die Situationisten zwischen Politik und Kunst* (Sammelband), Hamburg 1999; im Anhang eine kommentierte Bibliographie zu den Situationisten 1990-1999. Marcus Greil, *Lipstick Traces, A secret History of the Twentieth Century,* Cambridge, Massachusetts 1989. Juri Steiner, *New Babylon, Aufstieg und Fall der Stadt Paris zwischen Second Empire und 1968,* Dissertation im Internet, Zürich 2003.

leben, die Kunst, das Sichtbare und das Unsichtbare. Lefebvre erinnert sich: *Wir haben ausgiebig über alles Mögliche diskutiert, über die Beziehung zwischen Fest und Alltag... Ich stimmte den Situationisten zu, wenn sie die Idee der Kreation und Produktion neuer Situationen entwarfen... Die Nächte waren von einer Leidenschaftlichkeit, Freundschaft – mehr als Kommunikation, eher Kommunion – daran habe ich eine sehr lebhafte Erinnerung.*[39]

In der Zeitschrift *L'Internationale Situationiste* gibt es zwischen 1957 und 1961 eine Fülle von zustimmenden Hinweisen zu Lefebvres Schriften. Lefebvre notiert: *Die Situationisten haben als Erste die Implikationen und Konsequenzen der „Kritik des alltäglichen Lebens" erkannt. Ihrem eigenen Eingeständnis gemäss verdanken sie diesem Werk viel. Sie verstehen das revolutionäre Losungswort in vollem Umfang: das Leben verändern.*[40] Im *Centre d'études sociologiques* des CNRS legt Guy Debord eine Arbeit vor, welche die Misere des alltäglichen Lebens offen legt.[41] Debord kommt zum Schluss, dass das alltägliche Leben nicht ohne die Perspektive einer radikalen Veränderung studiert werden sollte.

Zum utopischen Programm der Situationisten gehört die Abschaffung jeglicher Form von Repräsentation, die Zerstörung der Machtsymbole, die Untergrabung der Autorität, die Abschaffung der Kunst und anderer Formen des kulturellen „Spektakels".[42] „Spektakel" ist der Name, den Debord der Gesellschaft gibt, deren erklärter Feind er sein wollte. Viele Themen, die heute im Mittelpunkt des politischen und gesellschaftlichen Diskurses stehen, hat Debord früh und hellsichtig aufgegriffen: das exponentielle Wachstum der Medien, eine allgemeine Entfremdung, hervorgerufen durch die Warengesellschaft; die zerstörerische Potenz, die in der Globalisierung und im Terrorismus steckt. Angestrebt wird die Rückgewinnung der in der Konsum- und Warenwelt enteigneten Lebenswirklichkeit und die Umgestaltung des Alltagslebens. Im Alltag hat eine Entzauberung der Welt stattgefunden – nun gilt es, im freien Spiel mit neuen Situationen eine Wiederverzauberung herbeizuführen.

Wir haben ein paar Hinweise zur „Liebesgeschichte" zwischen Lefebvre und den Situationisten gegeben. Lefebvres Biograph hat ausführlich erzählt, wie die grosse Freundschaft in Brüche gegangen ist.[43] Die Zeiten haben sich geändert, die Liebesgeschichte endete schlecht. Sehr schlecht. Einige Jahre nach dem Bruch blickt Lefebvre ohne Bitterkeit zurück. Vorbehaltlos räumt er ein, dass die Situationisten eine authentische Avantgarde bildeten. Er habe mit ihnen zusammen eine wirklich

---

39  Lefebvre erzählt seine Jahre mit den Situationisten in: TM, 156-161. Vgl. auch das Interview von Kristen Ross, 1983: *Henri Lefebvre on the Situationist International*.

40  Position, 195.

41  *Perspektiven einer bewussten Änderung des alltäglichen Lebens,* in: *Der Beginn einer Epoche / Texte der Situationisten,* Hamburg 1995, 98 ff.

42  G. Debord, *La société du spectacle,* Paris 1967; dt. *Die Gesellschaft des Spektakels,* Berlin 1996.

43  *Henri Lefebvre et l'aventure du siècle,* das Kapitel *Le moment situationiste,* insbesondere 222 ff.

neue Situation erlebt, *diejenige der Erregung in der Freundschaft, der subversiven und revolutionären Mikrogesellschaft inmitten einer Gesellschaft, die natürlich nichts davon geahnt hat.*[44]

## Zwischenetappe 1968

*In quintessentieller Trivialität*
*Jahrelang in dieser Fleischeshülle hat*
*Gehauset eine Seelin...*

James Joyce, *Ulysses* [45]

*Das Alltagsleben in der modernen Welt* entstand aufgrund von Vorlesungen, die Lefebvre in Strassburg und Nanterre gehalten hatte. Das Buchmanuskript wurde ein Jahr vor dem Pariser Mai 68 abgeschlossen. Die theoretische Analyse, die den Alltag und die Modernität eng miteinander verknüpft, gehört ganz in den kulturellen und ideologischen Kontext der sechziger Jahre, in die Zeit, da sich so vieles zu verändern beginnt, da sich in den Industrieländern unter den Studenten und gelegentlich auch in der Arbeiterschaft der Geist der Opposition, des Widerstands: der *contestation* regt. Das Zeitalter bekommt einen Namen, und dieser Name – *société bureaucratique de la consommation dirigée* – dominiert das ganze Buch. Wie öd und langweilig ist doch der Alltag in der verbürokratisierten Gesellschaft des gelenkten Konsums geworden. Man lebt in einer merkwürdig organisierten Passivität: die Freizeit verbringt man als Betrachter oder Zuschauer, man lässt das, was aus dem Fernsehen, dem Kino oder der Presse herausströmt, wie eine Wolke vorbeiziehen; am Arbeitsplatz wird man mit Entscheidungen konfrontiert, zu denen man nichts zu sagen hat, das Privatleben wird von einem gelenkten Konsum beherrscht. Nicht von ungefähr sind in den sechziger Jahren die führenden Köpfe der Werbeagenturen zu Demiurgen der Gesellschaft aufgestiegen. Im März 1968 – zwei Monate vor der Mairevolution – erscheint in der Zeitung *Le Monde* ein Leitartikel mit dem Titel: *La France s'ennuie.*

In der Studie von 1968 bezeichnet Lefebvre die kritische Erforschung des Alltags als Teil seines sogenannten *metaphilosophischen* Projekts. Wie ist das zu verstehen? Im Vergleich zur Philosophie präsentiert sich das alltägliche Leben als unphilosophisch. Es gibt die wirkliche, unreine Welt des alltäglichen Lebens auf der einen Seite – auf der andern die reine philosophische Welt des Idealen oder Ideellen. Für Lefebvre geht es keineswegs darum, auf die Philosophie zu verzichten, um das Nicht-Philosophische zu verstehen. Mit der Hegel-Marxschen Philosophie, aber auch mit Nietzsche und Heidegger, entwickelt er (dies soll später genauer gezeigt werden) seinen metaphilosophischen Ansatz. Der Metaphilosoph ist jemand, der

---

44 TM, 160.
45 Frankfurter Ausgabe, übers. von Hans Wollschläger 1975, 269.

weiterhin mit den philosophischen Begriffen arbeitet, diese aber anders verwendet; jemand, der die Philosophen um eine Gebrauchsanwendung der Begriffe bittet. Der Alltagserforscher wird gleichsam zu einem sokratischen Geburtshelfer, einem Mäeutiker. Lefebvre hat kein anderes Anliegen, als das Residuum des Alltäglichen vor dem Zermalmen zu bewahren, den kostbaren Inhalt zu retten. Man möge der einfachen alltäglichen Vernunft etwas unter die Arme greifen – *on aide l'humble raison du quotidien.*[46]

Im Unterschied zur Philosophie präsentiert sich das gewöhnliche Leben als unphilosophisch. Im traditionellen Selbstverständnis des philosophischen Denkens gilt der Philosoph als Hüter der Existenz, als Zeuge und Richter *ausserhalb* des Lebens. Das philosophische Leben will etwas Höheres sein, und das kommt schon in der Sprache zum Ausdruck. Die philosophische Fachsprache (der Jargon) zeichnet sich durch Abstraktion aus und hat nicht viel mit der Alltagssprache zu tun. Der Gegensatz von philosophischer Reinheit und alltäglicher Unreinheit hat zur Existenz von zwei Welten geführt: auf der einen Seite ein weltfremdes Denken, das sich in der Spekulation einschliesst, auf der andern Seite die grosse Menge, die ihr Leben mit den Banalitäten des Immergleichen vergeudet. Vielleicht geht der Hochmut des Philosophen gegenüber dem Alltäglichen auf den ersten griechischen Philosophen Thales zurück, von dem berichtet wird, dass er, um die Sterne zu beobachten, in den Himmel geguckt habe; er sei so sehr in die Astronomie vertieft gewesen, dass er gestolpert und in einen Brunnen gefallen sei. Wir kennen die Anekdote von der thrakischen Magd bereits, die Thales zuschaute und gespottet hat: er studiere zwar eifrig die Dinge am Himmel, von dem was zu seinen Füssen liege, habe er aber keine Ahnung.[47] Platon, der diese Anekdote ausdeutet, sieht darin ein Gleichnis für die Lebensform des Philosophen. Er hat Verständnis für den Spott der Magd: *Der gleiche Spott passt auf alle, die sich ganz der Philosophie ergeben haben. Denn in Wahrheit hat ein solcher keine Ahnung von seinem Nebenmann und Nachbar, nicht nur, was er betreibt, sondern beinahe, ob er ein Mensch ist oder was sonst für eine Kreatur.*[48] Lefebvre versäumt es nie, die Arroganz des Philosophen, der das Gewöhnliche der alltäglichen Dinge ignoriert, zu attackieren.

Was heisst das: *der Alltag* und *die Modernität* sind die beiden Gesichter des Zeitgeistes? Die Modernität ist all das, was die Zeichen des Neuen trägt: das Brillante und das Schillernde; was durch eine ausgefeilte Technik Glanz bekommt, sich zur Schau stellt, in Szene setzt und Beifall bekommt. Die Modernität ist das Ensemble von Zeichen, durch die sich die Gesellschaft definiert. Im Gegensatz dazu ist das Alltägliche das Ensemble des Unbedeutenden: das Bescheidene und Solide; was sich im Tagesablauf oder Stundenplan aneinanderreiht. Was ohne Datum ist, die Zeit aber völlig ausfüllt. Die Alltäglichkeit und dessen Kehrseite, die Moderne, sind

---

46 AMW, 28; VQM, 36.
47 Vg. 1. Kapitel, Weltausstellung 1867: in der Maschinenhalle.
48 Vgl. Hans Saner, *Der Brunnen des Thales,* in: Tagesanzeiger-Magazin Zürich, 06.10.1979. Dort auch das Platonzitat.

nicht zwei voneinander unabhängige Tatsachenkomplexe, sie sind eng aufeinander bezogen. Der Alltag ist von einer Oberfläche – der Moderne – überzogen.

Im Allgemeinen wissen die Leute nicht, wie sie leben, sie lassen sich von einem endlosen Gerede über Kunst und Mode, von angeblich grossen und wichtigen Ereignissen, einlullen. Bilder, Kino und Fernsehen lenken vom Alltag ab – so auch das Spektakel der *modernen Olympier*. Die alten Götter des Olymp repräsentierten menschliche Kräfte oder Fähigkeiten: Liebe, Mut, technische Geschicklichkeit. Sie konnten zu Tätigkeiten anregen, zu Werken inspirieren, konnten die im täglichen Leben verloren gegangene Einheit von Mensch und Natur wiederherstellen. Die modernen Olympier – die Superreichen, Stars, Cover-Girls, Fürsten, Könige – werden in den Dienst des nicht-alltäglichen Spektakels gestellt. Der moderne Olympier hat scheinbar kein alltägliches Leben, keinen festen Wohnsitz. Er führt ein freies Nomadenleben, lebt auf seiner Yacht, reist von Palast zu Palast, von einem Schloss zum andern. Auch das transatlantische Establishment, die *jet-society*, ist zu den modernen Olympiern zu zählen. Ein märchenhaft lebender, entrückter Schaum schwebt oberhalb der Alltäglichkeit – der gewöhnliche Sterbliche aber wird von einer Alltäglichkeit, in der er zu ertrinken droht, verschlungen.[49]

Die Studie von 1968 wird vom Begriffspaar *Alltäglichkeit* und *Modernität* umklammert – nun gibt es noch einen dritten Terminus: die *Stadt*. Das Urbane oder das Städtische wehen wie kleinere oder grössere Girlanden immer wieder durch den Text.[50] Das Buch beginnt mit einer Fermate, einem längeren Blick auf den *Ulysses* von James Joyce. Für Lefebvre stellt der sprachgewaltige Roman des grossen Iren den Einbruch des Alltäglichen in die Literatur dar, Joyce habe jede Facette des alltäglichen Lebens aus der Anonymität hervorgeholt. Der 16. Juni in einem der ersten Jahre des zwanzigsten Jahrhunderts wird von einem gewissen Bloom, seiner Frau Molly und seinem Freund Stephan Dädalus auf besondere Weise erlebt.[51] Mit einem Ausdruck, den Lefebvre beim Schriftsteller Hermann Broch gefunden hat, erfährt dieser Tag eine kosmische Ausweitung, wird er symbolisch zum *„Welt-Alltag der Epoche"*[52]. Dublin sei die Stadt, die alle Städte beinhalte – *mit ihrem Fluss und ihrer Bucht nicht nur bevorzugter Rahmen, Ort eines Momentes, sondern mythische Gegenwart, konkrete Stadt und Bildnis der Stadt, Paradies und Hölle, Ithaka, Atlantis, Traum und Wirklichkeit in ewigem Übergang.*[53]

*Das Alltagsleben in der modernen Welt* klingt mit einem leisen Hymnus auf ein ganz anderes städtisches Leben aus. Unmittelbar voraus gehen die beklemmenden

---

49  AMW, 132 f., 146; Met. 236, 251 ff.

50  Vgl. AMW, 87, 95, 110, 171-174, 211, 241, 257-259, 256-259, 263f.

51  Henri Lefebvre selber wurde, was für eine Koinzidenz!, am 16. Juni zu Beginn des 20. Jahrhunderts, einem *Bloom's Day*, geboren.

52  AMW, 8. Vgl. Hermann Broch, *James Joyce und die Gegenwart/Rede zu Joyces 50. Geburtstag*, in: Kommentierte Werkausgabe, Bd. 9/1, 1976, 63 ff. Ferner: Klaus Reichert, *Welt-Alltag der Epoche, Essays zum Werk von James Joyce,* Frankfurt/M., 2004, 53 ff.

53  AMW, 7-22.

Passagen über *Terrorismus und Alltäglichkeit*.[54] Auf den letzten Buchseiten wird eine Lebensveränderung ins Helle angekündigt. Die Vision von einem möglichen reichen urbanen Leben bekommt den Titel *Die Öffnung*. Aus den Resten des ländlichen Lebens und den Trümmern der traditionellen Stadt könnte ein urbaner Raum hervorwachsen, der auf Differenz und Vielfalt angelegt ist.[55]

### *Der* Critique *dritter Teil: 1981*

Als Achtzigjähriger schliesst Lefebvre seine kritische Analyse des alltäglichen Lebens ab. Als er vor einem halben Jahrhundert angefangen hatte, das gewöhnliche Leben der Menschen ins Auge zu fassen, hatte sich ausser Georg Lukàcs und Martin Heidegger kaum jemand für die Alltäglichkeit der Menschen interessiert. 1981 ist die Situation völlig anders. Dem Alltag und seiner Realität wird jetzt grösste Aufmerksamkeit geschenkt. In den Zeitungen und Zeitschriften wird dem Leben von Tag zu Tag und seinen Problemen immer mehr Platz eingeräumt. Dasselbe gilt für die Wissenschaft. Die Sozialwissenschaften im weitesten Sinn – Geschichte, Anthropologie, Soziologie, Psychologie – scheinen die Alltagswelt zu ihrem bevorzugten Forschungsobjekt gemacht zu haben.[56] Allerdings missfällt es Lefebvre, dass die Forscher als jeweilige Spezialisten den Alltag gleichsam zerschneiden und gemäss ihren Forschungsmethoden ein je eigenes Terrain abstecken. Wie auch immer: die Alltagskultur der gewöhnlichen Menschen scheint jetzt sehr en vogue zu sein. Im Jahre 1980 organisiert die Schweizerische Philosophische Gesellschaft ein Symposion zum Thema *Alltag und Philosophie*.[57] Behandelt werden Themen wie Alltagserfahrung und Alltagssprache in ihrer Bedeutung für die Philosophie, der Alltag als Gegenstand der Wissenschaften, die sinnlich-leibliche Erfahrung des Alltags, Alltag und Selbstverwirklichung usw. Lefebvre äussert sich skeptisch zu dem philosophischen Symposion, zu dem auch er eingeladen (allerdings nicht erschienen) ist: *Man wird sehen, dass die „reinen“ Philosophen, nachdem sie den Alltag mit ihren begrifflichen Werkzeugen gefasst haben, ihn bald wieder zum Verschwinden bringen werden – anstatt ihn als solchen zu akzeptieren, zu verändern.*[58]

Wie dringt das Thema des Alltags in die Geschichte ein? Der Patron der *nouvelle histoire*, Fernand Braudel, legt 1979 sein opus magnum vor, das den sach-

---

54 AMW, 262.

55 a.a.O., 256 ff.

56 Die weit verzweigte Alltagsforschung wird von Adalbert Saurma dargestellt: *Der Alltag als soziologisches Thema*, in: Schweizerische Zeitschrift für Soziologie, 1, 1984, 7 ff.

57 Dokumentiert ist das Symposion von Magglingen in *Studia philosophica Vol. 40*, Bern und Stuttgart 1981. Am Symposion haben unter anderem teilgenommen R. Gratthof, A.A. Moles, E. Levinas; H. Lefebvre hat einen schriftlichen Beitrag abgeliefert. Im Vol. 39/1980 hat Helmut Holzhey die Thematik der Tagung umrissen.

58 CVQ III, 9.

lich-spröden Titel *Civilisation matérielle, économie et capitalisme*[59] trägt; der erste Band heisst *Der Alltag*. Es sei mühsam gewesen, seufzt Braudel, aus sogenannten parahistorischen Erörterungen über Bevölkerungsentwicklung, Ernährung, Kleidung, Wohnwesen, Technik, Geld und Städte eine zusammenhängende Erzählung zu machen. Zum Alleralltäglichsten gehört die Geschichte des täglichen Brotes, die Geschichte der Ernährung. Braudel geht von der einfachen Tatsache aus, dass das atemberaubende Anwachsen der Menschenmassen des Fernen Ostens nur dank einer Einschränkung der Fleischnahrung möglich war. Nach der reinen Kalorienrechnung ist der Ackerbau bei gleicher verfügbarer Nutzfläche der Viehzucht weit überlegen, da er zehn- bis zwanzigmal mehr Menschen ernähren kann. So schildert Braudel nicht die Kulturen, die das Bedürfnis nach Fleisch und Blut ausgebildet haben und sich den Bauch mit ganzen Viehherden vollschlagen, sondern diejenigen, die im Ackerbau einer Nutzpflanze Priorität eingeräumt haben. Er widmet also dem Weizen, dem Reis, dem Mais drei wundervolle Miniaturen. Und er erzählt die Geschichte der Luxusnahrungsmittel (Milchprodukte, Meeresfrüchte, Zucker, Pfeffer), dann die Geschichte der Getränke und Rauschmittel (Wein, Bier, Apfelmost, Schokolade, Tee, Kaffe) und schliesslich die Geschichte der Auswüchse, der Schlemmerei und des Alkoholismus. In einem besonderen Kabinettstücklein wird der Siegeszug der Droge Tabak erzählt. Im Band *Der Alltag* geht es um eine Darstellung der dunklen Kräfte, die das materielle Leben beeinflussen und vorantreiben. Im grandiosen Schlusskapitel über die Städte – genauer: über die Eigenständigkeit der abendländischen Städte – stimmt Braudel nicht in das Klagelied der Konservativen ein, schildert er die Vorzüge der heutigen Riesenstädte, also all das, was Anlass zu neuen Entwicklungen gibt.

Wie verteidigt Lefebvre ein angesichts einer sich im Uferlosen verlierenden Literatur zum Alltag seine Position? Die Antwort ist ebenso einfach wie klar: Nach wie vor hält er das Banner des kritischen Denkens hoch. Er sieht, dass der kritische, ergo politische Standpunkt in der Wissenschaft am Verschwinden begriffen ist. Man begnüge sich jetzt weitherum damit, einen Sachverhalt festzustellen oder zu bestätigen. Er selber vertritt ein Denken, welches das Existierende in Frage stellt. Seine Analysen machen auch vor dem Unberührbaren oder Heiligen nicht Halt, dem Staat, der Partei, den Göttern. Die Erkenntnis des Alltags ist ihm nicht genug. Es genüge nicht, das Vorhandene oder Wirkliche einfach festzustellen, es gehe darum – so seine Lieblingswendung – auf *das Mögliche* hinzuweisen. Um seinem Standpunkt mehr Anschaulichkeit zu geben, lässt er in der Einleitung der *Critique III* zwei Protagonisten zu Wort kommen, den *Optimisten* und den *Nostalgiker*.

Der Optimist erinnert daran, dass es bis in die Mitte des zwanzigsten Jahrhunderts kaum Reinigungsmittel und nur wenige Hauhaltgeräte gab, keine Kühlschränke und nur wenige Telefonapparate und Autos. Die „Kommunikation" zwischen den Menschen war langsam und mühsam. Heute nun verfügen wir über eine

59 Die drei Bände heissen auf deutsch *Sozialgeschichte des 15. bis 18. Jahrhunderts*, München 1985/86. Vgl. dazu Kurt Meyer, *Fernand Braudel, der Patron der „nouvelle histoire"*, in: Schweizer Monatshefte, Nov. 1986, 939-947.

breite Palette an Instrumenten, Maschinen, Apparaten und Techniken. Der Glaube aber, dass mit der Ausbreitung der technologischen „Kommunikationshilfen" die wirkliche Begegnung von Mensch zu Mensch – die alltägliche Geselligkeit – zunehmen werde, ist eher im Schwinden begriffen.

Der Nostalgiker rät, einmal die Frauen zu fragen, ob die paar Geräte, die der Optimist so vollmundig gepriesen habe, das alltägliche Leben in der Tiefe wirklich verändert haben. Er zweifle daran, dass ein paar Dinge, ein paar technische Hilfsmittel oder *gadgets,* genügen, um die Beziehung zwischen den Geschlechtern wesentlich zu verändern, um die Arbeitsteilung aufzuheben. Es sei noch lange nicht bewiesen, dass die Wirkung, welche die Herrschaft des Autos ausübe, eine wohltuende sei; zumindest könne man sagen, dass die Nachteile den Vorteilen die Waage hielten. Früher gab es keine Fernsehgeräte, aber aufgepasst! – ist es nicht möglich, dass die Informatik und die Kommunikationsmittel die Menschen eher isolieren als miteinander vereinen? Der Nostalgiker stellt die Frage, ob das soziale Leben mit der Ausbreitung der Kommunikationsmittel wirklich reicher geworden sei. Er gerät ins Träumen, wenn er sich das frühere Paris in Erinnerung ruft, die frühere Ile-de-France, das frühere Frankreich. Da war ein Gebäude noch wie ein Haus. Die Wohlhabenden wohnten in den untern Stockwerken, weiter oben die einfacheren Leute, und unter dem Dach die Dienstmädchen; man kannte und liebte sich oder verachtete einander, vor allem bildete man eine Gemeinschaft innerhalb einer grösseren Gemeinschaft, dem Quartier, man gehörte zu einer weiten und schönen Gemeinde, der Stadt. Es gab ein arbeitsames und heiteres Volk. Man sang viel und überall. Es wurde Musik gespielt, und dazu brauchte es keine Animatoren. Die Strasse lebte. Auf den Plätzen und Boulevards  stand man in einem grossen Kreis um die Sänger herum, die von einem Akkordeonisten begleitet wurden. Die Leute lernten die Lieder auswendig, kauften den Text und zogen, ein Liedchen summend, weiter. Der Nostalgiker frägt den Optimisten, was man denn mit dem *Volk* gemacht habe. *Gibt es in Paris oder in Frankreich, einem sogenannt entwickelten Land, noch ein Volk? Gewiss, im früheren alltäglichen Leben gab es eine gewisse Beschränktheit. Das Ferne und das Fremde – der globale Horizont – waren noch nicht ins Blickfeld getreten. Die Gesten und die sozialen Riten, Vornehmheit und Urbanität: die Art und Weise die Frauen anzusprechen, die Höflichkeit, aber auch die leise demonstrative Verachtung, die Art des Grüssens – den Hut zum Gruss lüften – all das war traditionell und mag heute als veraltet erscheinen. Aber was gab das  für ein Gefühl von Sicherheit! ... Ich weiss sehr wohl, dass das, was heute Sozialversicherung heisst, ein Fortschritt ist, aber Sie wissen ebenso gut wie ich, dass diese dem Staat als politisches Mittel gedient hat, um aus dem aktiven und verantwortungsvollen Volk einen Haufen von Abhängigen, von passiven Leuten zu machen, die bei einem Verbrechen oder einem Unfall wie gelähmt auf die Polizei warten. Aus dem Alltagsleben ist das verschwunden, was es einst besass: Anstand und Stärke. Es ist zerstückelt worden wie der Raum, den man parzelliert hat, um ihn häppchenweise zu verkaufen. Ach, wie viele angenehme Dinge sind verloren gegangen!* Da im imaginären Dialog zwischen dem Optimisten und dem Nostalgiker letzterer weit ausführlicher zu Wort kommt, gewinnt man den Eindruck, er verkörpere Lefebvres alter ego. Ihm steht die Stimme der unerfüllten Sehnsucht nach dem Untergegangenen offensichtlich näher als die bedingungslose Apologie des technologischen Fortschritts.

### Die „lautlose Katastrophe"

Das 20. Jahrhundert, so lesen wir in der *Critique III,* wird von einem grossen Spannungsbogen überwölbt. Die Verankerungsdaten sind die Jahre 1910 und 1980. Die Zeit um 1910 verkörpert den Verfall einer Welt, zugleich auch die Entfaltung des Neuen, der Moderne. Der vorerst überraschende Befund lautet: die Moderne beginnt mit einer *lautlosen Katastrophe.* Gegen Ende des Jahrhunderts, um 1980, muss man sich die Frage stellen, ob all das, was eben noch die Moderne hiess, sich ihrem Ende zuneigt. Was verbirgt sich hinter der kurz vor 1980 so laut proklamierten Postmoderne?

Richten wir den Blick auf die Zeit um 1910, auf die Jahre vor dem Ersten Weltkrieg. Summarisch spricht Lefebvre von der *chute des référentiels.* In späten Jahren nennt er den Zusammenbruch der Referenz- oder Bezugssysteme eine *catastrophe silencieuse.* Was ist damit gemeint?[60] Noch in der Mitte des 19. Jahrhunderts gab es im Sprechen, in der Rede und auch im sozialen Gefüge eine fraglose Übereinkunft, die auf Vernünftigkeit und gesunden Menschenverstand gründete. Die sensible Wahrnehmung war insofern verlässlich, als die Repräsentation von Raum und Zeit Allgemeingut war: sie war auf den dreidimensionalen Euklidschen, Newtonschen Raum und die Uhrzeit bezogen. Die Ästhetik und die Ethik hatten einen allgemein akzeptierten Code hervorgebracht, der auf Ehrlichkeit, Ehre und Würde gründete. Um 1910 verschwinden diese Referenz-Systeme. Der Euklidsche, absolute Raum wird durch die Einsteinsche Relativität ersetzt. Die Erschütterung der Raumvorstellung lässt sich in der Malerei beobachten. Bei Cézanne, dann im analytischen Kubismus, werden der sensible Raum und die klassische Perspektive aufgelöst. Die verschiedenen Aspekte eines Objekts erscheinen simultan, d.h. der Blick des Betrachters geht gleichsam um den Gegenstand herum. In der Musik erschüttert das atonale Tonsystem die Hörgewohnheiten; die klassische Einheit von Melodie, Harmonie und Rhythmus löst sich auf. Zur gleichen Zeit zerfallen auch andere einheitliche und allgemein anerkannte Systeme, diejenigen der Philosophie, der Stadt (der historischen Stadt), der Familie mit dem dominanten Familienvater – ja die Wahrheit selber wird in Zweifel gezogen. *La chute des référentiels* führt zu fundamentalen historischen Brüchen. Eingeleitet wird die folgenreiche Mutation durch geniale Neuschöpfungen: durch Albert Einstein und die Relativitätstheorie, durch Sigmund Freud und die Psychoanalyse, durch Adolf Loos und die neue Architektur, durch Arnold Schönberg und die atonale Musik.[61] Diese ausserordentlichen Köpfe inaugurieren zusammen um 1910 „die Moderne". Da die glänzende kulturelle und

---

60  CVQ III, 48 ff., 61, 131; SG 28 f., 81 f; Met. 129 ff.; PE 34, 346 ff; RD, 130.
61  Vgl. Allan Janik und Stephen Toulmin, *Wittgensteins Wien,* München und Wien 1984; *Vienne, début d'un siècle,* Sondernummer von *Critique,* Paris, Aug./Sept. 1975.

wissenschaftliche Elite mit ihren Neuschöpfungen zugleich auch die Auflösung der traditionellen Werte und Normen einleiten und die alten Bezugssysteme – das *stützende Geländer* – zum Verschwinden bringen, spricht Lefebvre von einer *lautlosen Katastrophe*. Die lautlose Katastrophe führt kurz nach 1910 zur lauten Katastrophe, zum Ersten Weltkrieg. Das Ende des Europa-Zentrismus kündigt sich an.

Die folgenreiche Mutation wurde in der Zeit selber kaum wahrgenommen, erst später haben sie einige hellsichtige Köpfe beschrieben (Thomas Mann, Joseph Roth, Robert Musil u.a.). Die Geburt der Moderne war primär eine Wiener Angelegenheit, sie wurde aber *zugedeckt von dem Tumult des Hofes und der Walzer spielenden Orchester.*[62] Im Alltag und im praktischen Leben fand eine eigenartige Konsolidierung statt. „Man" hielt sich unbeirrt an die alte Realität, an die überlieferten Vorstellungen. „Man" lebte weiterhin im Euklidschen Raum und hielt sich an die kontinuierlich ablaufende Uhrzeit. „Man" sang weiterhin tonale, klar rhythmisierte und harmonische Melodien. „Man" verharrte in den gewohnheitsmässigen Wahrnehmungen und traditionellen Repräsentationen – erst allmählich und langsam wird der Alltag durch die Moderne modifiziert. In den Jahren nach 1910 wird der Alltag *zum Ort der Kontinuität und entzieht sich der eigenartigen kulturellen Revolution, welche die europäischen Werte zum Einsturz bringt – die Werte, welche durch den Logos, die aktive Rationalität, den liberalen Humanismus, die klassische Philosophie und Kunst begründet worden sind. Von diesem Datum an trennen sich das Denken und der Alltag, sie wählen verschiedene, von einander abweichende Wege: Kühnheit auf der einen Seite, Vorsicht auf der andern.*[63]

Um 1980 befinden wir uns an der Schnittstelle von Moderne und Postmoderne. Die Zeit der radikalen Negation oder Kontestation ist vor einigen Jahren zu Ende gegangen. Die Wende zur schillernden Postmoderne manifestiert sich zuerst in der Architektur. Die Biennale von Venedig 1980 war der Postmoderne in der Architektur gewidmet, sie dokumentierte die monumentale Architektur, verkündete eine Neo-Monumentalität, befreit allerdings von den Zeichen politischer Macht. Sieben Jahrzehnte nach *Ornament und Verbrechen* von Adolf Loos[64] repliziert ein boshaftes Bonmot: *Erkerchen sind wieder erlaubt.*[65] Nicht von ungefähr verschafft sich zu dieser Zeit eine mit Leichtigkeit und Eleganz vorgetragene Philosophie der Skepsis Gehör (Hermann Lübbe, Odo Marquard). Die beiden schmalen Textsammlungen von Marquard, *Abschied vom Prinzipiellen* und *Apologie des Zufälligen*,[66] halten in verschiedenen Momentaufnahmen die Wende zur Skepsis und die Abkehr von ideologischen Positionen fest. In einigen mit Esprit vorgetragenen Gedankenschlaufen beschreibt Marquard etwas, was recht nah der Alltäglichkeit angesiedelt ist: man möge auf absolute Orientierung verzichten und sich den vorhandenen Sitten, Gewohnheiten und Traditionen anbequemen, d.h. den *Sinn fürs*

---

62 SG, 28.
63 CVQ III, 49.
64 Sämtliche Schriften Bd. 1, Wien 1962, 276 ff.
65 Chlodwig Poth, in: Eckhard Henscheid, *Dummdeutsch*, Stuttgart 1993, 188 f.
66 von O. Marquard, Stuttgart 1984.

*Usuelle* entwickeln und die *Unvermeidlichkeit der Üblichkeiten* in Rechnung stellen, solches werde im Zeitalter der beschleunigten Erfahrungsveraltung immer wichtiger.

In den Jahren, da der Skeptiker Marquard die Studentenbewegung der sechziger Jahre als *nachträglichen Ungehorsam* entlarvt – die während des Nationalsozialismus ausgebliebene Revolte gegen Hitler sei durch demonstrative Libertinage, durch den Aufstand gegen das, was nach 1945 an die Stelle der Diktatur getreten war, also gegen demokratische und liberale Verhältnisse, nachgeholt worden – in den Jahren, da er uns mit den lebenslenkenden Lebenszufällen zu versöhnen versucht (das Leben bestehe fundamental aus der Einwilligung in das Zufällige), in jenen Jahren nähert sich Lefebvre das dritte Mal dem Alltag, indem er die Frage nach dem stellt, was in ihm andauert und dem, was sich in ihm verändert, die Frage also nach den *Kontinuitäten* und den *Diskontinuitäten*. Es fällt ihm nicht leicht, sich die simple Tatsache einzugestehen, dass das, was gemäss der Marxschen Theorie seit langem schon hätte abgeschafft sein müssen, ein nach wie vor intaktes Dasein führt: das Privateigentum, die Familie, die bürgerliche Moral. Die Familie etwa erweist sich gegen Ende des 20. Jahrhunderts noch immer als dominante Figur der sozialen Beziehungen, als eine Art Service public in einer undurchschaubar und kalt gewordenen Welt, als ein Ort, der affektive Beziehungen zulässt.[67]

Ein paar Bemerkungen zu Stadt, Raum und Wohnen: Die Unbestimmtheit der Ausdrücke *Identitätsverlust* oder *Suche nach Identität* geben Lefebvre die Gelegenheit, sich zur nationalen Identität und zum Privateigentum zu äussern.[68] Privatbesitz meint vorerst Wohneigentum, gelegentlich auch Besitz einer Zweitwohnung. Der Besitz einer privaten Wohnung hat nicht nur eine ökonomische Funktion, er hängt auch mit dem Bedürfnis nach Sekurität und Identität zusammen. Ein Einfamilienhaus, besonders wenn es im Schweisse seines Angesichts erbaut worden ist, ist für das ganze Leben da. Das Immerwährende des Besitztums symbolisiert tatsächliche Beständigkeit. Ein Besitzer lebt besser als jemand, der jederzeit vor die Tür seiner Wohnung gesetzt werden kann. Die Möbel, mit denen sich ein Einzelner oder eine ganze Familie einrichtet, stellen die erste nähere Umgebung dar. Wer sich an Objekte (Möbel) bindet, baut mit diesen eine affektive Beziehung auf. Der Mensch baut sich aus den Möbeln eine schützende Hülle, sondert eine Muschelschale ab, um sich die feindliche, aggressive Welt auf Distanz zu halten. Je mehr die äussere Welt bedrohende Züge annimmt, desto wichtiger wird die Kontinuität der inneren Welt. Den Dingen, zu denen man in der Zeit des Aufbegehrens bloss Verachtung übrig gehabt hat, kommt wieder positive Bedeutung zu; die allernächste Umgebung wird zu einem integrierenden Bestandteil der „Person", respektive der Identität.

Fragwürdig wird die Beziehung zu den Objekten, wenn diese die Technisierung oder die Mechanisierung verkörpern. Lefebvre hat soeben *Die Herrschaft der Mechanisierung* von Siegfried Giedion gelesen, das Werk, das 1980 in französischer

---

67  CVQ III, 52 f. ; 104 f.
68  CVQ III, 60-63.

Fassung erschienen ist.[69] Im Abschnitt über die *Mechanisierung des Bades* wird dargelegt, wie das kapitalistische und bürgerliche Europa um 1900 herum vom öffentlichen Bad (einem Ort der Begegnung und des sozialen Lebens) zum privaten Badezimmer (das den Einzelnen vollkommen isoliert) hinüberwechselt.[70] Gemeinhin dient das Bad der Körperpflege, und diese kann auf zwei verschiedene Weisen durchgeführt werden. Im *öffentlichen Bad* findet eine Regeneration des ganzen Menschen statt, denn das allgemeine Wohlbefinden wird am besten im geselligen Beisammensein erreicht. So haben die Römer mit der Institution der Thermen das Bad zu einem Ort gemacht, an dem der Körper im Kreislauf von vierundzwanzig Stunden sein Gleichgewicht wieder findet. Mit dem *privaten Badezimmer* wird die Köperpflege zu einer möglichst rasch und routinemässig zu erledigenden Abwaschung. Erst das 20. Jahrhundert hat mit dem vorfabrizierten Badezimmer (Bad, Becken und Klosett bei knappster Bemessung des Raumes) das Baden zu einem isolierten Vorgang gemacht. Wenn Giedion die Bemerkung hinzufügt, dass ganzheitliche Regeneration etwas mit Musse zu tun habe, bezieht er sich ausdrücklich auf Jacob Burckhardt, auf dessen Beschreibung des griechischen Wesens. Musse bedeute eine Beschäftigung mit den Dingen, die über das bloss Nützliche hinausgehe. *Musse bedeutet, Zeit zu haben. Die Intensität des Lebens kann nur dann ganz erfasst und ausgeschöpft werden, wenn Aktivität und Besinnung, Tun und Nichtstun als komplementäre Pole empfunden werden.*[71]

*

Unser Leben ist nicht nur alltäglich, es ist auch „alles andere". Jedermann macht die Erfahrung, dass es in der Abfolge des Immergleichen, im unaufhaltsamen Fluss des Lebens – *alles fliesst, nichts bleibt* (Heraklit) – Momente der Intensität oder der gesteigerten Vitalität gibt. Ausserhalb der Alltäglichkeit, aber eng mit ihr verflochten, gibt es etwas, was den Reichtum des Lebens ausmacht. In *La Somme le reste* entwickelt Lefebvre eine Theorie, die mit der Steigerung des Lebensgefühls zu tun hat und der Frage nachgeht, warum die Alltäglichkeit sich selber nicht genügt. Zum Programm der *Kritik des Alltagsleben* gehört, das dem Alltag zurückzugeben, was ihm abhanden gekommen ist. Die Theorie der Momente, welche die Monotonie zu überwinden versucht, welche dem Alltag Grösse, Intensität und Einmaligkeit gibt, kann man als den Schlussstein der *Kritik des alltäglichen Lebens* bezeichnen.[72]

---

69  *La mécanisation au pouvoir,* Paris 1980. Die Originalfassung *Mechanization Takes Command* erschien 1948 in Oxford; es hat 35 Jahre gedauert, bis das Werk in die Sprache des Autors (zurück) übersetzt wurde: *Die Herrschaft der Mechanisierung,* Frankfurt/Main 1982. Lesenswert: *Unheimliche Fortschritte/ Über Siegfried Giedions Werk >Die Herrschaft der Mechanisierung<* von H.M. Enzensberger, in: *Die Elixiere der Wissenschaft/Seitenblicke in Poesie und Prosa,* Frankfurt/M. 2002, 60 ff.

70  S. Giedion, dt. Fassung, a.a.O. 679-765.

71  a.a.O., 765.

72  SR, 233 ff., 239 ff., 637 ff. Vgl. Schlusskapitel der Critique II, *Theorie der Momente*; ferner QP, 83 ff.

*Das offene Projekt*

Vom Ende her gesehen ist es wohl gar nicht so wichtig, in Lefebvres Jahrhundertprojekt verschiedene Etappen zu unterscheiden, als nach dem durchgehend gleichen Wurzelgeflecht zu suchen. Die *Critique de la vie quotidienne* ist in ihrer Gesamtheit, so scheint es mir, von der Sorge um ein Abgleiten des Alltags in eine *grisaille* getragen. Entsetzlich ist die Vorstellung von der möglichen Programmierbarkeit des alltäglichen Lebens. Der Alltag kann doch nicht bloss aus Kauf und Konsum von Nahrung, Kleidern, Möbeln, Freizeit, einer Summe von seriell hergestellten Produkten, bestehen. Worauf es ankommt, ist die *Verknüpfung* der Tätigkeiten, die *gelebte Einheit* von Essen, sich ausruhen, sich kleiden usw. Ein oft wiederholtes Wort heisst: man solle aus seinem (alltäglichen) Leben ein *Werk* machen, es nicht einfach passiv hinnehmen.

Jedermann macht die Erfahrung mit der zunehmenden Gleichförmigkeit: ein Tag gleicht dem andern. Gleichzeitig zerkrümelt der homogenisierte Alltag in wiederum homogene Sektoren: das Auto, die Mode, der Sport, die Küche, die Kultur, das Event, die Erotik. Der von der Warenwelt dominierte und tatsächlich gelebte Alltag beschert jedem Einzelnen die Erfahrung mit der Monotonie; daher der Wunsch, aus dem Immergleichen auszubrechen, sich auf die Suche nach dem Ungewöhnlichen oder Aussergewöhnlichen zu machen. Immer wieder sind es die Bilder der Warenwelt, die Albträume erzeugen, so etwa die einhunderttausend Dinge, die in einem amerikanischen Trade-Center zu finden sind, die Myriaden von Objekten, die aufgrund von wissenschaftlichen Kriterien (Logistik, Bevölkerungszusammensetzung, Verschleiss etc.) ausgewählt werden. Peinlich genau werden die Dinge in eine hierarchische Ordnung gebracht. In der Abteilung für Fortbewegungsmittel findet man vom Kindertrotinette bis zum Privatjet wirklich alles.

Es spricht für Lefebvres Wahrhaftigkeit, dass er in gewissen Momenten an der Gültigkeit oder Richtigkeit seines Tuns zweifelt. Zur Zeit der Ausarbeitung der *Critique III* unternimmt er eine Reise nach Mexiko und besucht dort seinen Freund Octavio Paz. In einem Brief, den er auf dem Rückflug verfasst – auf der Grenzscheide zwischen dem aufgewühlten Südamerika und dem zinnenbewehrten Europa –, schreibt er diese in der Höhenluft geläuterten Sätze: *Auf zehntausend Metern über dem Ozean denke ich in diesem Augenblick, Octavio Paz, mit schmerzhaften Gefühlen an Ihr Land und mit Bangen an meines, in das ich zurückkehren werde. Meine eigenen Ideen geraten ins Wanken. Wozu die radikale Kritik des alltäglichen Lebens und des Staates? ... In den Ländern Amerikas und Asiens habe ich Tausende und Millionen von Menschen gesehen, die sich nach einem soliden alltäglichen Leben sehnen, die sich einen stabilen Staat wünschen, die ihre politischen Führer verehren und von ihnen ein akzeptables alltägliches Leben erwarten – Brot und Bilder – eher dies als Freiheit und Qualität.*[73]

---

73 PA, 7 ff.

Die Erforschung des Alltags ist ein unabgeschlossenes, unabschliessbares Projekt, und sie entwickelt eine unvorhersehbare Dynamik. Wie Lefebvre den Schlusspunkt zum Epilog der *Critique III* setzt, legt Michel de Certeau seine *Kunst des Handelns*[74] vor, ein Buch, das auf seine Weise den verborgenen Reichtum der Alltagskultur aufspürt. De Certeau beruft sich ausdrücklich auf *die Arbeiten von Henri Lefebvre über das Alltagsleben, die von grundsätzlicher Bedeutung sind*[75], macht aber völlig andere Beobachtungen und kommt zu ganz andern Erkenntnissen und Schlussfolgerungen.

De Certeau schreibt ein Buch über das Alltagsleben in den 1970er Jahren in Frankreich. Während Lefebvre die *Passivität* der modernen Konsumenten untersucht, spricht de Certeau von den *Praktiken* – den *manières de faire* – der gewöhnlichen Menschen, ihren alltäglichen Tätigkeiten: wie sie einkaufen, spazieren gehen oder die Möbel in der Wohnung umstellen. Er beschreibt die listenreichen Aktivitäten der Verbraucher, die *angeblich* – also eben nicht! – zu Passivität und Anpassung verurteilt sind.[76] Auch de Certeau spricht von einer rationalisierten, expansiven, zentralisierten und spektakulären Produktion von (televisuellen, urbanen, kommerziellen) Systemen – die Frage ist nur, wie der Konsument mit den Produkten umgeht. De Certeau stösst auf eine Fülle von alltäglichen Praktiken, welche die Benutzer im Umgang mit den Produkten, die ihnen eine herrschende ökonomische Ordnung aufgezwungen hat, entwickelt haben. Er interessiert sich für die abweichenden Praktiken der Konsumenten, die *manières de faire*, die abertausend Fertigkeiten, mit deren Hilfe die Benutzer sich den Raum wiederaneignen. Er richtet sein Augenmerk auf die Wahl, welche die Menschen unter den in den Läden angebotenen Massenprodukten treffen, oder auf die Freiheit, mit der sie die Television handhaben. Die *Beherrschten* nehmen sich die Freiheit zu „*wildern*" – so die einprägsame Metapher für den kreativen oder subversiven Umgang mit diesem und jenem. Mit *L'invention du quotidien* (so der französische Originaltitel) rückt de Certeau die *kreativen Praktiken* der alltäglichen Menschen ins Zentrum.

Das Kapitel *Praktiken im Raum* lesen wir nach dem 11. September 2001 mit neuen Augen, beginnt es doch mit dem Ausblick von der 110. Etage des World Trade Centers auf die Wellenkämme der Wolkenkratzer. 1980 gab es, wie de Certeau festgehalten hat, auf der obersten Plattform ein Plakat mit einem rätselhaften Satz: *It's hard to be down when you're up*. De Certeau steigt hinunter und untersucht die Praktiken der Bewohner Manhattans, die sich in ihren urbanen Räumen so gut auskennen.

---

74 Berlin 1988; Originalausg. *L'invention du quotidien. 1/Arts de faire*, Paris 1980.
75 *Kunst des Handelns* (1988), a.a.O. 361.
76 a.a.O., 11.

## Metaphilosophie, Alltag, Stadt

> *Meta? Das menschliche Wesen schreitet immer über sich selbst hinaus, über das einmal Erreichte, über das Bewusstsein und das, was dem Bewusstsein entgeht.*

> Henri Lefebvre, 1980[77]

*Metaphilosophie*, in Strassburg zwischen August 1963 und November 1964 verfasst und 1965 veröffentlicht, ist – so sieht es Georges Labica[78] – ein wichtiges, ein sehr wichtiges Buch, bündelt und organisiert es doch Lefebvres philosophische und soziologische Meditationen, Unternehmungen, Projekte und Forschungen. Es bringt, da es eine Scharnierstelle im Gesamt-Oeuvre einnimmt, Früheres in Form und bereitet Kommendes vor. Es liefert den Untertitel für die *Critique III: „Für eine Metaphilosophie des Alltags"*. Es dokumentiert Lefebvres Interesse für das Schicksal der Städte und urbane Fragen im Allgemeinen. Es thematisiert die griechische Polis, die römische Urbs, die gegenwärtige Zerstörung der Stadt und die mögliche künftige Neuschöpfung.

Lefebvres nomadisches Denken und Tun hängt eng mit dem geschmeidigen metaphilosophischen Denken zusammen. Er nennt sich selber, indem er auf seine politisch und philosophisch marginale Existenz hinweist, einen *homme de frontières*. Unter den Bedingungen der modernen Welt finde wohl nur der periphere Denker den Willen zur Behauptung der eigenen Kraft. *Der Grenzgänger hält die Spannung aus, die einen andern umbringen würde: er ist drinnen und zugleich draussen, eingeschlossen und ausgeschlossen... Er schlägt Wege ein, die anfänglich niemand begehen will, später aber zu Strassen werden und am Ende mit Selbstverständlichkeit begangen werden. Er geht der Wasserscheide entlang und dann dem Horizont entgegen. Es kann sein, dass er bis an die Grenze des verheissenen Landes kommt, es aber nicht betritt. Das ist seine Prüfung... Seine Leidenschaft ist das Entdecken. Er schreitet voran, von Entdeckung zu Entdeckung, und weiss, dass er beim Voranschreiten seinen Wissenstrieb zügeln muss, der ihm zuflüstert, hier und dort anzuhalten und tiefer zu graben...*[79]

*Metaphilosophie* ist ein reiches, aufgrund der assoziativen, mäandrischen Gedankenführung auch ein verwirrendes Buch. Der Zentralgedanke lässt sich mühelos herausschälen. Es handelt sich darum, die 11. Feuerbach-These von Karl Marx ernst zu nehmen: *Die Philosophen haben die Welt nur verschieden interpretiert, es kömmt drauf an, sie zu verändern.*[80] Sogleich muss ein komplementäres Losungswort, das dem Marxschen ebenbürtig ist, hinzugesetzt werden: das grosse poetische Wort von Arthur Rimbaud, *changer la vie*. Die Amalgamierung von Marx und Rimbaud – die Welt *und* das Leben verändern – haben schon André Breton und

---

77  PA, 131; vgl. 64, 97.
78  Er schrieb das Vorwort *Marxisme et poésie* zur 2. Aufl. von Mét., Paris 2000, 5 ff.
79  PA, 202
80  MEW 3, 7.

Paul Eluard vorgenommen, für sie bildeten beide Losungsworte eine Einheit.[81] Da Lefebvre in den zwanziger Jahren mit Breton verkehrt hat und mit Eluard befreundet war, bedeutet das, dass er schon vor seinem Eintritt in die französische kommunistische Partei mit dem Gedanken von der Einheit des politischen und des poetischen Tuns vertraut war.

Für einen Franzosen hat das von Hegel in die Philosophie eingeführte Wort *aufheben* nicht jene *clarté* und *distinction*, die er sich wünschte, gleicht es doch – da es abschaffen, aufbewahren, emporheben, überwinden, aber auch vom Boden aufnehmen, hinaufheben, verklären, veredeln und dadurch verwandeln bedeutet – einem kaum übersetzbaren Wortspiel. Unendlich verschlungen sind die dialektischen Bewegungen des Aufhebens, das was Marx *das Philosophie-Werden der Welt und das Welt-Werden der Philosophie* genannt hat. Die Verwirklichung oder Aufhebung der Träume, Utopien und der Ideale der Philosophen ist eine Aufgabe, die der Arbeiterklasse zufällt (zugefallen wäre), nicht dem Staat, sondern dem Sozialismus und dem Kommunismus: Menschen hätten die Philosophie verwirklichen sollen (und nicht Stalin ...).

Wie sieht die Situation mehr als hundert Jahre nach Marx aus? Niemand hat sie klarer zum Ausdruck gebracht als Adorno: *Philosophie, die einmal überholt schien, erhält sich am Leben, weil der Augenblick ihrer Verwirklichung versäumt ward.*[82] An dieser Stelle macht sich Lefebvre auf seinen Weg, entwickelt er sein metaphilosophisches Projekt. Bei Gelegenheit fasst er es in einfache Worte: *Man kann nicht mehr wie vorher weiterfahren. Soll man auf die verschiedenen Wissenschaften hören? Das ist nötig, aber nicht ausreichend. Mögen sich die Philosophie und die Philosophen mit Problemen beschäftigen, welche, ausser vielleicht den frühen Griechen, ihnen entgangen sind: mit der Polis, der Stadt, dem Urbanen – dem Alltag – dem Krieg, der Gewalt, den Einsätzen, die auf dem Spiel stehen – der Politik und dem Politischen und dem Globalen. Das ist der Auftritt der Metaphilosophie.*[83]

Die Verwirklichung der Philosophie? Marx hat den Weg zu einer ökonomischen Veränderung eingeschlagen. Dies verlangt, so Lefebvre, nach einer Korrektur oder einer Ergänzung. Und er beginnt einen langen Dialog mit den *Dichter-Philosophen*, von Heraklit bis Octavio Paz. Der Dichter-Philosoph Charles Fourier habe zum ersten Mal von der Aufhebung der Arbeitsteilung geträumt – er träumte das Leben in den *phalanstères*, jenen übersichtlichen Kommunen, in denen die Rückkehr des Menschen zu den natürlichen Ursprüngen möglich war. In seinem Stadtentwurf spricht Fourier von bequemen und schönen Häusern, die eine Lebensart ermöglichen, von der heutige Architekten keine Ahnung mehr haben.[84] Dem zweiten

---

81 Vgl. Breton und Eluard, *Dictionnaire abrégé du surréalisme*, 1938: *Transformer le monde, a dit Marx; changer la vie, a dit Rimbaud: ces deux mots d'ordre, pour nous, n'en font qu'un*, in: Eluard, Ouvres complètes, Pléiade, Band 1, 1968, 756.

82 Theodor W. Adorno, *Negative Dialektik*, Frankfurt/Main 1966, Erster Satz des Buches. In QP kommentiert Lefebvre an drei Stellen diesen fundamentalen Satz, 66, 109, 135.

83 RD, 83.

84 Vgl. Art 37, 9 ff. ; Met. 115.

Dichter-Philosophen, Nietzsche, begegnet der Leser der *Metaphilosophie* sehr oft. Lefebvre hat Nietzsche schon im Alter von fünfzehn Jahren gelesen. Später verteidigt er sein Erbe, sein Werk und sein Denken gegen Anfeindungen. Der dritte Dichter, Rimbaud, ist zusammen mit Nietzsche der grosse Protagonist zu Marx. Auf ihn geht das Losungswort *das Leben verändern* zurück. Was steckt im *changer la vie*, einem kostbaren Wort, das heute zum Trivialen verkommen ist und zuweilen noch als blasse politische Parole auftritt? Rimbaud verkörpert eine Botschaft, die klarer und deutlicher ist als diejenige der Philosophen, und sie muss immer wieder aus der Vergessenheit hervorgeholt werden. Was für eine reiche geschichtliche Erfahrung ist im Rimbaudwort *changer la vie* untergebracht: *Die Schönheit lügt und stirbt, und die Wahrheit ist bereits tot. Man muss das Leben ändern. Die Liebe ist neu zu erfinden. Der Alltag ist die Hölle, und die Höllenzeit dauert ewig. Die Stadt – die heilige Polis, das ursprüngliche Gehäuse des Abendlandes – wird durch gewaltiges Beben erschüttert. Sie hat ein letztes Mal versucht, sich als Gesetz und Form zu behaupten. Sie hat einen verzweifelten Versuch unternommen, sich als Mass zu setzen, den Menschen und das Menschliche in Eintracht und Zwietracht zu definieren. Dieser Versuch – die Commune von 1871 – ist gescheitert, gescheitert ist auch die Neuschöpfung Europas 1848, die Demokratie, die sich zum Sozialismus hätte entwickeln können. Rimbaud hat, wie schon Baudelaire und Marx, das Scheitern erlebt. Er hat nicht nur der Commune ein grosses Gedicht gewidmet, auch drei Poesien der „Illuminations" sind der Stadt zugeeignet, der gegenwärtigen und der künftigen möglichen. Danach findet Rimbaud seinen eigenen Weg, genauer: seinen Irrweg. Die Poesie ist in ihm aufgeblitzt, dann hat sie sich selber aufgegeben, sie wollte nicht zur Literatur verkommen; denn sie, die doch Schöpferin eines Lebensstils sein wollte, wird, wenn literarischer Erfolg sich einstellt, zwangsläufig Literatur. Rimbaud ist Revolte im Reinzustand, Revolte des Kindes gegen die Welt, die es erdrückt. Und durch was werden Kindheit und kindliche Unschuld erdrückt? Vor allem durch das alltägliche Leben...*[85] In diesem Abschnitt finden sich die Elemente, welche die Revolution zu einer poetischen machen, ergo das uns schon recht Vertraute: die Hölle des Alltags, Sozialismus, Lebensstil, Revolte, Scheitern, Stadt – und das wundervolle programmatische Wort *l'amour est à réinventer.*

*

In *Metaphilosophie* werden drei fundamentale Kategorien eingeführt: die *Praxis*, die *Poiesis* und die *Mimesis*. 1) Der Begriff *Praxis* wird direkt von Marx übernommen und steht für gesellschaftliche Tätigkeit, für die Beziehung von Mensch zu Mensch, ganz allgemein für Aktion, die Bewegtheit des menschlichen Lebens. Der Philosoph der Praxis verlässt sein Reservat, die Sphäre des Philosophischen, und begibt sich in die Niederungen des Alltags. Die Praxis kann nicht losgelöst werden von der Geschichte (der Vergangenheit), auch nicht vom Möglichen (der Zukunft). 2) Mit *Poiesis*[86] wird die menschliche Aktivität bezeichnet, insofern sie auf die Aneignung

---

85 Met. 128 f. Der Textauszug wurde leicht gekürzt und in eine etwas andere Fassung gebracht.

86 Vom griechischen *poiein*: schaffen, erfinden, hervorbringen.

der Natur ausgerichtet ist, auf die Aneignung der *äusseren* Natur (den Umkreis des menschlichen Wesens) und der *inneren* Natur (Sinne, Empfindungsvermögen, Sinnlichkeit, Bedürfnisse, Wünsche). Die Poiesis ist Schöpferin von Werken. Technik oder technische Erfindungen bleiben ausserhalb des Feldes der Poiesis; sie unterwerfen zwar die „Natur" (die äussere Welt), führen aber nicht zur Aneignung der eigenen Natur (deswegen spricht man von technologischer Entfremdung). Die Poiesis zielt auf die Realisierung des ganzen Menschen, sie strebt die Überwindung der Arbeitsteilung an. Das Dorf, die Polis, die historische Stadt sind *Werke der Poiesis*. Der Entschluss, das Alltagsleben zu verändern, ist ein poietischer Akt. 3) Die *Mimesis* ist nicht identisch mit Imitation und hat nichts mit Wiederholung zu tun, sie ist abhängig von Wahrnehmung oder Intuition. Sie hat mit Erziehbarkeit zu tun. Sie entspricht dem Verhältnis des Meisters zum Lehrling, der Eltern zu ihren Kindern. Die Mode ist ein Nebenaspekt der Mimesis. Von ganz anderem Gewicht ist das Verhältnis des Gesetzgebers zu den Staatsbürgern, der Götter zu den Gläubigen. Da die Mimesis Strukturen generiert, ist sie nicht von der Praxis und der Poiesis zu trennen. Es gibt Grenzfälle der Mimesis, so ihre Neigung zu Tautologie oder Pleonasmus. Man denke an die Raststätten und Motels, die man seit den sechziger Jahren zu bauen beginnt und die sich wie Brücken rittlings über die Autobahn setzen. *Die Leute unterbrechen ihre Autofahrt, um dem Strom der anderen Autofahrer zuzuschauen... Überall dieselben Autos, dieselben Leute, dieselben abstrakten, weil denaturierten Orte und dieselben Momente. Die Sonntagsausflügler, die am Strassenrand anhalten, um Picknick zu machen... und den andern Autos nachschauen.*[87]

Der interessanteste Begriff, der die metaphilosophische Meditation vorantreibt, heisst *le résidu* (der Rest, das Residuum, der Bodensatz, das Überbleibsel). Am Anfang steht der Satz: *Das Residuum ist das Kostbarste, was es gibt.*[88] Lefebvres Theorie der Residuen ist eine Antwort auf die (philosophischen, linguistischen, theoretischen, wissenschaftlichen, technischen) Systemtheorien, die in den sechziger Jahren entwickelt worden sind. Systeme haben totalisierenden Charakter, indem sie nach und nach alles auf Systeme und Strukturen zu reduzieren trachten. Nun stossen aber die Operationen des Verstandes und des Diskurses stets auf ein Nichtreduzierbares. *Es gibt stets ein resistentes Residuum, etwas das wir nicht reduzieren können.* In Tabellenform wird aufgelistet, was totalisierende Systeme nicht reduzieren können:[89] Die Religion ist ein System, die spontane Vitalität und sinnliche Begehren sind ihre Residuen. Der Philosophie als System widersetzen sich das Nichtphilosophische, Alltägliche, Spielerische. Das Residuum des Politischen ist das Privatleben. Die Bürokratie ist ein System, das Individuelle ihr Residuum; wir können auch sagen: die Bürokratie malträtiert vergeblich das Individuelle, Einzigartige, Abweichende. Lefebvre skizziert mit wenigen Stichworten eine *Methode der Residuen*, die

---

87　Met. 259.
88　Met. 335; vgl. K. Röttgers, den Art. *Residuum*, in: *Historisches Wörterbuch der Philosophie*, Bd. 8, Basel 1992, 901 ff.
89　Met. 186, 18 ff.

aus fünf Schritten besteht.[90] 1) *détecter les résidus* – es wird nachgewiesen, dass die Residuen nicht fiktiv sind, dass es sie wirklich gibt. In einem bestimmten Sinn sind sie sogar wirklicher als die Systeme. 2) *parier sur eux* – man hat nichts zu verlieren, wenn man auf ihre Widerständigkeit setzt, im Gegenteil. 3) *montrer en eux leur précieuse essence* – man enthüllt ihren kostbaren Kern. 4) *les réunir* – die nicht reduzierbaren Substanzen der verschiedenen Systeme werden miteinander verbunden, damit sie 5) in ihrer Gesamtheit, in ihrer Unordnung, in ihrer Bedeutungslosigkeit zur Revolte finden. Die Residuen sind nicht nur das Kostbarste, sie sind auch das, was die Systeme, die es aufsaugen wollen, von innen her zerstört, *wie Keime zwischen trockenem Gestein.*[91]

Die Herrschaft der Technik und die grossen schrecklichen Vereinfacher, die Technokraten *(terribles simplificateurs* nannte sie Jacob Burckhardt), bescheren uns eine Zukunft ohne historische Dimension. Die Maschinen und Apparate versetzen uns in eine Art ewige und wahrscheinlich sehr monotone und sehr langweilige Gegenwart. Angesichts dieser Tatsache fällt der Metaphilosophie die Aufgabe zu, die Residuen einzusammeln und zur Geltung zu bringen. Alles Abweichende kann dazu beitragen, Unordnung in das „System" zu bringen. Lefebvre zählt auch die historische Vergangenheit zu den kostbaren Restbeständen; die historische Erinnerung ist nichts Totes oder bloss Pittoreskes, auch das scheinbar Irrationale will integriert werden. Die historische Erinnerung schärft das Bewusstsein für Differenz.[92] Karl Marx hat mit seiner Wesensbestimmung des Menschen einiges ausgeklammert. Der Mensch ist nicht bloss ein *homo faber* und ein *homo sapiens,* er ist auch ein *homo ludens* und ein *homo ridens.* Die antike Weisheit, dass der Mensch ein Wesen ist, das sich seiner Endlichkeit oder Sterblichkeit bewusst ist, scheint Marx vergessen zu haben.[93] Für Lefebvre gehört das Einsammeln der kostbaren vergangenen Überreste (in denen die Kraft des Nichtreduzierbaren enthalten ist) zum Projekt der Metaphilosophie.

Welches ist die Stellung und Bedeutung des *Alltags* im Rahmen der Metaphilosophie, im Widerstreit mit den Kategorien der Mimesis, Poiesis, Praxis? Das hervorstechende Merkmal der Alltäglichkeit ist ihre Konsolidierung oder Kristallisierung, die Aufspaltung des „wirklichen Lebens" in getrennte, organisierte, strukturierte Sektoren, in die Trias Arbeit, Privatleben, Freizeit. *Die Trennung dieser drei Bereiche ist ablesbar am Gelände der menschlichen Ballungsräume, wie sie geworden sind und wie man sie gebaut hat. In der Siedlung und Stadt von einst waren diese Aspekte des menschlichen Lebens noch vereint. Heute, da sie voneinander getrennt sind, werden sie zusammengehalten durch gemeinsame Merkmale, die eben dadurch die Einheit des Alltäglichen konstituieren.*[94] Diese Merkmale sind Passivität, Nicht-Partizipation. Im weitern nimmt die Reduktion auf das Repetitive, auf die line-

---

90 Met. 334.
91 Met. 335 f.
92 Mét. franz. Ausg., 170.
93 Mét. franz. Ausg. 129.
94 Met. 120.

are Zeit, auf mechanische und signalgesteuerte Bewegungen zu. Ist das Alltägliche nun einfach ein *Residuum*, bloss das was übrig bleibt, wenn man alle funktionalen und institutionellen Tätigkeiten abgezogen hat? Also etwas nicht besonders Interesssantes? Lefebvre sagt: Nein! Das Residuum ist ja das Kostbarste. Um das Alltägliche zu erkennen, muss man die fragmentierte und monotone Realität wieder zu einem Ganzen zusammenfügen. Gemäss der Residuum-Theorie ist die Macht, welche alles Nichtreduzierbare bündelt und dabei dem Belanglosen, Bedeutungslosen Ausdruck verleiht, die *Poiesis*. Die metaphilosophischen Theorie mündet in ein konkretes, längerfristiges Projekt: *Es ist die Aufgabe des metaphilosophischen Denkens, neue Formen zu ersinnen und vorzuschlagen, oder eher noch einen Stil, der sich praktisch erschaffen lässt und der das philosophische Projekt verwirklicht, indem er die Alltäglichkeit verwandelt.*[95]

*

Im Allgemeinen schreibt Lefebvre, der Theoretiker, in einem unaufgeregten, nüchternen Stil, *style cool*. Auf Dutzenden von Seiten kann er, ohne zu dramatisieren, über Hegel oder Marx referieren, doch grau ist alle Theorie. Gelegentlich pflegt er den *style hot*, bringt er Farbe und Leidenschaft in seine Analysen hinein, charmiert er mit dem pikanten Detail. Der Alltag besteht ja nun einmal aus einer Fülle von Einzeldingen. Der Metaphilosoph steigt wirklich und tatsächlich in die Niederungen von diesem und jenem herab. So hat er die Welt der *gadgets* nicht nur eingefangen, sondern gedanklich auch durchdrungen, die Welt der *Juke-box, Nylon, Plastik*, die Welt, die ihren völlig überflüssigen technischen oder technologischen Kleinkram (aus der Plastik-Schale herausgestanzt) im *Supermarché* und im *Uniprix* zur Schau stellt. Gelegentlich scheint der Metaphilosoph auch in die *presse féminine* oder *presse du coeur*, die Regenbogenpresse, hineinzuschauen. So hat er in der Zeitschrift *Elle* den *Chanelismus* entdeckt. Chanelismus? Hier die Antwort: *Die Frau und das junge Mädchen verfügen nun, dank* Chanel, *über eine Philosophie.*[96] Mit sichtlichem Vergnügen glossiert er das Gloriose von *Stars, Covergirls, Mannequins*, den Stereotyp der femme-enfant, der Kindfrau *Brigitte Bardot*. Er beobachtet *Marylin Monroe* und macht sich über die Pseudo-Revolte des *Ye-Ye* à la *Sylvie Vartan* lustig. Er spricht über die *Callas* und *Onassis*, daneben über Harmonie und Kontrapunkt bei *Sauveur, Rameau, Bach* und *Couperin*.[97] Wer weiss heute noch, was *Algol* und *Syntol* einst waren, und etwas so Flüchtiges wie *Scoubidous?*[98] Die *Metaphilosophie* eignet sich auch für eine Archäologie des Alltags in den sechziger Jahren, und das ist ja kein schlechtes Kompliment für den Autor.

*

---

95 Met. 125.
96 Met. 112.
97 Met. 249, 252, 318.
98 Met. 277; AMW, 152.

Bei der metaphilosophischen Erforschung der modernen Welt gibt es einen Ort und eine Zeit, in der sich die Themen des Alltags mit denen der Stadt kreuzen, sich miteinander verbinden oder einander ablösen. Lefebvre beginnt über das *Phänomen Stadt* nachzusinnen, über die Stadt, deren Entwicklung und Veränderung er täglich beobachten kann. Über die Stadt, die über ihre Grenzen hinauswuchert, ihre Ausläufer in die Vorstädte hineinstreckt, ihr Zentrum verliert, in Vororte zerfliesst und sich ihrer sinnlichen Substanz entleert. Wir wissen bereits, dass der Zerfall der Stadt massiv mit der *lautlosen Katastrophe* einsetzt, mit der Epoche kurz vor dem ersten Weltkrieg, in der verschiedene Bezugssysteme zusammenbrechen. Das grosse Bild von der Stadt leuchtet nochmals hell auf bei Apollinaire, Cendrars, Aragon. Etwas früher schon sucht der wachsame Charles Baudelaire die Poesie in der Flüchtigkeit des Augenblicks, im rasch Vergänglichen – und so handeln die bewegendsten Gedichte aus *Les Fleurs du mal* von jenem Paris, das schneller sich wandelt als das Herz eines Sterblichen.

Der Metaphilosoph lässt sich nicht paralysieren von den Bildern des Zerfalls. Unwillkürlich erinnert man sich an eine Maxime von Jacob Burckhardt: *Durch beharrliches Starren ins Chaos wird man weder weiser noch besser.*[99] Lefebvre fragt ahnungsvoll: *Steht der Zusammenbruch der Stadt nicht symbolisch für das Ende der alten Werke und für ein neues (noch erst zu schaffendes) Verhältnis zwischen dem Menschen und seinen Werken?*[100] Er schaut zurück auf die Polis, auf das Werk, das durch einen *poietischen* Akt geschaffen wurde, das ihre Institutionen und diejenigen der Gesellschaft in ihren Monumenten verkörpert hat. Er schaut zurück auf den Anfang, als es noch keine Sonderungen gab, keinen Unterschied zwischen dem philosophischen und dem poetischen Sprechen. *Der Dichter-Philosoph kannte die Gesetze der Stadtgemeinschaft; er konnte über sie entscheiden. Er war Politiker.*[101] Der Metaphilosoph, für den die Stadt das höchste Werk ist, meditiert über das Verschwinden der antiken Polis: *Der Zusammenbruch einer solchen Form kann nicht ohne Nostalgie vonstatten gehen. Aber muss er nicht kommen? Das grossartige Werk, das vollendetste aller Dinge stirbt und hinterlässt eine Leere...Doch in ihr häufen sich auch, ohne ein klares Ziel, die* Mittel *für etwas unerhört Neues.*[102]

Der Metaphilosoph beginnt sich intensiv mit Problemen zu befassen, die der Philosophie während Jahrhunderten entgangen sind, mit Ausnahme vielleicht der ersten griechischen Philosophen, welche die Stadt, die Polis, den Alltag, den Krieg, die Gewalt in ihr Denken miteinbezogen haben. Der Metaphilosoph weiss um den Einsatz, den man beim Spiel, beim Weltspiel, beim politischen Spiel zu entrichten hat.

Mit *Metaphilosophie* sind wir mitten im Thema Stadt, in drei Jahren wird das erste Buch erscheinen, das ausschliesslich der urbanen Wirklichkeit gewidmet ist. Innerhalb von sechs Jahren werden es sechs Bücher sein. Im Unterschied zum lang-

---

99 Br IV, 138.
100 Met. 124.
101 Met. 72; vgl. 90.
102 Met. 124.

samen Rhythmus der Bände zum Alltagsleben brechen die Publikationen zum Urbanen und zum Raum, vulkanischen Eruptionen vergleichbar, in kurzem Zeitraum heraus:

1968   Le droit à la ville (nicht übersetzt)
1970   Du rural à l'urbain (nicht übersetzt)
1970   La révolution urbaine (Die Revolution der Städte, 1972)
1972   La pensée marxiste et la ville (Die Stadt im marxistischen Denken, 1975)
1973   Espace et politique (nicht übersetzt)
1974   La production de l'espace (nicht übersetzt)

# 6. DIE STADT DENKEN

*Sokrates wurde von Phaidros gefragt, warum er die Stadt kaum je*
*verlasse. Sokrates gab Phaidros diesen Bescheid: Dies verzeihe mir,*
*o Bester. Ich bin eben lernbegierig, und Felder und Bäume wollen*
*mich nichts lehren, wohl aber die Menschen in der Stadt.*

Platon, *Phaidros*, 230 d.

Im vorherigen Kapitel wurden die zahllosen Bilder des Alltags, des entfremdeten oder erniedrigten Lebens, an einer verloren gegangenen menschlichen Fülle gemessen. Die Kritik des Alltags ist aus der Kritik der Philosophie hervorgegangen. Nur zu oft haben die Philosophen in ihrem Hochmut das Bescheidene und Unreine, das wirkliche und tatsächliche Leben, übergangen oder es als das Unphilosophische ausser Acht gelassen. Lefebvre kehrt den Spiess um, er erklärt das Leben von Tag zu Tag, das während Jahrhunderten als das Nichtphilosophische gegolten hat, zum Objekt der Philosophie.

In diesem Kapitel steht die Stadt im Zentrum. Das Jahrzehnt nach 1960 ist dasjenige eines gewaltigen Baubooms. Der Wohnungsbau wird industrialisiert, Quantität hat den Vorrang vor Qualität. Der Städtebau wird (in Frankreich) vom *Ministère de l'Equipement* geleitet. In den sogenannten *Villes Nouvelles* werden zwei Millionen neue Wohnungen aus dem Boden gestampft. Die ungeordnete und chaotische Urbanisierung hat zu einer brutalen Zerstörung der historischen Stadt geführt. Lefebvre: *Que de choses grandes et belles ont disparu! Que de possibilités magnifiques restèrent inaccomplies!* Zwei Dinge haben Lefebvres Hinwendung zur städtischen Realität bewirkt: der Bau einer *Ville Nouvelle* unweit seines Herkunftsortes, und die Begegnung mit den *Situationisten,* die als Erste den lebenszerstörenden Urbanismus vehement kritisiert und eine neue Sensibilität für urbane Fragen eingeleitet haben. Mit *Le droit à la ville* und *La révolution urbaine* entwickelt Lefebvre seine Theorie des Urbanen, generiert er ein städtisches Denken, das, rückwärtsgewandt, sich an grossen städtischen Kulturen orientiert und, nach vorne blickend, die künftige *urbane Gesellschaft* ins Auge fasst. *Die Stadt denken* heisst, ausgehend von den heutigen Widersprüchen, dem unabgeschlossenen planetarischen Urbanisierungsprozess Sinn und Ziel geben. Das mäandrische Stadt-Denken, das in Neuland vorstösst und verschiedene Theorieansätze erprobt, endet mit Analysen urbaner Rhythmen. *Die Stadt denken? Wir geben uns alle Mühe. Ohne dass man seit den Griechen und den ersten Überlegungen zur Polis in diesem Denken viele Schritte vorangekommen wäre. Die Stadt denken heisst, ihre konfliktvollen Aspekte nicht aus den Augen verlieren: die Zwänge und die Möglichkeiten – das Friedliche und die Gewalt – die Begegnungen und die Einsamkeit – das Zusammenführen und die Tren-*

*nungen – die harte Wirklichkeit, das Trivialste und das Poetische – den brutalen Funk-*
*tionalismus und die plötzliche Überraschung.*[1]

## Die Pyrenäen

Navarrenx, am Fuss der Pyrenäen gelegen, ist ein altes Dorf oder eher noch ein
Städtchen, das den mittelalterlichen, wehrhaften Charakter bis heute nicht verloren hat. Von Navarrenx, dem Ort seiner Jugendjahre, meint Lefebvre, kenne er
jeden Stein, und an diesen Steinen lese er die Jahrhunderte ab, so wie der Förster
an der Anzahl der Ringe auf den abgesägten Baumstrümpfen das Alter der Bäume
ablese. Noch zutreffender sei das Bild von der Muschel (das wir schon kennen): ein
lebendes Wesen, das klebrige und  sich bewegende Muscheltier habe im Verlauf
eines Lebens gemäss den Gesetzen seiner Art eine feingliedrige Struktur abgelagert,
eine Gemeinschaft habe während Jahrhunderten ihre Muschel nach den jeweils
auftretenden Bedürfnissen eingerichtet oder umgemodelt. Bis heute hat jedes Haus
sein Gesicht. Die bauliche Formenvielfalt ist in der Umgebung von Navarrenx an-
zutreffen. Die zweckmässige Bauform der Galerie (oder Laube) diene dazu, den
Mais zu trocknen oder die Zimmer miteinander zu verbinden. *Jedes Haus und jedes*
*Dorf ist ein Werk für sich, in dem sich alles vermischt und vereinigt: Ziele, Funktionen,*
*Formen, Vergnügungen, Tätigkeiten.* Die Beschreibung von Navarrenx gewinnt an
Zauber, wenn die Dorfstrasse als Ort für den gemächlichen Spaziergang geschildert
wird; man plaudere und lebe, und nichts von dem, was auf der Strasse geschieht,
entgehe dem Blick der Häuser. Die Leute schauen ungeniert zu und lassen sich dieses Vergnügen nicht nehmen. Nach der anmutigen Skizze eines Kleinstädtchens,
welche wirkliches, erfülltes, mannigfaltiges Leben abbildet, wird der Leser unsanft
in die prosaische Wirklichkeit zurückgeholt, denn: *das alles ist fast nicht mehr wahr.*
Der Marktflecken, der einst von Handwerk und Kleinhandel geprägt war, vegetiere
heute, wie so viele andere französische Dörfer und Kleinstädte, nur noch dahin
– dahin der Charme der Sonntage, die glückselige Wärme.[2]

Wenn Lefebvre im nahen Lacq-Mourenx, in der *Ville Nouvelle*, in der aus dem
Nichts herausgestampften Neuen Stadt ankommt, entfährt ihm ein kurzes *Ich er-*
*schrecke...* Verweilen wir vorerst noch in Navarrenx, wo Lefebvre im Haus *Dar-*
*racq,* dem mütterlichen Erbteil, regelmässig seine Ferien verbringt, zum Arbeiten.
In diesem Haus hat er seine Jugend verbracht, und zwei Jahre vor seinem Tod hat
er sich dorthin zurückgezogen. Kamen in den sechziger Jahren zur Ferienzeit Gäste
ins Dorf – Philosophen, Soziologen, Studenten, Freunde – dann war nach einer
guten Mahlzeit ein Rundgang zu Fuss durch Lacq-Mourenx fast unumgänglich.[3]
Das Haus Darracq war für Lefebvre sein *Belvedere,* sein Beobachtungsturm, von
dem aus er zu immer neuen Erkundungen in die Pyrenäen aufbricht. Um 1985

---

1 QP, 110.
2 EM, 141 ff.
3 vgl. das Vorwort zu *Pyr.* von René Lourau, 2. Aufl. 2002, 7 ff.

versammelt er zehn Freunde in seinem Haus zur Ausarbeitung eines Bürgerver-trages. Der *Contrat de citoyenneté,* der zwei Jahrhunderte nach der Erklärung der Menschen- und Bürgerrechte erscheint und als eine Art Grundsatzpapier für die Errichtung der Zivilgesellschaft gelten kann, ist ein Werk der *Groupe de Navarrenx.* Was ist sonst noch mit dem *esprit du lieu* verknüpft? Wenige Monate vor seinem Tod führen zwei junge Leute längere Gespräche mit dem greisen Philosophen in seinem Haus; sie wollen wissen, wie er nach dem Fall der Berliner Mauer, nach der Wiedervereinigung Deutschlands, nach dem Zusammenbruch der sozialistischen Regime, über die künftigen Entwicklungen und, rückblickend, über sein Lebens-werk denkt.[4]

Lefebvre und die Pyrenäen? Das Thema ist umfangreich, und es mag auf den ersten Blick überraschen, dass ein Philosoph und Soziologe, der ein Leben lang die globalen Entwicklungen verfolgt, der den Blick auf Tokio, Mexiko oder Los Angeles richtet, sich mit Akribie der Erforschung einer abgelegenen Region zu-wendet. Mit seiner Thèse d'Etat (Doktorarbeit) hat er eine Studie über ein sozi-ales Mikromilieu vorlegt. Die agrar-soziologische Arbeit *La Vallée de Campan*[5] geht den letzten Spuren einer fast untergegangenen, halb nomadisierenden Hirten- und Bauerngemeinschaft nach.

Das im gleichen Jahr wie *Metaphilosophie* erschienene Pyrenäenbuch (1965) ist mit Bedacht komponiert, vom einleitenden Dialog an, der den unbekannten Reisenden in den weiten Raum der Pyrenäen einführt und ihm zeigt, in welchem Geist man sich ein Gebirgsterritorium aneignet – bis zum Schlussabschnitt, der auf das Verhältnis des Besonderen zum Allgemeinen eingeht, auf das Verhältnis einer abgelegenen, industriell und technisch zurückgebliebenen Region zum übergeord-neten Staat. Von der ersten Seite an ist der trotzige Stolz des Autors auf die Zugehö-rigkeit zur mediterranen Welt, genauer: zu Okzitanien, vernehmbar: *Nichts auf der Welt kenne ich so gut wie diese Region. Es scheint mir, dass sie niemand besser kennt als ich.*[6] Ein paar Zeilen von Hölderlin, die das Andenken an eine gut verlebte Zeit bewahren, werden dem Pyrenäenbuch als Motto vorangestellt: *Der Nordost wehet, / Der liebste unter den Winden / Mir Weil er feurigen Geist / Und gute Fahrt verheisset den Schiffern. / Geh aber nun und grüsse / Die schöne Garonne / Und die Gärten von Bordeaux...* [7]

Lefebvre hat das Land nach allen Richtungen durchquert und dabei dessen Vor-züge und Mängel kennen gelernt. Manchmal glaubt er, das Menschliche in der Er-de selber zu entdecken: *Die Reize der Erde nehme ich auf den Lippen wahr, die Düfte und Wohlgerüche beim Atmen. Die Schlammklumpen, die Steine, die Grasbüschel, das Auf und Ab dieser Berge spüre ich in meinen Beinen und Füssen. Meine Augen haben die Nuancen des Lichts in Erinnerung behalten. Ich glaube, dass diese lange und immer*

---

4 Patricia Latour und Francis Combes, *Conversations avec Henri Lefebvre,* Paris 1991.
5 1963 publiziert, aber schon Jahre vorher abgeschlossen.
6 *Pyrénées* (Pyr), 21.
7 Hölderlin, *Andenken,* in: in Pyr., 15.

*tiefer gehende Erfahrung mir einige gut gehütete Wahrheiten eröffnet hat.*[8] Manchmal hat er das Gefühl, als sei er bei seinen Erkundungen, die ganz von der körperlichen Wahrnehmung ausgehen, bis zum Ursprünglichen des menschlichen Wesens vorgedrungen. Und dennoch finden sich im Pyrenäenbuch keine „reinen" Naturschilderungen, keine Beschreibungen der grandiosen Bergwelt, keine Sonnenuntergänge, kein Rauschen der Bergbäche. Wegweisend ist dieser Satz: *Die Natur ohne den Menschen interessiert mich nicht.*[9] Worauf es ankommt, ist die Beziehung zwischen Mensch und Natur, die Art und Weise, wie ein Schafhirt die Berge, Schluchten und brausenden Wasser erlebt, wie sie in sein Leben eintreten, wie sie mit seinen praktischen Tätigkeiten verknüpft sind. Dabei ergibt sich, dass der Mensch ohne die Natur auch nicht interessanter ist als die Natur ohne den Menschen. Unvermittelt weht ein metaphilosophischer Begriff durch den Text, die *Poiesis*. Die Art und Weise, wie die Menschen sich der Natur bemächtigen, wie sie sich ihrer bedienen, wie sie sich ihr gegenüber behaupten, ist ein Werk der Poiesis. Die Menschen formen sich selber durch die Art und Weise, wie sie dem Form geben, was sie umgibt.

Der Ehrgeiz des Pyrenäenbuchs besteht darin, dass es allgemeinverständlich sein will, geschrieben für alle und jeden Einzelnen. Zur Darstellung gelangen soll der Alltag der Bewohner – der Alltag allerdings befreit vom Korsett der Theorie. Die *wahren Menschen*, wie man leichthin sagt, sollen geschildert werden. Die Menschen der südlichen (spanischen) und nördlichen (französischen) Gebirgstäler. Alle diese Menschen sind ja, ohne sich dessen ganz bewusst zu sein, aus der harten Existenz der Bauern- und Hirtengemeinschaften hervorgegangen. Dunkel tragen sie in sich noch das Bewusstsein von den berühmten Rechten der Bauern und Hirten, jener Rechte, die sie lange vor der bürgerlichen Emanzipation der Städter erkämpft haben.

Die traditionellen Rhythmen der Natur, des Viehs und seiner Ernährung, bestimmen das Leben der Menschen der *communautés agro-pastorales*. Seit je gibt es die Arbeitsteilung. Der Mann weidet die Rinder und Schafe, erledigt die schweren Arbeiten; zur Zeit der Heuernte steigt er auf die Hochwiesen um zu mähen. Die Frau kümmert sich um Haus und Garten. Die Organisation des Gemeinschaftslebens vereinigt das Sesshafte und das Nomadische. Die *transhumance*, die periodische Wanderung der Herden auf immer höhere Alpweiden im Sommer, ist ein Überbleibsel des nomadischen Lebens. Den fixen Pol der Gemeinschaft, die im Sommer mit der Herde herumzieht, bildet das Haus, das für die Familie Beständigkeit verkörpert. Das Erbrecht ist streng geregelt. In der hierarchisch aufgebauten Familie repräsentieren der Vater oder die Mutter die biologische und die soziale Kontinuität, ebenso, als mögliche Erben, der Sohn oder die ältere Tochter. Die jüngeren Kinder haben diese Ordnung zu stützen. Von Kindheit an spielen die älteren Geschwister die Rollen künftiger Väter und Mütter. Gemäss strengem Brauchtum sind die jüngeren Kinder zu Nomadismus verpflichtet, sie arbeiten in der Fabrik

---

8 a.a.O.
9 Pyr, 25.

oder müssen in die Stadt auswandern. In der kurzen Erzählung *Marie la bonne*[10] wird das unwahrscheinliche Schicksal einer „Jüngeren" geschildert.

Trotz einer gewissen Einheitlichkeit der Bevölkerung der Pyrenäen ist ihre Verschiedenheit dennoch auffallend. Andorra und Llivia[11] sind noch die letzten Relikte autonomen republikanischen Geistes. Letztlich fühlt sich jede Dorfgemeinschaft oder jede Talschaft als eine freie, unabhängige Republik. Folglich werden die Besonderheiten der einzelnen Gebiete hervorgehoben, werden den baskischen Ländern (im Plural!), den Tälern Aragons, dem Bigorre, dem Roussillon usw. je ein Abschnitt gewidmet. Kommt Lefebvre auf sein Herkunftsland *Béarn* zu sprechen, schlägt unüberhörbar der Stolz auf eine grosse Vergangenheit durch, ist Pau, der Hauptort des Béarn, doch der Geburtsort des Königs Henri IV – im 16. Jahrhundert war das kleine baskische Land in das Schicksal der europäischen Geschichte hineinverwoben. Was bleibt von der langen und einst grossen Vergangenheit? Vielleicht der baskische Humor, ein gutes Gemisch aus Spott und Skepsis: *Der Mensch aus dem Béarn ist mutig und kann, wenn es seiner Eitelkeit schmeichelt, grosszügig sein. Er mokiert sich gerne über die Mächtigen und die Reichen und weiss dabei sehr wohl, wie weit er gehen darf. Nie zu weit. Bloss so weit, dass derjenige, der verspottet wird, aus dem Spott immer noch ein Lob heraushört und aus dem Lob etwas Spöttisches. Letztlich soll er nie wissen was gilt und somit auch nicht böse werden können.*[12] Im zweiten Teil des Buches werden Orte mit grossem Symbolgehalt besprochen, so auch *San Juan de la Pena*, ein heiliger Ort nicht nur für die Spanier, sondern für die ganze Christenheit. In der wilden Bergfestung mit dem Blick in das weite spanische Land hinein verfällt Lefebvre in eine ketzerische historische Meditation. Der längere Tagtraum beginnt mit Gedanken an das südliche Spanien, an Andalusien, Sevilla, Granada und schliesst mit der Frage: Würden wir vielleicht, wenn die Araber im Jahrhunderte langen Kampf gegen die spanischen Christen den Sieg errungen hätten, in einer ganz andern städtischen Kultur leben, in sinnesfreudigen muslimischen Städten, umgeben von prächtigen, künstlich bewässerten Gärten...?[13]

## Okzitanien und Paris, die beiden Pole

Kommt Lefebvre auf seine Wurzeln zu sprechen, verliert er sich nicht in einer ausschliesslichen Suche nach seinem Herkommen. Wohl spielen das Haus (Darracq), das Städtchen (Navarrenx) und die Region (Pyrenäen) in Lefebvres Leben eine grosse Rolle – auffallend ist jedoch, dass er nicht von *einem* Pol, sondern von einer eigenartigen Bipolarität geprägt ist. Da er schon früh in seinem Leben weggegangen, jedoch regelmässig wieder zurückgekehrt ist, hat er den Rhythmus von

---

10 Pyr. 111 f.

11 Llivia, in den Ostpyrenäen, ist eine kleine spanische Enklave auf französischem Territorium.

12 Pyr. 73.

13 Pyr. 125 ff.

Entwurzelung und neuer Einwurzelung stets von neuem gelebt. Dies kommt im folgenden Satz zum Ausdruck: *Il me plaît de dire que je suis Occitan, c'est-à-dire péri-phérique – et mondial.*[14] Dieser Satz verlangt nach einer Erläuterung. Beginnen wir mit Okzitanien.

Okzitanien ist nicht nur eine Spracheinheit (langue d'oc) oder eine geografische Einheit (der südliche Teil von Frankreich, von der Provence bis zu den Westpyrenä-en). Bis zum Zweiten Weltkrieg war die politische Bewegung des okzitanischen Na-tionalismus (Separatismus oder Regionalismus) eine Angelegenheit der politischen Rechten. Gleich nach 1945 hat Lefebvre, als Linker, als einer der Ersten Partei für Okzitanien ergriffen.[15] Im Pyrenäenbuch plädiert er für eine relative Autonomie für die südfranzösische Region.[16] Am wichtigsten ist für ihn die sinnliche Seite der südlichen Kultur, all das was Gebrauchswert hat, vom Essen bis zur Liebe. Okzita-nien sei identisch mit der grossen mediterranen Kultur. Diese hat nicht nur eine Lebensart und eine Art des Sprechens hervorgebracht; sogar die Handelsgeschäfte werden *mit Anmut* getätigt – all dies meint Lefebvre, wenn er sagt: *Je suis Occitan...*

Im späten autobiographischen Text *Le Temps des méprises* beschreibt Lefebvre, wie stimulierend für ihn der Gegensatz Peripherie/Zentrum zeitlebens gewesen ist. Den bekenntnishaften Abschnitt übersetze ich etwas frei: *Ich bin ein peripherer Mensch, vielleicht sogar ein Barbar, obwohl ich nicht an das Einfache glaube. Ich be-ginne mit Paris, das mich fasziniert. Ich habe immer dort gewohnt, und ich bin kein Pariser. Die Wurzeln habe ich in Okzitanien, von dort kommt meine sinnliche Seite. Ich spreche wie ein verfeinerter Barbar. Aber es gibt einen andern Pol, Paris, die Stadt, die ich hasse und die ich liebe, die Abstraktion. Paris verkörpert etwas Elitäres (auch die Linke kann unerträglich elitär sein). Dann gibt es den Clangeist, die sogenannten „cha-pelles" (die auf Exklusivität bedachten intellektuellen Zirkel). Ich bewege mich spiele-risch zwischen Peripherie und Zentrum, mit eindeutiger Vorliebe für die Peripherie. Ich habe die Erfahrung mit einer dunkeln Realität gemacht: mit den Agrar-Gesellschaften, den Bergbauern und den Hirten. Das ist mein gelebter Widerspruch. Der Parisianis-mus, der so aufregend sein kann, ist mir nicht fremd – und dann befinde ich mich in einem „cirque" in den Pyrenäen. Cirque? Damit ist der hinterste weite Raum eines Tals gemeint, der durch hohe Felswände abgeschlossen wird und Ähnlichkeit mit einem gros-sen Amphitheater hat. Ich sehe die Herden, Kuhglocken und die Hirten. Und die Ställe, die sich seit dem Neolithikum kaum verändert haben. Ich erfasse zwei Pole unserer Welt. Das sind wundersam stimulierende Widersprüche.*[17]

Ein Leben lang gründet Lefebvres Selbstverständnis in einem peripheren oder marginalen Bewusstsein. Geografisch und existentiell fühlt er sich jener Region zugehörig, die der Zentralmacht Widerstand entgegensetzt. Aufgrund seiner Hin-wendung zum Peripheren und gleichzeitig zum Zentrum ist er für jene zu einem Ärgernis geworden, welche eindeutig entweder für diesen oder jenen Pol Stellung

---

14  TM, 60.
15  TM, 135 f. Vgl. *„4 Vertats"/Le petit livre de l'Occitanie,* Paris 1971.
16  Das Kap. *Particularisme et mondialité,* in: Pyr, 175 ff.
17  TM, 133 ff.

beziehen. Lefebvre verkörpert auf überraschende Weise *das Gesetz der hereinbrechen-den Ränder*. Der Denker-Dichter Ludwig Hohl hat in seinen *Nachnotizen*, die den Titel *Von den hereinbrechenden Rändern* tragen, ein Gesetz formuliert, das besagt, dass das menschliche Entdecken und damit die Entwicklung der Welt nicht vom Allgemeinen zum Speziellen, sondern vom Speziellsten zum Allgemeinen verläuft. Nicht in der Mitte wurzelt die Kraft der Erneuerung, das Neue wird zuerst in den Randbezirken, an den zerfasernden Orten, gesehen. Das Kommende kann nicht aus der Mitte heraus geboren werden, denn das *Dicke, Breite und Grosse* hat keine Kraft. Das Kommende ist auf lange Zeit randständig, es wird *am Rande, am aller-entferntesten Rande* geboren, und es bleibt lange unbeachtet.[18] In Lefebvres Worten: *Es stimmt, dass unter den Bedingungen der modernen Welt nur der randständige, mar-ginale, periphere, anomische Mensch – l'exclu de la horde, wie Gurvitch sagt – eine kreative Fähigkeit entwickelt.*[19]

Wir werden zu zeigen haben, wie der aus der Peripherie stammende Philosoph sich in der Mitte, im Zentrum, etabliert, wie der verfeinerte Barbar die neuen sich bildenden und verfestigenden Zentren in Frage stellt.

## Lacq-Mourenx, die Retortenstadt

> *Angesichts der Notwendigkeit, ganze Städte schnell zu bauen, ist man dabei, Friedhöfe aus Stahlbeton aufzustellen, in denen sich grosse Bevölkerungsmassen zu Tode langweilen müssen... In den neu gebauten Vierteln beherrschen zwei Themen alles: der Autoverkehr und der Komfort zuhause. Sie sind die erbärmlichen Ausdrucksformen des bürgerlichen Glücks.*
>
> Constant 1959[20]

Um die Überreste eines intensiven, halb nomadischen Lebens kennen zu lernen, braucht Lefebvre nicht an die äussersten Ränder unseres Planeten zu reisen: die Pyrenäen ragen gleich hinter seinem Dorf in die Höhe – um die Brutalität des urbanistischen Plans, d.h. die Gründung einer Neuen Stadt in einer traditionell bäuerlichen Landschaft zu beobachten, braucht er nicht nach Brasilia zu fliegen: in der unmittelbaren Nachbarschaft von Navarrenx wird kurz vor 1960 eine *Ville Nouvelle* gleichsam über Nacht aus dem Boden gestampft.

---

18 Vgl. Ludwig Hohl, *Von den hereinbrechenden Rändern/Nachnotizen*, Frankfurt/M. 1986, Fragm. 141, 422, 543 etc.

19 PA, 202. Der autobiographische Text von Georges Gurvitch *Mon itinéraire intellectuel ou l'exclu de la horde*, in: L'homme et la société, Nr. 1, Juli/Sept. 1966, 3 ff.

20 *Eine andere Stadt für ein anderes Leben*, in: *Der Beginn einer Epoche / Texte der Situationisten*, Hamburg 1995, 80.

In den Jahren nach 1945 ist der Südwesten Frankreichs immer noch eine zu-
rückgebliebene, bäuerliche Landschaft. Der Mais wird auf traditionelle Weise angepflanzt, Erbsen und Kürbis lockern den Maisanbau auf. Jeder Bauer produziert sein
eigenes Saatgut. Michel Serre, der ebenfalls in dieser Landschaft gross geworden
ist, schildert in elegischen Bildern die traditionelle Landwirtschaft: Die Weinstök-
ke wurden in breiten Reihen angepflanzt, damit im Wechsel der Jahre Mais oder
Weizen dazwischen Platz fand. Die Ebene der Garonne bildete ein buntscheckiges
Muster, einen aus vielen Teilen zusammengesetzten farbigen Teppich. *Manchmal
behielt der Wein etwas vom Duft der Pfirsiche oder der Kirschen, unter denen die Och-
sen Schatten fanden, um sich von der Arbeit und den Fliegen auszuruhen; der Ochsen-
führer lag breit dort und schlief, das Gesicht unter dem Hut, die Beine gekreuzt.*[21] Mit
der Einführung der Hybride, dem ertragreichen Saatgut, trat die Veränderung ein.
Die Landschaft bekam ein anderes Gesicht. *Monokultur. Nichts Neues unter der einzigen Sonne. Die endlosen homogenen Reihen verdrängen oder löschen das Moiré... Der
Agronom vertreibt den Bauern... Statt der Kultur herrschen Chemie und Verwaltung,
Profit und Schriften. Ein rationales oder abstraktes Panorama vertreibt tausend Landschaften mit ihren kombinatorischen Spektren.*[22]

In den Jahren, da der Südwesten Frankreichs die *corn belt* des Landes wurde,
entstand ausserhalb von Mourenx der neue Industriekomplex Lacq, denn am Fuss
der Pyrenäen hatte man Erdgas und Schwefel gefunden. Bald werden rund zehn
Prozent des nationalen Energiebedarfs hier gedeckt. Lefebvre verfolgt von Anfang
an, *in vivo* und *in statu nascendi*, was sich hier abspielt; er schaut gleichsam in ein
kleines urbanistisches Labor hinein. Er sieht die Bulldozer in die Wälder eindringen, die Bohrtürme, Industriebauten und eine neue Stadt aus dem Boden hervor-
schiessen. In Notizbüchern hält er seine Beobachtungen fest. Er führt soziologische
Untersuchungen durch und unterhält sich ausführlich mit den neuen Bewohnern.
Es folgen weiterführende Meditationen über das Schicksal der Stadt. An mehreren
Stellen seines Werkes analysiert er das Phänomen der Retortenstadt, am ausführlichsten in den *Notizen zur Neuen Stadt*, dem siebten Kapitel von *Einführung in die
Modernität*.

Lacq-Mourenx ist der Stolz des modernen Frankreich. Lefebvre: *Ich teile diesen
Stolz nicht.*[23] Er betrachtet die *Wohnmaschinen* und beginnt sich Fragen zu stellen:
Werden diese Häuser, die nach einem urbanistischen Plan entworfen worden sind,
einen neuen Humanismus hervorbringen? Werden die Bewohner folgsam, wie es
der Plan vorsieht, im Einkaufszentrum einkaufen, im Sozialamt um Rat nachsu-
chen, im Vergnügungszentrum spielen, von Zeit zu Zeit im Verwaltungszentrum
ihre Rechte als Bürger einfordern? Bald wird alles perfekt und vollendet sein, jedes Objekt wird seine ihm zugewiesene Funktion haben, alles wird funktional sein

---

21 Michel Serre, *Die fünf Sinne*, Frankfurt/M., 1993, 340; vgl 334 ff.
22 a.a.O. 342.
23 Pyr. 121.

– wo aber bleibt die Überraschung, das Mögliche? *Sie sind verschwunden aus diesem Ort, der doch der Ort der Möglichkeiten sein sollte.*[24]

Bei den Tiefeninterviews, die Lefebvre mit den Bewohnern durchgeführt hat, steht die konkrete Wirklichkeit (*le vécu*) im Zentrum. Ein vierzigjähriger Einwohner meint etwa, das sei doch keine Stadt, hier habe es nichts, keine Kirche, keinen Friedhof, nicht einmal eine Promenade. Dazu Lefebvres analytischer Kommentar: *Die Funktion des Friedhofs besteht darin, die Verstorbenen zu empfangen. Für die Mitglieder einer Gruppe hat er einen symbolischen Wert, er drückt Kontinuität aus – eine Verbundenheit mit der Geschichte, der Zeit und dem Raum. In einer grossen modernen Stadt würde sein Nichtvorhandensein kaum bemerkt. Ganz anders an einem kleinen Ort, da wird sein Fehlen stark empfunden. Die Bewohner vermissen ebenfalls Orte für zweckfreie, ungezwungene Begegnungen, zum Beispiel eine Promenade. Und sie bringen diesen Mangel deutlich zum Ausdruck. Es fehlt ihnen etwas, was über das rein Funktionelle hinausgeht. Sie sehnen sich nach etwas, was der Tatsache, das Leben in dieser Stadt verbracht zu haben, Würde verleiht.*[25]

Der moderne Industriekomplex Lacq-Mourenx wirft weitere Fragen auf: Wie werden die Riesengewinne des „halb kolonialen" Unternehmens investiert? Es scheint, dass zehn- bis zwanzigmal mehr Geld in den Produktionsapparat als in das menschliche Leben investiert wird. Die enormen Investitionen – so Lefebvres Beobachtung – haben der Region wenig gebracht. Bescheiden ist die Anzahl der Leute, die in der neuen Industrie eine Arbeit finden. Die Techniker und die *höheren Kader* kommen von anderswo her – die hier gewonnenen Rohstoffe verlassen die Region in Richtung Anderswo.[26] Wie sieht die neue Arbeiterklasse aus? Sie besteht aus Hilfsarbeitern, welche putzen und Unterhaltsarbeiten durchführen. Es gibt ein paar *Operateure,* welche die Schaltzentrale überwachen und sich während Stunden kaum bewegen. Das sind die neuen Arbeiter, die nicht mehr arbeiten. Sie wissen nicht, womit sie die Stunden der leeren Aufmerksamkeit und des leeren Wartens ausfüllen sollen (ausgefüllt sind sie bloss im Katastrophenfall).

Lefebvre steigt auf eine Anhöhe, an deren Fuss die Ville Nouvelle liegt, und beginnt über das Schicksal der Stadt, die sich vor ihm ausbreitet, nachzudenken. Er zitiert ein paar luzide Sätze des jungen Marx: *Die grosse Industrie vernichtete überhaupt die Naturwüchsigkeit, soweit dies innerhalb der Arbeit möglich ist, und löste alle naturwüchsigen Verhältnisse in Geldverhältnisse auf. Sie schuf an der Stelle der naturwüchsigen Städte die modernen, grossen Industriestädte, die über Nacht entstanden sind.*[27] In den mittelalterlichen Städten, so Lefebvre, waren die Tätigkeiten von naturwüchsigem Leben durchdrungen, nichts war abgetrennt oder separiert, alles öffnete sich allem: die Arbeit und die Durchgangsorte, das Haus und die Strasse, das Land und die Stadt, alles war eingebunden in Tausch, Handel und Produktion. Das Leben des Volkes und das Leben des Staates, zivile Gesellschaft und politische

---

24 IM, 144.

25 *Les nouveaux ensembles urbains/Un cas concret: Lacq-Mourenx* (1960) in: RU, 109 ff.

26 Vgl. das Kapitel *Lacq-Mourenx (Notes d'un carnet)* in Pyr., 121 ff: ferner 40, 71 f., 177.

27 Aus: Deutsche Ideologie, MEW, 3, 60., zit. in IM, 147.

Gesellschaft, waren noch eins. *Man denke an die griechischen Städte: polyzentrische Gemeinwesen. Die Agora, der Tempel, das Stadion regelten nicht nur organisch die Zirkulation der Bewohner, sondern auch deren Interessen und Passionen.*[28]

Um 1960 steht das artifizielle urbanistische Konstrukt Brasilia vor dem Abschluss, ebenso die Ville Nouvelle Lacq-Mourenx. An der äussersten Peripherie hat Lefebvre den Einbruch einer neuen urbanen Wirklichkeit aus nächster Nähe mitverfolgen können. Was anfänglich einen Schock ausgelöst hat, führt in kurzer Zeit zu neuen Einsichten und Erkenntnissen, verändert seine Forschungstätigkeit. Das urbane Phänomen wird ihn während anderthalb Jahrzehnten nicht mehr loslassen. Er gelangt zur Einsicht, dass der Einbruch des Urbanen in eine traditionelle, bäuerliche Lebenswelt kein lokaler Einzelfall ist, dass er mit dem weltweiten Prozess der Industrialisierung und Urbanisierung zusammenhängt. Dem Studium dieser beiden Prozesse wird er seine neue Forschungstätigkeit widmen. Die Textsammlung *Du rural à l'urbain* belegt den Wechsel von einem Forschungsthema zum andern.

## Die Situationisten: Zweiter Teil

Henri Lefebvre war ein wichtiger Mentor der Situationisten, bevor diese ihn zu kritisieren begannen. Kurz vor dem Pariser Mai 68 lobt er deren theoretischen Weitblick: *Sie zählen zu den Ersten, welche die Bedeutung der urbanen Probleme, die Dringlichkeit einer Kritik des Urbanismus als Ideologie erkannt haben.* Für ihr politisches Programm hat er aber kein Verständnis, und so rückt er sie in die Nähe von intelligenten Neurotikern oder Sektierern: *Sie schlagen keine konkrete Utopie, sondern eine abstrakte Utopie vor. Glauben sie wirklich daran, dass die Leute eines schönen Tages sich anschauen und sagen: „Es reicht! Es reicht mit der Arbeit! Zum Teufel mit der Langeweile! Machen wir Schluss damit!" – dass dann alle in ein unaufhörliches Fest und in die Kreation von Situationen eintreten werden?*[29]

Die Situationisten und ihre Vorläuferbewegung, die *Lettristen*[30], deren *secret history* kürzlich von verschiedenen Autoren erforscht worden ist, sind die eigentlichen Pioniere der Stadt- und Urbanismuskritik nach dem Zweiten Weltkrieg. Die noch frühere Underground-Bewegung *CoBrA* hat sich 1957 mit den Situationisten zusammengeschlossen. Unter der Bezeichnung *CoBrA* – gebildet aus den Anfangsbuchstaben der Städte Copenhagen, Brüssel und Amsterdam – versammelten sich nach dem Zweiten Weltkrieg verschiedene Maler, Kritiker und Theoretiker mit dem Ziel, dem amerikanischen abstrakten Expressionismus eine europäische aktionistische Malerei entgegenzustellen. Die Hauptvertreter waren die Maler Asger

---

28  EM, 147.

29  Position, 195.

30  Vgl. *Potlach 1954-1957*, Informationsbulletin der Lettristischen Internationale, mit einem Dokumentenanhang, präsentiert von Guy Debord, dt. Ausg. Berlin 2002. Potlach nennt man das Fest der Indianerstämme Nordamerikas, bei dem beträchtliche Reichtümer gegenseitig verschenkt und nachher zerstört wurden.

# CONSTANTS UTOPIE *NEW BABYLON*

Auf der Suche nach neuen Erfahrungen und noch unbekannten Stimmungen – *ambiances* – durchwandern die Neubabylonier die verschiedenen Stadtbezirke. Sie verhalten sich nicht passiv wie Touristen; im Vollbesitz ihrer Kräfte wirken sie unaufhörlich auf die vorgegebene urbane Welt ein. Sie verfügen über das gesamte Arsenal von technischen Geräten und sind somit in der Lage, alle gewünschten baulichen Veränderungen vorzunehmen. Im Unterschied zu den Gesellschaften, welche vom Nützlichkeitsdenken ausgehen – von der effizienten und gewinnbringenden Nutzung der Zeit – befreien sich die Neubabylonier von den Zwängen der räumlichen und zeitlichen Organisation. Im Zentrum ihres Handelns stehen das Abenteuer, das Spiel und der kreative Austausch. Die Form des neuen Urbanraumes ist labyrinthisch. Die Veränderung der Raumstruktur erfolgt aufgrund eines undurchschaubaren Prinzips; es gibt weder leere noch ungenutzte Räume – somit kann der Raum als Ganzes intensiver genutzt werden als der traditionelle, von sesshaften Menschen bewohnte Raum. Ein relativ kleines Terrain bietet schon so viel Abwechslung wie eine Reise um die Erde herum.

Die einzelnen Raumelemente für Versammlung, Unternehmen, Wohnung – aber auch das gestaltete Terrain unter freiem, offenem Himmel – ermöglichen eine wechselnde Stapelung der wichtigsten Raumfunktionen. *New Babylon* nimmt bereits eine Welt vorweg, in der man ohne dauernde soziale Bindungen lebt. Die utopische Stadtlandschaft – in gewisser Weise auch ein Albtraum – bevölkert ihre Innenräume mit Menschen, die in freien Lifestyle-Verhältnissen leben.

1   Interieur mit Treppenstufen und Türen
2   Künstliche Landschaft in New Babylon
3   Ohne Titel
4   Breiter gelber Sektor, Ausschnitt
5   Detail eines Sektors
6   Ausschnitt eines Sektors von New Babylon
7   Sektoren in gebirgiger Landschaft
8   Homo ludens
9   New Babylon / Amsterdam
10  Labyrinth
11  Labyrinth mit Leitern

1

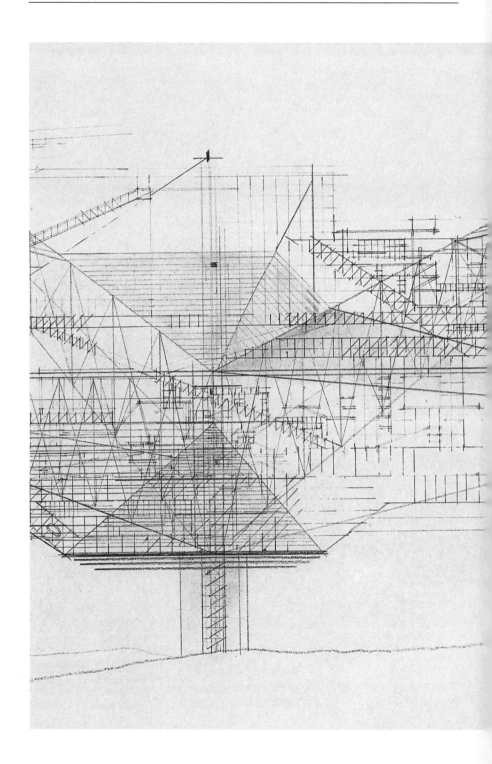

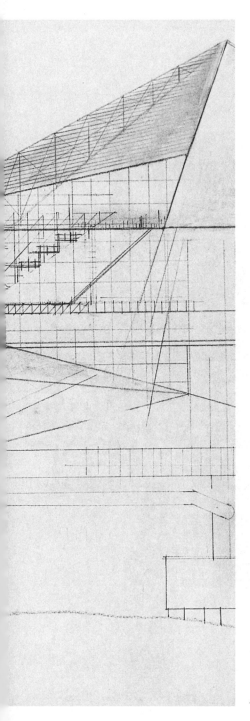

4

6

7

10

11

Jorn und Constant Nieuwenhuis. Mit Constant (so wird Nieuwenhuis genannt), der sich seit den frühen fünfziger Jahren der Architektur zugewandt hatte, war Lefebvre befreundet, zwischen 1958 und 1968 besuchte er ihn rund zehn Mal in Amsterdam, manchmal in Begleitung von Guy Debord und Raoul Vaneigem. Berühmt geworden ist Constant mit dem Projekt *New Babylon*. Constant ist nur während kurzer Zeit (von 1958 bis 1960) Mitglied der Situationisten.

1953 fährt Constant für drei Monate nach London. Er sucht Stadtgebiete auf, die eben erst von Schuttbergen freigeräumt worden sind.[31] Er sieht Trümmerfelder, verlassene leere Gebiete, auf denen Bomben niedergegangen und Häuser, die aus einem Strassenzug herausgerissen worden sind. Auf einem no man's land sieht er provisorisch errichtete Hütten, und an der Stadtperipherie stösst er auf trostlose Reihenhäuser, die im Zuge des Wiederaufbaus eben erst errichtet worden sind. Der Blick auf Londons chaotische Stadtlandschaft wird in ihm abenteuerliche Stadtphantasien oder Stadtvisionen hervorgerufen haben. Etwas später lernt er im norditalienischen Städtchen Alba eine Zigeunergruppe kennen, die dort eine gewisse Zeit campiert. Er hat Gelegenheit, die soziale Organisation der Roma-Gemeinschaft zu studieren. Im Jahre 1956 entwirft er ein *Modell für ein Zigeunercamp.* Der Entwurf kommt der nomadisierenden Lebensweise der Zigeuner entgegen, tendiert aber auch zur gebundenen Stadtarchitektur; er stellt einen ersten Versuch dar, dynamische Lebensformen mit urbanistischen Konzepten in Einklang zu bringen. Das Zigeunercamp steht am Ursprung von *New Babylon.* Es ist das erste Modell für eine überdeckte Stadt, in der sich der Mensch mit beweglichen Elementen fortwährend eine wechselnde Umgebung baut. Von Constant sind nur ganz wenige Arbeiten ausgeführt worden; seine Sache ist der inspirierende Entwurf, das visionäre, herausfordernde Modell.

Lefebvres Interesse an Constant gilt dessen Zeichnungen, Collagen, Lithographien, Radierungen, Modellen und auch Ölbildern, die dieser seit 1953 anfertigt und den Namen *New Babylon* bekommen. Lefebvre: *Während langer Zeit galt die Stadt Babylon als verfluchter Ort, als Ort des Bösen, des Teufels und der Sünde. Der Mythos des perversen Babylons ist noch lange nicht verschwunden. Als der Architekt Constant Nieuwenhuis seinem urbanen Projekt den Namen* New Babylon *gab, war der Name allein schon eine unerhörte Herausforderung.*[32] Constants Entwürfe, die das Gesicht einer künftigen Weltstadt zahllos variieren, gehen vom nicht sesshaften, rastlos umherziehenden Menschen aus, und sie setzen auf das spielerische Element. Der Betrachter entdeckt in Constants Arbeiten Leitern, Gerüste, leichte und offene Baustrukturen. *New Babylon* ist gegen den Cartesianer Le Corbusier konzipiert, gegen dessen These, dass das städtische Leben sich vom Nomadentum wegentwickelt habe. Was beeindruckt Lefebvre am gigantischen *New Babylon*? Er nennt das Projekt eine *architecture d'ambiance.* Der Begriff *ambiance* geht auf eine grosse architektonische Tradition zurück. Gemäss dieser Tradition werden die

---

31 Dem Werdegang und Werk von Constant hat R. Ohrt in: *Phantom Avantgarde,* a.a.O., 117-138 eine ausführliche Analyse gewidmet.

32 RD, 164 f.

Menschen durch den architektonischen Raum in eine besondere *Stimmung* versetzt, der Raum ruft in ihnen ein bestimmtes Gefühl hervor: innere Sammlung, Freude, Trauer oder Unterwerfung. Der gebaute Raum lässt den Menschen nicht passiv.[33] Mit einer solchen Raumaufassung sind wir bereits bei einem Zentralthema von *La production de l'espace* angelangt: der Raum, genauer: der soziale Raum, ist nicht einfach da, er wird erzeugt, geschaffen, kreiert.

Die Situationisten (oder Lettristen) sprechen seit 1953 von einem neuen Urbanismus. Die erbärmliche und tatsächlich gebaute Architektur schreit ja gerade danach, etwas Differentes zu modulieren und neue bewegliche Szenarien zu erfinden. Die beiden Strategien, welche die Situationisten zu einer konzeptuellen Erforschung der Stadt entwickeln, heissen *dérive* und *détournement*.[34] Die spielerisch praktizierte *dérive* soll das kritische Bewusstsein schärfen, soll gezielt auf Gefühle und Empfindungen des Einzelnen zurückwirken. Wer *dérive* praktiziert, nimmt die Stadt zuerst einmal so wahr wie sie ist: uniform und repetitiv. Dann wechselt er rasch von einem Quartier zum andern, so dass er im schneller werdenden Bewegungsablauf die Wirklichkeit nur noch unscharf wahrnimmt.

*Dérive* wird mit *Umherschweifen* ins Deutsche übertragen, doch diese Übersetzung ist unbefriedigend. Ein Schiff treibt losgerissen im Fluss – hier sagt man im Französischen *il dérive*. Im Englischen nennt man jemanden einen *drifter*, der es nirgendwo lange aushält, der jedoch weiss, wo zu bleiben es sich lohnt. Guy Debord definiert *dérive* als das experimentelle Vorgehen im Rahmen einer Forschung; der Ausdruck meint eine imaginäre und zugleich reale Reise in desolate städtische Randbezirke. Wer *dérive* praktiziert, soll den Raum schnell erfassen, sich rasch für eine neue Richtung entscheiden, dann sich abwenden, um zu neuen Räumen und neuen Gewohnheiten zu gelangen.

Und *détournement*? Die genormte Übersetzung heisst *Zweckentfremdung*. Der Ausdruck kann je nach Zusammenhang mit Entführung, Verführung, Missbrauch oder Abweichung übersetzt werden, insbesondere auch mit Verfremdung, Umfunktionierung oder Umnutzung. In *La production de l'espace* lesen wir: Ein bestehender Raum, der einem bestimmten Zweck gedient hat, kann eines Tages leer stehen, dann einem andern Zweck zugeführt werden. Ein berühmter Fall von *détournement* sind die Hallen von Paris. Während einer kurzen Periode (1969-1971) wurden die Hallen umgenutzt. Soeben noch dienten sie der städtischen Versorgung mit Nahrungsmitteln *(Le ventre de Paris* heisst die von Emile Zola erzählte Geschichte) – jetzt werden sie zu einem Ort der Begegnung und des Festes. Sie werden in ein ludisches Zentrum verwandelt, wo sich das junge Paris glänzend amüsiert. Im Einzelfall, meint Lefebvre, kann die Umfunktionierung oder Wiederaneignung von Räumen sinnvoll sein, dennoch: *Ziel und Sinn des theoretischen Denkens ist die* Produktion *und nicht die* Umfunktionierung*, die bloss eine Wiederaneignung, nicht aber eine Kreation ist.*[35]

---

33 TM, 157.
34 Vgl. dazu *Phantom Avantgarde* a.a.O. 83 ff.
35 PE, 190 ff.

## Der Habitat

Bevor Henri Lefebvre seine bahnbrechenden Bücher zur Stadt verfasst, hat er einige Male genau hingeschaut, wie die Leute tatsächlich wohnen. Er hat sich die Frage gestellt, was Wohnen seinem Wesen nach eigentlich sei. An den Anfang stellt er eine scheinbare Selbstverständlichkeit: dass Häuser gebaut werden, um bewohnt, und nicht um betrachtet zu werden. Dann stellt er sich die Frage, warum die überwiegende Mehrheit der Franzosen das kollektive Wohnen in grossen Wohneinheiten ablehnt, warum für diese Mehrheit das Wohnen im eigenen Haus den Traum des Lebens darstellt.

Der von Lefebvre verwendete Begriff *habitat* wird seit gut einem Jahrhundert in der Biologie für ein von Pflanzen und Tieren besiedeltes Biotop, manchmal für eine ökologische Nische verwendet. Lefebvre gehört zu den Ersten, die den Ausdruck in die französische Soziologie eingeführt haben. Der *habitat* zeichnet sich durch seinen abstrakten, funktionalen Charakter aus. In den *grands ensembles* – den standardisierten Wohnsiedlungen mit jeweils Tausenden von Wohnungen („Schachteln" oder „Käfigen") – finden wir den *habitat im Reinzustand:* den homogenen und quantifizierten Raum, der das Wohnen auf elementare Lebensäusserungen wie Essen, Schlafen, Zeugen reduziert. Im *habitat* bildet sich der industrialisierte Alltag in reinster Form aus: einer Lebensweise, die sich aus rigiden Vorschriften und einem zeitlich genormten Tagesablauf zusammensetzt. Der von zweckgebundenem Einheitsgrün umgebene *habitat* führt unausweichlich zum grauen Leben, zu einer gesellschaftlichen Ordnung unter dem Vorzeichen von Standardisierung und Automatisierung; einer Verwaltungsmentalität, die in den Katasterregistern der Grundstückparzellen vorgezeichnet ist.

Das Verb *habiter,* wohnen, hatte einst mit der Plastizität und Veränderbarkeit des Raumes zu tun, mit der Art und Weise, wie sich Individuen oder Gruppen den Wohnraum aneignen. *Habiter* ist nichts Passives, ist eine aktive Tätigkeit. In der Auseinandersetzung mit Heidegger wird Lefebvre den tieferen Sinn des Verbs wohnen freilegen.

## Vom Wohnen im „pavillon" und in den „grands ensembles"

Grosse urbane Utopien haben fast ausnahmslos das kollektive Wohnen und das gemeinschaftliche Leben gepriesen. Diese Idee hört nicht auf, in den Köpfen der Architekten und Urbanisten herumzugeistern. Das moderne Hochhaus scheint die ideale Voraussetzung für eine kollektive Gemeinschaft zu schaffen. In dieser Hinsicht ist die *Charte d'Athènes* (1933) unmissverständlich: *Nur Konstruktionen von einer gewissen Höhe werden die berechtigten Forderungen (Aussicht, reine Luft, günstige Sonnenlage, Nähe der Gemeinschaftseinrichtungen) glücklich befriedigen können.* In der Charte d'Athènes werden die selbstgewerkelten und umgemodelten Eigenheime der Vorstadt lächerlich gemacht: sie seien in ihrer Hässlichkeit und Trostlosigkeit die Schande der Stadt: *Schlecht gebaute kleine Häuser, Holzbaracken, Schuppen, wo sich recht und schlecht die überraschendsten Dinge verquicken, Domäne der armen Teufel, die der Strudel eines zuchtlosen Lebens herumwirbelt.*[36] Die Ideologie der Anti-Eigenheime, welche die modernen Architekten im Gefolge von Le Corbusier vertraten, wird nach 1945 von den staatlichen Planungsstellen übernommen. In Frankreich werden zweimal mehr grosse Wohneinheiten als individuelle Einfamilienhäuser gebaut. Der ewig süsse Traum vom eigenen Haus gilt als reaktionär, nostalgisch und kleinbürgerlich. In Architektenkreisen gehörte es zum guten Ton, sich über die kleinen Vorstadthäuser zu mokieren. Man sah nicht, dass die Bewohner der kleinen *pavillons* der Banlieue, wohl eher unbewusst, einen urbanen Mythos vertraten, mit dem sie sich gegen das funktionale Wohnen abgrenzten. Man erkannte nicht, dass die kleinen und billig gebauten Häuschen, die sich um die grosse Stadt herum ansammelten, eine weitverbreitete Frustration zum Ausdruck brachten. Im Kern waren *die architektonischen und gärtnerischen Extravaganzen* – so Blaise Cendrars[37] – nichts anderes als die Träume der Armen: ungeschickte und armselige Imitationen der bürgerlichen Villa. In den zwei Jahrzehnten nach 1945 hatte man den Träumen der kleinen Leute nichts anderes entgegenzustellen als die Bulldozer. Diese machten mit der suburbanen Häuschen-Anarchie kurzerhand Schluss – ersetzt worden sind die *pavillons* durch Mietskasernen.

In seiner monumentalen Geschichte der Urbanisierung, *Die Stadt / Geschichte und Ausblick* (1961), widmet Lewis Mumford den Vorstädten ein besonderes Kapitel. Das Erscheinungsbild der älteren städtischen Vororte lasse an ein Museum der Illusionen denken. Das Wohnen in der Banlieue gab dem Spielen der Kinder recht viel Raum. Die Illusionsarchitektur, die sich in den Vorstädten ungeordnet ausbreiten durfte, führte bisweilen zu naiv-geglückten Resultaten, zu Kreationen, die dem Traum zu entspringen schienen: hier ein plötzliches Aufragen eines Giebels oder spitzen Turms, dort kleine, mit Blumen bewachsene Felsen, die auf einem grünen Rasen verteilt waren. Aus treuherzigem und innigem Fühlen heraus wurden harmlose Dinge hingestellt, die von der sozialen Konvention der grossen Stadt selbstverständlich nicht toleriert worden wären, dem Vorstadtalltag aber eine besondere Note gaben.[38]

Wenige Jahre nach Mumfords Stadtgeschichte publiziert Henri Lefebvre eine breit angelegte Untersuchung, welche die Gründe erforscht, warum achtzig Prozent der Franzosen aller Alters- und Berufsgruppen den Wunsch aussprechen, in einem eigenen Haus zu wohnen. Zum ersten Mal wird die Abneigung der Städter gegen das kollektive Wohnen in den *grands ensembles* ernst genommen. Es mag erstaunlich klingen, dass vorher niemand daran gedacht hat, diesen Gründen nachzugehen. Im Auftrag des *Centre de Recherche d'Urbanisme* führen, unter der Leitung von Henri Lefebvre, vier Soziologen eine empirische Untersuchung durch. In drei

---

36 Le Corbusier, *An die Studenten. Die Charte d'Athènes*, Hamburg 1962, 87, 82. Vgl. dazu Michel Ragon, *L'Architecte, le Prince et la Démocratie*, Paris 1977.

37 Blaise Cendrars, *La Banlieue de Paris. Photographies de Robert Doisneau*, Paris 1983 (EA 1949), 21.

38 L. Mumford (1979), 562 ff.

Bänden publizieren sie ihr Forschungsmaterial.[39] Die Urban-Soziologen nehmen sowohl die affektive Zuneigung der Bewohner zum eigenen Haus als auch die negativen Reflexe gegenüber einer sozialen Organisation des Wohnens ernst. Henri Lefebvre begleitet die Studie mit einem gewichtigen Vorwort.

In der Enquête kommt zum Ausdruck, dass die bescheidenen Häuschen *(pavillons)* seit den Anfängen des sozialen Wohnungsbaus eine Art Utopie der Kompensation darstellen. Wer den *pavillon* durch die Brille des Ästheten betrachtet, sieht das Hässliche. Dem Aussenstehenden mag das einzelne Vorstadthaus als etwas Schäbiges, Kleinbürgerliches, Kleinkariertes und manchmal sogar als ein Albtraum vorkommen, im Bewusstsein des Bewohners aber stellt es ein Ideal dar. Es entspricht genau seinem Wunsch nach Geborgenheit und Abgrenzung, dem Bedürfnis nach Identität und Selbstbestätigung, nach Naturkontakt und Einsamkeit. Der Bewohner des Eigenheims, meint Lefebvre, *erwartet nichts weniger als Glück... Der moderne Mensch wohnt in seinem Haus, das vielleicht etwas Miefiges an sich hat, „wie ein Dichter", seine Wohnung ist ein wenig sein Werk.* Der Bewohner schätzt die Plastizität des Raumes, über den er verfügt, da er ihn nach seinen Bedürfnissen einrichten, nach seinem Tagesrhythmus organisieren kann. In den *grands ensembles* ist dies nicht der Fall. Eine Mietwohnung ist nicht geschmeidig. Da Veränderungen meist verboten sind, ist eine persönliche Gestaltung kaum möglich. Im *pavillon* findet durch aktives Wohnen eine Aneignung des Raumes statt. Das Haus hat Reserveräume (Untergeschoss, Estrich, Abstellraum, Hobby-Keller, Schränke), Räume, die nicht gleich voll genutzt werden, deren Funktion noch offen ist: Handwerksräume, Bastelräume, Möglichkeiten der Umnutzung, Räume, die erweitert werden können; eine Mutter kann ihre Kinder unbeaufsichtigt im Garten spielen lassen – all diese Dinge sind im Rahmen der kollektiven Wohnformen kaum möglich.[40]

Um 1950 herum werden an allen Ecken Europas in aller Eile vier- bis sechsgeschossige billige Wohnblocks errichtet, um auf möglichst wenig Raum so viele Menschen wie möglich unterzubringen – verständlich also die Unzufriedenheit der Bewohner mit dem, was schnell und mit bescheidenem Aufwand (an Zeit, Raum, Geld und Nachdenken) errichtet worden ist. Mit der Analyse eines Mietshauses bringt Lefebvre das ans Licht, was gemeinhin verborgen bleibt.[41] Auf den ersten Blick kann man den Wohnblock für ein *Symbol von Stabilität* halten: *Beton, gerade, kalte, strenge Linien – noch nicht Metall und Kristall.* In Gedanken entfernen wir die Betonplatten, die dünnen Mauern und Wände, und schauen, was zum Vorschein kommt. *Das Haus ist von allen Seiten her den Energieflüssen ausgesetzt, von überall her dringen sie in das Haus ein: Gas, Wasser, Elektrizität, Telefon-, Radio- und Fernsehwellen. Das Stabile erweist sich als ein Knoten von Mobilitäten, von Leitungen, die zuführen und abführen.* Im Gebäude sind gleichsam zwei Maschinen pausenlos an

---

39 M.-G. Raymond, N. Haumont, H. Raymond, A. Haumont, Band I: *Les Pavillonnaires,* Band II: *La Politique pavillonnaire,* Band III, *L'Habitat pavillonnaire,* Vorwort von Henri Lefebvre, Paris 1966.

40 *L'habitat pavillonnaire* (1966), Préface von Henri Lefebvre.

41 PE, 111.

der Arbeit. Eine erste setzt gewaltige Energien um, eine zweite Informationen. Die Leute, die in diesem Haus wohnen, brauchen und verbrauchen diese Energien in grossen Mengen, für Licht, Küche, Bad usw. *Und so tut es auch die ganze Strasse, dieses Netz von Kanälen.* Die ganze Stadt verbraucht und verzehrt riesige physische und menschliche Energien, sie flammt auf und brennt als Glutherd weiter.

In der imaginären Analyse eines Wohnblocks dominieren operationale Begriffe wie Maschine, Energien, Funktion und Struktur – Dinge, die nicht ausreichen, um das Wohnen in seiner Tiefe zu erfassen. Um die Frage *Was ist wohnen?* nicht bloss oberflächlich zu beantworten, wendet sich Lefebvre an Gaston Bachelard und Martin Heidegger, sucht er das Gespräch mit Philosophen, die den verschwundenen Formen der Stadt oder Polis nachgehen, die vergessene oder verloren gegangene Elemente des Hauses und des Wohnens wieder hervorholen.

Zuvor aber wollen wir anhand eines Fallbeispiels nochmals genau hinschauen, wie einfache Bewohner mit Häusern – mit Häusern eines weltberühmten Architekten – umgehen.

## Pessac von Le Corbusier

Das Schicksal von *Pessac,* der von Le Corbusier konzipierten *cité ouvrière* in der Nähe von Bordeaux, gibt Lefebvre Gelegenheit, die Diskrepanz zu bedenken, die zwischen dem kühnen Denken und Wollen des Architekten und den alltäglichen Bedürfnissen der einfachen Leute besteht. Mit dem Bau von siebzig Einzelhäusern hat Le Corbusier im Jahre 1926 sein erstes grösseres Projekt realisiert. Mit Elan und Enthusiasmus entwirft er eine der revolutionärsten Siedlungen der Epoche: kubische Häuser auf Pfeilern, Dachterrasse, polychrome Bemalung, lange schmale Fenster, rechter Winkel – das gesamte „moderne" architektonische Repertoire wird streng angewandt.

Vierzig Jahre später fährt der Architekt Philippe Boudon nach Pessac um nachzuschauen, was aus der Pilotsiedlung für Arbeiter geworden ist.[42] Ausgiebig unterhält er sich mit den Bewohnern. Die Überraschung ist gross. Von den Häusern ist keines abgerissen worden, jedes einzelne aber ist in eine „Villa" umgewandelt worden, hat sich dem üblichen, traditionellen Einfamilienhaustyp angeglichen. Ein Haus sollte wieder ein Haus sein. Die Bewohner haben die offenen Innenhöfe zugemauert, die Dachterrassen mit einem Giebeldach überdeckt, den leeren Räumen eine spezielle Funktion zugewiesen, die Farben entfernt, die Fenster in der Länge verkürzt; sie haben jede Menge Schuppen und Baracken aufgestellt und Erweiterungsbauten vorgenommen. Da viele dringliche Unterhaltsarbeiten nicht ausgeführt wurden und die Fassaden bröckelten, machte das Ganze einen baufälligen Eindruck.

---

42 Philippe Boudon; *Pessac de Le Corbusier,* mit einem Vorwort von Henri Lefebvre, Paris 1969; dt.: *Pessac,* Gütersloh 1971.

Was Le Corbusier gebaut hatte, stand zu den Erwartungen und Wünschen der Bewohner in konträrem Verhältnis. Immerhin ermöglichte der kubistische-funktionalistische Haustyp eine individuelle Umgestaltung. Die Basisstruktur konnte leicht verändert werden. Henri Lefebvre kommentiert das Pilotprojekt: *Le Corbusier schafft einen relativ flexiblen, veränderbaren Raum. Und was haben die Bewohner gemacht? Anstatt sich in dieses Gehäuse passiv einzufügen, anstatt sich anzupassen, haben sie es bis zu einem gewissen Grade aktiv bewohnt. Sie haben gezeigt, was „wohnen" eigentlich ist: eine Tätigkeit. Sie haben an dem, was man ihnen angeboten hat, gearbeitet, sie haben es verändert, und sie haben ihm etwas hinzugefügt.*[43]

Wie Le Corbusier mit der völlig umgestalteten Siedlung und der unvorhergesehenen Reaktion der Einwohner konfrontiert wird, meint er augenzwinkernd: *Sie wissen, es ist immer das Leben, das recht, und der Architekt, der unrecht hat.*[44]

*Gaston Bachelard und Martin Heidegger über das Wohnen*

> *Vor hundert Jahren waren alle Lebensverhältnisse viel stetiger und einfacher; man wusste: in diesem Hause, das Dein gehört und das Du nach Belieben mit Büchern und Sammlungen anfüllen kannst, wirst Du, wenn nichts Absonderliches eintritt, in dreissig bis vierzig Jahren sterben, nun nimm einen vernünftigen Anlauf.*
>
> Jacob Burckhardt, 1864[45]

Die *Poetik des Raumes* von Gaston Bachelard zählt, da es einige unvergessliche Seiten über die Poesie des Hauses enthält, zu Lefebvres Lieblingsbüchern. Bachelard wendet sich, indem er Texte von Dichtern befragt, den beglückenden Bildern des Raumes zu. Das Haus mit Keller und Speicher, Winkel und Dachboden, das er stets von neuem erkundet und deutet, nimmt eine komplizierte Gestalt an. Aus den vielen poetischen Texten, die Bachelard heranzieht, geht hervor, dass für Kinder einzelne Orte eines Hauses zu lebensnotwendigen Zufluchtsorten für Erinnerungen und Träume werden. Bachelard studiert systematisch all die Orte oder *Topoi* des Hauses, die für das *innere Leben* des Menschen konstitutiv sind. Für die geliebten oder gepriesenen Räume, die nicht nur dem Kind Schutz vor feindlichen Mächten gewähren, prägt er den Ausdruck *Topophilie*.[46] Die Poetik des Raumes verknüpft die gelebten Räume, die Bachelard wie im Traum vorüberziehen lässt, mit einem intimen, absoluten Raum. Den Dingen in diesem Raum – den Schubladen, Truhen, Schränken usw. – scheint eine fast ontologische Würde zuzukommen. Nähert sich Bachelard den fundamentalen Figuren – dem Nest, der Muschel, dem

---

43 Vorwort zu Ph. Boudon (1971), a.a.O. 11.
44 a.a.O., 14.
45 Br IV, 154.
46 *La poétique de l'espace*, Paris 1957; dt.: *Poetik des Raumes*, München 1975, 29 f.

Runden – glaubt Lefebvre im Hintergrund die mütterliche Natur zu erkennen. Auf diese Weise bekommt das Haus sowohl kosmische als auch menschliche Dimensionen. Mit seinen zahllosen Bildern der beschützenden Innerlichkeit gelingt es Bachelard, die Zerfahrenheit des Ichs zu bündeln. Das Haus mit Dachboden, Keller, Schlupfwinkeln, Truhen erweist sich – und dem stimmt Lefebvre bewundernd zu – als grosse Integrationsmacht für die Gedanken, Erinnerungen und Träume des Menschen. *Es hält den Menschen aufrecht, durch alle Gewitter des Himmels und des Lebens hindurch.*[47] Dabei weiss Bachelard sehr wohl, dass das Wohnen in einem bestimmten Haus nie etwas Endgültiges sein muss: *Ein endgültiges Haus wäre ein Sterbehaus, in Symmetrie zum Geburtshaus oder Elternhaus, und würde nicht mehr Träume, sondern Gedanken eingeben, ernste Gedanken, traurige Gedanken. Besser ist es, im Provisorischen zu leben als im Endgültigen.*[48]

Ein wehmütiger Unterton klingt aus Lefebvres Sätzen, die das Verschwinden des von Bachelard so wundervoll evozierten Hauses festhalten. Angesichts des funktionellen Wohnens verdämmert das mit Poesie erfüllte Haus – das Muschelhaus, das Haus mit Keller und Dachboden, das Haus voller Kindheitsträume – in der Vergangenheit.[49] Der funktional konzipierte Habitat hat den Bruch mit dem traditionellen Haus – der poetischen Dimension – unwiderruflich vollzogen. Entsprechend ist in den modernen Städten der Prachtbau oder das Monument dem neutralen Gebäude gewichen. Die moderne Architektur hat sich von der historischen Stadt abgewandt. In den modernen Städten haben die Orte des Durchgangs und des Verkehrs, gegenüber den Orten des Wohnens, Priorität erlangt.

Mit Martin Heidegger tritt Lefebvre in einen Dialog, weil er in dessen Meditationen über das Wohnen Dimensionen entdeckt, die weit über das Technische oder Ökonomische hinausgehen.[50] Bei Heidegger lesen wir: *Denken wir das Zeitwort „wohnen" weit und wesentlich genug, dann nennt es uns die Weise, nach der die Menschen auf der Erde unter dem Himmel die Wanderung von der Geburt bis in den Tod vollbringen. Diese Wanderung ist vielgestaltig und reich an Wandlungen. Überall bleibt jedoch die Wanderung der Hauptzug des Wohnens als des menschlichen Aufenthaltes zwischen Erde und Himmel, zwischen Geburt und Tod, zwischen Freude und Schmerz, zwischen Werk und Wort.*[51]

In den Jahren grosser Wohnungsnot und hektischen Bauens erinnert Heidegger daran, dass Wohnen die Weise ist, wie die Sterblichen auf der Erde sind. Das Bleiben und Sich-Aufhalten auf der Erde, bei den Dingen, machen das Wesen des

---

47 dt. Fassung, 39.; vgl. PE, 143; CVQ III, 94 f.

48 *Poetik des Raumes* (1975) a.a.O. 91.

49 CVQ III, 94.

50 Vgl. L'habitat pavillonnaire, 4; RS, 90 f.; PE, 143 ff. Zum Grundsätzlichen von Lefebvres Stellung zu Heidegger, auch zu dessen politischer Haltung zur Zeit des Faschismus, vgl. Met., 139 ff.; ferner: *Karl Marx et Heidegger,* Eine Diskussion zwischen Kostas Axelos, Jean Beaufret, François Châtelet und Henri Lefebvre, in: Kostas Axelos, *Arguments d'une recherche,* Paris 1969, 93 ff.

51 M. Heidegger, *Hebel – der Hausfreund,* Pfullingen 1957, 17.

Wohnens aus. Lefebvre macht sich Heideggers Ausgangsfrage: *Was ist das Wohnen?* zu eigen.[52] Er bewundert Heideggers rätselhaften Satz, der dem Wohnen ontologischen Charakter zuerkennt: *Das Wohnen aber ist der Grundzug des Seins, demgemäss die Sterblichen sind.*[53] Im Vortrag „... *dichterisch wohnet der Mensch* ..." bringt Heidegger zum Ausdruck, dass das Wohnen auch eine poetische Dimension hat. Mit dem Hölderlinwort: *dass der Mensch als Dichter lebe,* übt er am heutigen Lebens- oder Industrieraum Kritik. Er formuliert diese warnenden Sätze: *Das Wohnen ist kein blosses Abmessen mit fertigen Massstäben zur Verfertigung von Plänen. Das Dichten ist darum auch kein Bauen im Sinne des Errichtens und Einrichtens von Bauten... Vermutlich wohnen wir durchaus undichterisch.*[54] Lefebvre ist so sehr von Heideggers Hölderlin-Interpretation eingenommen, dass er im banalsten Alltag eine Spur von Grösse und spontaner Poesie wahrzunehmen glaubt: *Das menschliche Wesen kann nur als Dichter leben. Schenkt oder bietet man ihm nicht die Möglichkeit, dichterisch zu wohnen oder eine Poesie zu erfinden, so wird er sie auf seine Weise fabrizieren.*[55] Heidegger schulden wir Dank dafür, meint Lefebvre, dass er die Poesie aufgewertet und einen Hymnus zum Ruhme des Wohnens angestimmt hat.

Trotz aller Bewunderung für Heidegger macht Lefebvre Vorbehalte. In Heideggers Meditationen stecke einiges vom Besten und einiges vom Schlimmsten, Archaisches und Visionäres. Ihm, Lefebvre, sei der *Kult des Handwerklichen* und *das rührende, patriarchalische und germanische Gefühl für das Haus* nicht sehr sympathisch.[56]

*

Zwischen 1960 und 1970 stellt Lefebvre fest, dass die Stadt, wo immer man hinschaut, sich in der Krise oder im Niedergang befindet. Er hat gesehen, dass die Thesen, die er in *Le droit à la ville* vertritt, weltweites Echo ausgelöst haben. Er versammelt Soziologen, Architekten, Politologen, welche die Grundansichten seines urbanen Denkens teilen. Zusammen mit Anatole Kopp gründet er 1970 die Zeitschrift *Espaces et Sociétés / Revue critique internationale de l'aménagement, de l'architecture et de l'urbanisation.* Er selber spielt bei der Zeitschrift die Rolle eines intellektuellen Animators. Zwischen 1970 und 1980 werden fünfunddreissig Nummern erscheinen. Der erste Artikel in der ersten Nummer, der auf einen Vortrag zurückgeht, den Lefebvre am 13. Januar 1970 im *Institut d'Urbanisme de Paris* gehalten hat, trägt den programmatischen Titel *Réflexions sur la politique d'espace.* Wir stellen die Frage: Wird Lefebvre mehr als nur frischen Wind in die Urbanismusdebatte bringen, wird es ihm gelingen, in der Tiefe und in der Praxis etwas zu bewegen oder zu bewirken?

---

52 Heidegger, *Bauen, Denken, Wohnen* (1951), in: *Vorträge und Aufsätze,* Teil II, Pfullingen 1954, 19.
53 Heidegger (1951) a.a.O. 35., zit. in PE, 144.
54 Heidegger (1951) a.a.O. 76.
55 RS, 90 f.
56 Met, 141, 148.

# Das Recht auf die Stadt: 1968

Die schmale Studie *Le droit à la ville* ist kein systematisches Buch, es lebt aus dem Geist der Polemik. Die fünfzehn kurzen Kapitel sind auf Öffnung und Aufbruch angelegt und stellen eine Art Manifest gegen planerisches, technokratisches Stadtdenken dar, gegen das, was die amerikanischen Urbanisten *city planning* nennen. Die beiden Nietzscheworte, die dem angriffigen Plädoyer für ein neues städtisches Denken vorangestellt werden, schlagen einen hohen Ton an. Das erste verweist auf den polemischen Charakter der Schrift: *Grosse Dinge verlangen, dass man von ihnen schweigt oder gross redet: gross, das heisst cynisch und mit Unschuld.* Aus gewissen Passagen der Streitschrift glaubt der Leser die Stimme des verfeinerten Barbars zu vernehmen, der aus den Tälern der Pyrenäen in die grosse Stadt kommt und einen erstaunten Blick auf ein hochdifferenziertes soziales Gebilde wirft, das sich im Zustand der Degeneration befindet. Der Barbar, der noch viel von der Frische, vom Ursprünglichen oder Kindlichen – eine nicht abgestumpfte Sensibilität – in sich trägt, reagiert empfindlich auf Zerfallserscheinungen. Das zweite Nietzschewort bereitet den Boden für die ästhetische Dimension der Studie vor: *All die Schönheit und Erhabenheit, die wir den wirklichen und eingebildeten Dingen geliehen haben, will ich zurückfordern als Eigenthum und Erzeugniss des Menschen.*[57]

In der polemischen Studie kreuzen oder überlagern sich zwei Themenkomplexe. Allgegenwärtig ist, erstens, die Krise der Stadt, die brutale Zerstörung eines einst grossartigen Gebildes. Zuerst wird der *Industrialisierungsprozess,* der zur Zerstörung der alten Stadt geführt hat, analysiert, dann der *Urbanisierungsprozess,* der den Industrialisierungsprozess ablöst und zu einer Überwindung der Krise der Stadt – zur urbanen Gesellschaft – führen wird. Die alte Stadt? Das ist die Schönheit der traditionellen Stadt. Parallel zu Krise und Zerfall der Stadt wird eine ganz andere Melodie kontinuierlich orchestriert: die *ästhetische.* Die Sorge um das Verschwinden der Ästhetik, das Verschwinden eines komplexen und reichen urbanen Lebens, kontrastiert mit dem harten, kämpferischen Ton, der die Degradierung des städtischen Lebens offen legt. Für die theoretische Reflexion ist das urbane Phänomen, das schier unermessliche Ausmasse angenommen hat, kaum mehr überblickbar. Erstaunlich ist, wie es Lefebvre gelingt, auf knappem Raum ein paar klare Durchblicke herzustellen. Er befragt die Philosophie, die seit ihren Anfängen ihr „Medium" in der Polis gefunden hat. Er befragt die Kunst und die Wissenschaften mit der Absicht, die Gesamtheit des Phänomens Stadt zu ergründen. Das eigentliche Ziel, das mit *Le droit à la ville* verfolgt wird, ist ein praktisches, politisches: die Proklamierung des Rechts auf die Stadt, auf ein reiches urbanes Leben.

Wenn ich im folgenden *Le droit à la ville* kommentiere, beziehe ich mich auch auf nachfolgende Publikationen. In späteren Schriften, nicht selten in kürzeren oder längeren Aufsätzen, vertieft Lefebvre verschiedene Thesen, manchmal bringt

---

57 Nietzsche, GA, Bd XV, 137 und 241.

er Gedanken, die er anfänglich weitschweifig vorgetragen hat, in eine knappe, überzeugende Form. Indem wir Lefebvre urbanes Denken als eine Art offene, weiträumige Ideen-Baustelle behandeln, wird der reiche Fundus verschiedenster Denkansätze sichtbar.

Kommentar in acht Punkten:

### 1. Definition der Stadt

Die Stadt wird als *Projektion der Gesellschaft auf das Terrain* definiert.[58] Wie Lefebvre 1962 zum ersten Mal nach einer Umschreibung für das Ganze der Stadt sucht, verwendet er schon dieselben Worte: *La ville projette sur le terrain une société tout entière.*[59] Eine besondere Schwierigkeit bereitet das Verb *projeter,* das nicht nur *projizieren,* sondern zuerst einmal *werfen, schleudern* bedeutet. Wir können also sagen: a) der von den Urbanisten konzipierte Plan projiziert eine Gesellschaft auf das Terrain; b) die Gesellschaft wird auf das Terrain *geworfen.* Christian Schmid schlägt folgende Deutung vor: *Die Stadt projiziert die ferne Ordnung, die Gesellschaftsordnung, auf das Terrain und auf die Fläche des unmittelbaren Lebens. Sie schreibt diese Ordnung ein, sie schreibt sie vor, sie befiehlt.*[60]

In diese Definition, welche den *Idealtypus* der Stadt beschreibt, sind die Kultur, die Institutionen, die ethischen Werte miteingeschlossen – all das, was in der Marxschen Terminologie *Überbau* heisst. Lefebvre verzichtet auf den Terminus Überbau, er ersetzt ihn durch *ferne Ordnung.* Die Institutionen, Werte usw. (die ferne Ordnung) werden materialisiert, sie nehmen in bestimmten Werken Gestalt an. Jetzt gehen uns die Augen auf: wir sehen die Monumente, die öffentlichen und privaten Gebäude, die in der Stadt verteilt sind und symbolisch jeweils einen bestimmten gesellschaftlichen Aspekt *auf das Terrain projizieren,* wie sie sich in die Stadt *einschreiben.* Wir sehen die Gebäude, welche die Gesamtgesellschaft – *die ferne Ordnung* – repräsentieren: Gerichtsgebäude, Kirchen, Finanzamt, Sportstadion, Markthallen usw. Paris, London, Florenz, Rom, aber auch die antike Polis, die römische oder die islamische Stadt, entsprechen dem städtischen Idealtypus. Daneben gibt es viele *unvollständige* Städte. Die Mehrzahl dieser Städte sind nicht idealtypisch; man denke an die Städte, die eine bestimmte urbane Funktion besonders ausgebildet haben: die Militärstadt, die Handelsstadt, die Verwaltungsstadt, die Universitätsstadt, die Industriestadt, die Agrarstadt.

---

58 DV, 64.
59 *Die Stadt projiziert eine Gesamtgesellschaft auf das Terrain,* in: *La vie sociale dans la ville* (1962), in: RU, 145 ff.
60 Schmid, Christian (2005), 5. Kap.

## 2. Implosion/Explosion

Beim Zerbersten einer evakuierten Fernsehbildröhre entsteht aufgrund des rasch sich verändernden Luftdrucks – einer Sogwirkung – eine Implosion, zur gleichen Zeit entsteht ein lauter Knall, eine Explosion. Trümmerteile werden ins Innere der implodierten Röhre geschleudert, gleich darauf fliegen sie explosionsartig in alle Richtungen.

Die seit den sechziger Jahren des letzten Jahrhunderts beobachtbare städtische Transformation verläuft nach dem Prinzip Explosion/Implosion. Die historische Stadt *explodiert,* indem sie ihre Trümmer und Fragmente weit hinaus schleudert und unaufhörlich neue Vororte entstehen lässt. In den Kranz der Satellitenstädte werden die Ausgeschlossenen relegiert, die Arbeiter, die jungen Ehepaare, ungeliebte Bevölkerungsgruppen. Die *Implosion* meint die gleichzeitig stattfindende Umwandlung des inneren Stadtzentrums. Das historische Zentrum, das bis heute etwas (manchmal noch ganz wenig) vom mittelalterlichen Charakter bewahrt hat, wird von Grund auf verändert und erfährt dabei eine deutliche Aufwertung. Die neue Zentrumsbildung setzt sich aus den Entscheidungszentren, den Zentren des Reichtums, der Macht, des Wissens, der Information zusammen, nicht zu vergessen den Zentren des Konsums. Wer nicht an den politischen und kulturellen Privilegien des Zentrums partizipiert, wird in die peripheren Räume verbannt, an die Orte, wo das Bewusstsein von der Stadt, vom urbanen Leben, immer mehr verblasst und verkümmert. In späten Jahren verkündet Lefebvre mit der Autorität eines Kirchenvaters: *Hors du centre, point de salut.*[61]

Die *Explosion* der historischen Stadt: das ist ein ungeheures Auseinanderbersten, Zerstieben in zahllose zusammenhangslose Fragmente (Randgebiete, Vororte, Zweitwohnungen, Agglomerationen), die *Implosion* der Stadt: eine enorme Konzentration (von Menschen, Tätigkeiten, Reichtümern, Dingen, Gedanken) in den neuen oder alten urbanen Zentren. Beide Prozesse verlaufen simultan.

## 3. Spektralanalyse und gespenstische Stadt

Unter dem Stichwort *Spektralanalyse* wird eine fortschreitende  Trennung oder Aufspaltung des Gesellschaftlichen beschrieben: die *Segregation.* Der Grenzfall der Segregation ist das Ghetto, dasjenige der Intellektuellen oder der Arbeiter, der vornehmen Wohnquartiere oder der Freizeit. Gruppen oder Ethnien, je nach Alter oder Geschlecht getrennt, haben ihre je verschiedenen Aktivitäten oder Arbeiten, Funktionen oder Kenntnisse. Der analytische Verstand hat die Tendenz zu zergliedern, zu zerlegen und zu trennen. Die urbanistische Rationalität ist gewohnt, funktional, genauer: unifunktional zu entscheiden oder, ohne den Gesamtzusammenhang genügend zu kennen und zu bedenken, Detailmassnahmen zu treffen. Der

---

61 *Es gibt kein Heil ausserhalb des Zentrums,* in: Art. 27 (1986).

Staat und die Unternehmen betreiben auf ihre Weise, mittels Institutionalisierung oder Reglementierung, mittels einer produktivistischen oder bürokratischen Rationalität, die Zerstörung des komplexen Urbanen. Die Resultate der analytischen Praxis, der kontrollierenden und überwachenden Kräfte, sind auf dem Terrain ablesbar: die voneinander getrennten gesellschaftlichen Elemente – häufig auch *Zonen* genannt –, die nicht mehr zu einer Synthese finden.

Die Spektralanalyse ist das physikalische Verfahren, welches das weisse Licht in die einzelnen Wellenlängen, die Spektralfarben, zerlegt. Auf die Stadt bezogen: das Ganze der Stadt hat sich in Fragmente – Ghettos, Zonen – aufgesplittert. Nun bedeutet das französische Wort *spectre* auch Gespenst. Lefebvre nimmt den berühmten Marxschen Satz vom Gespenst des Kommunismus, das in Europa umgehe,[62] auf und gibt ihm einen andern Sinn: *Wenn in Europa nicht mehr das Gespenst des Kommunismus umgeht, so haben der Schatten der Stadt, die Trauer um das, was gestorben ist (weil man es getötet hat) und, vielleicht, ein Schuldgefühl die Stelle des einstigen Spuks eingenommen. Das Bild von der urbanen Hölle, das immer deutlichere Konturen annimmt, ist nicht weniger faszinierend.*[63] Wer in das heutige städtische Inferno blickt, sieht das in Einzelteile zerlegte städtische Leben. In den grossen Wohnblocks fehlen die Jugendlichen und die alten Leute. An einem Ort sind die müden, schläfrigen Frauen – ihre Männer arbeiten weit weg und kehren abends erschöpft nach Hause zurück. An einem andern Ort, weit draussen, befindet sich eine Eigenheimsiedlung. Auch das Alltagsleben ist fragmentiert, es zerfällt in Arbeit, Pendeln, Privatleben, Freizeit. Sogar das menschliche Wesen ist ein amputiertes oder zerstückeltes. *Von den Sinnesorganen (Geruch, Geschmack, Sehen, Tasten, Gehör) sind die einen verkümmert, die andern überaktiv. Wahrnehmung, Intelligenz, gesunder Menschenverstand funktionieren getrennt voneinander.*[64]

Die sich abzeichnende Umwandlung des Stadtzentrums wird in ein Schreckbild der Zukunft gefasst. Im künftigen *Neuen Athen* – so die Vision, die Lefebvre entwirft und 1967 in New York oder Paris wahrzunehmen glaubt – steht das Zentrum der Stadt einer privilegierten Minderheit zu beinah exklusivem Besitz zur Verfügung, von den Nachtlokalen bis zum Glanz der Oper. Zu den neuen Herren oder Gebietern der City sind die Direktoren oder Chefs, die Präsidenten von diesem und jenem, grosse Schriftsteller, Künstler oder Entertainer zu zählen. Das Gemeinsame dieser neuen Elite besteht darin, reichlich über den Rohstoff Zeit verfügen zu können. Eine sekundäre Elite, bestehend aus Verwaltern, Ingenieuren, Wissenschaftern, kann man als privilegierte Untergebene bezeichnen. Als sorgfältig ausgewählte *executive men* arbeiten sie selbstlos für Ruhm und Ehre der obersten Olympier. Auch der sekundären Elite steht Wohnraum im Kerngebiet der Stadt zur Verfügung, vielleicht sogar ein Zweitwohnsitz – zum Geniessen der Natur, der Meere und Berge – und der historischen Städte. Der Rest der Bevölkerung lebt relativ gut und nimmt spontan, genauer: vielfachen Zwängen gehorchend, in den Sa-

---

62 Einleitungssatz des *Kommunistischen Manifestes*.
63 DV, 109.
64 DV, 109 f.

tellitenstädten Wohnsitz. Die grosse Masse ist einer programmierten Alltäglichkeit ausgesetzt, folglich mangelt es ihr an Zeit – und eine stets drohende Arbeitslosigkeit gehört zu ihrem Schicksal.[65] Man mag, meinte Lefebvre vor ein paar Jahrzehnten, über solch ein Szenario lächeln – ist es einmal Wirklichkeit geworden, wird es schwierig sein, etwas daran zu ändern.

### 4. „Gentrifizierung"

*Le droit à la ville* wird mit einer *vue cavalière*, einem weitgespannten Gesamtüberblick, eröffnet und ergänzt mit historischen Rückblenden. An den Anfang wird ein *Paradox*, eine geschichtlich noch wenig erforschte Tatsache gestellt: dass nämlich die unterdrückenden Gesellschaften kreativ und reich an Werken waren.[66] Bei Cioran lesen wir in schärfster Verknappung: *In Leibeigenschaft baute dieses Volk Kathedralen; einmal befreit, konstruierte es nur Abscheulichkeiten.*[67] Lefebvre sieht, wie die aristokratischen Schichten, die sich stets bedroht fühlten, ihre Privilegien rechtfertigten, indem sie enorme Summen ihres Vermögens für die Stadt ausgaben: für Gebäude, Stiftungen, Paläste, Verschönerungen und Feste. Zur Zeit der Prinzen, Könige, Landesherren, Kaiser hatten die Unterdrücker *Sinn und Geschmack für das Werk,* vor allem was Architektur und Stadtanlage betrifft. Mit dem Beginn der Industrialisierung verdrängt die Produktion von Produkten die Produktion von Werken, verschwindet das kreative Vermögen. Vor der Industrialisierung waren die städtischen Zentren Orte reichen sozialen und politischen Lebens, zeichneten sie sich durch Gebrauchswert aus. Das Leben fand auf den Strassen und Plätzen, in den Gebäuden und um die Monumente herum statt. Bei grossen Festen wurden enorme Reichtümer auf unproduktive Weise – zum blossen Vergnügen und zur Vermehrung von Prestige – konsumiert.

Exemplarisch ist das wechselvolle Schicksal des einst aristokratischen Quartiers *Le Marais,* das seit 1964 in grossem Massstab renoviert wird. Vor der Revolution ist es reich an Gärten und Prachtbauten – den *hôtels particuliers –,* in den Jahrzehnten nach der Revolution wird es zuerst durch das Bürgertum, dann durch den Dritten Stand erobert. Dabei verschwindet ein Teil der *hôtels particuliers,* andere werden zu Ateliers für Handwerker umgewandelt, wieder andere zu Mietwohnungen oder Lagerräumen. Die einst kühle Schönheit und der aristokratische Luxus verschwinden und machen der bürgerlichen Hässlichkeit, dem überall sichtbaren Profit- und Gelddenken, Platz.

In den fünfziger und sechziger Jahren des 19. Jahrhunderts führt der Baron Haussmann im Auftrag Napoleons III. die folgenreichste städtebauliche Transformation der Stadt Paris durch, indem er grosse Teile des mittelalterlichen verwinkelten, verdreckten Zentrums durch prächtige begradigte Quartiere ersetzt. Hauss-

---

65 DV, 135 ff.
66 DV, 4 f.
67 E.M. Cioran, *Geviertelt,* Frankfurt/M., 1982, 166.

mann ist der Schöpfer der *beaux quartiers,* in denen sich das wohlhabende Bürgertum gediegen einrichtet; erst nachträglich hat der Baron Lob dafür bekommen, dass er die Stadt dem Verkehr geöffnet und die moderne sanitäre Erschliessung eingeleitet hat.[68] In souveräner Einseitigkeit stellt Lefebvre den Baron als Instrument der kapitalistischen Macht, als devoten Vertreter des bonapartistischen Staates dar. In den Kämpfen um die Macht habe Haussmann die Gesellschaft zynisch als Beute behandelt. Mit nostalgischem Unterton spricht Lefebvre von den *gewundenen und lebendigen Strassen,* die durch lange Avenues ersetzt, *den schmutzigen, aber lebendigen Quartieren,* die in bürgerliche umgewandelt worden seien. Die neuen Boulevards und die weiten leeren Räume seien nicht geschaffen worden, um die Schönheit des Stadtanblickes zu steigern, sondern: *pour peigner Paris avec les mitrailleuses.* Eine polizeiliche oder militärische Intervention sollte jederzeit durchführbar sein.

In Lefebvres Interpretation des Kommune-Aufstands von 1871 verkörpern die aufständischen Kommunarden die Wiedereroberung der Stadt durch das Volk. Mit der Stadt-Sanierung hat Haussmann das Volk aus dem Zentrum vertrieben, es ihrer Stadt beraubt und an den Stadtrand verbannt. Nun kommt es zur Gegenreaktion. Das Volk, das während des zweiten Kaiserreiches (1852-1870) zu Passivität und Resignation verurteilt war, strömt in den Märztagen 1871 *en masse* von der Peripherie ins Zentrum zurück. Im Kampf um das Zentrum hat es das Selbstbewusstsein wieder gefunden und, in direktem Kontakt mit den Palästen und Monumenten, ein grandioses Fest inszeniert: *Es war das Fest des Frühlings in der Stadt, das Fest der Enterbten und der Proletarier, revolutionäres Fest und Fest der Revolution, ein totales Fest, das grösste Fest der Neuzeit; es verlief zunächst in Pracht und Freude.* Bekanntlich hat sich die Szenerie rasch verändert.[69] Adolphe Thiers organisiert die militärische Rückeroberung der Stadt, das Fest der überschwänglichen Freude geht in ein blutiges über.

Mit der Umwandlung des einst aristokratischen, jedoch heruntergekommenen Quartiers *Le Marais* in einen luxuriösen und trendigen Urbanraum hat Lefebvre schon früh einen Vorgang beschrieben, der heute allgemein „Gentrifizierung" genannt wird. Mit dem aus dem Englischen entlehnten Begriff *gentrification*[70] ist ein sozialer Umstrukturierungsprozess gemeint, der sich in vielen Städten beobachten lässt: eine statusniedrige Bevölkerung wird durch eine statushöhere Bevölkerung ausgetauscht. Wir können den Vorgang so beschreiben:

Aufgrund einer guten Wohnlage und niedriger Mietpreise werden eines Tages ältere Stadtteile für Studenten, Künstler und *freaks* attraktiv. Mit dem Einzug dieser *Pioniere* wird eine alteingesessene Bewohnerschaft teilweise verdrängt. Die zuletzt Zugezogenen, die Pioniere, beginnen im Berufsleben Erfolg zu haben, werden zu besser Verdienenden, steigen in der sozialen Hierarchie auf, etablieren sich, brin-

---

68  DV, 17 f.; zur historischen Beurteilung der Stadtveränderung durch Baron Haussmann vgl. Pierre Francastel, *Le Paris de Napoléon III* (1968) in: *Villes & civilisation urbaine, XVIIIe-XXe siècle,* hg. Marcel Roncayola und Thierry Paquot, Paris 1992, 121 ff.

69  La proclamation de la Commune, 20 f.

70  Von engl. *gentry:* niederer Adel.

gen Geld in den Stadtteil. Die Hauseigentümer und die Investoren wittern eine Chance zur Wertsteigerung, sie fangen an zu renovieren. Es entstehen Szenenlokale und Treffpunkte. Die Mieten steigen weiter, es folgen Restaurierungen, dann aufwendige Sanierungen. Jüngere nachrückende Studenten und Lebenskünstler können die immer höheren Mietpreise nicht mehr bezahlen und müssen in andere Stadtteile ausweichen. Potentere Immobilienunternehmen entdecken das Quartier, das zu einem trendigen geworden ist. Die Spirale renovieren, restaurieren, sanieren dreht sich weiter. Das Viertel, das als alternatives und multikulturelles Quartier einst attraktiv war, hat seinen ursprünglichen Charme – seinen *flair* – verloren. Jetzt dominieren, als urbane Attraktivitäten, die Kinoleinwand, Musik, Shopping und trendige Mode.

### 5. Das Wechselspiel von Peripherie und Zentrum

Wenige Monate nach Erscheinen von *Le droit à la ville* brechen in Paris die Studentenunruhen aus. In Lefebvres Deutung des Mai 68, die unter dem Titel *Irruption* erschienen ist, spielt das Urbane eine zentrale Rolle.[71] Für einen plötzlichen Wasserreinbruch verwendet man auf Französisch den Ausdruck *irruption,* ebenso für den Einfall der Barbaren ins Römische Reich.

Die Bewegung des Mai 68 verschiebt sich in einem zeitlichen Ablauf von einem Ort zum andern, zwischen Peripherie und Zentrum findet eine verschlungene Interaktion statt. Die Revolte beginnt in der Banlieue, der Fakultät von Nanterre, dann verschiebt sie sich, springt auf Paris über und dehnt sich schliesslich auf andere Städte im ganzen Land aus. Ihr Zentrum findet sie im Quartier Latin, in der Umgebung der Sorbonne, der altehrwürdigen sakralen Stätte. In den sechziger Jahren lag die *Faculté de Nanterre* in einem chaotischen *terrain vague,* weit draussen in der Peripherie. Der von einer Mauer umschlossene moderne Campus war – was für ein eigenartiger Kontext – von Bidonvilles, Schutthalden, billigen Wohnblocks und zahlreichen Baustellen umgeben. Die moderne *cité universitaire* bestand aus funktional konzipierten Gebäuden, die bloss ein Minimum an sozialem Leben ermöglichten. Nanterre war ein verwunschener Ort oder, wie auf einem hingesprayten Sgraffito zu lesen war, *ein Ort, an dem das Unglück Gestalt annahm.*[72] Von Nanterre, dem ex-zentrischen Ort, springt die Bewegung auf die Metropole über und kreiert dort ihr eigentliches Zentrum. Was zuerst eine marginale Erscheinung war, gewinnt im Zentrum an Intensität. Die Bewegung nimmt einen weiteren Anlauf und erreicht wiederum die Peripherie. Mit massiven Fabrikbesetzungen erfasst sie zuerst die Arbeiterschaft, dann die gesamte Gesellschaft. *In schöner und spontaner*

---

71 *L'irruption de Nanterre au sommet,* Paris 1968; 2. Ausg. Unter dem Titel: *Mai 68, L'irruption...,* mit Vorwort und Nachwort von René Lourau, René Mouriaux, Pierre Cours-Salies, Paris 1998; dt.: *Aufstand in Frankreich,* Berlin 1969.
72 a.a.O. 94.

*Kühnheit versucht die Bewegung bewusst Arbeiter und Studenten zu vereinigen.*[73] Im Verlauf des Mai 68 wurde Paris, wie schon mehrmals in der Geschichte, zum Ort revolutionärer Aufwallung und urbaner Feste, zum Brennpunkt von Unruhe und Bewegung. Im Kern wurde ein Kampf um die Zentralität ausgetragen.

## 6. Das urbane Gewebe

Dass die Urbanisierung zu einem irreversiblen globalen Prozess wird, wird sich Lefebvre in den sechziger Jahren bewusst. Zuerst glaubt er, dass sich das Urbane bloss über einen Teil unseres Planeten erstrecken werde. In Europa sieht er eine Megalopolis im Entstehen begriffen, die sich auf zwei Achsen ausweitet, vom Ruhrgebiet bis zu den englischen Städten und von der Region Paris bis zu den skandinavischen Ländern. Dieses Gebiet werde von einem immer dichteren *urbanen Gewebe,* dem *tissu urbain,* überzogen. Es wird immer schwieriger, das Ländliche vom Städtischen abzugrenzen. In einem urbanen Nirgendwo ballen sich Bevölkerungen zusammen, die hinsichtlich Einwohnerzahl pro Fläche eine beunruhigende Dichte annehmen. Am Ausgang des 19. Jahrhunderts hatte die alte Banlieue gelegentlich noch einen poetischen, malerischen Glanz. In einer *Illumination* von Rimbaud lesen wir: *Die Vorstadt, ebenso elegant wie eine schöne Strasse in Paris, geniesst den Vorzug einer Luft, die aus Licht besteht... Dort stehen die Häuser nicht in Reihen beieinander; die Vorstadt verliert sich auf wunderliche Art im Gelände.*[74]

Auf seinen Streifzügen durch die Aussenbezirke von London hat der Geograf und Romanautor Julien Gracq 1929 die Beobachtung gemacht, dass eine Grenzziehung zwischen Stadt und Land kaum mehr möglich ist: *Die Stadt nahm kein Ende; ich merkte, dass man nirgendwo richtig aus London herauskam; mit geschmeidiger Nonchalance wurde das Stadtgewebe (tissu urbain) im Verlauf der Strassen bloss langsam dünner, ohne jedoch ganz abzureissen, und erlaubte dem Land, überall einzusickern, ohne es dabei wirklich zu verändern, so wie sich ein Schwamm mit Wasser vollsaugt... O gigantischer Anorganismus, unförmige, städtische Lepra, sich nach und nach über die weiten Grasebenen ausbreitende Kruste aus Siedlungen, die ohne jede Ordnung aneinandergereiht sind wie die verbindungslosen* divisions *auf einem Friedhof!*[75]

Mit der metaphorischen Wendung *tissu urbain* meint Lefebvre ein Gewebe, das über die Landschaft geworfen wird und dieser ein zunehmend urbanes Gepräge verleiht. Das *urbane Gewebe* meint nicht das bebaute Stadtgelände, sondern die Gesamtheit der Erscheinungen, welche die Eroberung des Landes durch die Stadt zum Ausdruck bringen. Ein zweiter Wohnsitz oder ein Supermarkt auf dem Lande sind Teil des urbanen Gewebes, aber auch die globalen Kommunikationssysteme, Energiekanäle, Finanzflüsse oder Verkehrsnetze (Autobahn, Eisenbahn, Flughä-

---

73  Meine Zusammenfassung bezieht sich auf die Kapitel *Die urbanen Phänomene* und *Die „Mutation",* in: Aufstand, 87 ff., 91 ff.

74  Rimbaud, Städte / Villes. *L'Acropole officielle...* (Illuminations)

75  Julien Gracq, *Der grosse Weg,* München und Wien, 1996, 93 f.

fen).[76] *Das urbane Gewebe beginnt zu wuchern, dehnt sich aus und verschlingt die Überbleibsel des ländlichen Daseins.*[77] Das sich ausbreitende urbane Gewebe greift das Land an, ein schleichender Korrosionsprozess bringt die typisch ländlichen Elemente – Handwerk, Kleingewerbe, lokale Zentren – allmählich zum Verschwinden. Wird dieser Vorgang zu einer diffusen Fusion der urbanen Gesellschaft mit dem Land führen, zu einem homogenisierenden *urban sprawl?* Nein! sagt Lefebvre. Die Zentralität wird nicht verschwinden, im Gegenteil. Man kann sich vorstellen, dass neue polyzentrische Städte, differenzierte oder bewegliche Zentren entstehen, dass die Degradierung der Zwischenzonen, die gegenwärtig im Gang ist, überwunden wird. Dass es zu neuen urbanen Konfigurationen kommt.

Um den dramatischen Konflikt, der sich zwischen Stadt und Land abspielt, zu beschreiben, reicht die Wendung *urbanes Gewebe* bald nicht mehr aus. Schon 1965 notiert Lefebvre: *Die Stadt saugt das Land in sich auf, nicht ohne Widerstand der Betroffenen und nicht ohne Konvulsionen. Bald wird es in den sehr weit entwickelten Ländern und Regionen zweifellos keine Bauern mehr geben; sie weichen Städtern, die sich mit perfektionierten Instrumenten und industriellen Techniken der Agrarproduktion annehmen. Die Landwirtschaft gleicht sich der Industrie an und hört allmählich auf, einen distinkten, aufgrund seines technischen Rückstands noch weiterhin autonomen Sektor der Ökonomie zu bilden. Städte und Agrarstädte treten an die Stelle der Dörfer, und diese werden zu vorsintflutlichem Dasein, zu Folklore und touristischen Attraktionen reduziert.*[78]

Die Ausbreitung des urbanen Gewebes kündet schon die Hypothese von der vollständigen Urbanisierung der Gesellschaft an.


## 7. Das Recht auf die Stadt

Mit dem *Recht auf die Stadt* ist weder ein Besuchsrecht noch das Recht auf Rückkehr in die traditionelle, historische Stadt gemeint. Gemäss Lefebvres Vision sollte das Recht auf die Stadt ein Menschen- oder Bürgerrecht werden: das Recht des Stadtbürgers, in allen Netzen der Kommunikations-, Informations- und Tauschsysteme vertreten zu sein.[79] Alle *citoyens-citadins* sollen am urbanen Raum, am Leben auf der Strasse, an der Zentralität partizipieren. Das Recht auf die Stadt richtet sich gegen die Marginalisierung von Randgruppen: alle Bewohner sollen an den politischen Privilegien Anteil haben. Wenn Gruppen oder Klassen vom Urbanen ausgeschlossen werden, kommt dies einem Ausschluss aus der Zivilisation und der Gesellschaft gleich.[80] *Das „Recht auf die Stadt" hiess und heisst heute noch: das historische Erbe nicht verkommen lassen – den Raum nicht zerstückeln lassen, das „Zentrum"*

---

76  Vgl. DV, 10 f., 78 f.; PE, 400.
77  RS, 9 f.
78  Met. 123.
79  DV, 155, 161.
80  EP, 21 ff.

*als Ort der Kreation, der Kultur, der Urbanität wieder finden... Dieses Recht führt zur aktiven Teilnahme des Stadtbürgers an der Kontrolle des Wohngebiets und an seiner Verwaltung... Es führt zur Teilnahme des Stadtbürgers am sozialen Leben, das mit dem Urbanen verknüpft ist.*[81]

Das um 1968 erstmals propagierte Recht auf die Stadt hat bei Urbanisten, Stadtplanern und Architekten grosses Echo ausgelöst; es ist allerdings bald einmal verwässert worden und zu einer politischen Allerweltsparole abgesunken. Die Zentren der Städte machten im Verlauf der sechziger Jahre in der Tat einen gewaltigen Umwandlungsprozess durch, beträchtliche Renovations- und Sanierungsarbeiten haben zu einer Neubelebung der Stadtkerne geführt. Kluge und interessierte Leute – die Angehörigen der wohlhabenden Mittelschicht – haben rasch begriffen, dass trotz einiger Nachteile das Alltagsleben in den renovierten Stadtzentren bedeutend angenehmer ist als in der Isolation der peripheren Vororte. Das Leben im renovierten und sanierten Stadtzentrum wurde chic.

## 8. Die Ästhetik der Stadt

> *Die Stadt hört auf, neutrales Gefäss oder Behälter für Produkte und Produktion zu sein.*[82]

Die Krise der Stadt kann nicht mehr als Krise des Wohnens oder als unlösbares Verkehrsproblem begriffen werden. Heute ist das gefährdet, was wir um uns herum noch zu spüren glauben: *das grosse Bild von der freien Polis.*[83] Die Zeit, da wir die menschliche Wüste um uns herum illusorisch mit Leben zu füllen versuchen, wirft uns auf jene historische Epoche zurück, in der die Gesellschaft und der Staat mit der Stadt zusammenfielen, in der die Poiesis, *die Schöpferin von Werken,* die Formen hervorbrachte, auf deren Zusammenbruch wir nur noch zurückschauen können. Zu den unvergänglichen Werken der Poiesis zählen die Gründung des Dorfes, die griechische Polis, die römische Urbs, die mittelalterliche Stadt, die Stadt der Renaissance. All diese städtischen Formen sind Schöpfungen, die zu politischer und religiöser Partizipation einladen, die in ihren Monumenten Massen versammeln und mit ihren Zeremonien und Prozessionen reiches urbanes Leben ermöglicht haben. Der Zusammenbruch dieser Formen kann nicht ohne Nostalgie erfolgen. Das grosse Werk, das vollendetste aller Dinge, stirbt und hinterlässt eine Leere, in der die Menschen zu blossen Dingen werden, in der eine fragmentierte und monotone alltägliche Realität sich nicht mehr zu einem Ganzen runden will.

*Die Stadt hat eine Geschichte...* – mit diesem Gemeinplatz beginnt das Kapitel *die Stadt und das Werk* –, sie ist das Werk einer Geschichte, das Werk von bestimmten Menschen und Gruppen, die unter bestimmten historischen Bedingungen dieses

---

81 RD, 169 f.
82 DV, 160.
83 Met. 124.

Werk geschaffen haben.[84] Die mittelalterliche Stadt ist das Werk von Händlern und Banquiers. Gewiss war die Tätigkeit der Händler und Bankiers darauf angelegt, Tauschgeschäfte in Gang zu bringen, den Handel zu erweitern. Die Stadt war für sie aber vor allem Gebrauchswert. Sie liebten ihre Stadt wie ein Kunstwerk. Im 16. und 17. Jahrhundert statteten die italienischen, flämischen, englischen und französischen Händler ihre Städte reichlich mit Kunstwerken aus. Auf paradoxe Weise bleibt die Stadt der Händler und Banquiers bis in die Gegenwart hinein ein vorbildliches Stadtmodell, da es den Gebrauch über Gewinn und Profit stellt. Den Händlern und Banquiers ging es in erster Linie um Schönheit und Anmut der städtischen Orte, erst in zweiter Linie um Markt, Geschäft und Geld. Auch wenn im Mittelalter und in der Renaissance die verschiedenen Schichten oder Klassen einander heftig bekämpften, hat dies nie die starke Bindung *aller* Bevölkerungsgruppen an die Stadt beeinträchtigt. *Die Gruppen rivalisierten um die Liebe zu ihrer Stadt.*[85]

In *La production de l'espace* werden dem Verlust der Schönheit der Stadt ein paar unvergessliche Seiten eingeräumt. Die Frage heisst jetzt: Ist die Stadt *Produkt* oder *Werk?* Beim Wort *Produkt* denkt man zuerst an Dinge, die gemessen, gewogen und auf ein gemeinsames Mass zurückgeführt werden können: das Geld.[86] Im erweiterten Sinn kann man sagen: Die Menschen produzieren ihr Leben, ihre Geschichte, ihr Bewusstsein, ihre Welt; sie bringen juristische, politische, künstlerische, philosophische Formen hervor. Für Lefebvre sind die städtischen Vororte und Neusiedlungen *Produkte* und *keine Werke*. Dort begegnen wir den immergleichen Räumen, dem Resultat der immergleichen Gesten: denjenigen der Arbeiter. Die Bauten werden mit den immergleichen technischen Geräten errichtet: den Maschinen, Bulldozern, Betonmischern, Kränen, Presslufthämmern.

Die Erörterung des Begriffs *Werk* wird mit der Frage eingeleitet: *Produziert die Natur?*[87] Lefebvre antwortet: Die Natur arbeitet nicht, sie ist Schöpferin, sie ruft die unterschiedlichsten „Wesen" ins Leben. Ein Baum, eine Blume oder eine Frucht sind keine Produkte. Um das Einmalige und Absichtslose einer Naturschöpfung bewusst zu machen, zitiert Lefebvre zwei Zeilen aus dem *Cherubinischen Wandersmann* von Angelus Silesius: *Die Ros' ist ohn' Warum; sie blühet weil sie blühet; / Sie*

---

84 DV, 53 f.
85 DV, 4.
86 PE, 83 ff.
87 PE, 85 ff.

# JÜRG KREIENBÜHL:
# MALER DER PARISER BANLIEUE

Der Maler Jürg Kreienbühl, 1932 in Basel geboren, hat in den 1960er und 1970er Jahren in der Banlieue von Paris gearbeitet. Jahrelang wohnte er in einem abgetakelten Autobus ohne Räder, in Hotelzimmern und winzigen Wohnungen, für lange Zeit auch in einer Baracke in einer Bidonville. Mit dem offiziellen Kunstbetrieb hat er gebrochen. In radikal realistischer Weise malt er, was er sieht. Das Chaos einer desolaten peripheren Stadtlandschaft bringt er auf brutal-ehrliche Weise zur Darstellung: Wohnblöcke vor Schutthalten, Abfallberge und lärmige Baustellen, albtraumartige Wohntürme.

Er malt, was Henri Lefebvre als Krise der Stadt beschrieben hat: die ins urbane no man's land hinausgeschleuderten städtischen Trümmer und Fragmente; was ein rationaler Städtebau – der moderne Urbanismus – hervorgebracht hat: die standardisierten grands ensembles mit jeweils tausenden von Wohnungen, in denen das Alltagsleben auf das Rudimentärste reduziert worden ist: auf Funktionen, Vorschriften und einen streng geregelten Tagesablauf. In der tristen Banlieue gibt es weder Bistrots noch Marktstände, weder Kinos noch Orte, die zum Verweilen einladen; in diesen Agglomerationswüsten droht das Bewusstsein von einem reichen urbanen Leben zu verkümmern.

Kreienbühl weiss, dass auch Verwesung Leben ist, dass Leben Verwandlung bedeutet, und so setzt er in visionäre Bilder um, was die Sonne gleichgültig bescheint. Mit seinen Gemälden hat er den Gescheiterten und Gestrandeten, Enterbten und Vertriebenen ein Denkmal gesetzt.

1 La cour des miracles, 1959. In diesem Bidonville lebte Kreienbühl während vier Jahren in kosmopolitischer Gesellschaft, in der Nachbarschaft von Algeriern, Portugiesen, Polen, Franzosen, Hunden, Katzen und Ratten. Kreienbühl: Ich habe da gelitten, aber ich war inspiriert.

2 Der verstümmelte Baum, 1970. Hier stand eine schöne Allee mit Kastanienbäumen, die Bäume wurden gestutzt, die Hälfte davon starb ab.

3 Les HLM (habitations à loyer modéré), 1968. Diese Wohnblöcke hatte man in der Nähe einer ehemaligen immensen Kiesgrube erstellt – vorher was das Gelände ein Paradies für Arbeiter und Kinder.

4 Hôtel de la paix – Hotel zum „Frieden", 1968. Lange war das Hotel vor dem Abbruch verschont geblieben, zu viele Algerier hatten sich darin eingenistet. Nachdem der letzte endlich vertrieben worden war, wurde das Gebäude innerhalb von zwei Tagen dem Erdboden gleichgemacht.

5 Joker, 1968. Die Städteplaner konnten zufrieden sein, man durfte alles abreissen. Der dynamische Stadtbezirk „La Défense" wird bald vollendet sein.

6    Der Bauplatz, 1977. Bauplatz neben dem „Centre Pompidou". Für die Spe-
     kulanten wurde der Stadtteil plötzlich interessant. Das Jahrhunderte alte
     Quartier wurde abgerissen.
7    Tours d'habitation et cimetière, 1980 – Wohntürme und Friedhof.
8    Le monument de la Défense, 1980. Der Schöpfer des Verteidigungsdenk-
     mals, Louis Barrias (1841-1905), verewigt seinen Malerfreund Henri
     Regnault (1843-1871) in der Gestalt des verwundeten Soldaten. Das Denk-
     mal wird heute von Verkehrslärm umbraust.
9    Rabat, (im Bidonville) 1976. Rabat, der junge Student, war der Stolz seines
     Vaters. Er wollte Ingenieur werden, war ernsthaft und arbeitete viel. Als ich
     das Bild malte, erzählt Kreienbühl, befanden sich die Professoren wieder
     einmal im Streik.

1

2

3

4

5

6

7

8

9

*acht' nicht ihrer selbst, fragt nicht ob man sie siehet.*[88] Die Rose weiss nicht, dass sie schön ist und gut riecht, dass ihre Kelchblätter symmetrisch angeordnet sind. Die Natur kann nicht, wie der Mensch, etwas Zielgerichtetes hervorbringen. Was sie ins Leben ruft, sind einmalige Werke, Schöpfungen. Die Natur können wir als das weite Reich der Geburten bezeichnen. Naturwesen werden geboren, wachsen heran, gelangen zu Reife – dann verwelken sie und gehen zugrunde. Die Natur kann grausam, freigebig, geizig, fruchtbar sein – und sie verkörpert das Spontane.

Nach der Klärung der Begriffe *Produkt* und *Werk* entwirft Lefebvre zwei Venedig-Bilder. In der ersten Version werden der Stadt Züge eines geheimnisvollen Naturwesens – vergleichbar der Rose des Angelus Silesius – verliehen.

*Venedig als Werk:* Venedig ist eine einzigartige, originale und originelle Stadt, die irgendeinmal entstanden und jetzt im Niedergang begriffen ist, die eine Entwicklung durchgemacht hat. Sie hat einen ausdrucksstarken und bedeutungsreichen Raum hervorgebracht, der so einmalig und einheitlich ist wie ein Gemälde oder eine Skulptur. Wer ist der Schöpfer dieser architektonischen und monumentalen Einheitlichkeit? Niemand! Obwohl Venedig mehr als jede andere Stadt seit dem 16. Jahrhundert einen einheitlichen Stil (oder *Code)* vorzuweisen hat, hat es nie eine zentrale, planende Instanz gegeben. Es gab keine Stadtplanungsbehörde. Die Einheitlichkeit wird durch die enge Verknüpfung der Praxis mit dem Symbolischen und Imaginären erreicht. Tätige Menschen mit Sinn und Gefühl für Ästhetik haben einen Palazzo nach dem andern gebaut. Der Raum der Kanäle und der Strassen, des Wassers und des Steins sind aufeinander abgestimmt und verstärken dadurch die gegenseitige Wirkung. Der Alltag wird mit einer raffinierten und zugleich natürlichen Theatralik gelebt; er wird absichtslos inszeniert, manchmal mit einem Hauch von Verrücktheit. Das Moment der Schöpfung Venedigs – so beschliesst Lefebvre sein erstes Venedig-Bild – ist seit langem dahin, dasjenige des Verschwindens nicht mehr fern. Noch heute ergreift den Besucher das lebendige und zugleich bedrohte Werk. Weiss der Besucher der prächtigen Stadt auch, dass er durch seinen Besuch, so rücksichtsvoll er auch sein mag, zu deren Ende beiträgt?

Ist Venedig ausschliesslich Werk, ist die Stadt nicht auch Produkt? Findet in ihr nicht auch Austausch, Handel und Reproduktion statt? Kennt Venedig nicht auch eine Produktion des Raumes? In der zweiten Version spielt die *gesellschaftliche Arbeit* eine zentrale Rolle.

*Venedig als Produkt:* Der einzigartige, wundervolle Raum wurde aus dem Wasser geboren, *langsam,* nicht wie Aphrodite, die dem Meerschaum Entsprungene. Am Anfang war die Herausforderung da: die Natur und die Feinde, und ein Ziel: der Handel. Der Raum der Lagune geht in einen grösseren Raum über, das Mittelmeer, den weiten Raum für Tauschhandel. Unter der Anleitung einer politischen Kaste wurde ein grosses praktisches Projekt zuerst entworfen, dann verwirklicht: ein Hafen wurde gebaut, Seewege wurden erschlossen, architektonische Prachtbauten errichtet. Der Ort wurde durch Arbeit geschaffen, denn Pfähle einrammen,

88 Das Distichon von Angelus Silesius taucht an verschiedenen Stellen von *La production de l'espace* auf, vgl. 85, 90, 111, 143, 200-202, 229.

Hafenanlagen einrichten, Paläste bauen ist gesellschaftliche Arbeit. Sie wurde unter schwierigen Bedingungen und unter der Aufsicht einer Kaste, die davon reichlich profitierte, geleistet. Venedig ist offensichtlich nicht nur ein Werk, sondern auch ein Produkt. Das soziale Mehrprodukt lässt den kapitalistischen Mehrwert bereits erahnen; allerdings springt ein entscheidender Unterschied in die Augen: In Venedig wurden Mehrarbeit und Mehrprodukt zur Hauptsache an Ort und Stelle, in der Stadt selber, erwirtschaftet und auch wieder ausgegeben. Von Anfang an wurde das Mehrprodukt für den ästhetischen Gebrauch eingesetzt. Überdurchschnittlich begabte und hochkultivierte Leute, die Geschmack hatten, aber auch Härte zeigen konnten, waren für die Verwirklichung verantwortlich. In gewisser Weise beruht die Pracht, die heute im Niedergang begriffen ist, auf den Gesten der Zimmerleute und Maurer, der Matrosen und Dockarbeiter und auf zahllosen anderen Arbeiten. Obschon Venedig ein Produkt ist, singt und vibriert alles in dieser Stadt. Prächtige Feste und prunkvolle Riten laden zu immer neuem Geniessen ein.

Lefebvre beschliesst sein zweites Venedig-Bild mit der Frage, ob es überhaupt sinnvoll sei, die Unterscheidung von Werk und Produkt aufrechtzuerhalten. Sollte man nicht besser von einer *Einheit von Werk und Produkt* sprechen? Vielleicht entstanden ja die schönsten Städte so wie Pflanzen und Blumen entstehen – allerdings nicht wie freiwachsende Blumen, eher wie gehegte und gepflegte Gartenblumen. Die schönsten Städte sind einzigartig, weil sie von äusserst kultivierten Leuten gebaut worden sind.[89] Wie sagte doch John Keats: *A thing of beauty is a joy for ever.*[90]

Im Spätwerk *La présence et l'absence* werden dem Begriff *Werk* nochmals vierzig Buchseiten eingeräumt. Der Stadt wird ein wundervolles Kompliment gemacht: sie sei das höchste Werk, das Werk aller Werke, *l'oeuvre des oeuvres.*[91]

---

89 PE, 89 ff.
90 *Endymion,* 1. Buch.
91 PA, 211.

# Die urbane Revolution: 1970

> *Richard Sennett, ein früher Leser von Lefebvres urbanen Schriften,*
> *rühmt die etwas späte aber glänzende englische Übersetzung von*
> *The Urban Revolution (im Jahre 2003). Er schreibt: Dieses Buch*
> *erfüllte eine ganze Generation von Urbanisten mit Hoffnung.*
> *Auch heute sollte es all diejenigen ansprechen, die mit Stadtfragen*
> *zu tun haben.*[92]

Mit *La révolution urbaine* gewinnt Lefebvres Analyse des urbanen Phänomens an Kohärenz und theoretischer Geschlossenheit. Jetzt wird zum ersten Mal die Hypothese von der *vollständigen Urbanisierung der Gesellschaft* vorgetragen. Damit ist ein doppelt interpretierbarer Prozess gemeint. Zum einen werden sämtliche Aspekte der Gesellschaft von diesem Prozess betroffen, zum andern wird die gesamte Erde von diesem Prozess erfasst. Die Urbanisierung ist ein gesamtgesellschaftliches und zugleich ein historisches Phänomen. Der Prozess wird auf einer Raum-Zeit-Achse dargestellt, die von Null bis 100 Prozent reicht, von der nicht existenten Urbanisierung bis zur vollständigen Urbanisierung (oder Verstädterung) des Planeten. Folgende graphische Skizze zeigt die These von der globalen Urbanisierung im Überblick: [93]

Auf dem Weg zur planetarischen Urbanisierung

| a) Politische Stadt | b) Handelsstadt | c) Industriestadt | d) Kritische Zone „Blindfeld" |
|---|---|---|---|
| Die Erde unter der Herrschaft der „reinen Natur". | 1. Kippvorgang: Die Agrargesellschaft auf dem Weg zur urbanen Gesellschaft | | 2. Kippvorgang: Implosion/Explosion. Ballung in den Städten Ausdehnung des urbanen Gewerbes. Landflucht. Vollständige Unterordnung des Agrarischen unter das Urbane. Das Beste und das Schlimmste ist möglich. |

Null                            100 %
⟶

Raum-Zeit-Achse:
Von der Agrargesellschaft zur urbanen Gesellschaft

---

92 Zitat auf der Rückseite von *The Urban Revolution*.
93 Vgl. die beiden graphischen Darstellungen in: RS 13, 22.

Erläuterung in sechs Punkten:

## 1. Die zentrale These

Im Zentrum von *La révolution urbaine* steht die Analyse des Übergangs von der Industrialisierung zur Urbanisierung. Das Ziel des Urbanisierungsprozesses ist die künftige *urbane Gesellschaft*. Die urbane Gesellschaft wird nicht als eine schon verwirklichte definiert, sondern als ein Horizont, der sich in der Ferne abzeichnet.[94] Wenn wir, ausgehend von der (noch nicht verwirklichten) urbanen Gesellschaft, die Frage stellen: was geht voraus? erscheint die Industrialisierung als blosse Zwischenetappe, als vorbereitendes Moment auf dem langen Weg zur vollständigen Urbanisierung. Während der Industrialisierung sind die Bedingungen geschaffen worden, welche die Transformation in Richtung Urbanisierung erst ermöglichen. In der industriellen Phase hat die Ökonomie (Quantität und Wachstum) Vorrang gehabt. Die Merkmale des Urbanisierungsprozesses sind Qualität und Entwicklung. Die *urbane Revolution* kann definiert werden als die Gesamtheit der Wandlungen und Veränderungen in der kritischen Zone. In der Übergangsepoche sind die Probleme des Wachstums und der Industrialisierung dominant, in der folgenden Epoche wird es um die Suche nach Lösungen für die urbane Gesellschaft gehen.[95] Die Umwälzungen werden teils sprunghaft, teils kontinuierlich vor sich gehen. Gewaltsame Aktionen sind nicht auszuschliessen. Es ist nicht vorauszusagen, was gewaltsam und was auf vernünftige Weise erreicht werden wird. Die Sache des Denkens ist es, Gewalt auf ein Minimum zu reduzieren.[96]

Wir haben gesehen, dass das *urbane Gewebe* die Konturen zwischen Stadt und Land schon seit langem verwischt hat. Die Stadt, die sich durch eine Stadtmauer von einem ländlichen Umfeld abgrenzen lässt, ist zu einer endgültig vergangenen Vorstellung geworden. Industrialisierung und Urbanisierung haben in den hoch industrialisierten Ländern zu einer Zersplitterung der Städte geführt. Im Verlauf dieses weltweiten Prozesses *birst die Grosstadt auseinander, fragwürdige wuchernde Gebilde entstehen: Vororte, Wohnviertel oder Industriekomplexe, Satellitenstädte, die sich kaum von verstädterten Marktflecken unterscheiden. Kleinstadt und mittelgrosse Stadt geraten in ein Abhängigkeitsverhältnis, werden praktisch zu Kolonien der Grosstadt.*[97] Die Stadt ist heute Teil von grösseren Konfigurationen, von übergreifenden Einzugsgebieten, vernetzten Stadtgebilden, grenzüberschreitenden urbanen Regionen, Metropolitanregionen. Dass die vollständige Urbanisierung des Planeten eine *Hypothese* ist, bedeutet, dass der Prozess ein ungeheuerliches und komplexes soziales Geschehen ist, das sich im Fluss befindet. Von der Gegenwart aus lassen sich Tendenzen und Entwicklungen erkennen, welche in eine mögliche oder unmögliche

---

94 RS, 23; RU, 27.
95 RS, 11.
96 RS, 12.
97 RS, 10.

Zukunft einmünden. Die Achse, welche die Wirklichkeit des urbanen Geschehens symbolisiert, verläuft sowohl im Raum als auch in der Zeit. *Im Raum:* weil der Prozess sich räumlich ausdehnt und den Raum verändert – *in der Zeit:* weil er sich in der Zeit entfaltet und entwickelt. *Wir werden eine Gesellschaft „urbane Gesellschaft" nennen, die das Ergebnis einer – heute virtuellen, morgen tatsächlichen – vollständigen Urbanisierung ist.*[98]

## 2. Grenzen der phänomenologischen Beschreibung

Der Begriff *Phänomen* meint das Sich-Zeigende, Evidente – bald die Erscheinung, bald den blossen Schein einer Sache. Eine der ältesten Umschreibungen lautet: *Das Erscheinende ist der Anblick des Verborgenen.* Wer sich dem *urbanen Phänomen* anzunähern versucht, kann sich verfeinerter wissenschaftlicher Methoden bedienen. Er kann verschiedene theoretische Ansätze durchspielen, um das Verborgene sichtbar zu machen.

Wenn sich Phänomenologen, meint Lefebvre, mit dem urbanen Phänomen befassen, zerlegen sie es gemäss ihrer Methode in Faktoren, Indikatoren, Indizes. Bei der Auswahl dieser Kriterien stossen sie bald einmal in den Bereich des Willkürlichen vor. *Jede Fachwissenschaft schneidet aus dem Gesamtphänomen ein bestimmtes „Feld" oder einen „Bereich" heraus und erhellt ihn auf ihre Weise.*[99] Anhand von Beispielen aus der Semiologie, Soziologie, Philosophie und Phänomenologie wird gezeigt, dass solch ein Vorgehen nur dann zu überzeugenden Resultaten führt, wenn eine interdisziplinäre Zusammenarbeit besteht. Das urbane Phänomen, das den Betrachter durch das Ausmass und die Komplexität, *l'énormité et la complexité,* in Erstaunen versetzt, kann durch keine Spezialwissenschaft erschöpfend erfasst werden. Deshalb schlägt Lefebvre die Gründung einer Universität (oder Fakultät) zur Erforschung der urbanen Problematik vor, zugleich bleibt er aber skeptisch gegenüber einer solchen Institution. *Es besteht die Gefahr, dass eine solche Institution nur zur Reproduktion gelegentlicher Zusammenkünfte würde. Wie soll man die Spezialisten dazu bringen, über ihre Terminologien, ihre Lexika, über die ihnen eigene Syntax, ihre Geisteshaltung und ihren Jargon, über ihre beruflich bedingte Blindheit, ihren Hang zur Esoterik und ihre Arroganz hinsichtlich ihres eigenen Gebietes hinauszuwachsen?... Eine solche Forschungsstätte bewirkt keine Wunder.*[100]

## 3. Rekonstruktion (oder Geschichte) der Urbanisierung

Die verschiedenen Etappen auf dem langen Weg zur vollständigen Urbanisierung der Gesellschaft und des Planeten werden als *jalons* bezeichnet. Mit jalon, Weg-

---

98 RS, 7.
99 RS, 55.
100 RS, 62 f.

marke, ist eine bestimmte historische Stadt-Formation gemeint. Das gegenwärtige Zerbersten der Stadt ruft nach der Frage, welche Rolle Industrie und Kapitalismus bei der Zerstörung der traditionellen Stadt gespielt haben. Um die *Industriestadt* zu verstehen, ist die vorindustrielle, vorkapitalistische Stadt zu analysieren, die *Handelsstadt*. Nach der Analyse der Handelsstadt wird die *politische Stadt*, die ihr vorausgeht, begreifbar. Wir sehen: um den Urbanisierungsprozess zu verstehen, wird er historisch rekonstruiert. Auf der Raum-Zeit-Achse geht man Schritt für Schritt in die Vergangenheit zurück. Vier Etappen können unterschieden werden:

*a) Die politischen Stadt.* Am Anfang der Raum-Zeit-Achse – am Nullpunkt der Urbanisierung – zogen Sammler, Fischer und Jäger durch den Raum, sie erforschten ihn, setzten Landmarken und erfanden Flurnamen. Gemäss Lefebvres Theorie war die Urbarmachung des Landes nicht ein Vorgang, der allmählich zur Gründung des Dorfes, dann zur Stadt führte. Der Übergang vom Jäger- und Sammlerdasein zum Ackerbau *vollzog sich erst unter dem (autoritären) Druck städtischer Zentren.*[101] Bei der *politischen Stadt* denke man an die alten Hochkulturen von Mesopotamien und Ägypten, in denen Priester, Krieger, Fürsten, „Adelige", ferner Verwalter und Schreiber die Ordnung repräsentierten und das weite Land beherrschten. *Die politische Stadt ist ganz und gar Ordnung, Erlass, Macht.*[102]

*b) Die Handelsstadt:* In der politischen Stadt galten die Menschen, die Tausch und Handel betrieben, als suspekt, deshalb wurden sie von der Stadt ausgeschlossen. Sie lebten am Rand der Stadt, in Karawansereien, auf Märkten und in Vororten. Die politische Stadt, die auf enormen Zusammenhalt gründete, fühlte ihre Macht durch die Händler (den Markt und die Waren, das bewegliche Eigentum und das Geld) bedroht. *Im Grunde gelingt es der Ware, dem Markt und dem Händler erst im europäischen Abendland, gegen Ende des Mittelalters, siegreich in die Stadt einzudringen.*[103] Erst seit dem 14. Jahrhundert wird der Handel zu einer städtischen Form, bekommt die Stadtanlage eine neue Struktur. Vorstädte, die anfänglich Handelsplätze mit handwerklichen Betrieben waren, wurden zu neuen Mittelpunkten, die der traditionellen politischen Gewalt Einfluss und Prestige streitig machten.

*c) Die Industriestadt:* Industrien entstehen da, wo Energiequellen (Kohle, Wasser), Rohstoffe (Metalle, Faserstoffe usw.) und Arbeitskräfte vorhanden sind. Sie ziehen in die Umgebung einer Stadt, um in der Nähe des Kapitals und des Marktes zu sein, um zu billigen Arbeitskräften zu kommen. Für die Industrie spielt es keine Rolle, wo sie sich niederlässt, früher oder später greift sie die bereits vorhandenen Städte an oder schafft neue. Das Ruhrgebiet in der aufstrebenden und blühenden Phase ist ein gutes Beispiel für ein konzeptloses Zusammenwachsen von Städten und Ortschaften, für das Entstehen einer formlosen Stadt, eines *urbanen Konglomerats.* Der Aufschwung der Industrie und die Ausdehnung des Marktes haben die *historische Stadt* nachhaltig beschädigt, ihr Bild und ihre Realität zum Verschwinden gebracht. Die Industriestadt ist nicht mehr *ein organisches Ganzes, begeisterndes Bild,*

---

101 RS, 14.
102 RS, 14.
103 RS, 15 f.

*ist nicht mehr ein Raum, der mit herrlichen Bauwerken rhythmisiert wird.*[104] Indem sie durch Begriffe wie Befehl, unterdrückende Ordnung oder Signale definiert wird, ist sie eine Anti-Stadt oder eine Nicht-Stadt. Das Nichtvorhandensein von Stadt zeigt sich im Zerbersten des Städtischen, im Zerfall in Fragmente: in Randgebiete, Vororte, Zweitwohnungen, Satellitenstädte. Eine Düsternis liegt über der von Menschen verwüsteten Stadtlandlandschaft: den Asphaltlabyrinthen, den Autobahnen, der Wirrnis der Parabolspiegel, der Zementöde der wuchernden Agglomerationen. Die Nicht-Stadt geht der *kritischen Zone* voraus und kündigt diese an.[105]

*d) Die kritische Zone:* Die Übergangsphase zwischen dem Industriellen und dem Urbanen – die kritische Zone – wird *Blindfeld* genannt. Im Blindfeld spielt sich ein gewaltiger und konfliktreicher Prozess mit offenem Ausgang ab. Genau genommen handelt es sich um einen hochkomplexen Doppelprozess: die Industrialisierung und die gleichzeitige Urbanisierung. Wer *Prozess* sagt, legt den Akzent auf das Im-Fluss-Sein. In den sogenannten unterentwickelten Ländern finden schwierige landwirtschaftliche und industrielle Entwicklungen und Umwandlungen statt, gleichzeitig läuft der Urbanisierungsprozess auf Hochtouren. Das *Blindfeld* bietet sich zur Erforschung des Künftigen an: *In der kritischen Zone verflüchtigt sich das Gelände unter den Füssen und entzieht sich dem Blick. Der Boden ist vermint. Die alten Begriffe entsprechen nicht mehr, neue Begriffe bilden sich heraus.*[106]

Die Urbanisierung ist noch nicht sichtbar. Wir sehen das Neue nicht. *Liegt das einfach daran, dass unser Auge von der vorherigen Landschaft geprägt (oder verbildet) worden ist und den neuen Raum nicht zu erkennen vermag?*[107] Unser Blick wurde vom dörflichen Raum, von der Fabriklandschaft, den Monumenten vergangener Epochen geformt. Gemäss der Erziehung und Ausbildung unseres Sehens erkennen wir Winkel und Umrisse, nehmen wir gerade und gebogene Linien wahr – wir sind aber nicht fähig, uns *vielfältige Bahnen* und *komplexe Räume* vorzustellen. Unser Wahrnehmungsvermögen ist durch einen geistigen und sozialen Reduktionsprozess beeinträchtigt. Wir nehmen die Urbanisierung noch in den Vorstellungen der Industrialisierung wahr. Weder Architekten noch Stadtplaner sind sich der Bedeutung des Urbanisierungsprozesses genügend bewusst, auch sie starren in eine Art *black box.* Sie kennen zwar den Input, sind aber verblüfft über den Output.

## 4. Die regressive-progressive Methode

Wir haben gesehen, wie locker Lefebvre mit der Zukunft und der Vergangenheit umspringt, wie leicht er von einem Zeithorizont zum andern wechselt. Dies hängt mit der *regressiven-progressiven Methode* zusammen, die wir schärfer ins Auge fassen wollen.

---

104 RS, 20.
105 Vgl. Schmid, Christian (2005), 126 f.
106 RS, 176.
107 RS, 35.

Um den Urbanisierungsprozess zu beschreiben, wird in einem ersten Schritt der Zustand festgehalten, der sich direkt beobachten lässt: die *kritische Zone* der Urbanisierung, das *Blindfeld*. In einem zweiten Schritt steigt man, um die Voraussetzungen des Gegenwärtigen zu verstehen, Schritt für Schritt in die Vergangenheit zurück. Der zweite Schritt wird *regressive Analyse* genannt. Das Eintauchen in die Vergangenheit – die Erkundung der historischen Etappen der Stadtentwicklung – führt zu Entdeckungen, die für die Gegenwart noch immer von Interesse sind. Das rückwärts gewandte Interesse unterscheidet sich von der blossen Neugier für Altertümer, für altes Gemäuer, alte Gebräuche usw. Das Befragen der Vergangenheit hat auch nichts mit der Frage nach den Ursprüngen zu tun (von denen man weiss, dass sie oft trügerisch oder mythisch sind). Mit einem dritten Schritt, der *progressiven Analyse,* kehrt man schrittweise wieder in die Gegenwart zurück. Die Gegenwart wird ein zweites Mal einer Prüfung unterzogen, jetzt ergänzt durch die Erkenntnisse, die man sich in den Archiven der Vergangenheit oder sonst wie erworben hat. Die Differenz zwischen dem, was die naiven Augen anfänglich gesehen haben, und dem, was der Forscher (aufgrund der Archive, der Befragung von Zeitzeugen usw.) jetzt weiss, kann zu unerwartet neuen Einsichten führen. Die *progressive Analyse* wird bei einem einmal erreichten Zustand nicht Halt machen, sie wird auf etwas Neues zugehen. Ein bloss geahntes Künftiges kann durchleuchtet, entfaltet und entwickelt werden.

Das Originelle der *regressiven-progressiven Methode* besteht darin, das *Aktuelle* als Ausgangspunkt zu nehmen und von da aus sich der Vergangenheit zuzuwenden. Von der erkannten und verstandenen Vergangenheit aus kann der Zustand des Gegenwärtigen tiefer und umfassender begriffen werden. Mit dem vertieften Verständnis des Gegenwärtigen wird die Voraussetzung dafür geschaffen, das Mögliche/Unmögliche des Künftigen klarer zu sehen. Um das Ungewohnte der *regressiven-progressiven Methode* zu veranschaulichen, kann man an einen Menschen denken, der seinen Anfang, dann seinen reichen und komplexen Lebensentwurf zu verstehen versucht. Erst vom Ende her, vom Erwachsensein aus, wird er verstehen, was aus dem einstigen Kind geworden ist.[108]

Erinnern wir uns an Jacob Burckhardt, der ebenfalls, allerdings in anderem Zusammenhang, das Gegenwartsinteresse des Historikers hervorhebt: *Eigentlich sollte man vor allem diejenigen Tatsachen hervorheben, von welchen aus die Fäden noch bis in unsere Zeit und Bildung hineinreichen.*[109]

## 5. Die urbane Form: Zentralität und Gleichzeitigkeit

Eine Form lässt uns an etwas Plastisches oder Räumliches denken, an ein Quadrat, einen Würfel, einen Kreis oder an ein Ei. Im üblichen Sinn des Wortes ist mit der

---

108 RS, 29 f.; zur regressiven-progressiven Methode vgl. PE, 79 ff. ; R. Hess (1988) 181 f. ; vgl. auch René Lourau, Vorwort zu Pyr., 10 f. Im Sammelband *Du rural à l'urbain* schlummern ein paar kostbare Artikel zu dieser Methode.
109 GA VII, 225.

*Form einer Stadt* eine räumliche Anordnung gemeint. Die geometrische Anordnung einer Stadt basiert auf dem Quadrat oder auf konzentrischen Kreisen. Zwei Strukturprinzipien werden unterschieden: die *morphologische Struktur* (die Anordnung von Orten, Gebäuden, Strassen, Plätzen, Stadtvierteln) und die *soziologische Struktur* (die soziale Verteilung der Bevölkerung, der Alters- und Geschlechtergruppen, Haushalte, berufliche Kategorien usw.). Soviel zur konventionellen Definition von Form.[110]

Lefebvres schlägt eine neue Definition vor: *Das Urbane ist eine reine Form: der Punkt der Begegnung, der Ort der Zusammenkunft, die Gleichzeitigkeit.*[111] Das Urbane als reine Form bedarf eines Inhalts. Der Inhalt kann irgendetwas sein. Pêlemêle werden die heterogensten Dinge aufgezählt: *Projekte oder Produkte, Berge von Obst auf Märkten, Menschenmassen, Leute, die sich gegenseitig auf die Füsse treten, Zusammenballungen vielfältiger, nebeneinander, übereinander liegender Objekte: das macht die Stadt aus.*[112] Die Stadt ist produktiv, insofern sie die zur Produktion erforderlichen Elemente zusammenführt. Sie vereinigt alle Märkte: den Markt der Agrar- und Industrieprodukte, die lokalen, regionalen, nationalen Märkte, den Weltmarkt, den Kapitalmarkt, den Arbeitsmarkt – nicht zu vergessen den Grundstückmarkt. Die Stadt selber erschafft nichts, sie *zentriert.* Sie zentriert, was produziert und kreiert worden ist. Dabei schafft sie eine *urbane Situation,* in der das Kunterbunte zueinander findet und in einen Gärungsprozess übergeht. Im städtischen Treiben lässt sich beobachten, wie aus Konflikten Unterschiede entstehen oder wie Unterschiede zu Konflikten führen – *ist das nicht die Ursache und der Sinn dieses rationalen Deliriums, das wir die Stadt oder das Urbane nennen?*[113] Seit jeher ist die Stadt, indem sie Menschen, Produkte, Symbole, Wissen, Techniken, Reichtümer versammelt oder konzentriert, ein Ort der Akkumulation. *Jede Epoche, jede Produktionsweise, jede einzelne Gesellschaft hat ihre eigene Zentralität generiert oder produziert; das religiöse, kulturelle oder politische Zentrum, das Zentrum des Handels oder der Industrie usw. Jeder einzelne Fall verlangt nach einer Definition der Beziehung zwischen der geistigen und sozialen Zentralität.*[114]

Die Stadt vereinigt und lässt das einander begegnen, was in einem Raum existiert – genauer: was *gleichzeitig* in einem Raum existiert. Dem Aufzählen des gleichzeitig Vorhandenem sind wiederum keine Grenzen gesetzt: *Früchte des Feldes, Erzeugnisse der Industrie, Werke des Menschen, Objekte und Instrumente, Handlungen, Zeichen*

---

110  RS, 125 f. An dieser Stelle möchte ich auf *La forme d'une ville* von Julien Gracq hinweisen (Paris 1985, dt. Graz-Wien 1989); Im Unterschied zu Lefebvre, der nach allgemeinen Kriterien der urbanen Form sucht, beschreibt Gracq am konkreten Beispiel von *Nantes* eindrücklich den Wandel und die Umformung der Stadt; die Stadt, die ihre Grenzen unaufhörlich aushöhlt und die Substanz verbraucht, die ein alltägliches Leben herbringt, das aus *einebnender Eintönigkeit* besteht; insbesondere 75-88.
111  RS, 128.
112  RS, 126.
113  RS, 127.
114  PE, 383.

*und Symbole.*[115] All das nehmen wir *gleichzeitig* wahr, zum Beispiel als das Lichtergewimmel einer Stadt, die man nachts vom Flugzeug aus sieht: die blendende Helligkeit, die Neonlichter, das Netz der beleuchteten Strassen, die Leuchtreklamen, die zahllosen Verführungen, die Anhäufung von Reichtümern und Zeichen von dem, was in verschwenderischer Fülle, in Überfülle, vorhanden ist – was *gleichzeitig* vorhanden ist.

Im Grunde genommen knüpft Lefebvre mit seiner Definition der *urbanen Form* an die alte abendländische Vorstellung von der Stadt als einem *Zentrum* an. Für Jacob Burckhardt ist das antike Athen ein *freier geistiger Tauschplatz,* wo alles, wie er sagt, *zusammenmündet:* Handel, Industrie, Kunst, Poesie, Philosophie, Wissenschaft u.v.a.m. In den Weltgeschichtlichen Betrachtungen lesen wir: *Den Productionen aller Zeiten ist es ganz deutlich anzuhören, ob sie unter einer solchen Einwirkung* (der Einwirkung eines Zentrums) *entstanden sind oder nicht.*[116]

## 6. Die urbane Gesellschaft

Die urbane Revolution zielt auf eine Umwandlung der Produktivkräfte und auf einen gesellschaftlichen Wandel. Sie wird definiert als *die Gesamtheit der Wandlungen und Veränderungen, die unsere heutige Gesellschaft durchschreitet, um von einer Epoche, deren massgebliche Probleme Wachstum und Industrialisierung (Modell, Planung, Programmierung) sind, zu jener überzugehen, in der die durch die Urbanisierung entstandenen Probleme den Vorrang haben.*[117] Das Ziel der urbanen Revolution ist *die urbane Gesellschaft,* doch diese ist noch nicht verwirklicht, sie ist im Bereich des Möglichen angesiedelt. Die urbane Gesellschaft ist eine konzeptuelle Formulierung, eine intellektuelle Annäherung an ein virtuelles Objekt. Für den Dialektiker Lefebvre ist das Mögliche stets Teil des Wirklichen, das Mögliche gibt dem Wirklichen erst Sinn, das heisst Richtung und Orientierung.[118] Der einfache Satz *das urbane Leben hat noch gar nicht begonnen* beschreibt keine Wirklichkeit, er enthält aber ein noch nicht eingelöstes Versprechen.[119] Lefebvre präzisiert: die urbane Gesellschaft wird eine Zivilgesellschaft hervorbringen: eine erneuerte *civilité* und *urbanité,* einen neuen Bürgersinn. In der urbanen Gesellschaft wird man den Alltag auf eine andere Art leben. Der plakative Satz lautet: *Die mondiale Gesellschaft wird urban sein oder nicht sein.*[120]

Nicht selten sucht Lefebvre, wie wir gesehen haben, in der Vergangenheit nach Bildern geglückten urbanen Lebens.[121] Er preist das Leben am Ausgang des Mittel-

---

115 Schmid, Christian (2005), 179.
116 SG, 111-114.
117 RS, 11.
118 RS, 52.
119 DV, 111. C. Schmid zitiert diesen Satz an mehreren Stellen.
120 RD, 168.
121 Vgl. im folgenden RD, 164 ff.

alters, an der Schwelle zur Neuzeit. Damals wurde die Stadt, indem sie an die antike Polis anknüpfte, zum Ort der Zivilisation. Zum Wertvollsten des antiken Erbes zählt, so Lefebvre, die Liebe des Stadtbürgers zu seiner Stadt, zählen Geschmack und Sinn für den städtischen Raum, für die Plätze, Strassen und Gärten. Zum Fundament der antiken Polis gehörten auch die Philosophie und die Künste. Die Stadt der Renaissance, welche an die Polis anknüpfte, hatte eine neue Zivilisation, eine Lebensart – eine bestimmte Art sozialer Beziehungen – hervorgebracht.

In der Zukunft werden die Architekten mit dem, was sie bauen, innovative Kräfte freisetzen und ein differentes urbanes Leben ermöglichen. Grosse Architekten haben mit ihrer Kunst des Bauens immer schon einen *Stil* kreiert und damit eine Lebensart erst ermöglicht. In den alten Städten Italiens oder Spaniens geht die Aufteilung der Plätze und Strassen auf architektonische Initiativen zurück. Die Bauherren (der Paläste, Kirchen und Klöster) gewährten dem Demiurgen – dem Genius des Architekten – den nötigen Freiraum. Im Grunde, so Lefebvre, bestimmt die Produktionsweise die architektonische Ordnung. Die architektonischen Schöpfungen sind die Antwort auf die sozialen und politischen Vorgaben. Die Monumente drücken die Wünsche und den Willen der Machthaber aus. Früher standen die Architekten unter dem Druck der angesehenen Landesherren und Prinzen, heute unter dem Druck der Makler und Bankiers, der Stadtbehörde und der Urbanisten, der Planer und Investoren, der Geschäftsleute und Grundstückbesitzer – und vielleicht sogar der Benutzer! Der Architekt muss auf all diese Instanzen Rücksicht nehmen, denn sie alle haben das Recht zu intervenieren, Forderungen zu stellen. Wie geht der Architekt mit der Vielzahl von Forderungen und Vorstellungen – auch mit den Sachzwängen – um? Lefebvre meint: *Wenn er sich von diesem oder jenem Bild, von dieser oder jener Instanz vereinnahmen lässt, hat er seine „Berufung" verfehlt. Ist es nicht seine Aufgabe, sie alle zu versammeln, miteinander zu konfrontieren und sie dann im Werk aufzuheben?*[122]

Zum Konzept der urbanen Gesellschaft gehört ein neuer Humanismus, von dem man bloss in Andeutungen sprechen kann.[123] Dieser wird das menschliche Wesen mit den sich wandelnden Bedürfnissen nach Sicherheit und Abenteuer, Geselligkeit und Einsamkeit in den Mittelpunkt stellen. Für das erziehbare und erstaunlich formbare menschlichen Wesen werden architektonische Rahmenbedingungen geschaffen: damit es *entdecken und erschaffen, arbeiten und spielen, sprechen und schweigen kann.*[124]

Gemäss dem Satz *Das urbane Leben hat noch gar nicht begonnen* können wir die Umrisse der urbanen Gesellschaft erst wie durch einen Nebelschleier hindurch wahrnehmen.

---

122 PA, 185 ff. 219 ff.
123 Vgl. Art. 16 (1962/68).
124 RS, 73, 77 ff.

*Zwischenbilanz*

Lefebvre hat klar gesehen, dass in der zweiten Hälfte des des letzten Jahrhunderts eine Verbürgerlichung der Stadtkerne stattfindet. Zur offiziellen, meist neoliberalen Stadtpolitik gehört eine aufwendige Renovierung und Sanierung der Stadtkerne. Eine *urbane Regeneration,* so Lefebvre, führt zu exklusiven Wohnformen, Freizeiteinrichtungen, Büroräumen, luxuriösem Einzelhandel. Dieser Prozess ist in allen europäischen Städten beobachtbar, am deutlichsten in London, wo der Themse entlang die verfallenden Dock- und Werftanlagen zu einer zukunftweisenden Wasserstadt umgebaut und ausgebaut worden sind. Im grössten zusammenhängenden Stadtentwicklungsprojekt Europas setzen designte *Ikonen* städtebauliche Akzente und verwandeln dadurch das Gelände in einen dynamischen urbanen Erlebnispark. Die Frage stellt sich: entsteht auf der Südseite der Themse von Westminster bis Tower Bridge ein verwandeltes alltägliches Leben, eine urbane Gesellschaft? Vielleicht. Oder ist es dort ganz einfach *very trendy?* Unter *urbaner Gesellschaft* hat sich Lefebvre wohl etwas anderes vorgestellt; er hat zwar eingeräumt, dass es intellektuelle und künstlerische Eliten braucht, die zum ersten Mal neue Wege gehen. Missfallen hat ihm, dass sich in vielen Städten Europas die alten Stadtkerne in „ausgestopfte" Städte, in Museen, verwandeln.

Mit den beiden Büchern *Le droit à la ville* und *La révolution urbaine* wird ein dramatisches Bild vom Industrialisierungsprozess entworfen, der die bestehende Stadt im Sturm angreift, überrennt und so nachhaltig zerstört, dass die Erinnerung an die grossen urbanen Schöpfungen – die Werke – zu verblassen droht. Der Urbanisierungsprozess verläuft nicht weniger dramatisch, auch er verwandelt und erodiert die historischen Zentren und generiert unablässig neue urbane Zonen ohne Zentrum, im günstigen Fall neue urbane Konfigurationen, neue polyzentrische Städte usw. Lefebvre spricht von der Stadt als einem Werk, er fragt nach *Ziel und Sinn* des Urbanisierungsprozesses.[125] Vom Ende her schaut er auf den Anfang zurück, auf jene Epoche, in der die Philosophie das Denken der Stadt inauguriert hat. Mit dem Dialog *Kritias* hat Platon den Begriff von der Polis geprägt und ein Bild des idealen Staates (Atlantis) entworfen. Mit dem *Staat* (Politeia) und den *Gesetzen* (Nomoi) ist das antike Stadtdenken weiterentwickelt worden. Die *Philosophie der Stadt* beginnt mit den Griechen.

Nie hat Lefebvre, der *homo urbanus,* im Unterschied zu ängstlichen Unheilspropheten, ein Schreckensszenario entworfen. Er redet nicht mit Kassandras Stimme. Eine seiner Stärken ist sein unerschütterlicher Optimismus, der sich in der Zuversicht ausdrückt, dass eine andere Welt, eine andere Stadt, möglich sei. Eine Stadt kann doch nicht bloss aus Verkehrsproblemen, Informationstechnologie und einem Urbanismus der Röhren und Leitungen – des Strassenbauamtes – bestehen. Man muss anfangen, in ganz anderen Dimensionen – in Generationen! – zu denken. Die Vision des Phantasten sieht so aus: *Unsere explodierten Städte, die Rie-*

---

125 RS, 22 f.

*senstädte, muss man dekonstruieren, dann rekonstruieren.* Um das zu beseitigen und wieder aufzubauen, was ein entfesselter, irre gewordener Kapitalismus produziert hat, braucht es eine ganze historische Epoche... Es genügt nicht, monumentale Prestigebauten zu errichten. Die unterschiedlichsten Kräfte könnten das kolossale und revolutionäre Werk gemeinsam in Angriff nehmen. Die intellektuelle Arbeit (die „ästhetische Kreativität") und die manuelle Arbeit (die Baumaterialien) könnten sich im gemeinsamen Tun versöhnen – „Arbeit" wäre für Generationen vorhanden. Das Urbane würde zum Ort einer zunehmend direkteren Demokratie, die Bürger-Städter-Benutzer würden zur Realisierung dieses Werkes immer enger miteinander kooperieren.*[126]

Wir werden uns jeden Tag deutlicher bewusst, dass der Raum uns ausgeht. Jeden Tag brauchen wir mehr davon, aber es gibt keinen mehr. *Dekonstruieren, dann rekonstruieren?* Alles abreissen, dann wieder aufbauen? Braucht es dazu einen Dritten Weltkrieg? Sicher nicht! Lefebvre denkt eher daran, dass Schöpfung und Zerstörung zusammengehören. Es gibt die taoistische Vorstellung von der dialektischen Einheit von Schöpfung und Zerstörung: *Wenn du etwas zerbrichst, schöpfst du Dinge. / Wenn du etwas schöpfst, zerstörst du Dinge.* Zu lange und zu ausschliesslich waren wir auf das Machbare in der Welt fixiert, vor dem Weg-machen aber sind wir zurückgewichen. Wir müssen neu lernen darauf zu achten, wann die Zeit gekommen ist, den Dingen ein Ende zu setzen. Wenn der Mensch nicht eingreift, wird die Architektur fortfahren, unseren Planeten randvoll aufzufüllen, bis kein Platz zum Auffüllen mehr da sein wird. Der Architekturhistoriker Van Leeuwen will bei den Architekten ein Verständnis für das Wegräumen des sich selbst Überlebten – für Dekonstruktion – entwickeln: *Architekten wie auch ihre Auftraggeber sollten sich an den Gedanken gewöhnen, dass Zerstörung ein natürlicher und untrennbarer Teil des Errichtens ist. Zerstörung ist nicht nur nötig und legitim, sie ist auch wünschens- und lohnenswert. Die Kunst der Zerstörung sollte als eine ästhetische und ethische Disziplin betrachtet und in die Curricula von Architektur- und Städtebauschulen aufgenommen werden.*[127]

---

126 RD, 173.
127 Thomas AP Van der Leeuwen: *Reisst ab! Die Doppelnatur von Schöpfung und Zerstörung,* in: Schrumpfende Städte (2004), 712 ff.

# 7. DEN RAUM PRODUZIEREN

> *Ein Land ist ein Produkt menschlicher Tätigkeit: Generationen*
> *haben es umgestaltet. Selbst das Gesicht der Erde, die Landschaft*
> *und die gesamte Natur, so wie sie jetzt für uns besteht, sind ein*
> *Produkt*

Henri Lefebvre, 1938[1]

Die Erforschung des Raumes, erzählt Lefebvre, habe schon in der Kindheit ange-fangen. Für ihn habe es nie eine Trennung von Subjekt und Objekt, von Körper und Welt gegeben. Jeder Einzelne könne in seinem Innern das Kosmische entdek-ken, und zwischen dem Geistigen und dem Räumlichen gebe es Verbindungen.[2] Wie lustvoll Lefebvre sich den Raum der Pyrenäen, seinen erlebten und gelebten Raum, angeeignet hat, bringt der prachtvoll illustrierte Band *Pyrénées* aus dem Jah-re 1965 zum Ausdruck, ein Werk, dessen zweite Auflage in die Buchreihe *Lieux de Mémoire Pyrénéens* aufgenommen worden ist – in das von Pierre Nora begründete Sammelwerk der *Gedächtnisorte*.[3] Der unstillbare Durst nach Raumaneignung ist auf jeder Seite des Buches spürbar. Mit dem Überqueren der hohen Pässe eignet sich Lefebvre, der kräftige Berggänger, die Region wenn immer möglich zu Fuss an. Damit reiht er sich in die lange Tradition der Peripatetiker ein. Aristoteles, sagt man, habe das Denken und Lehren mit dem Umhergehen, dem Unterwegssein von Stadt zu Stadt, verknüpft. Beim Hochsteigen und Hinuntersteigen in die engen Täler erforscht Lefebvre den vielgestaltigen Raum, der sich vor ihm ausbreitet. Die Pyrenäen stellen einen noch weitgehend einheitlichen Naturraum dar. Die Natur-kräfte setzen der Wucht und dem Wahn der Ökonomie mehr Widerstand entgegen als anderswo. Der von der Geologie geprägte Raum ist ein Gebirgsraum, der sich durch das Gegenteil von Homogenität auszeichnet. Im Osten ist er durch das Mit-telmeer und im Westen durch den Atlantik, durch zwei verschiedene Klimazonen, abgegrenzt. Im vielgestaltigen Raum treten die ökonomischen und sozialen Wider-sprüche erst langsam zu Tage. Lefebvre analysiert Entwicklungen, die ein schon la-biles Gleichgewicht bedrohen, den Tourismus, ein in seiner Banalität überraschen-des Phänomen. Oder die Industrialisierung, deren Scheitern wir am Beispiel von Lacq-Mourenx analysiert haben. Er denkt an Räume, in denen das Ländliche und das Städtische, das Rurale und das Urbane, einträchtig koexistieren – an Räume,

---

1 DM, 104 f.

2 TM, 217.

3 Vgl. Pierre Nora, *Zwischen Geschichte und Gedächtnis,* Berlin 1990. Das Sammelwerk *Les lieux de mémoire* besteht aus drei Teilen, *La République* (1 Bd., 1984), *La Nation* (3 Bde., 1986), *Les France* (3 Bde., 1992).

die von der Geschichte geformt und umgeformt worden ist. Einen Schlüsselsatz haben wir schon kennen gelernt: *Die Menschen formen sich selber durch die Art und Weise, wie sie dem Form geben, was sie umgibt.*

In der schmalen aber wichtigen Schrift *Der dialektische Materialismus* (geschrieben 1938) wird der Begriff *Produktion* in einer Weise verwendet, die weit über den umgangssprachlichen Gebrauch hinausgeht. Unter der Bezeichnung *Produktion des Menschen* entwirft Lefebvre eine Anthropologie, in der der Mensch a) als ein Naturwesen beschrieben wird und b) als ein Wesen, das sich selber produziert. Der Mensch ist vorerst, ganz im Sinn der Marxschen Frühschriften, ein Wesen, das sich aus einer Mannigfaltigkeit von Trieben, Tendenzen und Lebenskräften zusammensetzt. *Der Mensch ist unmittelbar Naturwesen,* [4] heisst es in den *Ökonomisch-philosophischen Manuskripten* von 1844. Wir haben kaum begonnen, fährt Lefebvre fort, die Tiefe seines natürlichen Dranges zum Leben, seine Gegensätze und Ambivalenzen zu erahnen. Unsere biologischen Energien enthalten vielleicht die gesamte Vergangenheit des organischen Lebens in sich, gleichzeitig auch ungeahnte biologische Möglichkeiten. Der Mensch ist aber mehr als bloss Naturwesen: durch seine Tätigkeit bildet er Willen und Macht aus, *erlangt er Bewusstsein – unter Schmerzen.* [5] Als tätiger Mensch modifiziert er die Natur – um ihn herum und in ihm selber. *Er schafft seine eigene Natur, indem er auf die Natur einwirkt... Er bildet und erfasst sich als Macht, indem er Gegenstände hervorbringt, „Produkte".* Wenn Lefebvre von der *Selbstproduktion des Menschen* spricht, denkt er an ein Ensemble von Gegenständen – an Werkzeuge und Techniken –, welche bei der Entwicklung des Einzelwesens als auch der Gemeinschaft eine entscheidende Rolle spielen. Schon der kleinste Gegenstand strahlt auf die verschiedensten praktischen Tätigkeiten zurück. Nun folgen die 1938 niedergeschriebenen Sätze, die diesem Kapitel als Motto vorangestellt worden sind und als *germe* einen Zentralgedanken von *La Pruduction de l'espace* (1974) enthalten: *Ein Land ist ein Produkt menschlicher Tätigkeit: Generationen haben es umgestaltet. Selbst das Gesicht der Erde, die Landschaft und die gesamte Natur, so wie sie jetzt für uns besteht, sind ein Produkt.*

Wie ich im letzten Kapitel gezeigt habe, verdichtet sich gegen 1970 die Beschäftigung mit dem urbanen Phänomen. Schon in der Schrift *La révolution urbaine* werden der *Produktion des Raumes* einige dichte Seiten eingeräumt, in denen das technokratische Denken der Stadtplaner oder Urbanisten kritisiert wird. [6] In der Vorstellung der Urbanisten sei der Raum praktisch leer. Urbanisten denken und planen ausschliesslich in geometrischen Dimensionen und übersehen das, was schon vorher im Raum vorhanden war. Sie ziehen nicht in Betracht, dass jeder Raum ein Produkt ist, d.h. das Resultat von Produktionsverhältnissen. *Banal ausgedrückt,* sagt Lefebvre, sei die neue kapitalistische, durch die Urbanisten vollzogene Eroberung des Raums nichts anderes als *Bodenspekulation, Hoch- und Tiefbau*

---

4 zit. in DM, 92.
5 a.a.O.
6 RS, 163-166.

*(innerhalb und ausserhalb der Städte), Kauf und Verkauf des Raums, und zwar auf Weltebene.*[7]

Am 8. und 9. Januar 1972 lädt das Museum of Modern Art in New York zu einem Symposion über künftige architektonische und urbanistische Probleme ein, zu einem Gedankenaustausch über die experimentelle Stadt. New York ist für Lefebvre die Stadt, in der er schon vor dem Zweiten Weltkrieg das Urbane entdeckt hat.[8] Nun hat er also Gelegenheit, seine Theorie von der Produktion des Raumes, an der er jetzt intensiv arbeitet, vor einem illustren Publikum ein erstes Mal auszubreiten. Nicht ohne einen Anflug von Eitelkeit zählt er die Stars der rund dreissig international bekannten Symposionteilnehmer auf, unter anderen die Philosophen Hannah Arendt und Michel Foucault, die Dichter und Schriftsteller Hans Magnus Enzensberger und Octavio Paz, den Linguisten Roman Jakobson, die Semiologen Umberto Eco und Roland Barthes, die vier Soziologen der Faculté de Nanterre, Jean Baudrillard, Manuel Castells, Alain Touraine und Henri Lefebvre. Dann macht er sich Gedanken über den Sinn des Kolloquiums. Im politischen, wissenschaftlichen und kulturellen Leben der USA werde man sich während einer gewissen Zeit Gedanken über das Losungswort *die Stadt retten* machen – Ernüchterung werde sich aber bald einstellen. *Das Resultat der Debatten ist zuerst Ratlosigkeit, das Eingeständnis der Ohnmacht, das sowohl von den Spezialwissenschaften und den Gelehrten (den Ökonomen, Soziologen, Semiologen) ausgeht als auch von den sogenannten kompetenten Leuten. Man weiss in den USA nicht so recht, von welcher Seite her man „die Stadt" anfassen soll, und man ist bereit, von den Europäern, sogar den Marxisten, Vorschläge anzunehmen.*[9] Wie er selber eine erste Skizze seiner Raumtheorie vorträgt, kommt er auf die Jahre 1920 bis 1930 zu sprechen. Während dieser Zeit hätten zwei „Schulen" die Produktion des Raums entdeckt, das Bauhaus in Deutschland und die Architekturbewegung in Sowjetrussland nach 1920, ferner zwei solitäre Architekten, Le Corbusier und Frank Lloyd Wright – letzteren nennt er ein einsames Genie. Sein halbes Leben bastelte Wright am Modell seiner *Broadacre City;* gemäss diesem Modell sollte sich der Gegensatz Landschaft und Stadt aufheben, sollten sich neue menschliche Beziehungen herstellen. Le Corbusier sei zweifellos weniger sympathisch, seine Rhetorik klinge autoritär. Mit der Strenge des rechten Winkels, der geraden Linie, der Härte der Vertikalen verkörpere er die staatliche und moralische Ordnung. Lefebvre beschliesst den Rückblick auf die zwanziger Jahre mit einer Frage: *Was bleibt von diesem sagenhaften Aufschwung? Zumindest ein theoretischer Begriff: „die Produktion des Raumes".*[10]

Lefebvres Verdienst besteht vorerst darin, das vage Gefühl, jedermann wisse doch, was mit *Raum* und *räumlich* gemeint sei, in Frage zu stellen. Schon ein kurzes Nachdenken wird die Gewissheit des Jedermann ins Wanken bringen, verwenden wir doch gedankenlos Redensarten wie *ein Problem im Raum stehen lassen* oder

---

7 RS, 165.
8 PA, 234.
9 EP, 223-226.
10 EP, 250 ff.

*der Raum wird eng* (eng wird es in der Tat, auf den Strassen, in den Wohnungen, den Fussgängerzonen. Sogar in der Luft herrscht Stau). Von weit her, sehr weit her, kommt die Vorstellung, Raum habe mit dem blossen Sichzurechtfinden auf der Erdoberfläche zu tun. Heute fehlt es nicht an Raumabstraktionen bar aller Gegenständlichkeit.

*Annäherung*

*La production de l'espace* ist nicht nur Lefebvres umfangreichstes Buch,[11] es ist vom Thema her auch das geschlossenste, einheitlichste. Sympathisch ist jedem Leser die klare Gliederung, die Aufteilung in sieben Hauptkapitel, dann die durchnummerierten Unterabschnitte. Im ersten Kapitel, *Dessein de l'ouvrage,* wird eine Auslegeordnung der Theorieelemente vorgenommen, werden Absichten und Ziele des Werks formuliert. Wer es verpasst, sich mit dem ersten Theoriegerüst vertraut zu machen, wird sich in den folgenden Kapiteln kaum mehr zurecht finden. Der leitmotivische Satz *der (soziale) Raum ist ein (soziales) Produkt* steht bald einmal als simple und wuchtige These da, wird dann aber in eine triadische Figur eingebunden. In einem ersten Schritt werden drei Räume voneinander abgegrenzt: der *mentale,* der *physische* und der *soziale* Raum, in einem zweiten geht es darum, diese drei Raumvorstellungen wieder zusammen und simultan zu denken.

Simultan denken! Lefebvre steht vor einem schier unlösbaren Problem. Er kann auf keine *Wissenschaft des Raumes* zurückgreifen. Alle Forschungen münden, so sein Befund, am Ende in *Beschreibungen des Raumes* ein, sie zerschneiden oder fragmentieren ein Ganzes. Beschrieben werden Landschaften, Länder, Städte usw. Die Beschreibungen oder Zerstückelungen führen zu einem *Inventar* von dem, was es *im* Raum gibt, im besten Fall zu einem Diskurs *über* den Raum, nie aber zu einer *Erkenntnis des Raumes.* Das Zerschneiden oder Zerstückeln kann bis ins Undefinierte oder Undefinierbare fortgesetzt werden, zumal das Zerschneiden als wissenschaftliche Methode gilt. Das wissenschaftliche Denken habe die Tendenz, einzelne „Elemente" aus dem chaotischen Fluss der Phänomene herauszuheben und dadurch sichtbar zu machen. Dass kompetente Autoritäten über bestimmte fragmentierte Räume sprechen – z.B. über den Raum der Architektur oder den literarischen Raum (über die „Welt" eines bestimmten Autors oder Künstlers) – ist zu einer Selbstverständlichkeit geworden. Spezielle Publikationen informieren den Leser über spezielle Räume, über die Freizeiträume, die Arbeitsräume, die Räume des Spiels oder des Verkehrs usw. Auch in Lefebvres Raumbuch ziehen die unterschiedlichsten Arten von Räumen in einem bunten Reigen vorbei. Michael Dear hat die Raum-Attribute in eine alphabetische Reihenfolge gebracht. In englischer Sprache sieht die Liste so aus: *absolute, abstract, appropriated, architectonic, architectural, behavioural, body, capitalist, conceived, concrete, contradictory, cultural, dif-*

---

11 Noch umfangreicher sind bloss die beiden autobiographischen Bände *La Somme et le reste.*

*ferentiated, dominated, dramatized, epistemological, familial, fragmented, fresh, geo-metrical, global, hierarchical, historical, homogeneous, ideological, imagined, impossible, institutional, instrumental, leisure, lived, masculine, mental, natural, neutral, new, opaque, organic, original, perceived, physical, plural, political, possible, pure, real, "real", representational, repressive, sensory, social, socialist, socialized, state, traditional, transparent, true, urban, utopian, and women's space.*[12]

Nach einer ersten Lektüre von *La pruduction de l'espace* stellt sich wohl jeder Leser die Frage, ob die Strenge der Komposition nicht bloss eine vordergründige ist, verliert sich der Gedankengang doch immer wieder in heterogene und scheinbar launische Betrachtungen oder Analysen. Lefebvre sagt von sich selber, er arbeite nicht sehr methodisch, er neige zu zwangslosem Improvisieren. Es liegt also nahe, ihn als einen Laurence Sterne der Philosophie zu bezeichnen. Nietzsche hat dem Verfasser des *Tristram Shandy* ein schönes Porträt gewidmet.[13] Der Leser, so Nietzsche, sei verloren, der jederzeit genau wissen wolle, was Sterne über eine Sache denke. Das Geflecht der Abschweifungen – der berühmten erzählerischen *digressions* – sei zugleich immer die Fortsetzung und Weiterentwicklung der Geschichte. Sterne, der geschmeidigste aller Autoren, bringe es fertig, dem Leser ein Gefühl des Schwebens zu vermitteln, er erhebe sich über die gemeinhin anerkannten Konventionen, die da sind: Zucht, Geschlossenheit, Beständigkeit der Absichten, Überschaulichkeit. Sterne habe eine Eichhorn-Seele, mit unbändiger Unruhe springe er von Zweig zu Zweig. Es ist sicher nicht abwegig, im Porträt, das Nietzsche von Sterne entwirft, einige charakteristische Züge zu entdecken, die auf das digressive, geschmeidige und antisystematische Lefebvresche Philosophieren zutreffen.

Erst eine zweite (oder dritte) Lektüre von *La production de l'espace* wird vieles von der thematischen und kompositorischen Struktur des Werks zutage fördern. Die nicht selten abschweifenden Analysen verlieren sich keineswegs im lauen Meer des Beliebigen, sie münden schon im ersten Kapitel in ein explizit politisches und theoretisches Projekt ein: *Der Weg, den ich einschlage, ist mit einer strategischen Hypothese verknüpft, das heisst mit einem längerfristigen theoretischen und praktischen Projekt. Mit einem politischen Projekt? Ja und nein. Es umfasst eine Politik des Raumes, geht aber insofern über die Politik hinaus, als es auf eine kritische Analyse jeglicher Raumpolitik und der Politik ganz allgemein abzielt. Das Projekt überbrückt die Kluft zwischen Wissenschaft und Utopie, Realität und Idealität, zwischen dem Konzipierten und dem Gelebten, indem es den Weg zu einer andern Raumproduktion aufzeigt: den Weg hin zu einem (sozialen) Leben.*[14] Die *globale Transformation*, die Lefebvre mit *La production de l'espace* anstrebt, werde vielartig, *multiple et multiforme*, sein. Sie findet auf der theoretischen und der politischen Ebene statt und werde bald überstürzt und heftig, bald in aller Ruhe und in der Tiefe verlaufen. Im Kern handle es sich um einen Prozess, der sich gegen die Homogenisierung des Raumes richtet – mag diese vom Staat, einer politischen Partei oder vom Weltmarkt ausgehen.

---

12 zit. in: Soja, Edward (1996), 59.
13 *Menschliches, Allzumenschliches. Ein Buch für freie Geister,* Ausg. Schlechta, Bd. II, 780-782.
14 PE, 73.

Eine fundamentale These lautet: *Jede Gesellschaft produziert einen Raum, den ihren.* Die mittelalterliche Gesellschaft hat ihren Raum kreiert, ohne den früheren Raum völlig zum Verschwinden zu bringen; in einer tieferen Schicht dauert der noch ältere an. Die Schlösser, Klöster und Kathedralen waren gleichsam die Stützpunkte der mittelalterlichen Gesellschaft, sie waren in die Landschaft eingebettet und gehörten zu einem Netz von Strassen und Wegen. Der *Neokapitalismus* – auch *Organisationskapitalismus* oder *Kapitalismus des technokratischen Planens und Programmierens* genannt – hat den *abstrakten Raum* produziert. Den Raum, der durch die Warenwelt, die Macht des Geldes und die Macht des Staates beherrscht wird. Der abstrakte Raum stützt sich auf ein enormes Bankennetz, auf Geschäftszentren, grosse Produktionseinheiten, auf die Räume der Autobahnen, Flughäfen, Informationszentren. Der Neokapitalismus hat den Raum der historischen Stadt, die einstige Wiege des Reichtums, aufgesprengt – und das hat Folgen, die zu erörtern sind.

## Triadische Figuren

Das mit titanischer Kraft errichtete Theoriegebäude von *La production de l'espace* wird durch die Zahl *Drei* rhythmisiert. Warum die Zahl Drei? Bemerkenswert ist, dass die grossen „Visionen" oder „Weltanschauungen" mit wenigen Prinzipien auskommen. Die philosophischen oder metaphysischen Prinzipien beschränken sich auf die Zahlen Eins, Zwei, Drei. Die Wiege der *unitären* Konzeptionen ist der Orient, und vielleicht muss man das Rätsel des Einheitsprinzips, meint Lefebvre, in der asiatischen Produktionsweise suchen. In den östlichen Kulturen wird der gesamte Raum, der agrarische und der städtische, durch ein einziges Gesetz geregelt: durch eine absolute oder transzendente Einheitsvorstellung. Im Unterschied dazu setzen sich um das Mittelmeer herum Grundmuster der Anschauung und des Denkens durch, die durch das *dualistische Prinzip* geprägt sind. Der Manichäismus kennt *zwei* konstitutive Prinzipien: Geist und Materie, Licht und Finsternis, das Gute und das Böse, Ohrmadz und Ahriman. Auch die ersten griechischen Philosophen gehen von dualen Gegensätzen aus, vom Tag und von der Nacht, dem Warmen und Kalten, Feuchten und Trockenen, von Einklang und Zwieklang, dem Endlichen und Nicht-Endlichen. Das westliche philosophische Denken hat während Jahrhunderten dualistische Grundprinzipien ins Zentrum gestellt. Sie heissen Subjekt und Objekt, das Kontinuierliche und das Nicht-Kontinuierliche, das Offene und das Geschlossene usw. Das moderne Denken hat sich während der letzten Jahrzehnten an den binären Gegensatz gewöhnt: die Verkehrsampel mit Rot und Grün, die Informatik, basierend auf dem binären System.

Hegel hat zum Bewusstsein gebracht, dass der Okzident schon früh die *triadische Struktur* hervorgebracht hat, dass diese Struktur seit Jahrtausenden vorhanden war und gegenwärtig an Bedeutung gewinnt. *Aber,* fügt Lefebvre hinzu, *es ist möglich, dass sie explodiert, dass die Praxis oder das Denken zerbrechen.*[15] Die heilige Zahl Drei

---

15  Vgl. HMN, 36 f.; PA, 143 f., 225.

erscheint schon früh überall im westlichen Denken, vorab in der Religion. Die Theologie der Trinität (Gott Vater, der Sohn, der Heilige Geist) hat sich nur langsam von den Repräsentationen des transzendenten Einen und dem manichäischen Dualismus befreit.[16] Der dreigliedrige Charakter der westlichen Gesellschaften tritt schon sehr früh in Erscheinung, beispielsweise in der Form der Aufteilung des Bodens in drei Sektoren: das Haus mit der Umfriedung, das bebaubare Land, der Wald und die Heidelandschaft. Wir kennen die Aufteilung der sozialen Gruppen in drei Stände, den triadischen Charakter der westlichen Mythen und Mythologien u.v.a.m.

*La production de l'espace* ist ein Werk, das sich in ein Rudel von triadischen Figuren auffächert. Stets gegenwärtig sind drei Gestalten,  die wie aus einem Schattenreich heraufzusteigen scheinen und den Theorieentwürfen Kohärenz verleihen oder Einspruch erheben: *Hegel, Marx, Nietzsche*. Diese drei deutschen Denker des neunzehnten Jahrhunderts (die meistzitierten im ganzen Buch) sind kaum mit wörtlichen Textzitaten präsent, sie repräsentieren vielmehr eine bestimmte Grundhaltung oder eine Tendenz: sie lassen die Widersprüche der moderne Welt in hellem Licht erscheinen. Sie sind nicht dazu da, isolierte Thesen oder Hypothesen zu liefern, ihre gegenseitige Konfrontation aber kann den Thesen oder Theorien Kontur verleihen. Das Denken *Hegels* repräsentiert den alles planenden und organisierenden Staat (den Nationalstaat), der mit seinem ganzen Gewicht auf der Gesellschaft lastet, der das Soziale und das „Kulturelle" zu zermalmen droht. Die *Marxschen* Thesen werden häufig nicht als falsch, aber als überholungsbedürftig bezeichnet. Die Arbeiterklasse beispielsweise habe ihr letztes Wort noch nicht gesprochen. Der Klassenkampf hat viele neue Gesichter angenommen, andere als diejenigen des dürftigen Schemas, das Marx einst in die Welt gesetzt hat. *Nietzsche* schliesslich verkörpert nicht nur die Kultur, sondern eine subversive Gewalt, die sich der staatlichen Gewalt entgegenstellt. Wenn es in der modernen Welt überall brodelt, heisst das, dass man dem Staat – *dem kältesten aller kalten Ungeheuer* (Nietzsche)[17] – Widerstand entgegensetzt.

Ein Jahr nach dem Erscheinen von *La production de l'espace* liefert Lefebvre die spezielle Studie *Hegel, Marx, Nietzsche ou Le royaume des ombres* nach, die eine dreifache Bestimmung der modernen Welt vornimmt: Ja, die moderne Welt ist hegelianisch, sie ist marxistisch, sie ist nietzscheanisch. Mit dieser paradoxen Wesensbestimmung eröffnet Lefebvre sein langes Umherirren zwischen den drei philosophischen Systemen, seinen Rundgang durch die hellen und dunkeln Landschaften der Moderne. An den Anfang stellt er ein rätselhaftes Wort Zarathustras: *Vollenden will ich's: denn ein Schatten kam zu mir – aller Dinge Stillstes und Leichtestes kam einst zu mir! Des Übermenschen Schönheit kam zu mir als Schatten.*[18] Bei Nietzsche sucht Lefebvre weniger nach dem Gedanken von der Ewigen Wiederkunft, dem unendlich wiederholten Kreislauf aller Dinge, als vielmehr nach dem Gedanken von der Re-

---

16 Vgl. PA, 109 ff.
17 Ausg. Schlechta, II, 313.
18 Zarathustra, II. Teil, *Auf den glückseligen Inseln,* Ausg. Schlechta II, 345 f.

volte, derjenigen des geschundenen Leibes. In der unbändigen Lust am Zerstören der Verbote und der Dogmen erkennt er etwas Dionysisches: ein wiedererwachtes, wildes Lebensgefühl. Der Kampf gegen das Hinterwäldlerische und die Ideologien wird im Namen eines Lebens geführt, das im Augenblicklichen nach Fülle und Ewigkeit strebt – auch dies ist für Lefebvre ein politisches Programm.

*Auf der Suche nach einer einheitlichen Theorie: erste Raum-Trias*

In *La production de l'espace* lässt Lefebvre den Leser am vorsichtigen Vortasten teilnehmen, auch am Widersprüchlichen und Inkongruenten. Gleich zu Beginn macht er klar, dass *den Raum im Prozess seiner Produktion* darstellen etwas völlig anderes ist als eine *rein gedankliche* Raumkonzeption. Er wendet sich auch gegen die *ästhetischen* Theorien, die den Raum als einen blossen *Behälter* auffassen, den man mit irgendeinem Inhalt füllen kann. Beide Diskurse – der rein gedankliche, spekulative und der ästhetische – reichen nicht aus, die Raumproduktion zu erklären, sie beziehen sich bloss auf Erdachtes oder Sichtbares.

Da die Wendung *den Raum produzieren* Irritation auslösen muss, stellt Lefebvre die Theorie in statu nascendi vor, fängt er an, von den drei Räumen, die er auch *Felder* nennt, zu sprechen: dem *mentalen, physischen* und *sozialen* Raum. Und davon, wie diese drei Räume (oder Felder) in einer einheitlichen Theorie zusammengeführt werden können. Wir werden sehen, wie der Versuch der Theoriebildung scheitert. Das Scheitern allerdings ist nur ein bedingtes. Was ist mit der *théorie unitaire,* welche die drei Komponenten des mentalen, physischen und sozialen Raumes zu vereinigen versucht, gemeint?

*a) Der mentale Raum:* Wer sich etwas Bildung angeeignet hat, wird beim Wort *Raum* an den geometrischen, den *Euklidschen,* oder den *unendlichen* Raum denken. In der Tat haben sich die Mathematiker des Raumes bemächtigt und daraus eine eigene Disziplin gemacht. Sie haben Räume auf manchmal paradoxe Weise erfunden. Sie sprechen von nicht-euklidischen Räumen, von gekrümmten Räumen, von Räumen höherer Dimensionen, Konfigurations-Räumen, topologischen Räumen usw. Für Lefebvre stellt sich die Frage, wie man von den mathematisch konzipierten Räumen – den *mentalen,* gedanklich fabrizierten Räumen – zu den Naturräumen, dann zur Praxis und schliesslich zu einer Theorie des sozialen Lebens gelangt. Letztlich geht es um die Frage, was das für ein Raum ist, in dem sich das soziale Leben, das menschliche Leben überhaupt, abspielt.

Auch die Philosophen (Aristoteles, Spinoza, Newton, Leibniz u.a.) haben im Verlauf einer mehr als zweitausendjährigen Geschichte die unterschiedlichsten Raumvorstellungen und Raumkonzepte entwickelt. Am folgenreichsten hat sich Descartes' Trennung in Körper und Geist, Subjekt und Objekt, ausgewirkt. Bei ihm spaltet sich die Welt in eine denkende Substanz: die *res cogitans,* und in eine körperliche Substanz: die *res extensa* – dazwischen gähnt ein Abgrund. Auf der einen Seite ist das denkende Ich *(cogito ergo sum),* auf der andern „die Welt". Die Trennung in zwei Welten, die Descartes vorgenommen hat, sei bedauerlich, meint Lefebvre, *da die Philosophie in ihren Anfängen eine enge Beziehung mit dem „wirklichen" Raum, der griechischen Polis, unterhalten hat.*[19] Die Philosophen haben mit ihrem Nachdenken über den Raum stets abstrakte, *mentale* Räume erzeugt. Je mehr der Raum aus dem Gedanklichen, Spekulativen oder Geistigen hergeleitet worden ist, desto leerer ist er geworden. Die Philosophen haben die lebendige Tätigkeit, *le vécu,* aus ihrem Raum verbannt. Der *mentale Raum,* so können wir zusammenfassen, ist der durch die Logik und die formale Abstraktion erschlossene Raum. Definiert wird er durch Philosophie, Physik und Mathematik. Anders gesagt: der Begriff des Raumes ist nicht schon der Raum selber.

*b) Der physische Raum:* Ein zweiter Raum wird durch das Praktisch-Sinnliche oder die Naturwahrnehmung definiert. Was man *Natur-Raum* (oder einfach *Natur)* oder *Kosmos* nennt, wird immer der Raum sein, in dem sich die sozialen Prozesse abspielen. In der neueren Physik wird der physische Raum mit den Begriffen Energie, Raum und Zeit erfasst. Der physische Raum ist nicht denkbar ohne sich ausbreitende Energie. Lefebvre wagt sich in die Zone kosmologischer Theorien vor und erläutert, dass die Theorie von der Entstehung und Ausbreitung des Kosmos ein Zentrum voraussetze, von dem aus sich nach einer uranfänglichen Explosion (*Big Bang)* Materie und Energie ausbreiten. Diese Theorie hat schon vor einem halben Jahrhundert zu kritischen Einwänden geführt. Der Astrophysiker Fred Hoyle, auf den sich Lefebvre beruft, hat eine komplexere Theorie entworfen. Seit Fred Hoyle ist die Vorstellung vom kosmologischen Raum keineswegs einfacher geworden.[20] Eckhard Henscheid, dem es beileibe nicht an kosmologischen Einsichten mangelt und der die grossen Zusammenhänge mehr als nur ahnt, bringt es scharfsinnig-ironisch auf den Punkt: *Gott ist tot; aber sein Weltall kracht und lebt.*[21]

Wie wir sehen, tastet sich Lefebvre den mathematisch-physikalischen Raumtheorien entlang voran und versucht, diese mit einer Gesellschaftstheorie in Zusammenhang zu bringen, doch muss er sich eingestehen, dass der *soziale Raum* (die dritte Raumvorstellung) nicht aus dem *physischen Raum* hergeleitet werden kann. Alle Versuche, das Soziale aus dem durch die Physik, Mathematik und Astronomie definierten Raum herzuleiten, sind gescheitert.

*c) Der soziale Raum:* Ausgehend vom axiomatischen Satz *der soziale Raum ist ein soziales Produkt* wird der soziale Raum als das Resultat eines Prozesses, einer *sozialen Praxis,* beschrieben. Der jetzt vorhandene Raum ist nicht bloss der Zustand des jetzigen Moments. Die Geschichte hat sich in einem langen Prozess in den Raum *eingeschrieben.* Der jetzt vorhandene, *auf das Terrain projizierte Raum* steht

---

19 PE, 22.

20 Vgl. F. Hoyle, *Das grenzenlose All,* Köln und Berlin 1957; PE, 20 f.; heute könnte man die Bücher von Harald Lesch konsultieren, der sich bemüht, einem breiten Kreis von Interessierten die physikalischen und kosmologischen Theorien nahe zu bringen.

21 Gesammelte Werke in Einzelausgaben, Band *Musik,* Frankfurt/M., 2005, 367.

am Ende von dem, was das vergangene menschliche Handeln erzeugt hat. Der so oder so modulierte Raum ist heute (so wie er es früher war) offen sowohl für den Einzelnen als auch für Gruppen. Er bietet denjenigen, die schon geboren sind und einmal sterben werden, Raum für ihr jetziges soziales Handeln. Nichts von dem, was einmal erzeugt oder produziert worden ist, verschwindet jemals vollständig. So hat sich beispielsweise auch der Staat tüchtig in den Raum eingeschrieben; die staatliche Macht lässt sich an der Pyramide von hierarchisch gegliederten Institutionen, Gesetzen und Konventionen ablesen. Das komplexe Gefüge von Institutionen, Gesetzen und Konventionen hat eine entsprechend komplexe soziale Architektur hervorgebracht. Glücklicherweise verfügt jeder Einzelne über ein Minimum an Orientierungssinn, um den Weg zu einer Institution zu finden; jeder Franzose ist sich darüber im klaren, was er sich unter der Mairie, dem Postamt, der Gendarmerie, dem Einkaufsladen, dem Bahnhof oder dem Bistrot vorzustellen hat.

Allmählich können wir die *Räume* oder *Felder*, die sich zu einer *einheitlichen Theorie* fügen sollten, voneinander abgrenzen und miteinander in Beziehung setzen. Der *mentale Raum* ist der durch die Theorie definierte und bloss in der Vorstellung existierende Raum. Der *physische Raum* zeichnet sich durch seine Materialität aus. Der *soziale Raum* schliesslich ist der durch die soziale Praxis produzierte Raum. Er soll den Gegensatz vom mentalen und physischen Raum, von der *res cogitans* und der *res extensa,* überwinden und transformieren. Nun ist es aber so, dass in der Wissenschaft und in der Praxis das, was die *théorie unitaire* zusammenzuführen sollte, gesondert behandelt wird; die drei Räume können nicht durch eine Synthese vereinigt werden. Zwischen dem sozialen und dem physischen Raum gibt es keine Korrelation, auch nicht zwischen dem mentalen und dem sozialen Raum; der mentale und der physische Raum sind Abstraktionen. Der Weg zu einer *théorie unitaire* erweist sich als nicht gangbar.

Trotz des Scheiterns der *einheitliche Theorie* können wir mit Christian Schmid sagen, dass sie als „Idee" weiter lebt.[22] Sie kann mit dem alten Traum der Physiker von einer einheitlichen Welterklärungsformel verglichen werden. Bis heute suchen Astronomen und Physiker nach einem umfassenden Erklärungsprinzip für die molekularen, elektromagnetischen, gravitativen (und vielleicht noch anderen) Kräfte. Lefebvre sucht danach, wie und ob die Dreiheit des mentalen Raumes, des physischen Raumes und des sozialen Raumes mit einem anderen Begriffs-Gerüst gefasst werden könnte.

### Die zweite Raum-Trias

Er sucht also weiter nach einem theoretischen Ansatz, wobei es ihm jetzt zentral um den *sozialen* Raum oder die *soziale Praxis* geht. Seine Frage heisst jetzt: wie wird der *soziale Raum* produziert? Unvermittelt stehen drei raumproduzierende Begriffe da:

---

22 Schmid, Christian (2005), 205 ff.

*le perçu, le conçu* und *le vécu* – das Wahrgenommene, das Konzipierte und das Gelebte oder Erlebte. Den drei Aspekten der Raumproduktion lassen sich bestimmte Räume zuordnen: *Wahrnehmen* bezieht sich auf einen physisch-materiellen Raum, *konzipieren* auf einen mentalen Raum und *erleben* schliesslich auf einen sozialen Raum.[23]

Die Theorie der Produktion des Raumes lässt sich in drei miteinander verbundene Dimensionen oder Prozesse aufspalten. Die drei Dimensionen werden doppelt bestimmt, doppelt benannt. Es handelt sich erstens: um die Triade von „räumlicher Praxis", „Repräsentation des Raumes" und „Räumen der Repräsentation"; und zweitens: um den „wahrgenommenen", den „konzipierten" und den „erlebten" Raum. Diese doppelte Reihe von Begriffen weist auf einen zweifachen Zugang zum Raum hin. Der Raum kann erstens phänomenologisch und zweitens linguistisch erschlossen werden.

| Erste Begriffstriade | erläuternde Stichworte | Zweite Begriffstriade | erläuternde Stichworte |
|---|---|---|---|
| *espace perçu* | der sinnlich erfahrene, wahrgenommene Raum | *räumliche Praxis* | die materielle Umwelt, realer Raum, der erzeugt wird |
| *espace conçu* | der gedanklich konzipiert Raum, geplante Raum (geometrisch, materiell, körperlich) | *Repräsentationen des Raumes* | Vorstellungen vom Raum; Modelle; Raum des Wissens und der Logik |
| *espace vécu* | der (im Alltag, in der urbanen Wirklichkeit) gelebte und erlebte Raum | *Räume der Repräsentation* | gelebte soziale Beziehungen der Raumbenutzer; Raum, der durch Gebrauch verändert wird |

Am Beispiel des *antiken Rom* werden die drei raumproduzierenden Begriffe – auch *Formanten* genannt – relativ anschaulich entwickelt und entfaltet, nicht aber streng definiert.[24]

Das antike Rom ist als *imago mundi* zunächst ein wahrgenommener Raum. Die antike Stadt vereinigt und zentriert alles, was um sie herum vorhanden ist. Sie ist in die Natur eingebettet und steht in enger Beziehung zur Umgebung, sie stellt eine *Repräsentation des Raumes* dar. Die römischen Bürger machen sich von ihrer Stadt eine Vorstellung. Für sie ist Rom etwas sehr Weites: der gesamte Raum, die Erde,

---

23 a.a.O., Kap 6.
24 PE, 282 ff.

die Welt. Die Stadt wiederum besteht aus gelebten Räumen. Was enthüllt uns ein Blick auf das Pantheon, das berühmte Monument mitten in der Stadt? Es widerspiegelt die ganze Welt und öffnet sich den himmlischen Mächten. Es empfängt alle Götter und versammelt alle Orte. In den wundervoll verschlungenen Kurven im Innern des Bauwerks, in den tragenden oder nicht tragenden Rundbogen, erkennen wir ein raumerzeugendes Bild: das ganze Rom, Abbild der Stadt und des Erdkreises. Das Pantheon verkörpert den Raum der Macht – einer Macht, die es verstanden hat, Frieden, Legalität und eine Gesetzesordnung herzustellen.

Die Bürger leben in der Stadt, sie leben mit ihren Gebäuden und Monumenten: den *Räumen der Repräsentation*. Die Frauen, die Diener und Sklaven und die Kinder haben ihre je eigene Zeit, ihren je eigenen Raum. Die gelebten und die wahrgenommenen Räume gehen ineinander über. Der freie Bürger stellt sich die Weltordnung räumlich vor: die *gelebte* Stadt verkörpert diese Ordnung. Das rechteckige, streng symmetrisch angelegte Militärlager ist ein instrumentalisierter Raum, er gehört einer andern Ordnung an.

Die Gründung Roms soll nach bestimmten Riten stattgefunden haben. Remus, der Gründer Roms, zieht mit seinem Pflug einen Kreis und schneidet damit einen Raum aus der Natur heraus, damit gibt er ihm eine politische Bestimmung. In der Gründungssage ist alles symbolisch und praktisch zugleich, das Unmittelbare und das Abstrakte gelangen zur Deckung. Im römischen Raum geschieht alles so, als ob ein spontaner Akt *(intuitus)* die Raumerschliessung lenken würde. *Urbs* und *Orbis,* die Stadt und der Erdkreis, erhalten eine runde, jedoch keine geometrische Form, beide sind ihrem Wesen nach *Schöpfungen.* Erst später setzt der Rationalisierungsprozess ein, bilden sich die räumlichen und juristischen Formen heraus. Das charakteristische Merkmal der römischen Architektur ist die runde Form: das Gewölbe, der Arkadenbogen, der Kreis (circulus, *cirque:* das römische Amphitheater).

Wir können die drei raumerzeugenden Begriffe (oder Formanten) provisorisch umschreiben:

a) Mit *räumlicher Praxis* ist der mit den fünf Sinnen erfahrbare Raum (le perçu) gemeint: die Stadt, das Haus, die Verbindungswege (die römische Strasse, die zivil und militärisch genutzt wird und die Stadt mit dem unterworfenen Land verbindet). Die römische Strasse führt in den Mittelpunkt des Erdkreises (orbis terrarum), sie führt aber auch in die Stadt, ins politische Zentrum, hinein.

b) Die Stadt Rom zeichnet sich durch eine doppelte *Repräsentation des Raumes* aus: *Orbis* und *Urbs,* Erdkreis und Stadt. Der Raum wird durch das repräsentiert, was mit Stein (in der runden Form) gebaut worden ist: die Stadttore, die Torbogen, die Gewölbe. All das verwandelt sich

c) in einen *Raum der Repräsentation,* einen gelebten Raum. Im alten Rom besteht der Raum der Repräsentation aus einem doppelten Prinzip, dem männlichen und dem weiblichen. Das männliche Prinzip ist militärisch, autoritär, juristisch und herrschend – das weibliche Prinzip ist in das männliche integriert; es wird mit der Mutter Erde (der Fruchtbarkeit, der Saat, den Toten) in Verbindung gebracht.

Aufgrund von weit verstreuten Hinweisen und Beschreibungen können die drei raumproduzierenden Begriffe genauer und allgemeiner gefasst, aber nicht in eine endgültige Definition gebracht werden. Indem Lefebvre seine Theorie kontinuierlich ausweitet und neue Anwendungsmöglichkeiten erprobt, praktiziert er einen spielerischen Umgang mit dem *perçu, conçu, vécu*. Er beschreibt, wie der soziale Raum unablässig produziert wird, wie die drei Prozesse sich gegenseitig durchdringen und aufeinander einwirken. Wir fassen die Trias des *perçu, conçu, vécu* allgemeiner und genauer:

a) Die Wahrnehmung, *le perçu*, schärft sich:
Die *räumliche Praxis* erzeugt den praktisch-sinnlichen Raum. Sie *projiziert* alle Momente und Elemente *auf das Terrain*. Dabei entsteht ein Raum, der von niemandem geplant ist, weder vom menschlichen Geist noch von einer transzendenten Instanz. Die alltäglichen konkreten Handlungen und Aktivitäten generieren (oder produzieren) den jeweiligen sozialen Raum. Die moderne räumliche Praxis verknüpft die Alltagswirklichkeit (die Art und Weise, wie ein Mensch über seine Zeit verfügt) mit der städtischen Wirklichkeit, beispielsweise mit all den Wegstrecken zwischen dem Arbeitsort, dem Wohnort und den Orten der Freizeit. Wir können sagen: *Die moderne räumliche Praxis wird durch das Alltagsleben eines Bewohners eines billigen Mietshauses in irgendeinem Vorort definiert.*[25] Dieser signifikante Grenzfall macht auf die extrem fortgeschrittene Trennung zwischen den verschiedenen Alltagsorten aufmerksam. Die moderne räumliche Praxis projiziert noch ganz anderes auf das Terrain: sie produziert den immer mehr sich ausdehnenden und abstrakter werdenden *Raum der Netzwerke und Flüsse*. Nicht nur Waren und Kapitalien werden pausenlos um den gesamten Planeten herum bewegt, der Raum wird durch Verkehrsverbindungen und Informationsflüsse, Strassen und Kanäle, Fluglinien und urbane Netzwerke unablässig modifiziert oder transformiert. Mit räumlicher Praxis, so können wir zusammenfassen, sind heute die Produktionsstätten und die Austauschnetzwerke gemeint.

b) Der Raum wird zunehmend geplant, *konzipiert (conçu)*:
Eine zunehmende Wissensproduktion bringt den *konzipierten Raum*, den abstrakten, vom Leben entleerten Raum hervor: den geometrischen, kalkulierten, visuellen Raum. Wissenschaftler, Stadtplaner oder Technokraten entwerfen *Repräsentationen des Raums,* sie zerlegen ihn und gliedern ihn neu. Gemäss Lefebvre haben die meisten Gebäude und Entwürfe von Le Corbusier zu einer Homogenisierung des Raumes geführt. Es gibt aber Künstler, die das Wahrgenommene und Erlebte in ganz andere Konstruktionen und Konzepte umsetzen, in geheimnisvolle Zahlenfolgen: den Goldenen Schnitt, Module, Proportionen.

---

25 PE, 48.

c) Worauf es ankommt und was bedroht ist: *le vécu.*

Die *gelebten* oder *erlebten Räume* sind von komplexen Bildern und Symbolen durchdrungen und werden, da auch Träume und Erinnerungen zum *vécu* gehören, von den Benutzern oder Bewohnern erfahren und erlitten. Als *Räume der Repräsentation* verweisen die gelebten Räume nicht auf den Raum selber, sondern auf etwas anderes, ein „meta" (die göttliche Macht, den Logos, den Staat). Eine sogenannte Bedeutungsproduktion verleiht den Räumen eine symbolische Macht, macht sie zu *Räumen der Repräsentation.* Die fliessenden und dynamischen Räume nehmen im Alltagsleben Gestalt an. Sie sind von Geschichte durchdrungen – der Geschichte des Einzelnen oder des Volkes. Ein gelebter Raum besteht aus affektiven Zentren: dem Ego, dem Bett, dem Zimmer, der Wohnung, dem Haus, aber auch dem Platz, der Kirche, dem Friedhof.

Die heutigen Räume der Repräsentation werden von Maklern unter den verschiedensten Etiketts (oder Zeichen) angepriesen; die Zeichen können je nachdem *Wohlfühlen, Glück, Stil, Kunst, Reichtum, Macht, Wohlstand* heissen – das entscheidende Zeichen wird allerdings verschwiegen. Es heisst: *Rentabilität.*[26]

Zweifellos gehört das Konzept des *espace vécu* zum Wertvollsten von Lefebvres Raumtheorie. Das Erlebte lässt sich durch die theoretische Analyse nicht ausschöpfen. Immer gibt es ein resistentes Residuum, das sich der theoretischen Analyse entzieht. Im günstigen Fall kann es mit künstlerischen Mitteln, mit Poesie, ausgedrückt werden.

*Die Geschichte des Raumes*

Um den heutigen sozialen Raum zu verstehen, entwirft Lefebvre eine Fülle von historischen Aperçus. Er verfasst keine chronologisch aufgebaute Geschichte des Raumes, und dennoch lassen sich die scheinbar launischen Abschweifungen in die Vergangenheit als eine Geschichte des Raumes lesen: als die Geschichte des wahrgenommenen, konzipierten, erlebten Raumes. Am Anfang stehen die raum-zeitlichen Rhythmen eines unberührten *Naturraumes,* den die menschlichen Handlungen langsam verändern. Am Ende befinden wir uns im heutigen *abstrakten Raum,* in der sogenannten *Zweiten Natur,* der urbanen Wirklichkeit. Von ferne, der Zukunft her, winkt der *differenzielle Raum.*[27]

Wenn wir in eine neue Raumepoche (oder -phase) eintreten, stellen wir fest, dass gewisse Elemente früherer Räume immer noch vorhanden sind. Beim Übergang von einer Raum-Phase in die nächste verschwindet das Ältere nie vollständig, einige Elemente sind resistent und überleben. Die Sukzession der Räume hat zu einer mehrschichtigen Sedimentierung geführt. Im heutigen Raum sind noch Spuren oder Ablagerungen früherer historischer Räume vorhanden. Für alle sozialen Räume ist der *Naturraum* (oder die *Natur)* der Boden, aus dem das Spätere her-

---

26  PE, 49, 52, 186 f.
27  Shields, Rob (1999), 170 ff. kritisiert Lefebvres Konzept der historischen Kategorisierung.

vorwächst. Für die Produktion des sozialen Raumes ist die Natur nichts anderes als Rohmaterial. Seit der zweiten Hälfte des zwanzigsten Jahrhunderts wissen wir allerdings nicht mehr so genau, wie die Natur zu fassen ist (wir wissen kaum noch, was sie vor dem Erscheinen des Menschen war, was die Menschen mit ihren zerstörerischen Geräten ihr alles zugefügt haben und zufügen). Wer sich umdreht, sieht die „Natur" weit hinten am Horizont verschwinden.

Zu den ersten vier Phasen des sozialen Raumes:
1 Der *absolute Raum* ist der Raum der Natur. Als ein religiöser, politischer Raum besteht er aus heiligen und verwunschenen (oder verdammten) Orten. Ein Ort wird durch einen Stein, eine Höhle usw. markiert. Der absolute Raum ist ein nichtfragmentierter Raum. Raum und Zeit, Geistiges und Gesellschaftliches gehen unmittelbar ineinander über, sind unauflösbar ineinander verwoben.

2 Mit dem *analogen Raum* ist der Raum der archaischen Gemeinschaften oder der Stammesgemeinschaften gemeint. Das Verhältnis des Körpers zum Raum ist ein unmittelbares (analoges). Distanzen werden mit Körpermassen gemessen: der Daumen, der Arm, die Elle, der Fuss. Die Körper oder Sinnbilder werden *auf das Terrain projiziert.*

3 Der *kosmologische Raum* ist ein geheiligter Raum, er bildet sich in grösseren Gesellschaften aus: in der antiken Polis, den Königsstädten des Orients, aber auch in Ägypten.

4 Die mittelalterliche Stadt bringt den *symbolischen Raum* hervor (den Raum von Sünde und Vergebung, der Wallfahrten und der Kathedralen, der Basiliken und der Burgen). Die Quintessenz des Mittelalters ist ein kryptischer Raum, das heisst: die Wahrheit ist in den Gräbern verborgen (den Gräbern der Heiligen, dem Grab Christi). Während der Gotik findet ein Heraufsteigen aus den Grüften statt. Die gotische Kathedrale symbolisiert das Aufsteigen gegen das Licht.

Die drei weiteren Raumformationen sollen ausführlicher beschrieben werden.

5 Der *perspektivische Raum:* Die *historische Stadt* umfasst den Zeitraum von der Renaissance bis ins 19. Jahrhundert. In der abendländischen Geschichte stellt die historisch gewachsene Stadt etwas Einmaliges dar. Während Jahrhunderten sprechen deren Bewohner eine „gemeinsame Sprache". Das Wahrgenommene, Konzipierte und Gelebte bilden eine Art *unio mystica.* Noch heute, schreibt Lefebvre, verzaubert uns die Verschiedenartigkeit der historischen Städte – *verzaubert uns der Formenreichtum der alten Gebäude und Monumente, verzaubern uns die unversehrt*

*gebliebenen Landschaften.*[28] Wie ist die geheimnisvolle und ausgewogene Schönheit dieses besonderen städtischen Raumes im Quattrocento entstanden?[29]

Die toskanischen Städte Florenz, Siena, Lucca oder Pisa – die schönsten Städte der italienischen Renaissance – zeichnen sich durch eine harmonische und etwas strenge Schönheit aus. Zwei Komponenten sind es, welche die Schönheit erzeugen: der *perspektivische Raum* und ein *einheitlicher Code*. Ein Code (ein System von Zeichen) ist nicht lehrbar, er wird aber von allen Bewohnern, die sich in einem bestimmten Raum bewegen, verstanden. Er betrifft die Art und Weise, wie man vom Raum Gebrauch macht, wie man ihn tagtäglich benutzt. Mit dem Code lässt sich ein einzelner Wohnraum, ein Quartier oder die ganzen Stadt erschliessen. Der Code hat auch Gültigkeit für die Anordnung der Gebäude, für die Einbettung der Stadt in die umgebende Landschaft. Architekten, Künstler und Politiker haben den Code geschaffen – verinnerlicht haben ihn sämtliche Stadtbewohner. Der im Quattrocento erfundene Code hatte bis ins 19. Jahrhundert hinein Gültigkeit und Bestand.

Wie entstand der perspektivische Raum? Städtische Eliten – beispielsweise die Bankiers der Medicis – bauten in der Umgebung der Stadt ihre Landvillen, unweit davon die Gebäude für die Halbpächter, die *poderi*. Zypernalleen, welche Besitz und Unsterblichkeit symbolisch zum Ausdruck brachten, stellten eine Verbindung her zwischen den Villen und den *poderi*, gleichzeitig gaben sie der Landschaft Tiefe und Weite. Die Bäume und Alleen gliederten und modellierten die Landschaft und verstärkten dadurch die perspektivische Dimension. Was zuerst in der Landschaft zu beobachten ist, tritt in der Stadt noch deutlicher in Erscheinung. Auf den städtischen Plätzen wird durch die Anordnung der Gebäude die perspektivische Gestaltung zur Vollendung gebracht. Leon Battista Alberti – Burckhardt nennt ihn den ersten *uomo universale* – wollte mit seinem Traktat über die Malkunst *Della pittura* (1435/36) die Malkunst neu aufbauen, und zwar auf der Grundlage von Geometrie und Optik. Komposition und Lichteinfall bezeichnete er als die wichtigsten Elemente der künstlerischen Praxis. Er begriff das Bild oder das Gemälde als Darstellung eines ebenen Schnitts durch die Sehpyramide. Alberti hat das Bild mit einem Fenster verglichen, durch das der Betrachter auf die gemalte Wirklichkeit wie auf die Wirklichkeit selber schaut. Aufgrund der visuellen Anordnung der räumlichen Elemente – Linien und Kurven, Licht und Schatten – wird in der Frührenaissance eine neue Wahrnehmung, eine für das Auge ausgewogene Schönheit, erzeugt. Der Raum bekommt Qualitäten, die in der Natur nicht so ausgeprägt vorhanden sind: Licht und Klarheit. Die starke Raumwirkung ist eine Angelegenheit des künstlerischen Genius.

Die Umsetzung der Gesetze der Perspektive verlangt, dass an den Gebäuden der Strasse entlang Begradigungen vorgenommen werden. Unterbrechungen in der Linienführung werden als störend empfunden. Manchmal müssen Gebäude zu-

---

28  *Une pensée devenue monde* (1980), 152.
29  Etat IV, Kapitel *L'espace et l'état,* 259 ff., insbesondere 285 ff. über den perspektivischen Raum.

rückversetzt werden, ein andermal vorspringende Gebäudeteile reduziert werden.[30]
Die Fassade wird im Hinblick auf eine perspektivische Wirkung gestaltet. Türen
und Fenster werden der Fassade untergeordnet. Die Balkone dienen dem Sehen
und Gesehenwerden. Der von Alberti entwickelte perspektivische Raum ist ein *vi-
sueller Raum*. Die Überführung des Raumes ins Visuelle ist ein oft unterschätzter
Vorgang. Die Schönheit, die durch perspektivisches Bauen erzeugt wird, ist eine
Schönheit für das Auge. Der in der Renaissance erzeugte perspektivische Raum
gibt – auf Kosten der anderen Sinne (des Gehörs, des Geschmacks, des Geruchs)
– der *optischen* Wahrnehmung ein Übergewicht. Die erdrückende Dominanz des
Visuellen erreicht mit dem *abstrakten Raum* des zwanzigsten Jahrhunderts den eigentlichen Höhepunkt.

Folgende Fragen verlangen nach Antworten, die zum Teil später gegeben werden: Warum tritt die historische Stadt gegen Ende des 19. Jahrhunderts in das Stadium des Niedergangs ein? Warum zerbricht der einheitliche Code? Auf welche
Weise entsteht der abstrakte Raum?

6 Mit dem *abstrakten Raum* treten wir in die Wirklichkeit des zwanzigsten und einundzwanzigsten Jahrhunderts ein. Der epochale Wandel – die *lautlose Katastrophe*
– hat im uns schon vertrauten Symboljahr 1910 stattgefunden. Bei der Auflösung
oder Zersetzung des Raumes spielt die Malerei eine Vorreiterrolle. Am Vorabend
des Ersten Weltkrieges vollziehen die Maler des analytischen Kubismus (Braque,
Picasso) den Bruch mit der klassischen Perspektive. Picasso erfindet eine völlig
neue Malweise. Er bemalt die ganze Oberfläche des Bildes, ohne sich um Horizont-
linie und Hintergrund zu kümmern. Er malt Bilder, auf denen man den Gegenstand von allen Seiten her simultan sieht – man kann gewissermassen um das gemalte Objekt herumgehen. Picasso, aber auch Klee und Kandinsky, erschaffen den
Raum der Moderne: den *abstrakten, bedingungslos visualisierten Raum*. Sie leiten
die Diktatur des Auges ein. Picasso malt die aggressive Männlichkeit, den Stier, den
mediterranen Macho. Er hat einen Hang zum Grausamen – grausam behandelt er
den Körper, speziell den weiblichen, den er in unzähligen Varianten quält. Picassos
Malerei lässt künftige Gewalt erahnen.[31]

Der historische Bruch, der sich in der Malerei um 1910 nachweisen lässt, führt
zum *gemalten* abstrakten Raum. Schwierig ist es, für den abstrakten *sozialen* Raum
ein Entstehungsdatum anzugeben. Ohne dass Ursache und Wirkung genauer bestimmt werden könnten, ist er, wie Lefebvre sagt, gegen Ende des zwanzigsten Jahrhunderts einfach da. Die drei Merkmale des abstrakten Raumes heissen *Homogenität, Fragmentierung und Hierarchisierung.* [32]

---

30 Vgl. PE, 314 ff.

31 Vgl., PE, 8, 346 ff., Etat IV, 285 f.

32 in PE wird die widersprüchliche Einheit von homogen-zerbrochen (homogène-brisé) beschrieben, in *Une pensée devenue monde* (1980), 148 ff. sind es drei Merkmale; vgl. auch Etat
IV, 308 ff.

a) Der *homogene Raum* ist ein Raum, der Unterschiede einebnet und Unterscheidungen abschafft. Seit der zweiten Hälfte des zwanzigsten Jahrhunderts leben wir weltweit in einem Raum, in dem sich alles wiederholt: die Flughäfen und Autobahnen, die Vertikale der Betonstädte und die Horizontale der endlosen Vorortssiedlungen. Die Ähnlichkeit von allem mit allem braucht nicht lange erörtert zu werden. Die funktionalen Bauten unterscheiden sich bloss im Detail. Vergeblich bemüht man sich, mit verschiedenen Farben und leicht abgeänderten Formen eine differente Wirkung zu erzielen – die Monotonie kann nicht zum Verschwinden gebracht werden. Im abstrakten Raum ist alles austauschbar geworden. Ein immergleicher Konsum von Dingen im Raum, und ein Raum, der mit Dingen voll gestopft ist, erzeugen gähnende Langeweile. Die Homogenität des Raumes wirkt sich auf den Zustand (die „Befindlichkeit") des Einzelnen aus: er schwankt zwischen einem nicht klar definierbaren Malaise und einer möglichst raschen Beseitigung dieses Malaise. Die weltweit vereinheitlichten digitalen Datenverarbeitungssysteme geben der räumlichen Homogenität den letzten Schliff.

Nun ist der (abstrakte) soziale Raum nicht bloss homogen, er ist auch zerbrochen, aufgesplittert und zerkrümelt, gar pulverisiert. Er ist, wie Lefebvre sagt, *homogène-brisé*, global und zugleich fragmentiert.

b) Der Raum ist *fragmentiert*, insofern er in klar unterscheidbare Zonen aufgeteilt wird, die verschiedenen Funktionen dienen: Arbeit, Wohnen, Durchgangsorte, Orte für die Produktion und Orte für den Konsum. Der einst heilige Raum wird als Ware gehandelt, quantifiziert und vermessen – um gekauft und verkauft zu werden. Durch den Grundstückhandel wird der Raum pulverisiert. Das führt zur Atomisierung des Sozialen, zu einer Menge von Individuen, die einander feindlich gesinnt sind. Die widersprüchliche Einheit von Homogenisierung und Fragmentierung dient auf strategischer Ebene bestimmten Zielen. In der Fragmentierung sieht Lefebvre ein Instrument der politischen Macht: sie *zerteilt und trennt um zu herrschen* – divide et impera hiess die altrömische politische Maxime.[33]

c) Indem die fragmentierten Räume in ein Tauschsystem eingebunden sind (Kauf und Verkauf), werden sie ungleich verteilt, das heisst *hierarchisiert*. Die einzelnen Orte sind hinsichtlich des Zentrums (der geschäftlichen Zentren oder der Entscheidungszentren) unterschiedlich gelegen, was zu einer weiteren Ungleichheit führt. Indem die benachteiligten Peripherien von den Machtzentren aus verwaltet und kontrolliert werden, entsteht ein weiteres hierarchisches Gefälle. Heute weiss zwar niemand mehr genau, wo im städtischen Raum die verschiedenen sozialen Klassen angesiedelt sind. Die Hierarchie ist nicht mehr klar auf dem Terrain ablesbar. Trotz dieser unklaren Situation schreitet die Segregation unaufhaltsam voran, wird der städtische Raum unaufhaltsam in *Zonen* aufgeteilt: hier die Zonen des sozialen Wohnungsbaus, dort die Wohngegenden mit besseren Standards, hier die

---

33 Une pensée devenue monde, 154; vgl. Schmid, Christian (2005), 260 ff.

Orte für Migranten, dort die *beaux quartiers* für den gehobenen Mittelstand. Die Eliten oder *Promis* wohnen in privilegierten Wohngegenden: in der City, am Rand eines Parks, auf einem Hügel, dem Flusslauf entlang, in den oberen luxuriösen Etagen der modernen Wohntürme.

7. Der *differenzielle Raum* muss erkämpft oder in kreativem Tun erschaffen werden. Differenz ist keine Angelegenheit des Denkens, sondern des Handelns und des Lebens. Zur Differenz gehört das Moment des Kampfes, der Leidenschaft, der Eroberung. Der Begriff ist gegen Indifferenz gerichtet. Mit Differenz ist die Bereitschaft gemeint, das „Andere" zuzulassen, aber auch das Recht, auf eine andere Art zu leben. *Jeder Einzelne möge seine Differenz entdecken und, soweit ihm das möglich ist, Sorge dazu tragen.* Dies gilt auch für grössere politische Einheiten oder religiöse Gemeinschaften.[34]

Differente Räume, so lesen wir in *La production de l'espace*, entstehen an den Rändern der Homogenisierung. *Das Differente ist zuerst das Ausgeschlossene* – man denke an die Peripherien, die Elendssiedlungen, die südamerikanischen *favellas* oder an die Orte der verbotenen Spiele. In gewissen südamerikanischen *favellas, barrios und ranchos* sieht Lefebvre ein soziales Leben im Entstehen begriffen, das intensiver sei als dasjenige in bürgerlichen Quartieren westlicher Städte. In Lateinamerika stösst er auf spontane architektonische Praktiken der Bewohner, die der Raumgestaltung durch sogenannte Spezialisten weit überlegen sind.[35] In der Tat attestieren heutige Städteplaner einzelnen *favellas* – etwa denjenigen in der Umgebung von Caracas – urbane Qualitäten, die mit denjenigen mittelalterlicher Städte vergleichbar sind. Dazu gehören funktionierende Nachbarschaften, kurze Verbindungswege, moderate Durchmischung von Wohn- und Gewerbenutzung: eine Gestaltung der Lebenswelt nach menschlichem Mass.

Architekten spielen bei der Produktion differenzieller Räume eine Schlüsselrolle. Der wahre Architekt begnügt sich nicht mit Wenigem, er gibt sich nicht damit zufrieden, an einem Gebäude ein paar Kurven anzubringen, um die Härte des in Beton gegossenen rechten Winkels zu brechen; oder die Wände farbig anzumalen. Grosse Architekten entwickeln einen Ehrgeiz in ganz anderen Dimensionen. Sie knüpfen an grossen Traditionen – etwa an der andalusischen – an und versuchen, diese weiterzuentwickeln. Sie kennen die sinnliche Wirkung, welche die Gewölbe, Spiralen, Arabesken und leicht geschwungenen Bogen hervorrufen, sie sind fähig, moderne *Räume der Wollust* herzustellen.[36]

Differente Räume werden manchmal aus dem Traum, dem Imaginären und der Utopie heraus geboren. Nicht von ungefähr schenkt Lefebvre Architekten wie Gaudí oder Constant besondere Aufmerksamkeit, haben diese doch eine fantasiereiche und fantastische Architektur geschaffen. Mit der *Sagrada Familia* hat Gaudí, wie

---

34 a.a.O., 183 f.
35 PE 430 f.
36 PE, 457.

Lefebvre sagt, die Architektur des Deliriums erprobt.[37] Seit Mark Wigley den Band *Constant's New Babylon – The Hyper-Architecture of Desire*[38] herausgegeben hat (ein Werk, das Constants wichtigste Texte und einen hervorragenden Abbildungsteil enthält), können wir uns ein Bild von dem machen, was Lefebvre in Amsterdam wiederholt gesehen und ihn so enorm inspiriert hat. Wir werden im Schlussteil auf *New Babylon* näher eingehen.

\*

Es gibt eine unbewusste Produktion von Differenz, die vom Körper ausgeht: vom Körper mit seinen Gesten und Gebärden, seinen linearen und zyklischen Rhythmen. Geheimnisvoll spricht Lefebvre vom *Rätsel des Körpers,* in dem pausenlos paradoxe Vorgänge, Repetitives und Differentes, ablaufen. Der abstrakte Raum scheint den geheimnisvollen Körper – den Körper aus Fleisch und Blut – aus den Augen verloren zu haben. In Analogie zum Körper aus Fleisch und Blut gibt es den Körper der ganzen Gesellschaft, den Raumkörper, und auch der hat seine Bedürfnisse. Auch der soziale Körper kann nicht leben, ohne Differenzen zu erzeugen, ohne zu produzieren und zu kreieren. Verbietet man ihm die Produktion von Differenz, wird er zugrunde gehen.[39]

## Körper und Raum (räumliche Architektonik)

Das dritte Kapitel, das den Titel *Architectonique spatiale* trägt, können wir als das Herzstück des ganzen Buches bezeichnen, wird darin doch stufenweise dargelegt, was *Raum produzieren* eigentlich heisst. Es wird gezeigt, dass *Raum produzieren* primär eine Angelegenheit des menschlichen Körpers ist. Der im Titel verwendete Begriff *Architektonik* meint nicht dasselbe wie *Architektur,* er hängt aber mit Architektur zusammen. Der Begriff *Architektonik* geht auf Aristoteles zurück und meint die Kunst der Bearbeitung eines Stoffes zur Herstellung einer brauchbaren Sache. Die Bedeutungsverengung von Architektonik auf die Kunst des Hausbaus scheint damit zusammenzuhängen, dass das Haus ganz allgemein für das Sich-Einrichten des Menschen auf der Erde aufgefasst wurde.[40] Nach Kant *(Kritik der reinen Vernunft)* bedeutet Architektonik die Kunst, systematische Einheit herzustellen, Zweck und Form des Ganzen aufzuzeigen. Eine Idee entwickelt sich wie ein Saatkorn, das langsam heranwächst. Während langer Zeit wird Material oder Bauzeug gesam-

---

37 PE, 268 f.
38 Constant (1998.
39 PE, 455 f.
40 Vgl. Art. *Architektonik* in: Historisches Wörterbuch der Philosophie, 1. Band.

melt, das dann in ein System gebracht, das heisst: nach den *Regeln der Architektonik* geordnet und gegliedert wird.[41]

Welcher Stoff wird im Kapitel *Räumliche Architektonik* geordnet und gegliedert? Im ganzen Kapitel geht es um die enge Beziehung zwischen Körper und Raum. Zuerst wird aufgrund des heutigen mathematisch-physikalischen Wissensstandes dargelegt, wie ein Lebewesen, das einen vorerst *ununterscheidbaren* Raum besetzt, dem Raum eine Orientierung gibt. Am Beispiel der Spinne wird gezeigt, wie die Raumbesetzung stattfindet. Obwohl Lefebvre streng von der Materialität des Körpers ausgeht, zeichnet sich im Hintergrund ein differenziertes Bild eines Lebewesens ab. Dem heutigen abstrakten sozialen Raum, dem das sinnliche Leben in zunehmendem Masse mangelt, werden zwei Varianten eines streng auf die sinnliche Wahrnehmung bezogenen Raumes gegenübergestellt: der *sensorielle-sensitive Raum* und der *gestische Raum* (oder Raum der Gebärden). Diese beiden Räume könnten eine Rehabilitierung des verloren gegangenen sinnlichen Raumes einleiten. Eine Abrundung erfährt das Kapitel durch zwei phänomenologische Skizzen: die Analyse des hochkomplexen Monuments, respektive des erschreckend nüchternen Gebäudes. *Der Körper als Raumproduzent* ist im ganzen Kapitel, das die Entwicklung vom biomorphen zum abstrakten Raum nachzeichnet, als Leitgedanke stets präsent.[42]

Im Deutschen haben wir zwei Wörter: *Leib, Körper*. Der Begriff *Leib* geht auf das mittelhochdeutsche *līp* zurück und nimmt allmählich die Bedeutung von einem lebendigen, beseelten, eine bestimmte Person darstellenden Körper an. Der Begriff *Körper* (lat. corpus) wird allgemein dem Begriff *Geist* gegenübergestellt, wir sprechen von *Körper und Geist*. Dem Sprachempfinden würde ein Schmerz zugefügt, sprächen wir von *Leib und Geist*. Der Ausdruck Leib dient eher zur Erörterung des sogenannten *Leib-Seele-Verhältnisses*. Dass es zwei Ausdrücke für eine Sache gibt, ist eine Eigentümlichkeit der deutschen Sprache. Im Französischen gibt es nur den Begriff *le corps*. Nietzsche verwendet immer den Ausdruck Leib. Im Unterschied zur christlichen Tradition (genauer: in *Zarathustras* Verständnis) ist der Leib nicht der Gegenbegriff zu Seele/Geist, sondern der Name für das ganze Sein des Menschen. Einem Kind, das noch nicht zwischen sinnlicher und nicht-sinnlicher Erfahrung zu unterscheiden vermag, wird zugestanden, von Leib und Seele so zu reden, als handle es sich dabei um zwei verschiedene Dinge. Wer, nach Nietzsche, die Stufe des Erwachsenen erreicht hat, wird entdecken, dass das Leib-Seele-Wesen eine naive Vorstellung ist und also unvereinbar mit der Selbsterfahrung, die immer eine leibliche ist.[43] Wenn Ernst Bloch den Menschen als ziemlich umfängliches

---

41 Vgl. Kant, *Kritik der reinen Vernunft*, Abschnitt über *Die Architektonik der Vernunft*, Meiner-Ausg., 748 ff. Vgl. Carl Christian Erhard Schmid, *Wörterbuch zum leichtern Gebrauch der Kantischen Schriften*, neu hg. eingeleitet und mit einem Personenverzeichnis versehen von Norbert Hinske, Darmstadt 1996, 71 ff.

42 PE, 265 ff.

43 Vgl. den Art. *Leib, Körper* in: Historisches Wörterbuch der Philosophie, Bd. 5; Nietzsche, *Zarathustra*, das Kapitel *Von den Verächtern des Leibes*, dazu der Kommentar von A. Pieper

Triebwesen beschreibt, kann es vorkommen, dass er beide Wörter in einem Satz verwendet.[44]

Das Kapitel *Architectonique spatiale* soll in neun Schritten vermessen werden:

### 1. Die mathematisch-physikalische Fundierung der Raumtheorie

Bei der mathematisch-physikalischen Bestimmung des Raumes bezieht sich Lefebvre zur Hauptsache auf das mit zahlreichen Abbildungen versehene Buch *Symmetrie* von Hermann Weyl.[45] Wenn Weyl die bilaterale Symmetrie einer griechischen Skulptur betrachtet – beispielsweise die Statue eines betenden Knaben –, fragt er sich, ob der Künstler ein der Natur innewohnendes Gesetz nachgeahmt oder vervollkommnet habe. Nach Weyl sind die mathematischen Gesetze, welche die Natur beherrschen, der Ursprung der Symmetrie in der Natur. Der schöpferische Künstler erfasst im Geiste intuitiv diese Gesetze und verleiht ihnen mit einem Werk des menschlichen Körpers Ausdruck. Weyl erläutert, was er *die mathematische Philosophie des Links und Rechts* nennt. Für den wissenschaftlichen Geist gibt es im „Raum" vorerst keine Unterscheidung zwischen rechts und links. Entspricht die tägliche Umdrehung der Erde um ihre Achse einer Linksschraube oder einer Rechtsschraube? Das hängt davon ab, welche Richtung man der Achse erteilt. Mit der Festlegung der Richtung der Achse – z.B. vom Nordpol zum Südpol – entspricht die Drehung einer Linksschraube. Weyl erläutert den berühmten Streit zwischen Leibniz und Newton. Newton mit seinem Glauben an den absoluten Raum und die absolute Zeit habe die Bewegung als einen Beweis für die Schöpfung der Welt aus Gottes freier Willkür betrachtet. Leibniz sträubt sich dagegen, Gott solche Entscheidungen aufzubürden. Weyl entscheidet den Streit: *Das wissenschaftliche Denken stellt sich auf Leibnizens Seite. Das mythische Denken hat immer die entgegengesetzte Ansicht vertreten.*[46] Weyl schliesst sich der Leibnizschen Ausdrucksweise an: im Raum seien links und rechts ununterscheidbar – *indiscernibile*. Der Raum bekommt erst durch eine willkürliche Wahl, durch eine Links- oder Rechtsdrehung, eine innere Struktur, eine Orientierung. Ist die Wahl aber für *einen* Körper getroffen worden, ist sie für jeden Körper festgelegt.

Hermann Weyl, der bei der mathematischen Formulierung der Relativitätstheorie und der Quantenmechanik als Mathematiker einen grossen Beitrag geleistet hat, stellt zu diesen beiden eminenten Ereignissen in der Physik des zwanzigsten Jahrhunderts diese Frage: Gibt es auch zwischen Quantenmechanik und Symme-

---

(1990), a.a.O. 149 ff.

44 Ein Beispiel: *Auch der Triebinstinkt gehört zum Haushalt des einzelnen Körpers und wird nur soweit verwendet, als er dazu gehört, als der Leib das Seine treibt, fliehend, was ihm schadet, suchend, was ihn erhält.* In: *Das Prinzip Hoffnung,* Frankfurt/Main, 1959, 52.

45 Hermann Weyl, *Symmetrie,* Basel, Boston, Stuttgart 1955; 2. Aufl. 1981.

46 a.a.O. 30.

trie einen Zusammenhang? *Allerdings,* antwortet er, Symmetrie spielt eine grosse Rolle im Ordnen der Atom- und Molekülspektren. Sie liefern den Schlüssel für das Verständnis der Quantenphysik. Symmetrieüberlegungen konnten wesentlich zur Aufklärung des allgemeinen Charakters der Spektren beitragen.[47]

Mit Hermann Weyls Buch über die Symmetrien kann Henri Lefebvre sein Konzept von der Produktion des Raumes wissenschaftlich, d.h. mathematisch-physikalisch, fundieren. Er vertieft sich in die Fülle der geometrischen Symmetrien von links und rechts und in die rotatorischen Symmetrien, die in der organischen und anorganischen Natur vorhanden sind. Weyl zeigt, wie für die niedrigen Tierformen, für kleine, im Wasser schwebende, mehr oder weniger kugelförmige Geschöpfe, die Schwerkraft einen wichtigen Faktor für die Bewegung im Raum darstellt. Er erläutert, wie die bekannte Nautilus-Schale eine Art von Symmetrie in einem erstaunlichen Grad der Vollkommenheit ausbildet: die kontinuierliche, logarithmische Spirale. Er lädt den Leser ein, die zwei Sätze von Spiralen mit entgegensetztem Windungssinn einer Riesensonnenblume zu betrachten, oder die *Spira mirabilis,* die den Grabstein von Johann Bernoulli im Basler Münster schmückt.[48] Lefebvre folgt dem Formenreichtum der Symmetrie, den die Natur hervorgebracht und Weyl in mathematische Formeln umgesetzt hat und gelangt zu dieser Erkenntnis: *Die Körper, welche ihre Energien entfalten, produzieren Raum; mit ihren Bewegungen produzieren sie sich selber, gemäss den Gesetzen des Raumes.*[49] Er stellt die Frage: Was heisst das, *den Raum besetzen?* Er verwirft die Vorstellung von einem präexistenten, leeren Raum, von einem Raum als Behälter, der mit irgendwelchem Inhalt – mit Materie oder Körper – gefüllt wird. Er schliesst sich der umgekehrten Hypothese an: Der Körper mit all seinen Kapazitäten des Handelns und Sich-Bewegens, mit all seinen Energien, generiert und produziert den Raum.

## 2. Der Körper als Raumproduzent

Die These von der Raumproduktion durch den Körper wird präzisiert und erweitert: Was immer in der Natur an Lebewesen entsteht, entsteht aufgrund von Raumgesetzen, welche Naturgesetze sind. Das Verhältnis von Raum und Natur setzt keine externe naturmagische oder göttliche Macht voraus, es gibt keine verborgenen Geheimnisse zu ergründen. Die Form einer Muschel ist weder das Resultat einer zielgerichteten Entwicklung noch eines „unbewussten" Denkens, auch nicht eines höheren Ratschlusses. Die Poesie der Muschel hängt nicht mit einer mysteriösen schöpferischen Macht zusammen, sondern mit der Art und Weise, wie sich Ener-

---

47  a.a.O.., 133 ff.

48  Auf Bernoullis Grabstein ist keine *logarithmische,* sondern eine *lineare* Spirale abgebildet; Bernoulli, der viel auf der logarithmischen Spirale gearbeitet hat und ihr eine tiefe symbolische Bedeutung zuerkannte, muss sich im Grabe umgedreht haben angesichts der linearen Spirale auf seinem Grabstein (Mitteilung von Prof. Ingo Sick).

49  PE, 199.

gien unter bestimmten Bedingungen entfalten. Wie der Raum besetzt wird, wie er produziert wird, wie die fundamentalen Gesetze der Raumorientierung und Raumbesetzung Gesetze sind, die im Körper selber angelegt sind, wird am Beispiel eines auf seine Art schon hochdifferenzierten Lebewesens, einer *Spinne* – einer Radnetzspinne – dargelegt. Die zentrale Textpassage, die offensichtlich von Weyls Symmetrie-Buch inspiriert ist, jedoch über Weyl hinausgeht, übersetze ich etwas frei:

> *Kann man von einer Spinne sagen, dass sie arbeitet? Gehorcht sie blindem Instinkt? Besitzt sie, oder besser noch: ist sie Intelligenz? Weiss sie überhaupt, was sie tut? Sie produziert, scheidet Sekrete aus, nimmt einen Raum in Besitz. Sie erzeugt ihn auf ihre Weise, mit ihrem Netz. Sie lässt sich von elementaren Bedürfnissen leiten und verfolgt eine Strategie. Soll man sich den Spinnenraum als einen abstrakten Raum vorstellen, der von unterschiedlichen Objekten besetzt wird, ihrem Körper, ihren Drüsen, ihren Beinen? Von all dem, woran sie ihr Netz befestigt, dem Fadennetz zum Fliegenfangen? Sicher nicht, denn wir wollen der Spinne keinen abstrakten Denkraum und keinen Diskursraum zuordnen! Kann man das Spinnennetz als Verlängerung ihres Körpers betrachten? Ja, vielleicht. Das Spinnennetz besteht aus Symmetrien und Asymmetrien, aus räumlichen Strukturen und Befestigungspunkten, aus einem Zentrum und einer Peripherie. Hat die Spinne ein Bewusstsein von diesen Strukturen, unserem Bewusstsein vergleichbar? Sicher nicht! Sie produziert, aber denkt sie? Sicher denkt sie, aber nicht wie wir. Ihre unbewusste, zwecklose „Produktion" ist vergleichbar mit der Blume, von der Angelus Silesius sagt: „Sie acht' nicht ihrer selbst, fragt nicht, ob man sie siehet." Die Produktion des Raumes beginnt mit der Produktion des Körpers und geht über in die Ausscheidung eines „Wohnraums", der zugleich Werkzeug und Mittel ist. Die Spinne als differenziertes Lebewesen hat schon die Angewohnheit, den Raum zu markieren und sich an Fixpunkten zu orientieren. Für sie gibt es links und rechts, oben und unten.*
>
> *Aus all dem folgt, dass – für Muscheln, Spinnen, ja für alle Lebewesen – die Besetzung eines Lebensraums und die Gesetze der Raumorientierung im Körper angelegt sind.*[50]

## 3. Welcher Körper?

In souveräner Ausserachtlassung herkömmlicher Menschenbilder, welche die Dialektik von Körper und Geist an die oberste Stelle setzen, spricht Lefebvre ausschliesslich von der Körperlichkeit, Leiblichkeit des Menschen.

Man sagt rasch einmal: der Mensch nimmt den Raum mit seinem Körper wahr und in Besitz. Lefebvre geht behutsam, zögernd vor, wenn er eine anthropologische Skizze des *corps spatial* entwirft, des Körpers, der ein Produkt des Raumes ist und zugleich Raum produziert. Er vermeidet plakative Sätze, wenn er vom „Menschen" der archaischen Gesellschaften zu sprechen beginnt, vom nomadisierenden Hirten,

---

50 PE, 201 f.; Das Distichon von Angelus Silesius „Die ros ist ohn warum; sie blühet, weil sie blühet,/ Sie acht nicht ihrer selbst, fragt nicht, ob man sie siehet." wird oft in PE zitiert, vgl.85, 90, 229 etc.; Lefebvre verweist auf den Kommentar von Martin Heidegger in: *Der Satz vom Grund*, Pfullingen 1957, 63 ff., 77 ff.

der nicht aufhört, das Terrain abzugrenzen und mit symbolischen oder alltagsbezogenen Spuren zu versehen; der ein Stück Land umzäunt, in dem er die Herde zusammentreibt; der die Wasserquelle, das Weidgebiet, das Terrain des Nachbarn, das er nicht betreten darf, markiert (auch die Spinne grenzt ihren Raum ab, markiert ihn mit Fixpunkten). Mit jedem Raum, der markiert und mit Flurnamen versehen wird, wird eine bestimmte Beziehung hergestellt. *Der sogenannte Primitive teilt den Raum in bestimmte Gebiete ein oder spricht von ihm als Mitglied einer Gemeinschaft, die selber einen Raum aufgrund von bestimmten Regeln und in einer bestimmten Zeit besetzt. Er fühlt sich nicht als ein Punkt unter anderen im Raum, in einem abstrakten Umfeld.*[51]

Beim Körper handelt es sich um eine Art Maschine, die auf doppelte Weise arbeitet: angetrieben wird sie von starken Energien (Nahrung, Stoffwechsel) und von feinen Energien (den Informationen, welche die Sinnesorgane übermitteln). Als starke Organe kann man die Muskeln und natürlich die Sexualorgane bezeichnen. Das sind die Pole, die explosionsartig tätig werden. Der Körper hat die Tendenz, sich mit Energien aufzuladen, diese dann wieder abzugeben. Der dem Organismus innewohnende Gegensatz besteht aus zwei Polen, demjenigen der feinen Energien (Gehirn, Nerven, Sinnesorgane) und demjenigen der starken Energien. Der Organismus lebt, indem er sich ausdehnt, ausweitet, in den Raum hineingeht, ihn produziert. Der Körper hat seine dunklen und hellen Seiten, seine Mängel und Stärken; er oszilliert zwischen dem Normalen und Anormalen, dem Gesunden und Pathologischen.

## 4. Rehabilitierung der sinnlichen Wahrnehmung

Ich gehe in den Raum hinein, „besetze" ihn mit meinem Körper. Nun werde ich aber vom Anderen meines Körpers, von seinem Schatten und Abbild, verfolgt. Das Andere, das sind alle anderen Körper, die ich als mobile Schnittpunkte wahrnehme, als etwas was meinen Körper berührt, bedroht oder ihm Halt gibt.[52]

Der soziale Raum setzt sich aus verschiedenen Schichten oder Regionen zusammen. Zwei solcher Schichten oder Regionen, die sich ganz aus der Körperlichkeit heraus konstituieren, sind der auf die Sinne bezogene Raum *(espace sensoriel-sensuel)* und der gestische Raum *(espace gestuel)*. In gewohnt pointillistischer Manier beginnt Lefebvre vorerst von den sinnlichen Wahrnehmungsbereichen zu sprechen. Nie verliert er dabei die enge Beziehung von Wahrnehmung und Raum aus den Augen:

Folgen wir Lefebvres eigenwilliger Interpretation der menschlichen Wahrnehmungsorgane. Nicht das Auge ist das erste Sinnesorgan, mit dem der Raum erschlossen wird, sondern die Nase. Allgemein wird zu wenig beachtet, dass ein Kind die Angewohnheit hat, Orte, Menschen oder Dinge mit bestimmten Gerüchen in

51 PE, 222-225.
52 PE, 213 f.

Verbindung zu bringen. Auch bei der erotischen Zuneigung spielt der Geruchssinn eine gewisse Rolle. Bei der Wahrnehmung des Raumes spielt die Nase eine grössere Rolle, als wir uns gemeinhin bewusst sind. In der Natur sind die üblen Gerüche und die wohlriechenden Düfte oft nah beieinander. In den Wäldern gibt es den Geruch des schimmligen, faulenden Holzes und den Gestank des ausgelöschten Lebens, der Kadaver – unmittelbar daneben die wundervollen Düfte der Blumen. Die Rose des Angelus Silesius weiss nichts von ihrer Schönheit, *weiss auch nicht, dass sie einen köstlichen Duft verbreitet.* Ein Naturduft kann einem Ort einen besonderen Zauber verleihen. Heute werden die in der Natur vorhandenen Düfte und Aromen im Namen der Hygiene und im Wahn der Keimfreiheit wenn immer möglich beseitigt. Offensichtlich gibt es Leute, welche die natürlichen Gerüche, Düfte und Aromen nicht mögen. Werden deswegen Putz- und Reinigungsmittel im Überfluss produziert? Eine Tatsache ist, dass im Zuge einer *grossen Wäsche* die Naturdüfte beseitigt werden. Paradoxerweise wird die industrielle Produktion von Parfums nicht selten von üblem Gestank begleitet.[53]

Der *Geschmackssinn* ist nicht leicht vom Geruchssinn und den taktilen Sinnesorganen (Lippen, Zunge) abzugrenzen. Sobald wir uns der Kochkunst zuwenden, befinden wir uns im eigentlichen Reich des Geschmacks. Geruch und Geschmack bilden eine kaum differenzierbare Einheit: das eigentliche Zentrum der sinnlichen Wahrnehmung. Mit diesen beiden intim liierten Sinnen befinden wir uns im Zentralbereich der räumlichen Wahrnehmung.

Bei der räumlichen Wahrnehmung spielt das *Gehör* eine oft unterschätzte Rolle. Da die beiden Ohren nicht exakt aufeinander abgestimmt sind, trägt dies zur Schärfung der Wahrnehmung bei. Das Kind nimmt die Differenz deutlich wahr und gibt so den Botschaften, die es empfängt, Dichte und physikalisches Volumen. Durch die Beziehung zu seiner Mutter bildet es den organischen Raum aus und erweitert ihn kontinuierlich. Störungen des Gehörs bewirken Störungen der Wahrnehmung sowohl des inneren als auch des äusseren Raumes.[54]

Lefebvres abschliessende Frage lautet: Warum erzeugt der moderne, durch die Architekten und Urbanisten erzeugte Raum ein körperliches Malaise? Das Unwohlsein wird einesteils durch das Übergewicht des Visuellen, anderteils durch die Vernachlässigung der übrigen sinnlichen Wahrnehmungen hervorgerufen. Für den planenden, entwerfenden und konzipierenden Architekten (oder Urbanisten) stehen am Ursprung der tatsächlichen Raumkonzeption das weisse Blatt Papier, das Reissbrett, die gezeichneten Gebäudeaufrisse und das Baumodell: die intellektuelle Repräsentation, kurz gesagt eine enge, trockene Rationalität. Nun möchte ein Raum aber auch durch das Ohr, den Geruch und durch körperliches Sich-Bewegen wahrgenommen werden. Wie solch ein Raum aussehen könnte, illustriert Lefebvre anhand von zwei suggestiven und bewusst im Ungefähren belassenen Raumskizzen.

---

53 PE, 227 ff.
54 PE, 229 ff.

## 5. Der sensorielle-sensible Raum

Der sensorielle-sensible Raum enthält all jene Elemente, die dem abstrakten, homogenen Raum schmerzlich fehlen. *Sensoriell* heisst: die verschiedenen Modalitäten der Empfindung betreffend; *sensibel:* zu Empfindung oder erhöhter Wahrnehmung fähig. Wer über ein gutes menschliches Einfühlungsvermögen verfügt, wird als *sensibel* bezeichnet.

Der abstrakte Raum setzt sich aus Dingen und Zeichen zusammen, aus Glas und Stein, Beton und Stahl, dem rechtem Winkel und Kurven, aus Vollem und Leerem. Dieser formal konzipierte Raum verneint die Differenzen; er enthält eine Symbolik, die so abstrakt ist wie die moderne Kunst. Ein Kind, das in einem Raum aufwächst, der die sinnlichen Bedürfnisse ausklammert, wird später als Jugendlicher ein Manko empfinden. Wer als Jugendlicher in einem desolaten peripheren Stadtbezirk oder in einem luxuriösen Villenvorort aufwächst, wird in späteren Jahren den Zugang zur wirklichen Differenz – zum Natürlichen, Sensoriellen-Sensuellen, zur Sexualität – nur schwer oder durch die Revolte hindurch finden. Vor diesem Hintergrund ist die Bedeutung des sensoriellen-sensuellen Raumes zu sehen. Ich versuche eine Zusammenfassung von dem zu geben, was Lefebvre in assoziative Bilder – in vage, aber suggestive oder paradoxe Formulierungen gefasst hat.

Im sensoriellen-sensuellen Raum soll das Praktisch-Sinnliche das Hauptgewicht haben. Mit Verbindungselementen oder störenden Hindernissen – einem Spiel von Spiegelungen, von Widerschein und Echo – bringt er auf unbewusste Weise ein theatralisches Spiel in Gang. Er ist auf freundlichen Empfang angelegt. Als Naturraum ist er voll von Pflanzen und Tieren – *sollte solches fehlen, liegt es an der Architektur, dies zu reproduzieren.* Der mit sinnlichen Reizen ausgestattete Raum lässt Unregelmässigkeiten und Abweichungen zu und zeichnet sich durch eine spielerische Komponente aus, manchmal will er durch Ironie oder mit Humor entdeckt werden. Die Dinge oder Objekte in diesem Raum stehen im Dienst der Rhythmen, sie bilden Markierungspunkte oder geben die Richtung zum Zentrum hin an. Die Strenge der Dinge oder Objekte ist bloss relativ, dadurch können Distanzen entweder aufgehoben oder, gegenläufig, besonders betont werden. Das Nahe und das Ferne, das Dunkle und das Hell-Leuchtende werden theatralisch miteinander in Beziehung gesetzt mit der Absicht, Ruhe im Raum herzustellen. Im sensoriellen-sensitiven Raum sollen die sinnlich wahrnehmbaren Komponenten bewusst vom Sozialen ablenken. Vor allem darf die Nähe zum Körper nie vergessen werden. Wie bei der Spinne können wir von Verlängerungen des Körpers sprechen, von einem Netz von Beziehungen des Körpers zu den Objekten. Der Mensch verlängert seine körperlichen Gesten mit Werkzeugen und Instrumenten; Krug, Tasse, Messer, Hammer oder Gabel dienen dazu, den körperlichen Rhythmen mehr Raum zu geben. In der sinnlichen Welt geht es um die Jagd nach Genuss. *Der Genuss sucht sein Objekt und zerstört es im Akt des Geniessens.* [55]

---

[55] PE 61 f.; 242 ff.

Dem zunehmenden Verschwinden des sinnlichen Raumes hat auch Hans Boesch (der Dichter und zugleich Dozent für Orts-, Regional- und Landesplanung war) beschrieben. In seinem Essay *Die sinnliche Stadt* weist er auf die Tatsache hin, dass wir, trotz intellektuell-abstraktem Städtebau, noch immer aus dem Leib geboren werden. Noch fliesst Blut in unsern Adern, noch sind wir eingespannt zwischen Essen und Notdurft, Sehnsucht und Sattheit. In unserer abgehobenen Welt entfremden wir uns vom Urgrund, von dem, was wir ‚Leben‘ nennen – und deswegen, meint Boesch, sollten die Elemente des *sinnlichen Raums* (von dem wir uns entfernt haben) wieder erfahrbar gemacht werden: der Stein, das Wasser, das Feuer, der Wind. Unsere moderne Umwelt sollte wieder intensiv erlebt – *erfühlt und erspürt* – werden. Der moderne städtische Raum, der so sehr auf das Visuelle angelegt ist, sollte wieder vermehrt *Hörraum, Geruchsraum, Tastraum, kinästhetischer Raum werden, also Bewegungsraum für das Spiel, den Tanz, das Schreiten, den Sprung, erlebbar mit Muskeln, Knochen und Haut, erlebbar für den ganzen Menschen.*[56]
Der von Lefebvre beschriebene sensorielle–sensible Raum bildet eine *Schicht* oder eine *Region* im übergeordneten sozialen Raum. Man kann auch sagen: der sinnliche und der soziale Raum durchdringen und ergänzen einander. Dasselbe gilt für den *gestischen Raum,* dem wir uns jetzt zuwenden.

## 6. Der gestische Raum / Raum der Gebärden

Bei der Beziehung des Menschen zum Raum spielt die körperliche Gestik eine besondere Rolle. Der Begriff Gestik (oder Gebärde) meint im weiteren Sinn die Gesten der Arbeit (des Bauern, des Handwerkers, des Industriearbeiters), im engeren Sinn die Gesten und Handlungen des zivilen Lebens. Die Gesamtheit der Gebärden (oder Gesten) setzt den ganzen Körper in Bewegung. Die Ausdrucksbewegungen der Glieder und des ganzen Körpers werden mit der Gebärdensprache erfasst. Ein anatomisches Wunderwerk ist beispielsweise die menschliche Hand, die sich mit den komplexesten Gebärden ausdrückt. *Sie betastet, ist zärtlich, ergreift etwas, ist brutal, schlägt zu, tötet. Mit dem Tastsinn wird die Vielfalt der Materialien entdeckt. Indem sich die Hand eines Werkzeugs bedient, verlängert sie den Körper und seine Rhythmen, modifiziert sie die Materialien – man denke an den Hammer, der repetitive Schläge ausführt, oder an die Drehscheibe des Töpfers, die sich im Kreise dreht. Die Anstrengung der Muskeln setzt grosse Energien in Bewegung oder in repetitive Gesten um – in diejenigen der Arbeit und des Spiels. Durch das Betasten oder Streicheln werden feine Energien umgesetzt.*[57] Der Tanz in den asiatischen Ländern, bei dem jeder Körperteil, bis in die äussersten Fingerspitzen hinaus, in Bewegung gesetzt wird, stellt die wohl raffinierteste menschliche Gebärde dar.
Die Gebärden drücken etwas aus, und dieses Etwas kann mit der Gebärdensprache dekodiert werden. Es gibt würdevolle Bewegungen: die aufrechte Haltung, die har-

---

56 H. Boesch, *Die sinnliche Stadt. Essays zur modernen Urbanistik,* Zürich 2001, 56-71.
57 PE, 246.

monische Bewegung, aber auch die Demut oder die Demütigung. Der Körper kann erniedrigt oder zu Boden gedrückt werden. Der Besiegte soll sich unterwerfen und den Staub küssen, der Gläubige auf die Knie fallen, der Schuldige den Kopf senken. Aus Milde und Nachsicht heraus wird der Kompromiss angestrebt, die Ausdrucksformen sind die Verneigung oder die Verbeugung. Wer dieser oder jener Gesellschaft angehört, sollte den Code der Freundlichkeit oder der Höflichkeit kennen. Die Händler oder Unterhändler haben ihren Code, der bisweilen Feindseligkeit zum Ausdruck bringt.

Die ritualisierten und kodifizierten Gebärden sind bestimmten Räumen zuzuordnen. Zum Kloster gehören die gravitätischen Schritte der Mönche. Mit dem Kloster als Raum der Gebärden ist der geistige oder spirituelle Raum fest in der Erde verankert. Der Klosterraum öffnet sich der Kontemplation und der theologischen Abstraktion. Was in Symbolen ausgedrückt wird, ist Teil einer bestimmten Praxis. Im Klosterraum bewegt sich das Leben zwischen Selbstbetrachtung und der Betrachtung des Unendlichen; diese Verschmelzung kann, so Lefebvre, als Glücksgefühl erlebt werden. [58]

Neben den Räumen, in denen die spirituelle Gebärde dominiert, gibt es Räume des materiellen Austausches. Einst hatten Gesandte und Händler ihre besonderen Räume, in denen Waren gehandelt wurden: die Säulenhallen. Diesen mangelte es nicht an Schönheit.

### 7. Vom Monument zum Gebäude

Das Kapitel über die *räumliche Architektonik* findet mit Architekturanalysen seinen Abschluss. Die letzten Partien bestehen aus Schilderungen des monumentalen Raumes, dann aus ernüchternden Betrachtungen zur heutigen dominanten Baufigur, dem Gebäude. Hier ein paar Beispiele:[59]

Am Beispiel einer Kathedrale wird die starke Wirkung beschrieben, die von einem monumentalen Raum ausgeht. Wer die Kathedrale betritt und dabei die Schwelle überschreitet, wird von Fragen bestürmt, die nur der Raum selber beantworten kann. *Der Besucher hört seine eigenen Schritte. Er vernimmt die Geräusche und hört die Gesänge. Er atmet den Duft von Weihrauch. Er ist in eine ganze Welt, in diejenige von Sünde und Vergebung, eingebunden und mit einer Ideologie konfrontiert. Er betrachtet die Symbole und beginnt sie zu entziffern... Was taten alle früheren Eroberer oder Revolutionäre zuerst, um eine Gesellschaft zu zerstören? Sie zerstörten ihre Monumente durch Feuer oder Verwüstung.*[60]

Die schönsten Monumente üben durch ihre Dauerhaftigkeit Wirkung aus. Eine riesengrosse Mauer gelangt zu monumentaler Schönheit, weil sie ewig ist und nicht der Vergänglichkeit unterworfen scheint. Einem Monument kann es gelingen, den Tod zu „überlisten". Das Monument verwandelt die Angst vor dem Tod in ästhe-

---

58 PE, 249 f.
59 PE, 253 ff.
60 PE, 254.

tische Pracht. Das Mausoleum der Sultanin von Tadsch Mahal wirkt durch die Anmut, den weissen Marmor und die blumigen Arabesken – und lässt dadurch den Tod vergessen. Ein unvergängliches Monument scheint dem Tod trotzen zu wollen. Mit seinem Werk verwandelt der Architekt – der Demiurg – den Raum des Todes in einen Raum des Lebens.

Ein architektonisches Werk ist ebenso komplex wie ein musikalisches Werk. Denken wir an das griechische Theater, die Komödie oder die Tragödie. Die Einwohnerschaft der Polis sah sich mit ihren Göttern und Helden in Übereinstimmung. Die Musik, die Chöre und die Masken verschmolzen im Raum des Theaters mit der Sprache und den Schauspielern. Ein räumliches Geschehen brachte, zumindest vorübergehend, die Konflikte zum Verschwinden, ohne sie allerdings zu lösen, und ermöglichte dadurch den Übergang von den Alltagssorgen zur kollektiven Freude.[61]

Ein monumentaler Raum hat nicht nur optische, sondern auch akustische Qualitäten. Sollte er diese nicht besitzen, würde ihm etwas Wesentliches fehlen. In einem Kloster oder in einer Kathedrale wird der Raum mit dem Ohr vermessen. Geräusche, Stimmen und Gesänge hallen im Raum nach. Dem Raum wohnt etwas Spielerisches inne, vergleichbar dem Spiel von Grundakkord und Nachklängen, dem Spiel der Stimme, die einem geschriebenen Text durch Sprechen wieder Leben einhaucht. Im Architekturraum gibt es eine Übereinstimmung von den Gesten der Menschen (Schreiten, rituelle Vorgänge, Prozessionen, Defilees) und den musikalischen Klängen. In einem religiösen Bauwerk hat sogar die Stille eine eigentliche Musikalität.

\*

Der Übergang vom Monument zum Gebäude findet statt, wenn das Monument an Prestige verliert, wenn Prestige nur noch durch Zwang und Unterdrückung aufrechterhalten werden kann. Wenn die Stadt und das Volk sich auflösen, trägt das Gebäude mit seinen eindeutigen Funktionen den Sieg davon, dann siegt der *habitat* über das *habiter*, die Unterkunft über das Wohnen. Beim Wort Gebäude kann man an Lagerhäuser, Kasernen, Schuppen oder Mietshäuser denken. Das Gebäude zerfällt in Formen, Funktionen und Strukturen. In der sozialen Praxis findet keine Vereinigung mehr statt zwischen den formalen, funktionellen und strukturellen Elementen. Wenn sich Zusammenhänge, Texturen und Gewebe aufzulösen beginnen, entsteht kaum merklich Gewalt. Auf der Strasse, im Untergrund und in den Vororten verflüchtigt sich der soziale Konsens. Wenn das monumentale Zentrum nicht mehr zu versammeln oder vereinigen vermag, lädt sich der Raum, unmerklich, mit eruptiver Gewalt auf.

Beim Übergang vom Monument zum Gebäude verändert sich das Kräfteverhältnis. Das Gebäude hat zum Monumentalen das gleiche Verhältnis wie der Alltag zum Fest, das Produkt zum Werk, der Beton zum Naturstein. Es stellt sich die Frage, wie der Widerspruch zwischen Gebäude und Monument aufgehoben werden könnte, wie die Prozesse, welche die Monumentalität zerstört haben, die verloren gegangene Einheit auf einer höheren Ebene wiederhergestellt werden könnte? Lefebvre ist skeptisch,

---

61 PE, 255 f.

er glaubt nicht an eine dialektische Weiterentwicklung, an die Kreation von etwas Neuem. Er spricht von einem Stagnieren der Situation im räumlichen Chaos.

## 8. Die Stimme von Octavio Paz

> *Gibt es eine gefährlichere Verirrung als die Verachtung des Leibes?*
>
> Nietzsche[62]

In den Jahren um 1968 fing es mit dem an, was Paul Valéry den *Kult der Lebensmaschine* genannt hat.[63] Überall war vom Körper die Rede, so als hätte man ihn nach langem Vergessen wiederentdeckt. Die Jugendlichen in ihrer Protesthaltung hatten ihre Vorliebe für auffällige Kleidung, phantastischen Schmuck, wilde Frisuren, Schminke – sogar Schmutz wurde ostentativ zur Schau gestellt. Körpersprache, Körpergefühl, Befreiung des Körpers waren die Schlagworte. Historiker begannen sich dafür zu interessieren, wie man in früheren oder anderen Kulturen mit dem Körper umging. Das Interesse galt Tätowierungen, Verstümmelungen, Exzessen, mit verschiedenen Körperfunktionen verknüpften Ritualen. Plötzlich wurde man sich bewusst, dass wir bei weitem nicht die Entdecker der Körperlichkeit sind. Unversehens trat eine alte Erkenntnis in unsere Mitte: *Und sie wurden gewahr, dass sie nackt waren.*[64] In seiner *Kleinen Geschichte des Körpergefühls* untersucht Jean Starobinski die Definitionen des Körpergefühls in der Medizin, dann widmet er sich anhand literarischer Einzelstudien dem Phänomen der inneren Wahrnehmung. Wohltuend präzise geht er beim *In-sich-Hineinlauschen*, bei der Behandlung von Einzelaspekten von Flauberts *Madame Bovary* oder Valérys *Monsieur Teste* vor. Er stellt die Frage, ob das gegenwärtige gesteigerte Interesse an den unterschiedlichsten Modalitäten des Körpergefühls ein Symptom der narzisstischen Komponente der modernen abendländischen Zivilisation sei. Für die Sache Narziss' macht er mildernde Umstände geltend.[65] Das In-sich-Hineinlauschen kann als Kompensation für das gedeutet werden, was in der Welt draussen vor sich geht. Ein rasanter technischer Fortschritt hat zu einer Beherrschung auch der der natürlichen Objekte geführt. Für die Wiederherstellung des psychischen Gleichgewichts ist das Ich-Fühlen-Wollen eine Notwendigkeit.

Henri Lefebvre, der von einem Verrat der abendländischen Philosophie am Körper spricht,[66] registriert sehr wohl das Aufkommen eines neuen Körpergefühls in seiner Zeit. Sein wichtigster Gesprächspartner in diesen Dingen ist Octavio Paz. Der mexikanische Dichter geht in seinem 1968 geschriebenen Essay *Verbindungen-Tren-*

---

62 *Aus dem Nachlass der Achtzigerjahre,* Ausg. Schlechta, III, 787.
63 Zit. in: Jean Starobinski, *Kleine Geschichte des Körpergefühls,* Konstanz 1987, 13.
64 Genesis 3, 7., zit. bei Starobinski, a.a.O. 13.
65 Starobinski, a.a.O., 27.
66 PE, 467.

*nungen* [67] den Schwankungen und Veränderungen nach, welche die Kulturen prägen. Er vergleicht die chinesische, indische und europäische Kultur unter den Zeichen des *Körpers* und des *Nicht-Körpers*. Der Körper wird durch die Zeichen des Nicht-Körpers repräsentiert, die je nachdem Seele, Geist, Subjekt, Ego usw. heissen. Andererseits können der Geist, die Ideen usw. bloss durch den Körper – als Nicht-Körper – repräsentiert werden. In diesem gegenseitigen Verweisen aufeinander, die zu einer Trennung von Körper und seinen Repräsentationen führt, entstehen die tatsächlichen Handlungen, die wiederum in den Repräsentationen ihren Motivationsgrund haben. Die heutigen Repräsentationen sind verbal oder nicht-verbal: Bilder, Schauspiele usw. Als tatsächliche Aktivitäten können sie ihr Ziel erreichen oder verfehlen.

Oktavio Paz beklagt das Fehlen einer *Geschichte der Beziehungen von Körper und Seele, Leben und Tod, Geschlecht und Gesicht.*[68] Diese Lücke versucht er mit seinem Werk *Verbindungen-Trennungen* auszufüllen – einem Werk, das in einen poetischen Glanz gehüllt ist und in dem die Erotik eine zentrale Stellung einnimmt. Lefebvre entdeckt bei Paz die Methode der Verdoppelungen. Raum werde erzeugt durch Gegensätze wie das Gesäss und das Gesicht, Eingeweide und Exkremente, Lippen und Zähne, Löcher und Phallus, die geschlossene Faust und die offene Hand und schliesslich durch das Bekleidete und das Entkleidete.

Die Thesen von Octavio Paz kulminieren im Satz: *Die Geschichte des Körpers in der Endphase der westlichen Zivilisation ist die Geschichte seiner Rebellionen.*[69] Lefebvre stimmt diesem Satz zu: Ja, der Körper rebelliert, aber nicht im Zeichen der Sehnsucht nach dem Ursprung, nach dem Vergangenen und Untergegangenen. Was weltweit zu beobachten ist, ist keine politische Rebellion, sondern eine elementare Rebellion im Zeichen des verratenen, über zu lange Zeit vernachlässigten, verachteten Körpers. Lefebvre strebt keine kompensatorische Wiederherstellung des Körpergefühls an. Ihm geht es um die Verbindung oder das Zusammendenken von Raum und Körper. Gemäss seiner Theorie entspringt der gesamte soziale Raum – auch wenn er sich so verändert hat, dass er den Körper vergessen zu haben scheint – eben doch dem Körper. Das Schaffen von etwas Neuem muss vom ganz Nahen, dem *corps spatial*, dem Körper mit all seinen Sinnen und Rhythmen, ausgehen. Denkt Lefebvre an die Ausarbeitung einer Körperpädagogik, greift er auf den grossen Erfahrungsschatz zurück, der nicht in der Philosophie, sondern in Poesie und Musik, Tanz und Theater aufbewahrt ist.[70]

Wenn er an den Verrat der abendländischen Philosophie am Körper erinnert, kann auf eine persönliche Erfahrung zurückblicken. Unter dem grandiosen und tragischen Bild der *gekreuzigten Sonne* schildert er seine religiöse Entfremdung.[71] Die Sonne, das ist das ursprüngliche und spontane Leben: Wärme und Leiden-

---

67 Frankfurt/M. 1984, geschrieben 1968/69.

68 O. Paz, a.a.O., 47.

69 a.a.O., 150.; PE, 232.

70 Vgl. PE, 465 ff.

71 Im Kapitel *Le Soleil Crucifié* (Meyer, Kurt (1973)) habe ich Lefebvres persönliche Entfremdungsproblematik und seine Befreiung ausführlich untersucht. In QP (1985), 139 ff. stehen nochmals einige Seiten unter dem Titel *Le soleil crucifié*.

schaft, Unschuld und Vitalität – die Religion hat das naive, sinnliche Leben „ans Kreuz geschlagen"; durch die Erinnerung an die Sünde hat sie die unschuldige Freude am Leben zerstört. Nietzsche kann, indem er durch das bedingungslose Ja-sagen zum Leben die Nägel, mit der die Sonne (das Leben) ans Kreuz geschlagen worden ist, ausreisst, als der grosse Befreier angesehen werden.

Lefebvres Mutter hat ihr Kind im Geist eines fanatischen Katholizismus, einer bigotten Frömmigkeit, aufgezogen. Die Revolte gegen die Religion seiner Mutter, gegen die jansenistische katholische Moral, beginnt schon in jungen Jahren. Später hat sich der Philosoph mehrmals mit der Erfahrung der lebens- und körperfeindlichen Seite des Christentums befasst, hat er mit Untersuchungen zu Augustinus, Jansenius und Pascal eine dunkle Seite der christlichen Tradition ans Licht gerückt: den *contemptus mundi.* Die Weltverachtung und die Weltflucht – die leidenschaftliche Verachtung des Lebens, die Verneinung der Körperlichkeit und der Sexualität und die Verherrlichung des Leidens – stellen für ihn die Substanz des Christentums dar. In *La production de l'espace* gibt es eine Passage über *le coeur vécu,* die trotz ihrer Kürze auf die noch immer offene Wunde des verratenen Körpers hinweist: Wer aus dem Herzen heraus lebe und dabei moralischem Druck ausgesetzt sei, dem werde der Körper zu etwas Befremdlichen, einem Körper ohne Organe, einem kasteiten und kastrierten Körper.[72]

## 9. Offenes Terrain

Was heute beinah zu einer Mode geworden ist – die Hinwendung zum Körper – war in den 1970er Jahren ein eher einsames Unternehmen. Seit den 1980er Jahren begegnen wir einem Strom von Studien, die sich mit dem Körper befassen: dem männlichen und weiblichen Körper, dem Körper als Erfahrung und Symbol, dem verstümmelten Körper, dem anorektischen Körper, dem designten Körper usw. *Body and Society* heisst die 1995 gegründete Zeitschrift, mit der Historiker, Ethnologen und Soziologen ein Forum für ihre Forschungen bekommen haben.[73]

Mit der Analyse des Begriffpaars *Körper und Raum* habe ich eine Hauptschneise durch das komplexe Werk *La production de l'espace* geschlagen. Im Kapitel über die *räumliche Architektonik* wird die Besetzung des Raumes durch den Menschen mit all seinen Sinnen und mit seiner ganzen Körperlichkeit stufenweise vorgetragen. Indem der lebende Körper seine Energien im Raum entfaltet, oszilliert er zwischen dem Todestrieb und dem triebhaften Willen zum Leben, findet eine Schlichtung zwischen diesen beiden Trieben statt. Lefebvres materialistisches Körper-Credo lautet: *Der Körper ist ein Zentrum, aber keine Substanz, ein kleines Zentrum von Trieben und Wünschen, mit einem Wort: ein Zentrum von Energien, die verbraucht und vergeudet werden, ohne Spuren zu hinterlassen.*[74] ... *ohne Spuren zu hinterlassen?*

---

72 PE 50.
73 Peter Burke widmet in seiner Studie *Was ist Kulturgeschichte?* (Frankfurt/M., 2005) der Geschichte des Körpers einen besonderen Abschnitt.
74 HMN, 192.

Nüchterner und illusionsloser kann man über das Wollen und Tun der Menschen – Einzelner oder ganzer Gruppen und Völker – kaum sprechen. Über das, was sie Grosses hervorgebracht haben, Kathedralen und Poesien, Bewässerungssysteme und Rechtsbücher. Und die herrlichen Werke der Musik, Bach, Beethoven. Nun ist es aber gerade dieser konkrete, materialistisch ausgenüchterte Körper, der dem abstrakten, entkörperlichten Raum Widerstand entgegensetzt.

Das Thema *Architektur und Körper* beschäftigt Lefebvre noch in seinen späten Werken. In *La présence et l'absence* stossen wir auf einige wundervolle Seiten, die der Musik und der Architektur gewidmet sind. Noch einmal wird dem Architekten nahe gelegt, ja nie zu vergessen, dass das Erleben von Architektur in den Körpern derjenigen angelegt ist, welche die Bauten bewohnen oder aufsuchen.[75] Es gibt Orte im sozialen Raum, die eine endgültige Trennung zum Ausdruck bringen: die Gräber, daneben die Räume des Zusammenkommens und Geniessens. Schmerz und Freude lassen sich im sozialen Raum deutlich voneinander unterscheiden, in der Natur ist diese Unterscheidung weniger deutlich. Der Architekt verleiht den Bauten und Monumenten unverwechselbare Züge, indem er sie als lebendige Körper behandelt. Die Präsenz von Menschen verleiht dem einzelnen Bau oder Monument Leben. Der Architekt kämpft gegen die Banalität der Baumaterialien (Backstein, Holz, Stahl, Beton). Im Errichten von Gewölben, Torbogen, Arkaden, Säulen, im Herstellen von offenen und geschlossenen Räumen – im Vorgang des Bauens selber, im Zusammenführen und Trennen der architektonischen Elemente – verleiht der Architekt den Bauten Sinn und Bedeutung. Der Genius (des Architekten) produziert Räume der Wollust (andalusische Architektur), der Kontemplation und Weisheit (die Klöster), der Macht (die Schlösser), der vitalisierenden Wahrnehmung (einen japanischen Garten). Indem der Genius (des Architekten) dauerhafte, von weit her sichtbare Monumente errichtet und ihnen einen konkreten Ort und einen Aufenthalt in der Zeit zuweist, produziert er sinnerfüllte Räume, die der Vergänglichkeit und dem Verfall Widerstand entgegensetzen.[76]

*Flesh and Stone, der Körper und die Stadt in der westlichen Zivilisation,* ist der Titel des ehrgeizigen Unternehmens von Richard Sennett, das unser Thema aufnimmt und weiterführt. Die körperliche Erfahrung des Menschen hat die Geschichte der Stadt bestimmt – so lautet Sennetts These. Das moderne Bauen scheint von einem Fluch verfolgt zu sein, denn es hat zu einer Verarmung der Sinne geführt: zu Dumpfheit und Monotonie und einer taktilen Sterilität. Um die sinnliche Verarmung im Raum zu verstehen, musste Sennett die tieferen historischen Wurzeln freilegen, das heisst die Körper der Menschen. Das wechselnde körperliche Erfahren und Empfinden von Stadt und Raum ist Sennetts wegleitendes Thema. Erzählt hat er, wie die Frauen und Männer sich früher bewegten, was sie sahen und hörten, welche Gerüche in ihre Nase eindrangen, wann sie badeten, wie sie sich liebten – und das in den Städten vom alten Athen bis zum heutigen New York.[77]

---

75 PA, 218 ff.
76 PE 161 f.
77 Richard Sennett, *Fleisch und Stein. Die Körper und die Stadt in der westlichen Zivilisation,* Berlin 1995.

# 8. RHYTHMEN, STRASSEN, STÄDTE

> *Für den Rhythmus... ist vielleicht der Ursprung im Tanz zu suchen, sowohl*
> *im heiligen als auch im profanen. Oder ist der Rhythmus das Urthümliche,*
> *gleichsam eine Rettung aus der Zerfahrenheit?*

> Jacob Burckhardt, *Weltgeschichtliche Betrachtungen*[1]

Das unabgeschlossene Projekt der Rhythmo-Analyse, das eng mit der Alltags-Kritik zusammenhängt, ist ein Jahr nach Lefebvres Tod unter dem Titel *Eléments de rythmanalyse* publiziert worden. Es besteht aus sieben nur locker miteinander verbundenen Kapiteln und einer Einzelstudie zu den Rhythmen der mediterranen Städte. Schon 1985 hat Henri Lefebvre in Zusammenarbeit mit seiner Frau Catherine Régulier *Le projet rythmanalytique*[2] veröffentlicht. Mit den rhythmo-analytischen Studien stossen wir in den inneren Bezirk – man ist versucht zu sagen, den heiligen Bezirk – von Lefebvres Kritik des alltäglichen Lebens vor, zu jenen Analysen, die sich mit der zeitlichen Ordnung von Rhythmen im Alltagsleben beschäftigen. In der *Critique III* wird die *rythmanalyse* als eine im Entstehen begriffene Wissenschaft bezeichnet, welche die Interferenzen der *zyklischen Rhythmen* und der *linearen Rhythmen* erforscht. Sie ist mehr als eine Hilfswissenschaft zur Erforschung des Alltags. Da sie das Physische, Physiologische und Soziale eng mit dem Alltagsleben verbindet, kann man sie eine „Scharnier"-Wissenschaft nennen, die zu interdisziplinärer Forschung anregt.[3]

Der brasilianische Philosoph Lucio Alberto Pinheiro dos Santos hat den Begriff *rythmanalyse* im Jahre 1931 geprägt und mit seinem Werk die physiologischen Prinzipien dieser Theorie entwickelt.[4] Er glaubte, mit der Rhythmo-Analyse die Seele, die unter gelegentlicher Melancholie oder allgemeiner Lustlosigkeit leidet, heilen zu können. Für Gaston Bachelard, der in verschiedenen Schriften mit Bewunderung vom Werk des brasilianischen Philosophen spricht,[5] ist *rythmanalyse* ein schöner Titel, ein leuchtender und suggestiver Begriff. Wie Pinheiros dos Santos glaubte auch er, dass durch ein rhythmisiertes Leben und Denken, durch einen

---

1 SG, 278.
2 Art. 32.
3 CVQ III, 130 ff.
4 Pinheiro dos Santos war Professor der Philosophie an der Universität von Porto, Brasilien. *La rythmanalyse* heisst die Publikation, die 1931 in Rio de Janeiro im Rahmen der *Société de Psychologie et de Philosophie* erschienen ist.
5 Vgl. Bachelard, Gaston, *Psychologie des Feuers,* München und Wien 1985, 39 f.; *Poetik des Raumes* a.a.O., 95 f.; am ausführlichsten in: *La dialectique de la durée,* Paris 1950, Schlusskapitel, 129 ff.

Wechsel von achtsamer Tätigkeit und Ruhe, Heilung erfolgen könnte. Von Zeit zu Zeit sollte die Seele, die zwanghaft eine Gleichförmigkeit anstrebt, *desorganisiert* werden, sollten verkrampfte Rhythmen gelockert und ermüdete Rhythmen wieder stimuliert, sollte das ganze Leben auf kluge Weise wieder in Schwingungen versetzt werden. Bachelard, der nicht nur die Theorie, sondern auch die Praxis des rhythmo-analytischen Ansatzes geprüft hat und die Rhythmo-Analyse der Psychoanalyse zur Seite stellt, gelangt zum Schluss, dass die rhythmo-analytischen Meditationen *eine Art philosophisches Echo der poetischen Freuden* bringen könnten.[6] Er ist so beeindruckt vom Denken des brasilianischen Philosophen, dass er schreibt: *Der Rhythmus ist wirklich die einzige Art, die unterschiedlichsten Energien zu disziplinieren und zu bewahren. Er ist die Basis für die Dynamik des Lebens und für die Dynamik der Seele.*[7]

*Erste Skizze der Rhythmus-Theorie*

In der *Critique II* von 1961 beschreibt Lefebvre ein erstes Mal explizit das vielfältige Wechselspiel von *zyklischer Zeit* und *linearer Zeit*. Während der langen Zeit, da der Mensch noch keine Herrschaft über die Natur ausübte, war er von der Geburt an bis zum Tode den Natur-Rhythmen und den Rhythmen des Kosmos ausgesetzt. Die regelmässige Wiederkehr der Tage, Wochen, Monate, Jahreszeiten und Jahre gab dem menschlichen Dasein eine verlässliche rhythmische Abfolge. Im eigentlichen Sinne kennt die rhythmische Zeit weder Anfang noch Ende. *Jeder Zyklus entsteht aus einem anderen Zyklus und geht wieder in eine neue Kreisbewegung ein. Die zyklische Zeit schliesst das repetitive Handeln nicht aus... Kein wirklicher Zyklus kommt genau auf seinen Ausgangspunkt zurück, keiner wird streng reproduziert.*

Der moderne Mensch, der in die rationellen Verfahrensweisen der technisch-industriellen Welt eingebunden ist, ist den linearen Zeitabläufen unterworfen. *Die lineare Zeit ist kontinuierlich und diskontinuierlich zugleich: kontinuierlich, insofern sie absolut beginnt, insofern sie ausgehend von einem Nullpunkt fortwährend wächst bis ins Unendliche; diskontinuierlich, insofern sie in Zeitstücke zerfällt... Die lineare Zeit wird in Teile zerschnitten, und zwar bis ins Unendliche. Die zeitzerstückelnde Technik produziert die repetitive Bewegung, die nicht in einen Rhythmus integriert ist und oft auch gar nicht integriert werden kann: die Bewegungen der parzellierten Arbeit.* Auch in der Moderne sind die zyklischen Zeiten nicht einfach verschwunden. In einer grossen Stadt, in der die öffentlichen Transportmittel rund um die Uhr in Betrieb sind, haben sich gewisse Bedürfnisse oder Gewohnheiten wie Hunger, Schlaf, Sexualität nicht von tief eingewurzelten Zyklen gelöst. Die kritische Alltagsforschung hat sich zum Ziel gesetzt, das Fortbestehen der rhythmischen Zeiten in

---

6 *La dialectique de la durée* (1950) a.a.O., X f.
7 a.a.O., 128.

den linearen Zeitabläufen der modernen Industriegesellschaft zu untersuchen, die Interferenzen zwischen der zyklischen Zeit und der linearen Zeit zu erforschen.[8]

Mit zwei Beispielen mag die eben skizzierte Theorie an Gestalt und Kontur gewinnen:

*1) Ein junger Bauer, Sohn eines Kleinbauern, in einer etwas rückständigen Region:* Sein Leben ist noch ganz den zyklischen, kosmischen und sozialen Zeiten unterworfen: Saat, Ernte oder Weinlese, Winterarbeiten. Jugend, Heirat, Reife, Alter. Geburten und Begräbnisse. Er nimmt die Gesamtheit dieser Zyklen wahr und erkennt sich selbst darin – sowohl im Dorf (das noch Züge der bäuerlichen Gemeinschaft bewahrt hat) als auch in der Familie (in der verschiedene Generationen, mit all den möglichen Konflikten, zusammenleben). Vielleicht empfindet er gegenüber der Natur eine grössere Unsicherheit als gegenüber den Märkten, Techniken oder dem städtischen Leben. Er erlebt den Alltag als organisches Ganzes – allerdings in Auflösung begriffen, im Kern aber noch intakt. Er kennt keine Trennung zwischen Kindheit und Reife, Familie und dörflicher Gemeinschaft, Arbeit und Freizeit, auch nicht zwischen Natur, sozialem Leben und Kultur. Während der Schulzeit hat er auf dem Hof geholfen. Schon als Kind hat ihm die Dorfgemeinschaft einen genauen, aber auch verpflichtenden Status zuerkannt: „Als Sohn dieses oder jenes Bauern wirst du dieses oder jenes sein." Trotz gewisser Zerfalls-Symptome dieses „Standes" erlebt der junge Bauer noch die Integration des Alltäglichen ins Kosmische und in die Gemeinschaft. Die äussere Welt, die ihn bedroht, fasziniert und zugleich erschreckt, ist die Stadt, die Technik, die heutige Gesellschaft insgesamt.

*2) Ein junger Arbeiter, in die moderne Industriegesellschaft integriert, zugleich deren Konflikten ausgesetzt:* Seit seiner Kindheit macht er die Erfahrung mit der Zersetzung oder Auflösung, den fruchtbaren und schmerzhaften Widersprüchen. Früh schon lernt er die Unsicherheit kennen. Er verspürt die Abhängigkeit und das schlecht organisierte Leben, denn in einer Arbeiterfamilie ist rationale Vorausplanung eine schwierige Sache. Er kennt die Angst vor Arbeitslosigkeit und Arbeitsplatzwechsel, die ständigen Geldsorgen, die schlecht eingeteilten Tage. Die Schule und das Familienleben stehen in schroffem Gegensatz zueinander. Unmittelbar nach der Schulzeit wechselt er in das Arbeitsleben, das mit dem Familienleben noch härter kontrastiert. Der junge Arbeiter versucht, sich in und durch seine Arbeit zu behaupten, wobei er genau weiss, dass er mit seiner Arbeit in neue Abhängigkeiten gerät. Eine gewisse persönliche Unabhängigkeit erlangt er nur durch gesteigerte soziale Abhängigkeit. Er erreicht eine gewisse Selbständigkeit, indem er „sich sein Leben verdient" – durch Arbeit. Bald wird er neue Verantwortung übernehmen, die soziale Norm erfüllen, eine Familie gründen. Damit gelangt er in eine doppelte Abhängigkeit, eine persönliche und eine gesellschaftliche. In der Fabrik bemächtigt sich seiner die lineare und die zerstückelte Zeit, diejenige der Produktion und der Technik. Im Familienleben findet er wieder die zyklischen Zeiten – die biologischen, physiologischen und sozialen. Das eine erlaubt es dem andern zu widerste-

---

8 KdA II, 54 ff.

hen, das andere zu kompensieren. Ein Gleichgewicht herzustellen ist schwierig, jedenfalls problematisch.[9]

Während Jahrtausenden bleibt im Dorf alles symbolisch. Die Wahrheit der Symbolismen offenbart sich in den machtvollen und archaischen Dingen, aber auch in den Symbolen, die aus den Rhythmen hervorgegangen sind. Das Haus, das Feld, der Baum, der Himmel, der Berg oder das Meer – sie alle sind nicht einfach das, was sie sind. Sie sind in die kosmischen und vitalen Rhythmen eingebettet, in ihnen klingen noch subtile Resonanzen an. Jedes „Ding" ist Teil einer Melodie. Der Raum oder der Acker symbolisieren die Gemeinschaft, die Kirche rhythmisiert die Zeit und symbolisiert, zusammen mit dem Friedhof, die Welt, das Leben und den Tod. Das Alltagsleben in seiner ganzen Schlichtheit ist von Archaismen durchdrungen. Eine Alltagsgeste ist auf etwas Fundamentales bezogen: das Brechen des Brotes, das Öffnen und Schliessen der Haustür, der Gang über den Hof, durch den Garten und über die Felder. Im Dorf ist alles lebendig und von Symbolen durchdrungen – zugleich ist all dies veraltet, überholt, fern.

Zuweilen stösst man in der Stadt noch auf Spuren vergangener Kämpfe. In der Stadt ist ablesbar, wie es einst ein stimulierendes schöpferisches Vermögen gegeben hat. Die heutige Stadt scheint bemüht zu sein, die alten Spuren möglichst für immer zu tilgen. Die archaischen Symbole, die im Dorf allgegenwärtig waren, haben im städtischen Milieu ihre prägende Kraft verloren, sie überleben noch leise in den Monumenten: den Kirchen, Kathedralen und Palästen. Die Monumente sind die Werke, die der Stadt ein Gesicht und einen *Lebensrhythmus* gegeben haben. Immer noch geben? Bis in die Gegenwart hinein sind sie die affektiven und aktiven Kerne des alltäglichen Lebens.[10]

### Grundbegriffe der Rhythmo-Analyse

Lefebvre eröffnet seine postum erschienene Rhythmus-Theorie mit der Erörterung von Begriffen und Kategorien, erst später geht er zur praktischen Anwendung über. Bewusst geht er den Weg vom Abstrakten zum Konkreten. Er beginnt also nicht mit Einzeldingen, nicht mit den Körperrhythmen: der Atmung, dem Puls, der Blutzirkulation. Zuerst zeigt er, dass der Ausdruck *Rhythmus* verschieden verwendet wird, in der Musik anders als in der Geschichte oder in der Ökonomie, wo man von der Schnelligkeit und der Langsamkeit der Epochen, Perioden oder Zyklen spricht. Die Zyklen, welche eine *mechanische* Gangart bestimmen, werden unterschieden von solchen, welche Bewegungsabläufe *organisch* rhythmisieren. Der scheinbar so klare Begriff des *Masses,* des *Zeitmasses,* führt zu besonderen Schwierigkeiten. Was ist das Mass der kontinuierlich ablaufenden Zeit? Die Sekunde oder die Millionstelsekunde? Das Jahr? Jeder Rhythmus – man denke an das Herz, die Atmung, aber auch an die Arbeitsstunde – hat sein eigenes Mass, seinen eigenen

---

9 KdA II, 58 f.
10 KdA III, 142 f.

Takt. Geschwindigkeit und Frequenz bestimmen den Rhythmus. Zur theoretischen Klärung des Rhythmus-Begriffs gehören diese Begriffspaare:

> Wiederholung und Differenz
> mechanisch und organisch
> Entdeckung und Schöpfung
> zyklisch und linear
> kontinuierlich und diskontinuierlich
> Geschwindigkeit und Frequenz
> quantitativ und qualitativ ...

## Der Rhythmoanalytiker

Lefebvre entwirft ein suggestives Porträt des künftigen Rhythmoanalytikers, das sich von demjenigen des Psychoanalytikers unterscheidet.[11] Der Rhythmoanalytiker ist ganz Ohr. Er hört aber nicht nur Worte, sondern alles, was in der Welt vor sich geht. Er hört Dinge, die üblicherweise kaum beachtet werden: Lärm und Geräusche. Er achtet auf das Stimmengewirr, aber auch auf die Stille. Der Rhythmoanalytiker wird nicht vorschnell urteilen, hat aber im Unterschied zum Psychoanalytiker nicht die Pflicht, passiv zu bleiben. Er ist kein entrückter teilnehmender Beobachter. Er hört immer auf seinen Körper, darauf, was dieser ihm mitteilt. Erst dann nimmt er die Rhythmen, die von aussen kommen, wahr. Der Körper ist gleichsam sein Metronom. Der Rhythmoanalytiker beherrscht altbewährte Techniken: die Atemtechnik, die Herzrhythmen, den Gebrauch der Muskeln und der Glieder.

Während langer Zeit hat die Philosophie den Körper, der aus einem Bündel von Rhythmen besteht, vernachlässigt und ihn der Physiologie und der Medizin überlassen. Im Normalzustand befinden sich die verschiedenen Rhythmen in Harmonie, im Zustand der *Eurhythmie*. Jedes Organ und jede Körperfunktion hat einen eigenen Rhythmus, zusammen halten sie den Körper im Gleichgewicht. Arhythmische Störungen, die von aussen kommen, gefährden den Zustand des Gleichgewichts. Was sich ausserhalb des Körpers befindet, was von der Natur oder der Gesellschaft her kommt, besteht ebenfalls aus einem Bündel von Rhythmen. All diese Rhythmen wollen „gehört" werden.

Für den Rhythmoanalytiker ist nichts unbeweglich. Er hört den Wind, den Regen, das Gewitter. Wenn er einen Kiesel, eine Mauer oder einen Baumstamm betrachtet, nimmt er die Langsamkeit der Bewegung dieser Objekte wahr. Die Bewegungen sind nur langsam im Verhältnis zu unserer Zeit, zu unserem Körper, zu unseren Rhythmen. Auch ein scheinbar immobiles Objekt, etwa ein Wald, bewegt

---

11 RA, 31 ff.

sich. Diese Bewegungen hängen mit dem Waldboden, der Erde und der Sonne zusammen. Mit den Atomen und Molekülen, aus denen er zusammengesetzt ist. Ein Wald ist tausend Aggressionen ausgesetzt, denen er Widerstand entgegensetzt.

Der Rhythmoanalytiker strebt eine Rehabilitierung der sinnlichen Wahrnehmung an. Er achtet auf die Atmung, den Herzschlag, auf die Worte und darauf, keine Sinneswahrnehmung bevorzugt zu behandeln. Den vernachlässigten Geruchs- und Geschmackssinn versucht er aufzuwerten. Bei Kindern sind diese beiden Sinne noch stark ausgebildet. In der heutigen Umwelt werden Geruch und Geschmack soweit wie möglich neutralisiert, spielen sie eine zunehmend untergeordnete Rolle. Der Rhythmoanalytiker protestiert gegen die manchmal farblos und geruchlos gewordenen Umwelt, indem er den Gerüchen des Morgens und des Abends, den sonnigen Stunden oder düsteren Tagen, besondere Aufmerksamkeit schenkt.

*Einige „Elemente" der Rhythmustheorie*

Für Henri Lefebvre gibt es noch keine allgemeine Theorie der Rhythmen. Wer Einheitlichkeit anstrebt, scheitert an der Diversität der Einzelrhythmen. Auch die Chronobiologen sind immer noch damit beschäftigt nachzuweisen, auf welche Weise ein lebendes Wesen von einer „inneren Uhr", das heisst von astronomischen Kräften (dem Mond, der Sonne usw.) gesteuert wird. Sie stellen fest, dass der menschliche Körper – vom Augenlidschlag bis zum Einatmen und Ausatmen – polyrhythmisch funktioniert. Der Ehrgeiz von Lefebvres Rhythmustheorie besteht nicht nur darin, eine neue Wissenschaft zu begründen, sondern auch praktische Konsequenzen zu ziehen. Er ist sich bewusst, dass es sich bei seinen Analysen erst um „Elemente" einer Theorie handelt, und dennoch zieht er eine mögliche Anwendung der Rhythmo-Analyse in Betracht. Hier einige „Elemente" dieser Theorie:

1) Das heutige Alltagsleben, das sich nach dem kreisenden Uhrzeiger richtet, orientiert sich an einer abstrakten, quantitativen Zeit. Mit der Erfindung der Räderuhr ist im Abendland *die abstrakte Zeit* eingeführt worden. Sie hat das private und öffentliche Leben immer entschiedener strukturiert. Als homogene, entheiligte Zeit hat sie *das Zeitmass für die Arbeit* geliefert und sich einen Lebensbereich nach dem andern unterworfen: die Stunden des Schlafes und des Wachseins, die Essenszeiten, das Privatleben, die Beziehung der Eltern zu ihren Kindern, die Freizeit, die Stunden des Zuhauseseins usw. Trotz der unerbittlichen Herrschaft der abstrakten Uhrzeit wirken die grossen kosmischen Rhythmen weiterhin auf das Alltagsleben ein.

Die Marxisten haben von Anfang an, so meint Lefebvre, eine eingeengte Sichtweise der Rhythmen gehabt, sie haben sie bloss im Zusammenhang mit der Arbeit untersucht. Früher wurden kollektive Arbeitsvorgänge von Rhythmen begleitet, am häufigsten mit Liedern. Es gab die Lieder der Ruderer, der Treidler, der Mäher, der Hirten, der Matrosen. Die früheren Sozialhistoriker haben allerdings nicht beachtet, dass es im gesellschaftlichen Zusammenleben Rhythmen gibt, die viel älter sind als die Rhythmen der kollektiv organisierten Arbeit.

2) Wir können nicht genug auf dem Gedanken insistieren, dass die Rhythmo-Analyse immer vom Körper ausgeht, nicht vom anatomischen oder funktionalen Körper, sondern vom polyrhythmischen, eurhythmischen Körper, dem Körper im Normalzustand. In einem „normalen" Körper ordnen sich die zahllosen Rhythmen zu einem erstaunlichen Gleichklang, zur *Isorhythmie.* Es muss eine Instanz geben, welche die verschiedenen Rhythmen miteinander koordiniert. Isorhythmie oder Gleichklang wird auf einen höheren Befehl hergestellt. Die Isorhythmie des menschlichen Körpers kann mit der symphonischen Musik verglichen werden: In einem Orchester gibt der magische Taktstock des Dirigenten den Rhythmus vor. Der menschliche Körper stellt – wie ein Orchester – auf rätselhafte Weise Isorhythmie her. Heute spricht man vom Penealorgan, einem relativ kleinen Zellhaufen im Gehirn, das den Tagesrhythmus reguliert. Dieses Organ stimmt als „Dirigent" die verschiedenen Rhythmen der Organe aufeinander ab.

3) Lefebvre bezieht auch die *Chronobiologie* in sein Rhythmuskonzept ein. Die Chronobiologie lehrt uns, dass praktisch alle Stoffwechselaktivitäten nach einer bestimmten Rhythmizität ablaufen. Im Verlauf von 24 Stunden erhöhen und vermindern sie ihre Aktivität. Der Rhythmus von Leber, Niere, Milz, Herz, Blutdruck usw. wird in den 24-Stundentag eingepasst; ein äusserer Zeitgeber synchronisiert die verschiedenen physiologischen Funktionen. Aus der Evolution hat jedes Organ eine gewisse rhythmische Autonomie mitbekommen, eine eigene genetische Uhr, die einem ungefähren 24-Stundentakt folgt. Eine sogenannte innere Uhr gehorcht der Erdrotation, und da diese ungefähr einem Tag – auf Lateinisch *circa diem* – entspricht, tickt in jedem Körper eine zirkadiane Uhr. Es tickt noch eine andere Uhr, langsamer, aber unerbittlich. Sie bestimmt, wie neues wachsendes Leben im Leib der Mutter heranwächst, wie beim jungen Mann die Barthaare zu spriessen beginnen, wann die Haare grau und weiss werden. Diese zweite Uhr misst die Zeit, die einem jeden noch bleibt: die *Schicksalsuhr,* das unbeirrbar auslaufende Stundenglas, das kein Sterblicher je umzudrehen vermochte.[12]

Die zirkadiane Uhr ist ein Schwingkreis, der periodische Vorgänge in meinem Körper und den Rhythmen meines täglichen Lebens regelt. *Zirkadiane Rhythmen* nennt man die stets wiederkehrenden Abläufe, die sich von Tag zu Tag kaum verändern. Daneben gibt es auch Monatsrhythmen; man denke an den weiblichen Zyklus oder an die Haut, die sich im Verlauf eines Monats vollständig erneuert. Insgesamt sind es vier Frequenzen, die sich periodisch wiederholen und auf die Natur und die Lebensvorgänge einwirken: die Gezeiten, der Wechsel von Tag und Nacht, der um die Erde wandernde Mond und der Jahresrhythmus. Bei Pflanzen lässt sich der Gravitationseinfluss des Mondes sehr direkt nachweisen. Beim Menschen ist der direkte Nachweis schwieriger. Die heutige Chronobiologie betrachtet den Körper insgesamt als ein hochkomplexes Rhythmusorgan, das Leben wird mit einem rhythmischen Improvisationstheater verglichen. Obwohl wir in einer hoch-

---

12 Gottfried Schatz, *Zellzeiten / Meine Körperuhren – und was sie steuern,* Neue Zürcher Zeitung, 19. Juli 2006.

technisierten Welt leben, bilden die elementaren Körperbedürfnisse noch immer die Rahmenbedingungen für unseren Alltag. Wir sagen: das Leben pulsiert, und meinen damit, es pulsiert ununterbrochen im Hormonsystem, im Organsystem, in den Nervenleitungen, in jeder Zelle. Millionen von Rhythmen müssen ständig zueinander finden, permanent neu arrangiert werden.

Der an der Chronobiologie interessierte Lefebvre sieht, wie die im Zunehmen begriffene Nachtarbeit den biologischen zirkadianen Rhythmen zuwider läuft und fragt sich, ob der Tag nicht genüge, um die repetitiven Tätigkeiten zu verrichten. Das von der Technik bestimmte Leben verwischt die natürlichen Zeitstrukturen immer entschiedener. Aufgrund der heutigen Arbeitsprozesse, die rund um die Uhr organisiert werden, lebt eine zunehmende Zahl von Arbeitern gegen ihre inneren biologischen Rhythmen, gegen die Körperuhr.

4) Musik und Tanz sind die rhythmischen „Kernbereiche". Je eintöniger das Alltagsleben wird, desto mehr macht sich ein Bedürfnis nach Rhythmus bemerkbar. Im Kapitel über *Musik und Rhythmen* gelangt Lefebvre zum Schluss, dass die weltweite Verbreitung neuer musikalischer Rhythmen viele Veränderungen hervorruft. Europa und der Westen erfahren durch verschiedene originelle und differente exotische Musikstile eine Neubelebung. *Exotische oder ekstatische Rhythmen* erzielen eine grössere Wirkung als dies traditionelle Melodien oder Harmonien je erreicht haben.[13]

5) Das politische Kapitel des Rhythmusbuches trägt den Titel *Zeitmanipulation*. Die unheilvolle Rolle des Kapitals besteht nicht in erster Linie darin, Reiche und Arme, Besitzende und Besitzlose hervorgebracht zu haben, als vielmehr in der souveränen Verachtung des Körpers und der Lebenszeit. Der dem Kapital inhärente Rhythmus besteht aus Produktion und Destruktion. Das Kapital produziert alles: Dinge, Menschen und Völker – zerstörerische Wirkung erzielt es durch Kriege und brutale Interventionen, Fortschritt und Spekulation. Gegenwärtig ist die destruktive Komponente im Zunehmen begriffen. Lefebvre findet es falsch, die destruktiven Kräfte des Kapitals zu personalisieren, deshalb spricht er nicht von Kapitalisten oder Geld. Ein „*Etwas*" funktioniert unerbittlich und erzeugt Wirkung: die politische Macht, die es versteht, *die Zeit, die Kalenderdaten und die Tagesabläufe zu manipulieren.* Sie ist fähig, die mögliche menschliche Entfaltung (die Rhythmen) all derjenigen zu kontrollieren, die in ihrem Dienste stehen. *Offiziell nennt man das Mobilmachung.*[14] Beim Ausdruck *Mobilmachung* muss man nicht unbedingt an die kriegerische Durchdringung des Lebens denken. Es gibt auch die Mobilmachung in Friedenszeiten: die Unterwerfung des Lebens unter die Herrschaft der Maschinen. Die Menschen, deren Leben ganz dem Rhythmus der Technik ausgesetzt ist, werden von der Mobilmachung erfasst.

---

13 RA, 89.
14 a.a.O. 71 ff., 93.

*Die Komplexität der Rhythmen*

Schon ein einzelner Rhythmus – zum Beispiel die tägliche Nahrungsaufnahme
– hängt von verschiedenen Faktoren ab. Ein Kind braucht Jahre, um sich an die
Regelmässigkeit des Familientisches zu gewöhnen. Der menschliche Körper lebt
polyrhythmisch, er setzt sich aus den unterschiedlichsten Rhythmen zusammen.
Jedes einzelne Organ oder jede Funktion hat seinen eigenen Rhythmus. Wenn sich
der menschliche Organismus im Gleichgewicht befindet, laufen verschiedene Körperrhythmen interaktiv ab. Deswegen nennt Lefebvre den menschlichen Körper
ein *Bündel* oder ein *Bouquet von Rhythmen*. Ein analoges Bouquet oder Bündel von
Rhythmen wirkt von aussen her, der Umwelt, auf den Körper ein. Es ist nicht möglich, einen Einzelrhythmus aus dem rhythmischen Gesamtgeflecht herauszulösen.
Um die schier unüberblickbare Komplexität der sich überlagernden Rhythmen zu
beschreiben, zieht Lefebvre den Vergleich mit dem Spiel der Wellen heran. Er lädt
den Leser ein, die Meeresoberfläche genau zu betrachten: *Eine Welle folgt der anderen. In der Nähe des Strandes, der Felsklippen oder eines steilen Ufers nehmen sie
Form an. Die Wellen haben einen Rhythmus, der je nach Jahreszeit, dem Wasser und
der Windstärke verschieden ist. Jedes Meer hat seinen Rhythmus. Der Rhythmus des
Mittelmeeres unterscheidet sich von demjenigen des Ozeans. Aber schauen Sie eine einzelne Welle genau an, wie sie sich unaufhörlich verändert. Wenn sie sich dem Ufer nähert, kommen ihr die Wellen von der Brandung her entgegen: auf ihrem Wellenkamm
trägt sie zahllose kleine Wellen, manchmal bloss etwas Gischt, dem die Hauptwelle eine
Richtung gibt – und dennoch gehen die kleinen Wellenbewegungen bisweilen in eine
andere Richtung. Die Wellen und die Wellenbewegungen werden durch die Frequenz,
die Grösse und durch die in Bewegung gesetzte Energie bestimmt. Indem Sie, geneigter
Beobachter, die Wellen studieren, werden Sie leicht – wie die Physiker sagen – die Über-
lagerungen der kleinen Bewegungen erkennen. Die grossen Wellen interferieren heftig
mit den Gischtkrönchen. Die kleinen Wellenbewegungen durchdringen sich gegenseitig,
beim Aufeinanderprallen schwächen sie sich gegenseitig ab.*[15] Mit etwas Intuition kann
der Beobachter ein polyrhythmisches Feld erkennen. Solch einem komplexen Wel-
lengebilde, meint Lefebvre, ist der menschliche Körper ausgesetzt.

Auch Italo Calvino verwendet das Bild der Wellen, um die in der Natur vorhandene rhythmische Komplexität zu veranschaulichen. Ein kurzer Text aus dem Buch
*Herr Palomar* trägt den Titel *Versuch, eine Welle zu lesen* und enthält alle paradoxen
Elemente, die zur Analyse von Rhythmen gehören. Henri Lefebvre hätte an den
Betrachtungen des Herrn Palomar sein Freude gehabt: Der freundliche Herr Palomar steht am Ufer des Meeres und betrachtet eine Welle, die im Sand ausläuft. Er
möchte eine Welle betrachten, eine einzelne Welle, sonst nichts. Dies erweist sich
aber als äusserst schwierig: *Kurzum, man kann eine Welle nicht isoliert betrachten,
ohne dabei die vielfältigen Aspekte mit einzubeziehen, die zu ihrer Bildung zusammenwirken, desgleichen die ebenso vielfältigen, die sie von sich aus bewirkt. Und diese*

---

15 Art. 32, 196.

*Aspekte verändern sich ständig, weshalb eine Welle jedesmal anders ist als eine andere; gleichwohl ist freilich nicht zu bestreiten, dass jede Welle stets einer anderen gleicht, wenn auch nur einer, die ihr nicht unmittelbar vorausläuft oder unmittelbar folgt. Kurzum, es gibt Formen und Abfolgen, die sich, wenn auch in unregelmässiger Verteilung über Raum und Zeit, wiederholen.* Herr Palomar wählt einen neuen Beobachtungsstandort, eine Sandbank, die sich kaum merklich ins Wasser vorschiebt. Um ein Inventar aller Wellenbewegungen aufzustellen, begrenzt er sein Beobachtungsfeld. Er beobachtet die Wellen, die in die Gegenrichtung laufen, die Zeit umkehren. Er widmet sich so hingebungsvoll dem Entwirren des immerwährenden Wellenspiels, dass er in den Zustand eines leichten Schwindelgefühls verfällt.[16]

## Der mediale Tag

Ich referiere, resümiere und präsentiere das fünfte Kapitel: Pausenlos füllen die Medien den Tag aus und schaukeln ihn in eine diffuse Angeregtheit oder Aufgeregtheit hinein, in eine sanft einlullende Erregung: *ça parle, ça émeut.* Auf irgendwelchen Wellen werden nächtliche Stimmen eingefangen, Stimmen aus der Nähe und aus der Ferne. Niemand kann die Ströme und Fluten registrieren und aufzeichnen, die, aus dem weiten Äther kommend, sich um den ganzen Planeten herumwälzen: all die Desinformationen und Informationen, die mehr oder eher weniger fundierten Analysen, die Werbeblöcke, die unverschlüsselten und die kryptischen Botschaften. Der mediale Tag geht nie zu Ende. Wer kann sich eine Vorstellung von den gewaltigen Fluten machen, die unablässig auf die Erdoberfläche herunterstürzen, auch auf die Ozeane und die Wüstengebiete? Zu irgendeinem Zeitpunkt kann man mit einer Antenne irgendetwas aus dem medialen Endlosstrom herausfischen. Soll man die medialen Krümelchen *Information* oder *Kommunikation* nennen? Wenn ja: wie soll das Wertvolle vom Wertlosen, das Sinnhafte vom Absurden, das Kostbare vom Schrott geschieden werden? Letztlich ist sogar diese Unterscheidung überflüssig und bedeutungslos. Wenn nur die gesamte Tageszeit voll gestopft wird: mit leeren Worten, stummen Bildern, einer permanenten Gegenwart ohne Präsenz.[17]

Was ist mit der Unterscheidung in *Präsenz* und *Gegenwart* gemeint? Wer ein Radio oder ein Fernsehgerät besitzt, kann am Knopf drehen oder auf die Wählertaste drücken. Damit zerbricht der kontinuierlich fliessende mediale Tag in Fragmente. Nicht selten empfängt man auf einem Lokalsender ausgesprochen konkrete Dinge, die man aber schon weiss oder in dieser prallen Banalität gar nicht zur Kenntnis nehmen möchte. Handkehrum werden Dinge verschwiegen, die für das gesellschaftliche Leben überaus wichtig wären. Der kontinuierlich oder diskontinuierlich fliessende mediale Tag füllt die Gegenwart randvoll aus, erzeugt aber keine Präsenz: er simuliert bloss Präsenz.

---

16 I. Calvino, *Herr Palomar,* München 1988, 7 ff.
17 RA, 65 ff.

Sind das medial vermittelte Bild und das Schauspiel trügerisch? Sie sind es nicht, insofern sie reale Gegenwart sind. Die Moderne hat der Gegenwart, der Jetztzeit, auf merkwürdige Weise Gewicht und Bedeutung verliehen. Da die Medien die Distanzen und die Zeitverzögerungen beinahe aufgehoben haben, wird die Gegenwart signifikant überbewertet. Immer mehr schwindet beim Zuschauer und Zuhörer das Bewusstsein, dass die Medien nur Abbilder und Schatten sind. Der Betrachter der immerwährenden TV-Shows glaubt, dabei zu sein: Er sieht die Leichenberge und die Explosionen, die Raketen starten vor seinen Augen: er ist dabei! – – – aber nein, er ist eben nicht dabei. Die Gegenwart des Betrachters setzt sich aus Trugbildern zusammen. Das Bild vor seinen Augen simuliert die Wirklichkeit. Das Drama ist bloss simuliert und hat nichts Dramatisches, dramatisch tönen allenfalls die Worte des Kommentators.[18]

Im Unterschied zur pausenlosen Bilderflut und zum endlosen Gerede (Radio, TV) gibt es das einzelne Bild eines Künstlers. Van Gogh stellt mit seinem kleinen Gemälde *Ein Paar Schuhe* starke Präsenz her. Was der Maler auf die Oberfläche der Leinwand gebracht hat, ist schlicht und rätselhaft zugleich. Die gemalten Schuhe beschwören ein Stück Lebenszeit – die Jahre des Verschleisses der Schuhe – und die Präsenz einer langen Misere. Die *Präsenz* des Bildes bezeugt mannigfache *Gegenwart* – unter anderem die *Präsenz* von Van Gogh selber: seine langen Jahre der Armut, die durch den kreativen Akt überwunden worden sind.[19]

Das mediale Patchwork, bestehend aus alltäglichen Bildern und Worten, das mit einer Antenne jederzeit und überall aus dem Äther herausgefischt werden kann, hat weder mit Gegenwart und schon gar nicht mit Präsenz zu tun. Die Medien dringen nicht nur in den Alltag ein, sie sind es auch, die ihn produzieren – sie sprechen aber nicht vom Einfluss, den sie ausüben. Sie verschleiern das, was sie bewirken und verwischen dadurch das Unmittelbare. Sie verhindern Präsenz. Die Omnipräsenz der Medien nötigt zu paradoxem Verhalten: *Sie wünschen Präsenz? Wenden Sie sich an die Literatur oder an die Kirche...*[20]

### Die Rhythmen einer Strasse

Im Kapitel *Vu de la fenêtre* geht der Rhythmoanalytiker Lefebvre nicht mehr streng vom Abstrakten zum Konkreten, da fängt er in einer phänomenologischen Vision die Rhythmen eines vielfältigen Strassenlebens ein, das sich von den Fenstern seiner Wohnung aus beobachten lässt.[21] Während Jahrzehnten hat Lefebvre an der Rue Rambuteau gewohnt, einer belebten Strasse im Zentrum der Stadt. In unmittelbarer Umgebung befinden sich traditionsreiche Monumente, die *Archives Nationales* (der Ort wo die historischen Dokumente aufbewahrt werden), das *Hôtel de Ville*

---

18 RA, 46 f.
19 RA, 37.
20 RA, 67.
21 RA, 41 ff., dazu das Vorwort von René Lourau.

(Rathaus oder Stadtregierung von Paris), die Zentrale der *Banque de France*, dann *Arts et Métiers* (Zentrum für angewandte Kunst); in der Nähe befindet sich auch das *Centre Pompidou*, das moderne Paris. Lefebvre ist stolz darauf, am Schnittpunkt der Tradition und der Kreation, des aktiven und des trägen Paris zu wohnen. Wie kreuzen oder überlagern sich die Rhythmen in dieser Strasse?

Lefebvre lädt den Leser ein, seinem Blick aus den Fenstern zu folgen, das heisst auf die heterogenen Strassenrhythmen zu achten. Unten auf der Strasse gehen die Passanten vorbei, die von Lärm und Geräuschen umflutet werden, zugleich sind sie den eigenen Körper-Rhythmen ausgesetzt. Vom Fenster aus können die einzelnen Geräusche voneinander unterschieden werden: Ströme trennen sich, Rhythmen antworten aufeinander. An der Verkehrsampel stoppen die Autos, die Fussgänger überqueren die Strasse. *Man redet nicht miteinander, wenn man eine gefährliche Kreuzung überquert, wenn gefährliche, bedrohliche Tiere und Elefanten zum Sprung ansetzen: Taxis, Autobusse, Lastwagen und Fahrzeuge aller Art. In der Menschenmenge herrscht relatives Schweigen, sanftes Murmeln, manchmal ein Schrei, ein Ruf.* Die Ampel schaltet auf Rot: die Wagen halten an, man hört Schritte und Worte der Menschen. Grünes Licht, die Autos haben freie Fahrt. Die Geräusche der Menschen verändern sich, keine Schritte und Worte mehr. Das Anfahren von etwa zehn Autos, die an Geschwindigkeit zulegen. Ein Autobus schwenkt aus, die Personenwagen bremsen ab, verlangsamen den Rhythmus, beschleunigen wieder, Durchtreten des Gaspedals. Es ist unglaublich, was man vom Fenster aus sieht und hört. *Manchmal hält ein Fahrzeug auf dem Fussgängerstreifen. Die Passanten weichen ihm links und rechts aus wie die Wellen, die einen Fels umspülen – nicht ohne den Lenker des schlecht plazierten Fahrzeugs mit vorwurfsvollen Blicken zu bestrafen. Harte Rhythmen: Wechsel zwischen Stille und tosendem Lärm. Harte Rhythmen, die sich auch auf denjenigen übertragen, der von seinem Fenster aus bloss zuhören möchte. Dies erstaunt ihn mehr als das bizarre Verhalten der Massen.*

Nicht nur die Fahrzeuge, auch die Menschen produzieren mit ihrem Kommen und Gehen verschiedene Rhythmen: zyklische, alternierende und arhythmische. Die menschlichen Gruppen, die täglich und regelmässig um dieselbe Zeit auftauchen, produzieren langsame *zyklische* Rhythmen: Kinder gehen zur Schule, die Bewohner grüssen einander auf der Strasse, von einem gewissen Zeitpunkt an treffen regelmässig die Käufer und die Touristen ein. In die zyklischen Rhythmen mischen sich alternierende Rhythmen: in kurzen Intervallen kommen Autos, Stammkunden, Angestellte, Bistrotbesucher. Die Interaktionen der verschiedenen Rhythmen, der repetitiven und der alternierenden, machen zusammen, wie man sagt, die Animation der Strasse oder des Quartiers aus.

Während der Nacht verlangsamen sich die Verkehrsrhythmen, ohne je völlig zum Stillstand zu kommen. Sogar um drei oder vier Uhr morgens warten einige Autos bei Rotlicht. Einmal rollt ein vielleicht angetrunkener Fahrer auf die Kreuzung zu und überfährt glatt das Stopplicht. Auch wenn während einer gewissen Zeit kein Auto vorbeifährt, hört das Ampel-Signal nicht auf, im Leeren zu funktionieren: rot, gelb, grün. In der nächtlichen Einsamkeit läuft der verzweifelte Mechanismus unerbittlich weiter, vor den Häuserfassaden, die bald einmal nur noch

Ruinen sein werden. Und die Menschen auf der gegenüberliegenden Strassenseite? Während der nächtlichen Stunden machen sie sich nur in arhythmischen Intervallen bemerkbar: *Wenn ein Fenster plötzlich hell oder dunkel wird, fragt sich der einsame Träumer vergeblich, ob sich hinter dem Vorhang eine Krankheits- oder eine Liebesszene abspielt, ob ein Kind zu früh aufgewacht ist oder jemand unter Schlaflosigkeit leidet. Nie sieht man einen Kopf oder ein Gesicht in einem der Dutzenden von Fenstern. Ausser es ereignet sich etwas auf der Strasse – eine Explosion, ein Feuerwehrauto, das ohne anzuhalten in Richtung Feueralarm rast.*[22]

Ein anderes Fenster gewährt einen Ausblick auf die Hinterhöfe und Gärten, auf eine scheinbar skulpturale Bewegungslosigkeit. Dort gibt es das Spiel von Sonne und Schatten, von hellen Winkeln und dunklen Nischen. Die Bäume und der Rasen erscheinen in einem statischen Nebeneinander. Bei genauerem und längerem Hinschauen erkennt man, dass auch die Pflanzen und Bäume ihren Rhythmus haben, der sich wiederum aus mehreren Rhythmen zusammensetzt: die Blätter und die Blüten, die Samen und die Früchte. Jedes Ding hat seine Zeit. Vor dem Spriessen der Blätter öffnen sich die Blüten des Kirschbaumes. Der Baum ist zuerst weiss, dann grün. Im Herbst fallen die Blätter und Früchte zu Boden, zuerst diese, dann jene. Wer den Garten während einer gewissen Zeit beobachtet, wird in den Pflanzen die poly-rhythmischen, vielleicht sogar die symphonischen Rhythmen wahrnehmen. Jedes einzelne Ding im Garten hat seinen Ort, seinen Rhythmus, seine unmittelbare Vergangenheit, seine nahe oder ferne Zukunft.

Der Palais Beaubourg (*Centre Pompidou*), den man vom Fenster aus sieht, ist eine in den siebziger Jahren gebaute farbige Metallkonstruktion, letztlich aber noch ein Kind der sechziger Jahre. Dieses Jahrzehnt stand ganz im Banne der Raumfahrt: 1961 wurde Juri Gagarin als erster Mensch ins Weltall geschossen; 1969 erfolgte die Mondlandung der Amerikaner. Dem Zeitgeist entsprechend nennt Lefebvre den Palais Beaubourg einen *Meteor, der von einem Planeten, auf dem eine absolute Technokratie herrscht, auf die Stadt Paris heruntergefallen ist,* und zwar mitten in das populäre Zentrum. Offensichtlich gibt es etwas, was die Menschenmassen anzieht, denn sie kommen in Strömen, pausenlos, sogar in der Nacht. Kommt man, um das Gebäude zu sehen, das konzipiert worden ist, um gesehen zu werden? Die Besucher werfen einen kurzen zerstreuten Blick auf das, was ausgestellt wird. *Man geht um die Leere herum, die sich mit Dingen und Leuten füllt, sich wieder entleert, und so fort.*[23] Vielleicht kommen die Leute auch, um einander zu sehen, einander zu begegnen. Bemerkenswert ist, dass die Ansammlungen von Menschen dem Platz wieder seine alte Funktion zurückgeben, diejenige des Versammelns oder des spontanen Volkstheaters. *Plötzlich kommt ein Fest mittelalterlichen Stils in Gang: Feuerschlucker, Jongleure, Schlangenmenschen, aber auch Prediger und Sit-in-Diskussionen.* Auf dem Platz gibt es auch Umherirrende, die nur sich selber suchen, und andere, die mit einem Besuch des Centre Pompidou die Tristesse ihres Wohnorts zu vergessen versuchen. Während Stunden streifen sie auf dem Terrain umher und tauchen

---

22 RA, 45.
23 RA, 50.

an nahen Strassenkreuzungen wieder auf. Während des Gehens verzehren sie einen Hotdog, bleiben gelegentlich auf dem grossen Platz stehen und starren ratlos vor sich hin. Der geschulte Rhythmoanalytiker fasst nicht ein einzelnes Phänomen ins Auge, er hört die Musik des Ganzen: *Auf der Weite des Platzes haben die Rhythmen etwas Maritimes. Wellenförmige Bewegungen gehen durch die Massen. Ströme von neuen Zuschauern werden herangetrieben oder fortgeschwemmt. Einige zieht es zum Rachen des Monstrums, das sie verschlingt und gleich darauf wieder ausspuckt. Die Wogen der Gezeiten überschwemmen den immensen Platz und fliessen wieder zurück, Ebbe und Flut.*[24]

Was hat der Blick aus den Fenstern auf das Geschehen in der Rue Rambuteau und auf die nähere Umgebung eingefangen? Eine Vision der Rhythmen? Die Musik der Stadt? Ein Gemälde, das gehört werden will? Keine Kamera und keine Bildsequenz können die Rhythmen sichtbar machen. Mit seinem Strassenbild, dem durchaus poetische Qualitäten zukommen, reiht sich Lefebvre in eine ganz spezielle Tradition ein. In Paris haben unzählige Schriftsteller gelebt, deren Werk eng mit den Strassen und Fassaden, den Plätzen und Quartieren der Stadt verknüpft sind. Entsprechendes könnte man von der Malerei sagen. Wie viele Maler des Impressionismus haben das bunte Leben auf den *Grands Boulevards* im Morgenlicht oder im Abendlicht auf der Leinwand festgehalten. Wenn wir an Léon-Paul Fargue, André Breton, Paul Léautaud, Louis Aragon (und viele andere) denken, könnte man sagen, dass die Stadt selber ihnen den Text für die Geschichten und die Tagebücher eingeflüstert hat. Im Zentrum der freien und geschäftigen Stadt, auf den grossen weiten Boulevards, vor den Cafés und Bistrots, unter den Plakatwänden, neben den endlosen Autokolonnen geniesst die einsame Masse der glücklichen Fussgänger bis heute das täglich neue Schauspiel der Strasse. Für Guy de Maupassant waren die Boulevards während der bezaubernden Monate März bis Juni der einzige Fleck auf Erden, wo man wirklich lebte. Den Boulevard-Rhythmus hat er im Jahre 1884 beschrieben, zu einer Zeit, da es weder Radio noch Autos, weder elektronische Medien noch motorisierte Verkehrsmittel gab. *Ein Strom von Männern mit schwarzen Hüten drängt sich von der Place de la Madeleine bis zur Bastille, und ein fortwährendes Stimmengeräusch, das dem Geräusch eines vorbeiziehenden Flusses gleicht, steigt auf und verliert sich in der leichten Luft des Frühlings. Dieses verschwommene Geräusch setzt sich zusammen aus allen Gedanken und Ideen, die in Paris täglich von neuem entstehen, über der Stadt schweben und dann wieder verschwinden. Die Neuigkeiten summen wie Fliegen über dem Strom der Flaneurs, verbreiten sich und gehen von Einem zum Anderen, eilen über die Strassen und fliegen bis ans äusserste Ende der Stadt.*[25]

Henri Lefebvre hat mit dem Versuch, seine Strasse semantisch zu lesen, keine literarischen Ambitionen gehabt. Er hat in bescheidenem Masse frei assoziiert, zwischen den Zeilen schimmert deutlich der Theoretiker durch. Und doch hat er mit dem Bild, das er von einer belebten Durchgangsstrasse gezeichnet hat, mehr als nur

---

24  RA, 51.
25  Guy de Maupassant, Artikel im *Gil Blas*, 25. März 1884, zit. in: Jean Plumyène, *Trajets parisiens*, Paris 1984, 160 f.

eine trockene soziokulturelle Skizze hinterlassen. Als gelegentlicher Flaneur macht er sich wiederholt Gedanken über die modernen geschäftigen Strassen, in denen bloss ein paar Bäume, Blumen und die vorbeiziehenden Wolken am Himmel noch leise an Landschaft und Natur erinnern. Die belebte Strasse ist für ihn immer ein Ort, an dem sich die drei Komponenten des Alltags – Arbeit, Wohnen, Vergnügen – überschneiden und kreuzen. Sie repräsentiert das gesellschaftliche Leben in der Verdichtung der Erscheinungen. Sie ist wie ein aufgeschlagenes Buch, eher noch wie eine Zeitung. Sie ist voller Neuigkeiten, Banalitäten, Aufregendem und Rekla- me. Strasse und Zeitung bilden ein Geschwisterpaar, das sich in der Darstellung des Alltagslebens verbündet. Vor den Augen des Betrachters spielt sich ein mannig- fach monotones Spektakel ab, das durch das Extravagante, Absurde, Abstossende, manchmal auch das Erhabene, kurz unterbrochen wird. Auf der Strasse vermischen und vermengen sich die verschiedensten Leute. Die Differenzen zwischen den so- zialen Klassen und Schichten sind kaum erkennbar. Nur der durch Beobachtung geschulte und geschärfte Blick erkennt die kaum wahrnehmbaren sozialen Unter- schiede. Es kommt vor, dass Frauen, ohne es zu wissen, sich das subtile Zeichensy- stem aneignen und andere Frauen auf den ersten Blick klassifizieren – anhand der Schuhe, Strümpfe, Frisuren, Nägel und Hände, am Schmuck und am Gang.

## Stadt-Rhythmen

Zusammen mit seiner Frau Catherine Régulier verfasst Lefebvre eine längere Ab- handlung mit dem Titel *Rythmanalyses des villes méditerranéennes.*[26] Er lässt den uns schon vertrauten Rhythmoanalytiker durch die Strassen einer grossen medi- terranen Stadt streifen – wir können an Barcelona, Beyrouth, Neapel, Marseille oder Tunis denken. Der Rhythmoanalytiker ist eher für Zeiten als für Räume emp- fänglich. Er unterscheidet die kosmische Zeit von der Zeit des Alltags, von der Zeit für diese oder jene Tätigkeit, und er achtet auf die Interferenzen zwischen der zyklischen und der linearen Zeit. Der flanierende Rhythmoanalytiker nimmt eher die *Ambiance* einer Stadt wahr als das dem Auge schmeichelnde Bild, eher das Atmosphärische als das Schauspiel. Er ist ganz Ohr, hört aber nicht nur Worte und Töne. Als Synästhetiker ist er fähig, ein Haus, eine Strasse, eine Stadt zu hören, so wie man eine Symphonie oder eine Oper hört. Er versucht, die Musik, welche die Stadt spielt, zu hören und deren Komposition zu verstehen. Er achtet auf das Tem- po, den Takt, die Wiederholungen der Melodie und die Rhythmen. Er hört die funktionalen Störungen und die Arhythmien. Er versucht, das Wissenschaftliche so wenig wie möglich vom Poetischen zu trennen.
  Der Komparatist Lefebvre eröffnet eine längere vergleichende Betrachtung: Jedes Meer hat seinen Rhythmus, derjenige des Mittelmeers ist anders als derjenige des Ozeans. Den unterschiedlichen Meeren entsprechen zwei verschiedene Stadttypen.

---

26 Art. Nr. 28 (1986).

Die ozeanischen Städte sind den kosmischen Rhythmen der Gezeiten ausgesetzt, die mediterranen Städte liegen an den Ufern eines Meeres, das kaum Ebbe und Flut kennt. Die Städte des Ozeans sind *lunare* Städte (der Mond ist für den Wechsel von Ebbe und Flut verantwortlich), diejenigen an der Gestaden des Mittelmeers *solare* Städte (das ewige Thema: die Sonne und das Mittelmeer). Verschieden sind auch die sozialen und politischen Formen. Die mediterranen Städte, die ursprünglich Stadtstaaten waren und ein kleines Territorium beherrschten, haben als solare Städte ein intensiveres urbanes Leben ausgebildet als die lunaren Städte, in denen sich vertraglich geregeltere, damit aber eingeengtere und abstraktere Formen des Zusammenlebens entwickelt haben. Im Mittelmeer ist der Staat immer brutal und machtlos, heftig aber schwach, Einheit stiftend aber zerrüttet und bedroht gewesen. In den nördlichen ozeanischen Städten hat sich das Politische mit weniger Gewalt und Dramatik entfaltet, die staatliche Gewalt hat sich aber stärker in die individuellen und sozialen Belange eingemischt. Solche Unterschiede nimmt der Rhythmoanalytiker wahr, der auf die täglich gelebte Praxis der Menschen achtet. Im weitern werden in den ozeanischen Städten die gesellschaftlichen Beziehungen eher vertraglich-juristisch geregelt und gründen auf gutem Glauben; im mediterranen Bereich zählt das stillschweigende oder explizite Bündnis, die Zugehörigkeit zu Clans, zur Mafia etc.

Im zweiten Teil des Essays geht es ausschliesslich um die Städte im mediterranen Raum. Lefebvre schliesst sich dem grossen Historiker Fernand Braudel an, der ein Gelehrtenleben lang die These von der Einheit des Mittelmeers – der Einheit von Meer, Land und Geschichte – vertreten hat. Die Gestade um das Mittelmeer herum bilden kein homogenes Ganzes, sie unterscheiden sich nach Völkern, Ethnien und nach der Geschichte. Die Weiten der Gewässer trennen und verbinden Länder und Kontinente. Gewiss stossen im mediterranen Raum der Islam und das Christentum aufeinander, gibt es östliche und westliche Zentren der Wirtschaftsentwicklung. Letztlich aber bildet der mediterrane Raum einen geschlossenen Kosmos, eine „Weltwirtschaft".[27] Ganz aus dem Geiste von Fernand Braudel heraus schreibt Henri Lefebvre: *Das Mittelmeer als relativ kleines, abgeschlossenes und begrenztes Meer verleiht den Städten gemeinsame Züge... Um das ganze Mittelmeer herum findet man die Olive und die Weinrebe. Die Häfen sind durch Handelsbeziehungen miteinander verbunden, sie bildeten den Anfang der griechischen Kultur. Die Handelsgüter, welche die meisten Städte aus dem Hinterland beziehen, sind beschränkt. Die Industrialisierung kam nur mühsam und ungleich voran; sie scheint den traditionellen Warenaustausch und die Gewohnheiten kaum nachhaltig verändert zu haben.*[28]

Bei der Beschreibung des Privaten bleibt Lefebvre so nahe wie möglich beim Körper, den Gesten, dem Verhalten, den Gewohnheiten, dem Alltäglichen (die Art wie man das Essen zubereitet, wie man schläft) und dem Ausser-Alltäglichen

---

27  Vgl. F. Braudel, *Das Mittelmeer und die mediterrane Welt in der Epoche Philipps II.*, 3 Bde., Frankfurt/M. 1990. Dazu: Kurt Meyer, *Fernand Braudel, der Patron der „nouvelle histoire"*, in: Schweizer Monatshefte, Nov. 1986, 939 ff.

28  RA, 101.

(die Art wie man tanzt, singt, Musik macht). Den öffentlichen Raum machen sich die staatliche Macht und die Bürger streitig. Die politische Macht versucht, den urbanen Raum zu dominieren. Gestritten wird um Monumente und Plätze, Kirchen und Paläste. Im Kampf um die Aneignung des öffentlichen Raumes leben die Stadtbürger ihre alltäglichen und geschäftlichen Rhythmen. Indem sie den städtischen Raum zum Ort des Flanierens, der Begegnungen, der Besprechungen und Verhandlungen, der Intrigen und des Theaters machen, eignen sie sich ihn spontan an: die Zeit und die Rhythmen der Menschen verbinden sich mit dem Raum, den diese Menschen bevölkern.

Um das Mittelmeer herum sind viele Städte an abfallende Hänge gebaut. Man unterscheidet eine untere und eine obere Stadt. Als architektonisches Verbindungselement spielt die Treppe eine wichtige Rolle. Nicht von ungefähr existiert im mediterranen Raum eine bedeutende Treppenarchitektur. Die Treppe verbindet Räume mit Zeiten, das von einer Mauer umschlossene Haus mit der Strasse, dem Platz, dem Monument. Die Treppe selber stellt eine lokale Zeit dar: die Minuten, die man zum Hinaufsteigen braucht. In Venedig rhythmisieren die Treppenstufen den Gang durch die Stadt. Wer die Stufen einer Brücke hinauf- und dann wieder hinabgeht, wechselt von einem Stadtteil zum andern, von einem lokalen Rhythmus zum andern. Die Treppe Saint-Charles in Marseille ist für den Reisenden eine unumgängliche Passage, so etwas wie eine Initiation, führt sie doch zur Stadt und zum Meer hinunter. Ihre Monumentalität überträgt sich auf den Körper und das Bewusstsein. Der Stadtgänger erlebt den Übergang vom Rhythmus der Treppe zu einem andern Rhythmus, einem lauten, noch unbekannten, erst noch zu entdeckenden.

Wie die meisten historischen Städte sind auch die grossen Städte des Mittelmeers aufgrund der wilden Wucherung der Vororte dem Untergang geweiht. Und dennoch scheint  im Mittelmeer-Raum – so Lefebvres vorsichtig formulierte These – ihr historischer Charakter besser überleben zu können als anderswo. Eine beharrliche Widerständigkeit geht von den alltäglich gelebten Rhythmen und der Organisation der Zeit aus. Im Mittelmeer-Raum wird jede Form von Hegemonie oder Homogenität abgelehnt, à la longue setzt sich die Diversität immer durch.

*

Im Spätwerk von Henri Lefebvre können wir zwei Etappen unterscheiden. In einer ersten erforscht er den Raum (den *sozialen Raum),* in einer zweiten die Zeit (die *soziale Zeit).* In *La production de l'espace* geht es um die langsamen, aber tief greifenden Veränderungen des Raumes. Im Raum unseres Planeten ist alles erforscht, beinahe alles besetzt und in Wert, in Geldverhältnisse, umgesetzt. Gibt es noch ungenutzten Raum? Den Meeresboden? Seit einigen Jahrzehnten wird auch der Meeresgrund von den grossen Staaten argwöhnisch belauert. Es gibt Geostrategen, die einen künftigen Weltkonflikt in Erwägung ziehen, der aus den Rivalitäten um die Ressourcen, die unter den Ozeanen lagern, hervorgehen könnte. Die Wälder, die Seen, die Meeresstrände, die Berge – sogar die Eiswüsten und die Sandwüsten – sind fast vollständig angeeignet oder besetzt worden. Der Raum, in dem der

Mensch als *homo ludens* sich entspannen könnte, ist mit Profit gekoppelt, was den möglichen Genuss beeinträchtigt.

In einer zweiten Etappe steht die *Zeit* im Zentrum der Forschung. Lefebvre unterscheidet die biologische (oder physiologische) Zeit, die psychologisch erlebte Dauer, die historische oder die kosmische Zeit – und die soziale Zeit. Die *natürliche Zeit* hat einen rhythmischen Charakter. Lefebvres provisorische und dennoch magistrale Lektionen, die er mit der *rythmanalyse* erteilt, kreisen zentral um die Beziehungen zwischen dem alltäglichen Leben und den Rhythmen. Wie oft hat der Philosoph oder Metaphilosoph den banalen und dennoch unverstandenen oder verkannten Unterschied zwischen dem Zyklischen und dem Linearen analysiert, zwischen der belebenden, rhythmisierten Zeit und dem repetitiven Immergleichen. Das *Repetitive* erzeugt Monotonie, Überdruss, Ermüdung. Das *Zyklische* gibt dem Erlebten das Gefühl des Neuanfangs. Bei genauerem Hinsehen ist der Neuanfang aber nichts anderes als ein Wiederbeginn, dem die Frische einer Entdeckung oder einer Erfindung zukommt: *Die Morgenröte hat immer den Charme des Wunderbaren, wundervoll ist auch, wie sich Hunger und Durst periodisch erneuern.*[29]

*Die Rhythmen des Stadtkörpers*

In Analogie zum menschlichen Körper kann man von einem *Stadtkörper* sprechen, in dem sich zahllose Rhythmen kreuzen, überlagern und durchdringen – vergleichbar dem unendlichen Spiel der Wellen auf der Oberfläche des Wassers. Wenn ich abschliessend einige von Lefebvres Lieblingsthemen Revue passieren lasse, soll noch einmal der *Körper* an die erste Stelle gesetzt werden. Noch einmal soll das ständig sich verändernde urbane Leben vor unseren Augen vorbeiziehen:

Die Menschen gehen allein, in Gruppen oder in Massen durch die Strassen. Es gibt die ziellos Umherstreunenden, die gehetzt Voranschreitenden, die aufeinander Zugehenden, die ratlos Umherschauenden, die nach Hause Zurückkehrenden, von zu Hause Aufbrechenden, solche, die sich dem Spiel der Schaufensterspiegelungen hingeben oder einen Hund an der Leine führen. Vielsagend sind die Gesten und Gebärden: wie man mit den Armen, den Händen, den Fingern, dem Kopf Bewegungen ausführt, den Oberkörper bewegt, graziös oder steif, mit der Hand winkt, Hand in Hand geht, auf offener Strasse ein Sandwich verzehrt oder eben nicht. Wie sich der untere Teil des Körpers bewegt: die Hüften, die Beine, wie mit der Verschiebung des Schwerpunktes der ganze Körper in Bewegung gesetzt wird. Was heisst das: die Gebärden eines Mädchens oder eines Knaben seien *anmutig* oder *natürlich?* Wo und wie beginnt die Gefährdung der natürlichen Grazie des Menschen? Wie oft wechseln während eines Tages die Rhythmen und Frequenzen auf den Strassen und Plätzen: Stosszeiten, spät am Abend, in der Nacht, in der kühlen Morgendämmerung. Städte sind *Tauschplätze* von materiellen und imma-

---

29 Art. 32 (1985), 191.

teriellen Gütern, Gegenständen und Worten, Zeichen und Produkten. Man hört nicht nur Lärm und Geräusche, sondern auch Stimmen, Gemurmel, Schreie, Rufe, verschiedene Sprachen, Motorenlärm. Die Stimmung kann schwanken zwischen Ruhe, Melancholie, Verrücktheit. Es gibt den jahreszeitlichen Wechsel. Stets neu ist der Anblick von dem, was in Stein, Beton, Holz, Glas, Kunststoff, Metall gebaut ist und verschiedenen Funktionen dient: Strassenkreuzungen, Boulevards, Wohnhäuser, Fassaden, Monumente, Höfe und Hinterhöfe, Gärten und Gartenanlagen, Türen, Fenster, Balkone und Terrassen, Brunnen, kleine Bistrots, Einkaufsläden, kühne Opernhäuser, Handwerkerbuden, neue Technologie-Unternehmen, kleine Marktplätze, Attikawohnungen, Bürotürme, Orte für Strassentheater, Sportstadien, Spitäler, Militärkasernen, Paläste, Kirchen, Treppen. Vieles gibt es in der Stadt, was nicht sichtbar, sondern nur im Verborgenen vorhanden ist: das Geld und die Geldzirkulation, die Arbeitsteilung, die Allgegenwart des Staates, Verbote, Hindernisse, aufeinander abgestimmte oder verstörende Perspektiven. Zur urbanen Animation zählen die Rituale, die religiösen Rituale, Glockengeläute, politische Rituale (Zeremonien, Gedenkanlässe, Wahlen und Abstimmungen). Rituale setzen Akzente im sozialen Leben.

Die Rhythmen des Stadtkörpers werden mit dem Homo-mensura-Satz des Protagoras – *der Mensch ist das Mass aller Dinge* – in Verbindung gebracht. Über die Götter brauchen wir nichts zu wissen, bedeutungslos ist die Unterscheidung in menschliches Wissen und göttliches Wissen. Der einzige Auftrag, der uns mit dem Satz des Protagoras erteilt wird, besteht darin, unser Wissen vom Menschen stets ein wenig zu erweitern. Lefebvre gibt dem Satz eine eigene Färbung, indem er ihn so formuliert: *Der Mensch (als physisches und physiologisches Wesen) ist das Mass aller Dinge*.[30] In dieser Formulierung meint der Satz: Unsere Erkenntnis ist an unsere menschliche Konstitution gebunden. Auch die Welt, so wie sie vor uns liegt (die Natur, der Planet Erde und das, was wir Himmel nennen), entspricht der menschlichen Konstitution.

---

30 Art 32, 199.

# KEINE LETZTEN WORTE

Durch acht Kapitel hindurch sind wir ziemlich streng den Betrachtungen und Analysen der beiden Autoren gefolgt. Am Anfang stand ein nostalgisch gefärbter Rundgang durch die bunte europäische Kleinstadt, am Ende haben wir nach einer möglichen Neuorientierung in der formlos und unübersichtlich, somit auch langweilig gewordenen globalisierten Stadtlandschaft gesucht. Bevor wir abschliessend ein paar Hauptgedanken (zu Burckhardt und Lefebvre) resümieren, gönnen wir uns einen längeren Blick auf das, was im Herbst 2006 in Venedig ausgestellt worden ist. Wir wollen uns die Gelegenheit nicht entgehen lassen, einige Trends der aktuellen Stadtentwicklung aufzuzeigen. Den Blick in die Gegenwart hinein tun wir ganz im Geiste von Jacob Burckhardt, der nie versucht hat, dem Unvermeidlichen sinnlosen Widerstand entgegenzusetzen, der gelassen feststellen konnte: *es geht weiter als man gefürchtet.*[1]

## Die Biennale der Riesenstädte

Die zehnte Architektur-Biennale thematisiert die Stadtentwicklung im Horizont der Erde.[2] Mit der Präsentation von sechzehn Mega-Cities meldet sich das 21. Jahrhundert als das erste wahrhaft urbane Jahrhundert an. Was Henri Lefebvre 1970 im Buch *La révolution urbaine* als Hypothese formuliert hat – die vollständige Urbanisierung der Gesellschaft –, wird in den Giardini und im Arsenale von Venedig als Realität vorgeführt. In diesem Jahr 2007 wird erstmals in der Geschichte der Menschheit mehr als die Hälfte der Weltbevölkerung in grossen städtischen Ballungsräumen leben. Um die Mitte des 21. Jahrhunderts, meinen die Biennaleveranstalter, dürften es bereits drei Viertel sein (es könnte natürlich auch ganz anders kommen). Die Epizentren von Mega-Cities – damit sind Urbanregionen mit zehn, zwanzig oder sogar dreissig Millionen Menschen gemeint – befinden sich in Asien, Afrika und Südamerika. Eine globale Dynamik erzeugt einen Sog, der Menschenfluten in die urbanen Ballungsräume schwemmt – die Dynamik setzt sich aus sozialen, kulturellen und wirtschaftlichen Kräften zusammen.

---

1 Br VI, 80.

2 Der zweibändige Katalog der Biennale di Venezia heisst *Cities / Architecture and Society*, September 2006.

Richard Burdett, Chefkurator der Biennale,[3] schlägt eine Visualisierung des gegenwärtigen Stadiums der Urbanisierung vor: Wir können uns vorstellen, in der Nacht die ganze Erde vom Weltall aus zu betrachten (die NASA hat Nachtaufnahmen des Planeten Erde hergestellt, auf denen die Spuren des Kunstlichts festgehalten worden sind).[4] Wir sehen Flecken, Ketten, unterschiedliche Raster und knotenartige Verdichtungen, hervorgerufen durch Lichtquellen. Wir erkennen recht gut die Umrisse der Weltkarte, unter anderem die hell leuchtenden Mega-Cities. Wenn wir den Konsum von Elektrizität für Beleuchtung mit der Ausdehnung der Besiedlung gleichsetzen, beginnen die urbanen Siedlungsmuster vor unseren Augen zu glitzern und Gestalt anzunehmen. Europa ist kreuz und quer urbanisiert, ein besonders helles Lichtband erstreckt sich von Südengland bis nach Norditalien. Grosse Teile der USA, ausgenommen die Wüstengebiete, bestehen aus einem beinah geometrischen Gitter, das sich auch auf Teile von Kanada und Mexiko erstreckt. Vom Himmel aus betrachtet sieht auch Japan, dem ein altes Städtesystem zugrunde liegt, beinah wie ein urbanes Kontinuum aus. Das hängt damit zusammen, dass der Metropolitanraum Grosstokio von irgendeinem Ort des Landes aus in wenigen Stunden mit dem Hochgeschwindigkeitszug Shinkansen erreichbar ist. Solche räumlichen Kontinuitäten illustrieren den hohen Grad von Integration, der sich zwischen den Städten und den umliegenden Regionen herausgebildet hat.

*Schrumpfende Städte*

Zu den paradoxen Phänomenen der globalen urbanen Transformation gehört die Tatsache, dass es in den alten Industrieländern (Deutschland, England, Belgien, Japan, Russland, USA u.a.) alternde oder schrumpfende Städte – *shrinking cities* – gibt. Diese gegenläufige Entwicklung wird in das Konzept der Biennale miteinbezogen.[5]

Seit Beginn der Industrialisierung vor rund zwei Jahrhunderten sind Wirtschaft, Wohlstand und Städte kontinuierlich, bisweilen in rasantem Tempo, gewachsen – diese historische Epoche des ungebremsten Wachstums neigt sich in gewissen Weltgegenden ihrem Ende zu. Einige Städte sind am Verschwinden, andere verlieren seit Jahrzehnten an Einwohnern und wirtschaftlicher Dynamik. Die einst am schnellsten wachsende amerikanische Boomtown Detroit, das ehemalige Zentrum der Automobilindustrie, hat in den letzten Jahrzehnten die Hälfte ihrer Bewohner verloren, obschon die Region als Ganzes deutlich gewachsen ist. Im suburbanen Raum, also jenseits der Stadtgrenze, leben heute 80 Prozent der Bevölkerung, während weite Teile des inneren Stadtbezirks sich mit ihren grasbewachsenen Brachflä-

---

3 Burdett, Dozent für Architektur und Stadtplanung an der London School of Economics, ist mit der Leitung der Biennale beauftragt worden.
4 Vgl. R. Burtdett mit Miguel Kanai, *City-building in an age of global transformatiom,* in: Ausstellungskatalog, (2006), Bd. I, a.a.O. 3 ff.
5 a.a.O., Bd 1, 316 ff.

chen zu einer quasi ländlichen Idylle zurückentwickeln. Detroit gilt als Modellfall für *Schrumpfung durch Suburbanisierung,* das heisst: die peripheren Siedlungsräume wachsen, während die Kernstädte Bevölkerung verlieren. Der Abstieg der einst blühenden zu einer krisengeschüttelten Stadt wiederholt sich an verschiedenen Orten in den Vereinigten Staaten, so auch in Chicago, Philadelphia oder Washington.[6]

Das englische Manchester war einst die archetypische Manufakturstadt. Friedrich Engels nennt sie den *klassischen Typus der modernen Industriestadt,* die Börse von Manchester galt im 19. Jahrhundert als das *wirtschaftliche Barometer* des britischen Reiches.[7] Mit dem Niedergang der britischen Baumwollindustrie im 20. Jahrhundert setzt in der einst blühenden Stadt der Niedergang ein, findet ein Prozess der Deurbanisierung statt. Nach jahrzehntelangen Krisen werden neuerdings Handlungskonzepte entwickelt, welche den Schrumpfprozess als Chance nutzen wollen.

Urbane Schrumpfungsprozesse gibt es – um ein letztes Beispiel anzuführen – auch in Afrika. Die einst von Tausenden von Menschen bevölkerte Diamantenstadt Kolmannskuppe (Namibia) wurde nach dem Versiegen der Edelsteinvorkommen um die Mitte des letzten Jahrhunderts gänzlich verlassen. Einige der ehemals luxuriösen Gebäude wurden kürzlich vor dem völligen Zerfall gesichert, ein Museum wurde eingerichtet. Ein dänischer Filmemacher drehte in dem im Wüstensand versinkenden Ort den Film *King Lear 2.*

In den letzten Jahren hat sich der ungeliebte Begriff *schrumpfende Städte* in der wissenschaftlichen und in der öffentlichen Debatte durchgesetzt. Immer deutlicher zeigt sich, dass auf eine Wachstumsepoche nicht automatisch eine Epoche der Stagnation oder Schrumpfung folgt; vielmehr sind innerhalb der Länder Polarisierungen feststellbar. Wachstum und Schrumpfung finden bei zunehmender Ungleichheit parallel statt. Neben den Wachstumspolen gibt es abgehängte periphere Räume, in denen es wirtschaftlich bergab geht.

Und Venedig? Um die Niedergangstendenzen vor Ort zu illustrieren, wurde im Rahmen der Städtebiennale ein Stadtspaziergang zu den Schrumpforten Venedigs durchgeführt, denn auch Venedig ist trotz der touristischen Dauerströme von Schrumpfphänomenen betroffen. In den letzten fünfzig Jahren hat die Lagunenstadt 60 Prozent ihrer Einwohner verloren. Sind die heutigen schrumpfenden Städte, so müssen wir fragen, Vorboten eines Wandels, der sich auch in anderen Weltgegenden einmal vollziehen wird?

---

6  Bibliographie zu den schrumpfenden Städten im Anhang. Zu Detroit: Bd. 1 (2004), 225 ff. Im *Atlas der schrumpfenden Städte* sind die weltweit 350 schrumpfenden Städte mit statistischen Merkmalen aufgelistet. Bisweilen runzelt der Betrachter des Atlas allerdings die Stirn, findet er z.B. auch Basel als Schrumpfstadt aufgeführt. Gewiss hat der Stadtkanton Basel-Stadt, die Kernstadt, seit 1970 an Bewohnern verloren, doch ist der gesamte Metropolitanraum, vom Zentrum bis zu den peripheren Gemeinden, ein einziges dynamisches und stetig wachsendes Gebilde. Würde man die administrativen und politischen Grenzen etwas anders ziehen, wäre keine Spur von Schrumpfung mehr erkennbar, im Gegenteil!

7  H. Lefebvre, *Die Stadt im marxistischen Denken* (1975), 14 f.

*Die Mega-Cities: sechzehn Profile*

Die *shrinking cities* werden in Venedig am Rande thematisiert – ganz anders die *urgent challenges*, die unabweisbaren Herausforderungen, die von den megastädtischen Bevölkerungs-Zusammenballungen ausgehen. In der Corderie im Asenale schreitet der Besucher durch die dezent abgedunkelte Städtestrasse – *street of cities* –, das Herzstück der Biennale. Von sechzehn Riesenstädten wird mit allen verfügbaren medialen Kunstgriffen ein je spezifisches Profil erstellt. Wir sehen, wie die enorm expandierenden Mega-Cities in unterschiedlicher Weise eine globale Neuverteilung von Arbeit, Energie und Ressourcen einfordern, wie sie ihren Anspruch auf Wasser, Luft und Nahrung, auf Kapital und politische Geltung in Erinnerung rufen.

Das grandios inszenierte urbane Alphabet von *São Paulo* steht neben demjenigen von *Caracas. London,* die erste postnationale City – rund 30 Prozent der Bevölkerung gehören ethnischen Minderheiten an –, weist mit den städtebaulichen *Icons* auf seine Stärken und Potenziale hin, eher verschämt kommt der harte Kern der Armut in den östlichen und südlichen Stadtteilen zur Sprache. *Mumbai,* wohl bald einmal die grösste Stadt der Erde, ist ein urbaner Ballungsraum, in dem alles exponentiell expandiert: die Unterschicht, der Ausstoss an Filmen, die Call Centers, die Finanzinstitute, die Slums – und leider auch die Degradierung der Infrastruktur.

Ein paar Stichworte zu zwei afrikanischen Riesenstädten: Um die noch junge Stadt *Johannesburg* zu verstehen, ist es nötig, ein paar geschichtliche Etappen in Erinnerung zu rufen. Nachdem 1886 am Witwatersrand Goldadern und Diamantenfelder entdeckt wurden, kamen Glücksritter von überallher, wurde eine Zeltstadt gegründet, bald darauf die viktorianische Siedlung. Als in den 1930er Jahren die Goldverkäufe Rekordgewinne erzielten, wandelte sich die Stadt mit den ersten Wolkenkratzern zum Little New York. Nach dem Zweiten Weltkrieg schiessen die modernistischen Gebäude wie Pilze aus dem Boden und erleichtern dadurch den Europäern die Immigration in die Südafrikanische Republik. In den 1960er Jahren dominiert das Bild des Wohlstands (viele kleine Einzelhäuser, Autobahnen, Fernsehtürme, Spitäler, Universitäten), gleichzeitig wird das Apartheidsystem weltweit kritisiert. Seit 1990 ist die Stadt von den diskriminierenden Rassengesetzen befreit, zerfällt aber auch das alte modernistische Stadtzentrum.

Heute ist Johannesburg der ökonomische und kulturelle Motor Südafrikas. Die einst gepflegten und streng kontrollierten Vororte und Parks haben, dem Trend der wild wuchernden Weltstädte folgend, den Charakter des Belanglosen angenommen. Entstanden sind neue fliessende, verschmutzte und gewaltbereite Urbanräume. In der Nach-Apartheid-Epoche führt die Stadt einen Kampf gegen Verbrechen, Segregation und Aids. Die Angehörigen der Mittelklasse errichten elektrische Zäune, suchen in den umzäunten Wohnquartieren mit Wachschutz Sicherheit und vertrauen auf ausgeklügelte Sicherheitstechnologien. Die einst grüne Stadt wandelt sich in vernetzte elektromagnetische Felder. Im Schatten grosser Firmensitze ducken sich ethnische Enklaven. Der Ballungsraum Johannesburg ist zunehmend zersplittert, polarisiert und diversifiziert – gleichzeitig ist er zum ersten Mal eine Stadt geworden: eine enorm herausgeforderte Stadt, gibt es doch Szenarien, die eine Verdoppelung der Bevölkerung während des nächsten Jahrzehnts voraussagen.[8]

Auch *Kairo* wird im Arsenale mit Tabellen, Bildern, Grafiken, Statistiken medial herausgeputzt. Die ehrwürdige Metropole gehört zu den ältesten, permanent bewohnten Städten der Erde. Sie hat mannigfachen Lebenswiderfahrnissen – Qualen, Hunger, Erdbeben, Trockenheit, Überschwemmungen – getrotzt, hat Kalifate, Sultanate, Dynastien und Imperien (das römische, byzantinische, ottomanische, französische, britische) überdauert.[9] Sie hat ein halbes Tausend Erinnerungsstätten vorzuweisen, welche einen selten dichten Querschnitt durch die Epochen bezeugen: Pyramiden und Sphinx, römische Festungsanlagen, alte koptische Kirchen, mittelalterliche Moscheen der Mamelucken, Palastbauten der Bourgeoisie des 19. Jahrhunderts, aber auch nüchterne Bauten der ägyptischen Sowjetepoche der 1960er Jahre – nicht zu vergessen die Glastürme der heutigen nouveaux riches.

Die Fülle der historischen Reminiszenzen darf nicht vergessen lassen, dass heute mehr als die Hälfte der Bewohner Kairos in wilden, nicht genehmigten, behelfsmässig installierten Notunterkünften haust. Bei weitgehender Nichtexistenz eines Stadtplans baut, wer es sich leisten kann, irgendwo sein Haus; oder lebt in einer der hastig konzipierten Satellitenstädten, die von Wüste umgeben sind. In Kairo, sagt man, ist die Ordnung der Gewalt Unordnung, und eine grosse Unordnung ist Ordnung. Eine defensiv eingestellte Bürokratie stellt Hindernisse auf, diese aber werden in der Praxis von der Bevölkerung schlau umgangen. Die Bewohner der greater Metropolitan Area von Kairo mit ihren rund 15 Millionen Einwohnern tragen Tag für Tag einen Kampf aus, der sich zwischen Chaos und Harmonie, zwischen unabänderlichen Gegebenheiten und der Notwendigkeit zu überleben abspielt. Der grosse alte, kürzlich neu gestaltete Al Azhar-Park, Kairos grüne Lunge, stellt für die Bewohner, die ihre Altstadt lieben, einen speziellen sozialen – aber auch einen ästhetischen, transzendierenden – Wert dar.

Die *street of cities* im Arsenale gibt uns eine Vorstellung von den Dimensionen der Herausforderungen, die von den Riesenstädten ausgehen. Immer deutlicher werden sich die Städte bewusst, dass, wer Ressourcenschutz und Vorkehrungen gegen mögliche Gefahren ignoriert, die eigene Existenz aufs Spiel setzt. Wie der Kampf der Städte ums Überleben unversehens aussehen kann, der Kampf um die Verteilung von Macht und Ressourcen, hat die Weltöffentlichkeit im Falle von New Orleans mitverfolgen können. New Orleans ist über Nacht zum Modellfall einer Stadt geworden, die ein prekäres Gleichgewicht verloren hat, dasjenige, das zwischen Naturgegebenheiten und staatlichen Institutionen bestanden hat. Das prekäre Gleichgewicht zwischen diesen und jenen Bedingungen halten zu können – zwischen ökologischen, ökonomischen und sozialen –, wird für die künftigen Mega-Cities vorrangig sein. Der Planet Erde ist, das weiss heute jedermann, ein

---

8 Vgl. Lindsay Bremer, *Johannesburg / Republic of South Africa,* in: Cities. Architecture and Society (2006), Bd. I, 169 ff.

9 Vgl. Maria Golia, *Cairo,* a.a.O. 159 ff.

einziges System – ein integriertes und synergetisches, aber auch ein anfälliges, fragiles.

Bei Gelegenheit findet Richard Burdett einfache Worte für das gerade noch Machbare. Letztlich werde die Form, die wir der Gesellschaft und der Stadt geben, meint er, auf das alltägliche Leben jener zurückstrahlen, die in diesen Städten leben und arbeiten. Der Bau eines kleinen Gymnasiums oder eines Kulturzentrums, oder das Nichtbebauen eines weiten, offenen Terrains inmitten eines Slums, kann der Existenz einer unterprivilegierten Gemeinschaft zu etwas Würde verhelfen; kann das Leben Vieler entscheidend und tief verändern. Was Architekten planen und ausführen, kann entweder soziale Interaktionen ermöglichen oder, im ungünstigen Fall, urbanes Leben verhindern, das heisst zum Ausschluss ebenfalls Vieler aus der Gesellschaft führen.

*Die Global Cities*

Schliessen wir für einen Augenblick die Augen und lassen wir das ununterbrochene Dröhnen, das unterirdische leise Beben und Rütteln – Vibrieren – des städtischen Untergrunds auf uns wirken. Wir spüren, wie das aus dem städtischen Magma – dem Glutherd – kommende vibrierende Summen sich auf die gebauten Fundamente überträgt und dadurch das ganze Gebäude, kaum merklich, erzittern lässt; wie eine wellenartige Erregung auf alle Bewohner des städtischen Raumes überspringt; wie das immerwährende Vibrieren in eine pausenlose Geschäftigkeit und Betriebsamkeit übergeht, in Myriaden bald dringlicher, bald nutzloser, absurder Aktivitäten, nicht selten in ein ewiges leeres Geschwätz oder Gerede – hie und da aber in das Vorspiel eines kreativen Akts. Wir schlagen die Augen auf und befinden uns im Zyklon einer Global City.

Mit den sechzehn Protokollen der Riesenstädte, die in Venedig vorgestellt worden sind, entwirft jede Stadt ihr eigenes fragendes, informatives, unerbittliches Profil. Wer nach generalisierenden Analysen sucht, findet im Essay *Why Cities Matter* von Saskia Sassen Zugänge zu vernetzten Betrachtungen.[10] Die Theoretikerin der Global Cities frägt nach der Rolle, welche Städte in einer zunehmend globalisierten Welt spielen. Mit Blick auf London, New York und Tokio hat sie 1991 das Modell der Global City entwickelt und diesen Stadttypus gegen die eher ungenau definierte Mega-City abgegrenzt. Oft hat man die These vertreten, dass Städte im Zeitalter der Globalisierung ihre Bedeutung als Wirtschaftseinheiten verlieren werden. Sassen vertritt die gegenteilige Auffassung. Sie hat den Bedarf der Wirtschaft nach Bündelung ihrer Kontroll- und Steuerungsfunktionen erkannt und bezeichnet *global control capability* als das Hauptmerkmal einer Global City. Je mehr die Dezentralisierung der materiellen Produktion zunimmt, desto wichtiger werden für ein hoch entwickeltes Wirtschaftssystem bündelnde Zentren. Global Cities

---

10 S. Sassen, *Why Cities Matter,* a.a.O. Bd. I, 27 ff.

# KUALA LUMPUR, EINE AUFSTREBENDE GLOBAL CITY

Vor fünfzig Jahren hat sich Malaysia endgültig von der kolonialen Vergangenheit verabschiedet; das Land feiert heute ein halbes Jahrhundert beispiellosen technischen und wirtschaftlichen Fortschritts. Mit der Vision 2020 gedenkt das heutige Schwellenland zu einer modernen Industrienation aufzusteigen. Die kosmopolitische Metropole ist eine aus dem tropischen Urwald herauswachsende riesige Spielfläche für moderne, vertikale Architektur. Vor kurzem sind vor den Toren von KL (so die gängige Abkürzung) zwei neue urbane Zentren, zwei sogenannte intelligente Städte, gegründet worden. Das strahlende Regierungs- und Verwaltungszentrum Putrajaya wurde 1995 eröffnet, wenige Jahre später Cyberjaya (das malaysische Wort jaya bedeutet Erfolg oder Perfektion). Cyberjaya, zwischen dem Flugplatz und Kuala Lumpur gelegen, ist ein fünfzig Kilometer langer Multimedia Super Corridor, ein malaysisches Silicon Valley. Die futuristische Cybertown soll, zusammen mit einer Cyberuniversität, dazu beitragen, aus der Region ein Weltzentrum des Wissens und der Spitzentechnologie zu machen.

Das wenig bekannte Kuala Lumpur ist eine junge und aufregende Stadt. Seit einem Vierteljahrhundert rast sie mit Vollgas in die Moderne hinein, die Skyline verändert sich halbjährlich. Man hört die Leute sagen: Wenn Sie vor fünf Jahren hier waren, werden Sie staunen, was sich alles verändert hat; wenn Sie vor zehn Jahren hier waren, finden Sie vielleicht den Weg nicht mehr; wenn es 15 Jahre her ist, dann erkennen Sie die Stadt überhaupt nicht mehr. Zweifellos sucht KL einen eigenen Weg, begnügt es sich nicht damit, den gesichtslosen international style nachzuahmen. Die vielen üppigen Grünflächen und Parks (für exotische Vögel, Schmetterlinge oder Orchideen) geben der Stadt ein ganz spezielles Gepräge; auch in die gigantischen Shoppingcenters werden Pflanzen und Bäume kunstvoll integriert. Designer gestalten mit lokalen Materialien, vorab mit Bambus, schöne Möbelstücke und ganze Wohnungen. Auf den Strassen ist ganz Asien vertreten, Chinesen, Inder, Thais, Indonesier usw.; sie unterhalten sich in allen möglichen Sprachen, tragen alle möglichen farbigen Kleider und essen alle möglichen exzellenten Speisen. Stolz ist man auf das Klima religiöser Toleranz, das friedliche Nebeneinander von muslimischen Malaien, indischen Hindus, taoistischen oder buddhistischen Chinesen und Christen. Die rasch wachsende Grossagglomeration Kuala Lumpur mit ihren fünf Millionen Einwohnern, zwischen Indien und China gelegen, hat sich zu einer respektablen dynamischen Global City entwickelt. Internationale Banken und Firmen haben sich hier niedergelassen; seit einiger Zeit wird auch der kulturellen Entwicklung – Tanz, Theater, Design – mehr Aufmerksamkeit geschenkt. Nach der täglichen Hektik braucht die hart arbeitende Bevölkerung Entspannung, gelassenere Rhythmen.

Am Stadtrand, nahe den endlosen, ökologisch toten Palmölplantagen, stösst man auf glanzlose, monotone Wohnsiedlungen, auf seriell hergestellte Betonkuben. *Quo*

*Vadis, Malaysia?*[11] heisst die kritische Studie von Ramon V. Navaratnam. Ein führender Wirtschaftswissenschafter präsentiert die Problemfelder, die alle Bewohner des Landes betreffen: Korruption in Politik und Wirtschaft, kritiklose Akzeptanz des boomenden Elektronikmarktes, zerstörerischer Umgang mit der Umwelt, Zerfall der nationalen Einheit und mögliche politische Polarisierung, d.h. Terrorismus. Die faszinierende Skyline von Kuala Lumpur, die sich halbjährlich verändert, bedeutet im tropischen Klima auch, dass die imposanten Büro- und Wohntürme von heute die Ruinen von morgen sein können: an einem Tag erbaut, am andern schon verfallen. Nach all dem Lob, das die Stadt reichlich verdient, muss auch die Frage gestellt werden: Quo vadis, Kuala Lumpur?

1    Architektonische Kontraste I
2    Architektonische Kontraste II
3    Architektonische Kontraste III
4    Architektonische Kontraste IV
5    Urbanes Leben, indischer Markt
6    Urbanes Leben, Wohnen
7    Urbanes Leben: auf der Strasse
8    Urbanes Leben ist Bewegung
9    Urbanes Leben, Kuala Lumpur City Centre (KLCC), Park
10   Sorge um historische Bausubstanz
11   Sorge um historische Bausubstanz: Art Déco, renoviert
12   Petronas Twin Towers, fast 500 Meter hoch, Symbol für Malaysias technologischen und wirtschaftlichen Fortschritt

---

11 Ramon V. Navaratnam, *Quo Vadis, Malaysia? Where to, Malaysia? Can we achieve Vision 2020 on time?* Kuala Lumpur, 2006.

1

2

3

4

5

6

7

8

9

10

11

12

werden als hochvernetzte ökonomische Komplexe definiert, die kreuz und quer in globale Kreisläufe eingebunden sind. Sie sind nicht Orte, wo Waren produziert, sondern künftige Waren erfunden werden. Nationale und globale Märkte brauchen zentrale Orte, an denen die Globalisierungsarbeit abgewickelt werden kann: eine Infrastruktur, bestehend aus unternehmensorientierten Dienstleistungen, ein dichtes Netz von Firmen aus den Bereichen Recht, Buchhaltung, Werbung, ferner vielfältige Instrumente der Finanzindustrie, digitale Netzwerke, Experten für Hightech, Softwareunternehmen; sie sind auch auf Forschungseinrichtungen und Universitäten angewiesen. Und selbstverständlich verfügen Global Cities über internationale Flughäfen, gut ausgebaute Transportsysteme, Autobahnen, eine lebendige kulturelle Szene.

In den innerstädtischen Geografien gibt es, wie Sassen zeigt, Sichtbares und Unsichtbares. Gut sichtbar sind die Menschenströme, bestehend aus Fachexperten, Touristen, Künstlern, Migranten – unsichtbar ist das Netzwerk eines hochspezialisierten Geldverkehrs, das bestimmte Städte miteinander verbindet; unsichtbar ist auch die globalisierte Warenkette, die es zur Herstellung bestimmter Produkte braucht. Immer mehr Waren werden pausenlos von einem Exportlager zu einem Importlager verschoben oder umgekehrt. Am Beispiel des Kreislaufs der Ware Gold verfolgt Sassen drei „unterschiedliche Geografien". *Erstens:* Die materielle Produktion erfolgt in den Goldminen in Südafrika, Australien und Nevada. *Zweitens:* Der direkte Handel mit dem Edelmetall findet in den Städten Johannesburg, Mumbai, Dubai und Sydney statt. *Drittens:* Die Finanzierungsinstrumente des globalen Kreislaufes des Goldes liefern London, New York, Chicago und Zürich – voilà die verschiedenen Rollen, welche die Städte in der globalen Ökonomie spielen.

Sassen hat gesehen, dass die Angehörigen der hochqualifizierten Funktioneliten in den Global Cities nicht bloss ein reichhaltiges Freizeitangebot brauchen, dass sie auch auf Sekretariats-, Wartungs- und Reinigungsarbeiten angewiesen sind. Ohne Hausarbeiterinnen, Portiers und Wachdienste läuft gar nichts – Manhattan braucht die Bronx. Die niedrig qualifizierten Arbeiten, die überdurchschnittlich oft von Frauen, Immigranten und Immigrantinnen ausgeführt werden, können nicht ausgelagert werden, sie müssen am Ort selbst verrichtet werden. Die dynamischen Städte leben und funktionieren heute aufgrund eines sozialgeografischen Flickenteppichs. Unweit der Bankenzentren und der Glamourzonen mit ihrer designten Architektur stossen wir unweigerlich auf Armutsquartiere und Rotlichtzonen. Der neue urbane Raum ist geprägt von Fragmentierungen entlang verschiedener Ungleichheiten und Differenzen.

Neben der *formalen* globalisierten Ökonomie hat sich in den grossen Städten seit gut zwei Jahrzehnten ein komplementäres Netz einer sogenannten *„informellen Ökonomie"* herausgebildet.[12] Die Arbeiter und Angestellten, die im formellen Sektor tätig sind, besitzen rechtlich abgesicherte Arbeitsverträge. Mit dem informellen

---

12 Sassen, a.a.O. 39 ff.; vgl. *Informelle Ökonomie, Schattenwirtschaft und Zivilgesellschaft als Herausforderung für die Europäische Sozialforschung,* hg. von Bundesministerium für Bildung und Forschung, Bonn 2000; seither eine uferlose Literatur zum Thema.

Sektor ist die Schattenwirtschaft gemeint. Immer mehr Menschen leben – vor allem in den Städten Afrikas und Lateinamerikas, aber auch im Osten Europas – in nicht abgesicherten Arbeitsverhältnissen und Lebensverhältnissen. Sie üben eine Vielzahl unterschiedlichster Tätigkeiten aus, sind als Strassenhändler, Tagelöhner, Müllsammler, Strassenkünstler, Putzfrauen, Taxifahrer etc. tätig – aber auch als nicht gemeldete Angestellte in formellen Betrieben.

Als Folge der formalen Deregulierung der Finanzen (in der Telekommunikation und vielen andern Branchen) im Namen von Flexibilität und Innovation sind viele Arten informeller Arbeit entstanden. Die informellen Aktivitäten können als das Hauptmerkmal des fortgeschrittenen Kapitalismus bezeichnet werden. Auch kreative Berufe (Künstler, Architekten, Designer) funktionieren im Rahmen einer informellen Ökonomie. Der Neoliberalismus und das vom Internationalen Währungsfonds (IWF) verordnete Strukturanpassungsprogramm Mitte der 1980er Jahre hat zu drastischen Kürzungen städtischer öffentlicher Dienstleistungen, zu steigenden Preisen und einem starken Rückgang der Reallöhne geführt – und eben zur „informellen Ökonomie".

Nach Mike Davis hat sich die „informelle Ökonomie" katastrophal auf die Städte der Dritten Welt ausgewirkt. Eine weltweite informelle Arbeiterklasse, hoffnungslos in Elendssiedlungen und Slums verbannt, ist auf fast eine Milliarde Menschen angewachsen.[13] Gegenwärtig lebt diese  Milliarde in Slums, wo sie ums Überleben kämpft: als Gelegenheitsarbeiter im Bausektor, Kindermädchen, Prostituierte etc. oder gar als Menschen, die ihre Organe für Transplantationen verkaufen. Davis sieht die Städte der Zukunft nicht als Lichterstädte zum Himmel streben; er sagt klar voraus, dass im 21. Jahrhundert ein Grossteil der urbanen Welt in Schmutz, Abfall, Elend versinken werde.

*Die Potenziale der Global Cities*

An der Städte-Biennale Venedig 2006 stellten wir uns die Frage, wie und ob in den Global Cities (die sich durch eine übermächtige Präsenz riesiger Gebäude und dichter Infrastrukturen, durch die Dominanz der Logik des Nützlichen auszeichnen) das alte Modell von Urbanität noch Gültigkeit beanspruchen kann. Wie und ob neue Formen von Urbanität im Entstehen begriffen sind. Seit zwei Jahrzehnten hat Saskia Sassen das Entstehen der Global Cities beobachtet und analysiert. Sie kennt die neuralgischen – kritischen und gefährlichen – Problemfelder. Sie beschreibt zuerst die Krankheitssymptome der modernen grossen Städte, dann schlägt sie Behandlungsmöglichkeiten vor. Sie skizziert die challenges, welche von den dynamischen Städten ausgehen, dann beschreibt sie die Potenziale, die in ihnen stecken.

---

13 Mike Davis, *Planet der Slums,* Berlin 2006.

Wir kommen zur letzten Lektion, welche uns Venedig im Herbst 2006 erteilt: [14]

*1. Gegen die unwiderstehliche Logik des Nützlichen:* Bei der Erforschung der Globalisierung hat die Soziologin während langer Zeit ihre Aufmerksamkeit auf das Bewegliche, auf Aktivitäten, Flüsse und Ströme, gerichtet. Heute rückt sie die erhaltenswerte „Fixität" und Materialität der Städte ins Zentrum. Die von der Globalisierung erzeugten Aktivitäten und Flüsse hängen zu einem grossen Teil von Netzwerken ab, die an einen Ort gebunden sind. Für die Digitalisierung und die globalen Ströme sind gerade die Orte – die Städte – von entscheidender Bedeutung; dort finden sich die verschiedensten fixen (und mobilen) Ressourcen.

In den heutigen Vorstellungen von „Stadt" dominieren klare massive Strukturen: Hightech-Architektur, virtuelle Räume, Themenparks. Nun stösst man aber in den städtischen Räumen auch auf halb verlassene Plätze oder *terrains vagues.* Abgelegene Orte ermöglichen es vielen Bewohnern, die gewaltigen und erdrückenden Infrastrukturen zu umgehen, ihnen auszuweichen. Es wäre ein grosser Fehler, meint Sassen, Hand an diese *terrains vagues* zu legen, sie als Bauland (etwa für Bürotürme) zu erklären und damit der Nützlichkeitslogik zu unterwerfen. Wer die gegenwärtigen Praktiken der Stadtbewohner beobachtet, wird erkennen, wie diese auf kaum genutzte Räume – das Dazwischen und die Übergänge – angewiesen sind.

*2. Aufspüren ungenutzter Räume:* Die Krise des öffentlichen Raumes hängt eng mit der wachsenden Kommerzialisierung und Privatisierung, der Umwandlung urbaner Räume in sogenannte *Themenparks* (Freizeitparks, künstliche Spass- und Erlebniswelten, Medienparks, was immer auch das sein mag) zusammen. Nun führt aber allein schon das Verweilen zwischen Riesengebäuden und *terrains vagues* zu urbanen Erlebnissen. Stellen wir uns zudem einen Architekten vor, der imstande ist, zwischen verschiedenen Wissensfeldern zu navigieren. Solch ein Architekt erkennt Möglichkeiten für Rauminterventionen, welche über die Vorstellungskraft eines Ingenieurs hinausgehen. Die Dächer von Recycling- oder Wasseraufbereitungsanlagen betrachtet er beispielsweise als ungenutzte, vergessene Räume, die nicht in ein nutzenorientiertes Konzept passen. Die kreativ konzipierende Architekt treibt die Arbeit des Aufspürens städtischer Brachen weiter voran und gelangt an Orte der Stille, des Schweigens, stösst auf ein bescheidenes *terrain vague:* einen alten, ungenutzten Industriehafen oder eine aufgegebene Stahlfabrik.

*3. Die Nutzer schaffen durch ihr Handeln öffentliche Räume:* Wir kennen die heiklen Verhandlungsprozesse im Zusammenhang mit einer neuen Wertschätzung von Vielfalt, mit Multikulturalismus. In der komplexen globalen Stadt gibt es eine neue Art von Grauzone, in der eine enorme Vielheit von Menschen zu Hause ist. An solch einem Ort haben Benachteiligte, Aussenseiter und diskriminierte Minder-

---

14 S.Sassen, *Why Cities Matter,* a.a.O. 48 ff. Vgl. S. Sassen, *Die Herstellung urbaner Öffentlichkeiten,* in: *Die Stadt als Perspektive* (2006), 96 ff.

heiten die Chance, „Präsenz" gegenüber den Mächtigen zu markieren. Die neuen Plattformen, von denen aus sie agieren, kann man als einen neuen Typus von Politik betrachten. Durch ihre *manières de faire* (de Certeau) verwandeln die Bewohner ihren Stadtraum in einen strategischen Ort, an dem informell politisch Handelnde leichter an Politik partizipieren. Der Stadtraum lässt ein breites Spektrum politischer Aktivitäten zu: Hausbesetzungen, Manifestationen gegen Polizeigewalt, Kampf für die Rechte von Immigranten, politisches Handeln von Lesben und Schwulen. Bei solchen Aktivitäten wird die Strasse zu einer Bühne, auf der diejenigen, denen es an Macht mangelt, als Protagonisten auftreten – unter Umgehung des formalen politischen Systems.

4. *Mikroumgebungen mit globaler Reichweite:* Stadtbewohner werden bald darüber nachzudenken beginnen, dass vieles von dem, was sie als Lokales erleben – ein Gebäude, einen städtischen Platz, eine Aktionsgruppe in unmittelbarer Nachbarschaft –, in Wirklichkeit nicht bloss hier oder dort „ansässig" ist, sondern auch in digitalen Netzwerken rund um den Globus. Das nah Vertraute ist mit andern Haushalten, Organisationen, Gebäuden, die sich möglicherweise auf der andern Seite der Erde befinden, verbunden. Das Lokale beginnt sich zum Teil mehr an diesen fernen Gegenden zu orientieren als an der unmittelbaren Umgebung – so etwa die örtlichen Menschenrechts-Aktivisten, welche eher die globalen Entwicklungen im Auge haben und sich kaum um das Nahe kümmern.

Vieles von dem, was wir im traditionellen Sinn als das Lokale erleben (weil es vor Ort angesiedelt ist: wir können es sehen!), verwandelt sich in etwas, was von nicht lokaler Dynamik durchflossen wird.

5. *Lokalen Initiativen des globalen Netzwerkes Präsenz verschaffen:* Wir fragen danach, wie lokal handelnden Personen – lokalen Initiativen oder lokalen Projekten – zu Präsenz verholfen werden kann. Gruppen oder einzelne Personen, die sich mit Fragen der „Umwelt" befassen (mit Solarenergie, unüblichen Baumaterialien), können Teil globaler Netzwerke werden, ohne ihre konkreten, speziellen Anliegen aus den Augen zu verlieren. Ihre Interventionen sind zwar verflochten mit der unternehmerischen Globalisierung; sie verfolgen aber, im Unterschied zu den globalen Märkten und den globalen Unternehmen, ihre eigenen Ziele.

6. *Schaffung einer zwischenstädtischen „governance":* Es wird immer wichtiger zu wissen, meint Saskia Sassen abschliessend, wie Städte an den Steuerungs- und Regelungssystemen *(governance)* beteiligt werden können.[15] In den Städten konzentriert sich die organisatorische Kompetenz. Die globale (wirtschaftliche, politische, kulturelle) Dynamik geht von den urbanen Zentren aus, dort ist die Technik in den verschiedensten Bereichen auf dem höchsten Stand. Wie wir heute wissen, ist auch

---

15  *Why Cities Matter,* a.a.O. 50 f.

das Netzwerk des globalen Terrorismus auf die städtischen Ressourcen angewiesen
– inklusive auf die Anonymität.

In der Vergangenheit waren die Städte die Orte für politische Erneuerungen; auch
heute sollten sie dies wieder in vermehrtem Masse werden. Wünschbar wäre es, wenn
sich die Stadtbewohner und die Stadtregierungen – im Hinblick auf das globale Geschehen – mehr an der politisch-gesellschaftlichen Steuerung und Regelung *(governance)* beteiligen könnten. Vieles von dem, was wir als global bezeichnen, kristallisiert sich in den Städten heraus, und, da die Städte global miteinander vernetzt sind,
in den zwischenstädtischen Geografien. Die zahlreichen spezialisierten Vernetzungen
sind de facto heute schon *Tauschplätze* für eine zwischenstädtische Politik. Für Sassen
ist der Ausdruck „Vereinigte Nationen der Städte" irreführend, angemessener wäre es,
„das Globale" auf die Erde herunterzuholen – auf die konkrete urbane Ebene. Dann
würden wir erkennen, dass die spezifischen Herausforderungen, mit denen sich eine
bestimmte Stadt konfrontiert sieht, sich mit denen anderer Städte decken. Jede Stadt
hat eigene „häusliche" Angelegenheiten zu erledigen, daneben aber müssen global
bedingte Probleme gelöst werden. Die Schaffung einer grenzüberschreitenden Plattform zur Behandlung städtischer Probleme drängt sich auf. Eine *zwischenstädtische
governance* würde die nationale oder supranationale governance zwar nicht ersetzen,
sie wäre aber von grossem Nutzen, um die spezifisch urbanen Probleme, die in den
Strudel einer grösseren Dynamik geraten sind, angemessen zu lösen.

## Urbane Gegenwart

Wir rekapitulieren ein paar grundsätzliche Gedanken Lefebvres zum Alltag, zur
Stadt und zum Raum. Im Unterschied zu vielen Fachexperten ist Lefebvre ein
Theoretiker, der nicht bloss die Funktionszusammenhänge einer Stadt untersucht
(Verkehr, Wohnungsbau, Infrastruktureinrichtungen, Planung). Er geht einen
Schritt weiter, er fragt nach dem *au-delà,* nach dem was auf Griechisch *meta* (dahinter, darüber hinaus) heisst: was über den Organisationsrahmen einer Stadt hinausgeht. So spricht er von der Stadt als *einem Werk,* interessiert er sich für *New Babylon,* die Visionen eines utopisch konzipierenden Architekten. Gemäss Lefebvres
metaphilosophischem Denken schreitet das menschliche Wesen immer über sich
selber, das einmal Erreichte, hinaus.

### 1. Der profunde Wandel des Alltags

Vor nicht allzu langer Zeit stellten Wohnen, Kleidung, Essen und Trinken eine Vielfalt dar, auf die wir nur noch zurückblicken können. Es gab eine bunte Palette alltäglicher Lebensweisen. Je nach Region und Land, Bevölkerungsschicht und Klasse,

nach verfügbaren Rohstoffen, Jahreszeit, Klima, Beruf, Alter und Geschlecht wurde der Alltag unterschiedlich gelebt. Die Vielfalt ist nie so richtig erkannt und schon gar nicht besonders geschätzt worden, ihre irrationalen Wurzeln hat man kaum aufgedeckt. Erst in unserer Zeit, welche die Vielfalt zerstört und die Tendenz zur Einförmigkeit verstärkt hat, wird man sich der Bedeutung des Verlustes bewusst.

Die verloren gegangene Vielfalt der alltäglichen Lebensweisen wird durch das Konzept der *Differenz* ersetzt. Differenzen werden heute aktiv gelebt und können zu Konflikten und Kämpfen, zu einem verwandelten alltäglichen Leben, führen. Der sich konsolidierende Alltag wird zunehmend artifiziell und programmiert, repetitiv und unvorhersehbar, ungewiss und kontrolliert, befreit und überorganisiert gelebt. Die Bedürfnisse werden komplexer, entfernen sich vom „Natürlichen". So hat beispielsweise das Bedürfnis nach Informationen aus fernen Weltgegenden nichts mehr mit der unmittelbaren Lebenswelt zu tun. Werbung und Marketing geben dem Alltag scheinbar Schliff und Pfiff. Es scheint, als ob es eine Instanz gebe, die vorauszusehen vermag, was dem Alltag mangelt und auch weiss, wie dem Mangel abzuhelfen ist: mit einer Vervollkommnung des Marktes sowie einer noch nie dagewesenen Perfektionierung der Warenwelt.

Der heutige Alltag wird von einer Oberfläche – der Moderne – überdeckt. Die letzten Meldungen in der Tageszeitung, ein pausenloses Gerede über Kunst, Mode und sogenannte grosse Ereignisse lullen das alltägliche Leben ein, ohne ihm etwas von der *grisaille* zu nehmen. Bilder, Kino und Fernsehen lenken vom Alltag ab, indem sie ihn selber zum Schauspiel machen oder ihm das Schauspiel des Nicht-Alltäglichen vorführen: Gewalt und Katastrophe, das glanzvolle Leben der Olympier, Stars und Starlets.[16]

Der Alltag ist dort angesiedelt, wo sich zwei Formen der Wiederholung – das Zyklische und das Lineare – überschneiden. Die Zyklen hängen mit dem Wechsel von Tag und Nacht, den Jahreszeiten und Ernten, mit Aktivität und Ruhe, Begehren und Erfüllung, Leben und Tod zusammen – daneben die immergleichen Gesten der Arbeit und des Konsums. In der Moderne, so scheint es, bedrängen und zerstören die mechanisierten Arbeitsabläufe die aus der Natur stammenden Zyklen. Kann die Rhythmo-Analyse – so Lefebvres Frage – die kaum mehr hörbaren Melodien des Alltags wieder zum Klingen bringen?

Mit den drei Bänden der *Critique de la vie quotidienne* wird die zunehmende Verflachung und Banalisierung der Lebensbedingungen im Rahmen einer erbarmungslosen Urbanisierung untersucht. Eine Revitalisierung des alltäglichen Lebens setzt dann ein, wenn die fundamentalen Momente des Lebens – Liebe und Erkenntnis, Kampf und Spiel, Aktion und Entspannung – intensiv und bewusst gelebt werden.

---

16 Siehe Art. 8.

## 2. Von der Industrialisierung zur Urbanisierung[17]

Die These von der *vollständigen Urbanisierung der Gesellschaft* meint: Die heutige Wirklichkeit lässt sich nicht mehr mit den Kategorien Stadt und Land erfassen; sie muss mit dem Begriff der urbanen Gesellschaft analysiert werden. Die Industrialisierung schafft die Voraussetzung für die Urbanisierung; diese wiederum basiert auf der weltweit expandierenden industriellen Produktion, das heisst: der Prozess der Urbanisierung ist eng an die Industrialisierung gekoppelt, beide Prozesse bilden zusammen eine konfliktgeladene Einheit. Mit der industriellen Revolution begann eine lang anhaltende Migration vom Land in die Städte, begann die flächenhafte Ausbreitung des Urbanen. Heute gibt es keinen grösseren Landstrich mehr, der nicht vom urbanen Gewebe überzogen worden ist. Der Urbanisierungsprozess hat die traditionalen Formen der bäuerlichen Arbeits- und Lebensweise erodiert. Heute bilden Agrarstädte die Knotenpunkte einer technisierten landwirtschaftlichen Produktion.

## 3. Das Recht auf ein urbanes Leben

Das Recht auf die Stadt – auf ein urbanes Leben – ist das Recht, in allen urbanen Kommunikations- und Tauschsystemen, in allen Netzwerken, vertreten zu sein. Das grundsätzliche Problem heisst heute nicht mehr Ausbeutung, sondern Ausschluss: Ausschluss aus dem Zentrum, den Kreisläufen der globalisierten Welt. Wer ein Handicap hat (Arbeitslosigkeit, Geldmangel, weder Bildung noch Beziehungen), landet rasch im Ghetto, in der Peripherie, wird aus Kultur und Gesellschaft abgedrängt – man denke an das heutige abgehängte Prekariat, eine stetig wachsende untere soziale Schicht, die, ohne stabile Arbeits- und Lebensverhältnisse, sich irgendwie durchschlagen muss. Die städtischen Unruhen gegen Ende des letzten und zu Beginn des 21. Jahrhunderts sind in Vorstädten ausgebrochen; sie haben viel mit der Verweigerung des Rechts auf Zentralität, mit sozialer Segregation und ethnischen Ghettos zu tun. Wiederholt hat Lefebvre vor der latenten Gewalt gewarnt, die sich in den peripheren Wohnwüsten einnistet.

Richard Burdett spricht an der Biennale von Venedig vom *Recht auf die Polis,* das darin bestehe, für Milliarden von Mega-City-Bewohnern ein gerechtes und demokratisches Environnement zu schaffen.[18]

## 4. Die Stadt, das Werk

Einst gab es die Pracht und Grösse von Florenz oder Venedig. Trotz der zauberhaften Schönheit dieser Städte darf man nicht vergessen, dass das ästhetisch geglückte

---

17  Bei der Zusammenfassung beziehe ich mich teilweise auf Schmid, Christian (2006); *Theorie,* 164 ff.
18  R.B. im Ausstellungskatalog der Architektur-Biennale Venedig, 2006, Einleitung, 23.

Resultat zuweilen teuer bezahlt werden musste. Mehr als eine Gesellschaft musste dunklen Mächten oder grausamen Herrschern einen blutigen Tribut entrichten.

Das Werk (ein provisorisches, momentanes Zentrum eines schöpferischen Prozesses) versammelt, was sich sonst verzettelt. Jedes Werk – vom einfachen Werkstück eines Schreiners bis zum planetarischen Raum – besitzt die Kraft des Zentrierens. Es gibt Gebäude und Monumente (Kirchen, Gemeindehäuser) oder Orte (Gartenanlagen, Musikpavillons), welche Empfindungen, Eindrücke, Sehnsüchte oder Gefühle bündeln können.

Seit den alten Griechen waren die Kultur und die Polis unvollendete Werke (auch Burckhardt folgt einer Konzeption, in welcher der Verfall der Stadt faktisch mit deren Gründung einsetzte. Seine Beschreibung der Polis ist im Kern eine Beschreibung des Niedergangs).[19] Wenn wir uns heute in Europa umschauen, sind Stadt und Kultur partiell zerrüttete Werke, Ruinen, das Resultat der *lautlosen Katastrophe*. Erst seit den 1990er Jahren findet eine Wiederentdeckung und Wiederbelebung des Städtischen statt.


## 5. Die Produktion des Raumes

Seit wenigen Jahrzehnten stellen sich die grossen Fragen zum Raum, zur Stadt, zur Masslosigkeit, zur räumlichen Organisation. Aufgrund knapp werdender Ressourcen werden Räume, um die sich früher niemand sonderlich gekümmert hat – abgelegene Landstriche, Berge, ferne Meeresstrände, Wüsten, submarine Böden, Polargebiete –, zu strategisch bedrängten Territorien. Sie werden von neuen Industrien „besetzt". Der planetarische Raum wird von Grund auf reorganisiert.

Erst der Prozess der ungebremsten Urbanisierung hat die Problematik des Raumes entstehen lassen. Das Zerbersten der Stadt und die chaotische Verwüstung des Raumes verlangen nach einer Erklärung der Verwüstung: einer Theorie. Raum ist weder ein materielles Objekt noch eine reine Idee. Die Lefebvresche Raumtheorie versteht den Raum als *gesellschaftlichen Produktionsprozess*. Einmal mehr wiederholen wir den luziden Satz: *Ein Land ist ein Produkt menschlicher Tätigkeit: Generationen haben es umgestaltet. Selbst das Gesicht der Erde, die Landschaft und die gesamte Natur, so wie sie jetzt für uns besteht, sind ein Produkt.*

Die Theorie der Raumproduktion basiert auf der engen Verknüpfung von Körper und Raum. Der lebende Körper mit seinen Energien, seinen Kapazitäten des Sich-Bewegens und Handelns, produziert den Raum. Ein Lebewesen besetzt aufgrund von Gesetzen, die im Raum selber angelegt sind, den Raum, scheidet einen Wohnraum aus, verlängert und vergrössert diesen mit Markierungspunkten, Instrumenten, Werkzeugen, technischen Apparaturen. Der heutige abstrakte, sinnlich verarmte Raum – *Werkstättenlandschaften* nannte ihn Ernst Jünger – erzeugt ein Malaise. Die Rehabilitierung der sinnlichen Wahrnehmung und die Herstel-

---

19 PA 185-220.

lung von sinnlichen und gestischen Räumen kann dazu beitragen, dem (urbanen, sozialen) Raum wieder jene Qualitäten zurückzugeben, die ihm heute mangeln.

## 6. New Babylon

Die Entwürfe für eine künftige Weltstadt von Constant üben eine dauernde Faszination auf Henri Lefebvre aus. Dem Entstehen der Hyperstadt konnte der Philosoph während der verschiedenen Etappen beiwohnen.[20] Das Grossprojekt *New Babylon,* an dem Constant von 1953 bis 1970 gearbeitet hat und das 1974 im Gemeentemuseum von Den Haag ausgestellt wurde, vermittelt einen optischen Eindruck von dem, was Constant *eine andere Stadt für ein anderes Leben* nennt. Die umfangreichste Ausstellung des New Babylon-Projekts fand 1998 in Rotterdams Museum Witte de With statt und führte zu einem Katalog, der einen optimalen Zugang zu Constants Architekturutopie ermöglicht.[21] 2007 wird im Central Museum Utrecht und im Museum Tinguely, Basel, die Ausstellung *Die Situationistische Internationale (1957-1972)* gezeigt, in der Constant prominent vertreten ist.[22]

Die Überstadt von Constant basiert auf einer ausgedehnten Tragpfeilerkonstruktion. Man kann sich die Hyperstadt als ein ausgedehntes System von Verkettungen und Verschmelzungen vorstellen, in dem Wohneinheiten, Vergnügungsräume, aber auch Produktions- und Distributions-Ateliers aufgehängt werden. *New Babylon* ist eine überdeckte Stadt, in der alle Räume klimatisiert, künstlich illuminiert und atmosphärisiert sind. Die Neubabylonier klettern in einem labyrinthischen Paradies herum, von einer *ambiance* in die andere. Die vielen Durchgangsräume, aus denen die Stadt besteht, bilden einen komplexen, weitläufigen sozialen Raum.

Constant interessiert sich von Anfang an für die verrufene *dérive,* die tagelangen Trecks durch die unterschiedlichsten Stadtbezirke; für das, was die Drifter, die glücklichen Arbeitslosen, auf ihren eiligen Stadtdurchquerungen entdeckt haben: die Stimmungsviertel und die urbanen Gefühlswirklichkeiten. Die abenteuerliche Erkundung der städtischen Realität ist gegen den Skandal des planerischen Urbanismus gerichtet. *Angesichts der Notwendigkeit, ganze Städte schnell zu bauen, ist man dabei, Friedhöfe aus Stahlbeton aufzustellen, in denen sich grosse Bevölkerungsmassen zu Tode langweilen müssen.*[23]

---

20  Siehe 6. Kapitel (Die Stadt denken), Abschnitt über die Situationisten, zweiter Teil.
21  Wigley, Mark (1998).
22  Der Katalog zur Ausstellung: *In girum imus nocte et consumimur igni – In Kreisen schweifen wir durch die Nacht und verzehren uns im Feuer.*
23  Constant, *Eine andere Stadt für ein anderes Leben,* in: Der Beginn einer Epoche. Texte der Situationisten, Hamburg 1995, 80. Den Satz habe ich schon im 6. Kap., Abschnitt Lacq-Mourenx, zitiert.

Für Peter Sloterdijk ist Constant der wichtigste Visionär und Analytiker neuer Urbanistik.[24] Constant selber schlägt nach 1969 einen neuen Weg ein. Er gibt seine politische – aufständische und engagierte – Haltung auf. Hängt das mit einer tiefen Desillusionierung zusammen? Der Impuls zu einer *„kollektiven Kreation"*, den er hat übermitteln wollen, hat nicht zu tatsächlichen urbanistischen Verwirklichungen geführt. So entschliesst er sich, sein utopisches Projekt aufzugeben. Er hat den Mut, wieder dort anzuknüpfen, von wo er sich einst abgewandt hat. Auf den neuen Bildern setzt er sich – und zwar mit einer hohen künstlerischen Sensibilität – mit der aktuellen Wirklichkeit (den Miseren, Kriegen und Zerstörungen) auseinander. Die neuen Bilder sind farbiger, geräumiger und sorgfältiger komponiert. Zuweilen sind noch Spuren oder Elemente von *New Babylon* erkennbar: Gerüste, Leitern, mobile Plattformen und Türen, welche sich unsichtbaren Räumen öffnen. Immer noch manifestiert sich der *Homo ludens* – nur freier im Geist und im Hineingehen in den Raum. In dem Mass, wie *New Babylon* in den Hintergrund tritt, rückt die menschliche Gestalt, das menschliche Antlitz, in den Vordergrund.[25]

## 7. Empirische Anwendung der Raumtheorie

Christian Schmid, der eine umfassende Rekonstruktion der Lefebvreschen Raumtheorie vorgenommen hat, stellt die Frage nach einer Anwendung der theoretischen Bestände. Im Rahmen des *Instituts Stadt der Gegenwart* (Eidgenössische Technische Hochschule Zürich) hat er Gelegenheit, zusammen mit vier global tätigen Architekten, den Zustand der heutigen urbanen Schweiz zu untersuchen.[26] 140 Architekturstudenten der ETH Zürich haben an rund siebzig Standorten in der Schweiz *Expeditionen ins Landesinnere,* sogenannte *Bohrungen,* durchgeführt. Die urbane Bestandesaufnahme fand an unterschiedlichen Orten statt, in den Stadtzentren, der Peripherie, der Grossagglomeration Mittelland, in zurückgebliebenen ländlichen Gebieten, im Voralpenraum, in den Alpen. Die Studenten haben sich mit den spezifischen Gegebenheiten eines Ortes auseinandergesetzt, mit Topographie, Klima, Verkehr, bebauter Struktur, mit wirtschaftlichen und demographischen Parametern.

Um das Neue wahrzunehmen, sagt Schmid, brauchen wir neue Formen der Wahrnehmung und operationale Begriffe. Es werden jene Theorieelemente her-

---

24  Peter Sloterdijk, *Sphären. Plurale Sphärologie,* 3 Bde, Frankfurt/M; Im Bd. III, *Schäume,* 2004, 655-667 setzt sich Sloterdijk ausführlich mit *New Babylon* auseinander.

25  Vgl. den Band *Constant graveur,* Text von Philippe Dagen, Biographie von Trudy van der Horst, Paris 2004.

26  Roger Diener, Jacques Herzog, Marcel Meili, Pierre de Meuron, Christian Schmid: *Die Schweiz. Ein städtebauliches Portrait,* ETH Studio Basel, Institut Stadt der Gegenwart, 3 Bände und eine Thesenkarte, Birkhäuser, Basel 2006.

ausgegriffen, welche eine kreative Anwendung der Lefebvreschen Raumtheorie ermöglichen, die Begriffe Netzwerke, Grenzen, Differenzen.[27]

*Netzwerke* basieren auf einer materiellen Infrastruktur (Strassen, Flughäfen, Glasfaserkabel) und führen zu einer immer dichteren Vernetzung der Welt. Mit Handys und Satelliten hat sich die Welt, wie jedermann weiss, zum globalen Dorf gewandelt. Da Netzwerke nicht homogen über den Raum verteilt sind, gibt es Knoten (Zonen dichter Interaktionen), aber auch Maschen und Löcher. In der Schweiz gibt es grüne Löcher und Zonen des Niedergangs.

Urbanisierung ist ein *Grenzen überschreitender* Prozess; er lässt sich kaum durch administrative oder politisch-territoriale Grenzen aufhalten. Die Metropolitanräume Genf und Basel haben die nationale Grenze seit langem schon nicht mehr respektiert; sie fliessen nach Frankreich und Deutschland hinüber, weiten sich aus und vernetzen sich in vielfältiger Weise. Auch im Süden des Landes hat eine Aufweichung der Grenzen stattgefunden. Die Städte des Tessins (Lugano, Locarno, Bellinzona usw.) haben sich dem Metropolitanraum Milano-Torino, einem der mächtigsten in ganz Europa, geöffnet.[28] Der Tessin mit seinen neuen Zentralitäten ist etwas anderes als eine *città diffusa*.

Mit Hilfe des Begriffs *Differenz* kann der schweizerische Raum in fünf urbane Typologien gegliedert werden: die Metropolitanregionen, die Städtenetze, die Stillen Zonen, die Alpinen Resorts und die Alpinen Brachen. *Metropolitanregionen* (Zürich, Basel, Genf) sind städtische Ballungsräume mit einer internationalen Vernetzung und Ausstrahlung, in denen die unterschiedlichsten Tätigkeiten und Nutzungen aufeinander prallen. *Städtenetze* (z.B. Bern und umliegende Städte) bilden sich aus kleinen und mittleren Zentren, die ausserhalb der Metropolitanregion liegen. *Stille Zonen* (der Jura und einige grüne Inseln) verkörpern die Antithese zu den urbanen Konzentrationen, sie haben eine eigenartige Resistenz gegen die verschiedensten Implosionen und Explosionen gezeigt. *Alpine Resorts* (St. Moritz, Davos) sind temporäre Städte der Freizeit, die Intensität und der Charakter ihrer Netzwerke ist zyklisch. Die zunehmend städtische Lebensweise verleiht den Alpinen Resorts einen urbanen Charakter. *Alpine Brachen* schliesslich sind Zonen des Niedergangs und der langsamen Auszehrung. Die fünf Typologien sind nichts anderes als Entwicklungen, die man in den verschiedenen Landesteilen beobachten kann. Sie sind weder erfunden noch von einer äusseren Macht erzwungen, sie sind einfach da; und sie bieten sich als Chance für eine neue und dennoch nicht fremde Ordnung.[29]

Aufgrund der kreativ umgesetzten Lefebvreschen Raumtheorie ist es möglich, das Ensemble von Unterschieden – *Differenzen* – in der vollständig urbanisierten Schweiz aufzuspüren, die Potenziale der einzelnen Typologien zu erkennen, fruchtbar zu machen und zu stärken. Die Schweiz ist, im Unterschied zu gängigen Klischees, alles andere als ein gleichmässig zersiedeltes, homogenes Territorium; sie ist ein Land, in dem sich unterschiedliche Räume herausbilden, in dem neue, grenz-

---

27 *Die Schweiz. Ein städtebauliches Portrait,* (2006), Bd. I, 164 ff.
28 a.a.O. 171 ff.
29 Vgl. a.a.O., Bd. I, 18.

überschreitende Landschaften entstehen. Die klassische, klar abgegrenzte Stadt ist aus den heutigen Landschaften verschwunden.

### 8. Die urbane Gesellschaft

Der dynamische Prozess einer weltumspannenden Urbanisierung lässt allmählich – so Lefebvres optimistische Prognose – die urbane Gesellschaft entstehen. Die alten agrarischen und städtischen Strukturen sind am Verschwinden. Die industrielle Epoche (die Vorherrschaft des Ökonomischen) neigt sich dem Ende zu. Eine neue urbane Wirklichkeit tritt an die Stelle der „alten Stadt". Wir sehen, dass die Menschen, die in Gebieten wohnen, die kürzlich noch als *ländlich* galten, sich der urbanen Lebensweise annähern; auch in abgelegenen Dörfern benutzen sie Handys und Internet und sind in die globalisierten ökonomischen Kreisläufe eingebunden; sie leben in Wirtschaften, die auf Kurzfristigkeit und Elastizität – den flexibeln Menschen – ausgerichtet sind.

Wir stellen abschliessend die grossen und entscheidenden Fragen: Werden die neuen urbanen Zentren von Menschen bevölkert werden, die mit der neuen städtischen Wirklichkeit anders umgehen? Wird das Leben auf den Strassen, den Plätzen, das Leben um die neuen und alten Monumente herum, ein verwandeltes sein? Wird die Gesamtheit der dramatischen Wandlungen und Veränderungen, denen wir gegenwärtig beiwohnen, in einen neuen Humanismus einmünden? Werden wir *poetischer* wohnen? Wird es den Menschen (die noch in endlose Kämpfe und Konflikte verstrickt sind) gelingen, sich von den zahllosen „Normen" und „Zwängen", in die sie eingebunden sind, zu befreien? Werden die Momente des Spiels, des Unvorhersehbaren, des Eros und der Liebe im alltäglichen Leben vorherrschend sein? Wir lassen die in weite Ferne führenden Fragen hinsichtlich der urbanen Gesellschaft unbeantwortet.

# Urbane Vergangenheit

Nochmals lassen wir den reichen Fundus städtischen Lebens und städtischer Kulturen, auf den wir bei Burckhardt gestossen sind, vorbeiziehen. Bei der Aufarbeitung des historischen Materials hat uns zuweilen die Übermacht der Erinnerung erfasst. Angesichts der heutigen hybriden Überschätzung von Zeitgenossenschaft empfinden wir Burckhardts weit ausholenden Kontinuitätssinn als wohltuendes *antidote*. Burckhardt lebte in einer Zeit, in welche die grossen historischen Epochen noch wie ganz selbstverständlich hineinragten. Den Stadtstaat Basel setzte er gedankenspielerisch in Beziehung zur antiken Polis. In seinem geschichtlichen Denken scheint der Puls im Jahrtausendrhythmus zu schlagen.

Wenn wir nach dem fragen, was uns heute noch angeht, denken wir an Burckhardts Warnung vor der ausschliesslichen Spezialisierung. Ein Grauen hat den Historiker erfasst, wenn er die schrecklichen Vereinfacher – *terribles simplificateurs* –, die alles plattwalzen, vor sich gesehen hat. Was er an historischer Erkenntnis gewonnen hat, ist das Gegenteil von einem Schematismus und dessen automatischer Anwendung. Er lehrt uns, bedächtig vorzugehen, das Einzelne genau zu prüfen, Vermutungen zu äussern, die Vernunft zu gebrauchen und vor allem: keine vorschnellen Schlüsse zu ziehen und eine früher gemachte historische Erfarung nicht blind auf die gegenwärtigen Zustände zu übertragen. Nichts sei so gefährlich wie falsche Analogien. Der Kulturhistoriker hat nicht nur ein Bild der Zeit zu vertreten, er ist auch für ihren Gehalt verantwortlich. Burckhardt hat einer geahnten Zukunft das Bleibende, Unvergangene zu bewahren versucht. Solches mag uns, die wir weiterhin mit dem Bild des menschlichen Elends und Jammers leben müssen und unser eigensüchtiges Glücksverlangen nicht immer zu zügeln wissen, doch noch etwas angehen.

### 1. Auf Reisen

Ein Leben lang hat Burckhardt Europas Städte aufgesucht, bis ins Alter hinein hat er das Neue am Alten gemessen. Der Traum vom wahren Leben war für ihn letztlich derjenige unter italienischer Sonne. Im Angesicht rasant sich verändernder Städte und Metropolen oder: um das Verlorene vor der völligen Auslöschung zu bewahren, ruft er verschiedene Länder, Städte, geistige Vergangenheiten und kulturelle Lebensweisen in Erinnerung.

Den Sinn für das Reisen hat der kleine Köbi schon in frühen Jahren ausgebildet, und vielleicht hat eine Serie von sechsundsiebzig Guckkastenbildern die Sehnsucht nach fernen Städten geweckt. Der Vater hat für seine Kinder einen Guckkasten zum Betrachten von Bildern angefertigt. Der Apparat mit der Vergrösserungslinse war zur Vermehrung von Weltkenntnis gedacht. Durch ein Fensterchen hindurch konnten die Kinder eine Sammlung von bunten Ansichten ferner Länder und Städte bewundern. Unter den Abbildungen befand sich eine Gruppe von römischen Veduten, ein paar Königsschlösser in der Umgebung von Paris, eine Gruppe von Bildern aus dem äussersten Ende der Alten Welt, von Gibraltar, Konstantinopel und aus Ostindien.[30] Das magische Licht des Guckkastens mag das sehnende Verlangen, dies und jenes wirklich zu sehen, genährt haben.

Umherreisen heisst Erfahrungen sammeln. Ausführlich spricht Burckhardt über den neben Thukydides bedeutendsten Historiker der Antike, über Herodot. Dieser habe sich auf ausgedehnten Reisen nach Ägypten und Phönizien, an den Bosporus und in das Land der Skyten eine enorme Weltkenntnis angeeignet. Mit den vielen Reisen hat Herodots Verständnis für fremde Religionen, für das Andere und Fremde schlechthin, stets zugenommen. Burckhardt über Herodot: *Er hat keinen Abscheu gegen das Fremde.* Herodots Geschichten wirken so frisch, weil er mündliche

---

30 Vgl. Kaegi I, 152 ff.

Erzählungen schriftlich festgehalten hat. Herodot habe erkannt, *dass die Ränder das Beste an der Welt seien.*[31]

## 2. Die monumentale Architektur

Betont zurückhaltend trägt Burckhardt die Prinzipien seiner Architektur- und Kunsttheorie vor. Im Vorwort zum *Cicerone* schreibt er, dass es ihm nicht darauf ankomme, *den tiefsten Gedanken, die Idee eines Kunstwerkes zu verfolgen und auszusprechen. Könnte man denselben überhaupt in Worten vollständig geben, so wäre die Kunst überflüssig und das betreffende Werk hätte ungebaut, ungemeisselt und ungemalt bleiben dürfen.* Er begnüge sich deshalb damit, *Umrisse vorzuzeichnen, welche das Gefühl des Beschauers mit lebendiger Empfindung ausfüllen könnte.*[32] Er ist tief überzeugt, dass es immer schon Gedanken und Ideen gegeben hat, die sich in Worten *nicht* vollständig geben lassen, sich aber im Gebauten, Gemeisselten und Gemalten artikulieren.

Als Kunsthistoriker besitzt er einen hoch entwickelten Sinn für wertvolle monumentale Bausubstanz. Inmitten seines machttrunkenen, fortschrittseuphorischen Jahrhunderts wird er sich der *plötzlichen Entwerthung aller ,Ereignisse' der Vergangenheit* bewusst. Die visionäre Einsicht in die Flüchtigkeit und Kurzlebigkeit alles Zeitlichen oder Ereignishaften führt bei ihm zu einer Schwerpunktverschiebung in der Lehrtätigkeit. Die polithistorischen Vorlesungen werden zugunsten der kultur- und kunsthistorischen Vorlesungen reduziert. Die Abkehr von den *Zeitungen* (dem Staub der Ereignisse, dem Lärm des Augenblicks) wird ersetzt durch die Hinwendung zu den *Ewigungen* (der Kunst). In der kompensatorischen Hinwendung zum Unvergänglichen der Kunst nimmt die Architektur – wie aus der *Einleitung in die Aesthetik der bildenden Kunst* hervorgeht[33] – eine bevorzugte Stellung ein. Wegleitend ist dieser Satz: *Ein Monument ist etwas Anderes als eine Proclamation; es ist das Gegentheil alles Augenblicklichen.* In der Ästhetikvorlesung ist nichts weniger als ein systematischer Überblick über die Weltarchitektur untergebracht. Der Bogen spannt sich von der Architektur der Frühgeschichte bis zum Barock, *vom dunklen monumentalen Anklang bis zu der höchsten Verklärung des Menschlichen.* Der Architektur kommt Grösse zu, insofern sie ein *Spiegel der sittlichen, politischen, religiösen Grundanschauung* eines Volkes ist.

Die ältesten Steindenkmäler der Urvölker sind die einzigen Zeugen *einer sonst ganz lautlos gewordenen Existenz.* Schon die rohen Blöcke der alten westlichen Völker – Menhir, Dolmen, Steinhütten, aber auch Stonehenge – rufen beim Betrachter *ein grosses allgemeines Culturbild wach.* Die sakralen Bauten des alten Mexiko sind – auch wenn sie abscheuliche Verzierungen und Fratzengesichter aufweisen – *mit höchst monumentaler Absicht* errichtet worden. Die Ägypter haben die Frage der Mo-

---

31 GA X, 409-415.
32 GA III, 2.
33 Vgl. Aesth., 35 ff.

392 KEINE LETZTEN WORTE

numentalität so grundlegend gelöst, dass man sich in den späteren Epochen der eigentlichen Ästhetik zuwenden konnte. Da die Ägypter alles Individuelle geknechtet haben, *haben wir nie das Gefühl, mit den alten Aegyptern verkehren zu können, weil wir ihr Gegenteil sind.* Erst mit den Griechen ist der freie monumentale Sinn erwacht. *Ihre Phantasie wird genötigt, völlig Kunst zu werden, das heisst innerhalb des Gegebenen verschiedene Töne und Rhythmen anzuschlagen.* Der griechische Tempel ist der Ausdruck des *Organischen.*[34] Jeder einzelne hat seinen besonderen Klang, seine besondere Stimmung: *homöopathische Minimalunterschiede wirken enorm.* Die griechischen Bauten sind Ausdruck der *künstlerischen Sophrosyne* – sie verkörpern die Einheit von Freiheit und Masshalten. Die Architektur der Gotik ist *jener lichte Hochbau, die höchste Vergeistigung der Materie, welche je vorgekommen.*[35] Die Renaissancearchitektur zeichnet sich durch die Baulogik, die Einheit des Grundplans und des Aufrisses, die Regelmässigkeit und *die Wirkung durch das Wenige und Grosse aus. Zum ersten Mal kommt der Schönheitssinn so frei von Prämissen als es in der rings geschichtlich bedingten Baukunst sein kann, ja fast unmittelbar ans Tageslicht.*[36]

### 3. Energiezentrum Florenz

Das lichte Gemälde der Renaissance, das Bild einer kurzen Herrlichkeit, kontrastiert mit dem dunklen Hintergrund der Herrschaftspraxis. In nicht wenigen italienischen Stadtstaaten herrschen abgründige, furchterregende Zustände: Gewalt und Verbrechen, Grausamkeit und Willkür, Rechtlosigkeit und Instabilität. Italien war in viele kleine Staaten zerfallen. Die Tyrannen beherrschten meist nur eine Stadt mit der Landschaft darum herum; die selbstsüchtigen Kaufmannsrepubliken, die gerade die grossen Kräche der einst mächtigen Bankhäuser zu verkraften hatten, waren letztlich doch nicht sehr mächtige politische Gebilde.

Nur in Ausnahmefällen entstehen republikanische Kommunen, in denen sich Verantwortungsbewusstsein und Fürsorgeinstitutionen und ein erstaunliches Amtsethos herausbilden. In Konkurrenz mit anderen ehrgeizigen Stadtrepubliken steigt Florenz zu einem hyperaktiven städtischen Energiezentrum auf. In der Stadt am Arno dürfen nicht bloss die Machthaber, sondern auch die Gebildeten, die Humanisten und Baumeister, die Maler und Ingenieure – in summa: das ganze Volk – ihre Triebimpulse und ihre Selbstsucht ausleben. In der dynamischen, die Moderne ankündigenden Republik wird im 15. und 16. Jahrhundert permanent entworfen und gebaut, theoretisiert und Handel getrieben, gerechnet und gezeichnet, geplant und experimentiert. Die Triebtrias Habensdrang, Macht- oder Geltungsdrang, Sinnlichkeit – Burckhardt nennt sie die *üblichen irdischen Zwecke* – wird ungeniert gelebt; dabei erreichen Ruhmsucht, Witz und Spott einen schrecklich

---

34 In der Architektursprache des 19. Jahrhunderts ist der Ausdruck *organisch* ziemlich identisch mit *funktional.*
35 Aesth., 45.
36 a.a.O., 50.

wahren Ausdruck. Dante hat als Erster die neue Individualität, die subjektiven Regungen, die Schattierungen von Wonne und Leid, ernst genommen. Für die neue, bewusste Lebensführung, die Formen der Geselligkeit (der Oberschicht) oder die Organisation des Staates verwendet Burckhardt den Ausdruck *Kunstwerk*. Damit meint er die rationale Lebensgestaltung als auch die Mechanik des Staatsaufbaus. In Florenz (aber auch in Urbino, Ferrara, und in Venedig) entstehen die vielfältigen Formen einer Kultur, die einen neuen Humanisierungs- und Zivilisierungsprozess einleiten. Da sich die Stadt in einem politischen Dauerwandlungsprozess befindet, da sich in den verschiedensten Gebieten einiges zu rasch verändert, entsteht ein gefährliches Zuviel an innovativer Kraft. Die Gefahren für das städtische Ganze sind: eine entfesselte Subjektivität, Rastlosigkeit, ein Überschuss an Experimentierfreudigkeit, eine überschiessende Detailfreude in der Malerei und Architektur. Die grossen Florentiner Künstler wussten um das Geheimnis des richtigen Masses, sie zeichneten sich durch *hohe Mässigung* aus oder übten sich in *weiser Beschränkung*.

Was wir heute an der italienischen Renaissance schätzen, die Werke der Kunst und Literatur, den entwickelten Geist der Kritik, die merkwürdige Mischung von Vernunft, Leidenschaft und zuweilen immer noch echter Religiosität, das konnte sich nur in Stadtkulturen ohne staatlichen Zwangsapparat entwickeln, das brauchte die Freiheit und die Gefährdung der Existenz. Diese Kultur, die im Verlauf von wenigen Generationen heranwuchs und ganz Europa befruchtete, neigte sich bald schon wieder dem Ende zu, da sie sich gegen die erstarkenden umliegenden Nationen nicht behaupten konnte.

## 4. Die Ruinenstadt Rom

Rom hat einen besonderen städtischen Charakter ausgebildet. Prima vista macht die Ewige Stadt den Eindruck einer verwirrenden Vielschichtigkeit und Unübersichtlichkeit. Die kolossalen Baudenkmäler rufen die ungeheuren Weltschicksale, die mit der Stadt verknüpft sind, in Erinnerung. In Dantes Worten: Die Steine der Mauern von Rom verdienten Erfurcht, und der Boden, worauf die Stadt gebaut ist, sei würdiger als die Menschen sagen.[37] Wie Petrarca endlich nach Rom kommt, wandelt auch er mit Vergnügen mitten durch die Trümmer, wohl wissend, dass die Taten der alten Helden nicht das Heil der Seele erringen.

Obschon die vornehmen architektonischen Zeugen – Paläste, Kirchen, Brükken, Tore – verschiedenen historischen Epochen angehören, bilden sie dennoch ein geschlossenes Ganzes, einen Organismus. Was nach den Gesetzen des Entstehens und Vergehens entstanden und wieder verfallen ist, ist im Ganzen dennoch stets weiter gewachsen, die Ruinen bildeten jeweils den Humus für ein künftiges Weiterverwerten. Die Gewölbe und Hallen der römischen Basiliken und Thermen waren für die Renaissance-Architekten monumentale Vorbilder. Die Baumeister

---

37 Vgl. das Kapitel *Die Ruinenstadt Rom* in der *Kultur der Renaissance*, GA V, 128 ff.

der Renaissance waren imstande, sich ganz in den römischen Stadtorganismus hineinzubegeben, ihn als Ganzes zu erfahren. Sie besassen ein ausgeprägtes Gefühl für richtige Verhältnisse und Formen; ihr Auge schulten sie am antiken Trümmerkonglomerat. Den Gehalt eines Gebäudes oder einer Strasse erfassten sie nicht nur rational; sie hatten ein ganz spezielles Sensorium für die geheimen Rhythmen eines Bauwerks oder eines Stadtteils (eine solche Herangehensweise an ein städtisches Ganzes würde man den heutigen Stadtplanern und Architekten, die Neues konzipieren und bauen, gern anempfehlen). Im 19. Jahrhundert bildete das *unmoderne, grossartig abgethane* Rom, das letzte Residuum Alteuropas, einen Gegenpol zur modernen, sich ausdifferenzierenden Beschleunigungswelt.

## 5. Die antike Polis

Die *Griechischen Kulturgeschichte* behandelt die frühe Staatenbildung in der Ägäis; geschildert wird der Übergang von der archaischen Adelsgesellschaft zur Demokratie der klassischen Zeit sowie der Zerfall der griechischen Kultur.

Die ernüchternde Bilanz der griechischen Polis, der Keimzelle der europäischen Stadt, ist in hohem Masse gegenwartskritisch motiviert. In der Kritik der attischen Demokratie widerspiegeln sich politische und soziale Entwicklungen des 19. Jahrhunderts. Mit Unbehagen verfolgt Burckhardt die zentralisierenden und demokratisierenden Tendenzen seiner Epoche. In seiner Zeit finde eine eigentliche Militarisierung des Daseins statt. Auch in Basel beobachtet er eine kontinuierliche Erosion der Souveränität, hervorgerufen durch die Umwandlung der eher lockeren helvetischen Konföderation in einen zentralisierten Bundesstaat. Der Einführung der radikalen Demokratie in Athen ist Burckhardt nicht gerecht geworden ist. Er hat nicht gesehen, wie mit der politischen Gleichheit unter Bürgern Ernst gemacht und auch die Ärmsten einbezogen wurden.

Mit Polis ist nicht das bauliche Erscheinungsbild, das Ensemble von Häusern, Tempeln, Plätzen gemeint, sondern das schier unbeschreiblich regsame gesellige Gesamtleben, das Kollektiv, in das der Einzelne auf Tod und Verderb eingeschweisst ist. Da es für den Polisbewohner kein Entrinnen aus der Gemeinschaft gibt, da auch die Besten dableiben müssen, werden im einzelnen Individuum die letzten Kräfte geweckt, wird es zu Höchstleistungen angespornt. Obschon die politische Organisation der Polis totalitäre Züge aufweist, beeindruckt uns heute noch, dass nicht das Individuum, sondern die Polis selber das handelnde Ganze war: das Merkmal der Athener ist ihr leidenschaftlicher Gesamtwille.

Zur Zeit des Perikles war Athen in völligem Umbruch begriffen, geschah Gewaltiges und Irritierendes. Allgemein bildete sich die Ansicht aus, dass man *in dieser Stadt alles können müsse*.[38] Das enorme *Können-Bewusstsein* – dieser burckhardtsche Gedanke wird von Christian Meier weiterentwickelt – führte zur Ausbildung der

---

38 SG, 181.

Fähigkeit zu fachgemässer, methodischer Lösung verschiedenster Probleme. Mit der Entdeckung neuer Methoden in Handwerk und Haushaltführung, Rhetorik, Schiffsbau und Architektur fand ein ungeheurer Auftrieb menschlichen Könnens statt.

Was uns heute an Burckhardts Polisbild am meisten beeindruckt, ist die enge Verknüpfung von Kunst, Poesie und Philosophie mit dem Staatswesen. Die Polis ist ein politischer Verband, aber er ist mehr als nur das. Der Dichter war ein Mann der Polis, er dichtete für das Volk. Die *riskierte Existenz* des Philosophen ist eine Daseinsform, welche ohne Amt und Versorgung auskommt. Die Philosophen sind die Vorläufer der *freien Persönlichkeit*, einer Existenzweise, welche gegenüber Staat und Religion auf Freiheit und Unabhängigkeit bedacht ist. Die grössten Künstler schufen Statuen, die bei den Tempelkulten eine Rolle spielten; es gab eine enge Wechselwirkung zwischen Kultus und Kunst. Die Spannungen im Innern der Polis und das grausame politische Geschehen konnten in der Tragödie diskutiert werden. Das öffentliche Durchspielen der gesellschaftlichen und politischen Konflikte war für das gesamte Staatwesen ungemein wichtig. Die Komödien des Aristophanes waren *Hohlspiegel,* in welche die Zuschauer gern hineinschauten. Kunst, Mythos, Geschichtsschreibung, Philosophie, Theater, Musik und Wissenschaft gehörten zum Fundament der Polis, sie wurden wesentlich gebraucht.

### 6. Die grossen geistigen Tauschplätze

Athen und Florenz, die Zentren der abendländischen Zivilisation, sind für Jacob Burckhardt *grosse geistige Tauschplätze,* welche Gelehrte, Denker und Künstler aus aller Welt anziehen. Gerade in unsicheren Zeiten produziert *eine Stadt eine Menge bedeutender Individuen und lässt sie auch emporkommen* – in ruhigen Zeiten *umspinnt* das Privatleben mit seinen Bequemlichkeiten die begabten Köpfe, da wird der Wissenschaftsbetrieb *ein Tummelfeld offizieller Mittelmässigkeit.* In Kunst und Wissenschaft wird nur Grosses hervorgebracht, wenn sie in Freiheit ausgeübt werden können. *Wenn ein Timur alle Künstler, Handwerker und Gelehrten aus den von ihm verödeten Ländern und zernichteten Völker nach Samarcand schleppt, so können solche dort nicht viel mehr als sterben.*

Geistige Tauschplätze sind Stätten, *wo die Erkenntniß reichlicher strömt* und *das Menschliche sich vielseitiger öffnet.*[39] Die Paradigmen Athen und Florenz sind *Kulturherde,* insofern der möglichst wahre, einfache und schöne Ausdruck für irgendetwas gefunden wird. Im Austausch von Schaffen und Empfangen bilden sich spezifisch urbane Umgangsformen aus: *Keine Abgrenzung von Ständen nach Rang, keine Trennung von Gebildeten und Ungebildeten... Die Leute haben einander etwas zu sagen und machen auch Gebrauch davon... Sie hatten Zeit und Geist für das Höchste und Feinste, weil sie nicht im Erwerb und Ranggeist und falschen Anstand untergingen...*

---

39 SG, 111-117, 133, 157, 174, 181, 194, 218, 281, 318. Siehe Jähnig, Dieter (2006), 146-159.

Die Leute besitzen die *Fähigkeit für das Sublime und für die feinsten Anspielungen wie für den frechsten Witz.*[40] Im Athen des fünften Jahrhunderts herrscht ein unbeschreibliches Leben: *die Individuen können sich nur oben halten, indem sie das Unerhörte im Sinne der Stadt leisten – oder freveln.*

Auf den Tauschplätzen, wo Handel, Gewerbe, freie Philosophie etc. zusammenkommen, entsteht die Liebe zum Vielartigen, Zufälligen, Bunten. *Leicht und strahlend entbinden sich* die Teilnahme am Staat, Eloquenz, Kunst und Poesie – in ungünstigen Zeiten aber *unser abgeschmackter Haß des Verschiedenen, Vielartigen... die Unfähigkeit des Verständnisses für das Bunte und Zufällige.*[41] Früher waren es *riskierte Zeiten* – heute gilt der *Maßstab der Securität.* Die Wirkung des freien geistigen Tauschplatzes ist: *die Deutlichkeit alles Ausdruckes und die Sicherheit deßen, was man will... Den Productionen aller Zeiten ist es ganz deutlich anzuhören, ob sie unter einer solchen Einwirkung entstanden sind oder nicht.*

Wenn sich im Gefüge der Städte eines ganzen Kontinents einseitige Entwicklungen anbahnen, kann vom Bild der *grossen geistigen Tauschplätze* neue inspirierende Kraft ausgehen. Für Burckhardt tritt dann eine Fehlentwicklung ein, wenn in Kunst, Forschung und Wissenschaft bloss einzelnen Fächern Unterstützung zuteil wird, *aber nicht mehr dem Gesammtgeist, welchem nur durch Freiheit zu helfen ist.*[42]

Im heutigen europäischen Forschungsraum werden die Natur- und Technikwissenschaften privilegiert gefördert. Im Zentrum der europäischen Wissenschaftspolitik – in Brüssel – glaubt man, die Geistes- und Sozialwissenschaften als zweitrangig behandeln zu können. Angesichts der Bevorzugung der grundlagenorientierten Natur- und Technikwissenschaften ruft Wolf Lepenies – ein grosser Vermittler zwischen Orient und Okzident – in Erinnerung, dass Europa seine kulturelle Identität und seine Attraktivität zu einem grossen Teil den *humaniores litterae* verdankt. Niemand habe dies deutlicher zum Ausdruck gebracht als Burckhardt mit dem Bild von den *grossen geistigen Tauschplätzen.*[43] Wenn das Europa der Zukunft – im Wettstreit mit Amerika und dem aufsteigenden Asien – weiterhin ein freier geistiger Tauschplatz bleiben möchte, ist es gut beraten, sich von seiner historischen Erfahrung lenken lassen. Europa war, auch mit seiner Sprachenvielfalt, immer ein buntes Mosaik, in Burckhardts Worten: *das Sichaussprechen aller Kräfte, in Denkmal, Bild und Wort, Institutionen und Partei, bis zum Individuum.*[44] Gerade in kritischen Zeiten hat es – nicht nur in Paris, Bologna oder Cambridge – immer Gelehrte, Forscher und Künstler hervorgebracht oder angezogen, welche die herausfordernde Atmosphäre lieben und sich in der frischeren Luftströmung wohl befinden. Was hat Burckhardt den Studierenden und Lehrenden noch zu sagen in einer Zeit, in

---

40 SG, 114.

41 SG, 133.

42 SG 112.

43 Wolf Lepenies, *Man kann vom Elfenbeinturm weit sehen,* Dankesrede anlässlich des Friedenspreises des Deutschen Buchhandels, Oktober 2006.

44 GA VII, 368.

der europaweit das „Bolognamodell" eingeführt wird? Seine Stimme scheint von weit her zu kommen: *Nur wahrhaft kräftige Zeiten und Menschen geben einander und nehmen von einander ohne ein Wort zu verlieren.*[45]

## 7. Epilog

Ermoupoli auf Syros ist das Zentrum der kykladischen Inseln. Vom Meer aus gesehen zieht sich die Stadt auf zwei kegelförmigen Hügeln hinauf, ganz oben thronen zwei Kirchen. Die an den Hügeln hochkletternden weissen Häuser erstrahlen wie eh in hellem Licht. Eine kunstvolle alte Treppenarchitektur verbindet die Zonen heiteren Lebens – die Märkte, die Einkaufsstrasse, die öffentlichen Plätze, die belebte und etwas laute Promenade dem Hafen entlang – mit den ruhigen Wohngegenden auf den Hügeln. Das umliegende Inselgebiet – landwirtschaftlich genutzte Flächen, Weidgebiet für Schafe und Ziegen, oft auch karge, unbebaubare Berge – ist mit der kleinen Metropole eng verflochten. Die Bewohner der Insel organisieren ihr Leben nach den stets gleichen jahreszeitlichen Rhythmen und empfangen freundlich die Touristenströme, die während der Sommermonate über die Insel ziehen. Im Gastgewerbe, in der Landwirtschaft und den Kleinunternehmen sind Immigranten aus Pakistan und Rumänien tätig. Das neu eingerichtete Industriemuseum dokumentiert eine grosse technische und industrielle Vergangenheit. Stolz präsentiert die Stadt die Sammlung von Maschinen, Maschinenteilen und Werkzeugen, die Zeugen des einstigen Schiffbaus und der Textilindustrie – stolz blickt die Stadt auf eine Jahrtausende alte Geschichte zurück. Alte Karten, Fotos und Bilder geben Einblick in den Wandel der Stadt. Die Schiffswerft hat kürzlich einen neuen Aufbruch erlebt, kleinere moderne Unternehmen haben die absterbenden Industriezweige ersetzt. Ermoupoli ist die Stadt des Hermes[46]: noch immer macht der Gott des Handels und der Kaufleute der Stadt alle Ehre. Als Verwaltungszentrum des kykladischen Archipels übt Ermoupoli eine Zentrumsfunktion aus, deshalb das grosse Regierungsgebäude und das Apollon-Theater, das erste Opernhaus in ganz Griechenland. Im Innenhof der winzigen ägäischen Universität bin ich auf ein farbenprächtiges Graffiti gestossen: ein junger Mensch in der Bildmitte wirft einen fragenden und erstaunten Blick auf das Inselland und die Weite des Meeres. Aus üppigem Pflanzenwuchs fliegen Schwärme von bunten Schmetterlingen. Frech ist ein Schriftzug hingesprayt: *I'm sitting in the middle of the center of the universe.*

In den nahen Bergen, über den tiefblauen Weiten der Ägäis, kann man noch heute die einsame Höhle besuchen, in welcher der Philosoph Pherekydes von Syros gelebt hat. Pherekydes, ein Zeitgenosse von Thales und Anaximander, soll der Lehrer von Pythagoras gewesen sein. Er schrieb ein Buch über die Geburt der Götter und den Ursprung des Kosmos.[47] Es gibt, wie Jacob Burckhardt berichtet, die alte

---

45 SG, 364.
46 „Ermou" geht etym. auf Hermes zurück, Ermoupoli ist die „Polis des Hermes".
47 Hermann S. Schibli, *Pherekydes of Syros,* Oxford 1990.

homerische Vorstellung, *dass gegen den Rand der Welt hin das Leben immer um einen Grad idealer und glücklicher sein soll.*[48] Das alte, behutsam in die Moderne eingetretene Ermoupoli, die kleine Metropole in der Ägäis, am äussersten Rand der globalisierten Welt, als Beispiel für eine differente, selbstbewusste Stadtentwicklung? Ja!

---

48  Burckhardt, GA X, 90.

# ANHANG

## Abkürzungen

### 1. Jacob Burckhardt, Werke, Briefe

| | |
|---|---|
| Aesth. | Aesthetik der bildenden Kunst |
| Aufsätze | Unbekannte Aufsätze Jacob Burckhardts aus Paris, Rom und Mailand |
| Br I-XI | Briefe in elf Bänden |
| GA I-XIV | Gesamtausgabe in 14 Bänden |
| Gedichte | Gedichte, 1926 |
| GK I-IV | Griechische Kulturgeschichte, 1977 |
| JBW | Kritische Gesamtausgabe der Werke Jacob Burckhardts, ab 2000 |
| Publizist | Jacob Burckhardt als politischer Publizist |
| Reisebilder | Reisebilder aus dem Süden |
| RZ | Vorlesung über die Geschichte des Revolutionszeitalters |
| SG | Über das Studium der Geschichte (Weltgeschichtliche Betrachtungen) |

Ferner:

| | |
|---|---|
| Kaegi I-VII | Werner Kaegi: Jacob Burckhardt. Eine Biographie, 7 Bände |

### 2. Henri Lefebvre, Werke

| | |
|---|---|
| AMW (VQM) | Das Alltagsleben in der modernen Welt |
| Au-delà | Au delà du structuralisme |
| Aufstand (Irr.) | Aufstand in Frankreich |
| Campan | La vallée de Campan |
| CM | La conscience mystifiée (Ausg. 1999) |
| Contrat | Du contrat de citoyenneté |
| Conv. | Conversation avec Henri Lefebvre |
| CVQ I-III (KdA) | Critique de la vie quotidienne |
| DM | Der dialektische Materialismus |
| DV | Le droit à la ville (Ausg. 1968) |
| EM (IM) | Einführung in die Moderne |

| | |
|---|---|
| EP | Espace et politique / Le droit à la ville II (Ausg. 2000) |
| Etat I-IV | De l'état |
| HMN | Hegel, Marx, Nietzsche ou le royaume de l'ombre |
| IM (EM) | Introduction à la modernité (Ausg. 1962) |
| Irr. (Aufstand) | L'irruption de Nanterre au sommet (Ausg. 1998) |
| KdA I-III (CVQ) | Kritik des Alltagslebens (Ausg. 1975, in drei Bänden) |
| LS (SG) | Le langage et la société |
| Met. | Metaphilosophie (deutsche Ausg.) |
| Mét. | Métaphilosophie (französische Ausg. 2001) |
| Nietzsche | Nietzsche (Ausg. 2003) |
| PA | La présence et l'absence |
| PE | La production de l'espace (Ausg. 2000) |
| Position | Position; contre les technocrates (Ausg. 1967) |
| Pyr. | Pyrénées (Ausg. 2000) |
| QP | Qu'est-ce que penser? |
| RA | Eléments de rythmanalyse |
| RD | Le retour de la dialectique |
| SC (ZK) | La survie du capitalisme |
| SG (LS) | Sprache und Gesellschaft |
| SR | La somme et le reste (vollst. Ausg. in 2 Bänden, 1959) |
| TM | Le temps des méprises |
| VQM (AMW) | La vie quotidienne dans le monde moderne |
| ZK (SC) | Die Zukunft des Kapitalismus |

## 3. Gesamtausgaben

| | |
|---|---|
| Nietzsche | Ausgabe Karl Schlechta, 3 Bände, München 1966 |
| MEW | Marx/Engels Werke, Berlin 1961 ff. |

# Literatur

## 1. Jacob Burckhardt

| | |
|---|---|
| 1922 | *Unbekannte Aufsätze Jacob Burckhardts aus Paris, Rom und Mailand.* Eingeleitet und hg. von Josef Oswalt, Basel. |
| 1926 | *Gedichte,* hg. von K.E. Hoffmann, Basel. |
| 1928 | *Reisebilder aus dem Süden,* hg. von Werner von Schulenberg, Heidelberg. |
| 1929-1933 | *Gesamtausgabe* in 14 Bänden, Basel. |
| 1937 | *Jacob Burckhardt als politischer Publizist.* Mit seinen Zeitungsberichten aus den Jahren 1844/45. Aus dem Nachlass E. Dürr, hg. von Werner Kaegi, Zürich. |
| 1949-1994 | *Briefe* in 11 Bänden. Vollständige und kritisch bearbeitete Ausgabe, hergestellt von Max Burckhardt, Basel. |
| 1974 | *Vorlesung über die Geschichte des Revolutionszeitalters.* In der Nachschrift seiner Zuhörer. Rekonstruktion des gesprochenen Wortlautes, von Ernst Ziegler, Basel/Stuttgart. |
| 1977 | *Griechische Kulturgeschichte* in 4 Bänden, München (dtv). |
| 1982 | *Über das Studium der Geschichte.* Der Text der „Weltgeschichtlichen Betrachtungen" auf Grund der Vorarbeiten von Ernst Ziegler nach den Handschriften hg. von Peter Ganz, München. |
| 1992 | *Aesthetik der bildenden Kunst.* Der Text der Vorlesung „Zur Einleitung der bildenden Kunst" aufgrund der Handschriften kommentiert und hg. Von Irmgard Siebert, Darmstadt. |
| 2000 ff. | In Basel und Stuttgart erscheint seit 2000 die Kritische Gesamtausgabe der Werke Jacob Burckhardts (JBW). Sie ist auf 30 Bände angelegt. |

## 2. Zu Jacob Burckhardt

Bauer, Stefan (2001): *Polisbild und Demokratieverständnis in Jacob Burckhardts „Griechischer Kulturgeschichte",* Basel (Beiträge zu Jacob Burckhardt, Bd. 3).

Berchtold, Alfred (1990): *Bâle et l'Europe.* Une histoire culturelle, 2 Bde, Lausanne.

– (1999): *Jacob Burckhardt,* Lausanne.

Boerlin-Brodbeck, Yvonne (1994): *Die Skizzenbücher Jacob Burckhardts,* Basel/München.

Finley, Moses I. (1980), *Ancient Slavery and Modern Ideology,* London; dt. (1981) *Die Sklaverei in der Antike,* Geschichte und Probleme, München.

Flaig, Egon (1987): *Angeschaute Geschichte. Zu Jacob Burckhardts „Griechische Kulturgeschichte",* Rheinfelden.

– (1998) : *Ästhetischer Blick und Griechischer Mythos. Wie Burckhardt für Europa einen Ursprung erfindet*, in: *Jacob Burckhardt und die Antike*, hrsg. von Peter Betthausen und Max Kunze, Mainz.

– (2002): *Wie die Klassik den Untermenschen erfand: Die Sklaverei*, in: Die griechische Klassik / Idee oder Wirklichkeit (Ausstellungs-Katalog), Berlin und Bonn, 176 ff.

Gossman, Lionel (2000): *Basel in the Age Burckhardt*. A Study in Unseasonable Ideas, Chicago; dt. (2005) *Basel in der Zeit Jacob Burckhardts*. Eine Stadt und vier unzeitgemässe Denker, Basel.

Grosse Jürgen (1997): *Typus und Geschichte*. Eine Jacob-Burckhardt-Interpretation, Berlin, Köln etc.

Günther, Horst (1997) *„Der Geist ist ein Wühler“. Über Jacob Burckhardt*, Frankfurt/Main.

Hardtwig, Wolfgang (1974): *Geschichtsschreibung zwischen Alteuropa und moderner Welt. Jacob Burckhardt in seiner Zeit*, Göttingen.

– (1985): *Jacob Burckhardt. Wissenschaft als gesellschaftliche Arbeit und Askese*, in: Geschichte und politisches Handeln. Studien zu europäischen Denkern der Neuzeit. Theodor Schieder zum Gedächtnis, hg. von P. Alter e.a., Stuttgart.

– (1991): *Jacob Burckhardt – Vom Glück und Unglück in der Weltgeschichte*, in: Europas Weg in die Moderne, hg. von Willi Hirdt, Berlin.

Jähnig, Dieter (1984) : *Kunstgeschichtliche Betrachtungen. Jacob Burckhardts Topologie der Künste*, Bd. 1 (Manuskriptkopie des Verfassers).

– (2006): *Massstäbe der Kunst- und Geschichtsbetrachtung Jacob Burckhardts*, Basel.

Janssen, Evert Maarten (1970): *Jacob Burckhardt und die Renaissance*. Jacob Burckhardt Studien, Erster Teil, Assen.

– (1979): *Jacob Burckhardt und die Griechen*. Jacob Burckhardt Studien, Zweiter Teil, Assen.

Kaegi, Werner (1962): *Europäische Horizonte im Denken Jacob Burckhardts*, Basel.

– (1947-1982): *Jacob Burckhardt. Eine Biographie*, 7 Bände, Basel/Stuttgart. (Kaegi I – VII)

– (1969): *Jacob Burckhardt und sein Jahrhundert*. Gedenkrede zum 150. Geburtstag am 24. Mai 1968, Basel (Basler Universitätsreden, 58).

Kolb, Frank (1984): *Die Stadt im Altertum*, München.

Kuczynski, Jürgen (1974): *Die Muse und der Historiker*, Berlin (Ost).

Löwith, Karl (1936): *Jacob Burckhardt. Der Mensch inmitten der Geschichte*, Luzern.

– (1961): *Weltgeschichte und Heilsgeschehen*. Die theologischen Voraussetzungen der Geschichtsphilosophie, Stuttgart.

Martin, Alfred von (1940): *Nietzsche und Burckhardt*. Zwei geistige Welten im Dialog, München.

Meier, Christian (1980): *Die Entstehung des Politischen bei den Griechen*, Frankfurt/M.

– (1988) *Die politische Kunst der griechischen Tragödie*, München.

– (1993): *Athen. Ein Neubeginn der Weltgeschichte*, Berlin.

Rehm, Walther (1930): *Jacob Burckhardt,* Frauenfeld/Leipzig.
– (1964): *Jacob Burckhardt und Goethe,* in: Späte Studien, 249 ff. Bern und München.
– (1964): *Jacob Burckhardt und Eichendorff,* in: Späte Studien, 276 ff. Bern und München.
Schlaffer, Heinz (1975): *Jacob Burckhardt oder das Asyl der Kulturgeschichte,* in: ders./ Hannelore Schlaffer, Studien zum ästhetischen Historismus, Frankfurt/M.
Siebert, Irmgard (1991): *Jacob Burckhardt.* Studien zur Kunst- und Kulturgeschichtsschreibung, Basel.
Wenzel, Johannes (1967): *Jacob Burckhardt in der Krise seiner Zeit,* Berlin (Ost).
Wenzel, Johannes (1985): *Jacob Burckhardt als Geschichtsphilosoph,* in: Jacob Burckhardt, Weltgeschichtliche Betrachtungen und Historische Fragmente, Leipzig, 567–601.

## 3. Henri Lefebvre[1]

1936    *La conscience mystifiée,* in Zusammenarbeit mit Norbert Guterman, Paris; (erw. Aufl. mit Vorworten von Lucien Bonnafé und René Lourau, gefolgt von *La conscience privée,* präsentiert von Armand Ajzenberg, Paris 1999).
1939    *Nietzsche,* Paris. (2. Aufl., mit Vorwort von Michel Trebitsch, 2003).
1939    *La matérialisme dialectique,* Paris.
1947    *Critique de la vie quotidienne* Bd. I, *Introduction,* Paris. (erw. Aufl. 1958).
1958    *Allemagne,* mit Photos von Martin Hürlimann, Paris und Zürich.
1959    *La somme et le reste,* 2 Bde, Paris; (3. gekürzte Aufl, Vorwort von R. Lourau, 1989).
1962    *Critique de la vie quotidienne, Fondements d'une sociologie de la quotidienneté,* Bd. II, Paris.
1962    *Introduction à la modernité,* Paris.
1963    *La vallée de Campan, étude de sociologie rurale,* Paris. (2. Aufl. 1990).
1965    *Pyrénées,* Lausanne. (2. Aufl., mit Vorwort von R. Lourau, Pau 2000).
1965    *La proclamation de la Commune,* Paris.
1965    *Métaphilosophie,* Paris. (2. Aufl., mit Vorwort von Georges Labica, 2001).
1966    *Le langage et la société,* Paris.
1966    *Der dialektische Materialismus,* Paris (franz. 1939).
1967    *Position; contre les technocrates,* Paris.
1968    *Le droit à la ville,* Paris.
1968    *L'irruption de Nanterre au sommet,* Paris. (2. Aufl. 1998, mehrere Vorworte).
1968    *La vie quotidienne dans le monde moderne,* Paris.

---

1 Die vollständigste *Bibliographie d'Henri Lefebvre,* zusammengestellt von Rémi Hess, im Anhang zu: H.L., *L'existentialisme,* 2e édition, Paris 2001, 231-252.

1969    *Das Alltagsleben in der modernen Welt,* Frankfurt/M. (franz. 1968).

1969    *Aufstand in Frankreich,* Frankfurt/M. (franz. 1968a).

1970    *La fin de l'histoire,* Paris. (2. Aufl. mit Präsentation von Pierre Lantz, Paris 2001).

1970    *Du rural à l'urbain,* Paris. (3. Aufl. mit Präsentation von R. Hess, 2001).

1970    *La révolution urbaine,* Paris.

1971    *Au-delà du structuralisme,* Paris.

1972    *Die Revolution der Städte,* München (franz. 1970b).

1972    *La pensée marxiste et la ville,* Paris-Tournai.

1973    *Espace et politique* (2. Band von *Le droit à la ville*), Paris. (2. Aufl. mit Vorwort von R. Hess, 2000).

1973    *Sprache und Gesellschaft,* Düsseldorf (franz. 1966).

1973    *La survie du capitalisme,* Paris.

1974    *Die Zukunft des Kapitalismus,* München (franz. 1973).

1974    *La production de l'espace,* Paris. (4. Aufl. mit Vorwort von R. Hess, Paris 2000).

1974    *Kritik des Alltagslebens,* Bd. I: *Einleitung.* München (franz. 1947/1958).

1975    *Kritik des Alltagslebens,* Bd.II und III, *Grundrisse einer Soziologie der Alltäglichkeit.* München (franz. 1962).

1975    *Die Stadt im marxistischen Denken,* Ravensburg (franz. 1972).

1975    *Metaphilosophie. Prolegomena,* Frankfurt/M. (franz. 1965).

1975    *Le temps des méprises,* Paris.

1975    *Hegel, Marx, Nietzsche ou le royaume des ombres,* Paris-Tournai.
        *De l'Etat,* 4 Bde :

1976    Band I   *L'Etat dans le monde moderne.*

1976    Band II  *Théorie marxiste de l'Etat de Hegel à Mao.*

1977    Band III  *Le monde de reproduction étatique.*

1978    Band IV  *Les contradictions de l'Etat moderne. La dialectique et/de l'Etat.*

1978    *Einführung in die Modernität. Zwölf Präludien,* Frankfurt/Main.

1980    *La présence et l'absence. Contribution à la théorie des représentations,* Paris.

1981    *Critique de la vie quotidienne, De la modernité au modernisme (pour une métaphilosophie du quotidien).* Bd. III, Paris.

1985    *Qu'est-ce que penser ?* Paris.

1986    *Le retour de la dialectique. 12 mots clefs pour le monde moderne,* Paris.

1991    *The Production of Space,* mit Nachwort von David Harvey, Oxford und Massachusetts  (mehr als ein Dutzend Auflagen bis 2001).

1991    *Du contrat de citoyenneté* (in Zusammenarbeit mit der Gruppe von Navar renx), Paris.

1991    Patricia Latour und Francis Combes: *Conversation avec Henri Lefebvre,* Paris.

1992    *Eléments de rythmanalyse. Introduction à la connaissance des rythmes,* Paris.

*Zeitschriften-Artikel, Beiträge zu Sammelbänden („Art. ")*

Zur Kritik des Alltagslebens:
1) (1933) *La mystification. Notes pour une critique de la vie quotidienne* (in Zusammenarbeit mit Norbert Guterman) in: *Avant-poste*, Nr. 2.
2) (1955) *Secteur commercial et secteur non commercial dans l'évolution du loisir*, in: Journées d'études de Marly-le-Roi.
3) (1955) *Vie quotidienne et sociologie*, in : Recherches sociologiques, Nr. 22.
4) *Enquête sur la nouvelle vague*, in: L'Express, Mai 1959.
5) *Introduction à la psycho-sociologie de la vie quotidienne*, in: *Encyclopédie de la psycho-sociologie*, hg. Denis Huisman, Paris 1961, in: RU, 89 ff.
6) *Le bistrot-club, noyau de la vie sociale*, 1962, in: RU, 141 ff.
7) *Les mythes de la vie quotidienne*, in: Cahiers internatiaux de sociologie, Nr. 33, 1962, 67 ff.
8) *Quotidien et quotidienneté*, in: Encyclopaedia Universalis, Vol. 13, Paris 1972; dt.: *Alltag und Alltäglichkeit*, in: Dorit Margreiter, Everyday Life, Galerie im Taxispalais, Innsbruck und Wien, 2001, 12 ff.
9) *Henri Lefebvre, philosophe du quotidien*, interview in : Le Monde, 19. Dez. 1982.
10) *Le quotidien*, in: M, mensuel, marxisme, mouvement, (M) Nr. 11, Mai 1987.


Zum Urbanen
11) *Les nouveaux ensembles urbains*, 1960, in: RU, 109 ff.
12) *Une utopie expérimentale: pour un nouvel urbanisme*, 1961, in: RU, 129 ff.
13) *La vie sociale dans la ville*, 1962, in: RU, 145 ff.
14) *Introduction* zu *L'habitat pavillonnaire*. Centre de recherche d'urbanisme, Etude collective de H. Raymond, A.-G. Raymond, N. Haumont, M. Corne aert, unter der Leitung von Henri Lefebvre, 1966, in: RU, 159 ff.
15) *Propositions pour un nouvel urbanisme*, 1967, in: RU, 183 ff.
16) *Humanisme et urbanisme, Quelques propositions*, 1968, in RU, 153 ff.
17) *Besoins profonds, besoins nouveaux de la civilisation urbaine*, 1967, in: RU, 197 ff.
18) *Quartier et vie de quartier*, in: RU, 207 ff.
19) *L'urbanisme d'aujourd'hui, mythes et réalités*, RU, 217 ff.
20) *Préface* zu: Pessac, le quartier Le Corbusier, RU, 233 ff.; dt. Ausg. Gütersloh 1971, 11 f.
21) *De la science à la stratégie urbaine*, in: Utopie, Nr 2-3, 1969, 57 ff.
22) *Réflexions sur la politique de l'espace*, 1970, in: EP, 49 ff.
23) *Préface* zu : La copropriété, hg. von Nicole Haumont, Henri Raymond, Antoine Haumont, Paris 1971, 5 ff.
24) *Les autres Paris*, in : Espaces et sociétés, Nr. 13-14, 1973, 185 ff.
25) *Zwischen zwei Daten*, in: Paris-Paris 1937-1957, Ausstellung im Centre Georges Pompidou, 1981, München 1981, 394 ff.

26) *Informatique et urbanisation en Californie,* in: Crise de l'urbain, Futur de la ville, Colloque de Royaumont, 1984, unter der Leitung von Jacques Le Goff und Louis Guiyesse, Paris 1985, 19 ff.

27) *Hors du centre, point de salut?* in: Espaces temps, Nr. 33, 1986, 17 ff.

28) *Essai de rythmanalyse des villes méditerranéennes,* (in Zusammenarbeit mit Catherine Régulier) 1986, in: Rythmes, 97 ff.

29) *Une nouvelle positivité de l'urbain,* Interview, zusammen mit Catherine Régulier, in: M, Nr. 17, Febr. 1988.

30) *L'urbain en question,* Interview, in: Société française, Nr 33, 1989, 44 ff.

31) *Quand la ville se perd dans la métamorphose planétaire,* in: Le monde diplomatique, Mai 1989.

Zur Rhythmo-Analyse

32) *Le projet rythmanalytique,* in : *Communications* (Ecole des hautes études sociales etc.) Nr. 41, 1985.

Zu Kostas Axelos / Le mondial

33) *Kostas Axelos: Vers la pensée planétaire...* in : Esprit, 1965, 1114 ff.

34) *Au-delà du savoir,* in: Le jeu de Kostas Axelos, Fata Morgana, Montpellier 1973.

35) *Le mondial et le planétaire,* in: Espaces et sociétés, Nr. 8, 1973, 17 ff.

36) *Le monde selon Kostas Axelos,* in: Lignes, Nr. 15, Paris 1992 ; wiederabgedruckt in: *Pour Kostas Axelos* / Quatre études, Bruxelles 2004.

Zu Charles Fourier

37) *Actualité de Fourier* / *Colloque d'Arc-et-Senans sous la direction de Henri Lefebvre,* Paris 1975. H.L. verfasst *Introdution,* 9 ff.


*4. Zu Henri Lefebvre*

Burkhard, Fred (2000): *French Marxism between the Wars. Henri Lefebvre and „Philosophies".* Amherst, N.Y.

Calvez, Jean-Yves (1956): *La pensée de Karl Marx,* Paris.

Espaces et sociétés (1994): Actualités *de Henri Lefebvre* (Sondernummer, verschiedene Autoren), Nr. 76.

Harvey, David (1991) *Afterword,* in: H.L., *The Production of Space,* Oxford UK / Cambridge MA.

Hess, Rémi (1988): *Henri Lefebvre et l'aventure du siècle,* Paris.

Kofman, Eleonore/Lebas, Elizabeth (1996) : *Lost in Transposition – Time, Space and City,* in: H.L., *Writings on Cities,* Oxford UK / Cambridge MA.

Meyer, Kurt (1973): *Henri Lefebvre / Ein romantischer Revolutionär,* Wien.

Müller-Schöll, Ulrich (1999): *Das System und der Rest. Kritische Theorie in der Perspektive Henri Lefebvres,* Mössingen-Talheim.

Schmid, Christian (2004): *A New Paradigm of Urban Development for Zurich,* in: Inura, The Contested Metropolis. Six Cities at the Beginning of the 21st Century, Boston, Basel, Berlin.

– (2005): *Stadt, Raum und Gesellschaft, Henri Lefebvre und die Theorie der Produktion des Raumes,* München.

– (2006): *Theorie,* in: Roger Diener, Jacques Herzog, Marcel Meili, Pierre de Meuron, Christian Schmid: *Die Schweiz. Ein städtebauliches Portrait,* ETH Studio Basel. Institut Stadt der Gegenwart, 3 Bde und eine Thesenkarte, Basel, Bd. 1, 64 ff.

Shields, Rob (1999): *Lefebvre. Love and Struggle, Spacial Dialectics,* London/N.Y.

Soja, Edward W. (1996): *Thirdspace, Journeys to Los Angeles and Other Real-and-Imagined Places,* Oxford UK / Cambridge, MA.

Soubise, Louis (1967): *Le marxisme après Marx, quatre marxistes dissidents français* (Aubier Montaigne).

Arbeiten von Trebitsch, Michel:

– (März 1986): *Le renouveau philosophique avorté des années trente,* Gespräch mit Henri Lefebvre, in: *Europe,* Nr. 683, 29 ff.

– (Frühjahr 1987): *Les mésaventures du groupe Philosophies, 1924-1933,* in: *La revue des revues,* Nr. 3. 6 ff.

– (Nov. 1987): *Le groupe „Philosophies", de Max Jacob aux surréalistes (1924-1925)* in: Cahiers de l'institut d'histoire du temps présent, Cahier Nr. 6.

– (1988): *Présentation* zu: H.L., *Le nationalisme contre les nations,* 2. Aufl., 7 ff.

– (1990): *Henri Lefebvre et la revue „Avant-Poste": Une analyse marxiste marginale du fascisme,* in: *lendemains,* 15. Jg, Nr 57, Berlin, 77 ff.

– (1990 b): *Philosophie et marxisme dans les années trente. Le marxisme critique d'Henri Lefebvre,* in : L'engagement des intellectuels dans la France des années trente, Actes du colloque tenu à Montréal, Montréal, 13 ff.

– (1991): *Preface* zu: H.L., *Critique of Everyday Life,* Volume I, London/New York, ix ff.

– (Februar 1992): *Correspondances d'intellectuels. Le cas des lettres d'Henri Lefebvre à Norbert Guterman (1935-1947),* in: *Cahiers de l'institut d'histoire du temps présent,* Cahiers Nr 20, 70 ff.

– (Juli 1997): Les années 68: événements, cultures politiques et modes de vie. *Henri Lefebvre et la critique radicale,* i : Centre national de recherche scientifique/Institut d'histoire du temps présent, Lettre d'information Nr. 23, 1 ff.

– (2000): *Voyages autour de la révolution. Les circulations de la pensée critique de 1956 à 1968,* in: Les Années 68. Le temps de la contestation. (CNRS), Paris, 69 ff.

– (2002): *The Moment of Radical Critique. Preface* zu: H.L. *Critique of Everday Life.* Volume II, *Foundations for a Sociology of the Everyday,* London/New York, ix ff.

– (2003): *Henri Lefebvre et le „Don Juan de la connaissance",* *Préface* zu: H.L. *Frédé ric Nietzsche,* 2. Aufl. Paris, 5 ff.

Wigley, Mark (1998) *Constant's New Babylon / The Hyper-Architecture of Desire,* Rotterdam.

## 5. Allgemeines

*Die Stadt als Perspektive / Zur Konstruktion urbaner Räume* (2006), hg. von Timon Beyes, Holm Keller, Daniel Libeskind, Sascha Spoun, Universität St. Gallen, Ostfildern (Hatja Cantz).

*Schrumpfende Städte,* hrg. von Philipp Oswalt
Band 1 *Internationale Untersuchung,* (2004) Ostfildern
Band 2 *Handlungskonzepte* (2005), Ostfildern
*Atlas of Shrinking Cities /Atlas der schrumpfenden Städte* (2006) Ostfildern.

# Zu den Abbildungen

*Jacob Burckhardt: Aus den römischen Skizzenbüchern:*

aufgrund der Skizzenbücher im Jacob Burckhardt-Archiv (Privatarchiv 207) im Staatsarchiv Basel-Stadt. Der Katalog *Die Skizzenbücher Jacob Burckhardts* wurde bearbeitet von Yvonne Boerlin-Brodbeck, Basel 1994. Die hier ausgewählten Skizzen vom Herbst 1847 auf den Seiten 355 ff., vom Frühjahr 1848 auf den Seiten 393 ff.

*Jürg Kreienbühl: Maler der Pariser Banlieue:*

aufgrund des Katalogs Jürg Kreienbühl, Basel 1982, Text von Heiny Widmer. Frau Suzanne Kreienbühl-Lopata danke ich für die Erlaubnis, die Werke von Jürg Kreienbühl abzudrucken.

*Constants New Babylon:*

aufgrund der Abbildungen in: Mark Wigley, *Constant's New Babylon. The Hyper-Architecture of Desire*, Rotterdam 1998.

*Kuala Lumpur, eine aufstrebende Global City:*

Fotos von Kurt Meyer, Frühjahr 2007.